1

Groß- und Außenhandel

Lernfelder 1–4

Autoren

Hans-Peter von den Bergen · Christian Fritz
Ute Morgenstern · Michael Piek · Josef Schnettler

unter Mitarbeit der Verlagsredaktion

Cornelsen

Dieses Buch wurde erstellt unter Verwendung von Materialien von:
Sonja Achtzehn, Volker Brettschneider, Wolfgang R. Diemer, Peter Engelhardt, Bettina Glania, Markus Hillebrand, Ulrike Hinrichs, Franz-Josef Kaiser, Ludger Katt, Antje Kost, Elke Kuse, Claudia Lang, Klaus Otte, Roswitha Pütz, Alfons Steffes-lai, Insa Wenke, Ralf Wimmers, Carsten Zehm.

Verlagsredaktion: Sabine Schneider
Außenredaktion: Stefanie Schmieding, Köln
Bildredaktion: Gertha Maly
Gesamtgestaltung und
technische Umsetzung: SOFAROBOTNIK GbR, Augsburg und München

www.cornelsen.de
Die Webseiten Dritter, deren Internetadressen in diesem Lehrwerk angegeben sind, wurden vor Drucklegung sorgfältig geprüft. Der Verlag übernimmt keine Gewähr für die Aktualität und den Inhalt dieser Seiten oder solcher, die mit ihnen verlinkt sind.

Wir weisen darauf hin, dass die im Lehrwerk genannten Unternehmen und Geschäftsvorgänge frei erfunden sind. Ähnlichkeiten mit real existierenden Unternehmen lassen keine Rückschlüsse auf diese zu. Dies gilt auch für die im Lehrwerk genannten Kreditinstitute, Bankdaten und Buchungsvorgänge. Ausschließlich zum Zwecke der Authentizität wurden insoweit existierende Kreditinstitute und Bankdaten verwendet.

1. Auflage, 2. Druck 2015

Alle Drucke dieser Auflage können im Unterricht nebeneinander verwendet werden.

Druck: Firmengruppe APPL, aprinta Druck, Wemding

ISBN: 978-3-06-455826-7

Vorwort

Lernen und Lehren, das bedeutet schon längst nicht mehr nur Erweiterung des Wissens. Gerade in der beruflichen Bildung muss auch Urteils- und Handlungskompetenz erworben werden. Das ist mit Lehrbüchern herkömmlicher Art nur eingeschränkt möglich.

Deshalb haben die Autoren auf der Basis ihrer langen Unterrichtsarbeit im Groß- und Außenhandel ein Lehrwerk erarbeitet, das den umfassenden Kompetenzerwerb ermöglicht und genau zu der Neuordnung des Berufsbildes des Groß- und Außenhandelskaufmanns aus dem Jahre 2006 passt. Aus der Erfahrung des eigenen Unterrichtens mit der 1. Auflage entstand die vorliegende Überarbeitung des Lehrwerks, das jetzt noch genauer auf die Kompetenzerweiterung der Schülerinnen und Schüler abgestimmt ist. Das Lehrwerk besteht aus zwei korrespondierenden Teilen, der Fachkunde und dem Arbeitsbuch. Die Fachkunde stellt nach Lernfeldern des Rahmenlehrplans geordnet die notwendigen Fachinformationen zur Verfügung. Im Arbeitsbuch finden Sie auf der Basis der Lernfelder Lernsituationen und viele abwechslungsreiche Arbeitsaufträge, die auf die beruflichen Aufgaben des Groß- und Außenhändlers abgestimmt sind. Durch die Bearbeitung der Lernsituationen können Sie in zunehmendem Maße Selbstständigkeit im Planen, Entscheiden, Durchführen und Überprüfen erwerben.

Die für die Lösung der Lernsituationen notwendigen Fachkenntnisse stellt das Fachkundebuch zur Verfügung. Es folgt im Aufbau sowohl den Lernfeldern der Neuordnung als auch den Lernsituationen im Arbeitsbuch und sichert damit alle notwendigen Kompetenzen und Fakten, die für Sie, die Auszubildenden, zum Bestehen der IHK-Prüfung notwendig sind. So ist das entstandene Lehrwerk auch im besonderen Maße zur Prüfungsvorbereitung geeignet.

Hinsichtlich der Differenzierung zwischen Groß- und Außenhandelsinhalten wird die Struktur des Rahmenlehrplans berücksichtigt. So gibt es Kapitel und Lernsituationen, die sich speziell an Auszubildende mit der Fachrichtung Außenhandel richten. Damit ist dieses Lehrwerk auch für diese Auszubildenden bestens geeignet. Zur besseren Orientierung sind die spezifischen Außenhandelsseiten durch einen Globus gekennzeichnet.

Um Arbeitsbuch und Fachkunde nicht zu umfangreich werden zu lassen, ist für jedes Ausbildungsjahr jeweils ein eigenes Buch entstanden.

Die Autoren

LF 1

Den Ausbildungsbetrieb als Groß- und Außenhandelsunternehmen präsentieren

LF 2

Aufträge kundenorientiert bearbeiten

LF 4

Geschäftsprozesse als Werteströme erfassen, dokumentieren und auswerten

Anhang

Kaufmännisches Rechnen

Methoden

LERNFELD 1

Den Ausbildungsbetrieb als Groß- und Außenhandelsunternehmen präsentieren

AB ☞ LS 1

1 Ausbildung im Groß- und Außenhandel

Der Ausbildungsberuf Kaufmann/Kauffrau im Groß- und Außenhandel ist ein **staatlich anerkannter Ausbildungsberuf.** Das bedeutet, dass Inhalte und Ablauf der Ausbildung staatlich einheitlich geregelt sind. Die Ausbildung ist dem Berufsfeld Wirtschaft und Verwaltung zugeordnet und wird in den Fachrichtungen Großhandel und Außenhandel angeboten.

Der Beruf Kaufmann/Kauffrau im Groß- und Außenhandel gehört zum **dualen Ausbildungssystem,** d.h., die Ausbildung findet an **zwei Lernorten** statt: Im Ausbildungsbetrieb werden in erster Linie fachpraktische Kenntnisse und Fertigkeiten vermittelt, während in der Berufsschule vorwiegend Berufstheorie und Allgemeinbildung auf dem Plan stehen.

§ 4 BBiG

Nachzulesen ist die Ausbildungsverordnung z. B. im Bundesgesetzblatt BGBL I Nr. 9 vom 28.02.2006 oder unter www.gesetze-im-internet.de/bundesrecht/grhdlkfmausbv_2006

Grundlage einer einheitlichen und anerkannten Berufsausbildung ist das **Berufsbildungsgesetz (BBiG).** Es sieht vor, dass Ausbildungsberufe durch Ausbildungsverordnungen beschrieben werden müssen. Die am 14.02.2006 erlassene Verordnung über die Berufsausbildung zum Kaufmann/zur Kauffrau im Groß- und Außenhandel legt folgende Inhalte fest:

Ausbildungsverordnung zum Kaufmann/zur Kauffrau im Groß- und Außenhandel

- § 1 Staatliche Anerkennung des Ausbildungsberufes
- § 2 Ausbildungsdauer
- § 3 Zielsetzung der Berufsausbildung
- § 4 Ausbildungsberufsbild
- § 5 Ausbildungsrahmenplan
- § 6 Ausbildungsplan
- § 7 Schriftlicher Ausbildungsnachweis
- § 8 Zwischenprüfung
- § 9 Abschlussprüfung Fachrichtung Großhandel
- § 10 Abschlussprüfung Fachrichtung Außenhandel
- § 11 Übergangsregelung
- § 12 Inkrafttreten, Außerkrafttreten

Lernort Betrieb

Lernort Berufsschule

1.1 Inhalte der Ausbildung

In § 4 der Ausbildungsverordnung wird das sogenannte **Ausbildungsberufsbild** festgelegt. Darunter versteht man Fertigkeiten, Kenntnisse und Fähigkeiten, die dem Auszubildenden während der Ausbildung mindestens vermittelt werden müssen. Zum großen Teil gelten diese Anforderungen für die beiden Fachrichtungen Großhandel und Außenhandel gemeinsam:

Gemeinsame Fertigkeiten, Kenntnisse und Fähigkeiten
1. Das Ausbildungsunternehmen
2. Beschaffung und Logistik
3. Vertrieb und Kundenorientierung
4. Information und Zusammenarbeit
5. Kaufmännische Steuerung und Kontrolle

Darüber hinaus sind spezielle Kenntnisse zu vermitteln

in der Fachrichtung Großhandel	in der Fachrichtung Außenhandel
1. Wareneingang, Warenlagerung und Warenausgang	1. Außenhandelsgeschäfte und Auslandsmärkte
2. Warenwirtschaftssystem	2. fremdsprachige Kommunikation

Das Bundesministerium für Bildung und Forschung (BMBF) stellt Informationsmaterial für Auszubildende kostenlos zum Download bereit.

1.1.1 Ausbildungsrahmenplan

Der Ausbildungsrahmenplan ist eine Anleitung zur sachlichen und zeitlichen Gliederung der Berufsausbildung im Lernort Betrieb. Er ist der Ausbildungsverordnung als Anlage beigefügt. Die sachliche Gliederung ordnet den Anforderungen des Ausbildungsberufsbildes die Inhalte zu, die den Auszubildenden im Betrieb vermittelt werden müssen. Die zeitliche Gliederung legt fest, in welchem Abschnitt der dreijährigen Ausbildung dies geschehen soll. Von diesen Vorgaben kann jedoch im Einzelfall abgewichen werden, wenn betriebliche Besonderheiten dies erfordern. Der Ausbildungsrahmenplan legt die Ausbildungsinhalte verbindlich und allgemeingültig fest. Für jeden einzelnen Auszubildenden müssen diese Inhalte jedoch individuell in einen betrieblichen Ausbildungsplan umgesetzt werden, den der Ausbildende erstellt. Der Auszubildende ist seinerseits verpflichtet, den Verlauf seiner Ausbildung in einem schriftlichen Ausbildungsnachweis (früher Berichtsheft) zu dokumentieren.

www.bmbf.de/pub/ausbildung_und_beruf.pdf

1.1.2 Rahmenlehrplan

Für den Lernort Berufsschule ist der Rahmenlehrplan maßgebend. Die Ausbildung in der Berufsschule ist in Lernfelder (thematische Einheiten) gegliedert, denen bestimmte Zeitrichtwerte für die drei Ausbildungsjahre zugeordnet sind. Ausbildungsrahmenplan und Rahmenlehrplan sind aufeinander abgestimmt. Darin zeigt sich die Wirkungsweise des dualen Ausbildungssystems: Parallel zur fachpraktischen Ausbildung durch den Betrieb erfolgt die Vermittlung der theoretischen Fachkenntnisse durch die Berufsschule.

Den aktuellen Rahmenlehrplan finden Sie z. B. unter:
www.berufenet.arbeitsagentur.de
→ *Kaufmann/-frau im Groß- und Außenhandel*
→ *Rechtliche Grundlagen*

1. Ausbildungsjahr	**LF 1** Den Ausbildungsbetrieb als Groß und Außenhandelsunternehmen präsentieren	**LF 2** Aufträge kundenorientiert bearbeiten	**LF 3** Beschaffungsprozesse planen, steuern und durchführen	**LF 4** Geschäftsprozesse als Werteströme erfassen, dokumentieren und auswerten
2. Ausbildungsjahr	**LF 5** Personalwirtschaftliche Aufgaben wahrnehmen	**LF 6** Logistische Prozesse planen, steuern und kontrollieren	**LF 7** Gesamtwirtschaftliche Einflüsse auf das Groß- und Außenhandelsunternehmen analysieren	**LF 8** Preispolitische Maßnahmen erfolgsorientiert vorbereiten und steuern
3. Ausbildungsjahr	**LF 9** Marketing planen, durchführen und kontrollieren	**LF 10** Finanzierungsentscheidungen treffen	**LF 11** Unternehmensergebnisse aufbereiten, bewerten und nutzen	**LF 12** Berufsorientierte Projekte durchführen

Lernfelder für den Ausbildungsberuf Kaufmann/Kauffrau im Groß- und Außenhandel

1.1.3 Ausbildung und Praxis

Die Aufgaben und Tätigkeiten im Groß- und Außenhandel haben sich durch den technischen und wirtschaftlichen Wandel in den letzten Jahren grundlegend verändert. Die zunehmende Nutzung neuer Informationsmedien und der EDV führt dazu, dass der Kontakt zu Kunden und Lieferanten intensiver und schneller geworden ist. Viele Arbeitsabläufe erfordern ein außerordentlich gutes Organisationstalent, wobei selbstständiges kaufmännisches Denken und vor allem Teamarbeit mehr und mehr gefordert sind. Bei den Anforderungen während der Ausbildung haben **fachübergreifende Qualifikationen** erheblich an Bedeutung gewonnen.

Handlungskompetenz
selbstständiger Umgang mit Aufgaben und Problemen unter Einbeziehung von Partnern und unter Berücksichtigung von ökologischen und ökonomischen Faktoren

Die Ausbildung in Berufsschule und Betrieb ist deshalb darauf ausgerichtet, den Auszubildenden eine umfassende berufliche **Handlungskompetenz** zu vermitteln, die sich zusammensetzt aus

- **Fachkompetenz:** Fähigkeit, Aufgaben und Probleme auf der Grundlage fachlichen Wissens und Könnens selbstständig, zielgerichtet und methodengeleitet zu bearbeiten und das Ergebnis zu beurteilen.
- **Methodenkompetenz:** Fähigkeit und Bereitschaft, bei der Bearbeitung von Aufgaben und Problemen im beruflichen und außerberuflichen Bereich zielgerichtet und planmäßig vorzugehen und geeignete Verfahren und Vorgehensweisen anzuwenden.
- **Sozialkompetenz:** Fähigkeit und Bereitschaft, sich mit anderen rational, verantwortungsbewusst und kooperativ auseinanderzusetzen und zu verständigen.

Gesetzliche Regelungen eines staatlich anerkannten Ausbildungsberufes

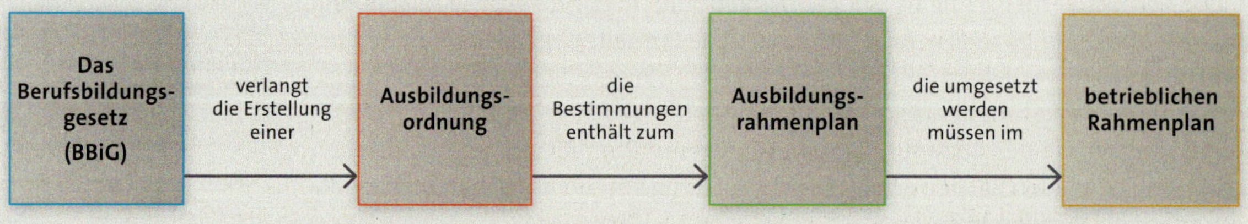

1.2 Zeitlicher Ablauf der Ausbildung

Die Berufsausbildung dauert drei Jahre. Verkürzungen am Anfang oder am Ende der Ausbildungszeit sind jedoch möglich. Die Ausbildung in der Fachrichtung Großhandel bzw. Außenhandel dauert jeweils bis zu sechs Monaten.

In der Mitte des zweiten Ausbildungsjahres findet die schriftliche **Zwischenprüfung** statt. Geprüft werden die Ausbildungsinhalte des ersten Ausbildungsjahres gemäß Ausbildungsrahmenplan und Rahmenlehrplan, soweit diese Inhalte für die Berufsausbildung wesentlich sind. Auch anhand dieser Vorgaben wird deutlich, dass die Ausbildungsbetriebe und die Berufsschulen im dualen System einen gemeinsamen Bildungsauftrag zu erfüllen haben. Die Zwischenprüfung dauert maximal drei Stunden und umfasst die Prüfungsbereiche

- Arbeitsorganisation,
- Warenwirtschaft,
- Wirtschafts- und Sozialkunde.

Die **Abschlussprüfung** erfolgt in der Regel am Ende des dritten Ausbildungsjahres. Sie besteht aus einem schriftlichen und einem mündlichen Teil und umfasst die Prüfungsbereiche

- Großhandels- bzw. Außenhandelsgeschäfte (180 Minuten),
- Kaufmännische Steuerung und Kontrolle, Organisation (zusammen 90 Minuten),
- Wirtschafts- und Sozialkunde (90 Minuten),
- fallbezogenes Fachgespräch (mündlich, maximal 30 Minuten).

Mit dem Bestehen der Abschlussprüfung ist die Ausbildung beendet. Bei Nichtbestehen hat der Auszubildende die Möglichkeit, die Prüfung im folgenden Prüfungsdurchgang zu wiederholen.

1.3 Ausbildungsvertrag

Rechtliche Grundlage für die Berufsausbildung ist das Berufsbildungsgesetz (BBiG). Es schreibt für jede Berufsausbildung den Abschluss eines Ausbildungsvertrages vor.

§ 10 BBiG Vertrag

Wer andere Personen zur Berufsausbildung einstellt (Ausbildende), hat mit den Auszubildenden einen Berufsausbildungsvertrag zu schließen.

Ausbildender ist also derjenige, der den Auszubildenden einstellt. Der Ausbildende muss die Ausbildung aber nicht unbedingt selbst durchführen, sondern kann einen **Ausbilder** damit beauftragen.

Ausbildender
stellt Auszubildenden ein

Ausbilder
führt Ausbildung durch

Der Ausbildungsvertrag kommt – wie jeder andere Vertrag auch – durch zwei übereinstimmende Willenserklärungen zu Stande. Ist der Auszubildende noch nicht volljährig und damit noch nicht voll geschäftsfähig, bedarf der Vertrag der Zustimmung des gesetzlichen Vertreters (in der Regel der Eltern).

Geschäftsfähigkeit
LF2, Kap. 1.3

Schriftform von Verträgen
LF2, Kap. 1.7

Spätestens vor Beginn der Ausbildung ist der Vertrag **schriftlich** niederzulegen und bei der zuständigen Industrie- und Handelskammer (IHK) einzureichen. Die elektronische Form (z. B. per E-Mail) ist nicht zulässig. Die Vertragsniederschrift ist vom Ausbildenden, vom Auszubildenden und ggf. vom gesetzlichen Vertreter zu unterschreiben, dann erhält jede Vertragspartei eine Ausfertigung des unterzeichneten Vertrages.

§ 11 BBiG

Da der Vertragsabschluss allein noch nichts über die Inhalte aussagt, schreibt das BBiG **Mindestangaben** vor, die der Ausbildungsvertrag enthalten muss.

§ 12 BBiG

Nichtigkeit von Verträgen
LF2, Kap. 1.8.1

Im Ausbildungsvertrag kann nicht alles frei vereinbart werden. Manche Vereinbarungen sind grundsätzlich ungültig (nichtig), z. B.

- die Verpflichtung des Auszubildenden, für die Berufsausbildung eine Entschädigung zu zahlen,
- Vertragsstrafen oder
- der Ausschluss oder die Beschränkung von Schadenersatzansprüchen.

Inhalte des Ausbildungsvertrages nach § 11 BBiG

Mindestanforderung	Erläuterung
1. Art, sachliche und zeitliche Gliederung sowie Ziel der Berufsausbildung, insbesondere die Berufstätigkeit, für die ausgebildet werden soll	
2. Beginn und Dauer der Berufsausbildung	Das Ausbildungsverhältnis soll nicht mehr als drei Jahre und nicht weniger als zwei Jahre dauern. Die Ausbildung endet mit Bestehen der Abschlussprüfung, unabhängig von der im Vertrag festgelegten Ausbildungsdauer.
3. Ausbildungsmaßnahmen außerhalb der Ausbildungsstätte	z. B. Seminare, andere Betriebsstätten oder Zweigstellen
4. Dauer der regelmäßigen täglichen Ausbildungszeit	richtet sich nach gesetzlichen und tariflichen Bestimmungen
5. Dauer der Probezeit	Die Probezeit darf bis zu vier Monaten betragen. Während der Probezeit kann das Ausbildungsverhältnis von beiden Vertragsparteien ohne Einhalten der Kündigungsfrist und ohne Angabe von Gründen gekündigt werden.
6. Zahlung und Höhe der Vergütung	richtet sich nach gesetzlichen und tariflichen Bestimmungen
7. Dauer des Urlaubs	richtet sich nach gesetzlichen und tariflichen Bestimmungen
8. Voraussetzungen, unter denen der Berufsausbildungsvertrag gekündigt werden kann	Nach der Probezeit kann das Ausbildungsverhältnis nur gekündigt werden • aus einem wichtigen Grund ohne Einhalten der Kündigungsfrist (innerhalb von zwei Wochen, nachdem der wichtige Grund bekannt wurde). • vom Auszubildenden mit einer Frist von vier Wochen, wenn der Auszubildende die Berufsausbildung aufgeben oder sich in einem anderen Beruf ausbilden lassen will.
9. ein allgemein gehaltener Hinweis auf die Tarifverträge, Betriebs- oder Dienstvereinbarungen, die auf das Berufsausbildungsverhältnis anzuwenden sind	

1.4 Rechte und Pflichten aus dem Ausbildungsvertrag

Nach Abschluss des Ausbildungsvertrages, also noch vor Beginn der eigentlichen Ausbildung, muss der Ausbildende die **Eintragung in das Verzeichnis der Berufsausbildungsverhältnisse** bei der zuständigen Industrie- und Handelskammer beantragen. Die Bestätigung der Kammer wird auf dem Ausbildungsvertrag vermerkt. Sie gibt dem Auszubildenden Sicherheit, dass der Vertrag den Bestimmungen des BBiG und der Ausbildungsordnung entspricht und dass der ausbildende Betrieb und der Ausbildende auch die notwendige **Eignung** besitzen. Außerdem muss der Ausbildende den Auszubildenden bei der **zuständigen Berufsschule** anmelden.

Eignung
Ausbilden darf nur, wer dazu persönlich und fachlich geeignet ist (§ 28 BBiG). Dazu muss der Ausbilder einen entsprechenden Nachweis, in der Regel durch die Ausbildereignungsprüfung, erbringen.

Auszubildende unter 18 Jahren dürfen nur beschäftigt werden, wenn sie innerhalb der letzten 14 Monate von einem Arzt auf ihre Berufstauglichkeit untersucht worden sind und hierüber eine **ärztliche Bescheinigung** vorliegt.

Vor Beginn der Ausbildung wird über jeden Auszubildenden eine **Personalakte** angelegt, in der die persönlichen Daten festgehalten werden. Während der Ausbildung wird diese Akte weitergeführt und ergänzt, z.B. die erste Beurteilung vor Abschluss der Probezeit, das Ergebnis der Zwischenprüfung, Ausbildungsmaßnahmen außerhalb der Betriebsstätte oder Seminare.

Spätestens zum Beginn der Ausbildung müssen dem Ausbildenden die **Steueridentifikationsnummer** und der **Krankenversicherungsnachweis** übergeben werden, damit die Angaben in der Personalakte vermerkt werden können und der Ausbildungsbetrieb die notwendigen Anmeldungen (bei Krankenkasse und Finanzamt) vornehmen kann.

Die Steueridentifikationsnummer
wird vom Bundeszentralamt für Steuern erteilt.

Damit steht dem Beginn der Ausbildung nichts mehr im Wege! Auch während der Ausbildung bestehen jedoch für den Ausbildenden und den Auszubildenden Rechte und Pflichten, die in den Paragrafen 13 bis 16 des BBiG festgehalten sind.

Pflichten des Ausbildenden und des Auszubildenden nach dem BBiG

Der Ausbildende verpflichtet sich,	Der Auszubildende verpflichtet sich,
▪ dafür zu sorgen, dass den Auszubildenden die berufliche Handlungsfähigkeit vermittelt wird, die zum Erreichen des Ausbildungszieles erforderlich ist.	▪ sich um den Erwerb der beruflichen Handlungsfähigkeit zu bemühen, die zum Erreichen des Ausbildungszieles erforderlich ist.
▪ den Auszubildenden kostenlos die Ausbildungsmittel, Werkzeuge und Werkstoffe zur Verfügung zu stellen, die zur Berufsausbildung und zum Ablegen von Zwischen- und Abschlussprüfungen erforderlich sind.	▪ die ihm im Rahmen seiner Berufsausbildung aufgetragenen Aufgaben sorgfältig auszuführen.
▪ Auszubildende zum Besuch der Berufsschule sowie zum Führen von schriftlichen Ausbildungsnachweisen anzuhalten, soweit solche im Rahmen der Berufsausbildung verlangt werden, und diese durchzusehen.	▪ an Ausbildungsmaßnahmen teilzunehmen, für die er nach § 15 freigestellt wird.
▪ dafür zu sorgen, dass Auszubildende charakterlich gefördert sowie sittlich und körperlich nicht gefährdet werden.	▪ den Weisungen zu folgen, die ihm im Rahmen der Berufsausbildung von Ausbildenden, von Ausbildern oder Ausbilderinnen oder von anderen weisungsberechtigten Personen erteilt werden.
▪ die Auszubildenden für die Teilnahme am Berufsschulunterricht und an Prüfungen freizustellen. Das Gleiche gilt, wenn Ausbildungsmaßnahmen außerhalb der Ausbildungsstätte durchzuführen sind.	▪ Werkzeug, Maschinen und sonstige Einrichtungen pfleglich zu behandeln.
▪ bei Beendigung des Berufsausbildungsverhältnisses ein schriftliches Zeugnis auszustellen.	▪ über Betriebs- und Geschäftsgeheimnisse Stillschweigen zu wahren.

AB ☞ LS 2

1.5 Das Jugendarbeitsschutzgesetz

Beispiel

Dirk: Bei uns ist das Betriebsklima sehr gut und ich arbeite schon voll mit. Mein Chef hat mich heute gefragt, ob ich diese Woche ausnahmsweise auch am Samstag zur Arbeit kommen kann. Zwei Kollegen sind krank und wir können unseren Liefertermin sonst nicht halten, sagt er.
Tim: Samstagsarbeit – ist das für Azubis nicht verboten?
Dirk: Wieso denn – ich bin doch einverstanden, und meine Eltern haben auch nichts dagegen. Außerdem kann ich das Extrageld gut für den Führerschein brauchen.

Junge Menschen sind, da sie sich noch in der Entwicklung befinden, weniger belastbar als Erwachsene. Das Jugendarbeitsschutzgesetz (JArbSchG) schützt deshalb jugendliche Beschäftigte zwischen 15 und 18 Jahren vor gesundheitsschädigenden Belastungen bei der Arbeit. Der Gesetzgeber betrachtet Vierzehnjährige noch als Kinder, deren Beschäftigung – von wenigen Ausnahmen abgesehen (z. B. ein Betriebspraktikum während der Schulzeit) – grundsätzlich verboten ist. Einige Bestimmungen des JArbSchG gelten jedoch auch für Berufsschulpflichtige, die 18 Jahre oder älter sind.

Das Jugendarbeitsschutzgesetz enthält u. a. Bestimmungen zu Arbeitszeiten, Ruhepausen, Freizeit, Urlaub und Berufsschulzeiten.

1.5.1 Arbeitszeit

§ 8 JArbSchG

Die regelmäßige tägliche Arbeitszeit muss im Ausbildungsvertrag festgehalten werden. Jugendliche dürfen nicht mehr als 8 Stunden täglich und 40 Stunden wöchentlich beschäftigt werden. Von dieser grundsätzlichen Regel kann in Ausnahmefällen abgewichen werden,

- wenn im Zusammenhang mit Feiertagen durch Umverteilung der Arbeitszeit eine längere zusammenhängende Freizeit erreicht wird (Brückentage) oder
- wenn an einzelnen Werktagen (z. B. freitags) die Arbeitszeit gekürzt ist, dürfen Jugendliche an anderen Werktagen derselben Woche bis zu 8,5 Stunden beschäftigt werden.

Die Fünftagewoche ist verbindlich. In Betrieben mit Samstagsarbeit (z. B. in Krankenhäusern, Bäckereien, im Verkehrswesen oder in der Landwirtschaft) muss ein Ausgleich an einem anderen Wochentag geschaffen werden.

Zwischen dem Feierabend und dem Arbeitsbeginn am nächsten Tag müssen mindestens 12 Stunden Freizeit liegen. Jugendliche dürfen nur zwischen 6 und 20 Uhr beschäftigt werden. Ausnahmen gelten für Jugendliche über 16 Jahren z. B. in der Gastronomie, in Bäckereien oder in der Landwirtschaft.

1.5.2 Pausen

§ 11 JArbSchG

- Die Ruhepause muss bei Arbeitszeiten zwischen 4,5 und 6 Stunden mindestens 30 Minuten betragen. Bei längeren Arbeitszeiten muss die Pause mindestens 60 Minuten dauern.
- Die erste Pause muss spätestens nach 4,5 Arbeitsstunden beginnen.
- Die Mindestdauer einer Pause beträgt 15 Minuten.

1.5.3 Berufsschule

§§ 9, 10 JArbSchG

Der Berufsschulbesuch (einschließlich Pausen) wird auf die Arbeitszeit angerechnet und vergütet. Es gilt:

- Beschäftigungsverbot vor einem Berufsschulunterricht, der um 9 Uhr beginnt (auch für Auszubildende über 18 Jahren)
- Beschäftigungsverbot an Berufsschultagen mit mehr als 5 Unterrichtsstunden (zu je 45 Minuten), einmal in der Woche
- Freistellung des Auszubildenden für die Teilnahme an der Zwischen- und Abschlussprüfung
- Freistellung am Arbeitstag unmittelbar vor der schriftlichen Abschlussprüfung und Anrechnung der Abschlussprüfung auf die Arbeitszeit
- der Besuch der Berufsschule darf nicht zu einem Verdienstausfall führen

1.5.4 Urlaub

Der bezahlte Jahresurlaub beträgt, wenn der Jugendliche zu Beginn des Kalenderjahres noch nicht

- 16 Jahre alt ist: mindestens 30 Werktage,
- 17 Jahre alt ist: mindestens 27 Werktage,
- 18 Jahre alt ist: mindestens 25 Werktage.

Jugendarbeitsschutzgestz

Geltungsbereich: Ausbildung und Beschäftigung von Jugendlichen unter 18

Arbeitszeit

- 40 Stunden in der Woche bis zu 8 ½ Stunden am Tag
- 5-Tage-Woche
- Schichtzeit (Arbeitszeit und Pausen) höchstens 10 Stunden am Tag
- Arbeitsbeginn ab 6 Uhr, Arbeitsschluss spätestens um 20 Uhr
- Ruhepausen
- Verbot der Samstags- und Sonntagsarbeit
- Jahresurlaub

Gesundheits- und Gefahrenschutz

- Ärztliche Untersuchungen
- Beurteilung der Arbeitsbedingungen durch den Arbeitgeber
- Schutz gegen Gefahren am Arbeitsplatz
- Züchtigungsverbot
- Freistellung zum Berufsschulunterricht

Beschäftigungsverbot

- für Kinder unter 15 Jahren
- keine gefährlichen Arbeiten
- keine Akkordarbeit
- keine Arbeit unter Tage

Quelle © Bergmoser + Höller Verlag AG ZAHLENBILDER 280 040

1.6 Vergütung

Beispiel

Zum Ende des ersten Monats ihrer Ausbildung erhält Cornelia Gruber von der Personalabteilung der BPK GmbH ihre erste Verdienstabrechnung. Leider kann sie auf den ersten Blick überhaupt nicht erkennen, wie viel Geld sie denn nun auf ihr Girokonto bei der Sparkasse überwiesen bekommt. Die vielen Zahlen auf der Abrechnung erscheinen Cornelia zunächst sehr unübersichtlich – noch ist ihr nicht ganz klar, warum von ihrer Ausbildungsvergütung so viele Beträge abgezogen werden sollen.

Dem Auszubildenden steht eine angemessene monatliche Ausbildungsvergütung zu, die mit Fortschreiten der Ausbildung – mindestens aber jährlich – ansteigt. Die Vergütung ist spätestens am letzten Arbeitstag des laufenden Monats zu zahlen. Bei Krankheit des Auszubildenden ist sie für den Zeitraum von sechs Wochen weiterzuzahlen.

Die Höhe der Vergütung richtet sich nach den laufenden Tarifen und wird von den Tarifparteien festgelegt. Für tarifgebundene Ausbildungsbetriebe stellen die tariflich vereinbarten Vergütungen Mindestbeträge dar, d.h., niedrigere Vergütungen sind unzulässig. Besteht keine Tarifbindung, kann die Höhe der tariflichen Vergütung um bis zu 20 % unterschritten werden. Auskunft über die angemessene Höhe Ihrer Ausbildungsvergütung erhalten Sie bei den zuständigen Tarifparteien.

Ist die Ausbildungsvergütung so gering, dass sie zur Deckung der notwendigen Ausgaben (Lehrmittel, Fahrtkosten, Lebensunterhalt) nicht ausreicht, kann der Auszubildende eine **Berufsausbildungsbeihilfe** beantragen. Dazu muss er sich an die zuständige Agentur für Arbeit wenden.

Sozialversicherungsbeiträge 2013

	Rentenversicherung	Krankenversicherung	Pflegeversicherung	Arbeitslosenversicherung
Beitragsbemessungsgrenze (in Euro) (bis zu dieser Höhe ist das Bruttomonatsentgelt sozialabgabenpflichtig)	5800 (West) 4900 (Ost)	3937,50	3937,50	5800 (West) 4900 (Ost)
Beitragssatz in % des Bruttomonatsantgelts (aufgeteilt zwischen Arbeitnehmer und Arbeitgeber)	18,9	15,5 davon Arbeitgeber 7,3 % Arbeitnehmer 8,2 %	2,05 + 0,25 % Zuschlag für Kinderlose ab 23 Jahren	3,0

1 Zur Ausbildungsvergütung werden die vermögenswirksamen Leistungen (VL) hinzugerechnet. Vermögenswirksame Leistungen werden vom Arbeitgeber zusätzlich gezahlt, damit Erwerbstätige ein Vermögen aufbauen können. Zusätzlich fördert der Staat diese Sparleistung. Der Arbeitgeber zahlt maximal 40 € VL im Monat. In diesem Beispiel zahlt der Ausbildungsbetrieb eine Teilleistung von 26,00 €.

bpk Bergisches Papierkontor GmbH

Bergisches Papierkontor GmbH • Elberfelder Straße 85 • 42285 Wuppertal
Frau Cornelia Gruber
Bahnhofstraße 8a
42327 Wuppertal

Elberfelder Straße 85
42285 Wuppertal
Tel. +49 0202 1236-0
Fax +49 0202 1236-1
E-Mail info@bpkontor.de
www.bpkontor.de

– VERTRAULICH –
Personalnr. 532

Abrechnungsmonat September 20XX
Kostenstelle 0100
Sachbearbeiter/in Frau Trautmann

Verdienstabrechnung
Kauffrau im Groß- und Außenhandel, Fachrichtung Großhandel
1. Ausbildungsjahr

		Betrag €	Jahreswerte €
Steuerklasse 1 / kein Freibetrag Ev. Lutherisch Eintritt 01.08.20xx Geburtsdatum: 17.05.19xy			
Monatsentgelt		670,00	1340,00
VL Arbeitgeberanteil 1		26,00	52,00
Gesamtbrutto		696,00	1392,00
Steuerbrutto, laufende Bezüge 2 3	696,00		1392,00
Krankenversicherungsbrutto	696,00		1392,00
Krankenversicherung: AOK (8,2 %)		–57,07	–114,14
Pflegeversicherung (1,025 %)		–7,13	–14,26
Rentenversicherungsbrutto 4	696,00		1392,00
Rentenversicherung (9,45 %)		–65,77	–131,54
Arbeitslosenversicherung (1,5 %)		–10,44	–20,88
Gesetzliches Netto 5		555,59	1111,18
VL Bausparen 6		–40,00	–80,00
Empfänger: Debeka Bausparkasse 5718235			
Auszahlungsbetrag auf Konto: 155555 Sparkasse Wuppertal 7		515,59	1031,18

2 Vom Bruttogehalt werden die Steuern und die Sozialversicherungsbeiträge berechnet.

3 Die Lohn- und Kirchensteuer sowie der Solidaritätszuschlag werden vom Bruttogehalt abgezogen und direkt an das Finanzamt überwiesen. Wenn das Bruttoeinkommen unter 8.130 € (ab 2014: 8.354 €) im Jahr liegt, müssen keine Steuern abgeführt werden.

4 Die Beiträge zur Renten- und Arbeitslosenversicherung müssen vom Ausbildungsbetrieb und dem Auszubildenden je zur Hälfte bezahlt werden. Bei der Krankenversicherung zahlt der Arbeitnehmer einen höheren Anteil, nämlich 8,2 % des maßgeblichen Bruttogehalts; der Arbeitgeberanteil beträgt 7,3 %. Der Beitragssatz zur gesetzlichen Krankenversicherung beträgt also insgesamt 15,5 %. Bei der Pflegeversicherung zahlen kinderlose Versicherte über 22 Jahre einen Zuschlag von 0,25 % (Stand: 2013).

5 Der Nettoverdienst entspricht dem Gesamtbruttogehalt abzüglich der Steuern und der Sozialversicherungsbeiträge.

6 Die VL werden z. B. auf einen Sparvertrag oder einen Bausparvertrag überwiesen.

7 Der Auszahlungsbetrag ist der Nettoverdienst minus der VL.

2 Leistungsschwerpunkte und Stellung des Großhandels in der Wirtschaft

Haushalt
Personengemeinschaft, die im Hinblick auf die Verwendung des Einkommens gemeinsam wirtschaftet

Am wirtschaftlichen Geschehen eines Landes sind mehrere Akteure beteiligt:
- private **Haushalte**
- Unternehmen
- der Staat (öffentliche Haushalte)
- Banken
- das Ausland

Wenn die Akteure (z. B. alle Unternehmen) zusammengefasst werden, bilden sie einen Wirtschaftsbereich oder -sektor. Alle Wirtschaftsbereiche zusammen bilden eine **Volkswirtschaft.**

AB ☞ LS 3

2.1 Grundlagen des wirtschaftlichen Handelns

Bedürfnis
Gefühl eines Mangels mit dem Bestreben, ihn zu beseitigen

Im Rahmen der Volkswirtschaftslehre werden die menschlichen **Bedürfnisse** als zentrale Antriebskraft des wirtschaftlichen Entscheidens und Handelns angesehen. Die Menschen haben unterschiedliche Bedürfnisse. Die Erfüllung einiger Bedürfnisse ist lebensnotwendig, wie z. B. essen, trinken und schlafen. Die Erfüllung anderer Bedürfnisse macht das Leben schöner und leichter, z. B. das Bedürfnis zu reisen, Konzerte zu besuchen oder mit einem Auto zur Arbeit zu fahren.

Bedarf
Bedürfnisse, die mit vorhandenen Geldmitteln befriedigt werden können

Wenn sich die Wünsche des Menschen auf ganz bestimmte Waren oder Dienstleistungen beziehen, für die die notwendige Kaufkraft vorhanden ist, wird von einem **Bedarf** gesprochen. Erst wenn Waren oder Dienstleistungen tatsächlich gekauft werden, d. h. der Bedarf am Markt wirksam wird, handelt es sich um eine **Nachfrage.**

Ohne Bedürfnisse gäbe es für die Menschen keinen Grund, Waren und Dienstleistungen zu produzieren und gegen Geld zu tauschen.

Vom Bedürfnis zur Nachfrage

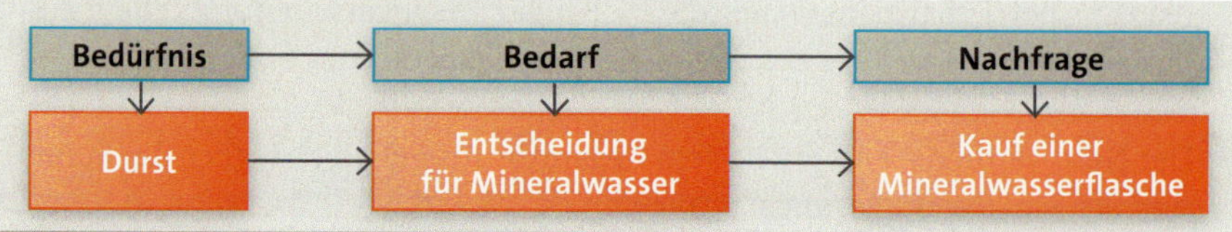

Die in einer Volkswirtschaft produzierten Waren und Dienstleistungen werden unter dem Begriff **Wirtschaftsgüter** zusammengefasst. Da Wirtschaftsgüter nur in begrenzter Menge zur Verfügung stehen, haben sie einen **Preis.** Der Preis für Wirtschaftsgüter wird durch Angebot und Nachfrage bestimmt: Je begehrter ein Gut ist, desto größer ist die Nachfrage und desto höher ist auch der Preis.

Freie Güter dagegen gibt es im Überfluss, wie z. B. herabgefallene Blätter im Herbst. Diese Güter haben keinen Preis und stehen jedem zur Verfügung.

Arten von Wirtschaftsgütern

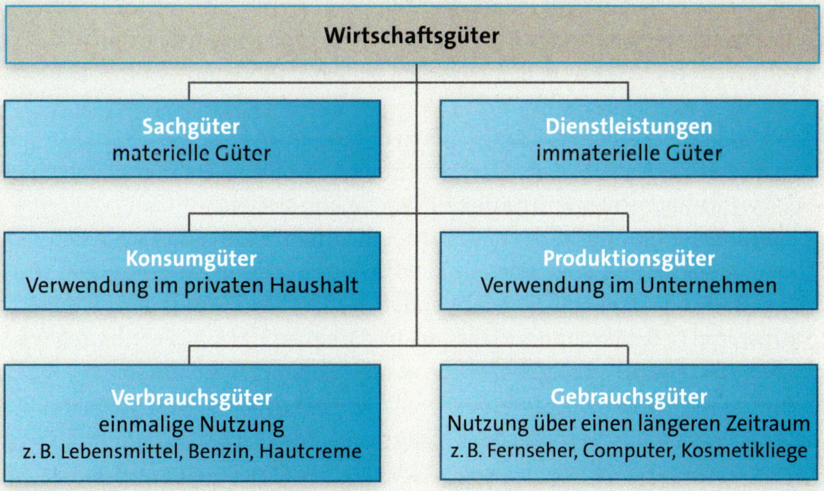

2.1.1 Das Ökonomische Prinzip

Das ökonomische Prinzip wird auch als Wirtschaftlichkeitsprinzip bezeichnet.

Menschen handeln wirtschaftlich, wenn sie zielgerichtet und genau überlegen, wie viel Geld sie zum Erwerb von knappen Gütern zur Verfügung haben. Das Handeln nach dem sogenannten ökonomischen Prinzip soll im Konflikt zwischen den unbegrenzten Bedürfnissen und den knappen Wirtschaftsgütern bzw. den begrenzten Geldmitteln die bestmögliche Lösung herbeiführen. Das ökonomische Prinzip kann zwei Ausprägungen annehmen:

- Nach dem **Minimalprinzip** soll der Mitteleinsatz möglichst gering gehalten werden, um einen bestimmten Ertrag (Nutzen) zu erreichen.
- Nach dem **Maximalprinzip** soll mit einem bestimmten Mitteleinsatz ein maximaler Nutzen erzielt werden.

Beispiel

Minimalprinzip: Jemand möchte eine 10 m² große Wand streichen und will dafür möglichst wenig Farbe verbrauchen, also möglichst wenig Geld ausgeben.

Maximalprinzip: Mit einem Eimer Farbe soll möglichst viel Wandfläche gestrichen werden.

Eine Kombination beider Prinzipien ist nicht möglich, denn mit möglichst wenig Farbe kann nicht möglichst viel Wand gestrichen werden. Einer der beiden Faktoren muss festgelegt werden, hier entweder die Farbmenge oder die Wandfläche.

Unternehmensziele
LF1, Kap. 4

Auch Großhandelsunternehmen handeln nach dem ökonomischen Prinzip, wenn sie Güter zum Verkauf anbieten. Dabei streben sie an, die Güter mit möglichst hohem Gewinn zu verkaufen, also ihren Gewinn zu maximieren. Die **Gewinnmaximierung** ist eines der wichtigsten ökonomischen Ziele der Unternehmen.

2.1.2 Die Produktionsfaktoren

Produktionsfaktor Arbeit

Für die Herstellung der Wirtschaftsgüter werden bestimmte Mittel, so genannte Produktionsfaktoren, benötigt. Die Produktionsfaktoren gehen dabei nicht direkt in die produzierten Güter ein, d. h., sie werden bei der Produktion nicht verbraucht.

Zu den klassischen Produktionsfaktoren gehören:

- **Arbeit:** Der Faktor Arbeit umfasst die Arbeitskraft aller Personen, die in einer Volkswirtschaft als Erwerbstätige zur Verfügung stehen.
- **Kapital:** Unter Kapital versteht man hier die finanziellen und sachlichen Mittel, die nicht für den Konsum verbraucht, sondern zur Anschaffung oder Nutzung von Produktionsmitteln verwendet werden. Man unterscheidet dabei Sachkapital (z. B. Maschinen, Gebäude) und Geldkapital (z. B. Beteiligungen).
- **Boden bzw. Natur:** Dazu gehören die gesamte Bodenfläche, die für landwirtschaftliche, industrielle, gewerbliche und verkehrsmäßige Nutzung benötigt wird, sowie Luft, Wasser und die vorhandenen Bodenschätze. Der Produktionsfaktor Natur wird z. B. als landwirtschaftliche Nutzfläche, zum Abbau von Bodenschätzen sowie als Standort für Betriebs- und Geschäftsgebäude genutzt.

Produktionsfaktor Kapital

Beispiel

- Arbeit: Cornelia beginnt eine Ausbildung zur Großhandelskauffrau bei der BPK GmbH.
- Kapital: Renate Roskamp beteiligt sich als Gesellschafterin an der BPK GmbH.
- Natur: Graf Klotz verkauft ein Grundstück an die BPK GmbH.

Produktionsfaktor Boden (Natur)

In der heutigen Zeit, in der das Wissen ständig anwächst und sich die weltweite Vernetzung zunehmend beschleunigt, werden Fähigkeiten und Techniken zur Informationsgewinnung, -verarbeitung und -bewertung immer bedeutsamer. Deshalb wird der Faktor **Information (Wissen)** heute nicht selten als zusätzlicher Produktionsfaktor betrachtet.

Private Haushalte und die Unternehmen befinden sich in einem wechselseitigen Abhängigkeitsverhältnis. Die privaten Haushalte stellen den Unternehmen Arbeitskräfte, Kapital und Boden zur Verfügung. Für die Produktion von Waren und Dienstleistungen werden in den Unternehmen die Produktionsfaktoren **kombiniert.**

Beispiel

Im Spätsommer pflücken die Weinleser (Produktionsfaktor Arbeit) in den Weinbergen (Produktionsfaktor Natur) die reifen Trauben. Damit die privaten Haushalte den Wein beim Händler kaufen können, muss dieser zuvor mithilfe einer Abfüllanlage (Produktionsfaktor Kapital) in Flaschen abgefüllt werden.

Allerdings können nicht alle Faktoren frei miteinander kombiniert werden. So gehört beispielsweise zu jedem Lieferwagen (Produktionsfaktor Kapital) mindestens ein Fahrer (Produktionsfaktor Arbeit).

2.2 Wirtschaftskreislauf

In jedem Land gibt es eine unübersehbare Zahl von Akteuren, die miteinander Güter, Dienstleistungen und Geld tauschen (wirtschaften). Um dieses komplizierte Geflecht von Tauschbeziehungen überschaubarer zu machen, bedient man sich des **Modells des Wirtschaftskreislaufs.** Ein ökonomisches Modell vereinfacht die Realität und dient dazu, grundlegende Zusammenhänge in einer Volkswirtschaft zu verdeutlichen und verständlicher zu machen.

Der Wirtschaftskreislauf beruht auf der grundlegenden Tatsache, dass Wirtschaften zu zwei Arten von Wertströmen führt. Es gibt **Güterströme** und **Geldströme.** Die Güterströme verlaufen entgegen den Geldströmen, weil Geld in der Regel die Gegenleistung für die Güter bildet.

2.2.1 Wirtschaftskreislauf mit zwei Sektoren

Das einfachste Modell des Wirtschaftskreislaufs befasst sich mit den Tauschprozessen zwischen **privaten Haushalten** und **Unternehmen.** Dazu werden alle Haushalte und alle Unternehmen in einem Land zu je einem Sektor zusammengefasst. Die Haushalte stellen den Unternehmen Produktionsfaktoren zur Verfügung und erhalten dafür als Gegenleistung Löhne und Gehälter (für die Arbeit), Zinsen und Dividenden (für das Kapital) oder Mieteinnahmen (für den Boden). Von diesem Einkommen kaufen sie die in den Unternehmen produzierten Güter und verbrauchen sie (Konsum).

Das Einkommen der Haushalte und die bezogenen Güter entstammen somit ein und derselben Quelle, den Unternehmen. Wenn die Haushalte ihr gesamtes Einkommen für den Kauf von Gütern ausgeben und alle produzierten Güter konsumiert werden, ist der Kreislauf geschlossen. Die Menge der produzierten Güter und der Lebensstandard bleiben gleich, die Wirtschaft befindet sich in einem statischen Zustand.

Wirtschaftskreislauf mit zwei Sektoren

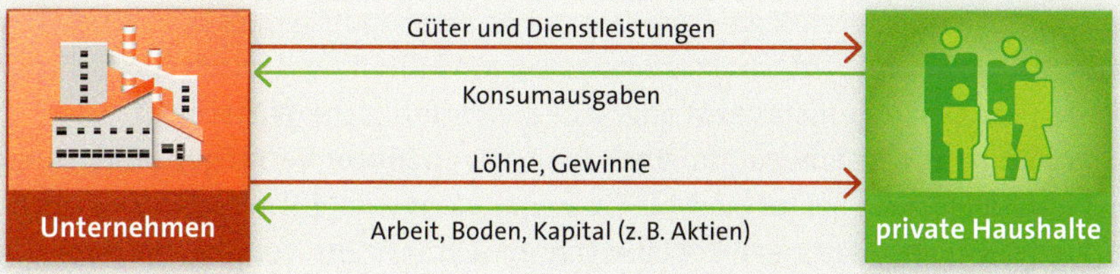

2.2.2 Wirtschaftskreislauf mit drei Sektoren

Das einfache Modell lässt sich im Baukastensystem erweitern. Mit der Einbeziehung der öffentlichen Haushalte, zusammengefasst zum **Sektor Staat,** erfolgt eine wichtige Ergänzung. Die privaten Haushalte und Unternehmen entrichten an den Staat Steuern, Gebühren und Abgaben. Mit diesen Einnahmen unterstützt der Staat bedürftige Haushalte (z. B. durch Sozialhilfe), sichert die Existenz gefährdeter Unternehmen durch Unterstützungszahlungen (Subventionen) und entlohnt seine Beschäftigten. Über die Investition in **Kollektivgüter** (Schulen, Autobahnen usw.) fließen den Unternehmen, die diese Güter erstellen, weitere Einnahmen zu.

Kollektivgüter
Güter, von deren Nutzung niemand ausgeschlossen werden kann.

Wirtschaftskreislauf mit drei Sektoren

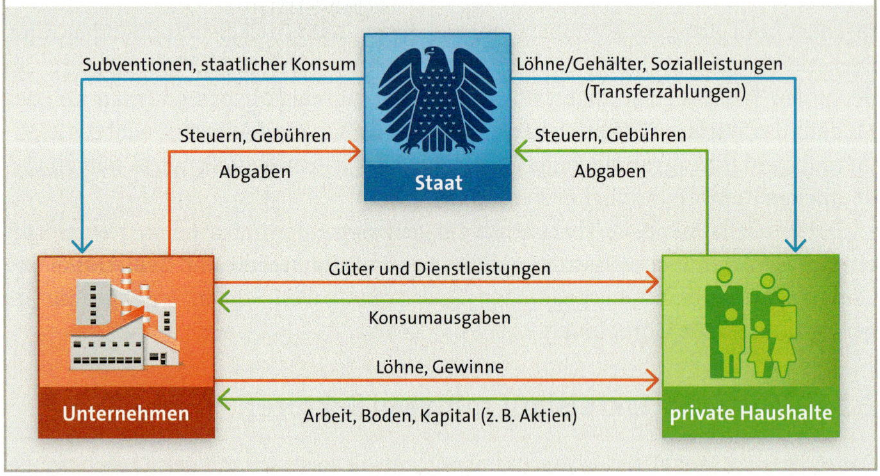

2.2.3 Wirtschaftskreislauf mit fünf Sektoren

Im Produktionsprozess nutzen sich Maschinen mit der Zeit ab. Auch geben Haushalte ihr Geld nicht komplett für den Konsum aus, sondern sie sparen einen Teil ihres Einkommens. Entsteht dann ein Überhang an Gütern? Nicht unbedingt.

Neben den Haushalten fungieren auch Unternehmen als Nachfrager. Sie erwerben z. B. neue Maschinen, d. h., sie **investieren.** Das Geld erhalten sie von den Haushalten, indem diese auf Konsum verzichten (sparen). Die ausgefallene Konsumgüternachfrage wird durch die Investitionsgüternachfrage ausgeglichen, der Kreislauf ist wieder geschlossen. Die Wirtschaft befindet sich wieder im Gleichgewicht, allerdings auf einem höheren Niveau, denn durch die Investitionen kann mehr produziert werden, das Einkommen der Haushalte und das Güterangebot sind gestiegen.

Im ersten, geschlossenen Modell des Wirtschaftskreislaufs gibt es kein Wirtschaftswachstum (statische Wirtschaft). Im zweiten Modellfall wird durch Sparen und Investieren ein Wachstumsprozess angestoßen (dynamische Wirtschaft).

Sparen und Investieren laufen über den fiktiven **Sektor Vermögensänderungen.** Man kann sich diesen Sektor auch als Bankenapparat vorstellen: Sparer bringen Geld zur Bank, die die Investitionen der Unternehmen finanziert. Vermögensänderungen müssen aber nicht in jedem Fall mit Transaktionen der Banken deckungsgleich sein. Der Sektor zeigt alle Vorgänge, die die Vermögensbildung und -verwendung betreffen, unabhängig davon, ob Banken mitwirken oder nicht.

Export und Import
LF1, Kap. 8.1.1

Mit der Erweiterung des Modells um den **Sektor Ausland** wird aus dem bisher geschlossenen Modell ein **offener Wirtschaftskreislauf.** Güter werden ins Ausland verkauft und aus dem Ausland gekauft, d. h., es wird exportiert und importiert. Exporte führen zu Einnahmeströmen vom Ausland an die inländischen Unternehmen, Importe führen umgekehrt zu Geldströmen von den Unternehmen an das Ausland. Wird z. B. mehr exportiert als importiert, so entsteht für die inländische Wirtschaft ein Vermögen in Form von Forderungen an das Ausland. Dies wird durch einen Zahlungsstrom vom Ausland an den Sektor Vermögensänderungen dargestellt.

Wirtschaftskreislauf mit fünf Sektoren

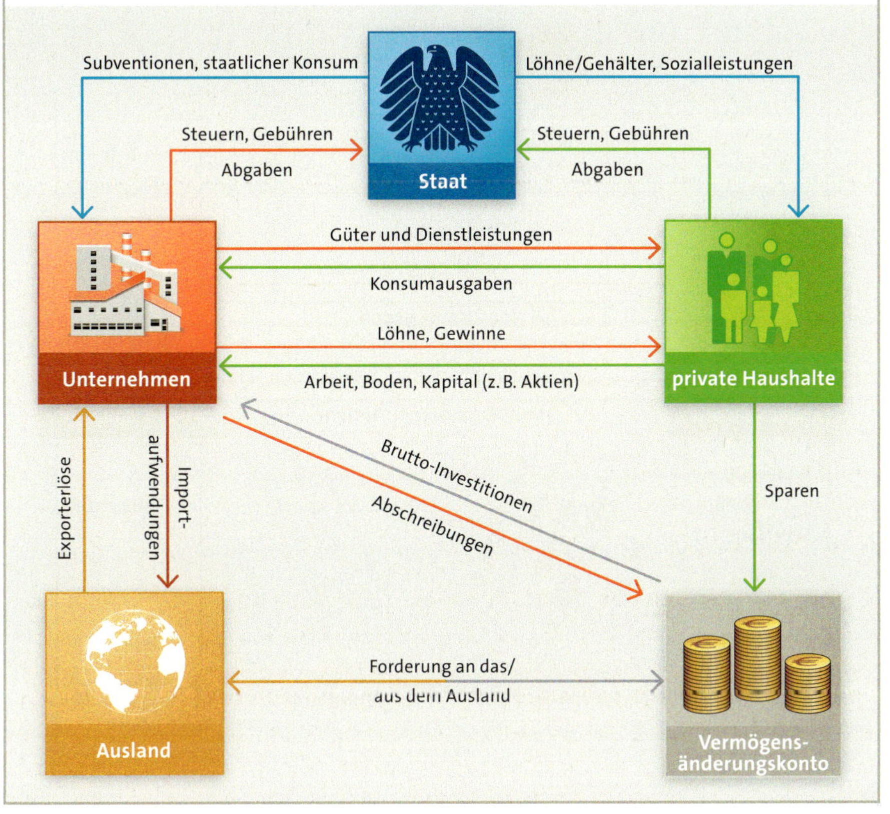

2.2.4 Wirtschaftskreislauf und Umwelt

Ökologie und Nachhaltigkeit
LF1, Kap. 5

Der Wirtschaftskreislauf basiert auf der Gegenüberstellung von Güter- und Geldströmen, d.h., es werden nur die bezahlten Leistungen berücksichtigt, unbezahlte Leistungen, wie z.B. die Arbeit der Hausfrauen, nicht. Ebenso verhält es sich mit den meisten Leistungen der Natur. Erweitert man den Wirtschaftskreislauf um den **Sektor Umwelt,** dann fällt auf, dass den zahlreichen Güterströmen, die aus der Natur in den Kreislauf einfließen, vielfach keine entsprechenden Geldströme gegenüberstehen:

- Die Entnahme von nicht erneuerbaren Ressourcen, z.B. von Erdöl, wird nur mit den Förderungskosten berechnet. Die Abnahme der Rohstoffvorkommen wird nicht berücksichtigt.
- Die Nutzung der Umwelt als „Lagerhalde" für die Abfälle, Abwässer und Abgase aus Produktion und Konsum wird nur dann erfasst, wenn für die Inanspruchnahme dieser Leistung bezahlt werden muss.
- Die Beseitigung der Umweltschäden kostet Geld; im Sinne des herkömmlichen Wirtschaftskreislaufs werden somit die produzierte Gütermenge und das Einkommen durch die Schäden an der Umwelt erhöht.

Dies ist besonders problematisch, weil der Wirtschaftskreislauf die Grundlage für die volkswirtschaftliche Gesamtrechnung darstellt, also für die Berechnung des Bruttoinlandsprodukts. In der ökonomischen Betrachtung wird übersehen, dass das Wirtschaftswachstum zulasten der Umweltqualität erkauft wird.

Wirtschaftskreislauf und Umwelt

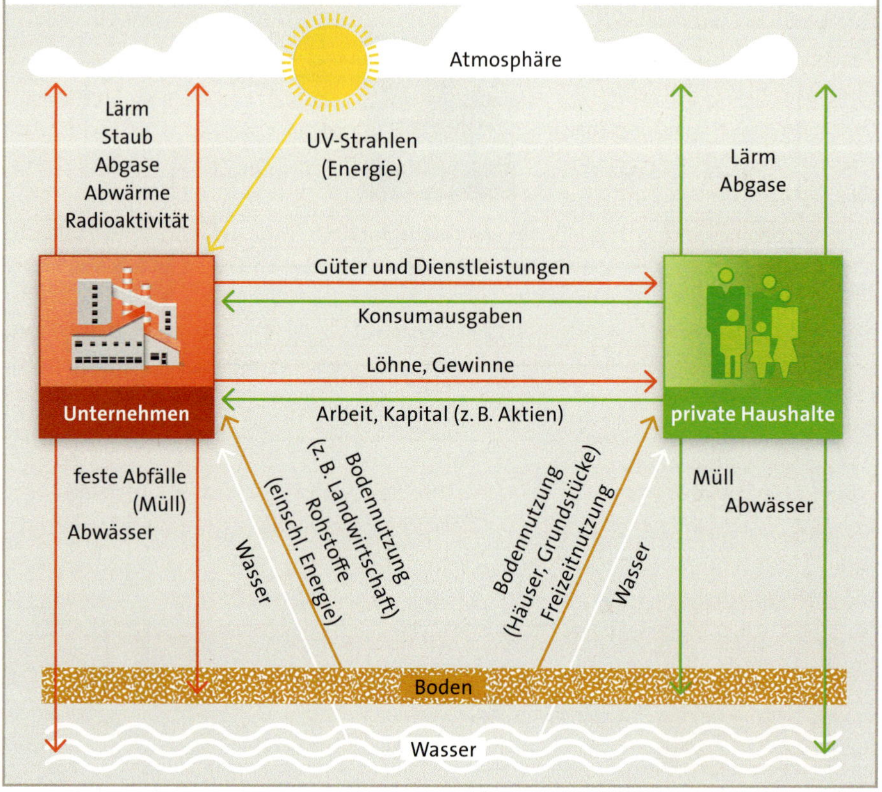

Deshalb wurde 1990 vom Statistischen Bundesamt das Konzept einer **umweltökonomischen Gesamtrechnung (UGR)** vorgestellt, mit welchem der Umweltzustand quantitativ und teilweise in monetärer Form erfasst werden soll.

Die UGR stellen u. a. statistische Daten bereit über
- die Entnahme natürlicher Ressourcen für die Produktion,
- die Emission von Schadstoffen,
- die Bodennutzung als Siedlungs- und Verkehrsfläche.

Akteure im Wirtschaftskreislauf

	Haushalte	Unternehmen	Staat
Ziel	maximale Bedürfnisbefriedigung	Gewinnmaximierung	Sicherung der Stabilität, Wirtschaftswachstum
Einkommen	Verkauf der Produktionsfaktoren Arbeit, Kapital, Boden gegen Löhne, Miete, Zinsen, Gewinn	Erlöse aus dem Verkauf von Gütern	Steuern, Gebühren, Beiträge
Verwendung des Einkommens	Konsum, Sparen	Investitionen	Subventionen, Transferleistungen, staatlicher Konsum, staatliche Investitionen
Art der Produktion	für den Eigenbedarf	für den Fremdbedarf	Bereitstellung kollektiver Güter (z. B. Schulen, Straßen)

2.3 Leistungen des Großhandels

AB ☞ LS 4

direkter Absatz

Der Produzent verkauft seine Produkte direkt an den Endverbraucher.

indirekter Absatz

Der Handel ist zwischengeschaltet.

Der Handel verbindet die Gütergewinnung und -herstellung mit dem Endverbraucher. Dem Produzenten (Hersteller) und dem Endverbraucher sind beim so genannten **indirekten Absatz** der Großhandel und der Einzelhandel zwischengeschaltet. Durch den Handel ist die flächendeckende Verteilung der Güter an den Endverbraucher gewährleistet. Der Handel nimmt sowohl dem Verbraucher als auch dem Hersteller viele Aufgaben ab.

Der **Einzelhändler** kauft Waren beim Industriebetrieb oder Großhändler ein und verkauft sie an den Endverbraucher weiter. Der Einzelhändler macht den Markt für den Verbraucher relativ transparent, was die Wichtigkeit des Handels in der Zeit zunehmender Warenvielfalt noch verstärkt. Der **Großhändler** hingegen vertreibt die Waren in der Regel nicht direkt an den Konsumenten, sondern verkauft sie an gewerbliche Abnehmer (z. B. Einzelhändler, Krankenhäuser).

Der indirekte Absatz

Beispiel

Cornelia Gruber ist Auszubildende zur Groß- und Außenhandelskauffrau. Heute ist ihr erster Arbeitstag in ihrem Ausbildungsbetrieb Bergisches Papierkontor GmbH (kurz: BPK). Zu Hause hat sie sich schon einige Fragen überlegt, die sie unbedingt stellen will. Sie ergreift die Gelegenheit, als sie in ihrer ersten Ausbildungsabteilung (Allgemeine Verwaltung) ihren Vorgesetzten Herrn Deneke in einer ruhigen Minute erwischen kann: „Herr Deneke, ich hätte da mal eine Frage. Ich bin mir im Klaren darüber, dass die BPK GmbH Papier kauft und verkauft, aber warum tun das Hersteller und Verbraucher nicht direkt, dann könnte man sich diese Zwischenstufe doch sparen?“ Herr Deneke ist etwas verblüfft über diese Frage, da er sich schon lange keine Gedanken mehr über die Entstehung und die Notwendigkeit des Handels gemacht hat. Er beschließt, seine Erläuterungen historisch aufzubauen.

Früher, in der Gesellschaft der „Jäger und Sammler“, war noch kein Händler notwendig, denn alle Gesellschaftsmitglieder sorgten füreinander und alle lebensnotwendigen Güter wurden gemeinschaftlich hergestellt und genutzt bzw. verbraucht. Später wurden die Menschen sesshaft. Sie lebten in Kleingruppen oder Familienverbänden und begannen, sich je nach Bedarf und Talent auf die Herstellung bestimmter Güter zu spezialisieren. Mit der Entstehung der Arbeitsteilung begann auch der **Tauschhandel,** denn nicht jede Familie konnte alles selbst herstellen oder besorgen, was zum Leben benötigt wurde.

Mit der Erkundung anderer Regionen und Kontinente entwickelte sich auch der Beruf des Händlers. Dieser nahm Waren aus der Heimat in andere Regionen mit und tauschte sie dort gegen andere Waren ein. Der Händler brachte diese Waren wieder in seine Heimat, wo er sie ebenfalls wieder eintauschte. Damit übernahm der Händler die wichtige **Raumüberbrückungsfunktion,** die auch heute noch vom Großhandel übernommen wird.

Mit der Entstehung des Geldes sowie der Ausweitung der Verkehrswege und -mittel konnte der Händler sein Gewerbe weiter ausbauen. Es war einerseits nicht mehr nötig, Waren als Tauschmittel bei den Reisen mitzunehmen. Andererseits konnte der Händler mithilfe besserer Transportmittel mehr Waren kaufen und verkaufen und weitere Strecken zurücklegen. Dadurch war er in der Lage, in noch weiter entfernte Orte zu reisen und den dortigen Markt zu erschließen, d.h., für seine Waren zu werben bzw. zu erfahren, welche Waren nachgefragt oder benötigt werden. In diesem Zusammenhang sprechen wir von der **Markterschließungsfunktion** des Händlers bzw. des Großhändlers.

Durch die Möglichkeit, nun viel mehr Waren transportieren zu können, konnte der Händler größere Mengen einkaufen, als er sofort absetzen konnte. Zum Ausgleich richtete er sich Lager ein. Gleichzeitig war es dem Händler aber auch möglich, von verschiedenen Kleinherstellern Waren zu kaufen und erst in großen Mengen abzugeben (z.B. Holz von mehreren Förstern an Zellstofffabriken). Der Händler sorgte demnach für den Mengenausgleich zwischen Einkauf und Verkauf **(Mengenausgleichsfunktion).**

Gleichzeitig konnte er durch die Lagerungsmöglichkeit die Zeit vom Einkauf bis zum Verkauf überbrücken; denn nur in den seltensten Fällen war und ist ein Händler in der Lage, die eingekaufte Ware sofort weiterzuverkaufen. Wir sprechen hier von der **Zeitüberbrückungs- oder Lagerhaltungsfunktion.**

Moderne Lagerhaltung

Mit der Entwicklung der industriellen Massenproduktion (Ende des 18. Jh.) entstanden und entstehen bis heute eine Vielzahl von Produkten, über die man leicht die Übersicht verlieren kann.

Der Händler übernimmt die Aufgabe, Waren nach einer bestimmten Gattung, z.B. Lebensmittel, Schreibwaren oder Werkzeuge, zu **Sortimenten** (Sortimentsgroßhandel) zusammenzufassen und somit dem Kunden die Übersicht über die Warenvielfalt zu verschaffen. Der Händler kann sich aber auch auf eine Warenart spezialisieren (Spezialgroßhandel), z.B. Computer oder Fahrräder. Damit fasst er dann viele verschiedene Typen sowie das entsprechende Zubehör zu einem Sortiment zusammen. So nimmt der Händler dem Kunden die Aufgabe ab, den Markt selbst zu erkunden und jede Ware einzeln bei verschiedenen Herstellern bestellen zu müssen **(Sortimentsbildungsfunktion).**

Sortiment
Gesamtheit aller zum Kauf angebotenen Waren

In diesem Zusammenhang ist auch die **Servicefunktion** zu erwähnen. Der Handel übernimmt die Beratungsfunktion und die Gewährleistungspflicht für den Kunden. Der Kunde sollte sich auf die Warenkenntnisse des Händlers verlassen können. Dies gilt natürlich für Großhändler und Einzelhändler gleichermaßen. Falls notwendig, übernimmt der Händler Installationsarbeiten oder Reparaturen. Auch Schulungen, die z.B. im Computerhandel angeboten werden, und nicht zuletzt die Erfüllung von Kundensonderwünschen gehören zu den Serviceleistungen des Händlers.

Gewährleistungspflicht
LF2, Kap. 4.1

Die **Absatzfinanzierungsfunktion,** die der Großhändler übernimmt, macht ihn für den Hersteller (fast) unentbehrlich. Der Großhändler kauft und bezahlt die Ware in größeren Stückzahlen vom Hersteller, bevor diese am Markt durch Einzelhandel, Weiterverarbeiter oder Endverbraucher nachgefragt werden. Dieses Vorgehen hat für den Hersteller auch den Vorteil, dass die Lagerungskosten, die er bis zum Absatz seiner Waren an den Endabnehmer tragen müsste, vom Handel übernommen werden. Gleichzeitig räumt der Großhändler dem Einzelhändler oder Weiterverarbeiter Kredite ein, indem er besondere Zahlungsbedingungen (z.B. Zahlungsziel, Lieferantenkredite) mit ihm vereinbart. Dadurch stattet er seine Kunden mit Kaufkraft aus, die sie sonst nicht hätten.

Zahlungsbedingungen
LF2, Kap. 3.1.3

Durch die warengerechte Lagerung, z.B. von Bananen bis zur Reife, werden die Waren veredelt, d.h., die Bananen werden erst an den Einzelhändler geliefert, wenn deren Zustand verkaufsbereit ist. Die Qualität der Waren wird in diesem Fall verbessert. Auch die BPK GmbH übernimmt teilweise eine **Veredelungsfunktion.** Denn unter Veredelung bei Papier versteht man die trockene und dunkle Lagerung, damit die Struktur des Papiers erhalten bleibt.

Aufgaben des Großhandels	
Raumüberbrückungsfunktion	Die Ware wird von einem Ort zum anderen gebracht, also verteilt.
Zeitüberbrückungsfunktion (Lagerhaltungsfunktion)	Die Zeit zwischen Einkauf und Verkauf der Ware wird durch Lagerung überbrückt.
Mengenausgleichsfunktion	Die Ware wird in größeren oder kleineren Mengen eingekauft als verkauft.
Markterschließungsfunktion	Der Großhändler sieht sich nach neuen Märkten um.
Sortimentsbildungsfunktion	Der Großhändler fasst Waren zu Sortimenten zusammen und verschafft dem Kunden einen besseren Überblick.
Servicefunktion	Der Großhändler bietet seinen Kunden z.B. Beratung und Gewährleistung.
Absatzfinanzierungsfunktion	Der Großhändler kauft und bezahlt die Ware beim Hersteller, bevor es eine Nachfrage des Endverbrauchers gibt, und räumt seinen Kunden Kredite ein.
Veredelungsfunktion	Die Ware erlangt oder behält einen bestimmten Reifegrad bzw. Wert.

2.4 Arten des Großhandels

Anhand der Positionierung des Großhandels zwischen den einzelnen Absatzstufen einer Wertschöpfungskette lassen sich folgende Großhandelsarten unterscheiden:

Der **Aufkaufgroßhandel** kauft kleine Mengen von vielen verschiedenen Anbietern, z. B. Obst und Gemüse, und verkauft die Waren in größeren Mengen an wenige Abnehmer. Im Falle der Papierherstellung und des Papierhandels kauft der Aufkaufgroßhändler bei forstwirtschaftlichen Betrieben in kleineren Mengen Holz, um dies an die weiterverarbeitende Industrie in größeren Mengen weiterzuverkaufen.

Der **Produktionsverbindungsgroßhandel** kauft unfertige, halbfertige oder fertige Erzeugnisse und verkauft sie an die weiterverarbeitende Industrie weiter. Somit verbindet er zwei aufeinanderfolgende Produktionsstufen.

Der **Absatzgroßhandel** nimmt große Mengen Fertigwaren vom Hersteller ab und verkauft sie in kleineren Mengen an Einzelhändler oder gewerbliche Verbraucher (z. B. Schreibwaren).

Beispiel

Als Cornelia von diesen drei Großhandelsarten hört, ist für sie sofort klar, dass das Bergische Papierkontor dem Absatzgroßhandel zuzuordnen ist. Denn die BPK GmbH kauft beim industriellen Papierhersteller größere Mengen Papier und andere Waren, um diese gewinnbringend in kleineren Mengen an Einzelhändler weiterzuverkaufen.

Wertschöpfungskette Papierherstellung

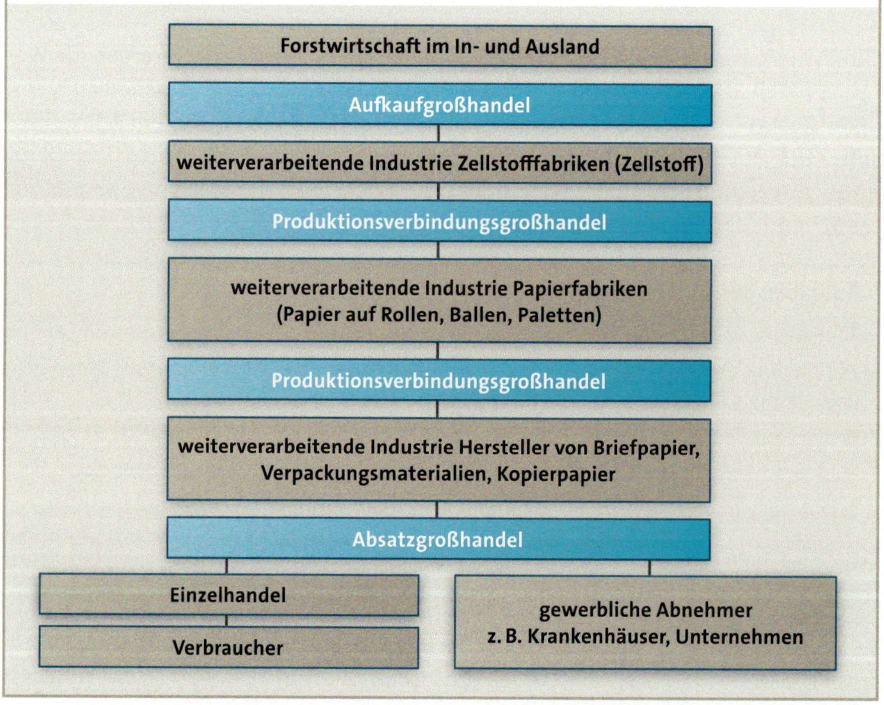

2.5 Betriebsformen des Großhandels

Zustellgroßhandel

Darunter versteht man einen Großhandelsbetrieb, der die Kunden mit den bestellten Waren selbst beliefert bzw. die Belieferung organisiert. Der Transport der Waren macht einen großen Kostenfaktor innerhalb des Großhandelsbetriebes aus, sodass es für den Großhändler vonnöten ist, genau zu kalkulieren, wie er den Kunden beliefert (z. B. Entscheidung über die Versandart, Auswahl des geeigneten Transportmittels).

Transportkosten
LF2, Kap. 3.1.4

Abholgroßhandel

Beim Abholgroßhandel kommt der Kunde (gewerblicher Abnehmer) direkt zum Großhändler und holt die Waren dort ab. Der finanzielle Vorteil, den der Verzicht auf teuren Transport zum Kunden mit sich bringt, kann an den Kunden in Form von günstigeren Preisen weitergegeben werden. Jedoch muss dieser ebenfalls genau kalkulieren, ob die Kosten der eigenen Abholung durch die günstigeren Preise auch gedeckt sind.

Aus Sicht des Kunden spielen häufig nicht nur die Kosten eine Rolle, sondern auch Kriterien wie Schnelligkeit, Pünktlichkeit und Zuverlässigkeit. In einigen Fällen kann es durchaus sinnvoll sein, die Ware auch beim Zustellgroßhandel selbst abzuholen, obwohl der Kunde daraus zunächst einen finanziellen Nachteil erleidet.

Cash and carry

Der Cash-and-carry-Großhandel ist eine Sonderform des Abholgroßhandels. Der Abnehmer kann die benötigten Waren in einer Art „Selbstbedienungslager" aussuchen und sofort mitnehmen. Es werden ihm hier ein großes Sortiment sowie in der Regel lange Öffnungszeiten geboten.

Cash
(engl.) Barzahlung
carry
(engl.) sofortiger Abtransport

Einkauf beim Cash-and-carry-Großhandel

Wichtige Betriebsformen des Großhandels	
Zustellgroßhandel	beliefert seine Kunden mit der Ware
Abholgroßhandel	Kunde holt die Ware beim Großhändler ab
Cash and carry	Kunde holt die Ware in Selbstbedienung beim Großhändler ab und bezahlt sofort

AB ☞ LS 5

2.6 Standortwahl

Beispiel

Die BPK GmbH liegt schon immer in dem geografisch vorteilhaften Städtedreieck Köln-Düsseldorf-Dortmund in Wuppertal. Für die dortige Ansiedelung des Unternehmens waren 1870 keine wirtschaftlichen, sondern persönliche Gründe ausschlaggebend: Herr Oberberg hatte dort seinen Wohnsitz. Trotzdem hat sich seit dem Zeitpunkt der Unternehmensgründung dieser Standort als äußerst vorteilhaft erwiesen.

Standort
Ort der gewerblichen Niederlassung eines Betriebes

Der wirtschaftliche Erfolg eines Betriebes ist nicht nur von der unternehmerischen Leistungsfähigkeit abhängig. Unter anderem spielt auch ein mehr oder weniger günstiger **Standort** für den Erfolg eines Unternehmens eine nicht zu unterschätzende Rolle. Über die Wahl des Standortes entscheiden u. a. folgende **Standortfaktoren:**

- die Nähe zu Kunden und Lieferanten
- die Höhe der zu entrichtenden Steuern
- das Angebot an qualifizierten Fachkräften
- die Höhe der Lohnkosten
- die Inanspruchnahme kommunaler Fördermittel
- Umweltauflagen, die bei Produktion oder Transport zu berücksichtigen sind.

Standortwahl von Außenhandelsunternehmen
☞ LF1, Kap. 8.3

Im Rahmen dieser Erfolgsfaktoren ist in den letzten Jahren viel über den „Standort Deutschland" diskutiert worden. Es stellt sich die Frage, ob Deutschland unter diesen Gesichtspunkten als möglicher Standort für ausländische Unternehmen interessant ist und warum immer mehr deutsche Unternehmen ihren Standort im Ausland suchen, teilweise aber auch wieder nach Deutschland zurückkehren.

Für ein Großhandelsunternehmen spielt die räumliche Entfernung zu den Kunden und Lieferanten eine wichtige Rolle und grenzt die Standortmöglichkeiten stark ein, in der Regel mindestens auf das Staatsgebiet des jeweiligen Landes. Es interessieren den Großhandel daher mehr die regionalen Unterschiede als die internationalen.

Der Standort des Handelsbetriebes

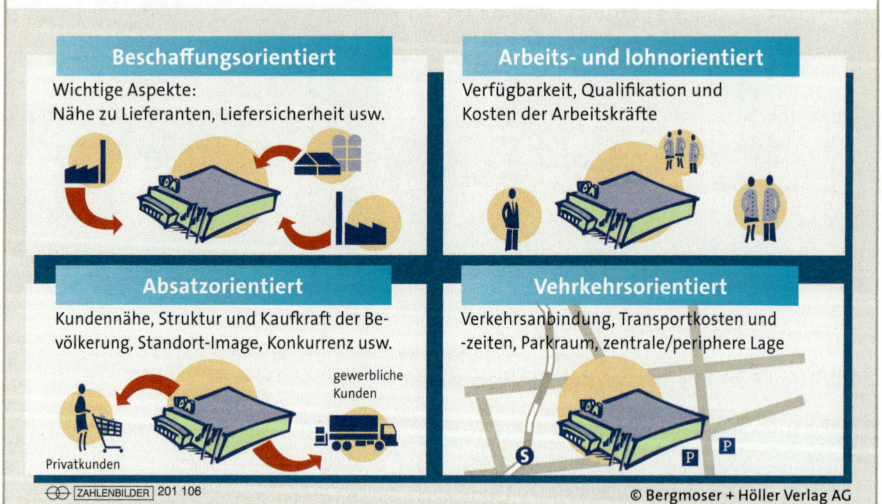

Für die Standortwahl der BPK GmbH war es nicht unbedingt ausschlaggebend, dass in diesem Ballungsgebiet mehr als ausreichend gut ausgebildetes Personal zur Verfügung steht, ist doch ein Großhandelsbetrieb nicht sehr personalintensiv. Für Großhandelsbetriebe richtet sich die Wahl des Standortes, abhängig von Sortiment und Art des Großhandels, vor allem nach folgenden Faktoren:

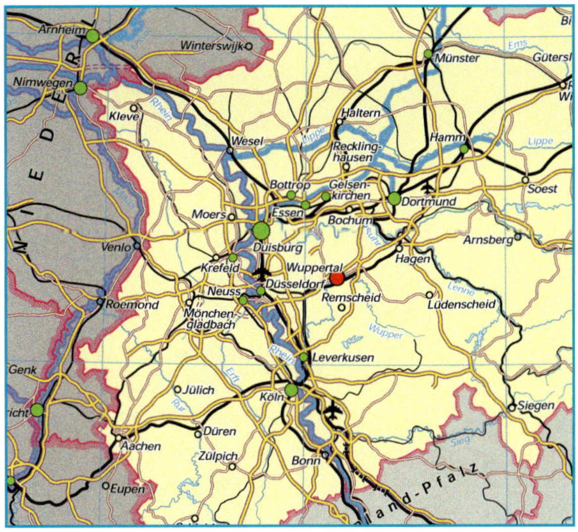

● Standort der BPK

Absatzorientierung
Die Orientierung an der Absatzmöglichkeit ist für den Absatzgroßhandel wie z. B. Lebensmittel- oder Schreibwarengroßhandlungen von zentraler Bedeutung. Die Nähe zu den Kunden sorgt für geringe Lieferkosten sowie für schnelle und pünktliche Lieferung, was den Einzelhändler wiederum Pluspunkte bei den Konsumenten sammeln lässt.

Beschaffungsorientierung
An der Beschaffung orientieren sich vor allem Aufkaufgroßhandlungen, die z. B. Rohstoffe an die weiterverarbeitende Industrie veräußern. So sind sie in der Lage, bei niedrigen Transportkosten die Waren vieler Kleinproduzenten aufzukaufen und an einen oder wenige Weiterverarbeiter zu verkaufen.

Beispiel

Ein Großteil aller Kunden der BPK GmbH ist in Nordrhein-Westfalen angesiedelt. Die BPK GmbH liegt also aus absatzorientierter Sicht sehr günstig und ist in der Lage, auf eilige Kundenanfragen sehr flexibel zu reagieren.

Verkehrsorientierung
Eine Ausrichtung an verkehrsgünstigen Gegebenheiten ist für alle Großhandelsarten von zentraler Bedeutung. Fungieren sie doch als Verbindung verschiedener Produktionsstufen, die an sehr weit entfernten Orten liegen können. Es ist für sie wichtig, ihre Waren schnell und günstig beschaffen zu können und sie auch ebenso schnell und günstig abzusetzen.

Beispiel

Die BPK GmbH liegt nach dem Kriterium der Verkehrsorientierung sehr günstig, stehen ihr doch ein gut ausgebautes Straßennetz, mehrere Flughäfen, Bahnhöfe sowie Wasserwege zur Verfügung.

Standortfaktoren

Absatzorientierung	geringe räumliche Entfernung zu den Kunden
Beschaffungsorientierung	geringe räumliche Entfernung zu den Lieferanten
Verkehrsorientierung	günstige Anbindung an das Verkehrsnetz (Wasserwege, Straße, Schiene usw.)

AB ☞ LS 6

3 Organisation von Großhandelsbetrieben

Zunehmender Wettbewerb und steigende Globalisierungstendenzen ziehen für viele Unternehmen neue Herausforderungen nach sich. Sie müssen schneller und flexibler auf Marktänderungen reagieren und dabei gezielter auf Kundenbedürfnisse und -erwartungen eingehen. Folgerichtig wurde bereits vor Jahren eine verstärkte **Kundenorientierung** von der Mehrheit der deutschen Unternehmen als zentrale Unternehmensstrategie erkannt, jedoch sind in der Praxis Probleme bei der Umsetzung offensichtlich. Die Zahl der Kunden, die pro Mitarbeiter zu betreuen sind, steigt ständig, hohe Anforderungen und meist auch eine hohe Arbeitsbelastung der betreuenden Mitarbeiter sind die Folgen. Nicht selten treten Schwierigkeiten bei der Einarbeitung neuer Mitarbeiter auf, die über wenig spezifische Erfahrung im Umgang mit den Kunden verfügen, und tragen zusätzlich zur Verschärfung der Probleme bei.

Unternehmensziele
☞ *LF1, Kap. 4*

Für die Unternehmen reicht sicherlich die alleinige Festschreibung von Kundenorientierung in den Unternehmenszielen nicht aus, sondern es müssen begleitend **organisatorische** und **personelle Maßnahmen** durchgeführt werden. Kundenorientierung kann letztlich nur in einer reibungslos funktionierenden Organisationsstruktur und von fachlich, methodisch und sozial kompetenten Mitarbeitern umgesetzt werden.

3.1 Leitungs- und Weisungssysteme

Beispiel

Cornelia Gruber wird am vierten Tag ihrer Ausbildung mit folgenden Worten von ihrer Ausbilderin Frau Trautmann begrüßt: „Sie sollten möglichst bald die Kollegen in unserem Betrieb kennenlernen. Anhand dieses Organigramms können Sie sich erst einmal einen Überblick über die Mitarbeiter und die Organisationsstrukturen der BPK verschaffen." Cornelia erhält ein Blatt Papier, auf dem eine Art Tabelle abgebildet ist. Leider kommt sie nicht mehr dazu zu fragen, was ein Organigramm ist.

Organigramm
Darstellung des hierarchischen und strukturellen Aufbaus eines Unternehmens (siehe nächste Seite)

Cornelia widmet sich dem **Organigramm** und stellt fest, dass sie gar nicht zu fragen braucht, wenn sie es sich nur genau anschaut. Es handelt sich nämlich um die genaue Aufstellung der in der BPK GmbH vorhandenen Abteilungen inklusive deren Mitarbeiter. „Hier unten stehe ja sogar ich drauf", stellt sie überrascht fest. Aber noch etwas ist interessant: Anhand der Linien und der Positionierung auf der Seite kann man auch genau den hierarchischen Aufbau der BPK GmbH erkennen. Herr Dr. Peter Schönhauser, der Geschäftsführer, ist der „Chef vom Ganzen", denn er steht ganz oben auf dem Papier und hat zu jeder Abteilung eine Verbindung (von oben nach unten).

Alle vier Abteilungen sind gleichberechtigt, da sie nebeneinander auf gleicher Ebene stehen. Die Abteilungsleiter sind gesondert in einem Kästchen erkennbar und mit allen Mitarbeitern der jeweiligen Abteilung durch eine vertikale Linie verbunden. Sie sind ihren Mitarbeitern gegenüber weisungsbefugt, d.h., die Mitarbeiter müssen den Anweisungen ihres Vorgesetzten Folge leisten. Anhand der Linien kann man also auch die **Führungs- und Weisungsbefugnisse** und die einzuhaltenden Dienstwege ablesen.

Organigramm der BPK GmbH

- **Geschäftsleitung** – Dr. Peter Schönhauser, Pers.- Nr. 100
  - **Qualitätsmanagement** – Johann Hensvik, Pers.- Nr. 102
  - **Sekretariat** – Angelika Wild, Pers.- Nr. 101
  - **Abteilungsleitung Einkauf** – Babette Finke, Pers.- Nr. 200
    - **Sachbearbeiter Einkauf** – Andreas Krieger, Pers.- Nr. 201
    - **Sachbearbeiter Einkauf** – Franz Seidlitz, Pers.- Nr. 202
  - **Abteilungsleitung Verkauf** – Michael Schneider, Pers.- Nr. 300
    - **Key Account Management** – Jacques Theunissen, Pers.- Nr. 301
    - **Sachbearbeiterin internationale Kunden** – Dimitra Georgidou, Pers.- Nr. 302
    - **Sachbearbeiterin Großkunden** – Inge Schneider, Pers.- Nr. 303
    - **Sachbearbeiter Verkauf** – Fritz Stoll, Pers.- Nr. 304
    - **Sachbearbeiterin Verkauf** – Anna Voss, Pers.- Nr. 305
    - **Reisender** – Peter Richter, Pers.- Nr. 310
    - **Reisende** – Irene Schmitt, Pers.- Nr. 311
  - **Abteilungsleitung Lager/Versand** – Günther Wolf, Pers.- Nr. 400
    - **Lagerarbeiter** – Herbert Alt, Pers.- Nr. 401
    - **Lagerarbeiter** – Mehmet Kozan, Pers.- Nr. 402
    - **Lagerarbeiter** – Manfred Scherer, Pers.- Nr. 403
    - **Kraftfahrer** – Erwin Bunk, Pers.- Nr. 410
    - **Kraftfahrer** – Hans Eder, Pers.- Nr. 411
    - **Kraftfahrer** – Alfred Fiedler, Pers.- Nr. 412
  - **Abteilungsleitung Allgem. Verwaltung** – Manfred Deneke, Pers.- Nr. 500
    - **Sachbearbeiterin Allgem. Verwaltung** – Elisabeth Albrecht, Pers.- Nr. 501
    - **Sachbearbeiter Rechnungswesen** – Uwe Dittmer, Pers.- Nr. 510
    - **Sachbearbeiter Rechnungswesen** – Jürgen Konrad, Pers.- Nr. 511
    - **Sachbearbeiterin Personal** – Thea Trautmann, Pers.- Nr. 520
    - **Auszubildender** – Kemal Öztürk, Pers.- Nr. 530
    - **Auszubildender** – Thomas Wolfen, Pers.- Nr. 531
    - **Auszubildende** – Cornelia Gruber, Pers.- Nr. 532

Ausbildungsbeauftragte:
Thea Trautmann

Sicherheitsbeauftragter:
Günther Wolf

Umweltbeauftragte:
Elisabeth Albrecht

Qualitätsbeauftragte:
Babette Finke

Datenschutzbeauftragter:
Manfred Deneke

Betriebsratsmitglieder:
Thea Trautmann, Andreas Krieger, Manfred Scherer

Anhand des Organigramms der BPK GmbH ist die **funktionale Einteilung** des Unternehmens in Abteilungen zu erkennen: Alle Personen, die „einkaufen", sind der Abteilung Einkauf zugeordnet. Ebenso sind die Mitarbeiter, deren Aufgabengebiet den Verkauf, Lager/Versand oder die Allgemeine Verwaltung umfasst, der jeweiligen Abteilung zugeordnet. Diese Einteilung bei der BPK GmbH resultiert also aus der Zusammenfassung aller **Stellen**, die dieselben oder ähnliche Aufgabengebiete umfassen.

Stelle
Kleinste Einheit in der Organisation eines Unternehmens. Jede Stelle wird von einem Mitarbeiter besetzt.
LF1, Kap. 3.2.1

Anhand des Organigramms kann Cornelia
- die Stelleneinteilung,
- den hierarchischen Aufbau (z. B. den einzuhaltenden Dienstweg),
- die Bildung der Abteilungen durch Stellenzusammenlegung,
- die bei der Stellen- und Abteilungseinführung zugrunde gelegte Strukturierung (z. B. funktionale Struktur)

erkennen. Gleichzeitig bekommt sie einen Eindruck von der Größe des Unternehmens. Es gibt aber auch Unternehmen, die nicht nach ihren Aufgabengebieten (Funktionsbereichen) strukturiert sind, sondern z. B. nach Produktbereichen oder nach Regionen.

In der Regel werden folgende Typen von Weisungsssystemen unterschieden:

3.1.1 Einliniensystem

Das Organigramm der BPK GmbH (Seite 39) zeigt, dass dieses Unternehmen sehr übersichtlich strukturiert ist. Jeder Mitarbeiter ist nur durch eine Linie (Weisungslinie) mit seinem Vorgesetzten verbunden. Keiner hat noch andere Verbindungen zu anderen Abteilungen oder ist anderen Vorgesetzten unterstellt. Das heißt, für jeden Mitarbeiter ist der Dienstweg festgelegt, den er einhalten muss: Er kann nur über seinen Vorgesetzten mit einer anderen Abteilung in Verbindung treten. Auch der Geschäftsführer gibt Anweisungen, jedoch im Regelfall nicht an einzelne Mitarbeiter, sondern er informiert die Abteilungsleitungen über Neuerungen, Änderungen etc. Diese Organisationsform nennt man Einliniensystem.

Einliniensystem (Strukturierung nach Regionen)

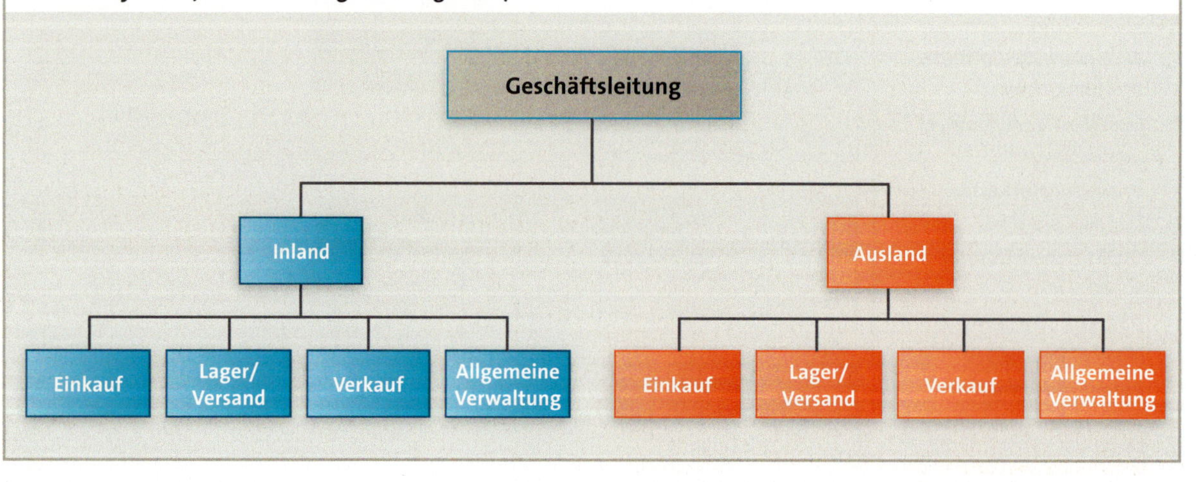

3.1.2 Mehrliniensystem

Beim Mehrliniensystem dagegen hat jeder Mitarbeiter einer Abteilung nicht nur einen direkten Vorgesetzten, sondern ist auch anderen höherrangigen Mitarbeitern gegenüber weisungsgebunden. Man nennt das Mehrliniensystem auch **Funktionalsystem**, weil die Mitarbeiter in Abhängigkeit von ihrer jeweiligen Aufgabe (Funktion) immer von demjenigen Vorgesetzten Anweisungen erhalten, der für diesen Bereich über das entsprechende Fachwissen verfügt.

Mehrliniensystem eines Elektrogroßhandels

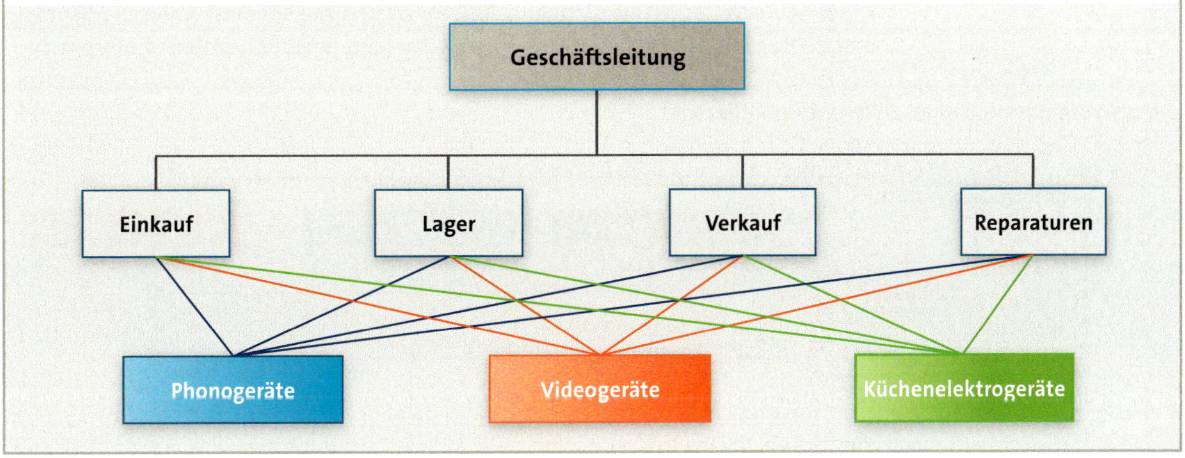

3.1.3 Stabliniensystem

Das Stabliniensystem ergänzt das Liniensystem durch Stäbe. Stäbe sind Abteilungen oder Stellen ohne Weisungsbefugnis. Dabei könnte es sich zum einen um Spezialisten handeln, die den anderen Abteilungen beratend zur Seite stehen, z. B. EDV-Fachleute. Zum anderen handelt es sich um Abteilungen oder Mitarbeiter, die direkt der Geschäftsleitung zuarbeiten, z. B. Qualitätsmanagement oder Sekretariat. Allen Stäben ist aber gemein, dass sie nicht direkt der Erfüllung der primären betrieblichen Aufgabe dienen.

Stabliniensystem

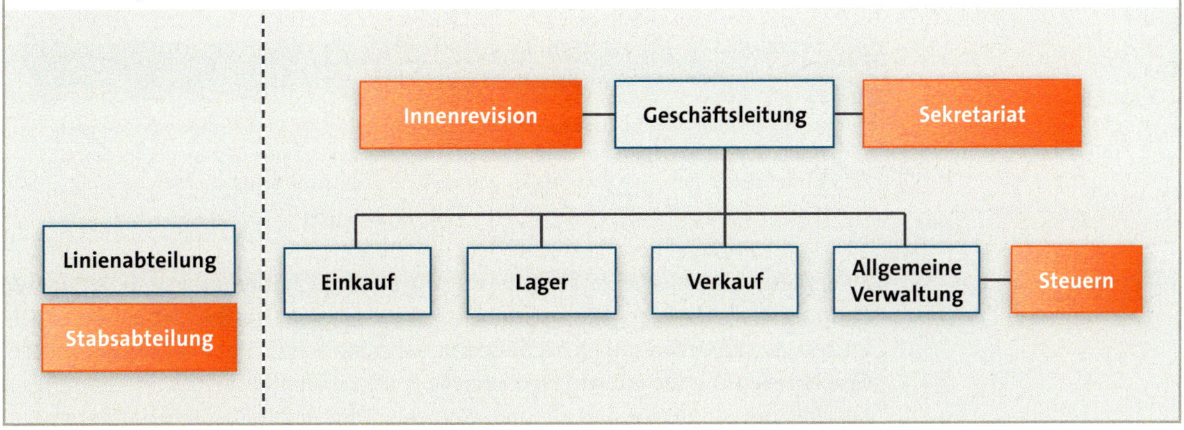

3.1.4 Matrixorganisation

Innerhalb der Matrixorganisation existieren zwei Führungsebenen, die mit projekt- und funktionsbezogenen Führungskräften besetzt werden. Das bedeutet, dass sich ein Mitarbeiter z. B. in Urlaubsfragen an den spezialisierten Vorgesetzten „Personal“ wendet, während er sich in projektbezogenen Angelegenheiten, z. B. Schwierigkeiten bei der Entwicklung einer neuen Lernsoftware, an den entsprechenden projektbezogenen Vorgesetzten wendet.

Die Unternehmensleitung spielt bei der Matrixorganisation eine untergeordnete Rolle. Somit wendet sich die projektbezogene Führungskraft z. B. bei der Einstellung eines neuen Mitarbeiters nicht an die Geschäftsleitung, sondern wählt in Absprache mit der funktionsbezogenen Führungskraft einen neuen Mitarbeiter aus.

Matrixorganisation eines Softwareherstellers

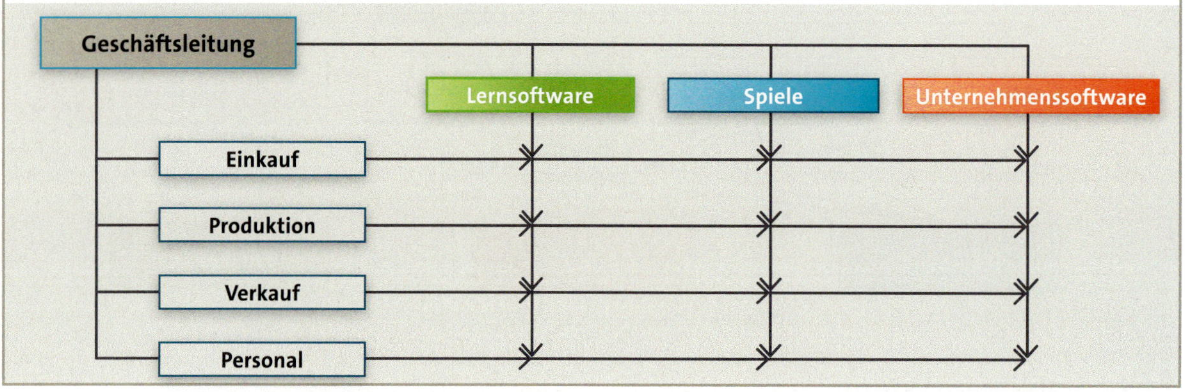

3.1.5 Spartenorganisation (divisionalisierte Organisation)

Profitcenter
Aufteilung eines Unternehmens nach Warengruppen mit jeweils separater Erfolgsermittlung

Die Spartenorganisation ist durch einen Warenbezug des Unternehmensaufbaus gekennzeichnet **(Objektprinzip)**. Das Gesamtunternehmen wird nach Waren oder Warengruppen aufgeteilt. Die Leiter dieser **Profitcenter** tragen die Erfolgsverantwortung für ihren Bereich. Durch diese Aufteilung werden unübersichtliche Unternehmen in mehrere kleine übersichtliche „Teilunternehmen“ aufgespalten, was zur Folge hat, dass die Leiter der einzelnen Sparten aufgrund ihres Entscheidungsspielraums zu mehr Verantwortung gelangen.

Beispiel

Cornelia Gruber fällt auf, dass für Entscheidungen in der BPK GmbH immer genau geregelt ist, wer sie zu treffen hat, weil das Unternehmen im Einliniensystem organisiert ist. Sie fragt sich jedoch, wie Entscheidungen zustande kommen, wenn die Entscheidungsverantwortung mehreren Personen zukommt.

Zu erwähnen ist in diesem Zusammenhang das **Entscheidungssystem** der oberen Führungsebene. Wenn diese aus mehreren Mitgliedern besteht, ist es wichtig zu wissen, wie Entscheidungen herbeigeführt werden sollen. Hat ein Mitglied aus der Geschäftsleitung die Führungsposition (z. B. durch Wahl) erhalten, so kann dieses Mitglied die endgültige und alleinige Entscheidung treffen **(Direktorialsystem)**.

Spartenorganisation eines Automobilhändlers

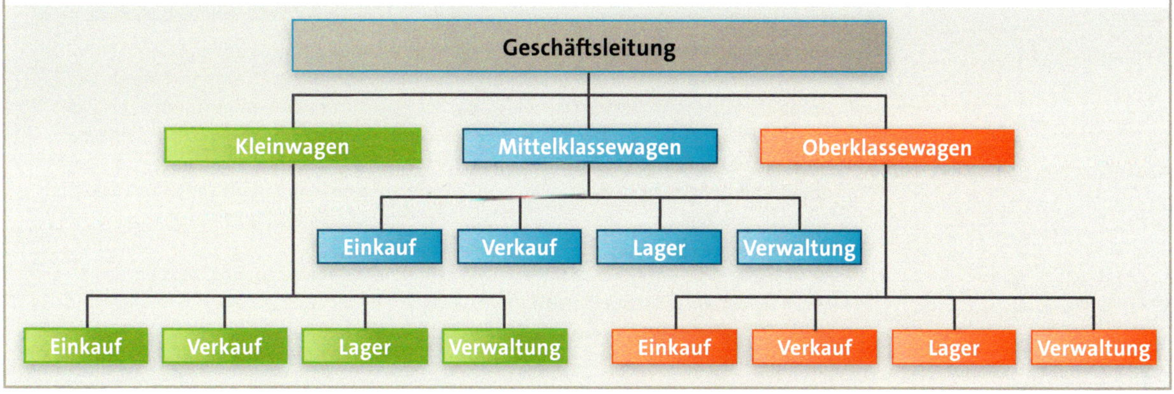

Beim **Kollegialsystem** werden die Entscheidungen von allen Mitgliedern der Geschäftsleitung gemeinsam getroffen. Nur für den Fall einer Stimmengleichheit können die Mitglieder einen „Primus inter Pares" (Erster unter Ranggleichen) bestimmen, der dann die endgültige Entscheidung trifft.

Leitungs- oder Weisungssysteme

Einliniensystem	eindeutige Zuordnung der Mitarbeiter zu ihrem Vorgesetzten
Mehrliniensystem	je nach Funktion bzw. Aufgabe kann der Mitarbeiter verschiedene Vorgesetzte haben (Funktionalsystem)
Stabliniensystem	Erweiterung des Liniensystems durch Stäbe
Matrixorganisation	unterschiedliche Vorgesetzte für projektbezogene und für funktionsbezogene Angelegenheiten
Spartenorganisation	Unternehmen ist warenbezogen in verschiedene Bereiche (Profitcenter) unterteilt

3.2 Abhängigkeit der Aufbauorganisation von der Gesamtaufgabe des Unternehmens

Die Organisationsform eines Unternehmens entsteht natürlich nicht zufällig. Auch die Aufgabenteilung und die Entstehung von (neuen) Stellen, die Bildung von Abteilungen oder **Instanzen** ergeben sich nicht von ungefähr. Die Aufbauorganisation ist das Ergebnis betrieblicher Überlegungen. Der Betrieb soll so organisiert sein, dass ein möglichst reibungsloser Ablauf des Betriebsgeschehens gewährleistet ist. Dabei müssen Einflussfaktoren wie die Größe des Unternehmens, Haupttätigkeitsfelder, Absatzmärkte usw. berücksichtigt werden.

Instanz
Stelle mit Weisungsbefugnis

Beispiel

Herr Deneke erklärt Cornelia die heutige Struktur der BPK GmbH anhand deren Entwicklungsgeschichte. Zunächst war das Bergische Papierkontor ein Ein-Mann-Betrieb. Der Gründer, Wilhelm Hubertus Oberberg, machte es sich zum Ziel, seine Kunden mit Papieren aller Art pünktlich und nach deren Wünschen zu beliefern. 1873 lernte er seine Frau kennen, die er 1875 heiratete und die sich fortan um die Buchhaltung kümmerte. So blieb Herrn Oberberg mehr Zeit, neue Kunden zu werben und ihnen neue Waren fast aus aller Welt anzubieten.

Als er feststellte, dass sein Sortiment und sein Kundenstamm zu groß wurden, um die ganze Arbeit allein zu bewältigen, stellte er Herrn Ritter ein. Gemeinsam mit ihm und seiner Frau analysierte er die anfallenden Tätigkeiten, um herauszufinden, wie die Arbeit am besten aufgeteilt werden könnte. Sollte sich Herr Ritter auf bestimmte Tätigkeiten, eine Liefer- oder Absatzregion oder auf bestimmte Waren spezialisieren? Sie einigten sich darauf, dass Herr Ritter ein komplettes Aufgabengebiet, nämlich den Einkaufsbereich, übernehmen sollte. Diese funktionale Einteilung wurde gewählt, weil die anderen Strukturierungsmöglichkeiten aufgrund des schmalen Sortiments und der vielen verschiedenen Absatz- und Einkaufsregionen unwirtschaftlich erschienen und nicht viel Entlastung für Herrn Oberberg versprachen. Gleichzeitig wollte Herr Oberberg seinen treuen Kundenstamm selbst pflegen und sichergehen, dass in diesem sensiblen Bereich keine Schwierigkeiten auftraten.

Das Bergische Papierkontor um 1900

Herr Ritter übernahm die Verantwortung für seine Ein-Mann-Einkaufsabteilung, wobei Herr Oberberg jedoch über alle Vorgänge informiert werden wollte. Alle Teilaufgaben, die dem Einkauf zuzuordnen waren, wurden zusammengefasst und anhand einer Stellenbeschreibung fixiert. Da das Unternehmen weiter expandierte, wurden noch mehr Mitarbeiter eingestellt. Dies führte zur Einführung von Instanzen. Herr Ritter war der Abteilungsleiter für den Einkauf, Herr Oberberg hatte die Gesamtleitung inne, während seine Frau die Verwaltungstätigkeiten leitete. Und so wuchs das Unternehmen zur heutigen BPK GmbH heran, deren jetziger Aufbau sich ganz logisch aus der geschichtlichen Entwicklung ergibt.

Anhand der Ausführungen von Herrn Deneke zeigt sich, dass der Aufbau des Unternehmens von vielfältigen Faktoren abhängig ist. Zu berücksichtigen sind dabei auch immer die persönlichen Führungsvorstellungen der Führungskraft. Diese entscheiden,

- nach welchen Prinzipien die Stellen gebildet werden,
- welche Weisungsbefugnisse den Mitarbeitern innerhalb ihrer Stelle eingeräumt werden,
- welcher Führungsstil bevorzugt wird,
- welche Führungstechniken angewendet werden.

3.2.1 Stellenbeschreibung

Eine Stellenbeschreibung ist ein wichtiges innerbetriebliches Organisationsmittel, denn sie enthält eine genaue Beschreibung der jeweiligen Stelle und ihre Einordnung in den betrieblichen Prozessablauf. Sie beschreibt, welche Kompetenzen der Stelleninhaber hat, welchem anderen Mitarbeiter die Stelle unterstellt ist und wem gegenüber der Stelleninhaber weisungsbefugt ist. Sie legt aber auch fest, welche Anforderungen an den Stelleninhaber gestellt werden, z. B.:

- Schulbildung
- Berufsausbildung
- Praxiserfahrung
- Sprachkenntnisse
- EDV-Kenntnisse
- Kommunikationsfähigkeit
- Problemlösekompetenzen

Stellenbeschreibung — bpk Bergisches Papierkontor GmbH

Stellenbezeichnung:	Sachbearbeiter(in) Vertrieb im Großhandel
Übergeordnete Stelle	Abteilungsleitung Vertrieb
Untergeordnete Stellen	Keine
Aufgaben der Stelleninhaberin/des Stelleninhabers	• Pflege der direkten Kundenbeziehungen • Neugewinnung von Kunden • Verkaufsgespräche inkl. fachliche Beratung der Kunden • Abschluss von Kaufverträgen • Erstellen von Auftragsbestätigungen, Lieferscheinen und Rechnungen • Erstellen von Angeboten • Bearbeiten von Kundenreklamationen
Schulbildung	Mittlerer Abschluss, Fachhochschulreife oder Allgemeine Hochschulreife
Berufsbildung	Kaufmännische Berufsausbildung
Weitere Anforderungen	• Gute Deutsch- und Englischkenntnisse in Wort und Schrift • Gute Kenntnisse gängiger PC-Programme • Kommunikative Fähigkeiten • Freundliches Auftreten

Beispiel für eine Stellenbeschreibung

Neben diesem eher tabellarischen Teil enthält die Stellenbeschreibung auch eine ausführliche Beschreibung der anfallenden Tätigkeiten. Die Stellenbeschreibung dient als Grundlage z. B. für Stellenausschreibungen im Rahmen der Personalbeschaffung, ist aber auch eine wichtige Hilfe bei der Einarbeitung neuer Mitarbeiter.

3.2.2 Prinzipien der Stellenbildung

Bei der Stellenbildung einer Unternehmung können zwei verschiedene Prinzipien zugrunde gelegt werden. Bei der **Zentralisation** als Prinzip der Aufgabenverteilung, wie es von 1870 bis 1985 die Einzelunternehmer der BPK GmbH bevorzugt haben, hatten diese die gesamte Entscheidungsgewalt. Erst mit Zunahme des Auftragsvolumens wurde den oberen Führungskräften Unterschriftengewalt eingeräumt. In der Einkaufsabteilung gab es Einkäufer, die nur Vorarbeit leisteten und Angebote einholten. Die Verhandlungen führte der Abteilungsleiter, den Schriftverkehr übernahmen ungelernte Schreibkräfte, die ihre Schreiben inhaltlich jedoch nicht einordnen konnten.

Herr Dr. Schönhauser versucht heute, so weit wie möglich die **Dezentralisation** als Prinzip der Stellenbildung zu berücksichtigen. Bei diesem Prinzip werden die zu verteilenden Aufgaben nicht in Teilaufgaben zersplittert, sondern komplex auf mehrere Stellen verteilt. Dazu bedarf es eines relativ großen Fachkräftepotenzials. Es arbeiten beispielsweise mehrere Mitarbeiter gleichberechtigt in der Einkaufsabteilung, die ihre Tätigkeiten von der Anfrage bis zum Abschluss des Kaufvertrages allein bewältigen und verantworten. Auch jeglichen Schriftverkehr erledigen sie selbst. Es ist für sie nicht notwendig, sich hierfür Unterschriften des Vorgesetzten einzuholen, was lange Wege erspart und Verzögerungen vermeidet.

3.3 Ablauforganisation

Nicht nur der Aufbau eines Unternehmens ist zu organisieren, auch die einzelnen Arbeitsabläufe müssen optimiert werden, um Zeit- und somit Geldverschwendung innerhalb des Betriebes zu vermeiden. Je nach Tätigkeitsfeld und Branche eines Unternehmens fallen jedoch ganz unterschiedliche Arbeitsabläufe an. Die Organisation häufig wiederkehrender Arbeitsabläufe wird daher in jedem Unternehmen individuell auf die eigenen Bedürfnisse zugeschnitten. Eine generelle Aussage zur Organisation von Arbeitsabläufen ist somit kaum möglich.

Bei der Ablauforganisation geht es vor allem darum,
- die Kommunikationswege und -zeiten zu minimieren,
- den Einsatz der Arbeitsmaterialien und Arbeitskräfte zu optimieren,
- Zeiten und Wege des innerbetrieblichen Transports zu minimieren.

Beispiel

Beispiele für die individuelle Organisation von Arbeitsabläufen:

a) Seit 1993 verfügt die BPK GmbH über einen eigenen Versand. Als dieser eingerichtet wurde, mussten die Hallen für die Lkws aus Platzgründen an der entgegengesetzten Seite der Lagerhallen gebaut werden. Das führte dazu, dass die Ware auf dem Betriebsgelände lange unterwegs war, bis die Lkws beladen werden konnten. Nach zwei Jahren war man sich bewusst, dass diese Gestaltung der Arbeitsabläufe zu großen zeitlichen Verlusten führte, und gliederte an die Lkw-Hallen eine neue Lagerhalle an.

b) Frau Trautmann erstellt regelmäßig alle zwei Jahre Personalbeurteilungen für die Mitarbeiter. Für diese Aufgabe nimmt sie sich immer mindestens zwei Tage Zeit. Alle Abteilungsleiter sind über diese Aufgabe informiert, denn sie müssen ihre Personaleinschätzung zu den Mitarbeitern liefern. In diesem Jahr kamen nur Frau Finke und Herr Deneke pünktlich der Aufforderung nach, was dazu führte, dass Frau Trautmann an einem der beiden Tage nicht ausgelastet war.

c) Herr Wolf lässt von den Lagermitarbeitern einen Eilauftrag zusammenstellen, der möglichst schnell an den Kunden geliefert werden soll. Da Herr Fiedler, der für diesen Lieferbereich zuständig ist, seinen Lkw aber bereits am Vorabend beladen hat und schon auf Tour ist, hat Herr Wolf keine andere Möglichkeit, als den Eilauftrag mit einem privaten Paketdienst versenden zu lassen. Dadurch entstehen erhebliche Mehrkosten.

d) In der Abteilung Verkauf werden regelmäßig unter den Mitarbeitern Vorschläge zur Verbesserung des Marketings gemacht. Allerdings erfährt der Abteilungsleiter, Herr Schneider, eher zufällig oder überhaupt nicht, was unter seinen Mitarbeitern besprochen wird. So wurden bereits einige gute Vorschläge nicht realisiert, weil Herr Schneider nichts davon wusste.

Bei den obigen Beispielen handelt es sich um relativ komplexe Arbeitsabläufe. Es können aber auch kleine Arbeitseinheiten geregelt werden, wie z. B. die genaue Festlegung von Arbeitsschritten bei der Überprüfung von Warenlieferungen im Wareneingang. Die Arbeitsablauforganisation ist somit „zuständig" für die möglichst **effiziente** Gestaltung von Arbeitsprozessen aller Art.

effizient
wirksam, wirtschaftlich

3.4 Geschäftsprozesse des Unternehmens

Geschäftsprozesse lassen sich definieren als Transformation eines Objektes durch Tätigkeiten von Menschen oder Maschinen mit einem bestimmten Ziel:

- **Transformation** bedeutet die Veränderung von Material und Informationen.
- **Objekte** können Materialien, Teile und Informationen sein.
- **Ziel** ist die Erreichung einer Unternehmensleistung, z. B. das Erbringen einer Dienstleistung.

Unternehmensziele
LF1, Kap. 4

Geschäftsprozesse können auch als **Input-Output-Prozess** dargestellt werden: Einer messbaren Input-Leistung wird durch den Einsatz von betrieblichen Leistungsfaktoren (z. B. menschliche Arbeit, Software) Wert zugefügt (Wertschöpfung). Ergebnis des Transformationsprozesses ist eine messbare Output-Leistung. Der Input kommt von einem internen oder externen Lieferer, der Output geht an einen innerbetrieblichen Leistungsempfänger oder einen externen Kunden.

Geschäftsprozess als Input-Output-Prozess

Je nachdem, auf welcher Unternehmensebene, mit welcher Bedeutung für das Unternehmen und im Rahmen welcher Funktion Geschäftsprozesse abgewickelt werden, lassen sich folgende Arten von Geschäftsprozessen unterscheiden:

Kernprozesse werden auch als Schlüsselprozesse bezeichnet, da sie direkt an den Kunden als Empfänger der Leistung gehen und sowohl einen großen Kundennutzen als auch einen hohen Unternehmensbeitrag liefern. Kernprozesse sind **Wertschöpfungsprozesse,** die für das Unternehmen strategische Bedeutung haben.

Wertschöpfung
Durch die Transformation im Unternehmen wird der Wert einer Leistung gesteigert.

Zu den Kernprozessen im Großhandelsbetrieb zählen alle Prozesse im Rahmen der **Leistungserstellung** (Leistung entwickeln und Leistung herstellen). Ferner werden alle im Bereich des Absatzes anfallenden Prozesse zu den Kernprozessen eines Großhandelsbetriebes gezählt (Leistungsangebot definieren, Leistung vertreiben, Auftrag abwickeln).

Kernprozesse haben folgende Merkmale:

- Sie erzeugen einen wahrnehmbaren Kundennutzen.
- Sie sind durch die Nutzung unternehmensspezifischer Ressourcen einmalig (Unternehmensspezifität).
- Die Eigenheiten von Kernprozessen sind durch andere Unternehmen nicht imitierbar (Nicht-Imitierbarkeit).
- Kein anderes Unternehmen bietet vergleichbare Problemlösungen an (Nicht-Substituierbarkeit).

Unterstützungsprozesse (Supportprozesse) fördern die Kernprozesse. Hierunter fallen alle sekundären Aktivitäten, die z. B. Versorgungs- und Steuerungsleistungen für die Kernprozesse erbringen. Zu den Unterstützungsprozessen im Großhandelsbetrieb zählen

- Managementprozesse (Strategieentwicklung und Unternehmenssteuerung),
- Beschaffungsprozesse (Bereitstellung von Ressourcen und Informationen),
- Investitions- und Finanzierungsprozesse sowie
- Prozesse im Bereich des Personalmanagements.

Für die Formulierung von Geschäftsprozessen gibt es einen breiten Gestaltungsspielraum, der sich aus der Bestimmung des **Prozessumfangs** ergibt. Der Prozessumfang wird durch drei Kriterien bestimmt: Länge, Breite und Tiefe.

Mit **Länge** ist die Anzahl der organisatorischen Einheiten gemeint, über die sich der Prozess erstreckt, d. h. unternehmens-, abteilungs- oder stellenübergreifend. Die Bearbeitung einer Kundenanfrage erstreckt sich z. B. von der Feststellung und Erfassung aller dafür relevanten Daten bis zum Versand des Angebots.

Geschäftsvorfall
LF4, Kap. 3.1

Das Kriterium **Breite** berücksichtigt die Vielfalt möglicher Vorgänge, die innerhalb eines Geschäftsprozesses anfallen können. Ein einzelner Geschäftsvorfall deckt nur bestimmte Aspekte eines Geschäftsprozesses ab. So kann der Geschäftsprozess „Kundenauftragsbearbeitung" die Abwicklung eines Routineauftrags oder einer Sonderbestellung betreffen. Je nachdem, wie die Kriterien Länge und Breite kombiniert werden, ergeben sich Varianten eines Geschäftsprozesses.

Ein weiteres Kriterium des Prozessumfanges ist die **Tiefe,** die angibt, wie fein ein Geschäftsprozess gegliedert und beschrieben wird. Die folgende Abbildung zeigt eine hierarchische Auflösung eines Geschäftsprozesses auf drei Ebenen: auf der Ebene des Gesamtprozesses, auf der Ebene der Teilprozesse und auf der Ebene der einzelnen Aktivitäten.

Ebenen des Geschäftsprozesses „Kundenanfrage bearbeiten"

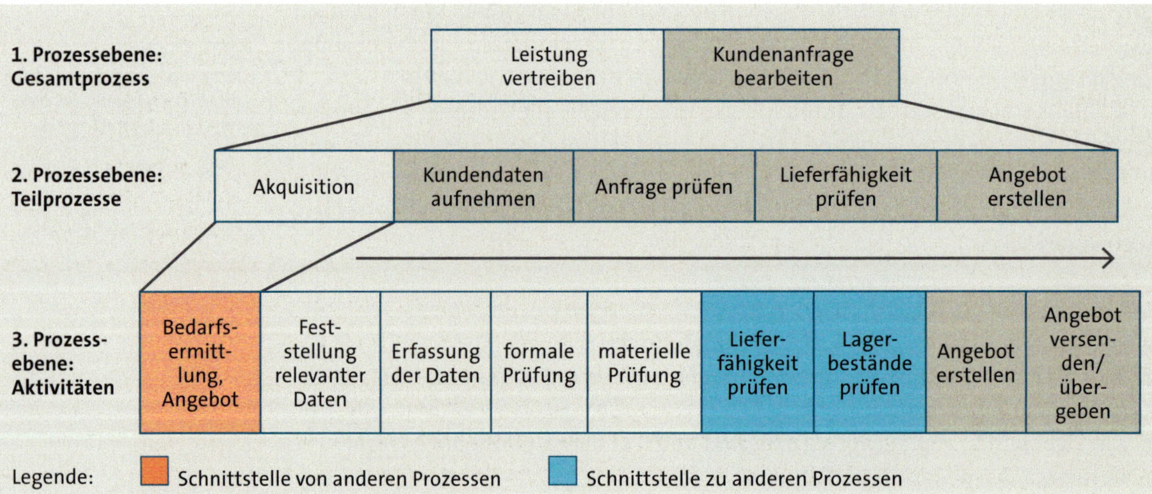

Nach: Gaitanides, Michael u.a., Prozessmanagement, München 1994

4 Unternehmensziele

AB ☞ LS 7

Ziele werden als zukünftig anzustrebende Zustände oder Prozesse bezeichnet, die durch Zielinhalte, Zielausmaß und zeitlichen Bezug beschrieben werden.

4.1 Zieldimensionen

Hinsichtlich des **Zielinhalts** wird allgemein zwischen Sach- und Formalzielen unterschieden. **Sachziele** ergeben sich aus dem Sachauftrag des Unternehmens. Das bei Weitem wichtigste Sachziel ist die **Kundenorientierung** als Strategie für Wettbewerbsvorteile, denn daraus leiten sich das Sortiment und das Leistungsangebot von Handelsunternehmen ab.

Formalziele beziehen sich auf den zu erreichenden Erfolg eines Unternehmens. Mithilfe verschiedener Kennzahlen wie z. B. Produktivität und Wirtschaftlichkeit wird gemessen, wie erfolgreich ein Unternehmen bei der Herstellung von Sachgütern oder Dienstleistungen innerhalb einer Periode war.

Berechnung ökonomischer Kennzahlen
☞ *LF4, Kap. 4.6*

Ökonomische Kennzahlen zur Analyse von Formalzielen

Kennzahl	Aussage	Berechnung
Gesamtgewinn	Erfolg (Gewinn oder Verlust) des Unternehmens; das Ergebnis sollte positiv sein.	Erträge – Aufwendungen
Wirtschaftlichkeit	Verhältnis von Mitteleinsatz und dem erzielten Ergebnis; das Ergebnis sollte > 1 sein.	$\frac{\text{Leistung}}{\text{Kosten}}$
Umsatzrentabilität	zeigt, wie viel Euro Gewinn pro 100 € Umsatz gemacht wird	$\frac{\text{Gewinn x 100}}{\text{Umsatz}}$
Gesamtkapitalrentabilität	zeigt, wie viel Euro Gewinn pro 100 € Gesamtkapital gemacht wird; das Gesamtkapital besteht aus den eigenen Mitteln des Unternehmens (Eigenkapital) und den Mitteln, die Unternehmensfremde (z. B. Kreditgeber) zur Verfügung stellen (Fremdkapital)	$\frac{\text{(Gewinn + Zinsaufwendungen) x 100}}{\text{Gesamtkapital}}$ Gesamtkapital = Eigenkapital + Fremdkapital
Eigenkapitalrentabilität	zeigt, wie viel Euro Gewinn pro 100 € Eigenkapital gemacht wird	$\frac{\text{Gewinn x 100}}{\text{Eigenkapital}}$
Eigenkapitalquote	zeigt den prozentualen Anteil des Eigenkapitals am Gesamtkapital	$\frac{\text{Eigenkapital}}{\text{Gesamtkapital}}$
Liquidität	zeigt die Zahlungsfähigkeit des Unternehmens	verschiedene

Neben den Formal- und Sachzielen gibt es noch **soziale Ziele,** die von einem Unternehmen verfolgt werden sollten. Sie sind ein wesentlicher Bestandteil unserer Sozialordnung. Gute Leistungen werden nur von motivierten Mitarbeitern erbracht. Diese Motivation kommt aus der Mitverantwortung am Arbeitsplatz, aus einer angemessenen und gerechten Bezahlung und der Möglichkeit, persönliche Berufsziele zu erreichen. Ein gutes Betriebsklima, die mitarbeitergerechte Gestaltung von Arbeitsplätzen oder freiwillige Sozialleistungen sind weitere Beispiele für soziale Ziele, die ein Unternehmen verfolgen kann.

Ökologie und Nachhaltigkeit
LF1, Kap. 5

Umweltziele (ökologische Ziele) beinhalten Vorgaben, die auf die Schonung der natürlichen Umwelt und ihrer Ressourcen im Rahmen des Leistungserstellungsprozesses abzielen.

Die Zielvorgabe kann hinsichtlich des **Zielausmaßes** begrenzt bzw. unbegrenzt sein. So kann z. B. versucht werden, den Gewinn innerhalb eines Jahres um 10 % zu steigern oder mit einem vorgegebenen Einsatz an Mitteln den höchstmöglichen Gewinn zu erzielen.

Der **zeitliche Bezug** kann kurzfristig (bis zu einem Jahr), mittelfristig (ein bis fünf Jahre) oder langfristig (über fünf Jahre) sein.

Zieldimensionen

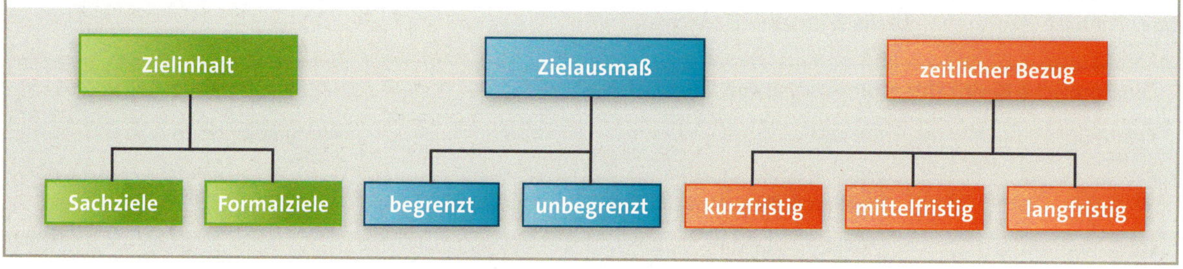

4.2 Zielbeziehungen

Zwischen verschiedenen anzustrebenden Zielen können unterschiedliche Zielbeziehungen bestehen: Man unterscheidet zwischen komplementären, konkurrierenden und indifferenten Zielbeziehungen.

Konkurrierende Zielbeziehungen (Zielkonflikte) bestehen dann, wenn innerhalb eines Zielsystems ein Ziel nur dann erreicht werden kann, wenn es zulasten eines anderen Zieles geht. So kann z. B. das Ziel der Kostenminimierung mit dem Ziel der Schonung der Umwelt in Konflikt geraten. Hinsichtlich der Frage, ob zwischen wirtschaftlichen und ökologischen Zielen ein grundsätzlicher Konflikt besteht, gehen die Meinungen in Theorie und Praxis jedoch auseinander.

Komplementäre Ziele sind einander ergänzende Ziele. So kann z. B. die Erhöhung der Produktivität auch zu einer gleichzeitigen Erhöhung der Rentabilität führen.

Es gibt aber auch Fälle, in denen kein sinnvoller Zusammenhang zwischen zwei Zielen hergestellt werden kann, es handelt sich dann um eine **indifferente Zielbeziehung.** So hat z. B. die Aufnahme von Fremdkapital zur Finanzierung eines Investitionsvorhabens keinen Einfluss auf das Betriebsklima.

5 Ökologie und Nachhaltigkeit

AB ☞ LS 8

Die Umwelt gehört keinem Menschen speziell, wird aber von jedem genutzt und wirkt sich auf jeden Einzelnen aus. Luft, Wasser, Boden und Klima ermöglichen es, dass Menschen, Tiere und Pflanzen auf der Erde leben können. Aufgrund unserer Lebensweise und der gegenwärtigen Art zu wirtschaften belasten wir jedoch die Umwelt in einem gefährlichen Ausmaß.

5.1 Das Verhältnis von Ökologie und Ökonomie

Die meisten Menschen dürften sich bewusst sein, dass die Umwelt tagtäglich benutzt und belastet wird. Grundsätzlich ist wohl auch fast jeder für den Schutz der Umwelt. Nur das konkrete Handeln sieht meist anders aus: Auf alte Gewohnheiten will man nicht verzichten und finanzielle Opfer will man auch nicht auf sich nehmen.

Ökologie und Wirtschaftskreislauf
☞ LF1, Kap. 2.2.4

Der **Umweltbegriff** umfasst alle Faktoren, die die Existenz des Menschen bestimmen, wobei Mensch und Umwelt in einem Wechselverhältnis zueinander stehen. In ökologischer Hinsicht soll der Zustand der Umweltmedien Luft, Wasser, Boden und Klima ein Überleben von Mensch, Tier und Pflanzen sichern. In ökonomischer Hinsicht sind die wirtschaftlichen Rahmenbedingungen so zu gestalten, dass Ressourcenverbrauch (z. B. Rohstoffe, Energie) und Folgen des Wirtschaftens (z. B. Schadstoffe und Abfälle) die ökologische Funktion der Umwelt nicht gefährden.

Als **Umweltprobleme** werden solche Ereignisse oder Entwicklungen bezeichnet, die natürliche Lebensgrundlagen bedrohen oder zerstören und auf menschliche Ursachen zurückzuführen sind. Umweltprobleme haben eine lokale Dimension (z. B. Wegwerfen von Abfällen auf der Straße), eine nationale (z. B. staatliche Umweltpolitik) und eine internationale Dimension (z. B. globale Klimaerwärmung).

Tagesbilanz der Umweltzerstörung

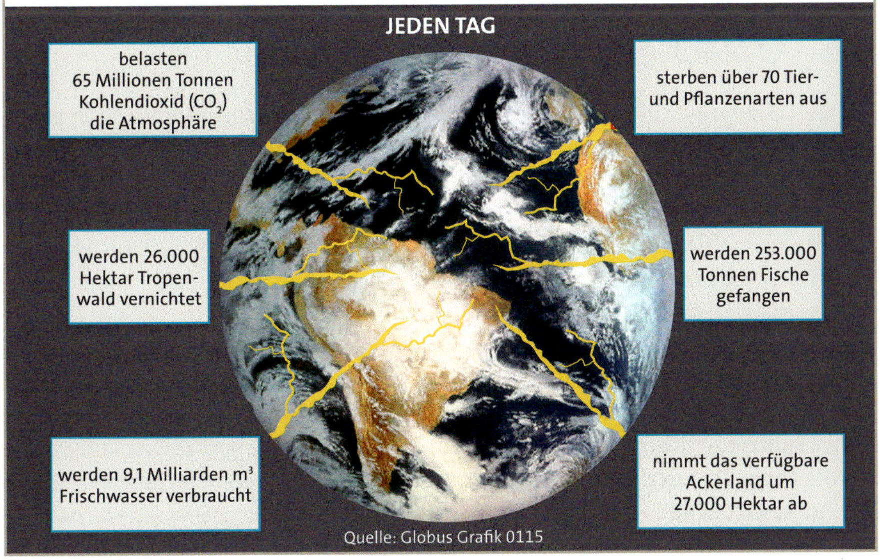

Quelle: Globus Grafik 0115

Karikatur von Haitzinger

- Die Umwelt dient dem ökonomischen System als **Lieferant** von regenerierbaren und nicht (oder nur in sehr langen Zeiträumen) regenerierbaren Ressourcen (Energie und Rohstoffe). Sie gehen als Input in die Produktion ein und werden im Rahmen dieses Prozesses in Güter umgewandelt.
- Im Rahmen von Produktions- und Konsumprozessen fallen **Emissionen** an, d.h. Abfälle und Schadstoffe (Müll, Abgase, Abwässer, Lärm usw.), die z.T. nicht oder nur auf lange Sicht ökologisch abbaubar sind. Sie werden von den Umweltmedien Luft, Wasser und Boden als **Immissionen** aufgenommen, wenn sie nicht über Recyclingverfahren in den Wirtschaftsprozess zurückgelangen. Diese Schadstoffe können sich auf der Grundlage biochemischer Prozesse möglicherweise zu neuen Schadstoffen umwandeln.
- Die Umwelt stellt elementare **Leistungen** für die menschliche Gesundheit und das menschliche Wohlbefinden zur Verfügung, wie beispielsweise Schönheit der Landschaft, Erholung am Meer oder Wandern in den Bergen.

Die Funktionen der Umwelt werden durch ökologische Schädigungen immer mehr beeinträchtigt, sodass ein **Nutzungskonflikt** entstanden ist. Grundsätzlich ist davon auszugehen, dass der Konflikt zwischen Ökonomie und Ökologie im Kern nicht zu lösen ist:

- Menschliches Wirtschaften ist immer mit Eingriffen in die Natur verbunden und Umweltschädigungen sind in letzter Konsequenz nicht zu vermeiden.
- Wir können auf wirtschaftliches Handeln nicht verzichten, weil wir nur auf dieser Basis unsere Existenz sichern.

Der Konflikt lässt sich nur entschärfen, wenn vielfältige Anstrengungen unternommen werden, die Produktion und den Konsum von Gütern so umweltfreundlich wie möglich zu gestalten, um Umweltschäden zu verringern, wenn nicht sogar zu vermeiden. Beispielsweise können technische Neuerungen (benzinsparende Motoren, Sonnenkollektoren zur Stromerzeugung) einen geringeren Verbrauch von Rohstoffen und Energie zur Folge haben.

5.2 Ursachen der Umweltschäden

Ein besonders umweltbelastender Faktor ist die ständig wachsende Weltbevölkerung. 1820 bewohnten etwa eine Milliarde Menschen die Erde. Momentan sind es schon über sieben Milliarden. Da sich die Entwicklung immer weiter beschleunigt, werden für das Jahr 2020 acht Milliarden Menschen erwartet. Wichtig ist in diesem Zusammenhang, dass sich die Bevölkerung regional unterschiedlich vermehrt und der größte Zuwachs in den Entwicklungsländern zu verzeichnen ist. Die Bevölkerungsexplosion führt zu massiven Umweltproblemen:

- Die Nahrungsmittelproduktion muss intensiviert werden. Der verstärkte Einsatz chemischer Dünger und Pestizide, kombiniert mit Monokulturen, birgt die Gefahr von Bodenerosionen und Schadstoffbelastungen im Grundwasser in sich. Außerdem wird durch die „Gewinnung“ neuer Anbauflächen das ökologische Gleichgewicht gestört, z.B. durch die Brandrodung der tropischen Regenwälder.
- Zur ausreichenden Versorgung der wachsenden Bevölkerung ist eine zunehmende industrielle Produktion erforderlich.

Weltweite Konferenz zu Klimafolgen

27.05.2013 - Dürren, Überschwemmungen, Ernteausfälle, sich ausbreitende Krankheiten – die Auswirkungen des Klimawandels werden von zahlreichen Schlagworten begleitet.

Klimafolgenforschung ist ein relativ junger Zweig der Forschung zum globalen Wandel. Elementare Physik, sorgfältige Beobachtungen und moderne Computersimulationen lassen uns heute sehr sicher sein, dass der Ausstoß von Treibhausgasen zu Klimawandel führt. Klar ist auch, dass bei signifikanter globaler Erwärmung langfristig negative Effekte, wie etwa verringerter Niederschlag in bereits wasserarmen Gebieten, die positiven Effekte wie die CO_2-Düngung bei Pflanzen überwiegen. Computersimulationen von Klimafolgen aber müssen mit Unsicherheiten und enormer Komplexität zurechtkommen. Die Analyse der Auswirkungen des Klimawandels auf die Gesellschaft wird besonders kompliziert durch Wechselwirkungen innerhalb der einzelnen Sektoren, etwa die Auswirkungen von Ökosystemänderungen auf die Verbreitung von Malaria oder die Folgen der Ozeanversauerung und Küstenerosion für globale Nahrungsmittelketten.

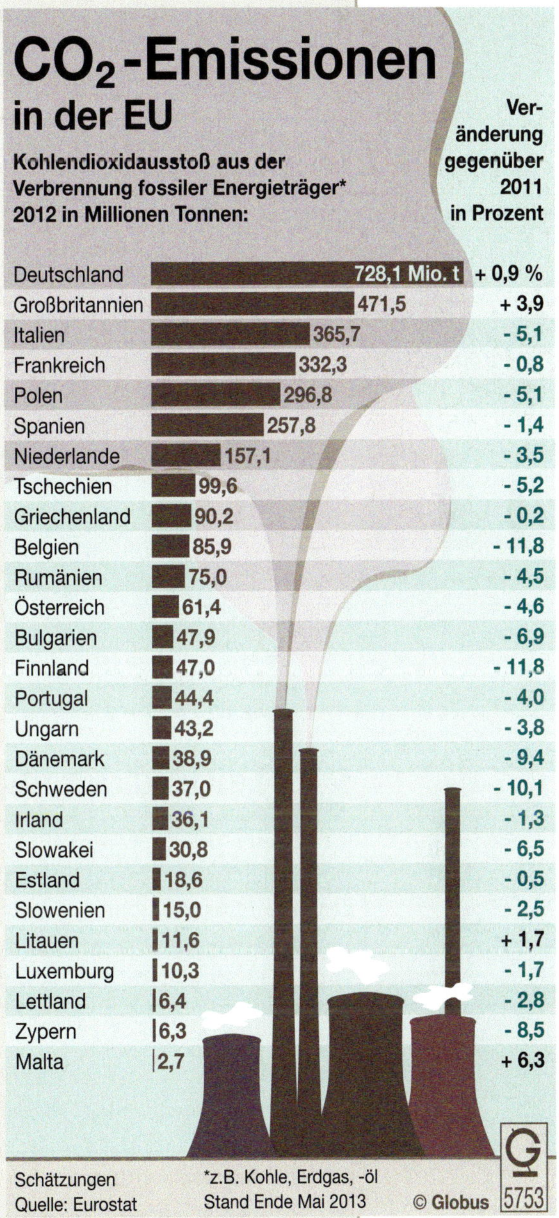

Connie Hedegaard, Europa-Kommissarin für Klimaschutz: „Den weltweiten Ausstoß von Treihausgasen zu verringern, muss unsere erste Priorität bleiben, um die globale Erwärmung unter 2 °C zu halten und gefährlichen Klimawandel zu vermeiden. Dennoch werden die negativen Effekte eines sich verändernden Klimas in Europa heute immer deutlicher. Die Anpassung an diese Veränderungen ist eine der fundamentalsten Herausforderungen für die räumliche Entwicklung Europas."

Rachel Kyte, Weltbank-Vizepräsidentin für nachhaltige Entwicklung: „Der Klimawandel birgt das Risiko, Millionen Menschen in Armut zu stürzen."

Cynthia Rosenzweig, NASA Goddard Institut für Weltraumstudien (GISS): „Der weltweite Landwirtschaftssektor sieht sich einer bedeutenden Herausforderung ausgesetzt, nämlich der Verbesserung der Ernährungssicherheit für eine Bevölkerung, die bis Mitte des Jahrhunderts auf 9 Milliarden Menschen ansteigen wird – wobei es gleichzeitig gilt, die Umwelt und die Funktion der Ökosysteme zu schützen. Diese Herausforderung ist verbunden mit der Notwendigkeit, sich an den Klimawandel anzupassen, und dabei die potentiellen Vorteile zu nutzen und die potentiellen negativen Auswirkungen auf die landwirtschaftliche Produktion zu minimieren."

Nigel Arnell, Universität Reading, Großbritannien: „Ein gewisses Maß an Klimawandel ist mittlerweile unvermeidlich, und wir müssen uns an sich ändernde Wettersysteme anpassen."

Quelle (gekürzt aus): http://www.pik-potsdam.de/aktuelles/pressemitteilungen/first-world-conference-on-climate-impacts-painting-the-big-picture

- Von der zunehmenden Weltbevölkerung werden auch mehr Abfälle produziert, die oftmals nur unzureichend entsorgt werden.
- Da in den ländlichen Gebieten nicht genug Arbeit für die wachsende Bevölkerung vorhanden ist, kommt es zur Abwanderung in die Städte mit den damit verbundenen Umweltproblemen (Verkehr, Abwasser).

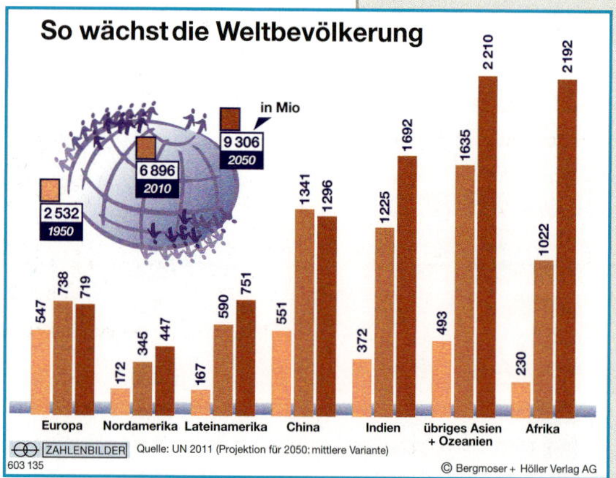

Wachsende Weltbevölkerung ohne Hunger

Die Herausforderung ist gigantisch: Bis zum Jahr 2050 wird die Weltbevölkerung um rund zwei Milliarden auf mehr als neun Milliarden Menschen wachsen. Gleichzeitig wird ein zunehmender Teil der Agrarflächen für die Erzeugung von Energiepflanzen und Futtermitteln verwendet – für den Anbau von Grundnahrungsmitteln bleibt immer weniger Platz. Lassen sich zur Mitte unseres Jahrhunderts die Menschen auf der Erde ausreichend ernähren und gleichzeitig die Umweltbelastung durch den Agrarsektor reduzieren? Die Landwirtschaft sorgt zwar für die Ernährung der Menschen, hat aber nicht nur positive Wirkungen. Durch falsche oder zu intensive Ressourcennutzung gehen zum Beispiel die Bodenfruchtbarkeit und vor allem in den Tropen wertvolle natürliche Ökosysteme verloren. Ohne Gegenstrategien verschärfen sich Hunger und Umweltbelastung...

Quelle: (gekürzt aus): http://www3.uni-bonn.de/Pressemitteilungen/279-2011

5.3 Leitbild der nachhaltigen Entwicklung

Im Rahmen der Konferenz für Umwelt und Entwicklung der Vereinten Nationen (UNCED) in Rio de Janeiro 1992 hat sich die internationale Staatengemeinschaft auf das Leitbild der nachhaltigen Entwicklung („sustainable development") verständigt. Es wurde der gemeinsame Wille zum Ausdruck gebracht, die Ressourcen der Erde künftig so behutsam zu nutzen, dass alle Menschen auf der Erde gegenwärtig und in Zukunft gerechte Entwicklungschancen erhalten.

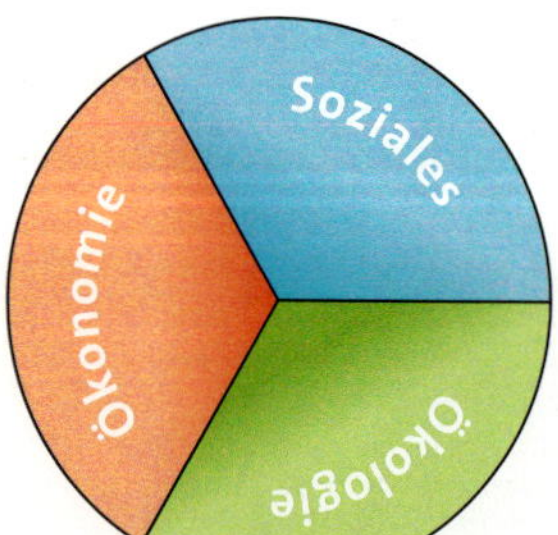

Prinzip der Nachhaltigkeit

Was ist nachhaltige Entwicklung? Das Bundesministerium für Umwelt, Reaktorsicherheit und Naturschutz (BMU) bestimmt das Prinzip der Nachhaltigkeit wie folgt:

Prinzip der Nachhaltigkeit

[...] Das Konzept der Nachhaltigkeit stammt ursprünglich aus der Forstwirtschaft. Damit bezeichnete man schon im 18. Jahrhundert den Umstand, dass in einem Zeitraum nur so viel Holz geschlagen werden darf, wie nachwachsen kann. Der nachhaltige Umgang mit der Natur erlaubt ihr so, sich wieder zu erholen. In unseren Zeiten nutzen wir die Ressourcen der Erde wie in keinem Zeitalter vor uns. Heute verstehen wir unter dem Begriff der Nachhaltigkeit ein Gesamtkonzept, das eine Entwicklung zum Ziel hat, die ökologisch verträglich, sozial gerecht und wirtschaftlich leistungsfähig ist [...] Das heißt: Wir dürfen heute und hier nicht auf Kosten der Menschen in anderen Regionen der Erde und auf Kosten zukünftiger Generationen leben. Nachhaltigkeit ist damit immer auch eine Querschnittsaufgabe, weil sie alle Bereiche unseres Lebens und Wirtschaftens betrifft [...]

Quelle: www.bmu.de/P892/ (Stand: 01.05.2013)

Die 1992 in Rio de Janeiro verabschiedete **Agenda 21,** das Aktionsprogramm für das 21. Jahrhundert, enthält Handlungsempfehlungen zur nachhaltigen Bewirtschaftung der Ressourcen für die Staaten und für den einzelnen Bürger. Prinzipien einer nachhaltigen Entwicklung sind folgende „Managementregeln“:

- **Regeneration:** Erneuerbare Naturgüter (z. B. Holz, Fischbestände) dürfen nur in dem Maße genutzt bzw. abgenutzt werden, wie sie sich von menschlichen Eingriffen erholen können, sodass ihr Fortbestand nicht gefährdet ist.
- **Substitution:** Nicht erneuerbare Naturgüter (z. B. Öl, Gas) dürfen nur in dem Umfang genutzt bzw. abgebaut werden, in dem ein gleichwertiger Ersatz geschaffen werden kann.
- **Anpassungsfähigkeit:** Schadstoffe (z. B. Abgase, Müll) dürfen nur in dem Maße freigesetzt werden, in dem das Ökosystem sie ohne dauerhafte Schädigungen verkraften kann.
- **Vermeidung unvertretbarer Risiken:** Technische Großrisiken (z. B. Atomkraftwerke) mit möglicherweise katastrophalen Auswirkungen auf die Umwelt sind zu vermeiden.

Nachhaltige Energiegewinnung

Umwelt- und Entwicklungsprobleme treten besonders deutlich in größeren Städten und Gemeinden zutage, da sich hier Bevölkerungswachstum, Energieverbrauch, Güternutzung, Stoffumsätze und Abfälle, Flächenverbrauch und Verkehr konzentrieren. Die Mitwirkung der Städte und Kommunen ist ein entscheidender Faktor für die Umsetzung der Agenda 21.

Ziel der **Lokalen Agenda 21** ist es, die ökologischen, ökonomischen und sozialen Aktivitäten in einer Kommune unter dem politischen Leitbild der Nachhaltigkeit zusammenzuführen. Unter dem Schirm der Lokalen Agenda sollen die verschiedenen kommunalen Ansätze und Aktivitäten (z. B. Energie-, Verkehrs-, Wirtschafts-, Umweltpolitik) gebündelt und systematisch auf die Anforderungen einer nachhaltigen Entwicklung ausgerichtet werden.

Im Rahmen einer Lokalen Agenda 21 wird zunächst der Versuch unternommen, ein regionales **Leitbild** zu entwickeln, das den Anforderungen einer nachhaltigen Entwicklung von Gesellschaft, Wirtschaft und Umwelt gerecht wird. Im Anschluss daran wird versucht, diese Leitvorstellung mit vorhandenen regionalen Strukturen in Einklang zu bringen und in der kommunalpolitischen Praxis umzusetzen.

Leitbild
Idealbild der zukünftigen Entwicklung einer Stadt, einer Gemeinde oder eines Kreises, auf das hingearbeitet werden soll

Würzburg: Agenda-21-Arbeitskreis „Nachhaltiger Konsum“ hat sich etabliert!

Nach der Gründung des Agenda-21-Arbeitskreises „Nachhaltiger Konsum“ im Februar dieses Jahres hat sich einiges getan. Zum ersten Treffen kamen viele interessierte Bürger. Nach mehreren Vorschlägen für Ansätze wie Energieberatung, faire/ökologische Kleidung oder Vegetarismus wurde abgestimmt. Die Wahl fiel auf die Einführung des Veggie-Donnerstag in Würzburg als erstes gemeinsames Projekt.
Dazu muss man wissen, 80 % der weltweiten Sojaproduktion wird als Futtermittel verwendet. In Südamerika wird für den Sojaanbau der Regenwald abgeholzt und Familien werden von ihrem Land vertrieben. Davon sind wir alle betroffen – und haben auch alle die Möglichkeit, etwas daran zu ändern! Denn ein Großteil der tierischen Nahrungsmittel wird in den westlichen Industrieländern verzehrt.
Durch vegetarische Ernährung kann jeder seinen Beitrag leisten. Das erste Projekt des Agenda-21-Arbeitskreises ist die Einführung des Veggie-Donnerstag für Würzburg. An diesem Tag sollen in Kantinen, Mensen, Restaurants und zu Hause keine tierischen Lebensmittel auf dem Tisch landen. Machen Sie mit!

Quelle: gekürzt aus: http://www.wuerzburg.de/de/themen/umwelt-verkehr/umweltstation/aktionen-und-projekte1/403506.Pressemitteilung_-_Agenda__Arbeitskreis_Nachhaltiger_Konsum_hat_sich_etabliert.html, 27. Juni 2013

AB ☞ LS 9

6 Das Handelsrecht

§ 1 HGB

(1) Kaufmann im Sinne dieses Gesetzbuchs ist, wer ein Handelsgewerbe betreibt.
(2) Handelsgewerbe ist jeder Gewerbebetrieb, es sei denn, dass das Unternehmen nach Art oder Umfang einen in kaufmännischer Weise eingerichteten Geschäftsbetrieb nicht erfordert.

Unter der Bezeichnung „Kaufmann" versteht man im täglichen Sprachgebrauch Menschen, die eine kaufmännische Ausbildung absolviert haben oder im Handel tätig sind. Im juristischen Sinne ist dieser Begriff jedoch anders definiert. Wer Kaufmann ist, legt das **Handelsgesetzbuch (HGB)** in seinem ersten Paragrafen fest.

Firma, Handelsregister
☞ LF1, Kap. 6.2, 6.3

Kaufverträge
☞ LF2, Kap. 3

Die Vorschriften des HGB sind nur für Kaufleute voll anwendbar. Die Anwendung des HGB hat u. a. Auswirkungen auf die Namensgebung (Firma) des Unternehmens, die Buchführungspflicht und die Abwicklung von Kaufverträgen. Kaufleute sind grundsätzlich verpflichtet, sich ins Handelsregister eintragen zu lassen. Außerdem gelten für sie bestimmte anerkannte Handelsbräuche, z. B. müssen sie dafür sorgen, dass ihnen schriftliche Mitteilungen auch bei Abwesenheit vom Geschäft (durch Urlaub, Krankheit usw.) zugestellt werden.

6.1 Kaufmannseigenschaften

Der Begriff des Handelsgewerbes ist unabhängig von der Branche des Unternehmens. Auch ein Handwerker oder der Inhaber eines Hotels kann also Kaufmann sein.

Das HGB geht vom Begriff des **Handelsgewerbes** aus. Als Gewerbe bezeichnet man jede erlaubte und fortgesetzte selbstständige Tätigkeit, die auf die Erzielung von Gewinn ausgerichtet ist. Führt der Gewerbetreibende außerdem einen „in kaufmännischer Weise eingerichteten Geschäftsbetrieb", ist er **Istkaufmann** im Sinne des § 1 HGB. Ob ein solcher Geschäftsbetrieb vorliegt, muss im Einzelfall entschieden werden. Beurteilungskriterien sind u. a. die Höhe von Umsatz, Forderungen und Vermögen, die Mitarbeiterzahl sowie die Anzahl/Größe der Geschäftsräume. Für ein kleines Unternehmen mit geringer Umsatzhöhe und nur einem Mitarbeiter ist z. B. kein kaufmännischer Geschäftsbetrieb erforderlich. Ein solches Unternehmen fällt unter den Begriff **Kleingewerbe.** Aber auch der Betreiber eines Kleingewerbes oder eines landwirtschaftlichen Betriebes kann den Status eines Kaufmannes erwerben, indem er sich freiwillig ins Handelsregister eintragen lässt. Er ist nach § 2 HGB ein sogenannter **Kannkaufmann.**

OHG, GmbH
☞ LF1, Kap. 7.2.3, 7.3.1

Handelsgesellschaften mit eigener Rechtspersönlichkeit (z. B. OHG, GmbH) sind gemäß § 6 HGB sogenannte **Formkaufleute.**

Kaufmannsbegriff nach HGB

Istkaufmann	Kannkaufmann	Formkaufmann
Kaufmann kraft kaufmännisch eingerichteten Geschäftsbetriebes HGB § 1	**Kaufmann kraft** Eintragung ins Handelsregister Eintragung ist freiwillig HGB §§ 2, 3	**Kaufmann kraft** Rechtsform Handelsgesellschaften, z. B. OHG, GmbH HGB § 6

6.2 Firma

§ 17 HGB

(1) Die Firma eines Kaufmannes ist der Name, unter dem er seine Geschäfte betreibt und die Unterschrift abgibt.
(2) Ein Kaufmann kann unter seiner Firma klagen und verklagt werden.

Kaufleute müssen eine Firma führen. Die Firmenführung ist jedoch auf den Geschäftsbetrieb beschränkt, sie wird nicht in den Pass oder Personalausweis eingetragen. Dagegen kann der Kaufmann, der für sein Unternehmen einen Dienstwagen unterhält, einen Kraftfahrzeugschein auf seine Firma ausstellen lassen. Es werden folgende **Firmenarten** unterschieden:

- Personenfirma, bestehend aus einem oder mehreren Personennamen
- Sachfirma, abgeleitet vom Unternehmensgegenstand
- Fantasiefirma, häufig eine von Markennamen abgeleitete werbewirksame Bezeichnung
- gemischte Firma, die sowohl Personennamen als auch den Unternehmensgegenstand enthält

Rechtsformen von Unternehmen
LF1, Kap. 7

Die Wahl der Firma hängt von der Rechtsform des Unternehmens ab. Bei Einzelkaufleuten muss z. B. die Bezeichnung „eingetragener Kaufmann" bzw. „eingetragene Kauffrau" (e. K. oder e. Kfm. bzw. e. Kfr.) in der Firma enthalten sein. Dieser Zusatz ist auch auf Geschäftsbriefen, Visitenkarten, Katalogen usw. zu vermerken. Die Firma ist außerdem an bestimmte rechtliche Grundsätze gebunden:

Die Wahl der Firma hängt von der Rechtsform ab.

Firmenwahrheit: Die Firma darf nicht irreführend sein. Sie muss den tatsächlichen Rechtsverhältnissen entsprechen. Dieser Grundsatz schützt die Geschäftspartner, denn die Rechtsform gibt Auskunft über die Größe und die Finanzkraft des Unternehmens.

Firmenausschließlichkeit: Die Firma darf nicht die gleiche Bezeichnung tragen wie eine andere Firma am gleichen Ort. Bei der Eintragung ins Handelsregister wird dies geprüft. Auch dieser Grundsatz bedeutet eine Sicherheit für die Geschäftspartner, da er hilft, Verwechslungen zwischen den Firmen zu vermeiden.

Firmenbeständigkeit: Beim Wechsel des Inhabers darf die Firma weitergeführt werden. Hierbei muss jedoch im Zweifel die Firmenwahrheit beachtet werden, da sich durch einen Inhaberwechsel auch die Rechtsform ändern kann. Wenn z. B. ein Vater seine Tochter als Teilhaberin in die Firma aufnehmen möchte und sich dadurch die Rechtsform von einer Einzelunternehmung in eine OHG ändert, muss der Zusatz OHG aufgenommen werden. Beispiel: Aus der Firma Elektro Erich Karl e. K. könnte dann Elektro Karl OHG werden.

Firmenklarheit: Die Firma muss so formuliert sein, dass sie Außenstehende nicht über wichtige geschäftliche Verhältnisse irreführt.

Firmenöffentlichkeit: Die Eintragung ins Handelsregister muss erfolgen, damit die Öffentlichkeit über die Gründung der Firma informiert wird.

6.3 Handelsregister

§ 29 HGB

Jeder Kaufmann ist verpflichtet, seine Firma und den Ort seiner Handelsniederlassung bei dem Gericht, in dessen Bezirk sich die Niederlassung befindet, zur Eintragung in das Handelsregister anzumelden; er hat seine Namensunterschrift unter Angabe der Firma zur Aufbewahrung bei dem Gericht zu zeichnen.

Kaufleute unterliegen in ihren Geschäften z. T. anderen (strengeren) Vorschriften als Nichtkaufleute. Deshalb muss allen, die mit ihnen Geschäfte abschließen, bekannt sein, dass sie es mit Kaufleuten zu tun haben. Alle Tatsachen, die für die Geschäftspartner eines Kaufmannes rechtlich bedeutsam sein können, werden deshalb durch die **Eintragung ins Handelsregister** öffentlich registriert.

Das Handelsregister ist ein beim Amtsgericht geführtes Verzeichnis aller Unternehmen. Es dient dem Zweck, die Öffentlichkeit zu informieren und zu schützen. Jedermann hat das Recht, in das Register einzusehen. Die Eintragungen erfolgen auf Anmeldung des Kaufmannes mit notarieller Beglaubigung oder von Amts wegen (z.B. bei Eröffnung eines Insolvenzverfahrens). Das Gericht muss die Eintragungen im Internet veröffentlichen (§ 10 HGB).

www.handelsregister.de

Istkaufmann, Kannkaufmann

LF1, Kap. 6.1

Die Eintragung hat häufig nur eine **rechtsbezeugende (deklaratorische) Wirkung**, d.h., die ins Register aufgenommenen Tatsachen waren bereits vor dem Eintrag rechtsgültig und werden nun öffentlich bekanntgemacht. Dies ist z.B. beim Eintrag eines Istkaufmannes der Fall. Entsteht die Kaufmannseigenschaft jedoch – wie beim Kannkaufmann – erst durch den Registereintrag, hat dieser **rechtsbegründende (konstitutive) Wirkung.** Das Handelsregister genießt **öffentlichen Glauben.** Das Vertrauen auf seinen Inhalt ist geschützt. Solange eine Tatsache, die ins Register eingetragen werden müsste, noch nicht eingetragen ist, kann sie einem Dritten gegenüber nicht geltend gemacht werden.

Das Handelsregister

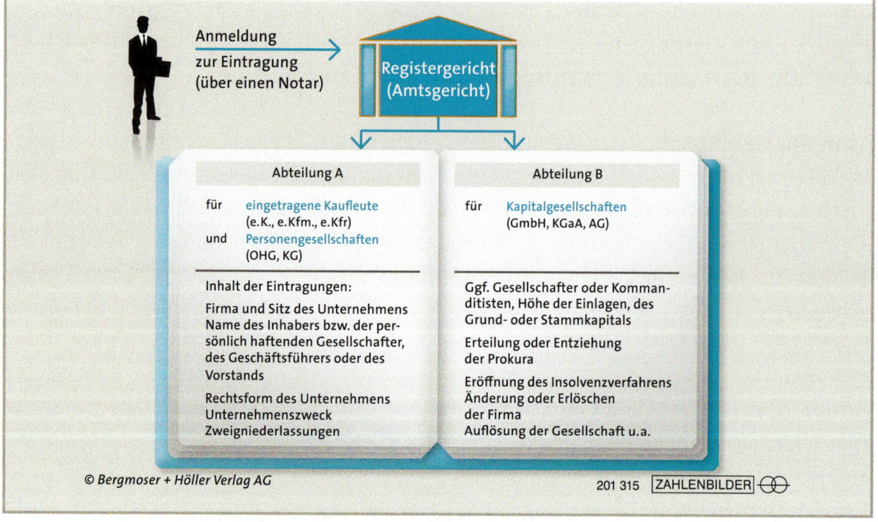

6.4 Stellvertretung und Vollmachten im Handelsrecht

Bei der Stellvertretung werden **Willenserklärungen in fremdem Namen** abgegeben. Abgesehen von einigen höchstpersönlichen Rechtsgeschäften wie z. B. die Eheschließung oder die Errichtung eines Testaments können nahezu alle Rechtsgeschäfte durch einen Stellvertreter abgewickelt werden. Wird die Stellvertretung selbst durch ein Rechtsgeschäft begründet, handelt es sich um eine **Vollmacht.** Rechtsgeschäfte, die von einem Stellvertreter im Rahmen seiner Vertretungsmacht vorgenommen werden, wirken unmittelbar für und gegen den Vertretenen.

Willenserklärung, Rechtsgeschäfte
LF2, Kap. 1.6

Beispiel

Ein Auszubildender wird gebeten, ausnahmsweise Paketscheinformulare bei der nächstgelegenen Postfiliale zu besorgen, die dringend für den Versand im Unternehmen benötigt werden. Er handelt hier als Stellvertreter seines Ausbildungsunternehmens. Der Auszubildende erhält dazu eine Einzelvollmacht.

Die wichtigsten Vollmachten im Handelsrecht sind die **Handlungsvollmacht** und die **Prokura.** Prokuristen und Handlungsbevollmächtigte sind Stellvertreter eines Kaufmannes.

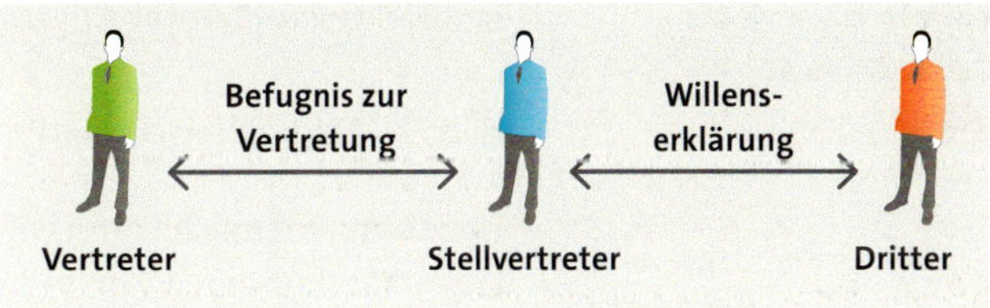

6.4.1 Prokura

Die Prokura ist die umfassendste Vollmacht, die ein Unternehmer einem Mitarbeiter erteilen kann. Durch die Erteilung der Prokura erhält der Prokurist nahezu die gleichen Befugnisse wie der Unternehmer selbst. Deshalb kann die Prokura auch nur vom Inhaber des Handelsgeschäfts oder seinem gesetzlichen Vertreter und nur mittels ausdrücklicher Erklärung erteilt werden. Die Prokura ist im Handelsregister einzutragen.

Der Prokurist ist zu allen Arten von gerichtlichen und außergerichtlichen Geschäften und Rechtshandlungen ermächtigt, die der Betrieb eines Handelsgewerbes mit sich bringt. Nicht ermächtigt ist er zu sogenannten Grundlagengeschäften, also Geschäften, die das Handelsgewerbe selbst betreffen.

Stellvertretung:
§§ 164 ff. BGB
Erteilung der Prokura:
§ 48 Abs. 1 HGB

Umfang der Prokura:
§§ 49, 50 HGB

Umfang der Prokura

Der Prokurist ist ermächtigt	Der Prokurist ist nicht ermächtigt
Personal einzustellen	das Handelsgeschäft einzustellen oder zu veräußern
Handlungsvollmachten zu erteilen	die Firma zu ändern
Kredite aufzunehmen und einzuräumen	neue Gesellschafter aufzunehmen
Schenkungen zu machen und fremde Verbindlichkeiten zu übernehmen	Insolvenz anzumelden
Zweigniederlassungen zu eröffnen und zu schließen	Anmeldungen zum Handelsregister vorzunehmen
Unternehmen und Beteiligungen zu erwerben	das Inventar und die Bilanz zu unterzeichnen
Grundstücke zu kaufen	Grundstücke zu belasten oder zu veräußern (außer mit Sondervollmacht)

Die Prokura kann vertraglich eingeschränkt werden. Zum Schutz von Dritten ist eine Beschränkung des Umfanges der Prokura dem Dritten gegenüber jedoch unwirksam.

Beispiel

Einem Prokuristen wird vom Kaufmann ausdrücklich die Vergabe von Krediten untersagt. Dennoch vergibt der Prokurist einen Kredit an einen Kunden. In diesem Falle haftet der Prokurist gegenüber dem Kaufmann, der Kunde hat aber einen rechtmäßigen Anspruch auf den Kredit, es sei denn, ihm war die Einschränkung der Prokura bekannt.

Arten der Prokura	
Einzelprokura	Berechtigung, die Vertretung alleine auszuüben
Filialprokura	der Kaufmann kann die Prokura auf einen Filialbetrieb beschränken
Gesamtprokura	Prokura, die mehreren Personen gemeinschaftlich erteilt wird; kann nur von den Prokuristen gemeinsam ausgeübt werden

Zeichnung:
§ 51 HGB
Geschäftsbriefe
LF2, Kap. 2.2.1

Geschäftsbriefe oder andere geschäftliche Unterlagen unterzeichnet der Prokurist üblicherweise mit der Abkürzung „ppa." (per procura) vor seinem handgeschriebenen Namen und unter Angabe der Firma des Handelsgeschäfts.

6.4.2 Handlungsvollmacht

Handlungsvollmacht kann von jedem Kaufmann erteilt werden. Die Erteilung bedarf keiner besonderen Form und kann auch durch schlüssiges Verhalten (z. B. durch die Duldung von Handlungen) gegenüber dem Bevollmächtigten erfolgen. Die Handlungsvollmacht wird nicht ins Handelsregister eingetragen.

§ 54 HGB

Der Umfang ist u. a. abhängig von der Art der Handlungsvollmacht und von der Festlegung durch den Kaufmann. Bei der allgemeinen Handlungsvollmacht ergeben sich gegenüber der Prokura folgende Unterschiede: Die Handlungsvollmacht erstreckt sich auf alle Rechtsgeschäfte und Rechtshandlungen, die der Betrieb eines derartigen Handelsgewerbes **gewöhnlich** mit sich bringt. Der Handlungsbevollmächtigte ist somit nur zu gewöhnlichen (alltäglichen), branchenüblichen Geschäften ermächtigt, nicht wie der Prokurist zu Geschäften, die in irgendeinem Handelsgewerbe vorkommen können. Der Handlungsbevollmächtigte eines Papiergroßhandels darf z. B. keine Aktien kaufen, auch wenn ein großer Gewinn zu erwarten ist.

§ 54 Abs. 2 HGB

Bestimmte Rechtsgeschäfte bzw. Rechtshandlungen dürfen von einem Handlungsbevollmächtigten nur **mit besonderer Ermächtigung** des Kaufmanns durchgeführt werden. Dazu gehören die Veräußerung und Belastung von Grundstücken, die Aufnahme von Darlehen und die Prozessführung.

Arten der Handlungsvollmacht	
Einzel- oder Spezialvollmacht	Der Spezialbevollmächtigte ist zu einzelnen, konkret bestimmten Geschäften bevollmächtigt. Beispiel: Bevollmächtigung zum Kauf eines neuen Lkws.
Artvollmacht	Sie ermächtigt zur Vornahme von Geschäften einer bestimmten Art, z. B. Bankkassierer, Abteilungsleiter, Einkäufer.
allgemeine oder Generalvollmacht	Sie erstreckt sich auf alle gewöhnlichen Geschäfte und den gesamten Betrieb dieses Handelsgewerbes.

Der Handlungsbevollmächtigte unterschreibt üblicherweise mit „i. A." (im Auftrag) als Einzel oder Artbevollmächtigter bzw. mit „i. V." (in Vollmacht) oder „per" bei allgemeiner Handlungsvollmacht.

Es gibt noch eine weitere Regelung im Handelsrecht für Angestellte im Laden oder Warenlager. Für Ladenangestellte gilt auch **ohne entsprechende Vollmachterteilung,** dass sie zu Verkäufen und zur Empfangnahme (z. B. von Waren oder Geld) ermächtigt sind, die in einem derartigen Laden gewöhnlich vorkommen. Wenn jemand einen Verkaufsraum betritt und mit einer dort beschäftigten Person Geschäfte abschließt, wird im Namen des Unternehmens gehandelt. Bei unternehmensbezogenen Geschäften besteht grundsätzlich die Vermutung, dass der Handelnde für das Unternehmen aufgetreten ist.

§ 56 HGB

Anders als ein Stellvertreter gibt ein **Bote** keine eigene Willenserklärung ab, sondern übermittelt die Willenserklärung eines anderen. Da das Handeln des Boten nicht rechtsgeschäftlicher Natur ist, braucht er auch nicht geschäftsfähig zu sein.

Geschäftsfähigkeit
LF2, Kap. 1.3

Beispiel

Eine Angestellte ruft bei der BPK GmbH an: „Mein Chef K lässt Ihnen ausrichten, dass er gemäß Ihrem Angebot vom 14. Mai 25 Kartons Kopierpapier Printomax zu je 4,70 € bestellt."

Vollmachten im Handelsrecht

	Prokura §§ 48 ff. HGB	Handlungsvollmacht §§ 54 f. HGB
Erteilung	• § 48 (1) HGB: persönliche, ausdrückliche Erklärung des Inhabers des Handelsgeschäfts oder dessen gesetzlichen Vertreters • Eintragung ins HR	• von jedem Kaufmann, • bedarf keiner besonderen Form, auch durch schlüssiges Handeln • keine Eintragung ins HR
Umfang	§§ 49, 50 HGB: alle gerichtlichen und außergerichtlichen Geschäfte und Rechtshandlungen	alle gewöhnlichen (= alltäglichen, branchenüblichen) Geschäfte
	ausgenommen: Grundlagengeschäfte (die das Handelsgeschäft als solches betreffen) Vertragliche Einschränkungen sind gegenüber Dritten unwirkam!	ausgenommen: • Grundstücke belasten oder veräußern • Darlehen aufnehmen • Prozessführung
Arten	• Einzelprokura • Filalprokura • Gesamtprokura	• allgemeine Handlungsvollmacht • Einzel-/Spezialhandelsvollmacht • Arthandelsvollmacht
Zeichnung	§ 51 HGB: „ppa." + Unterschrift	„i. A.", „i. V."+ Unterschrift

AB ☞ LS 10

7 Rechtsformen von Unternehmen

Rechtsform
die gesetzlichen Bedingungen, unter denen im Unternehmen gehandelt wird

Für jeden Unternehmensgründer stellt sich die Frage, welche Rechtsform den Zielsetzungen seines Unternehmens am besten entspricht. Grundsätzlich hat er die Wahl zwischen verschiedenen gesetzlich festgeschriebenen Rechtsformen, neben denen in der Praxis weitere, vom Gesetzgeber zunächst gar nicht vorgesehene Mischformen entstanden sind.

Für die Wahl der Rechtsform gibt es keine Patentlösung. Jede Form hat Vor- und Nachteile und wirkt sich auf wichtige betriebswirtschaftliche Grundfragen aus, wie z.B. auf die

- Möglichkeiten der Kapitalbeschaffung,
- Geschäftsführung,
- Gewinn- und Verlustverteilung,
- Haftung,
- Besteuerung.

Rechtsformen von Unternehmen

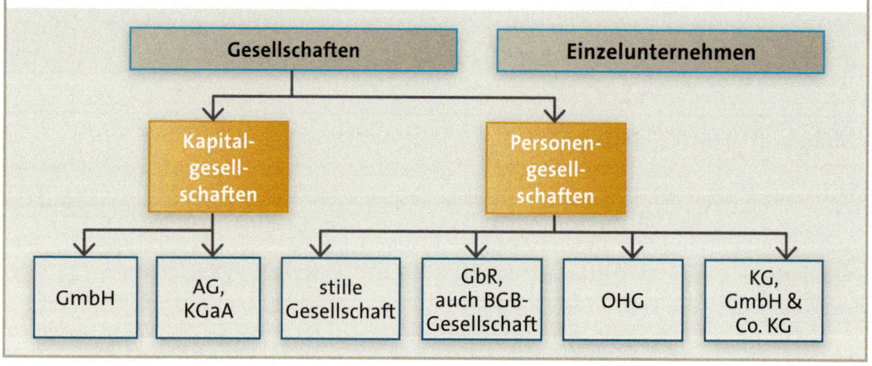

7.1 Einzelunternehmen

Das Einzelunternehmen ist eine besonders häufige Rechtsform. Die Gründung ist insoweit einfach, als das Einzelunternehmen nicht an eine bestimmte Form gebunden ist. Ist für das Unternehmen jedoch ein kaufmännischer Geschäftsbetrieb erforderlich, muss eine Eintragung ins Handelsregister vorgenommen werden.

Handelsregister
LF1, Kap. 6.3

Beispiel

Erich Karl ist in einem Elektrofachgeschäft beschäftigt und möchte sich selbstständig machen. Ein wesentlicher Grund dafür ist, dass er endlich sein „eigener Herr" sein will. Er rechnet zunächst mit Aufträgen von Privatkunden, denen er bereits bekannt ist. Die Verwaltungsarbeit wird seine Frau übernehmen; ein kleines Büro kann er im Haus einrichten, die Garage ist für den Anfang groß genug, um alle notwendigen Artikel lagern zu können. Der Kapitalbedarf zur Gründung des Unternehmens ist nicht sehr hoch. Ein gebrauchter Transporter als Fahrzeug ist schon vorhanden. Einen Namen für sein Unternehmen hat er auch schon: „Elektro Erich Karl e. K.".

Einzelunternehmen

Einerseits muss der Einzelunternehmer allein das Kapital zur Finanzierung des Unternehmens aufbringen, womit natürlich auch ein hohes finanzielles Risiko verbunden sein kann. Andererseits steht ihm dann auch der erzielte Gewinn allein zu. Die Führung des Unternehmens liegt allein in seiner Hand. Er trägt allein die Verantwortung gegenüber Mitarbeitern, Lieferanten und Kunden. Als Einzelunternehmer haftet er für alle Schulden des Unternehmens, und zwar unbegrenzt, also nicht nur mit dem Betriebsvermögen, sondern auch mit dem Privatvermögen.

Vor- und Nachteile des Einzelhandelsunternehmens

Vorteile	Nachteile
• geringer Kapitalaufwand • alleinige Entscheidungsbefugnis • erwirtschafteter Gewinn muss nicht geteilt werden • einfache und kostengünstige Gründung	• unbeschränkte Haftung auch mit Privatvermögen • beschränktes Wachstum durch begrenzte Arbeitskraft und begrenzte Geldmittel (Kreditbasis) • persönlicher Ausfall (z. B. Krankheit) führt leicht zur Krise des Unternehmens

7.2 Personengesellschaften

natürliche und juristische Personen
LF2, Kap. 1.2

Mit **Gesellschaft** wird eine **Vereinigung von natürlichen und/oder juristischen Personen** bezeichnet, die privatrechtsgeschäftlich ein gemeinsames Ziel verfolgen. Da heute auch eine GmbH oder AG von einer einzigen Person gegründet werden kann, ist diese Definition jedoch etwas offener zu sehen. Es gibt auch Personenvereinigungen, die dem öffentlichen Recht unterliegen. Dies sind z. B. Bund, Länder und Gemeinden, aber auch Anstalten des öffentlichen Rechts oder Stiftungen. Sie fallen nicht unter den Gesellschaftsbegriff.

Charakteristisch für **Personengesellschaften** ist es, dass die handelnden Personen natürliche Personen sind und auch mit ihrem Privatvermögen haften. Einige ausgewählte Personengesellschaften werden im Folgenden näher betrachtet.

7.2.1 Stille Gesellschaft

Beispiel

Als Erich Karl seinem Cousin Wilfried von dem Vorhaben erzählt, einen eigenen Betrieb zu gründen, zeigt dieser sich sehr interessiert und überzeugt von Erichs Geschäftsidee. Wilfried möchte Erich gern unterstützen, indem er sich ohne großes Aufsehen mit einer Kapitaleinlage von 20.000 Euro am neuen Unternehmen beteiligt.

Werden einem Einzelunternehmen von einem Außenstehenden zusätzliche finanzielle Mittel zur Verfügung gestellt, ohne dass diese Person nach außen in Erscheinung treten will (sie also z. B. keinerlei Führungs- oder Weisungsbefugnisse beansprucht), dann spricht man von einer stillen Gesellschaft. Im Gesellschaftsvertrag kann geregelt werden, ob und in welcher Höhe ein stiller Gesellschafter an einem Verlust beteiligt sein soll. Ihm steht jedoch eine Gewinnbeteiligung zu.

Ein stiller Gesellschafter wird nicht ins Handelsregister eingetragen, die Firma des Unternehmens ändert sich durch seinen Beitritt nicht. Sind beispielsweise über Banken bzw. Kreditinstitute keine finanziellen Mittel für ein Einzelunternehmen zu erhalten, so kann eine stille Gesellschaft durchaus vorteilhaft sein.

7.2.2 Gesellschaft bürgerlichen Rechts (GbR)

Die GbR muss aus mindestens zwei Gesellschaftern bestehen, die auch formlos einen Gesellschaftervertrag schließen können, mit dem sie sich gegenseitig verpflichten, die Erreichung eines gemeinsamen Zieles zu fördern. Ziel kann z. B. ein gemeinsamer Geschäftsbetrieb – mit Ausnahme eines Handelsgewerbes – sein, d. h., die Gesellschafter einer GbR (z. B. einer Anwaltskanzlei) dürfen keine Kaufleute im Sinne des HGB sein. Daher erklärt sich auch der Name der Gesellschaft: Für sie gelten nur die Vorschriften des Bürgerlichen Gesetzbuches (BGB).

Die GbR ist ein Zusammenschluss von Kleingewerbetreibenden oder auch Freiberuflern (Ärzte, Anwälte, Künstler).

Jeder Gesellschafter muss einen Beitrag leisten. Das können Geld- oder Arbeitsleistungen, aber auch die Einbringung von Kunden oder Know-how sein. Falls nichts Abweichendes vereinbart wird, haben die Gesellschafter gleiche Beiträge zu leisten und deshalb auch gleichen Anteil an Gewinn und Verlust.

Kaufleute nach HGB
LF1, Kap. 6.1

Die Beiträge und die durch die Geschäftsführung erworbenen Gegenstände werden gemeinschaftliches Vermögen der Gesellschafter (Gesellschaftsvermögen). Haben die Gesellschafter vertraglich keine speziellen Abmachungen getroffen, dann steht ihnen die Geschäftsführung gemeinschaftlich zu (Grundsatz der Einstimmigkeit). Grundsätzlich haften die Gesellschafter auch mit ihrem Privatvermögen.

7.2.3 Offene Handelsgesellschaft (OHG)

Die offene Handelsgesellschaft ist eine Personengesellschaft, deren Zweck auf den Betrieb eines Handelsgewerbes unter gemeinschaftlicher Firma gerichtet ist. Charakteristisch an dieser Rechtsform ist, dass bei keinem der Gesellschafter die **Haftung** gegenüber den Gesellschaftsgläubigern beschränkt ist.

Die Gläubiger können sowohl auf das Geschäfts- als auch auf das Privatvermögen zurückgreifen (unbeschränkt). Die Gläubiger können zur Befriedung ihrer Forderungen an einen beliebigen Gesellschafter herantreten (unmittelbar). Hieraus erklärt sich auch der Name: Die OHG ist „offen“, weil der Zugriff der Gläubiger auf das Vermögen der Gesellschafter offen ist. Insofern besteht auch eine enge Bindung der Gesellschafter, denn alle haben für das Handeln der jeweils anderen solidarisch einzustehen.

Beispiel

Erich Karl hat mit seinen Erwartungen recht behalten. Sein Geschäft läuft glänzend – für ihn und seine Frau alleine bald schon zu gut. Nun erhält er das Angebot, die Elektroinstallationen für ein Geschäftszentrum vorzunehmen. Für diesen Großauftrag ist eine Aufstockung des Personals notwendig; außerdem reicht jetzt sein Wohnhaus nicht mehr für die Büro- und Lagerräume aus. Er benötigt einen größeren Fuhrpark und erheblich mehr Geräte und Werkzeuge. Dies kann Herr Karl mit seinen bisherigen Möglichkeiten nicht realisieren – vor allem deshalb, weil keine Bank bereit ist, den dafür notwendigen Kredit zur Verfügung zu stellen. Anna Moser, eine ehemalige Kollegin, wäre bereit, als Teilhaberin in das Unternehmen einzusteigen. Herrn Karl ist das recht, zumal Frau Moser über einiges Kapital verfügt, das sie in das Unternehmen einbringen könnte.

ELEKTRO ERICH KARL OHG

Die **Gründung** der OHG vollzieht sich in zwei Stufen: dem Abschluss eines Gesellschaftervertrages und der Anmeldung zum Handelsregister. Der Gesellschaftervertrag ist ohne Einhaltung einer bestimmten Form möglich, d.h., man muss ihn in der Regel nicht notariell beurkunden lassen. Zuständig für die Anmeldung zum Handelsregister ist das Gericht, in dessen Bezirk die Gesellschaft ihren Sitz hat.

Alle Gesellschafter sind zur Geschäftsführung berechtigt bzw. verpflichtet. Anders als bei der GbR geht das Gesetz bei der OHG von einer **Einzelgeschäftsführungsbefugnis** aus, d.h., jeder Gesellschafter ist berechtigt, allein zu handeln. Soll das anders sein, so können die Gesellschafter in ihren Vertrag aufnehmen, dass nur zusammen gehandelt werden kann. Bei dieser **Gesamtgeschäftsführungsbefugnis** bedarf es dann für jedes Geschäft der Zustimmung aller.

Für die Verbindlichkeiten der OHG haften die Gesellschafter sowohl mit dem Gesellschaftsvermögen als auch persönlich. Selbst nach dem Ausscheiden eines Gesellschafters aus der OHG besteht auch später noch eine sogenannte **Nachhaftung**. Vorteil dieser vollen Haftung ist jedoch, dass dadurch meist eine größere Kreditwürdigkeit bei Banken und Kreditinstituten besteht.

Häufig ist ein erhöhter Kapitalbedarf der Grund für die Bildung einer OHG. Aber auch bei der Fortsetzung eines Einzelunternehmens durch eine Erbengemeinschaft wird diese Rechtsform oft gewählt, wenn z.B. ein Einzelunternehmer aus Altersgründen die Geschäftsführung seinen Kindern übertragen will.

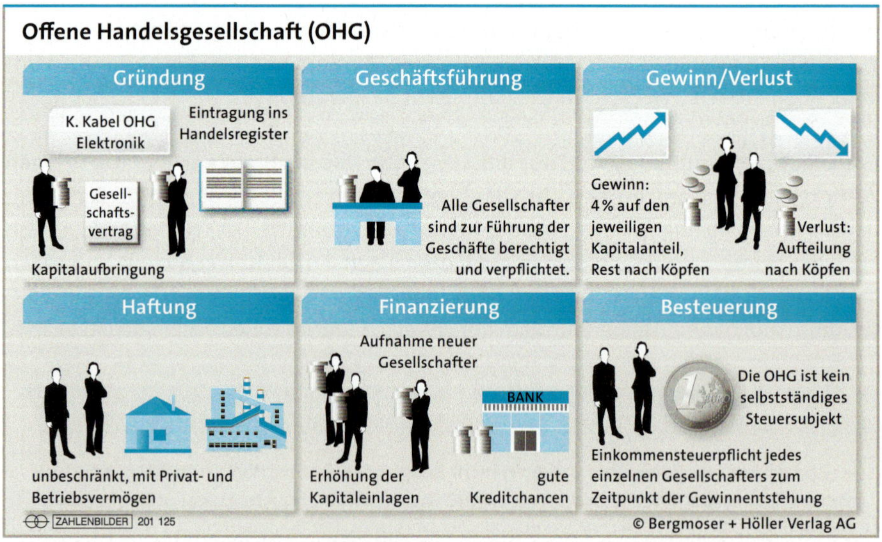

7.2.4 Kommanditgesellschaft (KG)

Bei der Kommanditgesellschaft ist die **Haftung** eines oder mehrerer Gesellschafter auf den Betrag ihrer Vermögenseinlage beschränkt **(Kommanditist)**, während mindestens ein Gesellschafter unbeschränkt haftet **(Komplementär).** Die Höhe der Haftsumme der Kommanditisten ist ins Handelsregister einzutragen. Ist die Einlage vom Kommanditisten vollständig bezahlt, dann kann er auch nicht mehr persönlich für die Verbindlichkeiten der Gesellschaft haftbar gemacht werden.

Die **Gründung** der KG vollzieht sich nach den gleichen rechtlichen Schritten wie bei der OHG. Die Kommanditisten sind von der Geschäftsführung ausgeschlossen und grundsätzlich auch nicht zu einer Vertretung der Gesellschaft nach außen ermächtigt, es sei denn, es wird ihnen ausdrücklich Prokura erteilt. Vorteil dieser Gesellschaftsform ist also, dass man sich vorab entscheiden kann, ob man nur mit einer begrenzten Vermögensmasse Teilhaber wird, dafür aber von der Geschäftsführung ausgeschlossen ist, oder ob man voll haften will bzw. muss, dafür aber „die Zügel in der Hand hält".

Prokura
LF1, Kap. 6.4.1

Kommanditisten haben ein Widerspruchsrecht bei außergewöhnlichen Geschäften, ein Recht auf Einsicht in die Geschäftsbücher und ein Recht auf den vertraglich vereinbarten Gewinnanteil. Der Komplementär einer KG kann auch eine juristische Person, z. B. eine GmbH, sein. Die Rechtsform ist dann die **GmbH & Co. KG.** Bei dieser Rechtsform ist eine Vermischung zweier Grundtypen erfolgt. Wichtig ist, dass es sich dabei insgesamt um eine Personengesellschaft und nicht um eine Kapitalgesellschaft handelt. Damit beschränkt sich die Haftung auf das Kapital der GmbH.

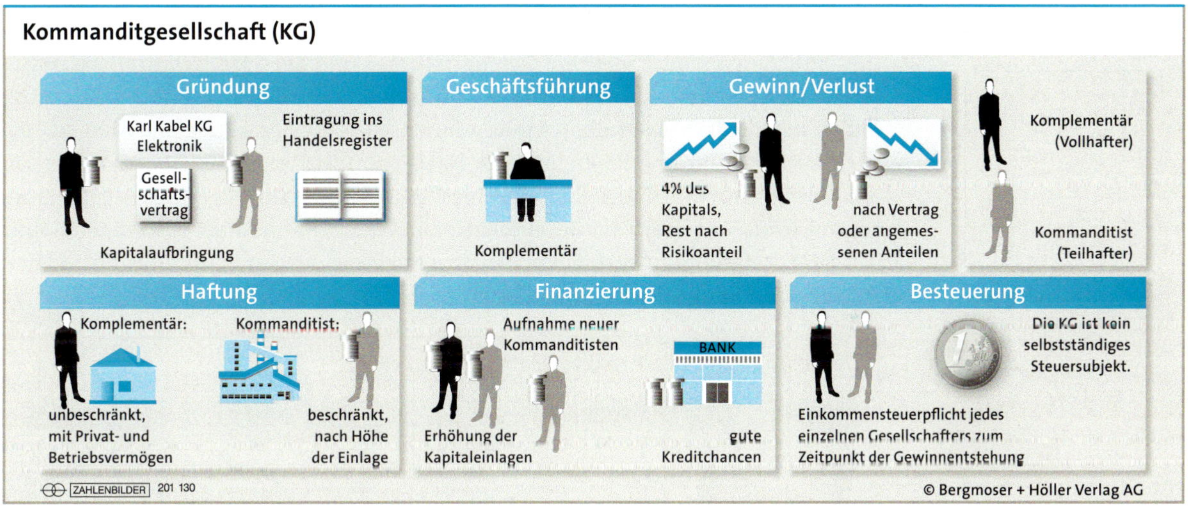

7.3 Kapitalgesellschaften

Kapitalgesellschaften sind juristische Personen und damit selbst rechtsfähig. Im Gegensatz zu den Personengesellschaften, wo Eigenkapitalgeber (Gesellschafter) und Geschäftsführer normalerweise identisch sind, liegen Eigentum und Unternehmensführung bei Kapitalgesellschaften in der Regel nicht beieinander. Normalerweise beschränkt sich der Einfluss der Gesellschafter auf ihr Stimmrecht in der Gesellschafterversammlung, ihr Risiko ist beschränkt auf die geleistete Kapitaleinlage.

juristische Personen
LF2, Kap. 1.2
Rechtsfähigkeit
LF2, Kap. 1.2

7.3.1 Gesellschaft mit beschränkter Haftung (GmbH)

Die GmbH ist eine Kapitalgesellschaft, deren Gesellschafter sich an dem in Stammeinlagen zerlegten Stammkapital beteiligt haben, ohne persönlich für die Verbindlichkeiten der Gesellschaft zu haften. Die Gläubiger können sich mit ihren Forderungen nur an das Gesellschaftsvermögen, nicht aber an die Gesellschafter halten.

Im Gesellschaftsvertrag kann jedoch eine beschränkte oder unbeschränkte **Nachschusspflicht** vereinbart werden. Damit verpflichtet sich der Gesellschafter, unter bestimmten Voraussetzungen weitere Geldleistungen an die Gesellschaft zu erbringen.

Die **Gründung** einer GmbH ist schwieriger als die Gründung einer Personengesellschaft, da der Gesellschaftervertrag der notariellen Form bedarf. Da die Zahl der Gesellschafter nicht vorgeschrieben ist, kann die GmbH auch von nur einer Person errichtet werden **(Einmann-GmbH).** Bei der Gründung wird ein **Stammkapital** in Höhe von mindestens 25.000 Euro vorausgesetzt. Auf dieses Kapital muss jeder Gesellschafter eine Stammeinlage von mindestens einem Euro zahlen. Die Einlagen können in Form von Geld- oder Sachleistungen erbracht werden. Bei Sachleistungen müssen der Gegenstand (z. B. ein Fahrzeug oder ein Kopierer) und der hierfür veranschlagte Betrag im Gesellschaftsvertrag festgesetzt werden. Um die GmbH beim Handelsregister anmelden zu können, muss auf jede Stammeinlage mindestens ein Viertel gezahlt und dabei insgesamt mindestens die Hälfte des Stammkapitals angesammelt worden sein (also mindestens 12.500 Euro). Sachleistungen müssen voll erbracht werden.

Um handeln zu können, bedarf es bei der GmbH verschiedener **Organe.** Das sind im Wesentlichen ein oder mehrere **Geschäftsführer** und die **Gesellschafterversammlung.** Letztere wird von der Geschäftsführung einberufen und entscheidet unter anderem über die Verwendung des Gewinnes sowie die Bestellung und Abberufung von Geschäftsführern und Prokuristen. Hat die GmbH mehr als 500 Beschäftigte, ist die Einrichtung eines **Aufsichtsrates** gesetzlich vorgeschrieben. Der Aufsichtsrat setzt sich aus Vertretern der Gesellschafter und der Arbeitnehmer zusammen. Seine Aufgabe besteht hauptsächlich in der Überwachung der Geschäftsführung und der Prüfung von Jahresabschluss und Lagebericht.

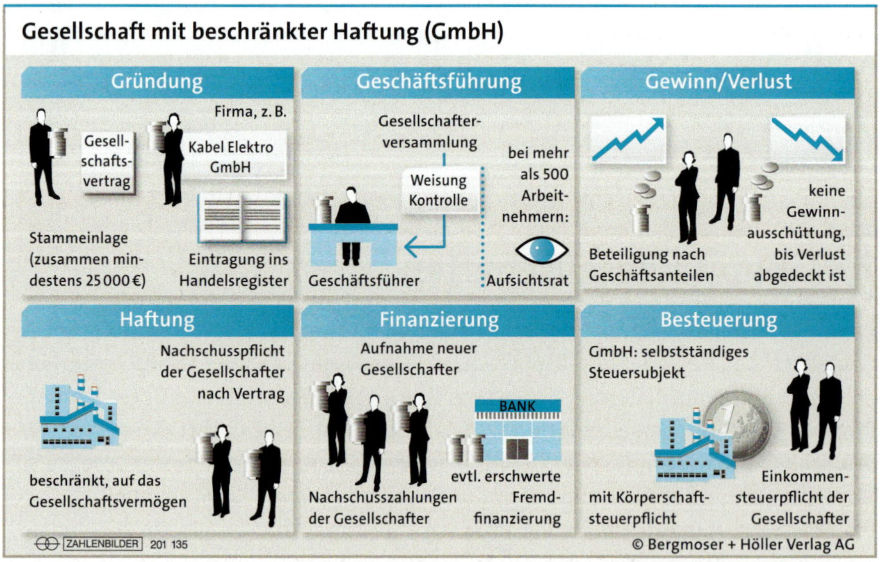

Eine Sonderform der GmbH ist die **haftungsbeschränkte Unternehmergesellschaft (UG).** Sie ist eine Einstiegsvariante der GmbH ohne bestimmtes Mindeststammkapital. Zur Gründung reicht 1 Euro. Man spricht daher auch manchmal von einer 1-Euro-GmbH oder Mini-GmbH. Allerdings darf die UG ihre Gewinne nicht voll ausschütten, sondern muss einen Teil zur Ansparung des Stammkapitals der normalen GmbH nutzen.

In der GmbH-Reform Ende 2008 ging es auch um die Erleichterung von Unternehmensgründungen im Wettbewerb mit den Mitgliedstaaten der Europäischen Union, denn in vielen Mitgliedstaaten der Europäischen Union werden geringere Anforderungen an die Gründungsformalitäten und die Aufbringung des Mindeststammkapitals gestellt.

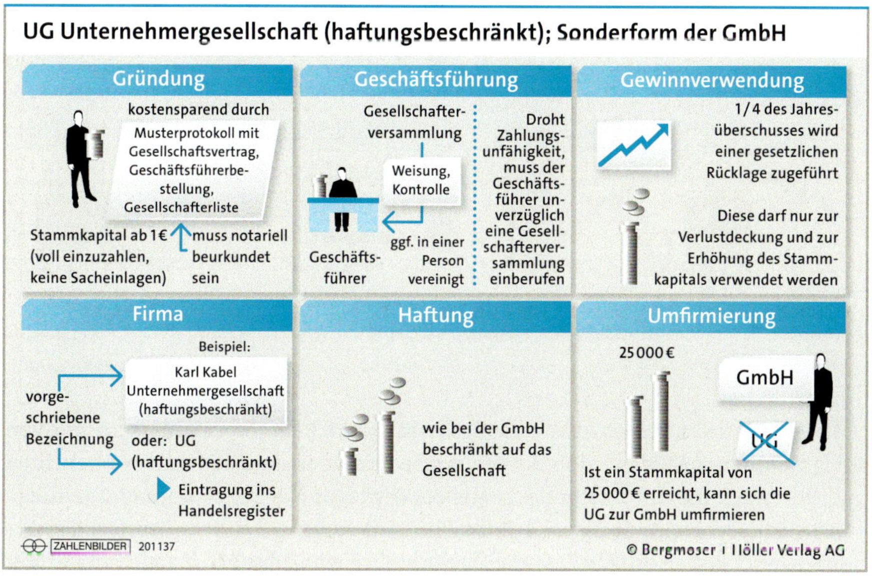

7.3.2 Aktiengesellschaft (AG)

Auch die Aktiengesellschaft ist eine Kapitalgesellschaft, also eine juristische Person. Das Grundkapital dieser Gesellschaft in Höhe von mindestens 50.000 Euro ist in **Aktien** zerlegt. Jeder Kapitalanteil ist damit als Wertpapier verbrieft und dem Kapitalmarkt zugänglich. Die Aktien von börsennotierten AGs werden an der Börse gehandelt.

Die **Gründung** der AG erfolgt durch eine oder mehrere Personen. Bei der Feststellung des Gesellschaftsvertrages ist notarielle Beurkundung erforderlich. Die Gesellschafter (Aktionäre) übernehmen die Aktien gegen Zahlung einer Einlage. Sie werden am Gewinn der AG durch eine Dividende beteiligt. Die Dividende ist ein Betrag, der sich aus der Höhe eines bestimmten Prozentsatzes vom Bilanzgewinn pro Aktie ergibt. Die Haftung ist bei der AG auf das Gesellschaftsvermögen beschränkt.

Der Vorstand, der Aufsichtsrat und die Hauptversammlung bilden die **Organe** der AG. Die AG wird gerichtlich und außergerichtlich durch den **Vorstand** vertreten, der auch zur Geschäftsführung befugt ist. Dabei ist er an keinerlei Weisungen des Aufsichtsrates oder der Hauptversammlung gebunden. Der Vorstand wird vom Aufsichtsrat bestimmt. Gibt es mehrere Vorstandsmitglieder, handeln diese in der Regel gemeinschaftlich (Gesamtgeschäftsführungsbefugnis).

Der **Aufsichtsrat** besteht aus mindestens drei Mitgliedern und wird von der Hauptversammlung alle vier Jahre zu zwei Dritteln gewählt. Wählbar sind nur natürliche Personen, die nicht dem Vorstand angehören und nicht leitende Angestellte der AG sind.

Aktiengesellschaft (AG)

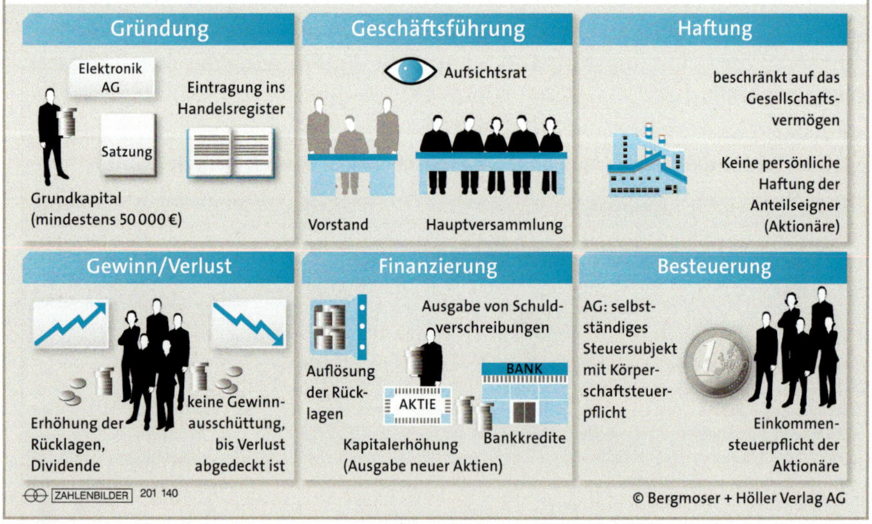

Mindestens ein Drittel des Aufsichtsrates wird gemäß Betriebsverfassungsgesetz von Arbeitnehmern gebildet. Seine Hauptaufgabe besteht in der Bestellung, Abberufung und Überwachung des Vorstandes sowie der Festlegung der Unternehmenspolitik.

Die **Hauptversammlung** wird einmal im Jahr vom Vorstand einberufen. Die Aktionäre beschließen unter anderem über Bestellung und Entlastung des Vorstandes und des Aufsichtsrates. Bei der Beschlussfassung hat jeder Aktionär ein Stimmrecht pro Aktie. In der Regel gilt für Beschlüsse der Hauptversammlung die einfache Stimmenmehrheit, für Entscheidungen von besonderer Tragweite (z. B. Satzungsänderungen oder Kapitalbeschaffung) bedarf es jedoch einer qualifizierten Mehrheit von 75 % des bei der Beschlussfassung vertretenen Grundkapitals.

7.3.3 Europäische Unternehmensformen

z. B. EuGH, Urteil vom 30.09.2003, Rs. C-167/01, Slg. 2003, I-10155

Aufgrund mehrerer Urteile des Europäischen Gerichtshofes (EuGH) werden alle Unternehmensformen, die in den einzelnen Mitgliedsländern existieren, auch in allen anderen Mitgliedsländern anerkannt. Es steht einem Unternehmen in Deutschland damit frei, z. B. auch als britische „Private Company Limited by Shares" (Ltd) oder als spanische „Sociedad de Responsabilidad Limitada Nueva Empresa" (SLNE) zu firmieren. Die Wahl einer europäischen Unternehmensform birgt für inländische Unternehmen Chancen und Risiken. Eine wesentliche Chance besteht in einem geringeren Haftungskapital bei einigen europäischen Gesellschaftsformen, ein Risiko kann im höheren Organisationsaufwand liegen und in der Schwierigkeit, im Heimatland kompetente juristische Beratung zur entsprechenden Gesellschaftsform zu finden.

Eine Übersicht über die in der Europäischen Union möglichen Rechtsformen finden Sie z.B. unter www.stuttgart.ihk24.de

Von den Unternehmensformen der anderen EU-Mitgliedsstaaten sind die **europäischen Unternehmensformen** wie z.B. die SE (Societas Europaea, auch „Europa-AG") und die SCE (Societas Cooperativa Europaea, auch „europäische Genossenschaft") abzugrenzen. Diese wurden für Unternehmen geschaffen, die Tochtergesellschaften in verschiedenen Ländern der europäischen Union unterhalten. Die Konzernstruktur wird mithilfe dieser Unternehmensformen vereinfacht und die Mobilität im europäischen Raum erleichtert.

8 Formen des Außenhandels

AB ☞ LS 11

Viele Großhandelsunternehmen stellen im Laufe ihrer Geschäftstätigkeit fest, dass sie Handelsware im Ausland preisgünstiger beziehen können als im Inland. Ferner können sie ihre Absatzmöglichkeiten erweitern, wenn sie ihre Produkte nicht nur im Inland, sondern auch im Ausland anbieten. Wenn ein Großhandelsunternehmen dazu übergeht, Waren im Ausland einzukaufen und/oder Waren ins Ausland zu verkaufen, betreibt es Außenhandel. Bezogen auf Großhandelsunternehmen kann man grundsätzlich sagen, dass Außenhandel Großhandel auf internationaler Ebene ist. Es gibt heute kaum noch ein Großhandelsunternehmen, das sich ausschließlich auf den Handel mit inländischen Wirtschaftssubjekten beschränkt, also reinen Binnenhandel betreibt. Die meisten Großhandelsunternehmen führen zumindest gelegentlich auch Außenhandelsgeschäfte durch.

Großhandelsunternehmen, die sich auf den Warenaustausch mit ausländischen Handelspartnern spezialisiert haben, die also hauptsächlich Außenhandelsgeschäfte tätigen, bezeichnet man als Außenhandelsunternehmen. Gerade für ein Land wie Deutschland, das nur über wenige eigene natürliche Ressourcen verfügt, ist der Außenhandel sehr wichtig. In Deutschland hängt mittlerweile fast jeder vierte Arbeitsplatz direkt oder indirekt vom Außenhandel ab.

Binnen- und Außenhandel

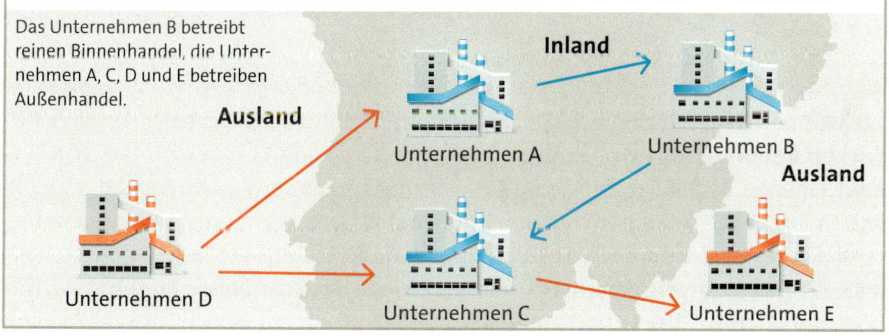

8.1 Grundformen des Außenhandels

Je nachdem, wie der Warenaustausch zwischen in- und ausländischen Unternehmen abgewickelt wird, unterscheidet man zwischen:

- Import (Einfuhr)
- Export (Ausfuhr)
- Transithandel

8.1.1 Import und Export

Unter einem **Importgeschäft** versteht man den Bezug von wirtschaftlichen Leistungen aus dem Ausland durch ein inländisches **Wirtschaftssubjekt.** Von einem **Exportgeschäft** spricht man, wenn ein inländisches Wirtschaftssubjekt einem ausländischen Wirtschaftssubjekt wirtschaftliche Leistungen verkauft.

Wirtschaftssubjekte
(auch Akteure genannt) sind z. B.:
- *Unternehmen*
- *Haushalte*
- *Organisationen*

☞ *LF1, Kap. 2*

Der weitaus größte Teil der Im- und Exporte findet zwischen Unternehmen statt. Wirtschaftliche Leistungen können Sachgüter, Dienstleistungen oder Rechte sein.

> **Beispiel**
>
> **Import von Sachgütern:** Die BPK GmbH kauft bei dem Unternehmen Cellulosa & Papper AB Göteborg (Schweden) 500 000 Blatt Kopierpapier.
> **Import von Dienstleistungen:** Die BPK GmbH beauftragt ein schwedisches Transportunternehmen, das Papier von Göteborg nach Wuppertal zu transportieren.
> **Import von Rechten:** Die BPK GmbH erwirbt von der Walt Disney Company in den USA das Recht, Schreibblöcke für Kinder mit Walt-Disney-Figuren bedrucken zu lassen.

Import und Export

Außenhandelsgeschäfte mit EU-Ländern unterscheiden sich hinsichtlich der Abwicklung sehr deutlich von solchen mit Nicht-EU-Ländern, sogenannten Drittländern. Um hier auch begrifflich eine Abgrenzung vorzunehmen, verwendet man für den Handel mit EU-Staaten und den Handel mit Nicht-EU-Staaten teilweise unterschiedliche Bezeichnungen. Aus Vereinfachungsgründen werden in diesem Buch auch für den innergemeinschaftlichen Handel die Bezeichnungen Einfuhr bzw. Import und Ausfuhr bzw. Export verwendet.

Die Intrahandelsstatistik
wird vom Statistischen Bundesamt geführt und erfasst alle Warenbewegungen zwischen Deutschland und den Mitgliedsstaaten der EU.
☞ *LF3, Kap. 7.6*

Bezeichnungen für Außenhandelsgeschäfte

Vorgang	Bezeichnung in Anlehnung an das Umsatzsteuergesetz	Bezeichnung in Anlehnung an die Intrahandelsstatistik
Ausfuhr in ein anderes EU-Land	innergemeinschaftliche Lieferung	Versendung
Einfuhr aus einem anderen EU-Land	innergemeinschaftlicher Erwerb	Eingang
Ausfuhr in ein Nicht-EU-Land	Ausfuhr in ein Drittland	---
Einfuhr aus einem Nicht-EU-Land	Einfuhr aus einem Drittland	---

8.1.2 Direkter und indirekter Im- und Export

Je nachdem, ob ein Außenhandelsgeschäft direkt zwischen einem ausländischen und einem inländischen Unternehmen abgewickelt wird oder ob zusätzlich noch ein inländisches Unternehmen zwischengeschaltet ist, unterscheidet man zwischen direktem und indirektem Außenhandel.

Es liegt ein **direkter Export** vor, wenn der Exporteur seine Waren direkt an ein Unternehmen im Ausland verkauft. Dabei spielt es keine Rolle, über wie viele Stufen die Waren im Ausland weitervertrieben werden.

Beispiel

Die BPK GmbH möchte expandieren und ihr Papier auch in den Niederlanden vertreiben. Sie verkauft das Papier direkt an einen niederländischen Großhändler.

Direkter Export

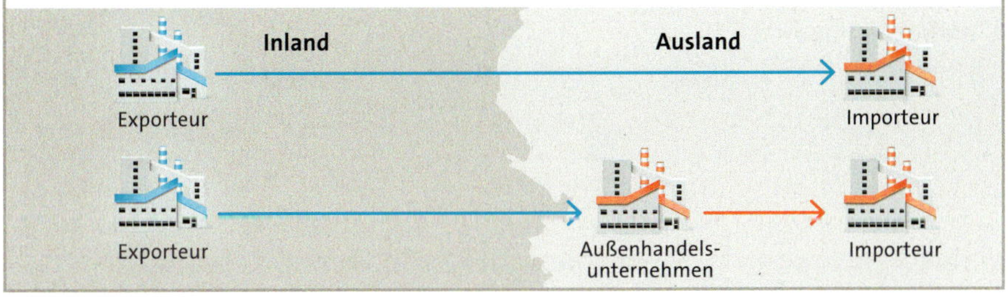

Ein **indirekter Export** liegt vor, wenn der Exporteur seine Waren zunächst an ein inländisches Unternehmen verkauft, das sie dann weiter ins Ausland vertreibt.

Beispiel

Die BPK GmbH verkauft ihr Papier an einen deutschen Exportgroßhändler, der gute Geschäftskontakte zu niederländischen Druckereien hat und das Papier der BPK GmbH weiter an diese Druckereien vertreibt.

Die BPK GmbH exportiert ihr Papier in diesem Fall nicht direkt an ein niederländisches, sondern an ein deutsches Unternehmen, welches das Papier dann in die Niederlande weiterverkauft. Dabei spielt es keine Rolle, ob der deutsche Zwischenhändler die Ware direkt an die niederländischen Kunden vertreibt oder ob in den Niederlanden weitere Unternehmen zwischengeschaltet sind.

Indirekter Export

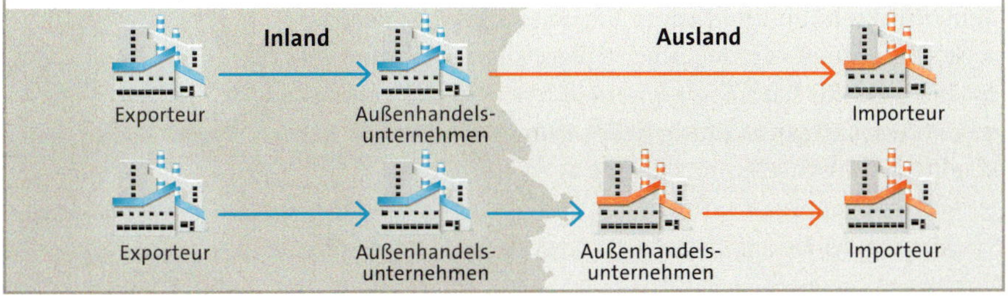

Die Begriffe direkter und indirekter Import sind entsprechend definiert: Es liegt ein **direkter Import** vor, wenn der Importeur die Waren direkt von einem ausländischen Unternehmen bezieht.

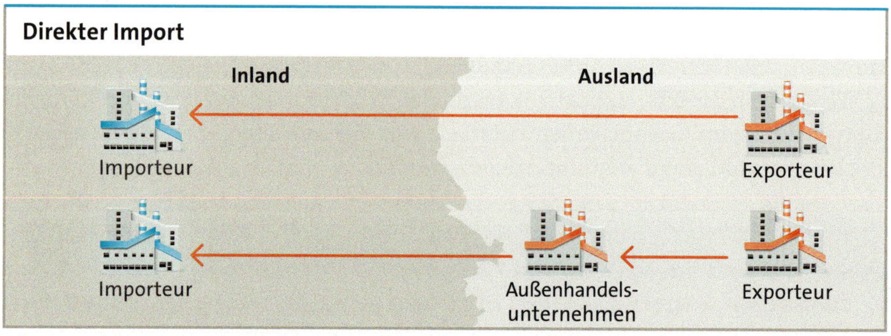

Es liegt ein **indirekter Import** vor, wenn der Importeur die Ware von einem inländischen Unternehmen kauft, das diese aus dem Ausland bezogen hat.

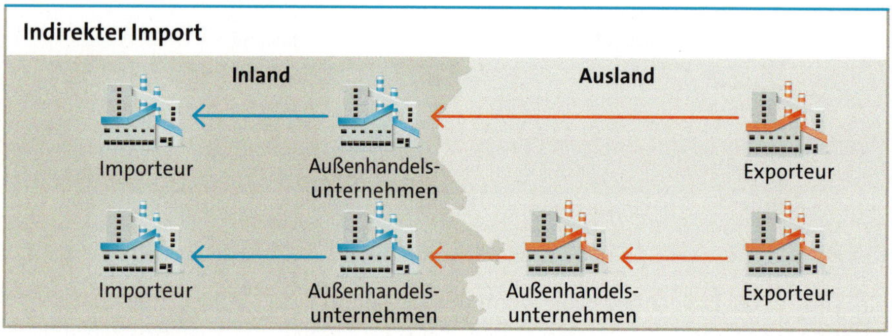

Da beim **indirekten Im- und Export** der unmittelbare Geschäftspartner ein Unternehmen in Deutschland ist, sind diese Außenhandelsformen vor allem für Unternehmen sinnvoll, die nur wenig Erfahrung mit Außenhandelsgeschäften haben. Das spezifische Wissen und die Erfahrung des inländischen Handelsmittlers kann genutzt werden. Vorteilhaft ist hier auch, dass problemlos kleinere Mengen aus verschiedenen Ländern bezogen werden können und auch der Export in verschiedene Länder ohne spezifisches Know-how möglich ist. Nachteilig beim indirekten Vorgehen sind

- die fehlende Nähe zu den ausländischen Marktpartnern,
- die Abhängigkeit von dem inländischen Handelsmittler,
- evtl. längere Lieferzeiten,
- höhere Preise bei der Wareneinfuhr und geringere Gewinnmargen beim Export,
- fehlender Überblick über die ausländischen Märkte.

Beim **direkten Im- und Export** ist zu berücksichtigen, dass

- entsprechende Fremdsprachenkenntnisse erforderlich sind,
- das Geschäft häufig mit einem höheren Risiko verbunden ist,
- die Geschäftsanbahnung in der Regel aufwendiger ist,
- evtl. das Wechselkursrisiko getragen werden muss,
- evtl. ein anderes Kaufrecht gilt und es dann schwierig werden kann, bei einer Störung des Geschäftsverlaufs Ansprüche durchzusetzen.

Unternehmen, die bisher noch keinen Außenhandel betrieben haben, sollten zunächst den indirekten Weg beschreiten und mit zunehmender Erfahrung versuchen, selbst direkte Kontakte zu ausländischen Geschäftspartnern zu knüpfen. Die Ausweitung der direkten Geschäftstätigkeit auf Länder der Europäischen Union kann dabei ein erster Schritt sein.

8.1.3 Transithandel

Begriff und Arten des Transithandels sollen zunächst jeweils an einem Beispiel erläutert werden. Man unterscheidet zwischen **aktivem** und **passivem Transithandel.**

Beispiel

Die BPK GmbH erhält von einem Unternehmen aus den Niederlanden den Auftrag zur Lieferung von 200 Tonnen Rollenoffsetpapier. Da die BPK GmbH diese Menge zurzeit nicht vorrätig hat, bestellt sie das Papier bei ihrem Lieferanten in Schweden und bittet diesen, die Papierrollen direkt an den Kunden in den Niederlanden zu schicken.

Aktiver Transithandel

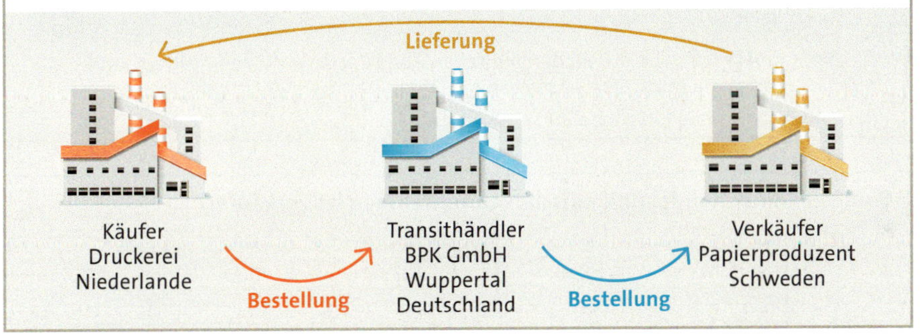

Im geschilderten Fall führt die BPK GmbH ein **aktives Transithandelsgeschäft** durch. Dabei kauft ein Außenhandelsunternehmen Waren in einem Land 1 und verkauft sie an einen Abnehmer in einem Land 2. Die Ware kann dabei direkt von Land 1 nach Land 2 geliefert werden. Möglich ist aber auch eine Lieferung an den Transithändler, der die Ware an den Käufer weiterliefert.

Auch bei den beiden Beispielen auf der nächsten Seite handelt es sich jeweils um ein Transithandelsgeschäft, denn es werden Waren von einem ausländischen Unternehmen gekauft und in ein drittes Land weiterverkauft. Die BPK GmbH wird jedoch in beiden Fällen nicht selbst als Transithändler tätig, sondern hat die Funktion des Käufers bzw. des Verkäufers. Aus Sicht der BPK GmbH handelt es sich daher in beiden Fällen um **passive Transithandelsgeschäfte.** Wie auch beim aktiven Transithandel kann die Lieferung der Ware direkt vom Verkäufer an den Käufer erfolgen oder aber vom Verkäufer über den Transithändler an den Käufer.

Transithandelsgeschäfte, bei denen die Ware direkt vom Verkäufer an den Käufer geliefert wird, bezeichnet man auch als **Streckengeschäfte.** Die Abwicklung von Transithandelsgeschäften erfordert eine gewisse Erfahrung, da die Außenhandelsvorschriften von drei Ländern (Ursprungsland, Transitland, Bestimmungsland) beachtet werden müssen.

Streckengeschäft
LF2, Kap. 3.4

Beispiel

Die BPK GmbH erhält von der BESKA GmbH eine Anfrage, ob sie Papier aus Rentierdung und Kräutern liefern könne. Da die BPK GmbH solch ein Papier nicht führt, wendet sie sich an die Cellulosa & Papper AB in Schweden. Die Cellulosa & Papper AB stellt solche Papiere nicht her, kennt aber einen Lieferanten in Kanada. Da die Cellulosa & Papper AB die Anschrift dieses Lieferanten nicht herausgeben möchte, bietet sie an, der BPK GmbH das Papier als Transithändler zu beschaffen.

Passiver Transithandel (inländisches Unternehmen ist Käufer)

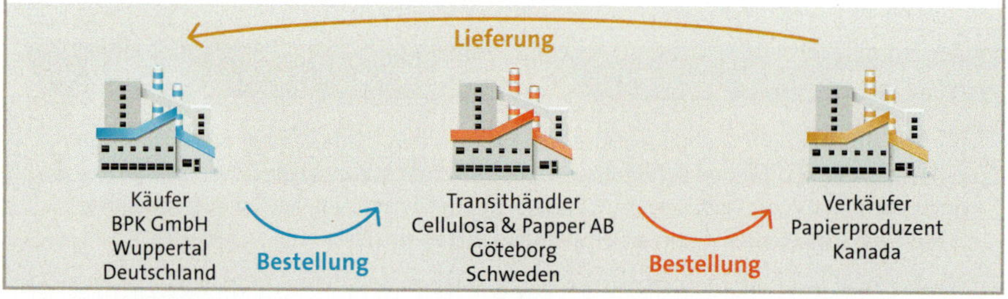

Beispiel

Die BPK GmbH erhält von der niederländischen Goed Reclame BV den Auftrag, 2000 Blatt eines Spezialpapiers an eine Druckerei in Frankreich zu liefern, wobei allerdings die Rechnung an die Goed Reclame BV zu stellen ist.

Passiver Transithandel (inländisches Unternehmen ist Verkäufer)

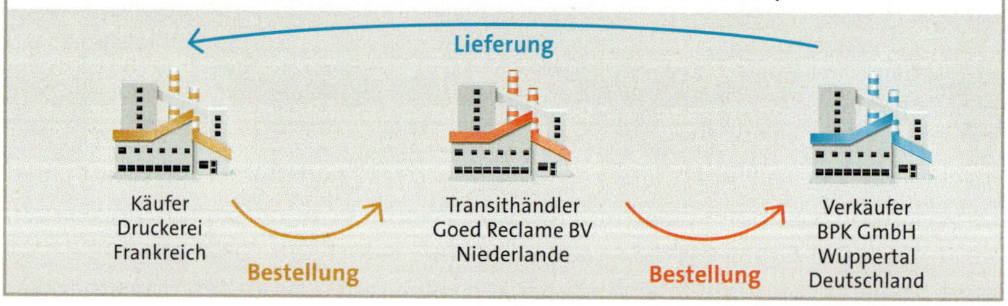

8.2 Sonderformen des Außenhandels

Es gibt viele verschiedene Möglichkeiten, wie der Austausch von wirtschaftlichen Leistungen zwischen zwei Ländern vollzogen werden kann. Man unterscheidet daher neben den dargestellten Grundformen auch noch verschiedene Sonderformen des Außenhandels:

- Lizenzvergabe
- Franchising
- Direktinvestitionen
- Kompensationsgeschäfte

Diese Sonderformen werden auf den folgenden Seiten ausführlicher dargestellt. Daneben gibt es auch noch die Möglichkeit der Kooperation zwischen Unternehmen aus verschiedenen Ländern (Gemeinschaftsunternehmen bzw. Joint Ventures) und die internationale Auftrags- bzw. Veredelungsfertigung.

Die im Folgenden dargestellten Kooperationsmöglichkeiten bestehen grundsätzlich auch für Binnenhandelsunternehmen, sind in der Praxis jedoch eher unüblich.

8.2.1 Lizenzvergabe (Licensing)

Bei einer Lizenzvergabe im Rahmen des Außenhandels gewährt ein Wirtschaftssubjekt in Land 1 (Lizenzgeber) einem Wirtschaftssubjekt in Land 2 (Lizenznehmer) eine vertraglich abgesicherte Berechtigung zur Nutzung von Rechten oder Know-how und erhält dafür ein Entgelt. Im Wesentlichen unterscheidet man hierbei folgende Lizenzarten:

- **Produktions- und Verfahrenslizenzen,** die das Recht beinhalten, spezifische Produktionsverfahren zur Herstellung bestimmter Produkte anzuwenden. Für die Produkte oder Produktionsverfahren besteht dabei in der Regel ein Rechtsschutz, z. B. durch ein Patent.
- **Vertriebslizenzen** beinhalten das Recht zum Vertrieb von Produkten des Lizenzgebers, wobei meistens auch Marketingwissen des Lizenzgebers genutzt werden darf.
- **Produktlizenzen** beziehen sich auf die Genehmigung, Produkte, die mit einem Rechtsschutz versehen sind, zu produzieren und in der Regel auch zu vertreiben.
- **Markenlizenzen** beinhalten das Recht, die Marke des Lizenzgebers zu benutzen, z. B. für Produkte, die selbst produziert wurden.

Wenn beispielsweise, wie auf Seite 72 geschildert, die Walt Disney Company der BPK GmbH das Recht einräumt, Schreibblöcke für Kinder mit Disney-Figuren zu bedrucken, dann handelt es sich dabei um ein Lizenzgeschäft. Die Disney Figuren sind urheberrechtlich geschützt, d. h., nur die Disney Company darf diese Figuren verwenden. Durch die Lizenzvergabe wird dieses Recht unter bestimmten Bedingungen (bestimmte Figuren, nur zur Bedruckung von Blöcken, mengenmäßig und/oder zeitlich begrenzt, geografisch begrenzt) auch der BPK GmbH eingeräumt.

Die Lizenzvergabe bietet für den Lizenzgeber die Möglichkeit, ohne großes Risiko und mit einem überschaubaren finanziellen Aufwand in neue Länder zu expandieren. Ferner bietet sie den Vorteil, dass Zollbelastungen vermieden und gegebenenfalls Importbeschränkungen umgangen werden können. Nachteilig ist allerdings, dass Gewinnchancen nicht optimal genutzt werden, weil die Gewinne, die der Lizenznehmer mit den lizensierten Produkten erzielt, dem Lizenzgeber dadurch entgehen. Durch einen möglichen Know-how-Transfer könnte der Lizenznehmer nach Ablauf des Lizenzvertrages außerdem zu einem Konkurrenten des Lizenzgebers werden.

8.2.2 Internationales Franchising

Beim internationalen Franchising verkauft ein Unternehmen (Franchisegeber) Waren oder Leistungen an ein Unternehmen (Franchisenehmer) in einem anderen Land. Die Franchisenehmer sind zwar wirtschaftlich und rechtlich selbstständige Unternehmer, es besteht jedoch eine vertragliche Verpflichtung des Franchisenehmers, bestimmte Vorgaben und Weisungen des Franchisegebers zu befolgen. Diese enge vertragliche Bindung ermöglicht dem Franchisegeber, eine einheitliche Marketingstrategie und ein einheitliches Erscheinungsbild durchzusetzen. Der Franchisegeber stellt in der Regel die Waren oder Leistungen und das Vertriebskonzept zur Verfügung und unterstützt die Franchisenehmer durch sein Know-how. Außerdem bewirbt er üblicherweise die Produkte oder Leistungen.

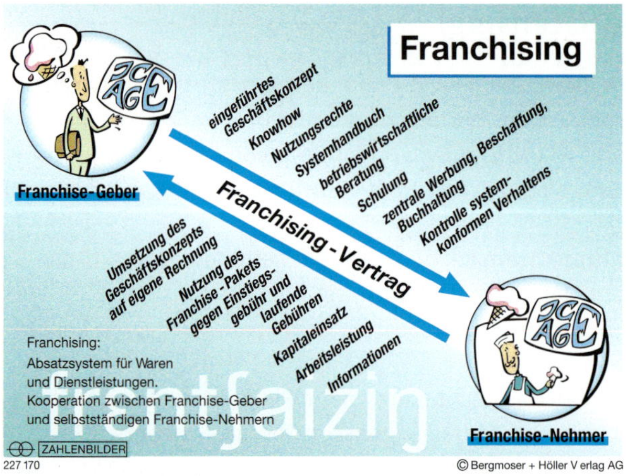

Franchising bietet für den Franchisegeber die Möglichkeit, bei einem überschaubaren finanziellen Risiko schnell in ausländische Märkte zu expandieren. Beispiele für internationale Franchisingsysteme sind Coca Cola und McDonalds.

8.2.3 Direktinvestitionen

Unter Direktinvestitionen versteht man Investitionen von inländischen Unternehmen im Ausland, verbunden mit der Zielsetzung eines dauerhaften Engagements im Zielland. Hierzu bieten sich folgende Möglichkeiten:

- Errichtung einer Betriebsstätte oder Niederlassung im Ausland (Gründung)
- Kauf von ausländischen Unternehmen (Akquisition)
- Erwerb von Beteiligungen an ausländischen Unternehmen, z. B. Aktien, Gesellschaftsanteile (mindestens 25 %)
- dauerhafte Kreditvergabe an ausländische Unternehmen
- Einbringung von Sachmitteln (Grundstücke, Gebäude, Anlagen usw.) in ausländische Unternehmen

Entwicklung der Direktinvestitionen deutscher Unternehmen im Ausland und ausländischer Unternehmen in Deutschland

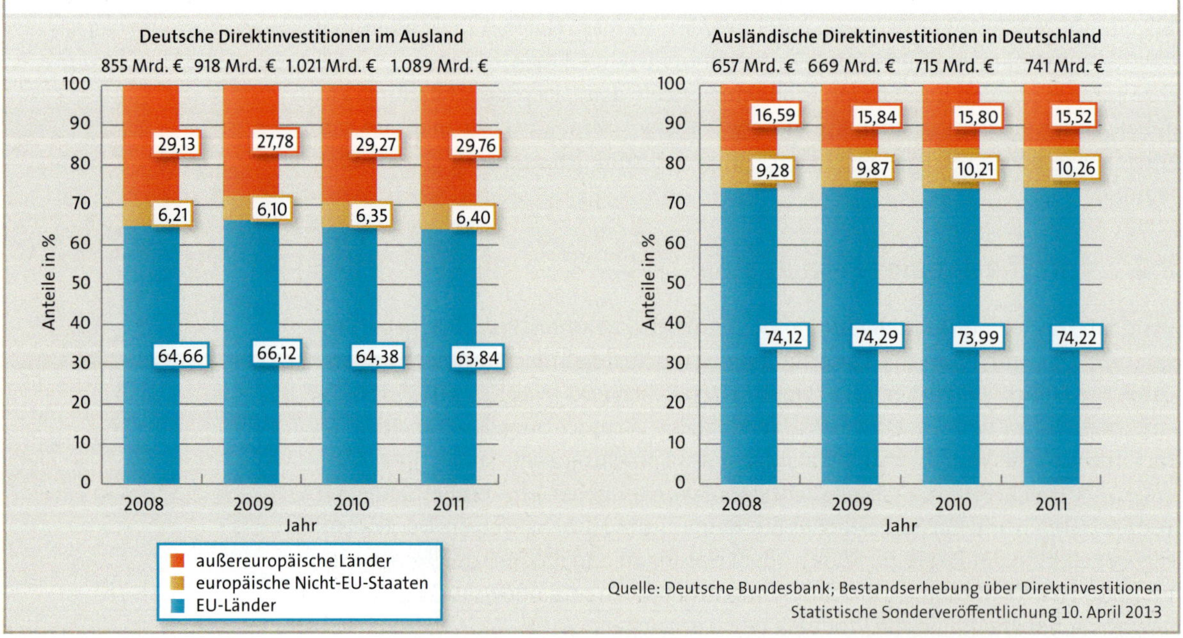

Quelle: Deutsche Bundesbank; Bestandserhebung über Direktinvestitionen Statistische Sonderveröffentlichung 10. April 2013

Direktinvestitionen sind mit einem hohen Kapitalbedarf und einem hohen Geschäftsrisiko verbunden. Außerdem sollten politische Risiken, z. B. die Gefahr der Enteignung und das Problem der Rechtsunsicherheit, beachtet werden. Vorteilhaft sind die größere Kundennähe, die Ausschaltung des Wechselkursrisikos und die besseren Kontrollmöglichkeiten der Auslandsaktivitäten. Je nach Situation in dem betreffenden Land können weitere Vorteile hinzukommen, z. B.:

- geringere Lohnkosten
- geringere Steuern
- günstige Bezugsquellen
- Wegfall von Einfuhrbeschränkungen

8.2.4 Kompensationsgeschäfte

Ein Kompensationsgeschäft (Tauschhandel, Bartergeschäft) ist ein Außenhandelsgeschäft, bei dem der Exporteur für die gelieferte Ware oder Leistung kein Geld, sondern gleichfalls Waren oder Leistungen erhält.

Kompensationsgeschäfte werden vor allem dann abgeschlossen, wenn das Land des Importeurs nicht über ausreichend Devisen verfügt, um die eingeführten Waren zu bezahlen. Problematisch bei Kompensationsgeschäften ist die Notwendigkeit, die Waren gegeneinander zu verrechnen, wenn es für die Kompensationsware keinen Marktpreis gibt.

Der Exporteur hat zudem das Problem, dass er für die Kompensationsware seinerseits wieder einen Käufer finden muss. Gegebenenfalls muss er die Ware zwischenlagern, was wiederum Kosten verursacht. Bei devisenschwachen Ländern sind Kompensationsgeschäfte für Exporteure aber häufig die einzige Möglichkeit, überhaupt zu einem Geschäftsabschluss zu kommen.

Kompensationsgeschäft

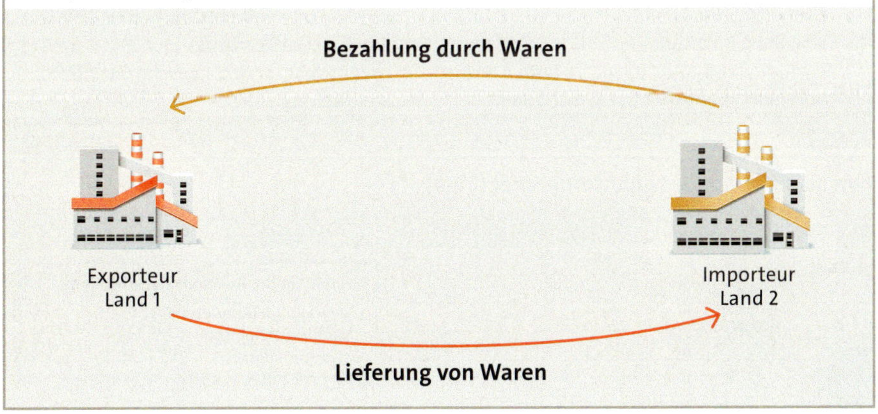

Bei Kompensationsgeschäften unterscheidet man zwischen reinen Tauschgeschäften (Bartergeschäften) und Gegengeschäften. Bei den **Tauschgeschäften** wird direkt Ware gegen Ware getauscht, wobei die jeweiligen Lieferungen nicht explizit in Geld verrechnet werden. Auch bei **Gegengeschäften** wird letztlich Ware gegen Ware getauscht, die Warenwerte werden dabei jedoch in Geldeinheiten ausgedrückt. Wenn sich die in Geldeinheiten ausgedrückten Warenwerte entsprechen, liegt eine **Vollkompensation** vor. Bei einer **Teilkompensation** muss der Differenzbetrag in Geld ausgeglichen werden.

8.3 Standortwahl von Außenhandelsunternehmen

Standortwahl von Großhandelsunternehmen
LF1, Kap. 2.6

Außenhandelsunternehmen müssen bei der Standortwahl grundsätzlich die gleichen Faktoren berücksichtigen wie reine Binnenhandelsunternehmen. Der Unterschied besteht darin, dass im Außenhandel die Standortentscheidung ein zweistufiger Prozess ist. In der ersten Stufe muss eine Entscheidung über das Land getroffen werden, in der zweiten Stufe ist dann der konkrete Standort innerhalb des betreffenden Landes zu bestimmen. Außerdem müssen im Außenhandel die Standortfaktoren evtl. anders gewichtet werden als bei der Standortwahl im Binnenhandel. Im Zusammenhang mit der Landeswahl unterscheidet man zwischen **harten (messbaren)** und **weichen Faktoren.**

Natürlich spielen für viele Unternehmen die harten Faktoren, vor allem Lohnkosten und Steuerbelastung, eine große Rolle. Gerade bei einem Engagement im Ausland sollten aber auch die weichen Faktoren auf keinen Fall vernachlässigt werden.

Standortfaktoren im Außenhandel

Beispiele für harte Faktoren	Beispiele für weiche Faktoren
• Lohn- und Gehaltsniveau einschließlich Nebenkosten • Verfügbarkeit von Arbeitskräften • Steuerbelastung • räumliche Lage (Nähe zu Kunden, Rohstoffen oder Vorprodukten) • Verfügbarkeit von Telekommunikation • Verkehrswege und -anbindung • Transportkosten • Kosten für Dienstleistungen • Energiekosten • Umweltschutzauflagen • Verfügbarkeit und Preise von Boden, Produktions- und Verwaltungsgebäuden	• politische Stabilität des Landes • Stabilität des sozialen Klimas • Qualifikation der Arbeitnehmer • Qualität des Bildungs-, Berufsbildungs- und Weiterbildungssystems • Wirtschafts- und Unternehmensstruktur • Verfügbarkeit von produktionsorientierten Dienstleistungen (Unternehmens-, Steuerberatung, Werbung usw.) • Einstellung der Landesakteure zur Wirtschaft (Unternehmer, Verbände, Politiker, Gewerkschaften usw.) • Lebensqualität (ökologische Situation, Freizeitwert)

Pläne für Auslandsinvestitionen deutscher Industrieunternehmer (2014)

45 % der Industrieunternehmen in Deutschland planen Investitionen im Ausland

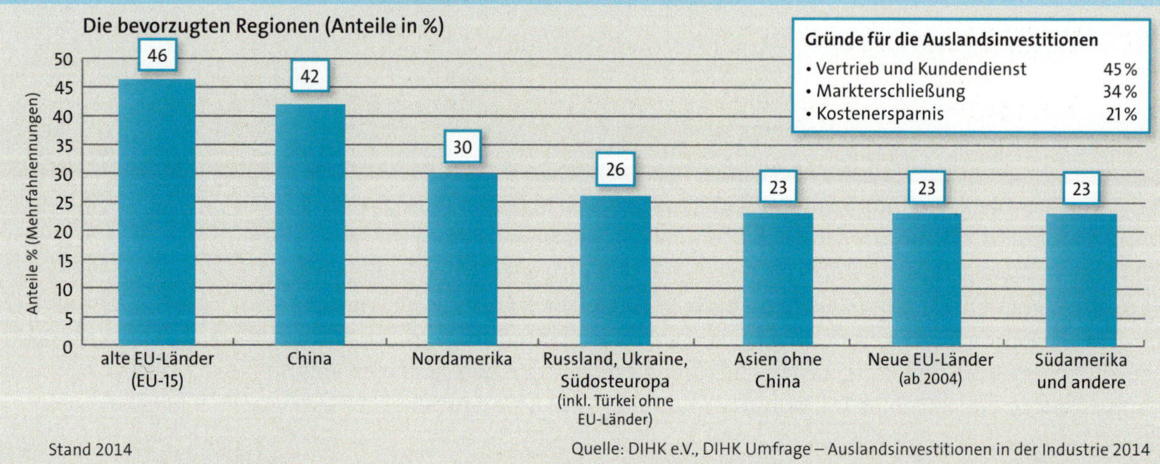

Stand 2014
Quelle: DIHK e.V., DIHK Umfrage – Auslandsinvestitionen in der Industrie 2014

LERNFELD 2

Aufträge kundenorientiert bearbeiten

AB ☞ LS 12

1 Rechtliche Grundlagen

1.1 Rechtsordnung

Beispiel

Weil Herr Ast die Vorfahrtsregeln nicht beachtet hat, kommt es zu einem Zusammenstoß mit dem Wagen von Herrn Brandt. Herr Brandt wird dabei schwer verletzt, sein Auto erleidet einen Totalschaden. Bei Herrn Ast wird von der Polizei eine Alkoholprobe vorgenommen. Beide Autos werden abgeschleppt; dies wird den Besitzern zunächst getrennt in Rechnung gestellt. Gegen Herrn Ast wird nach einer Woche ein erstes Ermittlungsverfahren wegen Trunkenheit am Steuer eingeleitet; außerdem erstattet Herr Brandt sechs Wochen später, nach Beendigung seines Krankenhausaufenthaltes, Strafanzeige wegen schwerer Körperverletzung. Er fordert neben Schadenersatz und Schmerzensgeld auch die Erstattung der Abschleppgebühren.

Herr Brandt, der sich bei dem Unfall auf dem Weg zur Arbeit befand, reicht bei seinem Arbeitgeber den Antrag auf Lohnfortzahlung ein. Der Arbeitgeber braucht nach dem Gesetz jedoch nur sechs Wochen zu zahlen. Danach wendet sich Herr Brandt an seine Krankenkasse und an die Rentenversicherung wegen weiterer Lohnfortzahlung. Da Herr Brandt nach seinem sechswöchigen Krankenhausaufenthalt zunächst noch weitere zwölf Wochen arbeitsunfähig geschrieben wird und danach eine achtwöchige Rehabilitationsmaßnahme antreten will, kündigt sein Arbeitgeber ihm das Arbeitsverhältnis. Herr Brandt hält diese Kündigung für nicht gerechtfertigt und will vor Gericht seine Weiterbeschäftigung einklagen.

Welche rechtlichen Regelungen gelten in den einzelnen Situationen?

Rechtsordnung
Gesamtheit aller in einem Rechtsstaat gültigen Rechtsregeln

Die **Rechtsordnung** stellt die Basis für das menschliche Zusammenleben dar. Über die Rechtsordnung können die vielfältigen Konflikte gelöst werden, die im Privat- und auch im öffentlichen bzw. im Wirtschaftsleben manchmal unvermeidlich sind. Die Rechtsordnung stellt allgemeinverbindliche Regeln und Bindungen auf und umfasst alle geltenden Rechtsnormen wie Gesetze, Verordnungen, Verwaltungsakte sowie Entscheidungen der obersten Gerichte.

Die Rechtsordnung der Bundesrepublik Deutschland umfasst zwei große Bereiche: das öffentliche Recht und das Privatrecht. Das **öffentliche Recht** regelt die Rechtsbeziehungen zwischen Hoheitsträgern oder einem Hoheitsträger, wie z. B. dem Staat, und den Bürgern. Es wird größtenteils durch die Auferlegung von Ge- und Verboten und durch die gerichtliche Verfolgung von Verstößen beherrscht. Öffentliches Recht ist größtenteils zwingendes Recht, d. h., es kann nicht abgeändert werden (z. B. durch Verträge). Man kann sich nicht darüber hinwegsetzen. Öffentliches Recht wird über Verwaltungsakte umgesetzt.

Das öffentliche Recht umfasst u. a.:

- Teile des Arbeitsrechts (Arbeitsschutz, Unfallschutz, Kündigungsschutz)
- Finanzrecht (Haushaltsordnungen der Länder)
- Gewerberecht (Gewerbeordnung, Handwerksordnung)
- Kirchenrecht
- Prozessrecht (Straf- und Zivilprozessordnung)
- Sozialrecht (Sozialgesetzbuch, BAföG, RVO)
- Staats- und Verfassungsrecht (Grundgesetz, Länderverfassungen)
- Steuerrecht (Abgabenordnung, Einkommensteuergesetz, Körperschaftsteuergesetz, Umsatzsteuergesetz usw.)
- Strafrecht (Strafgesetzbuch)
- Verwaltungsrecht (Beamtenrecht, Schulrecht, Kommunalrecht)

Das **Privatrecht (Zivilrecht)** dagegen regelt die Rechtsbeziehungen der Bürger (Privatrechtssubjekte) untereinander und wird vom Grundsatz der Gleichordnung der Beteiligten bestimmt. Das Privatrecht enthält grundsätzliche Regeln, die abgeändert werden können (z. B. durch Verträge). Somit eröffnet das Privatrecht Handlungsspielräume. Im Mittelpunkt des Privatrechts stehen der Abschluss und die Erfüllung von Verträgen sowie die Schadenersatzansprüche, die durch unrechtmäßiges Handeln entstanden sind. Das Privatrecht umfasst das **bürgerliche Recht** (Vorschriften des Bürgerlichen Gesetzbuches BGB) und das **Handelsrecht** (Vorschriften des Handelsgesetzbuches HGB).

Öffentliches Recht/Privatrecht

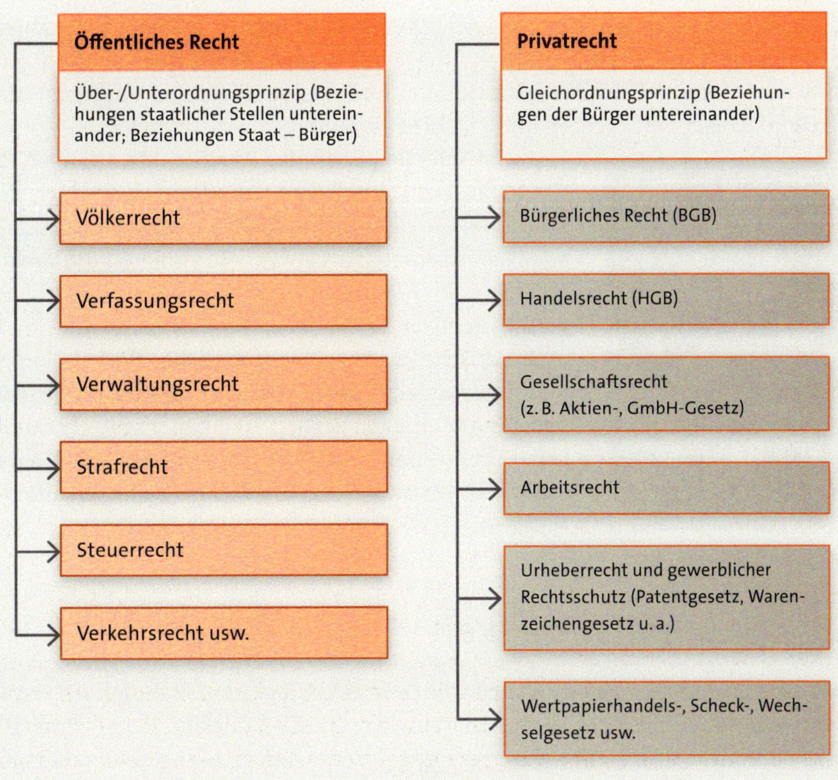

1.2 Rechtsfähigkeit

Beispiel

Silke ist 17 Jahre alt und Auszubildende im zweiten Ausbildungsjahr zur Einzelhandelskauffrau in einem Süßwarengeschäft. Sie hat an zwei sechsjährige Kinder, die ihr sagten, sie wollten ihren Geburtstag feiern und dies mit ihrem eigenen Taschengeld bezahlen, Süßwaren im Wert von 35,00 € verkauft. Am Spätnachmittag kommen die Mütter der beiden Kinder mit den Süßigkeiten in das Geschäft und verlangen das gesamte Geld zurück, obwohl die Kinder bereits Süßigkeiten im Wert von 12,00 € verzehrt haben. Der Chef von Silke gibt widerwillig das Geld an die Mütter heraus, fordert aber die 12,00 € von Silke zurück. Gleichzeitig sagt er zu Silke, dass sie unverantwortlich gehandelt habe und das erste Lehrjahr wohl bei ihr keinen Erfolg gebracht hätte. Silke ist über diese Äußerung ihres Chefs so empört, dass sie gegen den Willen ihrer Eltern die Ausbildung bei ihrem jetzigen Ausbildungsbetrieb nicht mehr fortsetzen möchte.

Hat Silke einen Fehler gemacht? Darf sie gegen den Willen ihrer Eltern das Ausbildungsverhältnis beenden?

Nichtigkeit von Rechtsgeschäften
LF2, Kap. 1.8.1

Rechtssubjekt
Träger von Rechten und Pflichten

Rechtsfähigkeit
Fähigkeit, Träger von Rechten und Pflichten zu sein

Kapitalgesellschaften
LF1, Kap. 7.3

Die in der bestehenden Rechtsordnung verankerten Rechte und Pflichten setzen immer ein **Rechtssubjekt** als Träger von Rechten und Pflichten voraus. Rechte und Pflichten bestehen dabei immer gegenüber anderen Rechtssubjekten.

Rechtssubjekte können natürliche oder juristische Personen sein. **Natürliche Personen** sind alle Menschen, unabhängig von Alter und geistiger oder körperlicher Leistungsfähigkeit. Die **Rechtsfähigkeit** eines Menschen beginnt nach § 1 BGB mit der Vollendung der Geburt und endet mit dem Tod.

Juristische Personen dagegen sind in besonderer Form organisierte Personenvereinigungen (z. B. Kapitalgesellschaften, Vereine, Anstalten, Körperschaften) oder Stiftungen, denen bei Erfüllung bestimmter Auflagen ebenfalls die Fähigkeit verliehen wird, Träger von Rechten und Pflichten zu sein.

Natürliche Personen sind Rechtssubjekte.

Juristische Personen des Privatrechts erlangen die Rechtsfähigkeit durch ihre Gründung oder durch den Eintrag in ein öffentliches Register (Vereins-, Handels- oder Genossenschaftsregister). Sie verlieren die Rechtsfähigkeit durch Auflösung oder durch die Löschung aus diesem Register.

Juristische Personen des öffentlichen Rechts (Körperschaften, Anstalten des öffentlichen Rechts und Stiftungen des öffentlichen Rechts) erlangen ihre Rechtsfähigkeit durch einen staatlichen Hoheitsakt bzw. durch staatliche Anerkennung. Sie stehen unter staatlicher Aufsicht.

1.3 Geschäftsfähigkeit

Willenserklärung
Äußerung des Geschäftswillens
LF2, Kap. 1.6

Neben der Rechtsfähigkeit spielt auch die Geschäftsfähigkeit im Rahmen des Privatrechts eine wichtige Rolle. Geschäftsfähigkeit ist die Fähigkeit, Rechtsgeschäfte selbstständig abzuschließen durch die Abgabe oder den Empfang einer rechtsgültigen **Willenserklärung**.

Kinder, Jugendliche und auch bestimmte andere Personengruppen sollen vor den Rechtsfolgen unüberlegt abgeschlossener Geschäfte geschützt werden. Deshalb ist die Geschäftsfähigkeit u. a. von Altersstufen abhängig. Die verschiedenen Stufen der Geschäftsfähigkeit werden in den §§ 104 bis 113 BGB geregelt.

Die Willenserklärungen Geschäftsunfähiger sind nichtig.

1.3.1 Geschäftsunfähigkeit

§ 104 BGB Geschäftsunfähigkeit

Geschäftsunfähig ist:
1. wer nicht das siebente Lebensjahr vollendet hat,
2. wer sich in einem die freie Willensbestimmung ausschließenden Zustand krankhafter Störung der Geistestätigkeit befindet, sofern nicht der Zustand seiner Natur nach ein vorübergehender ist.

Die Willenserklärungen Geschäftsunfähiger sind nach § 105 BGB nichtig, d. h. von vornherein ungültig. Ebenfalls nichtig sind Willenserklärungen, die im Zustand der Bewusstlosigkeit o. Ä. abgegeben werden. Für Geschäftsunfähige handelt ausschließlich der gesetzliche Vertreter.

Beispiel

Ein fünfjähriger Junge kauft sich ein Spielzeugauto. Auf Verlangen der Mutter muss der Spielwarenhändler das Auto zurücknehmen und das Geld zurückgeben.

Nichtigkeit von Rechtsgeschäften
LF2, Kap. 1.8.1

Ein Rechtsgeschäft mit einem Geschäftsunfähigen kommt jedoch zustande, wenn der Geschäftsunfähige **als Bote** auftritt und nicht seine eigene, sondern die Willenserklärung eines Geschäftsfähigen überbringt.

1.3.2 Beschränkte Geschäftsfähigkeit

§ 106 BGB Beschränkte Geschäftsfähigkeit Minderjähriger

Ein Minderjähriger, der das siebente Lebensjahr vollendet hat, ist nach Maßgabe der §§ 107 bis 113 in der Geschäftsfähigkeit beschränkt.

Minderjährige zwischen dem 7. und dem 18. Lebensjahr sind beschränkt geschäftsfähig. Von beschränkt Geschäftsfähigen abgeschlossene Rechtsgeschäfte erhalten nur dann Gültigkeit, wenn die gesetzlichen Vertreter (das sind in der Regel die Eltern) vorher ihre **Einwilligung** oder nachträglich ihre **Genehmigung** erteilen. Erfolgt dies nicht, kommt das Rechtsgeschäft nicht zustande.

Geschäftsfähigkeit Minderjähriger:
§§ 107 bis 109, 111 BGB

Einwilligung
= vor dem Rechtsgeschäft

Bis zur Genehmigung oder Ablehnung ist das Rechtsgeschäft **„schwebend unwirksam"**. Schweigt der gesetzliche Vertreter, gilt die Genehmigung als nicht erteilt und das Rechtsgeschäft ist von Anfang an nichtig.

Genehmigung
= nach dem Rechtsgeschäft

Ein 14-Jähriger kauft sich einen CD-Player. Wenn die Eltern damit einverstanden sind, kommt der Kaufvertrag damit zustande. Der gute Glaube an die Geschäftsfähigkeit wird jedoch nicht geschützt. Eine 16-jährige Schülerin, die älter aussieht, kauft ein teures Armband. Die Eltern sind damit nicht einverstanden, sodass der Juwelier das Armband zurücknehmen muss. In bestimmten **Ausnahmefällen**, die im Gesetz genau festgelegt sind, kann ein beschränkt Geschäftsfähiger wie ein voll Geschäftsfähiger handeln:

Ein Kind bekommt einen Hund geschenkt – rechtlicher Vorteil?

Erlangung eines rechtlichen Vorteils

§ 107 BGB Einwilligung des gesetzlichen Vertreters

Der Minderjährige bedarf zu einer Willenserklärung, durch die er nicht lediglich einen rechtlichen Vorteil erlangt, der Einwilligung seines gesetzlichen Vertreters.

Erhält z. B. ein achtjähriges Kind zu seinem Geburtstag 50 €, bringt ihm das lediglich einen rechtlichen Vorteil. Das Kind darf das Geld daher auch ohne Zustimmung der Eltern behalten. Dagegen beinhaltet das Geschenk eines Haustieres später Verpflichtungen, wie z. B. die Kosten für das Futter. Hier ist die Einwilligung des gesetzlichen Vertreters notwendig.

Hier greift der Taschengeldparagraf. Das Rechtsgeschäft ist gültig.

Taschengeldparagraf

§ 110 BGB Bewirken der Leistung mit eigenen Mitteln

Ein von dem Minderjährigen ohne Zustimmung des gesetzlichen Vertreters geschlossener Vertrag gilt als von Anfang an wirksam, wenn der Minderjährige die vertragsmäßige Leistung mit Mitteln bewirkt, die ihm zu diesem Zweck oder zu freier Verfügung von dem Vertreter oder mit dessen Zustimmung von einem Dritten überlassen worden sind.

Geschäfte, die ein beschränkt Geschäftsfähiger mit seinem Taschengeld begleicht, sind rechtsgültig. Das gilt allerdings nur für Geschäfte, die sofort beglichen werden, nicht für Ratenkäufe. Über zukünftiges Taschengeld kann nicht verfügt werden.

Selbstständiger Betrieb eines Erwerbsgeschäfts

§ 112 BGB Selbstständiger Betrieb eines Erwerbsgeschäfts

(1) Ermächtigt der gesetzliche Vertreter mit Genehmigung des Vormundschaftsgerichts den Minderjährigen zum selbstständigen Betrieb eines Erwerbsgeschäfts, so ist der Minderjährige für solche Rechtsgeschäfte unbeschränkt geschäftsfähig, welche der Geschäftsbetrieb mit sich bringt. Ausgenommen sind Rechtsgeschäfte, zu denen der Vertreter der Genehmigung des Vormundschaftsgerichts bedarf.
(2) Die Ermächtigung kann von dem Vertreter nur mit Genehmigung des Vormundschaftsgerichts zurückgenommen werden.

Ein Minderjähriger betreibt mit Erlaubnis seiner Eltern und mit der Zustimmung des Vormundschaftsgerichts einen Online-Bestellshop für Computerzubehör. Er kann die im Rahmen dieses Betriebes anfallenden Geschäfte (z. B. Warenein- und -verkauf, Anmieten von Lagerräumen) selbst tätigen.

Dienst- oder Arbeitsverhältnis

> **§ 113 BGB Dienst- oder Arbeitsverhältnis**
>
> (1) Ermächtigt der gesetzliche Vertreter den Minderjährigen, in Dienst oder in Arbeit zu treten, so ist der Minderjährige für solche Rechtsgeschäfte unbeschränkt geschäftsfähig, welche die Eingehung oder Aufhebung eines Dienst- oder Arbeitsverhältnisses der gestatteten Art oder die Erfüllung der sich aus einem solchen Verhältnis ergebenden Verpflichtungen betreffen. Ausgenommen sind Verträge, zu denen der Vertreter der Genehmigung des Vormundschaftsgerichts bedarf. [...]

Auch minderjährige Angestellte können gültige Kaufverträge abschließen.

> **§ 56 HGB Angestellte in Laden oder Warenlager**
>
> Wer in einem Laden oder in einem öffentlichen Warenlager angestellt ist, gilt als ermächtigt zu Verkäufen oder Empfangnahmen, die in einem derartigen Laden oder Warenlager gewöhnlich geschehen.

Ein Jugendlicher darf im Rahmen eines vom gesetzlichen Vertreter genehmigten **Dienst- oder Arbeitsverhältnisses** alle Rechtsgeschäfte abschließen, die sich daraus ergeben. Dazu gehört z. B. auch der Kauf eines Fahrrades, um zur Arbeit zu kommen.

Vom Dienst- bzw. Arbeitsverhältnis ist das **Ausbildungsverhältnis zu unterscheiden**. Alle Rechtsgeschäfte eines minderjährigen Auszubildenden, die mit dem Ausbildungsverhältnis im Zusammenhang stehen, müssen von den gesetzlichen Vertretern genehmigt werden, z. B. die Kündigung des Ausbildungsverhältnisses. Rechtsgeschäfte, die der minderjährige Auszubildende im Namen des Ausbildungsbetriebes abschließt, wie z. B. der Verkauf von Waren, werden vom Ausbilder durch eine Vollmacht legitimiert.

Vollmacht
LF1, Kap. 6.4.2

1.3.3 Volle Geschäftsfähigkeit

Unbeschränkte (volle) Geschäftsfähigkeit besitzen alle juristischen Personen und alle natürlichen Personen über 18 Jahre, sofern sie nicht dauerhaft geisteskrank sind. Mit der vollen Geschäftsfähigkeit erwerben Rechtssubjekte die Fähigkeit, sich rechtsgeschäftlich zu verpflichten oder Rechte zu erwerben.

Geschäftsfähigkeit

Lebensalter	0 1 2 3 4 5 6	7 8 9 10 11 12 13 14 15 16 17	18 19 20 21
	↓	↓	↓
	geschäftsunfähig	**beschränkt geschäftsfähig**	**voll geschäftsfähig**
	↓	↓	↓
	gesetzlicher Vertreter handelt für das Kind	Zustimmung des gesetzlichen Vertreters erforderlich	eigenverantwortlicher Abschluss von Rechtsgeschäften

1.4 Rechtsobjekte

Gegenstand von Rechtshandlungen sind **Rechtsobjekte**. Im Rahmen der bestehenden Rechtsordnung können Rechtssubjekte (natürliche oder juristische Personen) über Rechtsobjekte (Sachen oder Rechte) verfügen.

Rechtsobjekte

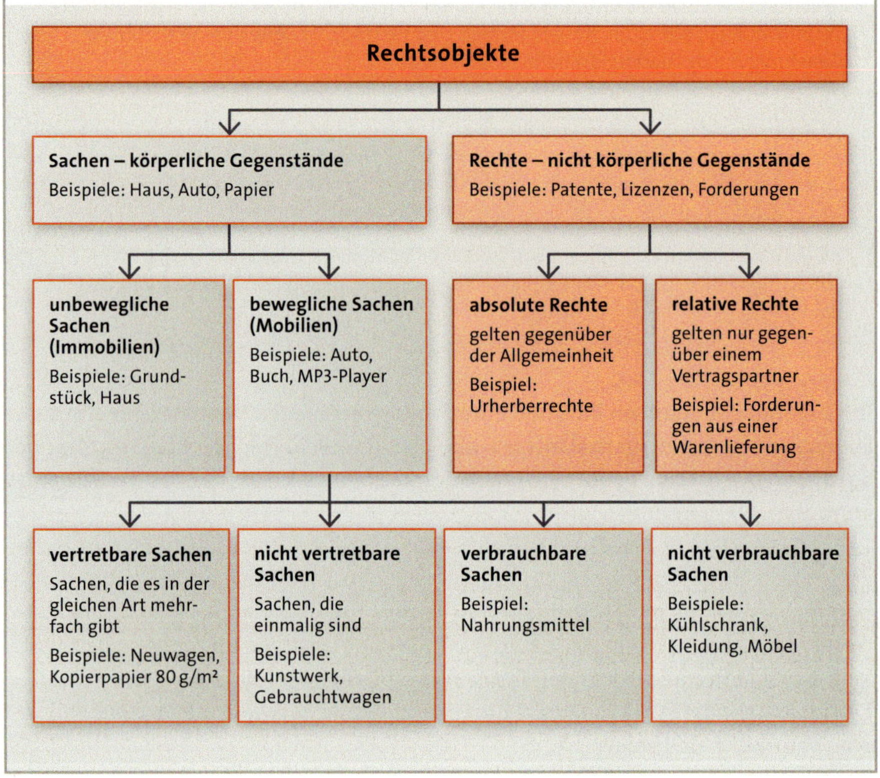

Sachen:
§ 90 BGB
bewegliche Sachen:
§ 91 BGB
Diese Begriffe werden in den §§ 93–103 BGB erklärt.

Sachen lassen sich nach verschiedenen Kriterien in **bewegliche Sachen** (Mobilien, die nicht Grundstücke oder Bestandteile von Grundstücken sind) und **unbewegliche Sachen** (Immobilien) unterteilen. Weiter kann man die beweglichen Sachen in vertretbare und nicht vertretbare Sachen einteilen. **Vertretbare Sachen** sind bewegliche Sachen, die nach Zahl, Maß oder Gewicht bestimmt werden können. Alle Gegenstände, die aufgrund ihrer Einmaligkeit nicht wieder beschafft und deshalb nur ihrem Wert nach ersetzt werden können, zählen zu den **nicht vertretbaren Sachen**.

Bewegliche Sachen lassen sich weiter in verbrauchbare und nicht verbrauchbare Sachen einteilen. **Verbrauchbare Sachen** werden durch die Nutzung zerstört oder verschwinden, wogegen **nicht verbrauchbare Sachen** immer wieder genutzt werden können.

Auch verschiedene **Rechte,** wie z. B. Forderungen, Hypotheken, Urheber- oder Eigentumsrechte, können Gegenstand von Rechtsgeschäften sein. Schuldrechtliche Ansprüche **(relative Rechte)** beinhalten die Rechte auf etwas, was durch Verträge gesichert wird, und haben nur Gültigkeit zwischen bestimmten Rechtssubjekten. Sachenrechtliche Ansprüche **(absolute Rechte)** beinhalten die Rechte an einer Sache, z. B. Eigentumsrechte, und wirken gegen alle anderen Rechtssubjekte.

1.5 Eigentum und Besitz

AB ☞ LS 13

Im Sachenrecht des BGB wird unterschieden, ob jemand die rechtliche Herrschaft (Eigentum) oder nur die tatsächliche Herrschaft (Besitz) über eine Sache ausübt.

Eigentümer ist, wem eine Sache rechtlich gehört, Besitzer ist, wer eine Sache tatsächlich hat.

§ 854 BGB Erwerb des Besitzes

(1) Der Besitz einer Sache wird durch die Erlangung der tatsächlichen Gewalt über die Sache erworben. [...]

§ 903 BGB Befugnisse des Eigentümers

Der Eigentümer einer Sache kann, soweit nicht das Gesetz oder Rechte Dritter entgegenstehen, mit der Sache nach Belieben verfahren und andere von jeder Einwirkung ausschließen. [...]

§ 929 BGB Einigung und Übergabe

Zur Übertragung des Eigentums an einer beweglichen Sache ist erforderlich, dass der Eigentümer die Sache dem Erwerber übergibt und beide darüber einig sind, dass das Eigentum übergehen soll. Ist der Erwerber im Besitz der Sache, so genügt die Einigung über den Übergang des Eigentums.

Das **Eigentum an unbeweglichen Sachen** wird durch Einigung und den anschließenden Eintrag in das Grundbuch übertragen. Ein solcher Vertrag bedarf der notariellen Beurkundung. Das **Eigentum an beweglichen Sachen** wird durch Übertragung verschafft, d. h. durch Einigung und Übergabe der Sache.

Eigentum an unbeweglichen Sachen:
§§ 873, 925 BGB

Beispiel

Susanne erhält von ihren Eltern zum Geburtstag eine Digitalkamera geschenkt. Sie ist damit Eigentümerin und Besitzerin der Kamera. Leiht Susanne ihrer Freundin Andrea die Kamera für deren Skiurlaub aus, ist nun Andrea Besitzerin, während Susanne Eigentümerin bleibt.

In bestimmten Fällen kann der Erwerber das Eigentum an einer Sache auch von einem Nichteigentümer erhalten, jedoch nur dann, wenn er **gutgläubig** war. Der gute Glaube schützt ihn jedoch nicht, wenn die Sache dem Eigentümer gestohlen wurde, verloren gegangen oder sonst abhandengekommen ist.

§§ 932, 935 BGB

Gutgläubiger Erwerb vom Nichtberechtigten: Andrea geht im Urlaub das Taschengeld aus. Deshalb verkauft sie Susannes Kamera an ihren ahnungslosen Skilehrer. Da der Skilehrer nicht weiß, dass die Kamera Andrea gar nicht gehört, ist er gutgläubig und erwirbt das Eigentum an der Kamera. Hätte er allerdings gewusst, dass die Kamera nur geliehen ist, wäre er nicht mehr gutgläubig gewesen und hätte das Eigentum an der Kamera nicht erwerben können.

An gestohlenen Sachen kann man kein Eigentum erwerben.

Kein gutgläubiger Erwerb von abhandengekommenen Sachen: Susannes nagelneue Digitalkamera ist gestohlen worden. Kurz darauf wird die Kamera auf dem Flohmarkt zum Verkauf angeboten. Andrea will sie kaufen, nachdem der Händler ihr versichert hat, dass sie aus einer Geschäftsauflösung stammt. Obwohl Andrea hier also gutgläubig ist, kann sie kein Eigentum an der Kamera erwerben, da es sich um eine gestohlene Sache handelt. Eigentümerin bleibt Susanne.

AB ☞ LS 14

1.6 Rechtsgeschäfte

Mündliche Willenserklärung

Willenserklärung durch schlüssiges Handeln

Empfangsbedürftige Willenserklärungen werden mit ihrem Zugang wirksam.

Die Rechtsbeziehungen zwischen Rechtssubjekten untereinander werden als Rechtsgeschäfte bezeichnet. Rechtsgeschäfte enthalten eine oder mehrere rechtsgültige **Willenserklärungen** und zielen auf die bewusste Herbeiführung von Rechtswirkungen ab.

Das Gesetz bezeichnet eine Willenserklärung als **Äußerung des Geschäftswillens**. Der Geschäftswillen stellt die innere, subjektive Seite dar, die eigentliche Erklärung die äußere, objektive Seite. Eine Willenserklärung kann mündlich, schriftlich, durch schlüssiges Handeln (z. B. Einsteigen in den Bus) oder stillschweigend (z. B. Verzicht auf die termingerechte Kündigung eines Zeitschriftenabonnements) erfolgen.

Neben ausdrücklichen und stillschweigenden Willenserklärungen kann man noch empfangsbedürftige und nicht empfangsbedürftige Willenserklärungen unterscheiden. **Nicht empfangsbedürftige Willenserklärungen** werden schon mit Abgabe der Erklärung wirksam (z. B. Testamente).

Empfangsbedürftige Willenserklärungen werden mit ihrem Zugang wirksam, unter Anwesenden sofort und unter Abwesenden nach § 130 BGB, sobald die Willenserklärung in den gewöhnlichen Empfangsbereich des Erklärungsgegners mit der Möglichkeit der Kenntnisnahme gelangt, wenn nicht vorher oder gleichzeitig ein Widerruf zugeht. So ist z. B. eine per Brief abgeschickte Kündigung gültig, sobald sie der Postbote dem Arbeitgeber in den Briefkasten legt. Dies gilt jedoch nicht, wenn die Kündigung per Fax widerrufen wurde und das Fax vor oder spätestens gleichzeitig mit dem Kündigungsbrief beim Arbeitgeber eingetroffen ist.

Der **Zugang der Willenserklärung** ist die Voraussetzung für ihre Wirksamkeit. Die Beweislast für den Zugang einer Willenserklärung liegt beim Absender. Eine Willenserklärung sollte deshalb im Zweifel unter Zeugen oder per Einschreiben mit Rückschein abgegeben werden, um den Zugang später beweisen zu können.

Einseitige und mehrseitige Rechtsgeschäfte

Nach der Anzahl der notwendigen Willenserklärungen unterscheidet man ein-, zwei- und mehrseitige Rechtsgeschäfte. Einseitige Rechtsgeschäfte liegen vor, wenn bereits die Willenserklärung **eines** Rechtssubjekts genügt, um eine bestimmte Rechtswirkung herbeizuführen (z. B. Kündigung). Zwei- oder mehrseitige Rechtsgeschäfte (z. B. Verträge) kommen durch **zwei oder mehr miteinander übereinstimmende** Willenserklärungen zustande.

Bürgerliche Rechtsgeschäfte und Handelsgeschäfte

Nach den anzuwendenden Rechtsvorschriften unterscheidet man bürgerliche Rechtsgeschäfte und Handelsgeschäfte. Für **bürgerliche Rechtsgeschäfte** zwischen Nichtkaufleuten gelten die Vorschriften des BGB. Für **Handelsgeschäfte** zwischen zwei Kaufleuten **(zweiseitige Handelsgeschäfte)** oder zwischen einem Kaufmann und einem Nichtkaufmann **(einseitige Handelsgeschäfte)** finden in erster Linie die Regelungen des HGB Anwendung, ergänzend aber auch die des BGB.

Kaufmannsbegriff nach HGB
LF1, Kap. 6.2

§ 343 HGB

(1) Handelsgeschäfte sind alle Geschäfte eines Kaufmanns, die zum Betriebe seines Handelsgewerbes gehören.

§ 344 HGB

(1) Die von einem Kaufmanne vorgenommenen Rechtsgeschäfte gelten im Zweifel als zum Betriebe seines Handelsgewerbes gehörig. [...]

Das Bewirken der geschuldeten Leistung in der richtigen Art und Weise, am richtigen Ort und zur rechten Zeit nennt man Erfüllung.

Verpflichtungs- und Erfüllungsgeschäfte

Bei Rechtsgeschäften lassen sich außerdem Verpflichtungs- und Erfüllungsgeschäfte unterscheiden. **Verpflichtungsgeschäfte** sind Rechtsgeschäfte, bei denen eine Person gegenüber einer anderen eine Leistungspflicht übernimmt. Durch das Verpflichtungsgeschäft (in der Regel ein Vertrag) entsteht ein **Schuldverhältnis** zwischen den Vertragspartnern. Eine unmittelbare Änderung bestehender Rechtsverhältnisse tritt durch das „bloße" Verpflichtungsgeschäft jedoch nicht ein.

Haben beide Vertragspartner ihre Verpflichtungen erfüllt (beim Kaufvertrag z. B. die Übergabe der Sache und die Zahlung des Kaufpreises), so spricht man vom Erfüllungsgeschäft. Das **Erfüllungsgeschäft** ist unmittelbar darauf gerichtet, auf ein bestehendes Recht einzuwirken, es zu verändern, zu übertragen oder aufzuheben. Es ist rechtlich unabhängig vom Verpflichtungsgeschäft. Dies wird auch dadurch deutlich, dass zwischen dem Verpflichtungsgeschäft (Abschluss eines Kaufvertrages) und dem Erfüllungsgeschäft (Lieferung der Ware, Zahlung des Kaufpreises) eine beliebig große Zeitspanne liegen kann.

Verpflichtungs- und Erfüllungsgeschäft am Beispiel Kaufvertrag

1.7 Vertragsfreiheit

nachgiebiges Recht
von den Beteiligten abänderbares Recht

Vertragsfreiheit besteht hinsichtlich
- *Abschluss*
- *Inhalt*
- *Form*

Kontrahierungszwang
Zwang, einen Vertrag abzuschließen

Da die Vorschriften des BGB und des HGB weitgehend **nachgiebiges Recht** sind, herrscht im Rechtsverkehr in hohem Maße Vertragsfreiheit, d. h., die Vertragspartner können grundsätzlich ihre Verträge nach ihrem Willen gestalten. Der Grundsatz der Vertragsfreiheit beinhaltet die Abschluss-, die Inhalts- und die Formfreiheit.

Die **Abschlussfreiheit** stellt es jedem frei, zu entscheiden, ob und mit wem er einen Vertrag abschließen will. Eine Ausnahme bildet der sogenannte **Kontrahierungszwang,** durch den z. B. das örtliche Wasserversorgungsunternehmen verpflichtet wird, alle Kunden zu beliefern, die dies wünschen.

Die **Inhaltsfreiheit** besagt, dass die Parteien den Inhalt der Verträge und die damit verbundenen Verpflichtungen frei aushandeln können, solange sie nicht die Rechtsordnung verletzen.

Nach dem Grundsatz der **Formfreiheit** sind Willenserklärungen zur Herbeiführung von Rechtsgeschäften im Allgemeinen an keine besondere Form gebunden.

Formvorschriften
- ***Schriftform:*** *§ 126 BGB*
- ***elektronische Form:*** *§ 126a BGB*
- ***Textform:*** *§ 126b BGB*
- ***öffentliche Beglaubigung:*** *§ 129 BGB*
- ***notarielle Beurkundung:*** *§ 128 BGB*

Nichtigkeit von Rechtsgeschäften
LF2, Kap. 1.8.1

Formvorschriften für Rechtsgeschäfte

Abweichend vom Grundsatz der Formfreiheit wird jedoch für einige Rechtsgeschäfte die Einhaltung einer bestimmten Form gesetzlich vorgeschrieben (Formzwang). Wird die Form – obwohl vom Gesetz verlangt – nicht eingehalten, so ist das Rechtsgeschäft nichtig.

Die Formvorschriften haben verschiedene Funktionen zu erfüllen. Sie dienen dem Schutz der Beteiligten vor übereilten Vertragsabschlüssen; die schriftliche Niederlegung erleichtert im Streitfall die Beweisführung.

Gesetzliche Formvorschriften sind:

- **die gesetzliche Schriftform,** wobei die Erklärung schriftlich abgefasst und vom Aussteller eigenhändig unterschrieben werden muss. So müssen z. B. Arbeits- und Ausbildungsverträge sowie Abzahlungsgeschäfte (Darlehensverträge) schriftlich festgehalten werden. Privattestamente müssen sogar handschriftlich abgefasst werden. Nach § 766 BGB muss die Bürgschaftserklärung eines Nichtkaufmannes schriftlich sein, die eines Vollkaufmannes kann dagegen auch mündlich abgegeben werden. Die Schriftform kann durch eine elektronische Form, z. B. E-Mail, ersetzt werden, wenn diese mit einer qualifizierten Signatur des Absenders versehen ist.
- **die öffentliche Beglaubigung,** bei der die Erklärung ebenfalls schriftlich abgefasst und die eigenhändige Unterschrift von einem Notar oder einer zuständigen Behörde beglaubigt wird. Öffentlich beglaubigt werden müssen z. B. Anmeldungen zum Handelsregister und zum Grundbuch.
- **die notarielle Beurkundung,** die eine vom Notar abgefasste öffentliche Urkunde darstellt. Die notarielle Beurkundung ist die strengste Form der Festlegung vertraglicher Abmachungen. Durch die Mitwirkung des Notars haben die Beteiligten vor dem Abschluss von besonders bedeutsamen Verträgen die Möglichkeit, juristischen Rat einzuholen. Notariell beurkundet werden müssen Grundstückskaufverträge, Erbverträge, Schenkungsversprechen und Eheverträge sowie Beschlüsse der Hauptversammlung einer AG.

Aktiengesellschaft
LF1, Kap. 7.3.2

1.8 Nichtige und anfechtbare Rechtsgeschäfte

AB ☞ *LS 15*

Trotz weitestgehender Vertragsfreiheit kann nicht jedes beliebige Rechtsgeschäft abgeschlossen werden. Aufgrund gesetzlicher Vorschriften sind bestimmte Geschäfte von vornherein ungültig, d.h. **nichtig,** oder es besteht die Möglichkeit, Rechtsgeschäfte bei Vorliegen bestimmter Tatbestände **anzufechten,** d.h. deren Gültigkeit rückwirkend zu vernichten.

Vertragsfreiheit gilt nicht unbeschränkt!

Nichtige Geschäfte sind von vornherein ungültig. Anfechtbare Geschäfte können rückwirkend für unwirksam erklärt werden.

1.8.1 Nichtigkeit

Nichtige Geschäfte verstoßen gegen die Interessen der Allgemeinheit. Nach § 139 BGB macht im Zweifel die Nichtigkeit eines Teils eines Rechtsgeschäfts das ganze Rechtsgeschäft nichtig. Im Einzelnen können folgende **Nichtigkeitsgründe** unterschieden werden:

Verstöße gegen Formvorschriften: Wird ein Kaufvertrag über ein Grundstück oder eine Eigentumswohnung ohne notarielle Beurkundung geschlossen, liegt ein Verstoß gegen die gesetzlichen Formvorschriften vor. Der Kaufvertrag ist nichtig.

Formvorschriften für Rechtsgeschäfte

☞ *LF2, Kap. 1.7*

§ 125 BGB Nichtigkeit wegen Formmangels

Ein Rechtsgeschäft, welches der durch Gesetz vorgeschriebenen Form ermangelt, ist nichtig. Der Mangel der durch Rechtsgeschäft bestimmten Form hat im Zweifel gleichfalls Nichtigkeit zur Folge.

Verstöße gegen die guten Sitten: Ein Kreditinstitut verlangt Wucherzinsen, d.h., Leistung und Gegenleistung stehen in einem erheblichen Missverhältnis. Ob Sittenwidrigkeit vorliegt, muss im Einzelfall entschieden werden.

§ 138 BGB Sittenwidriges Rechtsgeschäft; Wucher

(1) Ein Rechtsgeschäft, das gegen die guten Sitten verstößt, ist nichtig.
(2) Nichtig ist insbesondere ein Rechtsgeschäft, durch das jemand unter Ausbeutung der Zwangslage, der Unerfahrenheit, des Mangels an Urteilsvermögen oder der erheblichen Willensschwäche eines anderen sich oder einem Dritten für eine Leistung Vermögensvorteile versprechen oder gewähren lässt, die in einem auffälligen Missverhältnis zu der Leistung stehen.

Kenntnis des geheimen Vorbehalts: Anke möchte, dass ein Kollege ihren Pkw repariert. Deshalb verspricht sie ihm, seine alten Schallplatten zu kaufen, denkt aber insgeheim nicht daran. In dieser Situation gilt: Der Kaufvertrag über die Schallplatten ist gültig, wenn der Kollege den geheimen Vorbehalt nicht kennt, der Vertrag ist nichtig, wenn er ihn kennt.

§ 116 BGB Geheimer Vorbehalt

Eine Willenserklärung ist nicht deshalb nichtig, weil sich der Erklärende insgeheim vorbehält, das Erklärte nicht zu wollen. Die Erklärung ist nichtig, wenn sie einem anderen gegenüber abzugeben ist und dieser den Vorbehalt kennt.

Gesetzesverstöße: Ein gesetzliches Verbot besteht z.B. gegen Drogenhandel oder Schmuggel.

§ 134 BGB Gesetzliches Verbot

Ein Rechtsgeschäft, das gegen ein gesetzliches Verbot verstößt, ist nichtig, wenn sich nicht aus dem Gesetz ein anderes ergibt.

Scheingeschäft: A verkauft aufgrund eines schriftlichen Kaufvertrages an B sein Grundstück mit Haus zum Preis von 500.000,00 €. Um Steuern und Gebühren zu sparen, nennen sie beim Notar übereinstimmend die Kaufsumme von 200.000,00 €. B überweist A daraufhin nur 200.000,00 € und bedankt sich für das gute Geschäft.

§ 117 BGB Scheingeschäft

(1) Wird eine Willenserklärung, die einem anderen gegenüber abzugeben ist, mit dessen Einverständnis nur zum Schein abgegeben, so ist sie nichtig.
(2) Wird durch ein Scheingeschäft ein anderes Rechtsgeschäft verdeckt, so finden die für das verdeckte Rechtsgeschäft geltenden Vorschriften Anwendung.

beschränkte Geschäftsfähigkeit
LF2, Kap. 1.3.2

Geschäfte mit beschränkt Geschäftsfähigen, die nicht nach § 108 BGB innerhalb von zwei Wochen genehmigt werden: Die 16-jährige Marion kauft ohne Wissen der Eltern ein gebrauchtes Mofa. Aufgrund der fehlenden Einwilligung ist der Vertrag zunächst schwebend unwirksam. Als die Eltern von dem Kauf erfahren, fordern sie den Händler auf, das Mofa zurückzunehmen. Indem sie die nachträgliche Genehmigung verweigern, wird das Rechtsgeschäft endgültig nichtig.

§ 108 BGB Vertragsschluss ohne Einwilligung

(1) Schließt der Minderjährige einen Vertrag ohne die erforderliche Einwilligung des gesetzlichen Vertreters, so hängt die Wirksamkeit des Vertrags von der Genehmigung des Vertreters ab.
(2) Fordert der andere Teil den Vertreter zur Erklärung über die Genehmigung auf, so kann die Erklärung nur ihm gegenüber erfolgen; eine vor der Aufforderung dem Minderjährigen gegenüber erklärte Genehmigung oder Verweigerung der Genehmigung wird unwirksam. Die Genehmigung kann nur bis zum Ablauf von zwei Wochen nach dem Empfang der Aufforderung erklärt werden; wird sie nicht erklärt, so gilt sie als verweigert.
(3) Ist der Minderjährige unbeschränkt geschäftsfähig geworden, so tritt seine Genehmigung an die Stelle der Genehmigung des Vertreters.

Geschäftsunfähigkeit
LF2, Kap. 1.3.1

Geschäfte mit Geschäftsunfähigen: Ein Betrunkener verschenkt seine Uhr an einen vorbeikommenden Passanten.

§ 105 BGB Nichtigkeit der Willenserklärung

(1) Die Willenserklärung eines Geschäftsunfähigen ist nichtig.
(2) Nichtig ist auch eine Willenserklärung, die im Zustand der Bewusstlosigkeit oder vorübergehenden Störung der Geistestätigkeit abgegeben wird.

Scherzerklärung: Auf einer Party sagt ein Gast über sein störungsanfälliges Auto: „Diesen alten Schrotthaufen kannst du von mir aus geschenkt haben! Gestern ist er schon wieder nicht angesprungen."

§ 118 BGB Mangel der Ernstlichkeit

Eine nicht ernstlich gemeinte Willenserklärung, die in der Erwartung abgegeben wird, der Mangel der Ernstlichkeit werde nicht verkannt werden, ist nichtig.

1.8.2 Anfechtbarkeit

Anfechtbare Rechtsgeschäfte haben so lange Gültigkeit, bis sie angefochten werden. Die Anfechtung ist gegenüber dem Anfechtungsgegner zu erklären und hat die Wirkung, dass das angefochtene Rechtsgeschäft als von Anfang an nichtig anzusehen ist. Der Erklärende ist jedoch nach § 122 BGB schadenersatzpflichtig, wenn der andere auf die Gültigkeit der Erklärung vertraut. Der Anfechtung geht dabei die Auslegung der Willenserklärung voraus. **Anfechtungsgründe** sind Irrtum, arglistige Täuschung und widerrechtliche Drohung.

Irrtum: Bei einem Irrtum fallen der eigentliche Wille und die Erklärung unbewusst auseinander. Das Gesetz kommt in diesem Falle dem Irrenden durch die Möglichkeit der Anfechtung entgegen. Gleichzeitig soll aber auch der Vertragspartner geschützt werden, der auf die Gültigkeit der abgegebenen Erklärung vertraut hat. Deshalb muss in diesen Fällen die Anfechtung unmittelbar nach Erkennen des Anfechtungsgrundes erklärt werden. Man unterscheidet dabei:

- **Erklärungsirrtum:** Die irrende Person gibt versehentlich eine Erklärung ab, die sie so nicht abgeben wollte. Beispiel: Der Verkaufsmitarbeiter vertippt sich und schreibt im Angebot versehentlich statt 121,00 € einen Preis von 12,00 €.
- **Eigenschaftsirrtum:** Die irrende Person täuscht sich über eine wesentliche Eigenschaft der Person oder der Sache, die Vertragsobjekt ist. Beispiel: Ein Kunsthändler verkauft ein Originalgemälde in der Annahme, es sei eine Kopie.
- **Inhaltsirrtum:** Die irrende Person glaubt, eine andere Erklärung abgegeben zu haben, als sie tatsächlich abgegeben hat. Beispiel: Ein Kunde kauft einen Ring aus achtkarätigem Gold, was er für besonders wertvoll hält.
- **Übermittlungsirrtum:** Ein Bote richtet etwas falsch aus oder es trifft ein verstümmeltes Telegramm, Fax o. Ä. ein.

§ 119 BGB Anfechtbarkeit wegen Irrtums

(1) Wer bei der Abgabe einer Willenserklärung über deren Inhalt im Irrtum war oder eine Erklärung dieses Inhalts überhaupt nicht abgeben wollte, kann die Erklärung anfechten, wenn anzunehmen ist, dass er sie bei Kenntnis der Sachlage und bei verständiger Würdigung des Falles nicht abgegeben haben würde.
(2) Als Irrtum über den Inhalt der Erklärung gilt auch der Irrtum über solche Eigenschaften der Person oder der Sache, die im Verkehr als wesentlich angesehen werden.

§ 120 BGB Anfechtbarkeit wegen falscher Übermittlung

Eine Willenserklärung, welche durch die zur Übermittlung verwendete Person oder Einrichtung unrichtig übermittelt worden ist, kann unter der gleichen Voraussetzung angefochten werden wie nach § 119 eine irrtümlich abgegebene Willenserklärung.

§ 123 BGB Anfechtbarkeit wegen Täuschung oder Drohung

(1) Wer zur Abgabe einer Willenserklärung durch arglistige Täuschung oder widerrechtlich durch Drohung bestimmt worden ist, kann die Erklärung anfechten.
(2) Hat ein Dritter die Täuschung verübt, so ist eine Erklärung, die einem anderen gegenüber abzugeben war, nur dann anfechtbar, wenn dieser die Täuschung kannte oder kennen musste. [...]

Arglistige Täuschung: Hier wird ein Vertragspartner vom anderen Vertragspartner bewusst getäuscht, z. B. wird ein Auto, dass bekanntermaßen einen Unfall hatte, als unfallfrei verkauft.

Widerrechtliche Drohung: In diesem Fall wird ein Vertragspartner durch eine Drohung, die gegen geltendes Recht verstößt, zu einem Vertragsabschluss genötigt, z. B. dass anderenfalls „Prügel drohen“.

In beiden Fällen hat der Geschädigte eine längere **Anfechtungsfrist,** da der andere Vertragspartner als weniger schützenswert gilt. Bei der arglistigen Täuschung gilt eine Frist von einem Jahr ab Entdeckung der Täuschung. Bei der widerrechtlichen Drohung gilt eine Frist von einem Jahr ab Wegfall der Zwangslage. Die Verjährungsfrist bei der Anfechtung beträgt zehn Jahre.

Motiv
hier: Beweggrund, eine Willenserklärung abzugeben

Rechtlich unerheblich dagegen ist der **Motivirrtum**. Stellt z. B. eine Kundin nach dem Kauf eines teuren Ölgemäldes zu Hause fest, dass es doch nicht wie angenommen zur Wohnzimmereinrichtung passt, kann sie ihre Willenserklärung nicht deshalb anfechten, weil sie sich geirrt und nun für das Gemälde keine Verwendung hat.

Nichtigkeitsgründe

Geschäftsunfähigkeit	Verstoß gegen Formvorschriften	Verstoß gegen Gesetze oder gute Sitten
Schein- oder Scherzgeschäft	beschränkte Geschäftsfähigkeit ohne Genehmigung	Kenntnis des geheimen Vorbehalts

Anfechtungsgründe

- Irrtum
  - Erklärungsirrtum
  - Übermittlungsirrtum
  - Eigenschaftsirrtum
  - Inhaltsirrtum
- Täuschung
- Drohung

1.9 Vertragsarten

Bei der Vielfalt der Verträge des Privat- und Wirtschaftslebens ist allen gemeinsam, dass sie durch übereinstimmende Willenserklärungen (Antrag und Annahme) zustande kommen. Die Rechte des einen Vertragspartners sind dabei jedes Mal die Pflichten des anderen und umgekehrt. Die folgende Tabelle gibt einen Überblick über die wichtigsten Vertragsarten.

Art des Vertrages	Vertragsinhalt	Vertragspartner	gesetzliche Grundlagen
Kaufvertrag	Veräußerung von Sachen oder Rechten gegen Entgelt	Verkäufer – Käufer	§§ 433–480 BGB, §§ 373–382 HGB
Schenkungsvertrag	unentgeltliche Veräußerung von Sachen oder Rechten	Schenker – Beschenkter	§§ 516–534 BGB
Mietvertrag	entgeltliche Überlassung einer Sache oder eines Rechtes	Mieter – Vermieter	§§ 535–580 BGB
Leasingvertrag	Gebrauchsüberlassung eines Investitionsgutes auf Zeit gegen Entgelt	Leasinggeber – Leasingnehmer	§§ 535 BGB ff. u. a. (keine einheitliche gesetzliche Regelung)
Pachtvertrag	entgeltliche Überlassung von Sachen oder Rechten zum Gebrauch und Genuss der Früchte gegen einen vereinbarten Pachtzins	Verpächter – Pächter	§§ 581–597 BGB
Leihvertrag	unentgeltliche Überlassung von Sachen zum Gebrauch	Verleiher – Leiher	§§ 598–606 BGB
Darlehensvertrag	entgeltliche oder unentgeltliche Überlassung vertretbarer Sachen	Darlehensgeber – Darlehensnehmer	§ 607 BGB
Berufsausbildungsvertrag	vergütete Ausbildung für eine Berufstätigkeit	Auszubildender – Ausbildender	Berufsbildungsgesetz; §§ 3 ff. BBiG
Dienstvertrag	Leistung von Diensten gegen Entgelt	Dienstberechtigter – Dienstverpflichteter	§§ 611–630 BGB, Arbeitsgesetze
Arbeitsvertrag	Leistung von Diensten als Arbeitnehmer	Arbeitgeber – Arbeitnehmer	§§ 611–630 BGB, §§ 59 ff. HGB, Arbeitsgesetze
Werkvertrag	Herstellen eines Werkes, Veränderung einer Sache, Herbeiführen eines bestätigten Erfolges gegen vereinbarte Vergütung	Unternehmer – Besteller	§§ 631–651 BGB
Reisevertrag	Organisation einer Reiseleistung	Reisender und Reiseveranstalter	§ 651a BGB
Gesellschaftsvertrag	Regelung der Zusammenarbeit von Personen zur gemeinsamen Erfüllung eines gemeinsamen Zwecks	Gesellschafter	§§ 705–740 BGB, § 16 AktG, § 2 GmbHG, § 109 HGB, § 6 GenG
Auftragsvertrag	unentgeltliche Besorgung eines Geschäftes für einen anderen	Auftraggeber – Beauftragter	§§ 662–674 BGB
Geschäftsbesorgungsvertrag	Dienst- oder Werkvertrag, der Geschäftsbesorgung zum Gegenstand hat	Auftraggeber – Beauftragter	§§ 675 ff. BGB
Versicherungsvertrag	Ersatz eines Vermögensschadens (Schadensversicherung) bzw. Zahlung eines vereinbarten Kapitals oder einer Rente nach Eintritt des Versicherungsfalls bei vorheriger Prämienzahlung	Versicherer – Versicherungsnehmer	§ 1 Gesetz über den Versicherungsvertrag (VVG)
Verwahrungsvertrag	Aufbewahrung einer Sache gegen Vergütung	Verwahrer – Hinterleger	§§ 688 ff. BGB
Bürgschaftsvertrag	Verpflichtung des Bürgen gegenüber dem Gläubiger zur Erfüllung der Verbindlichkeiten des Dritten	Bürge – Gläubiger eines Dritten	§§ 765 ff. BGB
Erbvertrag	Regelung über die Aufteilung des Nachlasses	Erblasser – Erben	§§ 2274 ff. BGB

1.10 Verbraucherschutz

Zu Themen wie Ernährung, Finanzen oder Schulden bieten die Verbraucherzentralen Beratung und Unterstützung.
www.vzbv.de

„Bei uns ist der Kunde König!" – Dieses Sprichwort hören wir oft, wenn Unternehmen ihre Waren oder ihren Service anpreisen. Aber auch ein König kann nicht alles wissen und manchmal den Überblick verlieren. Der Verbraucher sieht sich deshalb oft mit einer Reihe von Problemen konfrontiert:

- Die wachsende Warenvielfalt erschwert die Auswahl sowie den Preis- und Qualitätsvergleich (z. B. bei Haushaltsgeräten).
- Häufig fehlt das Fachwissen, um die in der Werbung gemachten Behauptungen zu überprüfen (z. B. bei technischen Geräten).
- Vertragsbedingungen sind unverständlich formuliert, sodass sich der Verbraucher über die Folgen seiner Unterschrift nicht im Klaren ist (z. B. AGB).
- Viele Waren enthalten Zusatzstoffe, die u. U. gesundheitliche Probleme verursachen können (z. B. Lebensmittel oder Wandfarben).

Um diesen Problemen entgegenzuwirken, wurde eine Reihe gesetzlicher Regelungen erlassen, die den Verbraucher informieren und vor Benachteiligungen schützen sollen. Inzwischen ist der Verbraucherschutz zu einem wesentlichen Schutzprinzip des BGB geworden.

Die Stiftung Warentest führt Preis- und Qualitätsvergleiche für die verschiedensten Waren und Dienstleistungen durch. Die Ergebnisse werden u. a. in den Zeitschriften „test" und „Finanztest" veröffentlicht.
www.stiftung-warentest.de

Verbraucher im rechtlichen Sinne ist jede natürliche Person, die ein Rechtsgeschäft zu einem Zweck abschließt, der weder einer gewerblichen noch einer selbstständigen Tätigkeit zugerechnet werden kann. Rechtsgeschäfte von Verbrauchern dienen also ausschließlich privaten Zwecken.

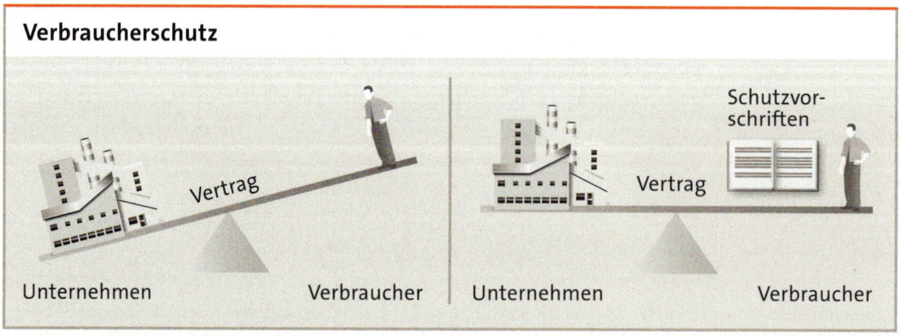

Verbraucherschutzbestimmungen verhindern vertragliche Benachteiligungen des Verbrauchers.

1.10.1 Verbraucherkreditverträge

Verbraucherkredite:
§§ 491ff. BGB

Für Kreditverträge zwischen einem Verbraucher und einem Unternehmen (z. B. einem Geldinstitut) mit einem Nettobetrag über 200 Euro schreibt das BGB u. a. folgende Regelungen vor:

Formvorschriften
LF 2, Kap. 1.7

- **Form:** Der Verbraucherkreditvertrag bedarf der Schriftform.
- **Inhalt:** Der Vertrag muss genaue Angaben zu Kreditbetrag, Nominalzins, effektivem Jahreszins, notwendigen Sicherheiten und zusätzlichen Kosten enthalten.

- **Widerruf:** Der Verbraucher kann den Vertrag innerhalb von zwei Wochen ohne Angabe von Gründen widerrufen. Ausreichend ist die **Textform,** wobei die rechtzeitige Absendung genügt.
  Die Zwei-Wochen-Frist beginnt erst zu laufen, wenn der Verbraucher über sein Widerrufsrecht belehrt worden ist, die Möglichkeit zum Widerruf endet aber spätestens sechs Monate nach Vertragsabschluss.
- **Kündigung:** Der Kredit kann erst gekündigt werden, wenn der Verbraucher die Raten zweimal nicht beglichen hat, er mit mindestens 10 % der Kreditsumme in Verzug ist (bei Laufzeiten über drei Jahren mit 5 %) und eine zweiwöchige Fristsetzung erfolglos verstrichen ist. Bei einer Kündigung wird der gesamte Kreditbetrag auf einmal fällig.

Widerrufsrecht:
§ 355 BGB

Textform
eine schwächere Form der Schriftform, z. B. E-Mail, Computerfax, SMS oder CD-ROM

Kündigung:
§ 498 BGB

Auch für **Teilzahlungsgeschäfte** (Ratenkäufe) sind die Schutzbestimmungen des BGB anzuwenden. Bei Ratenkäufen vereinbaren Verkäufer und Käufer (Verbraucher), dass der Kunde die Ware erhält, bevor er den Kaufpreis plus entstandener Kosten in Raten abgezahlt hat. Dies gilt allerdings nur, wenn dem Verbraucher mehr als drei Raten gewährt werden.

Teilzahlungsgeschäfte:
§ 501 BGB

1.10.2 Fernabsatzgeschäfte (Internetgeschäfte)

Der Fernabsatzvertrag ist keine neue Vertragsart. Es handelt sich um eine besondere Art des Kaufvertrages zwischen einem Unternehmer und einem Verbraucher, der „unter ausschließlicher Verwendung von **Fernkommunikationsmitteln**" zustande kommt.

Wichtiges Merkmal des Fernabsatzvertrages ist demnach, dass sich die Vertragsparteien bei Vertragsabschluss nicht körperlich gegenüberstehen.
Der Verbraucher muss vor Abschluss des Vertrages klar und verständlich über die Einzelheiten (Vertragsbedingungen) und den geschäftlichen Zweck (kommerziellen Charakter) des Vertrages unterrichtet werden. Außerdem hat der Verbraucher ein Widerrufsrecht nach § 355 BGB. Er kann den Fernabsatzvertrag innerhalb von 14 Tagen schriftlich widerrufen (Textform ist ausreichend).

Fernkommunikationsmittel:
- *Internet*
- *Brief, E-Mail*
- *Telefongespräch, SMS*
- *Katalog*
- *Rundfunk-, Tele- oder Mediendienste*

§ 312b BGB

Typische Formen des Fernabsatzhandels

1.10.3 Haustürgeschäfte

„Guten Tag. Ich hoffe, Sie sind nicht so unklug wie Ihr Nachbar, der eine Elefantenversicherung für vollkommen überflüssig hielt ..."

Bei Verträgen, die an der Haustür, im Bereich der Wohnung, im öffentlichen Verkehrsbereich (z.B. Fußgängerzone), am Arbeitsplatz oder auf Freizeitveranstaltungen (z.B. Kaffeefahrten) abgeschlossen werden, wird dem Verbraucher ebenfalls das Widerrufsrecht nach § 355 BGB eingeräumt. Es gelten dieselben Regelungen wie beim Kreditvertrag. In einigen Ausnahmefällen gilt das Widerrufsrecht nicht, z.B. wenn der Verbraucher den Vertreter ausdrücklich zu sich bestellt hat.

1.10.4 Preis- und Mengenauszeichnung

Preisangabenverordnung (PangV)

Die Preisangabenverordnung (PangV) verpflichtet den Verkäufer zur **Preisauszeichnung** seiner Verkaufsware. Jede Ware, die innerhalb oder außerhalb des Verkaufsraumes ausgestellt ist oder vom Verbraucher direkt entnommen werden kann, muss deutlich mit einem Preis gekennzeichnet sein. Bei Dienstleistungen sind Preislisten auszuhängen. Alle Preise sind als Endpreise (inklusive Mehrwertsteuer) anzugeben.

Preis- und Mengenauszeichnung bei abgepackter und loser Ware

Bei **loser Ware** (z.B. Obst und Gemüse) ist eine Preisangabe in einer üblichen Mengeneinheit (pro 100 g oder 1 kg) zu machen. Bei verpackter Ware ist zusätzlich zum Endpreis auch der Preis pro Mengeneinheit auszuweisen. Diese Vorschriften sollen es dem Verbraucher ermöglichen, einfach und schnell Preisvergleiche anzustellen.

Auf der Grundlage des Eichgesetzes ist **abgepackte Ware** mit einer eindeutigen Mengenangabe zu versehen. Darüber hinaus muss bei unüblichen Mengen (z.B. bei abgepackter Wurst, Käse oder Fleisch) der Grundpreis (pro 100 g oder 1 kg) angegeben werden. Verpackungen, die mehr Inhalt vortäuschen, als sie tatsächlich haben („Mogelpackungen"), sind verboten.

1.10.5 Produkthaftung

Produkthaftungsgesetz (ProdHaftG)

Erleidet jemand durch ein fehlerhaftes Produkt einen Schaden an seiner Gesundheit oder seinem Leben, so ist der Hersteller dafür haftbar. Auf ein Verschulden des Herstellers kommt es dabei nicht an. Gleiches gilt für Sachschäden, sofern die beschädigte Sache für private Zwecke verwendet wurde. Sachschäden bis zu einer Höhe von 500 Euro muss der Verbraucher jedoch selbst tragen.

Die Produkthaftung kann nicht durch persönliche Vereinbarungen (wie z.B. durch AGB) eingeschränkt oder ausgeschlossen werden. Von der gesetzlichen Regelung ausgenommen sind Arzneimittel und landwirtschaftliche Produkte.

2 Zustandekommen von Kaufverträgen

AB ☞ LS 16, 17

2.1 Die Anfrage

In der Verkaufsabteilung der BPK GmbH ist heute die folgende Anfrage eingegangen.

Anfragen sind rechtlich unverbindlich.

DRUCK + COPY

Druck und Copy GmbH
Am Freistuhl 16
33100 Paderborn

Druck und Copy GmbH · Am Freistuhl 16 · 33100 Paderborn

BPK GmbH
Elberfelder Str. 85
42285 Wuppertal

Posteingang am 22.04.20XX

Ihr Zeichen, Ihre Nachricht vom	Unser Zeichen, unsere Nachricht vom	Telefon, Name	Datum
	ms	05254 12345 Martina Schober	20.04.20XX

Anfrage nach Kopierpapier

Sehr geehrte Damen und Herren,

wir benötigen Kopierpapier, Format DIN A4, 80 g/m², holzfrei, weiß, matt und für Laserdrucker und Kleinoffset geeignet.

Wir gehen zunächst von einer Bedarfsmenge von 300 000 Blatt aus. Bitte senden Sie uns schnellstmöglich ein Angebot unter Angabe Ihrer Zahlungs- und Lieferungsbedingungen und nennen Sie uns Ihren frühestmöglichen Liefertermin.

Mit freundlichen Grüßen

Druck und Copy GmbH

Martina Schober

Martina Schober

Druck und Copy GmbH Am Freistuhl 16 33100 Paderborn	Telefon 05254 12345 Telefax 05254 12346	Geschäftsführung Dr. Dieter Deggendorf	Bankverbindung DarLK Paderborn IBAN: DE64 4726 0307 0987 1234 56 BIC: GENODEM1BKC	Handelsregister Amtsgericht Paderborn HRB 298/1000 USt-Id.-Nr. DE 789400323

Bei der Anbahnung eines Kaufvertrages hat die Anfrage das Ziel, festzustellen, ob und zu welchen Bedingungen mögliche Lieferer die Waren, die beschafft werden sollen, in ihrem Programm führen. Durch Anfragen bei verschiedenen möglichen Lieferern soll die günstigste Bezugsquelle ermittelt werden. Anfragen sind **rechtlich unverbindlich.**

Bezugsquellenermittlung
☞ *LF3, Kap. 3*

Anfragen sind an keine Form gebunden.

Durch Anfragen werden neue Geschäftsverbindungen geknüpft sowie bereits in der Liefererstammdatei vorhandene Unternehmen zur Abgabe eines Angebotes aufgefordert. Anfragen sind **an keine Form gebunden,** d.h., sie können schriftlich, mündlich, telefonisch oder auch per E-Mail abgegeben werden.

unbestimmte und bestimmte Anfragen

Man unterscheidet unbestimmte Anfragen, mit denen man sich über allgemeine Liefermöglichkeiten informieren will, und bestimmte, spezielle Anfragen. Bei **unbestimmten Anfragen** fordert man ohne feste Kaufabsicht Kataloge, Muster, Prospekte, Preislisten oder einen Vertreterbesuch an. **Bestimmte Anfragen** dagegen sind konkreter gehalten und beziehen sich auf bestimmte Waren.

Ein Anfrageschreiben sollte den Grund der Anfrage sowie die Angabe der benötigten Ware mit der gewünschten Qualität und Menge enthalten. Weiterhin sollten die Preise sowie die Zahlungs- und Lieferungsbedingungen angefragt und auf den gewünschten Liefertermin hingewiesen werden.

Die Anfrage

- dient der Ermittlung von Bezugsquellen
- ist eine Aufforderung, ein Angebot abzugeben
- hat keine rechtliche Bindung
- bedarf keiner bestimmten Form

unbestimmte Anfrage
- fordert allgemeine Informationen über das Sortiment des Adressaten

bestimmte Anfrage
- enthält konkrete Angaben für die Erstellung eines Angebots

2.2 Geschäftskorrespondenz

2.2.1 DIN 5008

DIN-Normen
werden vom Deutschen Institut für Normung e.V. herausgegeben.
www.din.de

Die Schreib- und Gestaltungsregeln für Geschäftsbriefe sind in der Norm **DIN 5008** festgelegt. Sie regelt verbindlich, wie ein anerkannter Geschäftsbrief auszusehen, in welchen Zeilen also was zu stehen hat. Die DIN 5008 wird in bestimmten Abständen aktualisiert, sodass man sich über etwaige Änderungen auf dem Laufenden halten sollte.

Auf der folgenden Seite finden Sie einen Geschäftsbrief der BPK GmbH nach DIN 5008 (zum Teil vereinfacht dargestellt) mit entsprechenden Anmerkungen zur Briefgestaltung. Dabei ist zu beachten, dass jede Leerzeile mit einem Punkt markiert ist.

Wenn Sie einen Geschäftsbrief schreiben,
- beachten Sie die Zeilenanzahl der DIN 5008 streng,
- schreiben Sie keinen zu langen Brieftext und
- gliedern Sie Ihren Brieftext übersichtlich durch Absätze.

Antworten Sie direkt auf einen eingegangenen Geschäftsbrief, ist es üblich, den eigenen Brief mit einem Dank für das erhaltene Schreiben zu beginnen. Wird der Geschäftsbrief mithilfe eines Textverarbeitungsprogramms erstellt, so ist ein Zeilenabstand von 1 bis 1,5 üblich. Als Schriftart wird in der Regel Times New Roman oder Arial in der Schriftgröße 12 pt verwendet.

Das Anschriftenfeld besteht aus 9 Zeilen:
1.–3. Zusatz- und Vermerkzone, z. B. Info für die Post, Einschreiben
4. Empfängerbezeichnung/Anrede, z. B. Firmenbezeichnung oder Frau/Herr
5. Empfänger: Vor- und Nachname, ggf. mit akademischem Grad oder Titel
6. Postfach oder Straße mit Hausnummer
7. Postleitzahl und Bestimmungsort
8. Bestimmungsland
9. Leerzeile

Die **Bezugszeile** dient der Orientierung des Briefempfängers und des Absenders:
1. Kurzzeichen für Namen werden kleingeschrieben.
2. Für das Datum existieren zwei mögliche Schreibweisen:
   a) Jahr-Monat-Tag, z. B. 2012-07-18
   b) Tag. Monat. Jahr, z. B. 18. 07. 2012

Betreff
Stichwortartige Inhaltsangabe des ganzen Briefes. Sie dient dazu, dem Leser auf den ersten Blick eine Orientierung zu geben. Der Betreff wird ohne Schlusspunkt geschrieben, er kann z. B. durch Fettdruck hervorgehoben werden.

Unterschrift
Für die Unterschrift werden in der Regel 3 Zeilen reserviert. Ist der Unterzeichner (wie im Beispiel) nicht Inhaber des Unternehmens, so gibt ein Kürzel vor der Unterschrift die entsprechende Vollmacht des Unterzeichners an:
ppa. (per Prokura) = Prokura
i. V. (in Vertretung) = Handlungsvollmacht
i. A. (im Auftrag) = Einzelvollmacht

Briefkopf (Kopfzeile)
Für den Namen des Absenders bzw. seine Firmenbezeichnung und das Firmenlogo kann man den gesamten oberen Bereich des Geschäftsbriefes nutzen.

bpk Bergisches Papierkontor GmbH

Elberfelder Straße 85
42285 Wuppertal

Tel. 0202 1236-0
Fax 0202 1236-1

E-Mail info@bpkontor.de
www.bpkontor.de

Bergisches Papierkontor GmbH . Elberfelder Straße 85 · 42285 Wuppertal

▪
▪
▪

Wohnungsbaugesellschaft
Meyer & Meyer GmbH
Parkweg 22
12568 Berlin

▪
▪

Ihr Zeichen, Ihre Nachricht vom	Unser Zeichen, unsere Nachricht vom	Telefon 0202 1236-0	Datum
ms	ea/sbz	-36	15. 11. 20XX

▪
▪

Kündigung des Mietvertrages

▪
▪

Sehr geehrter Herr Meyer,

▪

hiermit möchte ich im Namen der BPK GmbH die Lagerhalle in der Marxstraße 18 fristgemäß zum 31. 12. 20XX kündigen.

▪

Nachdem wir unsere Umbaumaßnahmen in unserem Stamml
schlossen haben, benötigen wir das Außenlager in der Marxst

▪

Ich danke Ihnen für die vertrauensvolle Zusammenarbeit.

▪

Mit freundlichen Grüßen

▪

Bergisches Papierkontor GmbH

▪

i.V. *Elisabeth Albrecht*

▪

Elisabeth Albrecht

▪

Anlage
Kopie des Mietvertrages

Bergisches Papierkontor
Elberfelder Straße 85
42285 Wuppertal

Telefon 0202 1236-0
Telefax 0202 1236-1
E-Mail info@bpkontor.de

Bankverbindung
Stadtsparkasse Wuppertal
IBAN DE81 3305 0000 0060 052198
BIC WUPSDE33

Handelsregister
Amtsgericht Wuppertal
HRB 500 86/314
Steuer-Nr. 131/0878/6678
USt.-Id.-Nr. DE 145777987

Geschäftsführer
Dr. Peter Schönhauser
Gesellschafter
Hubertus Oberberg
Rita Oberberg
Renate Roskamp

Anrede
Ist der Empfänger bekannt, so wird dieser mit seinem Namen angesprochen. Ansonsten formuliert man allgemein (z. B.: Sehr geehrte Damen und Herren). Nach der Anrede steht ein Komma.

Gruß
Der Geschäftsbrief wird mit einem Gruß abgeschlossen. Üblich ist: „Mit freundlichen Grüßen" oder „Mit freundlichem Gruß". Als distanzierte Grußformel, meist im Rahmen von Mahnungen eingesetzt, gilt die Formulierung „Hochachtungsvoll".

Wiederholung der Firma

maschinenschriftliche Namenswiederholung des Briefverfassers

Anlagenvermerk
Wenn dem Brief etwas beigefügt ist, wird ein Anlagenvermerk gemacht und die beigefügte Unterlage aufgezählt. Aus Platzgründen kann der Anlagenvermerk auch rechts neben dem Gruß stehen.

Handlungsvollmacht und Prokura
LF1, Kap. 6.4

Geschäftsangaben (Fußzeile)
Am Fußende des Geschäftsbriefes stehen die Geschäftsadresse sowie Angaben zum Geschäftsführer und ggf. zu den Gesellschaftern, außerdem Bankverbindungen und die dem Unternehmen zugeordnete Handelsregisternummer. Werden die Briefblätter auch für Rechnungen verwendet, sind auch die Steuernummer bzw. die Umsatzsteuer-Identifikationsnummer (USt.-Id.-Nr.) aufzuführen.

2.2.2 Internationale Korrespondenz

A typical British business letter

Letterhead

Taylor & Penton
Ltd

Sender`s address

10 Avro Way
Brooklands
Weybridge
Surrey KT13 QYR
Telephone ++44 (0)1932 336181
Facsimile ++44 (0)1932 336181
e-mail jsampson@taylorpenton@co.uk

Inside address (Receiver's address)

BPK GmbH
Elberfelder Str. 85
42285 Wuppertal
Germany

Reference line / **Date**

Our Ref: JS/ft G17 Your Ref: bf Date: 12 November 20XX

Attention line

For the attention of Ms Finke

Salutation

Dear Ms Finke

Subject line

Photocopier C2500

Body of the Letter

Many thanks for your e-mail enquiry concerning our Photocopier C2500. Based on a minimum order of 10 units we submit our quotation as follows:

Item No	Quantity	Description	Price per Unit	Total (excl. VAT)
1	10	Photocopier C2500	£75.00	£750.00

For your further information we enclose our latest catalogue and price list.

Our terms of payment are: Total less 2.5 % cash discount for settlement within 30 days after receipt of invoice.
5 % quantity discount on orders exceeding 25 units. Our prices are FOB Harwich.

We would be delighted to receive an order from you. Please do not hesitate to contact us if we can be of any further assistance to you.

Complimentary close

We look forward to hearing from you.

Yours sincerely

Signature

Joan Sampson

Name and position of writer p.p. = per pro (for and on behalf of)

p.p. Joan Sampson
Sales Manager

Enclosure(s)

Enc.

Layout of a British business Letter

Letterhead

- The letterhead of a company usually gives the following information:
- Type of company: Ltd = Limited; PLC = Public Limited Company;
- Inc (US) = incorporated; & Co = partnership
- Address, telephone and extension, fax, e-mail, internet

Reference line: The reference line includes (in first place) the initials of the person responsible for the letter (here: JS) and then the typist's initials (ft).

Inside address: This is the recipient's address. Note that the house number comes before the street name and that no commas are used.

Date: In modern business letters you need only write 12 November 2006 (GB) or November 12, 2006 (US). Don't change formats within a letter.

Attention line: The attention line shows who the letter is for. Alternatively, you can include this information in the inside address:

Ms Babette Finke
Bergisches Papierkontor GmbH...

Salutation line and complimentary close: If the salutation has no comma, then the complimentary close ends without a comma. If a comma is used in the salutation, then the complimentary close also ends with a comma.

You open a letter with	when you ...	... and you close with
Dear Sir or Madam	don't know the person's name	Yours faithfully
Dear Mr/Mrs/Miss ...	know the person	Yours sincerely
Dear Ms	know that the person is female but are not sure whether she is Miss or Mrs	Yours sincerely

Subject line: This is a major difference to German business letters. The subject line (or subject heading) often comes after the salutation. It is usually written in bold type or underlined.

Body of the letter: It's the main part of the letter, so be precise, give it a logical structure and be formal. Note that the first word of the body of the letter always starts with a capital letter.

Name and position: To let the receiver know who is writing, the position of the writer should be given.

Enclosures (Enc., Encl., Encs.): If there are more enclosures than one, list them.

2.3 Das Angebot

Als Reaktion auf die Anfrage der Druck und Copy GmbH verfasst die Verkaufssachbearbeiterin der BPK GmbH, Inge Schneider, folgendes Angebot.

bpk Bergisches Papierkontor GmbH

Bergisches Papierkontor GmbH · Elberfelder Straße 85 · 42285 Wuppertal

Druck und Copy GmbH
Frau Martina Schober
Am Freistuhl 16
33100 Paderborn

Elberfelder Straße 85
42285 Wuppertal
Tel. 0202 1236-0
Fax 0202 1236-1
E-Mail info@bpkontor.de
www.bpkontor.de

Ihr Zeichen, Ihre Nachricht vom	Unser Zeichen, unsere Nachricht vom	Telefon, Name	Datum
ms, 20.04.20XX	is	0202 1236-30 Inge Schneider	22.04.20XX

Angebot über Kopierpapier, Format DIN A4, 80 g/m², holzfrei, weiß, matt
Artikel-Nr. 20142

Sehr geehrte Frau Schober,

wir danken für Ihre Anfrage und unterbreiten Ihnen folgendes Angebot:

Unser Listenverkaufspreis für Kopierpapier der o. g. Spezifikation beträgt 5,85 €/Paket à 500 Blatt; bei Abnahme von 50 Paketen: 4,70 € /Paket; bei Abnahme von 200 Paketen: 4,30 € /Paket.

Die Lieferung erfolgt frei Haus per Lkw. Die Lieferzeit beträgt zwei Tage, das Zahlungsziel beträgt 30 Tage netto Kasse oder 10 Tage abzüglich 3 % Skonto. Bis zur vollständigen Bezahlung bleibt die gelieferte Ware unser Eigentum.

Erfüllungsort und Gerichtstand ist für beide Vertragspartner der Ort des Lieferers. Im Übrigen gelten die Bestandteile unserer allgemeinen Geschäftsbedingungen. Für Rückfragen stehen wir jederzeit gern zur Verfügung.

Mit freundlichen Grüßen

Bergisches Papierkontor GmbH

i. A. *Inge Schneider*

Inge Schneider

Anlage
Allgemeine Geschäftsbedingungen
der BPK GmbH

Bergisches Papierkontor
Elberfelder Straße 85
42285 Wuppertal

Telefon 0202 1236-0
Telefax 0202 1236-1
E-Mail info@bpkontor.de

Bankverbindung
Stadtsparkasse Wuppertal
IBAN DE81 3305 0000 0060 052198
BIC WUPSDE33

Handelsregister
Amtsgericht Wuppertal
HRB 500 86/314
Steuer-Nr. 131/0878/6678
USt.-Id.-Nr. DE 145777987

Geschäftsführer
Dr. Peter Schönhauser
Gesellschafter
Hubertus Oberberg
Rita Oberberg
Renate Roskamp

Willenserklärung
LF2, Kap. 1.6

Ein Angebot ist die **an eine bestimmte Person gerichtete Willenserklärung** des Verkäufers, unter bestimmten Bedingungen einen Kaufvertrag abzuschließen. Nimmt der Empfänger das Angebot unverändert und fristgerecht an (z. B. durch eine Bestellung), so kommt ein Kaufvertrag zustande. Als Grundlage für den Kaufvertrag sollte daher bereits das Angebot so vollständig und eindeutig wie möglich formuliert sein. Das Angebot ist an keine bestimmte Form gebunden, jedoch ist eine schriftliche Bestätigung bei mündlichen oder telefonischen Angeboten zu empfehlen.

Inhalte des Kaufvertrages
LF2, Kap. 3.1

Formvorschriften
LF2, Kap. 1.7

Ein Kaufvertrag kommt durch zwei übereinstimmende Willenserklärungen zustande. Eine Vertragspartei macht einen **Antrag,** den die andere Vertragspartei unverändert und fristgemäß annimmt **(Annahme).** Unter rechtlichen Gesichtspunkten gilt ein Angebot als **Antrag,** an den der Antragende gebunden ist, es sei denn, dass er die Gebundenheit ausgeschlossen hat. Bietet jemand die Ware anders an, als er sie später tatsächlich herausgibt, kann er vom Käufer haftbar gemacht werden.

Bindung an den Antrag:
§ 145 BGB

Die Bindung an ein Angebot kann durch sogenannte **Freizeichnungsklauseln** ganz oder teilweise ausgeschlossen werden. Gänzlich unverbindlich wird ein Angebot z. B. durch den Zusatz „Angebot freibleibend" oder „ohne Gewähr". Mit Zusatz der Klausel „nur solange der Vorrat reicht" ist nur der Preis, nicht aber die Menge verbindlich. Der Hinweis „Preis freibleibend" bindet den Anbieter umgekehrt an die Menge, nicht aber an den Preis seines Angebotes.

Ein unverbindliches Angebot ist kein Antrag.

Angebotsfristen

Der Anbieter kann für die Gültigkeit seines Angebotes eine Frist setzen. Nach Ablauf dieser Frist ist er an das Angebot nicht mehr gebunden. Wird einem Kaufinteressenten in dessen **Anwesenheit** ein Angebot unterbreitet, ist es nur für die Dauer des Gesprächs bindend. Anwesenheit bedeutet dabei, dass Kunde und Verkäufer persönlich oder telefonisch miteinander sprechen. Wird einem Kunden dagegen in dessen **Abwesenheit** ein Angebot unterbreitet, gilt es nur so lange, wie der Empfänger unter gewöhnlichen Umständen braucht, um es auf gleichem Wege zu beantworten. Übliche Fristen sind z. B. für Briefe sieben Tage und für Faxe oder E-Mails zwei Tage.

Bestimmung einer Annahmefrist:
§ 148 BGB

Es besteht somit **keine Bindung** mehr an ein Angebot, wenn
- das Angebot nach Ablauf der gesetzten Frist angenommen wurde, da die verspätete Annahme als neuer Antrag gilt,
- das Angebot abgeändert oder erweitert wurde, da dies ebenfalls als neuer Antrag gilt,
- das Angebot rechtzeitig widerrufen wurde. Dazu muss der Widerruf vor oder spätestens mit dem Angebot beim Käufer eintreffen.

verspätete und abändernde Annahme:
§ 150 BGB

§ 130 BGB

Zustandekommen eines Kaufvertrages

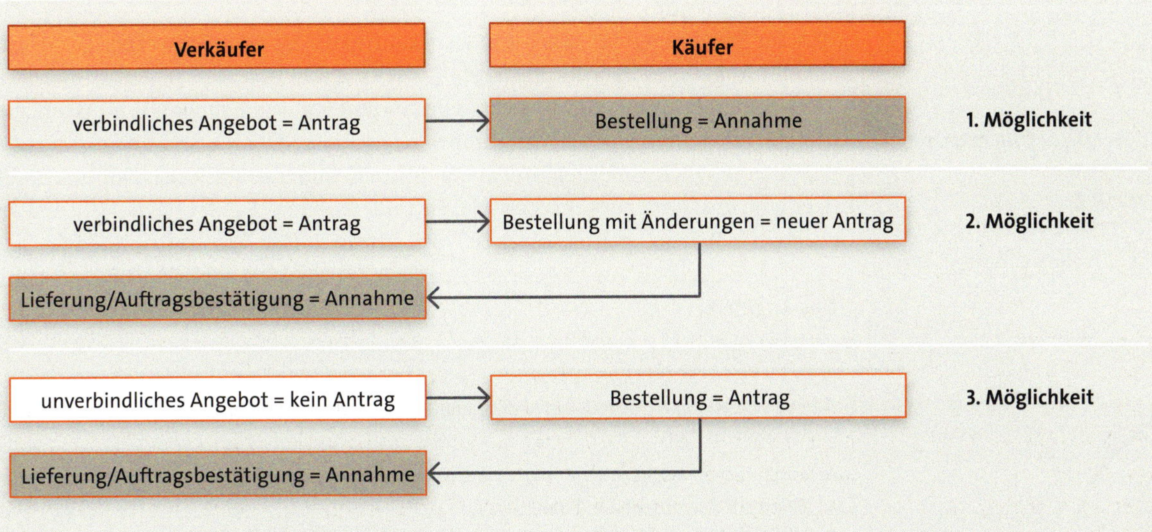

Anpreisungen sind keine Angebote.

Keine Angebote im rechtlichen Sinne sind unverlangte Preislisten, Werbeanzeigen, Proben und Schaufensterauslagen; sie richten sich an die Allgemeinheit und gelten nur als Aufforderung zum Kauf. Sie werden auch **Anpreisungen** genannt. Hierbei fordert der Anbietende den potenziellen Kunden auf, seinerseits einen Antrag zu unterbreiten.

Bei der **Zusendung unbestellter Ware,** die als Angebot anzusehen ist, muss man unterscheiden, ob der Empfänger der Ware ein Kaufmann oder ein Nichtkaufmann ist, da so entweder das BGB oder das HGB Anwendung findet. Für den Adressaten der unbestellten Leistung besteht weder eine Annahme- noch eine Rücksendungspflicht für die Ware.

Ist der Empfänger der Ware ein Nichtkaufmann, ist sein **Schweigen** als Ablehnung des Angebotes zu interpretieren.

Schweigen auf ein Angebot:
§ 241a BGB
§ 362 HGB

Bei einem Kaufmann mit bereits vorhandenen geschäftlichen Kontakten zum Absender gilt **Schweigen als Annahme** des Angebotes. Der Kaufmann muss das Angebot unverzüglich ablehnen und die Ware auf Kosten des Absenders aufbewahren. Die Pflicht, die Ware zurückzusenden, entfällt. In jedem Fall ist bei der Zusendung unbestellter Ware zu prüfen, ob es sich um sittenwidrige Geschäfte handelt.

Das Angebot

- an eine bestimmte Person gerichtete Willenserklärung (Antrag)
- bedarf keiner bestimmten Form
- rechtlich bindend (Ausnahmen: Freizeichnungsklausel, Fristsetzung, gesetzliche Annahmefristen)

unverbindliches Angebot
- kein Antrag, keine rechtliche Bindung
- Aufforderung an den Empfänger, seinerseits einen Antrag abzugeben

2.4 Bestellung und Bestellungsannahme

Bestellungen sind rechtlich bindend.

Druck + Copy

Druck und Copy GmbH
Am Freistuhl 16
33100 Paderborn

Druck und Copy GmbH · Am Freistuhl 16 · 33100 Paderborn

BPK GmbH
Frau Inge Schneider
Elberfelder Str. 85
42285 Wuppertal

Posteingang am 26.04.20XX

Ihr Zeichen, Ihre Nachricht vom	Unser Zeichen, unsere Nachricht vom	Telefon, Name	Datum
is, 22.04.20XX	ms, 20.04.20XX	05254 12345 Martina Schober	25.04.20XX

Bestellung A-497
Kopierpapier, Artikel-Nr. 20142

Sehr geehrte Frau Schneider,

wir beziehen uns auf Ihr Angebot vom 22.04.20XX und bestellen 600 Pakete à 500 Blatt Kopierpapier, Artikel Nr. 20142.

Ihre Zahlungs- und Lieferbedingungen haben wir zur Kenntnis genommen. Auch mit den Bestandteilen Ihrer allgemeinen Geschäftsbedingungen sind wir einverstanden.

Wir bitten Sie, die Lieferzeit von zwei Tagen einzuhalten, und hoffen auf eine gute Geschäftsbeziehung.

Mit freundlichen Grüßen

Druck und Copy GmbH

i. A. M. Schober

Martina Schober

Druck und Copy GmbH	Telefon	Geschäftsführung	Bankverbindung	Handelsregister
Am Freistuhl 16 33100 Paderborn	05254 12345 Telefax 05254 12346	Dr. Dieter Deggendorf	DarLK Paderborn IBAN: DE64 4726 0307 0987 1234 56 BIC: GENODEM1BKC	Amtsgericht Paderborn HRB 298/1000 USt-Id.-Nr. DE 789400323

Mit Abgabe der Bestellung erklärt sich der Käufer bereit, die Waren zu den im Angebot vereinbarten Bedingungen abzunehmen. **Die Bestellung ist rechtlich verbindlich.**

Die Bestellung ist an keine Formvorschrift gebunden, wird jedoch zur Vermeidung späterer Schwierigkeiten meistens in schriftlicher Form aufgegeben. Bei eventuell auftretenden Rechtsproblemen dient sie dann als Nachweis bzw. als Beleg. Die Bestellung wird in dem Augenblick wirksam, in dem sie beim Verkäufer eintrifft. Soll eine aufgegebene Bestellung noch widerrufen werden, so muss dieser Widerruf vor bzw. spätestens gleichzeitig mit der Bestellung beim Verkäufer eintreffen.

Wirksamwerden der Willenserklärung:
§ 130 BGB

Angebot
LF2, Kap. 2.3

vgl. Grafik „Zustandekommen eines Kaufvertrages", S. 107

Hinsichtlich der rechtlichen Wirkung unterscheidet man zwischen

- **Bestellungen als Annahme eines Antrages:** Die Bestellung folgt in allen Punkten einem vorausgegangenen verbindlichen Angebot. Sie sollte sich auf alle dort vereinbarten Einzelheiten beziehen. In diesem Fall kommt durch die Bestellung ein Kaufvertrag zustande.
- **Bestellungen als Antrag:** Die Bestellung erfolgt mit abgeänderten Angebotsbedingungen, nach Ablauf der Angebotsfrist, ohne vorheriges Angebot oder auf ein unverbindliches Angebot hin. In diesen Fällen sollte die Bestellung alle üblichen Bestandteile eines Angebotes enthalten. Sie gilt als Antrag seitens des Käufers, der Verkäufer kann sie durch eine Auftragsbestätigung oder die Lieferung der bestellten Ware annehmen.

Auftragsbestätigung (Bestellungsannahme)

Eine Auftragsbestätigung braucht **nicht erteilt** zu werden, wenn durch die Bestellung ein Angebot unverändert angenommen wurde.

Eine Auftragsbestätigung **sollte erteilt werden,** wenn

- sich der Lieferzeitpunkt verzögert,
- eine mündliche oder telefonische Bestellung wiederholt werden soll, um Missverständnissen vorzubeugen,
- ein Kunde erstmals bestellt,
- die Bestellung sehr umfangreich ist,
- der Kunde ausdrücklich eine Bestätigung wünscht.

In diesen Fällen werden Irrtümer im Vorfeld vermieden.

verspätete und abändernde Annahme (eines Antrags):
§ 150 BGB

Bindung an den Antrag:
§ 145 BGB

Eine Auftragsbestätigung **muss erteilt werden,** wenn

- das Angebot abgeändert wurde,
- das Angebot verspätet angenommen wurde,
- das Angebot freibleibend war,
- der Käufer nach einem Widerruf des Angebotes bestellte.

In diesen Fällen waren die Bestellungen nur Anträge.

Die Bestellungen werden in der Verkaufsabteilung mit laufenden Nummern versehen und im Warenwirtschaftssystem als offene Bestellung gespeichert. Dies dient der späteren Terminüberwachung.

Bestellung und Bestellungsannahme

Bestellung	• Willenserklärung des Käufers • rechtlich bindend (Antrag oder Annahme) • bedarf keiner bestimmten Form
Bestellungsannahme (Auftragsbestätigung)	• Willenserklärung des Verkäufers • bedarf keiner bestimmten Form • unter der Voraussetzung zwingend, dass ein Antrag des Käufers angenommen werden soll
Kaufvertrag	• kommt durch zwei übereinstimmende Willenserklärungen (Antrag und Annahme) zustande

2.5 Auftragsabwicklung mithilfe eines Warenwirtschaftssystems

2.5.1 Annahme des Auftrages

Bevor Frau Schneider die Bestellung annimmt, prüft sie die Lieferwilligkeit und die Lieferfähigkeit der Bergischen Papierkontor GmbH gegenüber der Druck und Copy GmbH.

Lieferwilligkeit

Zunächst prüft Frau Schneider, ob die BPK überhaupt an die Druck und Copy GmbH liefern will. Entscheidend ist für sie, dass die Druck und Copy GmbH die Papierlieferung bezahlen kann – also die **Bonität** des Kunden. Frau Schneider holt zur Prüfung der Bonität Auskünfte bei **Auskunfteien** ein. Die Auskunfteien haben sie darüber informiert, für welchen Betrag der Kunde „gut ist". Diesen Betrag trägt sie auch in der **Kundendatei** in den Datensatz der Druck und Copy GmbH ein.

Bonität
(lat.) bonus = gut

wichtige Auskunfteien
z. B. Verein Creditreform, Schimmelpfennig

Frau Schneider braucht somit in Zukunft nur noch per EDV den Datensatz aufzurufen, um zu wissen, dass die Druck und Copy GmbH für 8.000 Euro „gut ist". Diesen Betrag bezeichnet Frau Schneider als **Kreditlimit.** Die Anfragen bei den Auskunfteien werden in regelmäßigen Abständen wiederholt und das Kreditlimit entsprechend aktualisiert.

Kundendatei
LF3, Kap. 3.1

Kundendaten Druck und Copy GmbH

Die vorliegende Bestellung über 600 Pakete (120 Kartons) Kopierpapier hat den Gesamtwert von 2.580 Euro zzgl. Umsatzsteuer, sodass Frau Schneider den Auftrag bedenkenlos annehmen kann. Zudem ist Frau Schneider die gute Zahlungsmoral des Kunden bekannt. Neben der Bonität hängt die Lieferwilligkeit eines Unternehmens auch von der **Wirtschaftlichkeit** des Auftrages ab. Dafür werden oft Mindestbestellmengen festgelegt. Liegt das Auftragsvolumen über der Mindestbestellmenge (z. B. Stück oder Kartons), so ist der Auftrag wirtschaftlich. In unserem Beispiel sind beide Voraussetzungen erfüllt. Die BPK GmbH ist lieferwillig.

Umsatzsteuer
LF4, Kap. 7

Lieferfähigkeit

In einem nächsten Schritt überprüft Frau Schneider, ob die BPK lieferfähig ist. Dazu führt sie im Artikelbereich mittels des Warenwirtschaftssystems eine **Verfügbarkeitsprüfung** durch.

Beispiel: Verfügbarkeitsprüfung für den Artikel Nr. 20142

	Aktueller Lagerbestand (26. April)	6 Paletten
–	Reservierungen für bereits angenommene Kundenaufträge	4 Paletten
+	angemeldete Lieferungen (27. April morgens)	3 Paletten
–	Sicherheitsbestand (für unvorhersehbare Vorkommnisse, z. B. Lieferausfall)	2 Paletten
=	**verfügbarer Lagerbestand**	**3 Paletten**

Die Bergische Papierkontor GmbH ist am 27. April, also einen Tag nach Eingang der Bestellung, lieferfähig. Der verfügbare Lagerbestand reicht aus, um den Auftrag auszuführen.

schriftliche Auftragsbestätigung
LF2, Kap. 2.4

In einem letzten Schritt überprüft Frau Schneider die in der Bestellung angegebenen Konditionen. Sie stellt fest, dass die Druck und Copy GmbH mit der Bestellmenge von drei Paletten (120 Kartons) tatsächlich in der günstigsten Stufe der Preisstaffel liegt. Telefonisch stimmt sie jetzt den Liefertermin 27. April mit der Druck und Copy GmbH ab und bestätigt die Annahme des Auftrages.

2.5.2 Auftragserfassung

Warenwirtschaftssystem
computergestütztes Informations- und Steuerungssystem, das den Weg der Ware vom Lieferanten durch das Großhandelsunternehmen bis zum Käufer abbildet
LF2, Kap. 2.7

Aufgaben der Buchführung
LF4, Kap. 1

Kennzahlen
LF1, Kap. 4.1

Die Erfassung des Auftrages geschieht bei der BPK GmbH ebenfalls mithilfe des betriebsinternen **Warenwirtschaftssystems.** Der Geschäftsführer Dr. Schönhauser hat das Warenwirtschaftssystem eingeführt, um

- die betrieblichen Arbeitsabläufe zu rationalisieren, indem die Daten nur einmal da erfasst werden, wo sie zuerst anfallen,
- aktuelle Informationen über alle Warenbewegungen und -bestände jederzeit verfügbar zu machen,
- Belege automatisch zu erstellen,
- die erfassten Daten zur Weiterverarbeitung in anderen Abteilungen, z. B. in der Buchhaltung, zur Verfügung zu stellen,
- die erfassten Daten automatisch zu Kennzahlen zu verdichten, mit denen das Unternehmen gesteuert werden kann.

Stammdaten
LF2, Kap. 2.7.3

Artikeldatei
LF3, Kap. 3.1

Bei der Auftragserfassung wird zunächst eine laufende Auftragsnummer vergeben. Über die Funktionstaste in der Erfassungsmaske übernimmt Frau Schneider dann die Kundendaten aus der Kundendatei in die Auftragsdatei. Bei einem neuen Kunden, mit dem eine längerfristige Geschäftsbeziehung geplant ist, legt sie die Stammdaten neu an und übernimmt sie dann in die Auftragserfassung.

Die Auftragsdaten zum bestellten Artikel übernimmt Frau Schneider aus der Artikeldatei. Ging der Bestellung ein Angebot voraus, kann Frau Schneider die entsprechenden Daten auch aus der Angebotsdatei übernehmen. Ergänzt werden Liefertermin und die Auftragsmenge. Der Gesamtwert des Auftrages wird automatisch errechnet.

Frau Schneider hat den Auftrag als Einzelauftrag erfasst. Bestellt ein Kunde jedoch regelmäßig in kurzer Folge, erfasst sie den Auftrag als **Sammelauftrag.** Das erleichtert die Planung der Auftragsausführung und ermöglicht es, dem Kunden günstigere Konditionen einzuräumen.

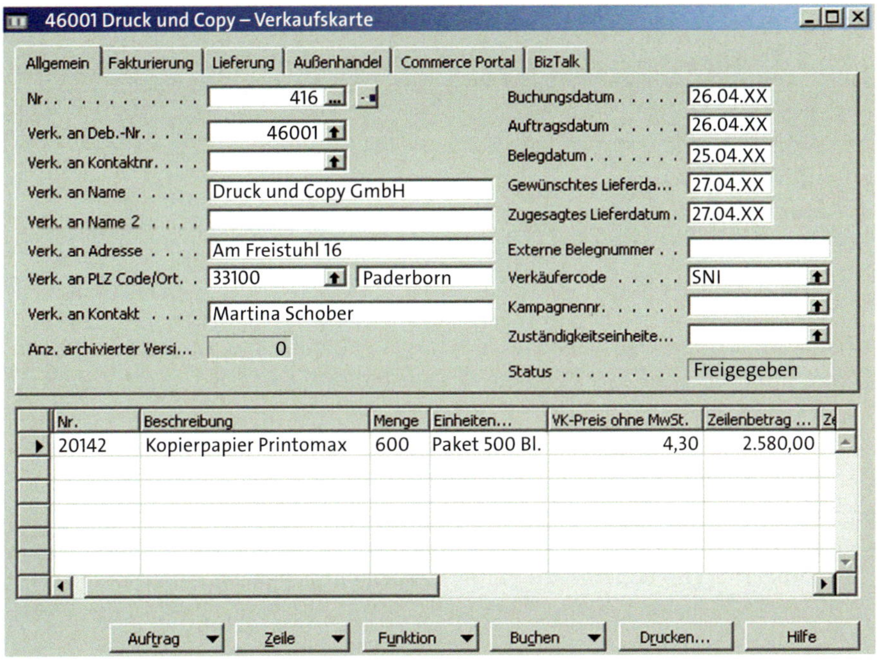

Auftragserfassung im Warenwirtschaftssystem

Eine **Protokollierung** der erfassten Aufträge erfolgt im Auftragseingang automatisch. Die Daten sind jetzt jeder Abteilung im Betrieb zugänglich, die zugriffsberechtigt ist.

Die Mitarbeiter in der Einkaufsabteilung werden beispielsweise darüber informiert, dass der verfügbare Lagerbestand des Artikels aktuell bei nur noch drei Paletten liegt und sie dringend nachbestellen müssen. Die Lagerhaltung und der Versand werden darüber informiert, dass am 27. April drei Paletten Printomax angeliefert werden, die noch am selben Tag an die Druck und Copy GmbH versendet werden müssen. Die Geschäftsführung kann sich jederzeit über den aktuellen Gesamtauftragsbestand informieren. Die erfassten Daten bilden die Grundlage für unternehmerische Entscheidungen.

Im Anschluss an die Auftragserfassung wird dem Kunden in der Regel eine **schriftliche Auftragsbestätigung** übermittelt. Da die Lieferung an die Druck und Copy GmbH jedoch schon am nächsten Tag erfolgen soll, beschränkt sich Frau Schneider in diesem Fall auf eine telefonische Bestätigung des Auftrages.

Auftragsbestätigung
LF2, Kap. 2.4

In einem **integrierten Warenwirtschaftssystem** findet ein direkter Datenaustausch zwischen Großhändler und Kunde bzw. Lieferant statt. Der Informationsaustausch ist dabei konkurrenzlos schnell und kostensparend, weil die Mehrfacherfassung der Daten vermieden wird. Frau Schneider würde beispielsweise per EDV den Auftrag der Druck und Copy GmbH erhalten und könnte ihn nach Prüfung der Lieferwilligkeit und Lieferfähigkeit, also nur wenige Minuten später, bestätigen. Entfallen würde für sie auch das Anlegen der Auftragsdatei, da sie die per EDV übermittelten Daten per Mausklick übernehmen kann.

2.6 Auftragsbearbeitung und Lieferung der Ware

schriftliche Auftragbestätigung
LF2, Kap. 2.4

Das Warenwirtschaftssystem kann folgende Belege automatisch erstellen:
- Auftragsbestätigung
- Lagerbelege
- Lieferschein in mehrfacher Ausfertigung
- Ausgangsrechnung

Anhand der **Lagerbelege** stellen die Lagerarbeiter den Auftrag zusammen. Über die EDV werden Gewicht und Volumen des Auftrages berechnet, um die Transportkapazität zu disponieren. Da die BPK GmbH alle Lieferungen per LKW frei Haus durchführt, erhält der Kraftfahrer Herr Bunk von der Versandabteilung die Versandpapiere und übernimmt die Auslieferung entsprechend der Tourenplanung.

Der Warensendung wird ein **Lieferschein** beigefügt, der die Ware auf ihrem Weg zum Kunden begleitet (Warenbegleitpapier). Die Angaben auf einem Lieferschein sind nicht gesetzlich vorgeschrieben und variieren in der Praxis stark. Üblicherweise enthält der Lieferschein mindestens folgende Angaben:
- Art, Menge, Artikelnummer und evtl. zum Wert der Ware
- Lieferschein- und Kundennummer
- Bestellnummer und datum
- Lieferdatum bzw. Lieferzeit
- Empfänger (Kunde) und Versender (Lieferer) der Ware

Bergisches Papierkontor GmbH · Elberfelder Straße 85 · 42285 Wuppertal

Druck und Copy GmbH
Am Freistuhl 16
33100 Paderborn

bpk Bergisches Papierkontor GmbH

Lieferschein Nr. 66850

Bearbeiter	Kundennummer	Ihre Bestellung Nr.	vom	Versanddatum
Mehmet Kozan	46001	A-497	25.04.20XX	28.04.20XX
Versandart/Freivermerk		**Verpackungsart**		
LKW/frei Haus		Palette/Karton		

Pos.-Nr.	Artikel-Nr.	Warenbezeichnung	Menge	Mengeneinheit
1	20142	Kopierpapier „Printomax"	600	Pakete à 500 Blatt

Ware erhalten

Ort, Datum, Unterschrift

Bergisches Papierkontor
Elberfelder Straße 85
42285 Wuppertal

Telefon 0202 1236-0
Telefax 0202 1236-1
E-Mail info@bpkontor.de

Bankverbindung
Stadtsparkasse Wuppertal
IBAN DE81 3305 0000 0060 052198
BIC WUPSDE33

Handelsregister
Amtsgericht Wuppertal
HRB 500 86/314
Steuer-Nr. 131/0878/6678
USt.-Id.-Nr. DE 145777987

Geschäftsführer
Dr. Peter Schönhauser
Gesellschafter
Hubertus Oberberg
Rita Oberberg
Renate Roskamp

Die **Fakturierung** kann auf dreierlei Weise geschehen:

- Bei der **Sofortfakturierung** werden unmittelbar nach der Auftragsbearbeitung Lieferschein und Rechnung gedruckt.
- Bei der **Vorfakturierung** werden vor dem Zusammenstellen des Auftrages Lieferschein und Rechnung erstellt. Dies ist in Fällen notwendig, in denen mit dem Kunden die Zahlung per Vorkasse vereinbart wurde.
- Bei der **Nachfakturierung** wird die Ausgangsrechnung erst nach dem Lieferscheinrücklauf erstellt. So wird z. B. verfahren, wenn dem Kunden das Recht eingeräumt wird, aus einer Lieferung die Waren auszuwählen, die er behalten möchte, und den Rest zurückzuschicken.

Fakturierung
Erstellen der Ausgangsrechnung

Erfassen der Ausgangsrechnung in der Finanzbuchhaltung
LF4, Kap. 8.1

Bergisches Papierkontor GmbH · Elberfelder Straße 85 · 42285 Wuppertal

1 Druck und Copy GmbH
Am Freistuhl 16
33100 Paderborn

bpk Bergisches Papierkontor GmbH

Rechnung Nr. 10248 4

Bearbeiter	Kundennummer	Ihre Bestellung Nr.	vom	Rechnungsdatum
Schneider	46001	A-497	25.04.20XX	28.04.20XX 2

Versandart/Freivermerk	Verpackungsart	geliefert am
LKW/frei Haus	Palette/Karton	28.04.20XX 3

Pos.-Nr.	Artikel-Nr.	Warenbezeichnung 6	Menge	Preis/Einheit €	Gesamtpreis €
1	20142	Kopierpapier „Printomax“	600	4,30/Paket a 500 Blatt	2.580,00
				+ 19 % Umsatzsteuer	490,20 7
				Bruttorechnungsbetrag	3.070,20

Bitte überweisen Sie unter Angabe der Rechnungsnummer

Euro	bis	oder Euro	bis
2.978,09	08.05.20XX	3.070,20 8	28.05.20XX

Bergisches Papierkontor
Elberfelder Straße 85
42285 Wuppertal

Telefon 0202 1236-0
Telefax 0202 1236-1
E-Mail info@bpkontor.de

Bankverbindung
Stadtsparkasse Wuppertal
IBAN DE81 3305 0000 0060 052198
BIC WUPSDE33

5 **Handelsregister**
Amtsgericht Wuppertal
HRB 500 86/314
Steuer-Nr. 131/0878/6678
USt.-Id.-Nr. DE 145777987

Geschäftsführer
Dr. Peter Schönhauser
Gesellschafter
Hubertus Oberberg
Rita Oberberg
Renate Rockamp

Gesetzlich vorgeschriebene Bestandteile einer Rechnung sind:

1. Name und Anschrift von Verkäufer und Kunden
2. Ausstellungsdatum
3. Lieferdatum
4. fortlaufende Rechnungsnummer
5. Steuernummer oder Umsatzsteueridentifikationsnummer
6. Menge und Bezeichnung der Ware
7. nach Steuersätzen aufgeschlüsselter Nettowarenwert, Steuersatz und Steuerbetrag
8. im Voraus vereinbarte Skonti und Rabatte

Skonto
LF2, Kap. 3.1.3

Rabatt
LF2, Kap. 3.1.4

Bei **Rechnungsbeträgen unter 150 Euro** sind Steuernummer und fortlaufende Rechnungsnummer allerdings entbehrlich. Außerdem reichen hier Bruttorechnungsbetrag und Steuersatz aus. In verschiedenen Sonderfällen sind weitere Warenbegleitpapiere erforderlich, z. B. im Außenhandel oder wenn ein Frachtführer bzw. Spediteur mit dem Transport der Ware beauftragt wird.

2.7 Exkurs: Aufbau eines Warenwirtschaftssystems

Beispiel

In ihren ersten Tagen bei der BPK hatte die Auszubildende Cornelia Gruber Gelegenheit, den Sachbearbeitern in den verschiedenen Abteilungen über die Schulter zu schauen. Dabei ist ihr aufgefallen, dass fast alle Mitarbeiter mit demselben Computerprogramm arbeiten. Außerdem kann man sogar z. B. von der Abteilung Verkauf aus erkennen, was die Mitarbeiter der Einkaufsabteilung in das Programm eingegeben haben. Cornelia fragt sich, wie das funktionieren kann.

2.7.1 Das Warenwirtschaftssystem als Datenbanksystem

Arbeit mit einem Warenwirtschaftssystem

Bei einem Warenwirtschaftssystem handelt es sich um ein Datenbanksystem, das zentral die Verwendung der Daten durch viele Anwender bzw. Programme kontrolliert. Das **Datenbanksystem** besteht aus einer Datenbank, einem System von Dateien und einem Datenverwaltungsprogramm.

Mit dem **Datenverwaltungsprogramm** wird der Zugriff auf die Daten, die Abspeicherung und die Änderung der Daten vorgenommen. Es verhindert z.B., dass die Daten eines Kunden doppelt erfasst werden (Redundanz) oder dass Daten in unterschiedlichen Dateien mit verschiedenen Werten existieren (Inkonsistenz).

Jeder Sachbearbeiter kann jederzeit auf bereits vorhandene Datenbestände zurückgreifen. Auf diese Weise erleichtert das Warenwirtschaftssystem die Auftragserfassung, indem der Sachbearbeiter die Basisdaten für den Kunden aus der Kundendatei und für den Artikel aus der Artikeldatei übernimmt. Wurde dem Kunden zuvor ein Angebot gemacht, können die Daten komplett übernommen werden.

Die Daten sind auf einem **Zentralspeicher** abgelegt. Der Einkäufer kann von seinem PC, der mit dem Zentralspeicher und mit den Arbeitsplatzcomputern der anderen Mitarbeiter verbunden ist, beispielsweise die Artikeldatei für die Bearbeitung einer Bestellung nutzen. Die Buchhaltung kann im selben Moment die Zahlungseingänge in der **Debitorendatei** kontrollieren. Über das Netzwerk können verschiedene Anwender auf dieselben Datenbestände zurückgreifen.

Debitor (lat.) Schuldner
Kunde, der Ware auf Kredit bezogen hat

Die **Zugriffsrechte** sind üblicherweise beschränkt, sodass jeder Sachbearbeiter nur auf einen bestimmten Ausschnitt aus dem Datenbanksystem zugreifen kann. Dies ist vor allem bei sensiblen Daten, z.B. aus dem Finanzbereich, wichtig. Außerdem bemerkt das System Dateninkonsistenzen, wenn nur an einer Stelle im System manipuliert wurde.

2.7.2 Aufbau einer Datenbank

Beispiel

Cornelia, die ihren Computer zu Hause nur zum Surfen im Internet, für E-Mails und Videospiele nutzt, ist erstaunt über die vielfältigen Einsatzmöglichkeiten im betrieblichen Alltag. Neugierig geworden, möchte Cornelia genauer wissen, was es mit den Datenbanken auf sich hat.

Dr. Schönhauser verweist Cornelia an Uwe Dittmer, den Computerspezialisten der BPK, der ihr am PC die Datenbank erläutert. Herr Dittmer ruft das **Hauptmenü** der Datenbank auf und zeigt Cornelia eine Übersicht der Dateien, die die Datenbank enthält:

Hauptmenü

Jede Datei besteht aus mehreren **Datensätzen**. Um Cornelia zu zeigen, was ein Datensatz ist, klickt Uwe Dittmer auf „Debitoren und Verkauf" und erhält über den Button „Debitoren" eine Übersicht über alle Kunden der BPK GmbH. Alle Informationen zu einem Kunden stellen einen Datensatz dar. Ein Datensatz ist vergleichbar mit einer Karteikarte, die für jeden einzelnen Kunden angelegt und in einen Karteikasten eingeordnet wurde. Sortiert sind die Datensätze nach der Kundennummer oder alphabetisch.

Herr Dittmer erklärt, dass jeder Datensatz aus mehreren **Datenfeldern** besteht. Der Datensatz des Copy Shops enthält u. a. die Datenfelder Kundennummer und Name. Jedes Datenfeld besteht wiederum aus Zeichen. Das Datenfeld „Kundennummer" enthält die Zeichen „4", „4", „0", „0" und „1".

Die verschiedenen Dateien sind über Datenfelder miteinander verknüpft, sodass man jeweils ohne Zeitaufwand von einer Datei zur nächsten springen kann. Herr Dittmer klickt das Datenfeld „Kundennummer" für den Copy Shop an und springt zu dem entsprechenden Datensatz in der Debitorendatei.

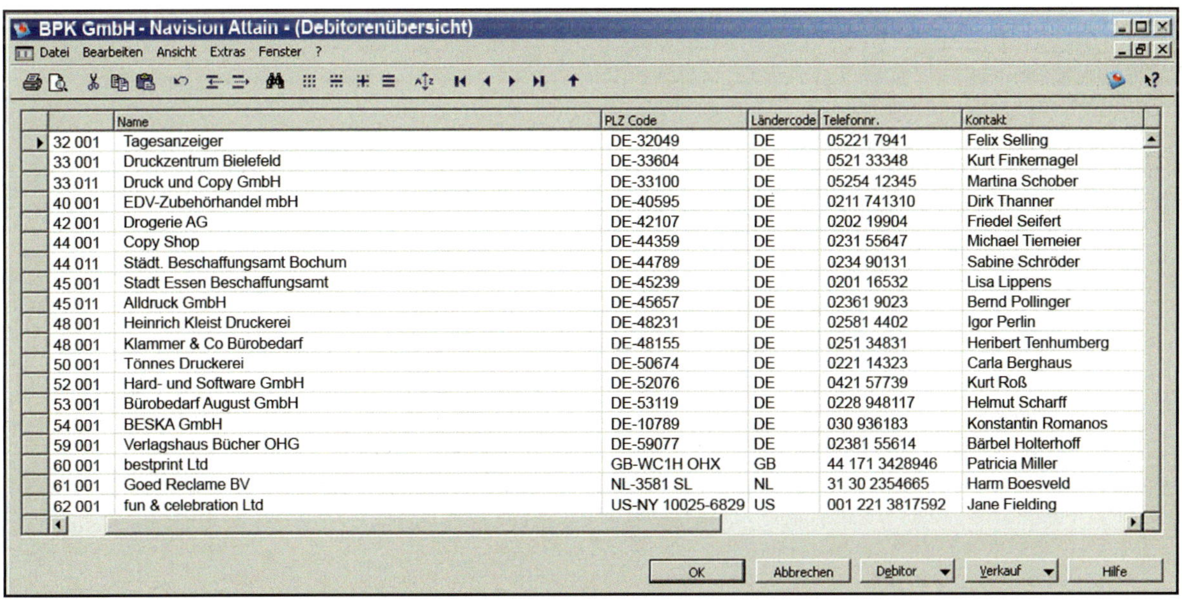

	Name	PLZ Code	Ländercode	Telefonnr.	Kontakt
32 001	Tagesanzeiger	DE-32049	DE	05221 7941	Felix Selling
33 001	Druckzentrum Bielefeld	DE-33604	DE	0521 33348	Kurt Finkernagel
33 011	Druck und Copy GmbH	DE-33100	DE	05254 12345	Martina Schober
40 001	EDV-Zubehörhandel mbH	DE-40595	DE	0211 741310	Dirk Thanner
42 001	Drogerie AG	DE-42107	DE	0202 19904	Friedel Seifert
44 001	Copy Shop	DE-44359	DE	0231 55647	Michael Tiemeier
44 011	Städt. Beschaffungsamt Bochum	DE-44789	DE	0234 90131	Sabine Schröder
45 001	Stadt Essen Beschaffungsamt	DE-45239	DE	0201 16532	Lisa Lippens
45 011	Alldruck GmbH	DE-45657	DE	02361 9023	Bernd Pollinger
48 001	Heinrich Kleist Druckerei	DE-48231	DE	02581 4402	Igor Perlin
48 001	Klammer & Co Bürobedarf	DE-48155	DE	0251 34831	Heribert Tenhumberg
50 001	Tönnes Druckerei	DE-50674	DE	0221 14323	Carla Berghaus
52 001	Hard- und Software GmbH	DE-52076	DE	0421 57739	Kurt Roß
53 001	Bürobedarf August GmbH	DE-53119	DE	0228 948117	Helmut Scharff
54 001	BESKA GmbH	DE-10789	DE	030 936183	Konstantin Romanos
59 001	Verlagshaus Bücher OHG	DE-59077	DE	02381 55614	Bärbel Holterhoff
60 001	bestprint Ltd	GB-WC1H OHX	GB	44 171 3428946	Patricia Miller
61 001	Goed Reclame BV	NL-3581 SL	NL	31 30 2354665	Harm Boesveld
62 001	fun & celebration Ltd	US-NY 10025-6829	US	001 221 3817592	Jane Fielding

Ausschnitt aus der Kundenübersicht der BPK GmbH

Durch den Wechsel in die Debitorendatei erhalten Cornelia und Herr Dittmer zusätzliche Informationen über den Kunden Copy Shop. Sie erfahren z. B. Anschrift, Ansprechpartner und dass sein Kreditlimit bei 12.000 Euro liegt.

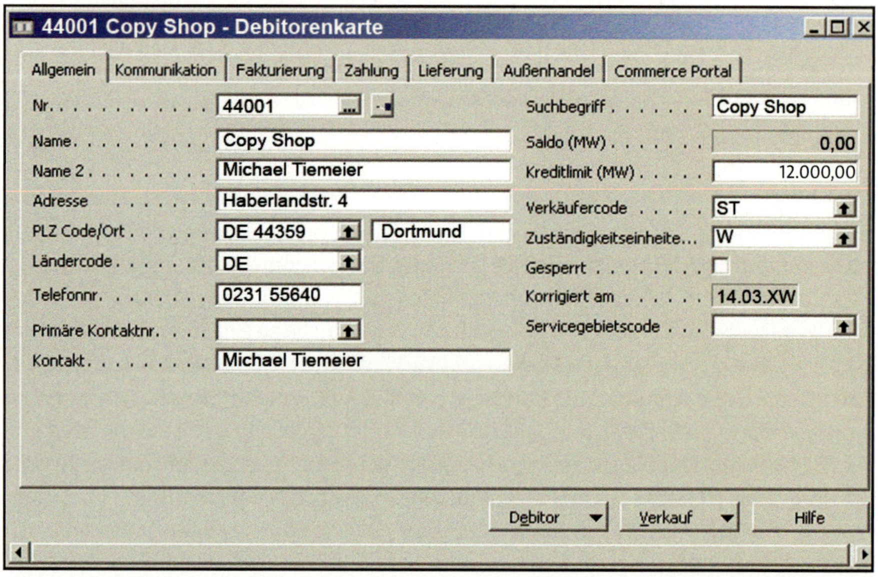
44001 Copy Shop - Debitorenkarte

Allgemein | Kommunikation | Fakturierung | Zahlung | Lieferung | Außenhandel | Commerce Portal

Nr.	44001	Suchbegriff	Copy Shop
Name	Copy Shop	Saldo (MW)	0,00
Name 2	Michael Tiemeier	Kreditlimit (MW)	12.000,00
Adresse	Haberlandstr. 4	Verkäufercode	ST
PLZ Code/Ort	DE 44359 Dortmund	Zuständigkeitseinheite...	W
Ländercode	DE	Gesperrt	
Telefonnr.	0231 55640	Korrigiert am	14.03.XW
Primäre Kontaktnr.		Servicegebietscode	
Kontakt	Michael Tiemeier		

Debitor | Verkauf | Hilfe

Kundendaten Copy Shop

2.7.3 Datenarten

Einteilung	Datenarten	Erläuterung	Beispiele
nach der Veränderlichkeit	Stammdaten	bleiben länger unverändert	Lieferantenanschrift, Kundenanschrift
	Bewegungsdaten	werden häufig verändert	Gesamtumsatz, Saldo
nach dem Gebrauch der Daten im Warenwirtschaftssystem	Ordnungsdaten	dienen dem Ordnen der Informationen	Lieferantennummer, Artikelnummer
	Rechendaten	dienen Berechnungsvorgängen	Menge, Einzelpreis
nach der Verwendung der Daten im Arbeitsprozess	Eingabedaten	werden als Grundlage für nachfolgende Arbeitsprozesse eingegeben	Rabatt zur Berechnung der Einstandspreise
	Ausgabedaten	stellen das Endergebnis des Arbeitsprozesses dar	Belege: Lieferschein, Rechnung Listen: Kunden- und Lieferantenliste

Aufbau einer Datenbank

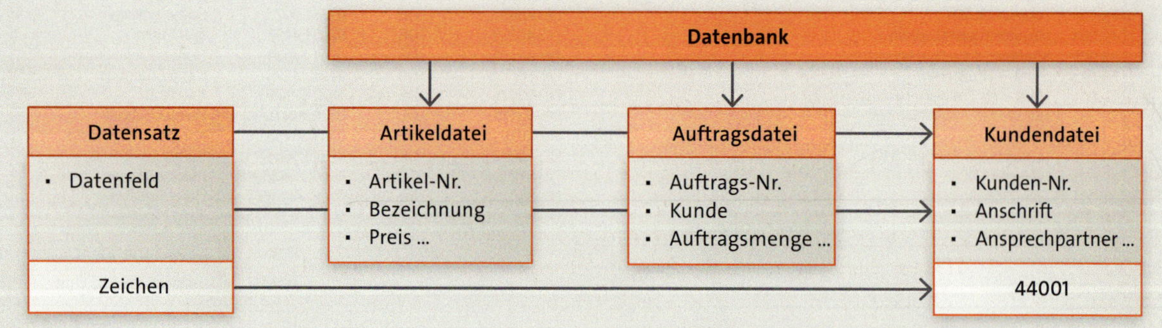

2.8 Das Verkaufsgespräch

AB ☞ LS 18

Auch im Großhandel geht dem erfolgreichen Abschluss eines Kaufvertrages zumeist ein Verkaufsgespräch voran. Um erfolgreich mit dem Kunden zu kommunizieren, ist es notwendig, sich auf seine Wünsche und Bedürfnisse einzustellen.

Verkaufsgespräch auf einer Fachmesse

2.8.1 Grundlagen der Kommunikation

Kommunikation ist der Austausch von Informationen zwischen einem **Sender** und einem **Empfänger**. Der Sender hat unterschiedliche Möglichkeiten, um dem Empfänger seine Informationen zu übermitteln, z. B. durch die Sprache, durch eine Zeitung, einen Brief oder ein Bild.

Bei einem direkten Gespräch, z. B. einem Verkaufsgespräch mit einem Kunden, ist die Sprache (**verbale** Kommunikation) des Verkäufers von enormer Bedeutung. Unterstützt wird die Sprache durch die nonverbale Kommunikation. Zu der **nonverbalen** Kommunikation zählt vor allem die Körpersprache des Verkäufers. Beide Kommunikationsformen zusammen entscheiden darüber, ob die Verständigung zwischen Sender und Empfänger funktioniert und ob das Gespräch als angenehm empfunden wird.

verbal
mit Worten

nonverbal
ohne Worte

2.8.2 Die verbale Kommunikation

Bei der Beratung im Verkaufsgespräch findet ein ständiger Rollentausch zwischen Sender und Empfänger statt. Der Kunde tritt zunächst als Sender auf, indem er seine Wünsche äußert, während der Verkäufer die Rolle des Empfängers hat. Danach tritt der Verkäufer als Sender auf – er vermittelt Informationen zu der Ware – und der Käufer nimmt die Rolle des Empfängers ein. Zu **Kommunikationsstörungen** zwischen Verkäufer und Kunde kann es kommen, wenn

- Verkäufer und Kunde verschiedene Ansichten haben und sich nicht einigen können,
- das Verkaufsgespräch ständig von Dritten gestört wird,
- der Kunde seine Wünsche beschreibt und der Verkäufer nicht „richtig“ zuhört,
- der Verkäufer Verkaufsargumente anführt, die der Kunde nicht versteht.

Das Aushängeschild jedes Verkäufers ist seine Sprache. Sie sollten Ihrer Sprache eine hohe Aufmerksamkeit zukommen lassen, denn sie steht im Mittelpunkt des Verkaufsgesprächs. Im Folgenden werden die **Gesprächsstörer (Grundfehler des Sprechens)** aufgeführt und anschließend die **Gesprächsförderer (Bausteine der Sprache)** im Beratungsgespräch dargestellt. Bedenken Sie aber, dass die Gesamtwirkung Ihrer Sprache wesentlich von Ihrer Fähigkeit abhängt, sich in Ihren Gesprächspartner hineinzuversetzen und ihm aktiv zuzuhören. Benutzen Sie die Bausteine der Sprache nicht nach starren Mustern, sondern variieren Sie sie je nach den Möglichkeiten und Erwartungen Ihres Zuhörers.

Killerphrasen

Abwertende Angriffe in einem Gespräch ohne sachlichen Bezug, z. B.: „Das können Sie doch gar nicht genau wissen!"

Gesprächsstörer hemmen den Gesprächsverlauf und wirken sich negativ auf die Gesprächsatmosphäre aus.
Der Sprecher

- spricht undeutlich und/oder zu leise,
- macht zu wenig Pausen,
- spricht viel zu schnell,
- benutzt Füllwörter wie „ähm" und „und so weiter",
- benutzt zu viele Fachbegriffe,
- spricht in langatmigen Sätzen,
- benutzt **Killerphrasen**,
- versucht zu überreden.

Gesprächsförderer wirken vertrauensbildend und erhöhen die Glaubwürdigkeit:

- Sprechen Sie den Kunden direkt im Sie-Stil an. Statt „Ich gebe Ihnen die Beschreibung" besser „Sie erhalten von mir die Beschreibung".
- Sprechen Sie nicht monoton und abgehackt. Betonen Sie die wichtigsten Punkte im Gespräch. Ihre Sprache soll beim Kunden Interesse wecken und ihn von Ihren Ausführungen überzeugen.
- Sie müssen angemessen laut und deutlich sprechen, damit der Kunde ohne Anstrengung zuhören kann.
- Legen Sie während des Gesprächs wirkungsvolle Pausen ein, damit Ihr Gegenüber Ihre Aussagen überdenken kann. Pausen dienen außerdem dazu, Ihrem Gesprächspartner die Gelegenheit zu geben, eine Frage zu stellen oder selbst etwas zu sagen.
- Sprechen Sie abwechslungsreich und verständlich. Benutzen Sie nur Fachbegriffe, die Ihr Gesprächspartner auch versteht. Verwenden Sie eine angemessene Anzahl von Fachbegriffen. Reduzieren Sie fremdsprachliche Begriffe. Ihr Kunde wird es Ihnen danken.
- Formulieren Sie kurze, knappe Sätze. Langatmige Sätze wirken ermüdend. Der Kunde wird nach kurzer Zeit das Interesse an Ihren Ausführungen verlieren.
- Die Gesamtwirkung Ihrer Sprache hängt wesentlich davon ab, ob Sie als Verkäufer in der Lage sind, sich in den Kunden hineinzuversetzen (Empathie).

Aktives Zuhören: Zuhören ist eine Kunst, die leider immer mehr verloren geht. Gerade als Verkäufer im Beratungsgespräch ist das Zuhören aber außerordentlich wichtig. Zuhören ist für den Verkäufer eine aktive Tätigkeit. Schauen Sie Ihren Kunden während des Verkaufsgesprächs an. Sie benötigen den Blickkontakt, um dem Kunden Ihr Interesse zu signalisieren. Durch die Körpersprache Ihres Kunden (Kopfnicken, Lächeln) erfahren Sie, ob die Beratung für ihn positiv verläuft. Aber auch durch verbale Bestätigungen wie „ja", „so" oder „hmm" und gezieltes Nachfragen erkennen Sie das Interesse des Kunden. Fassen Sie anschließend das Gehörte zusammen, um festzustellen, ob Sie Ihren Gesprächspartner richtig verstanden haben. So können Sie erste Kommunikationsstörungen vermeiden.

Beispiel

Ein Kunde möchte sich in der Ausstellung eines Sanitärgroßhandels ein neues Badezimmer aussuchen. Der Verkäufer führt ihn zu einem Bad. Kunde: „Das ist mir zu altmodisch." Der Verkäufer lässt sich nicht aus der Ruhe bringen und beginnt die Vorzüge des Bades zu erläutern, bevor er endlich begreift.

2.8.3 Die nonverbale Kommunikation

Nonverbale Kommunikation läuft zu einem großen Teil unbewusst ab. Im Grunde ist die Körpersprache unsere Gefühlssprache. Wir erkennen ihre Hinweise oft instinktiv, können mit ihr aber auch schwieriger etwas verbergen als mit Worten, denn die Körpersprache kann nicht gut „lügen".

Der erste Eindruck von einer Person ist zwar nicht unbedingt der richtige, dennoch ist er entscheidend. Nur ungern sind wir bereit, später unser Anfangsurteil umzustoßen. Umso bedeutsamer ist es, den ersten Sekunden einer Begegnung besonderes Interesse zu widmen, denn es gibt schließlich keine zweite Chance für einen ersten Eindruck.

Die drei Phasen des ersten Eindrucks		
1. Phase	erste Sekunde/ Sekundenbruchteile	Wir gliedern Personen, denen wir begegnen, in ein Raster ein: bekannt/unbekannt, männlich/weiblich, alt/jung, ansprechend/belanglos.
2. Phase	erste 30 Sekunden	Aufgrund des äußeren Erscheinungsbildes und der Körpersprache – möglicherweise auch der Sprache – entsteht eine grobe Abschätzung: angenehm, abstoßend, widerspruchsvoll, unklar.
3. Phase	erste drei Minuten	Während eines Gesprächs bekommen wir die Möglichkeit, unseren Eindruck zu bestätigen oder zu **revidieren**.

revidieren
überprüfen, korrigieren

Skepsis / Ablehnung

Aufmerksamkeit / Interesse

Desinteresse/Langeweile

Verunsicherung / Unschlüssigkeit

Distanzzonen: Es ist wichtig, das Distanzbedürfnis anderer Menschen zu beachten. Wer jemandem zu dicht „auf die Pelle" rückt, muss sich nicht wundern, wenn er unangenehm wirkt. Das Eindringen eines Fremden in die vertrauliche Distanzzone wird fast immer als unwillkommene Grenzübertretung empfunden.

vertrauliche Distanzzone	Vor und hinter einer Person gilt ein Abstand unter 50 cm als vertraulich, an der Seite ist der Abstand etwas kleiner. In diese Zone dürfen andere Personen nur mit einer ausdrücklichen Erlaubnis vordringen.
persönliche Distanzzone	Sie beginnt bei der vertraulichen Zone und reicht etwa 1 bis 1,5 m nach vorne und hinten. Seitlich ist der Abstand auch hier etwas geringer. In dieser Zone führen wir Gespräche, ohne uns belästigt zu fühlen.
öffentliche Distanzzone	Von der Grenze der persönlichen Distanzzone bis zu einem Abstand von etwa 3 m nach vorne und hinten reicht die öffentliche Distanzzone. In diesem Bereich nehmen wir andere Personen wahr.

Gestik: Für die Wirkung der Gestik ist ausschlaggebend, in welcher Höhe sich die Hände befinden. Alle Gesten, die sich unterhalb der Taille abspielen, werden als negativ gewertet, Gesten in Höhe der Taille werden als neutral und oberhalb der Taille als positiv gewertet. Nebenbei ist die Sichtbarkeit der Hände ein wichtiges Merkmal. Verdeckte Hände – in den Hosentaschen oder hinter dem Rücken – werden immer als Ablehnung empfunden. Sind die Hände zu sehen, so sollten wiederholt zeigende und öffnende Gesten eingesetzt werden.

Mimik: Ein Lächeln wirkt Wunder – das gilt auch in Verkaufssituationen. Denn das Lächeln wird oft vom Gegenüber erwidert und wirkt deshalb auf uns selbst zurück. Ein warmes Lächeln, das ernst gemeint ist, weckt das Vertrauen des Kunden. Ein Dauergrinsen kommt bei Ihrem Gegenüber dagegen als gekünstelt und falsch an. Der Kunde wird Ihnen nicht glauben.

2.8.4 Kundenorientiertes Telefonieren

Kundenorientiertes Telefonieren, Telefonorganisation

Jedes Unternehmen ist heutzutage über das Telefon zu erreichen. Je nach Größe des Unternehmens kann es vorkommen, dass einzelne Mitarbeiter nur für die Annahme und Weiterleitung von Telefongesprächen eingeteilt werden. Unabhängig davon, ob Sie nun ständig in der Telefonzentrale sitzen oder nur zufällig ans Telefon gehen, sollten Sie immer in der Lage sein, den Kunden auch am Telefon kompetent zu beraten und seine Fragen zu beantworten. Hierbei kann die Beachtung der folgenden Tipps hilfreich sein:

- Informieren Sie sich über die Handhabung des Telefons bzw. der Telefonanlage und üben Sie deren Gebrauch.
- Falls nicht vorhanden, legen Sie sich eine Liste der wichtigsten innerbetrieblichen Rufnummern und Durchwahlen mit den dazugehörigen Namen der Abteilungen und Mitarbeiter an. Auch Informationen über die tägliche Arbeitszeit Ihrer Kollegen kann nützlich sein, damit Sie den Anrufer bei einer Weiterleitung an einen anderen Apparat nicht unnötig warten lassen müssen.
- Eine aktuelle Sortiments- und Preisliste hilft Ihnen, alle diesbezüglichen Fragen Ihrer Kunden zu beantworten.
- Informieren Sie sich über aktuelle Angebote und Sonderaktionen in Ihrem Unternehmen. Legen Sie sich aktuelle Werbung oder Prospekte neben das Telefon, um auch für diese häufige Art der Fragen vorbereitet zu sein.
- Halten Sie entsprechende Formulare bereit, um Bestellungen und Aufträge von Kunden aufzunehmen.
- Eine ausreichende Anzahl von Notizzetteln und Stiften hilft Ihnen, den Namen des Kunden und Informationen aus dem Telefongespräch direkt festzuhalten, ohne dass wichtige Punkte vergessen werden können.
- Ebenso hat sich ein jederzeit griffbereiter Kalender als hilfreich erwiesen, wenn Fragen von Kunden hinsichtlich bestimmter Termine, zum Beispiel zum Eintreffen einer bestellten Ware, erfolgen.
- Nennen Sie, wenn Sie den Hörer abgenommen haben, zunächst den Namen Ihres Unternehmens, danach Ihren Namen und fragen Sie dann, wie Sie dem Kunden weiterhelfen können.
- Bleiben Sie bei allen Telefongesprächen stets freundlich und sachlich. Ein Lächeln beim Telefonieren ist für Ihren Gesprächspartner zwar nicht sichtbar, aber er kann es „hören".
- Hören Sie dem Kunden aufmerksam zu und wiederholen Sie das Wichtigste.
- Betrachten Sie das Telefon nicht als lästigen Störenfried, sondern als zusätzliche Möglichkeit, Kontakt zu Ihren Kunden aufzubauen.

2.8.5 Phasen des Verkaufsgesprächs

Begrüßung: Die Begrüßung und die Kontaktaufnahme mit dem Kunden ist für den weiteren Verlauf des Verkaufsgesprächs von entscheidender Bedeutung. Nehmen Sie Ihren Kunden zur Kenntnis, d. h., nehmen Sie bewusst Blickkontakt mit ihm auf! Damit signalisieren Sie dem Kunden, dass Sie ihn willkommen heißen und ihn gern beraten. Sprechen Sie ihn mit freundlicher und kräftiger Stimme an.

Bedarfsermittlung: Sollte der Kunde nicht unaufgefordert seinen Kundenwunsch äußern, versuchen Sie seine Wünsche zu ermitteln. Bei der **direkten Bedarfsermittlung** wird der Kunde durch gezielte Fragen dazu animiert, sich möglichst genau zu seinem Kaufwunsch und zu seiner Vorstellung von der Ware zu äußern. Dies hat den Vorteil, dass Sie dann zügig die passende Ware vorlegen können.

Nutzen Sie bei der direkten Bedarfsermittlung zu Beginn des Verkaufsgesprächs die offene Frageform. **Offene Fragen** dienen der Informationsbeschaffung und fordern Ihren Kunden zu einer ausführlichen Antwort auf. Versuchen Sie, etwas über den Verwendungszweck und das Kaufmotiv Ihres Kunden zu erfahren. Haben Sie im Verlauf des Gesprächs den Kaufwunsch Ihres Kunden eingegrenzt oder ist von vornherein klar, was Ihr Kunde sucht, dann stellen Sie ihm eher **geschlossene Fragen**. Bei geschlossenen Fragen hat der Kunde die Möglichkeit, einfach mit „Ja" oder „Nein" zu antworten. Sie lenken seine Gedanken damit in eine bestimmte Richtung und ersparen ihm das manchmal mühevolle Formulieren seines Einkaufswunsches. Mit geschlossenen Fragen engen Sie den Kaufwunsch weiter ein.

Bei der **indirekten Bedarfsermittlung** legen Sie Ihrem Kunden ein „Testangebot" vor. Sie konfrontieren ihn also probeweise sehr schnell mit der Ware. Dies setzt voraus, dass der Kunde Sie mit einem gezielten Wunsch angesprochen hat.

Offene Fragen
(„W-Fragen") sind Informationsfragen: Wer? Wie? Wo? Was? Wann? Wozu? Warum? Wie viel? Welche?

Geschlossene Fragen
sind Kontrollfragen. Vorsicht: Geschlossene Fragen können das Gespräch abrupt beenden, da der Kunde nichts zu seinem Kaufwunsch äußern muss und dem Verkaufsgespräch aus dem Weg gehen kann.

Verkaufsargumentation: Im Großhandel werden Ihnen in der Regel Kunden begegnen, die, weil sie gewerbliche Abnehmer sind, relativ genau wissen, was sie wollen und außerdem über gute **Warenkenntnisse** verfügen. Nichtsdestotrotz sollten Sie die Kunden angemessen beraten können und gute Verkaufsargumente bereithalten. Dies gelingt, wenn Sie zum einen selbst über genaue und aktuelle Warenkenntnisse verfügen und zum anderen eine überzeugende Argumentationskette liefern.

Warenkenntnisse
können z. B. erworben werden durch Informationsmaterial der Hersteller, betriebsinterne und -externe Schulungen, aus Fachzeitschriften, dem Internet und aus den Veröffentlichungen von Testergebnissen.

Aufbau einer Argumentationskette

1. Warenmerkmale nennen → **2.** Warenvorteile beschreiben → **3.** Kundennutzen ableiten

1. Schritt: Warenmerkmale nennen

Die Argumentationsphase eines Beratungsgesprächs beginnt mit einer Aussage über die **Merkmale** der Ware. Sie beziehen sich z. B. auf das Material, die Zusammensetzung, die Verarbeitung oder auf technische Eigenschaften.

Warenmerkmal
Eigenschaft der Ware = warenbezogene Aussage

Beispiel

Warenmerkmale des Kopierpapiers BPK „Printomax":
- Format DIN A4, 80 g/m², holzfrei, weiß, matt

__Warenvorteil__
Begründung, warum ein Warenmerkmal für den Kunden vorteilhaft ist = verwendungsbezogene Aussage

2. Schritt: Warenvorteile beschreiben
Die Warenmerkmale des Kopierpapiers sind für den Kunden nur dann von Bedeutung, wenn er weiß, welche **Vorteile** mit diesen Merkmalen verbunden sind. Nennen Sie Warenvorteile, aus denen der Kunde erkennt, welche Verwendungsmöglichkeiten der von Ihnen empfohlene Artikel bietet.

Beispiel

Warenvorteil des Kopierpapiers BPK „Printomax“:
- für Laserdrucker und Kleinoffset geeignet

__Kundennutzen__
Verbindung zwischen Warenvorteil und Kundenwunsch herstellen = kundenbezogene Aussage

3. Schritt: Kundennutzen ableiten
Es kommt zu einem Kaufabschluss, wenn der Kunde überzeugt ist, dass der vorgelegte Artikel für ihn einen persönlichen **Nutzen** hat. Stellen Sie bei der Argumentation einen konkreten Bezug zwischen den genannten Warenvorteilen und dem Nutzen für den Kunden heraus. Greifen Sie den Kundenwunsch in Ihrer Formulierung wieder auf, damit für den Kunden sichtbar wird, dass Sie sich mit seinen Problemen befasst haben.

Beispiel

Kundennutzen des Kopierpapiers BPK „Printomax“:
Verkäufer: „Das Papier ist vielseitig einsetzbar. Sie müssen nicht für jedes Ihrer Geräte eine eigene Papiersorte bereithalten.“

Preisnennung
Solange ein Kunde über eine Ware noch nicht genau Bescheid weiß, ist sie für ihn oft grundsätzlich zu teuer. Durch ein geschickt geführtes Verkaufsgespräch erkennt der Kunde die Vorteile und den Nutzen der Ware, die der Verkäufer ihm nahebringt. Er erkennt das Preis-Leistungs-Verhältnis. Damit der Kunde diese Kosten-Nutzen-Relation erkennt, kann der Verkäufer unterschiedliche Methoden nutzen.

Die Verzögerungsmethode: Fragt ein Kunde nach dem Preis einer Ware, erwartet er eine klare Antwort. Deshalb sollte der Verkäufer die Preisnennung nicht allzu sehr hinauszögern. Trotzdem sollte der Kunde einen guten Eindruck vom Preis-Leistungs-Verhältnis der Ware bekommen.

Beispiel: Verzögerungsmethode

Kunde: „Was kosten diese Türbeschläge?“
Verkäufer: „Sie meinen die Beschläge aus poliertem Messing? Sie sind besonders haltbar und kosten mit 39 Euro nur wenig mehr als die einfacheren Modelle.“

Die Sandwichmethode: Hier wird die Nennung des Preises in die Verkaufsargumentation verpackt. Bevor der Verkäufer einen Preis nennt, erklärt er gezielt die Vorteile und Eigenschaften der Ware, um nach der Preisnennung damit fortzufahren.

Beispiel: Sandwichmethode

Kunde: „Was kosten diese Türbeschläge?“
Verkäufer: „Es handelt sich um besonders hochwertige Beschläge aus reinem Messing. Sie kosten 39 Euro und wir verlängern die Garantie fünf Jahre über die gesetzliche Gewährleistung hinaus.“

Die Vergleichsmethode: Ohne genauere Informationen über die Qualität der Ware ist für Kunden der Preis oftmals nicht einsichtig, sodass es zu Einwänden gegen den aus ihrer Sicht hohen Preis kommen kann. In diesen Fällen ist das Herausstellen der Vorzüge gegenüber einer preiswerteren Vergleichsware besonders wichtig

Beispiel: Vergleichsmethode

Kunde: „Was kosten diese Türbeschläge?“
Verkäufer: „Diese Türgriffe sind sehr viel länger haltbar als die einfacheren Modelle aus Edelstahl, sodass sich der Kauf dieses hochwertigeren Modells für Ihre Kunden langfristig auszahlt.“

Kundeneinwände behandeln

Im Verlauf eines Verkaufsgespräches kann es immer wieder vorkommen, dass der Kunde Einwände gegen Ihre Argumente vorbringt. Hierbei sollten Sie zunächst durch gezieltes Nachfragen feststellen, wogegen sich der Einwand konkret richtet. Bleiben Sie ruhig und sachlich und vermeiden Sie direkten Widerspruch. Geben Sie dem Kunden das Gefühl, dass Sie seinen Einwand ernst nehmen.

Äußert der Kunde konkrete Kritik, z. B. an einem bestimmten Merkmal der Ware, kann das für Sie bei der Fortführung des Gesprächs sehr nützlich sein. Je genauer Sie wissen, was Ihrem Kunden nicht gefällt, desto besser können Sie ihn beraten.

Kundeneinwände richten sich häufig gegen einen der folgenden Aspekte:

Eigenschaften der Ware: Die Ware erscheint dem Kunden von nicht geeigneter Qualität oder entspricht hinsichtlich der Farbe, der Größe, des Materials oder der Ausstattung nicht seinen Ansprüchen und Vorstellungen.

Preis: Der Preis ist ein häufiger Ansatzpunkt für Einwände. Meist wird der Preis als zu hoch für die angebotene Qualität oder im Vergleich zum Mitbewerber angesehen. Es kann aber auch vorkommen, dass der Kunde den Preis als zu niedrig ansieht, wenn er der Meinung ist, dass gute Qualität einen hohen Preis voraussetzt.

Personal: Relativ selten sind direkte Einwände gegen das Personal. Gerade Auszubildende und junge Mitarbeiter hören aber manchmal Einwände in Bezug auf ihre fehlende Erfahrung, geringe Beratungskompetenz und den generellen Umgang mit dem Kunden.

Da sich Einwände des Kunden im Laufe des Verkaufsgesprächs nicht vermeiden lassen und oft auch berechtigt sind, ist es für den Verkäufer wichtig zu wissen, wie er auf solche Einwände reagieren kann. Viele **Methoden der Einwandbehandlung** gehen teilweise ineinander über. Im Folgenden finden Sie zwei Methoden, die sich in der Praxis bewährt haben.

Ja-aber-Methode: Im ersten Schritt stimmen Sie dem Kunden zu. Im zweiten Schritt entkräften Sie seinen Einwand mit einem Gegenargument.

Beispiel: Ja-aber-Methode

Kunde: „Das ist aber ein älteres Modell, nicht wahr?"
Verkäufer: „Ja, das stimmt. Aber dafür ist der Preis deutlich reduziert und diese Technik hat sich jetzt schon über viele Jahre gut bewährt."

Rückfragemethode (Gegenfragemethode): Gewinnen Sie ein wenig Zeit und stellen Sie dem Kunden bezüglich seines Einwandes eine Frage. Mithilfe der dadurch erhaltenen Informationen können Sie sich Argumente überlegen, die den Einwand des Kunden entkräften.

Beispiel: Rückfragemethode

Kunde: „Diese Bioprodukte sind doch alle nicht lange haltbar."
Verkäufer: „Wie lange wollen Sie denn diesen Biokäse aufbewahren?"
Kunde: „Na, ein paar Tage sollte er schon halten."
Verkäufer: „Das ist überhaupt kein Problem. Wenn Sie den Käse hier in diesem speziellen Verpackungspapier lassen, können Sie ihn im Kühlschrank ohne Probleme vier bis fünf Tage aufbewahren."

Verabschiedung

Der erste Eindruck, den der Kunde vom Verkäufer bekommt, ist sicherlich ein entscheidender. Aber ein guter erster Eindruck kann durch einen schlechten letzten Eindruck zunichtegemacht werden. Der Verkäufer hat dann keine Chance mehr, diesen letzten Eindruck auszugleichen.

Auch für die Verabschiedung gelten die elementaren Regeln der Höflichkeit. Die Verabschiedung sollte zwei Elemente umfassen. Für die eigentliche Verabschiedung bietet sich eine situations- oder personenbezogene Formulierung an. Daran anschließen sollte sich ein Dank an den Kunden für seinen Besuch bzw. für seinen Einkauf.

Beispiel

Situationsbezogene Verabschiedung: „Ich wünsche Ihnen ein frohes Osterfest!", „Noch einen schönen Feierabend".
Personenbezogene Verabschiedung: „Viel Spaß mit dem neuen Gerät."

Bei der Verabschiedung ist außerdem zu beachten:

- Wie im gesamten Verkaufsgespräch sollten Sie sich natürlich verhalten und übertriebene Formulierungen vermeiden, wie z. B. „Vielen Dank, gnädige Frau, und beehrten Sie uns bald wieder".
- Unabhängig vom Kunden und dessen Erscheinung (Alter, Kleidung, gesellschaftliche Stellung) sollten Sie stets höflich und freundlich sein.
- Ist Ihnen der Name des Kunden bekannt, verabschieden Sie sich namentlich von ihm.

3 Der Kaufvertrag

Beispiel

Die Beska GmbH aus Berlin bestellt bei der BPK GmbH einen größeren Posten Kopierpapier. Der Kunde wünscht weißes DIN-A4-Papier, 80 g/m², holzfrei, weiß, matt, das für Laserdrucker geeignet ist. Aufgrund dieser genauen Angaben des Kunden kann das korrekte Papier geliefert werden.

Zustandekommen eines Kaufvertrages
vgl. Grafik S. 107

Durch die Lieferung des bestellten Kopierpapiers ist ein Kaufvertrag zustande gekommen. Der Kunde hat durch seine Bestellung einen Antrag gestellt, den die BPK GmbH durch die Lieferung der bestellten Ware angenommen hat.

Aus dem Kaufvertrag ergeben sich für den Verkäufer und für den Käufer bestimmte Verpflichtungen. Dabei stellen die Pflichten der einen Vertragspartei gleichzeitig die Rechte der anderen dar.

Pflichten aus dem Kaufvertrag (§ 433 BGB)

Der Verkäufer verpflichtet sich	Der Käufer verpflichtet sich
• zur Übergabe einer Ware frei von Sach- und Rechtsmängeln, • zur Übertragung des Eigentums, • den vereinbarten Kaufpreis anzunehmen (also beizubehalten).	• zur rechtzeitigen Zahlung des vereinbarten Kaufpreises, • zur Abnahme der Ware.

3.1 Inhalte des Kaufvertrages

Um (Rechts-)Probleme oder Missverständnisse zu vermeiden, empfiehlt es sich, zu folgenden Inhalten des Kaufvertrages schriftliche Vereinbarungen zu treffen. Wird hierzu nichts vereinbart, gelten die entsprechenden gesetzlichen Bestimmungen.

- Spezifikation der Ware
- Erfüllungsort
- Lieferzeit und Zahlungsbedingungen
- Preis, Menge und sonstige Kosten
- ggf. Gerichtsstand

3.1.1 Spezifikation der Ware

Was genau will die Beska GmbH kaufen? Die Frage klingt einfach, ist rechtlich aber nicht ganz unproblematisch. Denn hier sind insbesondere Speziesschulden von Gattungsschulden zu unterscheiden. Wird der Leistungsgegenstand von vornherein individuell von den Vertragspartnern bestimmt (z.B. ein ganz bestimmtes Bild aus dem Büro des Chefs, das er nicht mehr haben will), so spricht man von **Stück- oder Speziesschulden**. Stückschulden sind nicht austauschbar; das Bild ist für immer verloren, wenn es beschädigt wird oder abhandenkommt.

Gattungsschuld:
§ 243 BGB
§ 360 HGB

Beim Verkauf von Massenware wie Kopierpapier spricht man von **Gattungsschulden**, die in mittlerer Güte zu liefern sind, wenn im Kaufvertrag nichts anderes vereinbart wurde. Eine Gattung bilden alle Gegenstände, die durch gemeinsame Merkmale (natürliche, wirtschaftliche oder technische Eigenschaften) gekennzeichnet sind (z. B. Format DIN A4, 80 g/m², holzfrei, weiß, matt). Hier will der Käufer nicht ein ganz bestimmtes (Paket) Kopierpapier kaufen, sondern eben Kopierpapier **der Gattung** DIN A 4,80 g/m². Geht die Lieferung Kopierpapier verloren, so kann der Verkäufer sie in der Regel problemlos durch eine neue Lieferung der gleichen Art ersetzen. Etwas anderes gilt nur, wenn man eine Massenware ganz genau auswählt, denn dann wird sie zur Stückschuld.

Unter der **Art** einer Sache versteht man die genaue Bezeichnung bzw. den handelsüblichen Namen. Die **Güte** bezeichnet die Qualität der Ware. Die **Beschaffenheit** beschreibt den Qualitätszustand der Ware. Um die genaue Art, Güte und Beschaffenheit einer Ware zu bestimmen, können z. B. Gütezeichen, Handelsklassen, Marken, Normen, Typen oder Jahrgänge festgelegt werden. Auch Muster und Proben können verwendet werden, um die Ware für beide Vertragspartner eindeutig zu bestimmen.

Gütezeichen (Öko-Siegel)

Festlegung der Art und Güte der Ware durch	Beispiel
Abbildungen und genaue Beschreibungen	Kataloge, Prospekte
Muster	Textilien, Papier, Tapeten, Farben
Proben	Lebensmittel, Kosmetika, Parfüm
Normen	DIN, EN, ISO
Artikelnummern und Chargen	
Güteklassen (Handelsklassen)	Obst, Gemüse und Eier
Markenzeichen	Coca Cola
Waren- und Gütezeichen	Öko-Siegel auf Recyclingpapier
Herkunft der Ware	Alkohol, Kaffee, Tee
Jahrgang der Ware	Wein
Zusammensetzung der Ware	Wurstwaren und Käse

3.1.2 Erfüllungsort

Leistungsort:
§ 269 BGB

Der Schuldner muss dem Gläubiger die vertraglich vereinbarte Leistung am richtigen Ort und zur richtigen Zeit erbringen. Der **Erfüllungsort (Leistungsort)** ist der Ort, an dem der Schuldner die Leistungshandlung vorzunehmen hat (z. B. die Übergabe der Kaufsache). Bei Gattungsschulden gehört zur gesetzlich vorgeschriebenen Leistungshandlung nach § 243 (2) BGB, dass der Warenschuldner die Ware auswählen und aussondern muss (Konkretisierung).

Beispiel: Konkretisierung der Ware

Ein Mitarbeiter der BPK GmbH (der Warenschuldner) wählt im Lager die bestellte Menge und Art des Kopierpapiers aus, verpackt sie und beschriftet sie mit der Anschrift des Kunden.

Der Erfüllungsort entscheidet darüber, ob dem Vertragsverhältnis eine **Hol-, Bring- oder Schickschuld** zugrunde liegt.

Bei Warenschulden gilt der Sitz des Verkäufers (Schuldners) als gesetzlicher Erfüllungsort, wenn vertraglich nichts anderes vereinbart wurde. Hier muss der Verkäufer die Ware vertragsgemäß anbieten, der Käufer muss sie beim Verkäufer abholen. Warenschulden sind also in der Regel **Holschulden**. Der Käufer trägt die anfallenden Kosten.

Eine **Bringschuld** liegt vor, wenn der Erfüllungsort beim Gläubiger liegt. Der Schuldner muss die Ware zum Gläubiger bringen, damit er den Kaufvertrag ordnungsgemäß erfüllt. Übernimmt der Verkäufer bei Geschäften des Alltagsverkehrs (z.B. beim Möbelkauf) die Anlieferung der Ware, ist in der Regel eine Bringschuld anzunehmen.

Von einer **Schickschuld** spricht man, wenn die Leistungshandlung am Wohnsitz des Schuldners vorzunehmen ist, der Leistungserfolg aber erst am Wohnsitz des Gläubigers eintritt. Hauptanwendungsfall hierfür ist der **Versendungskauf.**

Versendungskauf
Käufer und Verkäufer haben an verschiedenen Orten ihren Sitz. Der Verkäufer verschickt die Ware an den Käufer.

Gesetzlicher Erfüllungsort bei **Geldschulden** (Zahlungsort) ist ebenfalls der Sitz des Schuldners (Käufers). Erfolgt die Zahlung bargeldlos, muss der Käufer nach aktueller Rechtsprechung das Geld so überweisen, dass es am Fälligkeitstag beim Gläubiger eintrifft. Geldschulden sind daher im Prinzip Schickschulden. Der Käufer trägt jedoch die Kosten der Übermittlung und – anders als bei der „normalen" Schickschuld – auch die Verlustgefahr während der Übermittlung. Daher nennt man Geldschulden auch **qualifizierte Schickschulden.** Wird jedoch als Erfüllungsort der Sitz des Verkäufers vertraglich vereinbart, so wird die Geldschuld zur Bringschuld. Das Geld muss dann zum vereinbarten Zeitpunkt auf dem Konto des Gläubigers eingehen.

Zahlungsort:
§ 270 BGB

Gefahrenübergang

Gefahr- und Lastenübergang:
§ 446 BGB

Wer hat dafür einzustehen, wenn die Ware ohne Verschulden des Gläubigers oder des Schuldners „untergeht", d.h. abhandenkommt oder beschädigt wird? Hier gilt: Mit der Übergabe der Ware **am Erfüllungsort geht die Gefahr auf den Käufer über,** bei der Holschuld also am Wohnsitz des Verkäufers, bei der Bringschuld am Wohnsitz des Käufers.

Gefahrübergang beim Versendungskauf:
§ 447 BGB

Beim **Versendungskauf (Schickschuld)** geht die Gefahr des zufälligen Untergangs der Ware auf den Käufer über, sobald der Verkäufer die Ware an die Transportperson (z.B. einen Spediteur) übergeben hat. Bei einem Transportschaden trägt also der Käufer das Risiko. Er kann aber bei Verschulden der Transportperson natürlich Schadenersatzansprüche geltend machen. Dies gilt allerdings nicht, wenn der Verkäufer die Ware mit dem eigenen Fuhrpark liefert. In diesem Fall geht das Risiko erst dann auf den Käufer über, wenn ihm die Ware übergeben worden ist.

	Erklärung	Kosten der Übermittlung/ des Transports	Gefahrenübergang	Leistungszeitpunkt
Holschulden	geschuldete Sache muss am Ort des Schuldners bereitgestellt werden	trägt der Gläubiger	bei Abholung durch den Gläubiger	mit Bereitstellen am Ort des Schuldners
Bringschulden	geschuldete Sache muss zum Ort des Gläubigers gebracht werden	trägt der Schuldner	bei Ablieferung an den Gläubiger	mit Eintreffen am Ort des Gläubigers
Schickschulden	geschuldete Sache muss auf den Weg zum Gläubiger gebracht werden	trägt der Gläubiger	bei Übergabe an die Transportperson	sobald geschuldete Sache auf den Weg gebracht wurde
qualifizierte Schickschulden (z.B. Geldschulden)	geschuldete Sache muss auf den Weg zum Gläubiger gebracht werden	trägt der Schuldner	bei Eintreffen beim Gläubiger	mit Eintreffen am Ort des Gläubigers

3.1.3 Lieferzeit und Zahlungsbedingungen

Lieferzeit

Leistungszeit:
§ 271 BGB

Sofern vertraglich nichts anderes vereinbart wurde, ist der **Zeitpunkt der Lieferung** nach § 271 BGB geregelt. Danach kann der Gläubiger die Leistung sofort verlangen, der Schuldner sie sofort bewirken. Folgende vertraglichen Vereinbarungen zur Lieferzeit sind üblich:

Vertragliche Vereinbarungen zur Lieferzeit	
Termingeschäfte	Lieferung bis zu einem bestimmten Zeitpunkt, z. B. „innerhalb von 4 Wochen"
Fixhandelskäufe, Fixgeschäfte	Lieferung zu einem genau bestimmten Termin, z. B. „Lieferung am 20. Dezember fix"; im Vertrag muss der Zusatz „fix" ausdrücklich vereinbart werden
Kauf auf Abruf	Lieferung kann vom Käufer innerhalb einer vereinbarten Frist in Teilmengen abgerufen werden, z. B. „Anforderung der vereinbarten Gesamtliefermenge innerhalb von sechs Monaten in fünf Teilmengen"

Zahlungsbedingungen

Auch die Zahlungsbedingungen sind in der Regel genau im Vertrag festgelegt, ansonsten gelten die gesetzlichen Vorschriften. Danach kann der Verkäufer sofortige Zahlung bei Lieferung der Ware verlangen (Ware gegen Geld, Zug um Zug, Zahlung gegen Nachnahme).

Vertraglich vereinbarte Zahlungsbedingungen	
Vorauszahlung	üblich bei zahlungsschwachen Kunden, Sonderanfertigungen oder auch bei Auslandsgeschäften
Anzahlung	ein Teilbetrag wird bei Auftragserteilung, ein Teil bei Empfang der Rechnung und der Rest innerhalb einer bestimmten Frist nach der Lieferung fällig
Zielkauf, Kreditkauf	Zahlung innerhalb einer bestimmten Frist (Zahlungsziel) nach der Lieferung; häufig verbunden mit Gewährung eines Skontoabzugs bei vorzeitiger Zahlung
Skonto	Preisnachlass für kurzfristige Zahlung innerhalb einer vereinbarten Skontofrist

Eine Form des Zielkaufs ist der **Ratenkauf**. Hierbei handelt es sich um einen schriftlichen Kaufvertrag mit Barzahlungspreis, Teilzahlungspreis, effektivem Jahreszins sowie Anzahl, Höhe und Fälligkeit der Raten. Bei solchen Ratenzahlungsvereinbarungen behält sich der Lieferer in der Regel bis zur vollständigen Bezahlung der Rechnung das Eigentum am Kaufgegenstand vor.

Durch das Aufschieben des Zahlungstermins entsteht ein **Liefererkredit**, denn der Lieferer hat ja schon geleistet, der Käufer aber noch nicht gezahlt. Der Liefererkredit wird zur kurzfristigen Fremdfinanzierung gezählt.

Bei vorzeitiger Zahlung des Kaufpreises innerhalb einer vereinbarten Frist kann **Skonto** abgezogen werden. Nach Ablauf der Frist wird der Liefererkredit in der Regel zu einem sehr teuren Kredit. Der Käufer sollte daher in jedem Fall berechnen, ob es nicht günstiger ist, einen Kredit bei der Bank aufzunehmen, um unter Skontoabzug vorzeitig zahlen zu können.

Skonto ist ein vertraglich vereinbarter Preisnachlass für die Zahlung innerhalb einer Skontofrist. Vom Verkäufer wird Skonto gewährt, damit der Käufer zügig zahlt und so das Geld in die Kasse des Verkäufers gelangt. Die dem Käufer eingeräumte Skontofrist (z.B. 10 Tage) endet vor dem Ablauf des vertraglich vereinbarten Zahlungszieles (Liefererkredit).

Buchung von Skonti
- *des Lieferanten*
LF4, Kap. 9.2.3
- *an den Kunden*
LF4, Kap. 9.4.3

Eigentumsvorbehalt

Der Liefererkredit wird vom Kreditgeber meistens durch einen Eigentumsvorbehalt abgesichert. Ein Eigentumsvorbehalt liegt vor, wenn die Einigung über den Eigentumsübergang aufschiebend bedingt ist (§ 158 BGB). Das bedeutet, dass das Eigentum erst auf den Käufer übergeht, wenn er den vollständigen Kaufpreis gezahlt hat, und nicht schon durch Einigung und Übergabe. Dies müssen die Parteien aber ausdrücklich vereinbart haben.

Ein **einfacher Eigentumsvorbehalt** erstreckt sich nur auf die eigentlich gekaufte Sache. Wenn aber ein gutgläubiger Dritter Eigentum an der Sache erlangt, geht das Eigentum des Vorbehaltsverkäufers unter. Gleiches gilt, wenn die Sache verarbeitet, mit einer anderen Sache verbunden oder vermischt wird.

§ 932 BGB,
§§ 946 ff. BGB

Für diese Fälle können die Parteien einen **verlängerten Eigentumsvorbehalt** vereinbaren. Zwei Varianten sind in der Praxis üblich:

- **Verarbeitungsklausel:** Durch eine sogenannte Verarbeitungsklausel kann der Eigentumsvorbehalt bei Verarbeitung der gelieferten Sache auf die neue Sache erweitert werden.
- **Vorausabtretungsklausel:** Gestattet der Vorbehaltsverkäufer dem Käufer, die unter Eigentumsvorbehalt gelieferte Ware weiterzuverkaufen, so kann er sich die Kaufpreisforderung (aus dem Weiterverkauf) abtreten lassen (§ 398 BGB).

Eigentum und Besitz
LF2, Kap. 1.5

Eigentumsvorbehalt:
- *einfach*
- *erweitert:*
  - *verlängert*
  - *weitergeleitet*
  - *nachgeschaltet*
  - *Kontokorrentvorbehalt*

Beispiel

Die Freiburger Papier AG, Lieferant der BPK GmbH, liefert grundsätzlich unter verlängertem Eigentumsvorbehalt (Vorausabtretungsklausel). Ist die Ware bei Weiterverkauf noch nicht vollständig bezahlt, so kann die Freiburger Papier AG auf den Kunden der BPK GmbH zugreifen.

Der verlängerte Eigentumsvorbehalt ist eine Form des **erweiterten Eigentumsvorbehalts**. Zum erweiterten Eigentumsvorbehalt zählen ferner:

- **Kontokorrentvorbehalt:** Dabei erlischt der Eigentumsvorbehalt nicht mit der Zahlung des Kaufpreises für eine bestimmte Vorbehaltsware, sondern erst dann, wenn der Käufer alle unter Vorbehalt gelieferten Waren aus der Geschäftsverbindung zwischen Verkäufer und Käufer beglichen hat.
- **Weitergeleiteter Eigentumsvorbehalt:** Hier verpflichtet sich der Käufer, die Ware nur unter Offenlegung des bestehenden Eigentumsvorbehalts weiterzuverkaufen. Der neue Käufer der Vorbehaltsware wird erst dann Eigentümer, wenn der erste Käufer den vollen Kaufpreis gezahlt hat (in der Praxis eher unüblich).
- Verkauft der Käufer die Vorbehaltsware seinerseits unter Eigentumsvorbehalt weiter, spricht man vom **nachgeschalteten Eigentumsvorbehalt.**

3.1.4 Preis, Menge und sonstige Kosten

Fremdwährungsschuld:
§ 244 BGB

Preis

Der zu zahlende Kaufpreis wird als wesentlicher Vertragsbestandteil nahezu immer vertraglich geregelt sein. Sind keine anderen Zahlungsvereinbarungen getroffen worden, so muss der volle Rechnungsbetrag gezahlt werden. Die Zahlung erfolgt bei Inlandsgeschäften üblicherweise in Euro. Es kann aber auch eine andere Währung vereinbart werden. Bei Zahlung in Fremdwährung entscheidet der Umrechnungskurs, der zur Zeit der Zahlung für den Zahlungsort maßgebend ist. Der Rechnungsbetrag kann durch vereinbarte **Preisnachlässe** reduziert werden.

Währungsrechnen
LF3, Kap. 5.1, und Anhang

Rabatt
sofortiger Preisnachlass in Prozent vom Kaufpreis

Buchung von Preisnachlässen
- *von Lieferanten*
LF4, Kap. 9.2
- *an den Kunden*
LF4, Kap. 9.4

Preisnachlässe (Beispiele)	
Mengenrabatt	bei größerer Abnahmemenge
Treuerabatt	für langjährige Kunden bei regelmäßigem Bezug
Wiederverkäuferrabatt	für Groß- und Einzelhändler bei Ausweis von Preisempfehlungen
Personalrabatt	für Angestellte und deren Angehörige
Sonderrabatt	bei Räumungsverkäufen oder Jubiläen
Bonus	nachträglich gewährter Preisnachlass, der in der Regel am Jahresende nach einem vereinbarten Mindestumsatz gewährt wird

Menge

Die Menge der Ware wird in **gesetzlichen oder handelsüblichen Maßeinheiten** (z. B. Stück, Meter, Kilogramm, Liter) angegeben. Oft wird eine Mindestbestellmenge oder eine Höchstmenge angegeben, über die hinaus nicht bestellt werden kann. Bei kleinen Bestellmengen wird oftmals ein **Mindermengenzuschlag** erhoben.

Mindermengenzuschlag
Preiszuschlag, der bezahlt werden muss, wenn weniger als die vom Verkäufer festgelegte Mindestmenge bestellt werden soll

Beförderungskosten

Neben dem eigentlichen Kaufpreis muss zwischen den Vertragsparteien außerdem geregelt werden, wer die Kosten der Beförderung zu tragen hat. Als Beförderungskosten fallen im Wesentlichen das Rollgeld, Lade- und Entladegebühren sowie die Fracht an. **Fracht** ist das Entgelt für eine gewerbliche Beförderung von Gütern. **Rollgeld** sind die Beförderungskosten vom Lieferer bis zur Versandstation (z. B. Hafen) sowie von der Empfangsstation zum Käufer. Im internationalen Handelsverkehr ist unter Umständen außerdem noch **Zoll** zu zahlen.

zollrechtliche Bestimmungen
LF3, Kap. 10

Erfüllungsort
LF2, Kap. 3.1.2

Übernahme der Beförderungskosten – gesetzliche Regelung	
Verkäufer trägt Kosten der Übergabe	Käufer trägt Kosten der Abnahme
Kosten der Lagerung, des Messens, Wiegens, Abpackens sowie Transportkosten bis zum Erfüllungsort	Transportkosten ab dem Erfüllungsort

Weiß der Käufer zum Zeitpunkt des Vertragsabschlusses noch nicht, an welchen Ort die Ware geliefert werden soll, wird häufig eine **Frachtparität** vereinbart. Das ist ein vertraglich vereinbarter Ort, bis zu dem der Verkäufer die Frachtkosten höchstens übernimmt (egal ob die Ware tatsächlich an diesen Ort geliefert wird).

Ist umgekehrt zum Zeitpunkt des Vertragsabschlusses noch nicht bekannt, von welchem Ort aus der Verkäufer liefern wird, wird eine **Frachtbasis** vereinbart. Das ist ein fiktiver Ort, ab dem der Käufer die Frachtkosten für die Ware übernimmt, auch wenn tatsächlich von einem anderen Ort geliefert wird.

Übernahme der Beförderungskosten – vertragliche Vereinbarungen

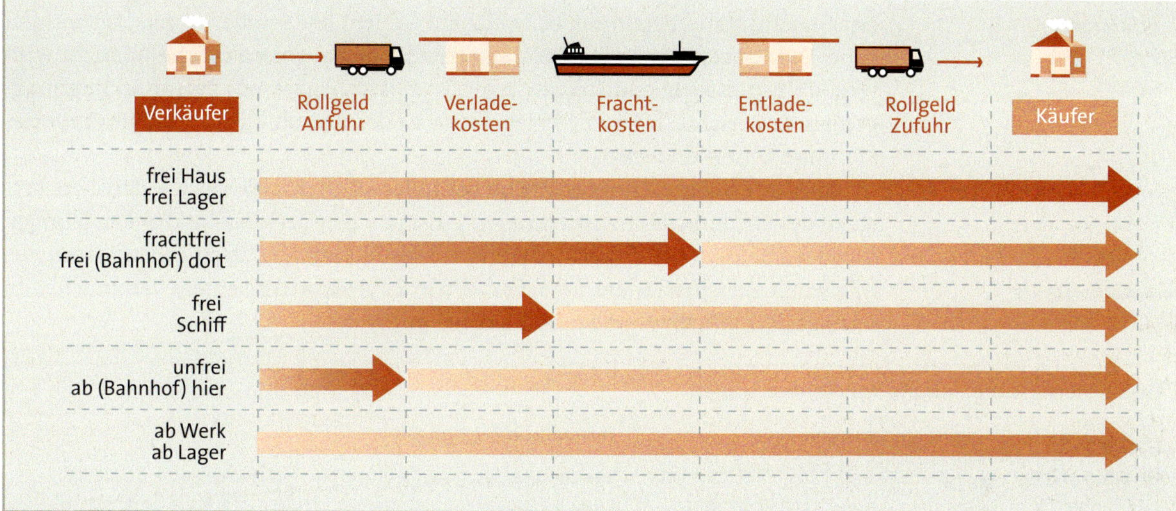

Verpackungskosten

Die Transportverpackungskosten trägt der Käufer ab dem Erfüllungsort. Ist der Preis für die Ware nach dem Gewicht bestimmt, ist mangels abweichender vertraglicher Regeln oder Handelsbrauch das Gewicht der Verpackung nicht mitzurechnen („Preis netto" = Verkäufer übernimmt die Verpackungskosten)

§ 380 HGB

Das **Verpackungsgewicht (Tara)** kann folgendermaßen ermittelt werden:

- **Effektivtara:** tatsächliches Verpackungsgewicht
- **Stück- oder Prozenttara:** handelsübliches Verpackungsgewicht
- **Zolltara:** nach Zollvorschriften festgelegtes Verpackungsgewicht

Nettogewicht
= Bruttogewicht – Tara
Reingewicht
= Rohgewicht – Verpackung

Zur Berechnung der Verpackungskosten gibt es folgende Möglichkeiten, die vertraglich vereinbart werden können:

Übernahme der Verpackungskosten – vertragliche Vereinbarungen

Vereinbarung	Erläuterung
• Reingewicht einschließlich Verpackung, • Preis netto einschließlich Verpackung	Verkäufer zahlt Verpackungskosten
• Reingewicht ausschließlich Verpackung, • Preis netto ausschließlich Verpackung	Käufer zahlt Verpackungskosten
• Rohgewicht einschließlich Verpackung, • Preis brutto einschließlich Verpackung, • brutto für netto, bfn oder b/n	Verpackungsgewicht wird wie Warengewicht behandelt und vom Käufer bezahlt
• Preis brutto ausschließlich Verpackung	Verpackungskosten sind im Preis enthalten, sie setzen sich aus dem Verpackungsgewicht und den Verpackungskosten zusammen und werden vom Käufer gezahlt

Mehrwegverpackungen werden vom Verkäufer häufig gegen Gebühr geliehen. Sie bleiben Eigentum des Verkäufers. Bei unterlassener Rücksendung werden sie dem Käufer in Rechnung gestellt, bei Rücksendung voll oder zu bestimmten Anteilen gutgeschrieben.

Buchung von Rücksendungen von Verpackungen
- *an den Lieferer*

LF4, Kap. 9.1

- *durch den Kunden*

LF4, Kap. 9.3

3.1.5 Gerichtsstand

Gerichtsstand:
§ 29 ZPO
§ 38 ZPO

Der Gerichtsstand bestimmt, bei welchem Gericht der Schuldner verklagt werden kann. Dies ist wichtig zu wissen, denn eine Klage bei einem falschen Gericht wird wegen Unzulässigkeit zurückgewiesen. Grundsätzlich ist jede Person an ihrem **allgemeinen Gerichtsstand** zu verklagen. Das ist der Wohnort des Schuldners bzw. der Sitz eines Unternehmens.

Verbraucherschutz
LF2, Kap. 1.10

Darüber hinaus gibt es zahlreiche **besondere Gerichtsstände,** z. B. den Gerichtsstand des Erfüllungsortes. Nur Kaufleute können den Gerichtsstand am Erfüllungsort oder an einem beliebigen anderen Ort vereinbaren. Die Vereinbarung eines vertraglichen Gerichtsstandes zwischen einem Kaufmann und einem Verbraucher ist unzulässig. Dadurch wird der Verbraucher geschützt.

Zusammenfassung: Inhalte von Kaufverträgen

Vertragsinhalte	gesetzliche Regelungen	vertragliche Regelungen
Art, Güte und Beschaffenheit des Kaufgegenstandes	§ 243 BGB und § 360 HGB: Es ist eine der Gattung nach bestimmte Ware mittlerer Art und Güte zu liefern.	Benennung durch Artikelnummer und handelsübliche Bezeichnung, Festlegung durch Muster, Proben, Normen, Typen, Waren- und Gütezeichen, Abbildungen etc.
Mengenangabe	Handelsbräuche oder das Reingewicht nach § 380 HGB	Angabe in gesetzlichen Maßeinheiten und handelsüblichen Bezeichnungen
Preisangabe	Preis bezogen auf das Nettogewicht	im Normalfall Angabe des Preises pro Einheit einschließlich der Verkaufsverpackung
Preisnachlässe	keine	z. B. Rabatte, Skonti, Boni, Gewichtsabzüge
Kosten der Versandverpackung	§ 448 BGB: Der Käufer trägt die Kosten der Versandverpackung, der Verkäufer die Verkaufsverpackung. § 380 HGB: Das Nettogewicht ist in Rechnung zu stellen.	mögliche Vereinbarungen können sein: „Verpackung frei", „Verpackung leihweise", „brutto für netto" etc.
Kosten des Transports	§ 448 BGB: Der Verkäufer trägt die Kosten der Übergabe, der Käufer die Kosten der Versendung und der Abnahme.	mögliche Vereinbarungen können sein: „ab Werk", „unfrei", „frachtfrei", „frei Haus", „Frachtbasis", „Frachtparität"
Lieferzeit	§ 271 BGB: Der Käufer kann sofortige Lieferung verlangen, der Verkäufer kann sofort liefern.	Es können Sofortlieferung, Lieferung innerhalb einer bestimmten Frist, Lieferung zu einem fixen Termin oder Lieferung auf Abruf ausgehandelt werden.
Zahlungszeit	§ 271 BGB: Der Verkäufer kann sofortige Zahlung verlangen.	Es können Vorauszahlungen, Anzahlungen, Zahlung Zug um Zug, Zahlung nach Kauf oder Ratenkauf vereinbart werden.
Eigentumsvorbehalt	§ 449 BGB: Der Verkäufer bleibt bei ausdrücklicher Vereinbarung bis zur vollständigen Begleichung des Kaufpreises Eigentümer der Ware.	• einfacher Eigentumsvorbehalt • erweiterter Eigentumsvorbehalt • verlängerter Eigentumsvorbehalt • nachgeschalteter Eigentumsvorbehalt
Erfüllungsort	§ 269 BGB: Der Erfüllungsort für Warenschulden ist der Wohn- oder Geschäftssitz des Verkäufers, für Geldschulden der des Käufers.	Für die Lieferung und Zahlung kann der Sitz des Verkäufers, des Käufers oder ein anderer Ort vereinbart werden.
Gerichtsstand	Der Gerichtsstand ist der Wohnsitz des jeweils Beklagten.	Abweichungen von den gesetzlichen Regelungen sind nur bei Kaufleuten möglich, die einen Gerichtsstand vereinbaren können.

3.2 Allgemeine Geschäftsbedingungen

AB ☞ LS 19

Sehr wichtig für die Vertragsgestaltung im heutigen Geschäftsleben sind die allgemeinen Geschäftsbedingungen (AGB). Es handelt sich hierbei um vorformulierte Vertragsbedingungen, die für eine Vielzahl von Verträgen gelten sollen. Mit den AGB will der Verwender Vereinbarungen treffen, die von den gesetzlichen Vorschriften abweichen (z.B. zu den Lieferungs- und Zahlungsbedingungen, zur Gewährleistungspflicht, zu Garantien oder zum Eigentumsvorbehalt).

In den AGB darf der Verwender aber nicht nach Gutdünken vereinbaren, was er will. Es gibt **rechtliche Grenzen,** um die Käufer vor unlauteren AGB zu schützen. Insbesondere darf der „Kerngehalt einer gesetzlichen Regel" nicht zum Nachteil des Vertragspartners abgeändert werden. Beispielweise wäre eine AGB-Klausel, die jegliche Haftung für Mängel ausschließt, unwirksam.

Durch die gesetzlichen Regelungen soll der wirtschaftlich schwächere Vertragspartner (Verbraucher) geschützt werden. Die AGB müssen wirksam in den Vertrag einbezogen werden, d.h., der jeweilige Kunde muss ihnen zustimmen. Theoretisch können sie zwar vom Kunden abgelehnt oder abgeändert werden, in der Praxis ist dies jedoch selten der Fall, in der Regel wird sich der Verwender nicht darauf einlassen. Durch die AGB kann eine Vielzahl von Verträgen schneller und rationeller abgewickelt werden. Auch werden einzelne Geschäftsrisiken besser kalkulierbar.

Einige Rechtsvorschriften zu den AGB gelten für zweiseitige, die Mehrzahl jedoch nur für einseitige Handelsgeschäfte, da sie vorrangig den Endverbraucher schützen sollen.

Verbraucherschutz

☞ *LF2, Kap. 1.10*

Hinsichtlich der Wirksamkeit von AGB gelten u. a. folgende Regelungen:

- **Individuelle Absprachen** haben stets Vorrang vor den AGB. Auch wenn eine Klausel aus den AGB ausgeschlossen wird, geschieht dies durch eine individuelle Vereinbarung. *§ 305b BGB*
- **Überraschende und mehrdeutige Klauseln** werden nicht Vertragsbestandteil. Es muss sich um eine objektiv ungewöhnliche Klausel handeln (z.B. eine Gerichtsstandsvereinbarung im Ausland, obwohl deutsches Recht anzuwenden ist) und der Klausel muss ein Überrumpelungseffekt innewohnen (das wäre z.B. nicht der Fall, wenn eine solche Klausel fettgedruckt in großer Schrift verfasst ist). *§ 305c BGB*
- Wenn eine **Klausel unwirksam** ist, so bleibt der Vertrag im Übrigen gültig, an die Stelle der AGB treten die gesetzlichen Regelungen. *§ 306 BGB*
- AGB sind **gegenüber einem Verbraucher unwirksam,** wenn ein Fall der in den §§ 308 und 309 BGB festgeschriebenen Klauselverbote vorliegt. Bei zweiseitigen Handelsgeschäften werden die Grundgedanken der Klauselverbote über die Generalklausel zur Prüfung der AGB herangezogen.

Klauselverbote: *§§ 308, 309 BGB*
Generalklausel: *§ 307 BGB*

allgemeine Geschäftsbedingungen §§ 305 bis 310 BGB	vorformulierte Vertragsbedingungen für eine Vielzahl von Verträgen, die eine Vertragspartei (Verwender) der anderen Vertragspartei bei Abschluss eines Vertrages stellt
Inhaltskontrolle § 307 BGB (Oberster Grundsatz)	Bestimmungen der AGB sind unwirksam, wenn sie den Käufer entgegen den Geboten von Treu und Glauben unangemessen benachteiligen.

AB ☞ LS 20

3.3 Kaufvertragsarten

Kaufverträge kann man nach folgenden Kriterien unterscheiden:

- Stellung der Vertragspartner
- Warenart und -güte
- vereinbarte Zahlungsbedingungen
- Lieferzeit

Privatkauf auf dem Flohmarkt

3.3.1 Stellung der Vertragspartner

Beispiel

Der Einkaufssachbearbeiter Andreas Krieger kauft einen größeren Posten Kopierpapier für die BPK GmbH. Auf dem Heimweg erledigt er seine Einkäufe im örtlichen Supermarkt. Am Wochenende verkauft er seinen gebrauchten Pkw an einen Händler. Außerdem verkauft er einem Kameraden im Fußballverein sein altes Handy.

allgemeine Vorschriften zum Kaufvertrag:
§§ 433 ff. BGB

besondere Bestimmungen beim einseitigen Handelskauf:
z. B. §§ 345 ff. HGB und §§ 373 ff. HGB

Verbraucher und Verbraucherschutz
☞ LF2, Kap. 1.10

Besondere Bestimmungen beim Verbrauchsgüterkauf:
§§ 474 ff. BGB und §§ 346 ff. BGB

Handeln beide Vertragspartner als Privatpersonen, so spricht man von einem **Privatkauf.** Hierbei finden ausschließlich die allgemeinen Vorschriften des BGB zum Kaufvertrag Anwendung. Der Privatkauf wird deshalb auch als **bürgerlicher Kauf** bezeichnet.

Ist ein Vertragspartner ein Kaufmann und der andere Nichtkaufmann, so liegt ein **einseitiger Handelskauf** vor. Bei einseitigen Handelskäufen gibt es zusätzlich zu den allgemeinen Vorschriften zahlreiche Sonderbestimmungen.

Ist der Verkäufer ein Unternehmer und der Käufer eine Privatperson (Verbraucher), so spricht man von **Verbrauchsgüterkäufen.** Zu dieser Kaufvertragsart gibt es zahlreiche Schutzvorschriften für den Verbraucher als Käufer.

§ 474 BGB Begriff des Verbrauchsgüterkaufs

(1) Kauft ein Verbraucher von einem Unternehmer eine bewegliche Sache (Verbrauchsgüterkauf), gelten ergänzend die folgenden Vorschriften. Dies gilt nicht für gebrauchte Sachen, die in einer öffentlichen Versteigerung verkauft werden, an der der Verbraucher persönlich teilnehmen kann. [...]

Bei **zweiseitigen Handelsgeschäften** sind beide Vertragspartner Kaufleute, sodass vor allem die Vorschriften des HGB zu beachten sind.

Es hat also unterschiedliche rechtliche Folgen, wenn der Einkaufssachbearbeiter entweder als Privatperson Papier für seinen Drucker zu Hause kauft (Verbrauchsgüterkauf) oder für das Unternehmen, in dem er arbeitet (zweiseitiges Handelsgeschäft).

Kaufvertragsart	Beispiel
Privatkauf	Markus kauft das alte Auto von seinem Kumpel Volker.
einseitiger Handelskauf	Variante 1 – Verbrauchsgüterkauf (Käufer ist Privatperson, Verkäufer ist Kaufmann): Christiane kauft im örtlichen Supermarkt ein.
	Variante 2 (Käufer ist Kaufmann, Verkäufer ist Privatperson): Christiane verkauft gebrauchte DVDs an einen professionellen Händler im Internet.
zweiseitiger Handelskauf	Die Druck und Copy GmbH kauft Kopierpapier bei der BPK GmbH.

3.3.2 Warenart und -güte

Beispiel

Die Sekretärin der Geschäftsleitung bestellt neue Druckerpatronen für die Verwaltung. Herr Dr. Schönhauser schmückt sein Büro mit dem neuen Werk der Künstlerin Hanna Ohm.

Viele Waren, die eingekauft oder verkauft werden, gibt es in großen Mengen, wobei die einzelnen Artikel völlig gleich sind. Für den Käufer ist es nicht wichtig, welche der Druckerpatronen er erhält, die beim Händler im Regal stehen, solange es sich um eine Druckerpatrone der gewünschten Marke, Größe und Farbe handelt. Die Ware ist in diesem Fall nur durch ihre Art und Güte bestimmt und kann von einem anderen, gleichartigen Exemplar ersetzt werden. In diesem Fall spricht man von einem **Gattungskauf.**

Auf der anderen Seite gibt es Waren, die nur ein einziges Mal vorhanden sind, z. B. ein besonderes Gemälde, ein Grundstück oder auch gebrauchte Gegenstände. Sollte eine solche Ware z. B. zerstört werden, kann der Verkäufer seiner Verpflichtung aus dem Kaufvertrag nicht mehr nachkommen. In diesem Fall spricht man von einem **Stückkauf.**

Kann oder soll die Beschaffenheit der Ware bei Vertragsschluss noch nicht genau bestimmt werden, so handelt es sich um einen **Bestimmungskauf.** Die Details, z. B. die Farbe oder die genauen Abmessungen, werden erst später festgelegt.

Beim **Ramschkauf** wird meist ein größerer Posten einer Ware in der Regel besonders günstig verkauft. Im Gegenzug verzichtet der Käufer auf eine garantierte Qualität.

Kaufvertragsart	Beispiel
Gattungskauf	Das Beschaffungsamt Essen bestellt bei der BPK GmbH zehn Paletten Kopierpapier in Standardqualität.
Stückkauf	speziell angefertigte Möbel, echte Kunstwerke, maßgeschneiderte Kleidung, Gebrauchtwagen
Bestimmungskauf	Bei einem Modeschmuckgroßhändler werden 100 Paar Ohrringe aus der neuen Kollektion bestellt. Um dem Kunden hochaktuelle Ware anbieten zu können, werden genaues Design und Farbe erst kurz vor der Auslieferung festgelegt.
Ramschkauf/Kauf en bloc/ Kauf in Bausch und Bogen	Auflösung von Lagern und Geschäften, Versteigerungen

Eine Sonderstellung in dieser Kategorie nehmen der Kauf auf Probe, der Kauf zur Probe und der Kauf nach Probe ein.

Beim **Kauf auf Probe** räumt der Verkäufer dem Käufer ein meist zeitlich begrenztes Rückgaberecht ein. Gefällt dem Kunden die Ware nicht oder entspricht sie nicht seinen Erwartungen, so kann er sie zurückgeben und erhält im Gegenzug auch sein Geld zurück.

Beim **Kauf zur Probe** kauft der Kunde eine kleine Menge einer Ware, um sie auszuprobieren und gegebenenfalls mehr nachzukaufen. Dieser Kauf ist z.B. vor einer geplanten Sortimentserweiterung sinnvoll, um zu testen, wie ein neuer Artikel vom Kunden angenommen wird. Im Gegensatz zum Kauf auf Probe kann die zur Probe gekaufte Ware nicht zurückgegeben werden. Aus diesem Grund werden die Mengen meist gering gehalten.

Beim **Kauf nach Probe** kauft ein Kunde Ware entsprechend einer Probe, anhand derer er sich von der Qualität der Ware hat überzeugen können. Auch beim Kauf nach Probe gibt es kein Rückgaberecht.

Kaufvertragsart	Erläuterung	Beispiel
Kauf auf Probe	Kauf mit unbedingtem Rückgaberecht	Herr Walter kauft ein Dolby-Surround-System und vereinbart mit dem Verkäufer ein 14-tägiges Rückgaberecht.
Kauf zur Probe	Kauf einer kleinen Warenmenge als Test, um später die gewünschte Menge nachzubestellen	Die BPK GmbH kauft eine kleine Menge Grußkarten aus Recyclingpapier, um die Reaktion der Kunden zu testen.
Kauf nach Probe	Kauf entsprechend einer vorangegangenen Probe	Ein Hersteller von Druckerpatronen hat der BPK GmbH Proben mehrerer neuer Patronen geschickt. Nachdem sie ausprobiert wurden, entschloss man sich, Patronen entsprechend den Mustern zu kaufen.

3.3.3 Zahlungsbedingungen

Beispiel

Die BPK GmbH bietet ihren Kunden ein Zahlungsziel von 30 Tagen an. Nachdem das Verlagshaus Bücher OHG bei mehreren Aufträgen das Zahlungsziel überschritten hat, erhält der Kunde den Vermerk „Lieferung nur gegen sofortige Zahlung“.

Laut Gesetz ist der Käufer verpflichtet, die Ware, die er gekauft hat, sofort zu bezahlen, sofern die Vertragspartner nichts anderes vereinbart haben. Hierbei handelt es sich um den sogenannten Barkauf. Von einem **Barkauf** spricht man, wenn Ware und Bezahlung Zug um Zug ausgetauscht werden, z.B. bei einer Lieferung mit Nachnahme. Der Barkauf wird in der Regel mit neuen Kunden oder mit Laufkundschaft vereinbart, da der Verkäufer in diesen Fällen (noch) nicht sicher ist, was die Zahlungsmoral des Kunden angeht.

Bei guten Kunden und um den Kunden entgegenzukommen, wird oft ein **Zahlungsziel** eingeräumt. Der Kunde kann dann innerhalb dieser Frist bezahlen. Der Kaufvertrag wird als **Zielkauf** bezeichnet.

Bei hohen Beträgen besteht die Möglichkeit, einen **Ratenkauf** zu vereinbaren. Der Kaufpreis wird in vorher festgelegten Teilbeträgen gezahlt, um die einmalige finanzielle Belastung zu verringern.

Schließlich ist es möglich, Lieferung gegen **Vorkasse** zu vereinbaren. Die Ware wird erst übergeben, wenn die Zahlung beim Verkäufer eingegangen ist.

Diese Zahlungsvereinbarung kann z.B. bei als säumigen Zahlern bekannten Kunden genutzt werden, aber auch, wenn Sonderanfertigungen Gegenstand des Kaufvertrages sind, für die der Verkäufer keine Verwendung hat, wenn sie nicht bezahlt werden.

Kaufvertragsart	Beispiel
Barkauf	Herr Walter kauft Lebensmittel im Supermarkt ein und zahlt an der Kasse.
Zielkauf	Die BPK GmbH verkauft die meisten Waren „auf Ziel" mit einem vereinbarten Zahlungsziel von 30 Tagen. Die Rechnung muss nach spätestens 30 Tagen bezahlt werden.
Ratenkauf	Ein Elektronikmarkt bietet für Waren ab 200,00 € die Möglichkeit der Ratenzahlung an.
Vorkasse	Herr Sonntag bestellt eine Verpackungsmaschine in Sonderanfertigung für sein Unternehmen. Erst nachdem die Zahlung eingegangen ist, wird die Maschine hergestellt und geliefert.

3.3.4 Lieferzeit

Beispiel

In der Einkaufsabteilung ging heute Morgen eine Bestellung der Tönnes Druckerei mit der Klausel „Lieferung 43. KW" ein.

Laut gesetzlicher Regelung muss der Verkäufer die verkaufte Ware sofort liefern. Ein entsprechender Kaufvertrag heißt **Sofortkauf**.

Im Kaufvertrag können die Vertragspartner jedoch abweichende Regelungen festhalten. Benötigt der Käufer die Ware innerhalb eines bestimmten Zeitraumes, so legt er diesen Termin vertraglich fest, z.B. „Lieferung in der 45. KW", „Lieferung bis zum 2.3.20XX" oder ähnlich. Da der Liefertermin dann kalendermäßig bestimmt ist, spricht man in diesem Fall von einem **Terminkauf.**

KW
Kalenderwoche

Braucht der Käufer die Ware zu einem festen Datum, so wird er einen **Fixkauf** vereinbaren. Die Ware muss dann genau zum vereinbarten Termin geliefert werden, ansonsten kann der Käufer sofort und ohne Nachfrist vom Vertrag zurücktreten. Ein Fixkauf liegt nur vor, wenn im Vertrag das Wort „fix" ausdrücklich genannt wird.

Schließlich besteht die Möglichkeit des **Kaufs auf Abruf.** Kann oder will der Käufer die Ware nicht sofort und auch nicht auf einmal haben, weil ihm z.B. der nötige Lagerplatz fehlt, so kann er bei dieser Kaufvertragsart die Ware zu dem Zeitpunkt und in der Menge abrufen, die er gerade benötigt. Der Verkäufer muss dafür sorgen, dass er die Ware jederzeit liefern kann, wenn der Käufer sie abruft.

Kaufvertragsart	Beispiel
Sofortkauf	Herr Scherer kauft im Elektromarkt eine Kaffeemaschine und nimmt sie sofort mit.
Terminkauf	Vereinbarung: „Lieferung bis zum 11.11.20XX", „Lieferung 42. KW"
Fixkauf	Vereinbarung: „Lieferung am 11. 11. 20XX fix"
Kauf auf Abruf	Das Beschaffungsamt Essen ruft von den zehn gekauften Paletten Kopierpapier jede Woche eine Palette ab, sodass nicht die gesamte Bestellmenge beim Käufer gelagert werden muss.

3.4 Streckengeschäft

Beispiel

Die Alldruck GmbH, eine Großdruckerei, bestellt vier Tonnen dringend benötigtes Druckpapier bei der BPK GmbH. Die BPK hat jedoch nicht die benötigten Ladevorrichtungen, um eine derart große Menge Papier abzuladen, zu lagern und wieder aufzuladen. Außerdem würde dieser Vorgang zu viel Zeit kosten. Sie beschließt, das Papier direkt vom Hersteller zu der Alldruck GmbH liefern zu lassen. Bei einem solchen Geschäft spricht man von einem Streckengeschäft.

Streckengeschäfte
LF1, Kap. 8.1.3

Streckengeschäfte werden von Großhändlern dann vereinbart, wenn
- eng gesetzte Liefertermine eingehalten werden müssen,
- Fracht-, Umlade-, Verlade- und Lagerkosten gespart werden sollen,
- die Gefahr besteht, dass die Ware beim Umladen beschädigt wird,
- der Großhändler nicht die angemessene Ausstattung zum Umladen hat.

Streckengeschäft

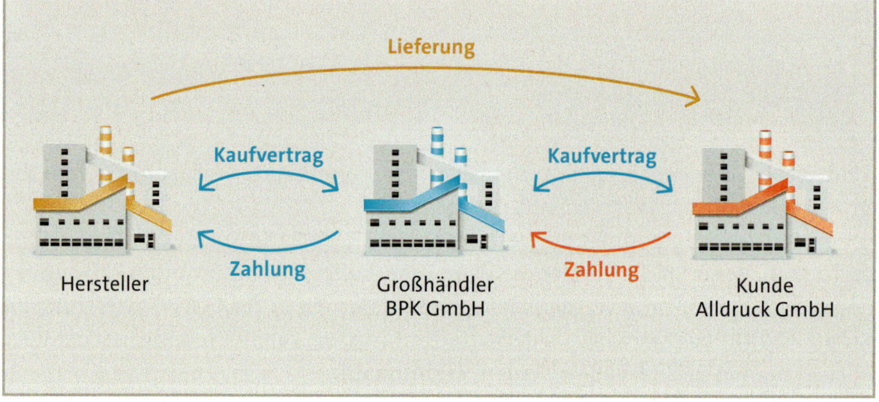

Der Erfüllungsort wird beim Streckengeschäft vertraglich festgelegt. Die BPK GmbH und die Alldruck GmbH vereinbaren z. B., dass der Sitz des Herstellers der Erfüllungsort des Verkäufers wird. Bei diesem Kaufvertrag handelt es sich dann um einen **Versendungskauf,** da die Ware auf Verlangen des Kunden zu dessen Sitz gesendet wird. Die Gefahr geht bei der Übergabe an den Spediteur auf den Käufer über.

Eine weitere Möglichkeit wäre, den Sitz des Kunden als Erfüllungsort zu vereinbaren. Bei diesem Kaufvertrag handelt es sich um einen **Fernkauf,** bei dem die BPK GmbH das Risiko für den Transport trägt, da der Erfüllungsort für den Warenschuldner am Sitz der Alldruck GmbH liegt.

Das Streckengeschäft birgt für den Großhändler aber auch gewisse **Risiken.** Er hat keine Möglichkeit, die Qualität der gelieferten Waren zu überprüfen. Außerdem schränkt das Streckengeschäft den direkten Kundenkontakt ein. Schließlich geht der Großhändler dadurch, dass er seinem Kunden den Lieferanten offenbart, das Risiko ein, aus der Handelskette ausgeschlossen zu werden.

4 Kaufvertragsstörungen

AB ☞ LS 21

Bei einem Kaufvertrag haben sowohl Käufer als auch Verkäufer bestimmte Pflichten zu erfüllen. Verletzt eine Partei eine dieser Pflichten, spricht man von einer Störung des Kaufvertrages.

Pflichten des Verkäufers	Pflichten des Käufers
Die Ware muss mängelfrei übergeben werden. **Störung:** Ware ist nicht mängelfrei. → Sachmangel (Schlechtleistung)	Der Käufer muss die Ware annehmen. **Störung:** Ware wird nicht angenommen. → Annahmeverzug
Die Ware muss pünktlich übergeben werden. **Störung:** Ware wird nicht pünktlich geliefert. → Lieferungsverzug (Nicht-Rechtzeitig-Lieferung)	Der Käufer muss den Kaufpreis rechtzeitig und vollständig bezahlen. **Störung:** Es wird nicht (rechtzeitig) gezahlt. → Zahlungsverzug (Nicht-Rechtzeitig-Zahlung)

4.1 Sachmängel (Schlechtleistung)

Sachmangel:
§ 434 BGB

Beispiel

Cornelia Gruber ist seit einiger Zeit im Lager eingesetzt und nimmt regelmäßig Ware von Lieferanten oder Spediteuren an. Heute werden mehrere Pakete angeliefert, die auf einer Palette verschnürt sind. Wie gewohnt kontrolliert Cornelia anhand des Lieferscheins die Anzahl der Pakete und unterschreibt. Danach schiebt sie die Palette ins Lager, vergleicht den Lieferschein mit der Bestellung und erfasst die neue Ware als Zugang. Beim Einräumen fällt ihr ein Paket auf, in dem laut Packungsbeschreibung zehn Pakete Kopierpapier sein sollen, aber nur acht enthalten sind. Auch auf dem Lieferschein stehen zehn Pakete Da sie so etwas zum ersten Mal erlebt, geht sie zum Lagerleiter und fragt ihn um Rat.

4.1.1 Arten von Mängeln

Der Händler ist verpflichtet, die verkaufte Sache mängelfrei zu liefern. Wann es sich im rechtlichen Sinne um einen Mangel handelt, ist im Bürgerlichen Gesetzbuch geregelt. Danach ist eine Sache **frei von Mängeln,** wenn sie bei der Übergabe die vereinbarte, vorausgesetzte oder übliche Beschaffenheit hat.

Vereinbarte Beschaffenheit: Eine ausdrückliche Vereinbarung zwischen Käufer und Verkäufer. Beispiel: Der Verkäufer versichert dem Kunden, dass das Fahrzeug die grüne Umweltplakette erhält.
Vorausgesetzte Beschaffenheit: Die Eignung für die gewöhnliche Verwendung der Sache. Beispiel: Ein Autofahrer kann davon ausgehen, dass er mit einem neu gekauften Fahrzeug mehrere Tausend Kilometer ohne größere Reparaturen fahren kann.
Übliche Beschaffenheit: Beschaffenheit, die der Käufer nach Art der Sache erwarten kann. Beispiel: Eine neu erworbene Motorradjacke darf nicht nach dem ersten Regenguss ausfärben.

Sachmängel werden wie folgt unterschieden:

Mangelart	Erläuterung	Beispiel
Qualitätsmangel (Fehler in der Güte und Beschaffenheit)	Qualitätsmängel können durch fehlerhafte Herstellung oder den unsachgemäßen Umgang mit der Sache durch den Hersteller, Spediteur oder Händler entstehen.	Papier ist vergilbt.
Fehler bei der Montage (Montagemangel)	Eine unsachgemäß durchgeführte Montage durch den Händler oder durch dessen Beauftragten stellt einen Sachmangel dar.	Durch das nachträglich eingebaute Glasschiebedach tropft es bei starkem Regen.
fehlerhafte Montageanleitung	Wenn bei der Montage durch den Käufer Schäden am Kaufgegenstand entstehen, weil die Montageanleitung mangelhaft ist oder sogar fehlt, liegt ein Sachmangel vor.	Obwohl der Mitarbeiter des Großhandelsunternehmens beim Selbstaufbau einer Glasvitrine in der Reihenfolge der Montageanleitung vorgeht, bricht die Rückwand der Vitrine.
Falschlieferung	Der Händler liefert eine andere als die vom Käufer bestellte Sache.	Der Papiergroßhändler liefert die gewünschte Marke statt in 185/65 in der Ausführung 195/65.
Fehlmenge (Quantitätsmangel)	Der Händler hat zu wenig oder in einer falschen Abmessung geliefert.	Statt der 100 bestellten Kartons mit Bierdeckeln wurden nur 80 Kartons geliefert. Die in 3,00 m Breite bestellten Dekorationsstoffe wurden in 2,50 m Breite geliefert.
Abweichung von Werbeaussagen	Der Käufer muss sich auf Werbeaussagen, die Warenkennzeichnung und andere öffentliche Aussagen verlassen können. Verfügen die Waren nicht über die versprochenen Eigenschaften, sind sie mangelhaft.	Das als 3-Liter-Auto beworbene Fahrzeug verbraucht selbst bei sparsamer Fahrweise nicht unter 5 Liter.

Offener Mangel: Ein Fahrrad ohne Sattel eignet sich nicht für die gewöhnliche Verwendung, damit zu fahren.

Erkennbarkeit von Mängeln: Sachmängel können zu verschiedenen Zeitpunkten erkannt werden. Unterschieden werden:

Mangelart	Erläuterung	Beispiel
offener Mangel	Offene Mängel sind bei der Prüfung der Ware sofort sichtbar.	Die Kartons sind feucht geworden. Dadurch hat sich das Papier gewellt.
versteckter Mangel	Versteckte Mängel sind nicht sofort erkennbar, sie werden erst bei Verwendung der Sache entdeckt.	Ein Teil der gelieferten Servietten sind falsch bedruckt. An der Umverpackung war kein Fehldruck zu erkennen.
arglistig verschwiegener Mangel	Ist dem Händler ein Mangel an der Sache bekannt und verheimlicht er diesen gegenüber dem Käufer, spricht man von einem arglistig verschwiegenen Mangel.	Ein aus Reklamationsrückläufen stammender Fernseher, der erfolglos repariert wurde, wird als neues Gerät zum vollen Preis verkauft.

Versteckter Mangel: Erst nach einiger Zeit stellt sich heraus, dass die gelieferten Schrauben nicht wie angegeben aus rostfreiem Stahl bestehen.

Umfang von Mängeln: Welche Rechte der Käufer aus einer mangelhaften Lieferung in Anspruch nehmen kann, richtet sich auch nach dem Umfang des Mangels.

Mangelart	Erläuterung	Beispiel
erheblicher Mangel	Der Mangel ist erheblich, wenn dadurch die Verwendung der Sache in großem Umfang eingeschränkt oder sogar unmöglich ist.	Einfache, nicht kopierfähige Folien wurden als kopiertauglich verkauft. Statt hellblauen wurden rosa Umschläge geliefert.
geringfügiger Mangel	Der vorliegende Mangel hat auf die Verwendung der Sache keinen oder keinen großen Einfluss.	Die Verpackung des Scheibenwischers ist eingerissen. Auf der Innenseite des Wischerarms ist ein Kratzer. Im eingebauten Zustand ist er nicht sichtbar.

4.1.2 Rechte des Käufers bei Sachmängeln

Gewährleistungsrechte: *§ 437 BGB*

Weist die Ware bei der Übergabe an den Käufer einen Mangel auf und kennt der Käufer bei Vertragsabschluss den Mangel nicht, können verschiedene Rechte geltend gemacht werden:

- Nacherfüllung des Kaufvertrages und Schadenersatz neben der Leistung
- Rücktritt vom Kaufvertrag oder Minderung des Kaufpreises
- Schadenersatz statt der Leistung oder Ersatz vergeblicher Aufwendungen

Vorrangiges Recht: Nacherfüllung

Nacherfüllung: *§ 439 BGB*

Wenn der Käufer einen Mangel an der Ware feststellt, hat er zunächst **nur einen Nacherfüllungsanspruch.** Dadurch soll erreicht werden, dass der ursprüngliche Kaufvertrag eine Art „Bestandsschutz" erhält. Der Verkäufer soll beim Auftreten eines Mangels zunächst die Gelegenheit erhalten, diesen zu beseitigen. Dabei kann der Käufer zwischen einer Ersatzlieferung oder einer Nachbesserung wählen:

- **Ersatzlieferung:** Recht auf Lieferung einer mangelfreien Sache (Neulieferung)
- **Nachbesserung:** Recht auf Beseitigung des Mangels (z. B. Reparatur)

Verschulden

Ein Verschulden des Verkäufers liegt dann vor, wenn er vorsätzlich oder fahrlässig gehandelt hat. Fahrlässig bedeutet, dass der Verkäufer nicht mit der erforderlichen Sorgfalt gehandelt hat. Vorsatz bedeutet, dass er mit Absicht gehandelt hat.

Liegt ein **Verschulden** des Verkäufers vor, so kann der Käufer zusätzlich auch noch **Schadenersatz** geltend machen. Dieser könnte z. B. im entgangenen Gewinn liegen, da der Käufer die mangelhafte Ware nicht weiterverkaufen konnte. Fallen bei der Nacherfüllung zusätzliche Aufwendungen wie Transport-, Material- oder Arbeitskosten an, so muss der Verkäufer diese ebenfalls ersetzen.

Der Verkäufer kann in seinen allgemeinen Geschäftsbedingungen (AGB) das **Wahlrecht des Käufers** zwischen Ersatzlieferung und Nachbesserung nur einschränken, wenn es sich um einen zweiseitigen Handelskauf handelt. Beim Verbrauchsgüterkauf darf das Wahlrecht nicht zum Nachteil des Verbrauchers ausgeschlossen werden. Der Verkäufer kann die vom Käufer gewünschte Art der Nacherfüllung allerdings ablehnen, wenn die Kosten unverhältnismäßig hoch sind oder wenn eine Nacherfüllung unmöglich ist.

AGB
LF2, Kap. 3.2

Handelskauf, Verbrauchsgüterkauf
LF2, Kap. 3.3.1

Beispiel

Unverhältnismäßigkeit: Wenn die Reparatur einer Lichtmaschine teurer ist als die Beschaffung einer neuen Lichtmaschine, kann der Großhändler ohne Nachteil für den Kunden auf die andere Art der Nacherfüllung, nämlich die Neulieferung, zurückgreifen.
Unmöglichkeit: Vergilbtes Papier kann nicht „entgilbt" werden.

Nachrangige Rechte
Für die Nacherfüllung muss der Käufer dem Verkäufer eine **angemessene Frist** einräumen. Der Käufer kann weitere Rechte geltend machen, wenn nach Ablauf dieser Nachfrist die Neulieferung oder die zweimalige Nachbesserung nicht erfolgreich war. Auf eine Nachfristsetzung **kann verzichtet** werden, wenn

Fixkauf
LF2, Kap. 3.3.4
Zweckkauf
Kauf, der nur für einen bestimmten Anlass getätigt wird. Die Zweckbindung muss dem Verkäufer bekannt sein.

- ein Fix- oder Zweckkauf vorliegt.
- der Verkäufer die Nacherfüllung verweigert,
- die Nacherfüllung für den Käufer und / oder Verkäufer unzumutbar ist, z. B. wenn durch die Nacherfüllung unverhältnismäßig hohe Kosten für den Verkäufer entstehen würden, oder wenn
- ein arglistig verschwiegener Mangel vorliegt.

Der Käufer kann folgende nachrangigen Rechte geltend machen:

Rücktritt:
§ 323 BGB

Rücktritt vom Vertrag: Der Käufer ist zur Rückgabe der (mangelhaften) Ware und der Verkäufer zur Erstattung eines eventuell gezahlten Kaufpreises verpflichtet. Der Käufer wird vom Rücktrittsrecht Gebrauch machen, wenn er an einer Erfüllung des Vertrages oder an einer Fortsetzung der Geschäftsbeziehung nicht mehr interessiert ist. Der Käufer kann das Rücktrittsrecht allerdings nur in Anspruch nehmen, wenn der Mangel **erheblich** ist.

Beispiel: Rücktritt

Die Zusammenarbeit mit dem Lieferanten gestaltete sich bereits bei den Nacherfüllungsversuchen sehr schwierig. Der Käufer hat deshalb kein Vertrauen mehr und möchte die Vertragsbeziehung zu dem Lieferanten abbrechen, denn der Mangel an der Ware ist immer noch nicht behoben.

Minderung:
§ 441 BGB

Minderung des Kaufpreises: Ist die Ware nur geringfügig mangelhaft, darf der Käufer lediglich eine Herabsetzung des Kaufpreises fordern. Der geforderte Preisnachlass muss angemessen sein, d. h., der Wert der mangelfreien Ware wird mit dem tatsächlichen Wert durch Schätzung verglichen. Die Differenz muss der Verkäufer erstatten.

Beispiel: Minderung des Kaufpreises

Ein Kunde ist zwar bereit, den gelieferten Modeschmuck aus der Vorjahreskollektion zu kaufen, erwartet dafür aber einen Preisnachlass von 70 %.

Schadenersatz:
§ 281 BGB

Schadenersatz statt Leistung: Wenn der Mangel erheblich ist und den Verkäufer ein Verschulden trifft, kann der Käufer Schadenersatz statt der geschuldeten Leistung verlangen. Der Schadenersatzanspruch des Käufers ergibt sich aus der Mangelhaftigkeit der Ware selbst und aus den Mangelfolgeschäden. Der Gesetzgeber schränkt die Höhe der Schadenersatzansprüche des Käufers nicht ein. So kann die Höhe des eingetretenen Schadens den Wert der Ware bei Weitem übersteigen.

Falls der Käufer Schadenersatz statt Leistung verlangt, ist sein Anspruch auf die Leistung ausgeschlossen, d.h., er kann in diesem Fall nicht mehr seine vorrangigen Rechte in Form der Nachbesserung oder der Lieferung mangelfreier Ware verlangen. Der Käufer kann aber gleichzeitig mit Schadenersatzansprüchen sein Rücktrittsrecht geltend machen.

Beispiel: Schadenersatz statt Leistung

Im Verwaltungstrakt der BPK GmbH wurde für die Mitarbeiter ein Kühlschrank mit Gefrierfach aufgestellt. Durch einen nicht zu behebenden Defekt verdirbt ein großer Teil der darin gelagerten Lebensmittel. Der Schadenersatzanspruch erstreckt sich auf die Kosten für die verdorbenen Lebensmittel, der Käufer kann vom Kaufvertrag zurücktreten.

Ersatz vergeblicher Aufwendungen:
§ 284 BGB

Ersatz vergeblicher Aufwendungen: Der Käufer kann auch einen Ersatz der Aufwendungen fordern, die dadurch entstanden sind, dass der Käufer auf die Warenlieferung vertraut hat. Vergebliche Aufwendungen sind Ausgaben, die dem Käufer bereits entstanden sind, **bevor** es zum Lieferungsverzug gekommen ist. Ein Schaden hingegen entsteht erst durch den Lieferungsverzug selbst.

Auch den Ersatz vergeblicher Aufwendungen kann der Käufer **nur bei Verschulden** des Verkäufers und bei erheblichen Mängeln geltend machen.

Beispiel: Ersatz vergeblicher Aufwendungen

Ein Großhandelsunternehmen bestellt für den anstehenden Herbst von einem überregional bekannten Künstler gestaltete Regenschirme als Aktionsware, die besonders Kunden, deren Bestellung einen bestimmten Wert überschreitet, als Präsent erhalten sollen. Für die bevorstehende Regenschirm-Aktion lässt der Großhändler Briefbeilagen drucken. Die bestellten Regenschirme lassen sich aufgrund von Mängeln jedoch nicht für die geplante Aktion verwenden.

Die Druckkosten für die Briefbeilagen sind bereits vor der mangelhaften Lieferung entstanden und werden als **vergebliche Aufwendungen** bezeichnet.

4.1.3 Ermittlung der Schadenhöhe

Der Lieferant ist verpflichtet, dem Käufer den durch eine mangelhafte Lieferung entstandenen Schaden zu ersetzen. Dies lässt sich leicht fordern, aber leider nicht genauso leicht verwirklichen, denn jeder Schaden muss auch belegt werden. Dies kann sich in Abhängigkeit von der Schadensart schwierig gestalten. Generell werden zwei Arten von Schäden unterschieden.

Konkrete Schäden können durch Rechnungen, Quittungen oder andere Belege genau nachgewiesen werden, z. B. Mehrkosten beim Deckungskauf, Telefonkosten, Mahnkosten oder Kosten der Rechtsberatung.

Abstrakte Schäden können nicht genau beziffert, sondern immer nur geschätzt werden, z. B. entgangener Gewinn oder Imageschäden. Die Schätzung der Höhe von abstrakten Schäden ist deshalb häufig die Aufgabe von Gerichten. So lässt sich bei dem Regenschirm-Beispiel unter Umständen noch klären, wie viele potenzielle Käufer wegen der nicht überreichten Regenschirme von ihrem Kaufvorhaben abgesehen haben. Allerdings wird man nicht feststellen können, ob dadurch Kunden so verärgert sind, dass sie den Händler ab sofort meiden und bei einem anderen Lieferanten bestellen.

Manche Unternehmen reagieren auf die Problematik der abstrakten Schadensberechnung mit der vertraglichen Festlegung einer **Konventionalstrafe**. Dabei muss der Lieferant eine vorher festgelegte Summe als Strafe bezahlen, auch wenn der Schaden tatsächlich geringer ist.

4.1.4 Verjährung der Mängelansprüche (Gewährleistungsfrist)

Beim zweiseitigen Handelskauf muss der Käufer die Ware bei Eingang prüfen. Beim Verbrauchsgüterkauf entfällt diese Prüfpflicht. Dadurch ergeben sich für die beiden Kaufvertragsarten unterschiedliche Fristen, in denen der Käufer seine Rechte geltend machen kann.

Zweiseitiger Handelskauf: Weil der Kaufmann bei der Prüfung der Ware offene Mängel sofort erkennen kann, ist er auch verpflichtet, diese dem Verkäufer unverzüglich mitzuteilen. Versteckte Mängel muss der Kaufmann unverzüglich nach ihrer Entdeckung rügen, jedoch spätestens innerhalb der **Gewährleistungsfrist von zwei Jahren**. Beim zweiseitigen Handelskauf kann der Kaufmann die Gewährleistungsfristen vertraglich begrenzen.

Gewährleistungsfrist:
§ 438 BGB

AGB
LF2, Kap. 3.2

Verbrauchsgüterkauf: Der Verbraucher hat sowohl bei offenen als auch bei versteckten Mängeln eine **Gewährleistungsfrist von zwei Jahren,** wenn es sich um neu hergestellte Waren handelt. Bei gebrauchten Waren kann sich die Frist auf ein Jahr vermindern, wenn dies vertraglich festgelegt wurde. Die Verjährung beginnt mit der Ablieferung der Ware.

Beweislastumkehr:
§ 476 BGB

Beanstandet ein Verbraucher innerhalb von sechs Monaten seit Übergabe der Ware einen Sachmangel, so wird vermutet, dass die Ware diesen Mangel bereits bei der Warenübergabe aufwies. Das bedeutet, dass im Streitfall der Verkäufer beweisen muss, dass die Ware bei der Übergabe fehlerfrei war. Hier findet eine **Umkehr der Beweislast** statt, da normalerweise eigentlich der Gläubiger (Käufer) den Schadensbeweis antreten muss. Nach Ablauf der sechs Monate liegt die Beweislast wieder beim Verbraucher (Käufer).

regelmäßige Verjährungsfristen:
§§ 195, 199 BGB
LF2, Kap. 4.6.1

Wenn der Verkäufer den Mangel **arglistig verschwiegen** hat, tritt die regelmäßige **Verjährungsfrist von drei Jahren** ein. Diese Regelung gilt sowohl für den zweiseitigen Handelskauf als auch für den Verbrauchsgüterkauf. Die regelmäßige Verjährungsfrist beginnt mit dem Schluss des Jahres, in dem der Käufer von dem Mangel an der Ware Kenntnis erlangt hat.

Für **Gebäude und Einbauten** gilt eine besondere Gewährleistungsfrist von 5 Jahren.

4.1.5 Garantie

Die Garantiekarte des Herstellers wird zusammen mit der Ware übergeben.

Mit der Garantie übernimmt der Hersteller **freiwillig** die Verantwortung dafür, dass innerhalb eines bestimmten Zeitraumes kein Mangel an einer Sache auftritt. Die Übernahme einer Garantie durch den Hersteller ist in der Regel für den Kunden günstiger als die gesetzliche Gewährleistung, da sie auch Mängel umfasst, die erst nach der Übergabe entstehen, und oft länger als die gesetzliche Gewährleistung bewilligt wird.

Diese Garantierechte sind eine freiwillige Leistung des Herstellers, die er deshalb nach seinen eigenen Vorstellungen inhaltlich ausgestalten und ggf. auch beschränken kann. Die Garantieerklärung muss **ausdrücklich** erfolgen, nach ihr richten sich die Voraussetzungen und Rechtsfolgen für die Garantieleistungen.

Das gesetzliche Gewährleistungsrecht bleibt neben einer Garantie bestehen, sodass der Kunde innerhalb der gesetzlichen Gewährleistungsfrist wählen kann, ob er die Garantie (gegen den Hersteller) oder die Gewährleistung (gegen den Verkäufer) in Anspruch nehmen will.

4.1.6 Umgang mit Reklamationen

Die Reklamation eines Kunden bedeutet in der Regel, dass er von den Leistungen des Großhändlers enttäuscht ist. Jede Reklamation ist aber auch als Chance für den Großhändler zu interpretieren: Zum einen lässt sich durch ein erfolgreiches Beschwerdemanagement aus einem enttäuschten Kunden ein überzeugter Kunde machen. Zum anderen gibt es vermutlich ein Verbesserungspotenzial innerhalb des Unternehmens, das genutzt werden sollte.

Die häufigste Ursache für Beanstandungen ist die Ware, weil sie Fehler aufweist oder den Kundenerwartungen nicht entspricht. Aber nicht jeder enttäuschte Kunde beschwert sich. Im schlimmsten Fall zieht der Kunde die Konsequenzen, ohne darüber zu reden. Er geht Ihrem Unternehmen dann nicht nur als Kunde verloren, sondern gibt wahrscheinlich seine Unzufriedenheit noch an andere potenzielle Kunden weiter.

Kunden, die unzufrieden sind, sich aber nicht darüber äußern, sind viel häufiger zu finden als solche, die sich beschweren. Gleichzeitig neigen viele Menschen eher dazu, negative Erfahrungen weiterzuerzählen als positive. Die Folgen negativer Mundpropaganda sollten deshalb niemals unterschätzt werden.

Kundenunzufriedenheit und die Folgen für den Großhändler

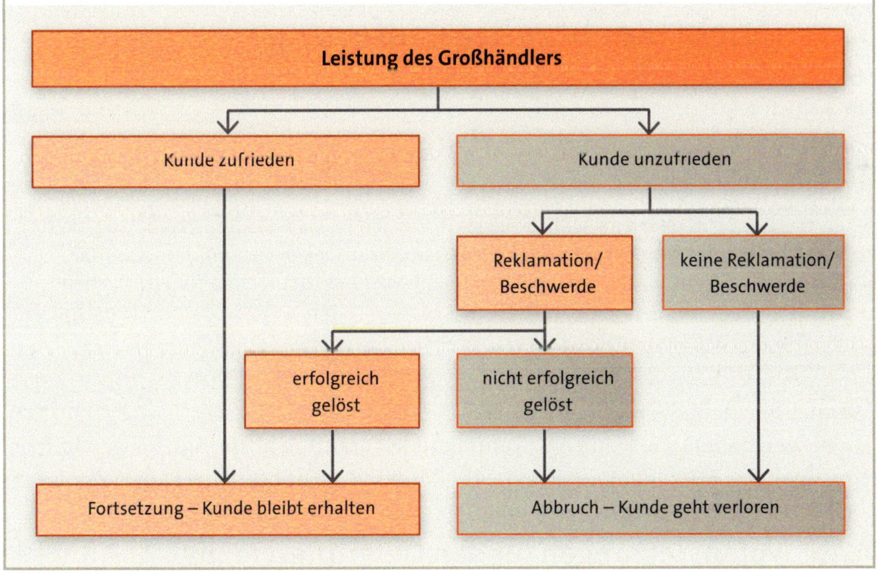

4.1.7 Unberechtigte Reklamationen

Unter vielen Kunden ist die Vorstellung verbreitet, man könne ohne jeden Grund innerhalb eines gewissen Zeitraums (z. B. innerhalb von drei Tagen) von einem Vertrag zurücktreten. Dies ist jedoch ein Irrtum. Geschlossene Verträge – sei es schriftlich oder mündlich – sind grundsätzlich einzuhalten. Es besteht daher kein Rechtsanspruch auf Umtausch einer mangelfrei gelieferten Ware gegen eine andere. Der Großhändler ist im Recht, wenn er sich weigert, eine fehlerfreie Ware zurückzunehmen. Nimmt er die Ware trotzdem zurück, so tut er das freiwillig aus **Kulanz.** Dabei bleibt es ihm überlassen, ob er die Ware direkt umtauscht, einen Gutschein ausstellt oder dem Kunden sogar den Kaufpreis zurückerstattet.

Kulanz
Großzügigkeit, Entgegenkommen

Die Vorgehensweise beim **Kulanzumtausch** wird situationsbezogen entschieden und in jedem Unternehmen unterschiedlich gehandhabt. Der Großhändler befindet sich dabei in einem Zielkonflikt zwischen einer kundenfreundlichen Regelung im Sinne der Kundenbindung und wirtschaftlichen Interessen. Zurückgenommene Waren, die nicht wieder verkäuflich sind, können dem Großhändler hohe Kosten verursachen. Ehe Sie bei solchen Reklamationen eine Entscheidung treffen, sollten Sie im Einzelfall prüfen, ob die Ware noch verkäuflich ist. Wägen Sie die Kundenbindung und die Imagepflege Ihres Unternehmens gegen die entstehenden Kosten ab. Bei offensichtlich übertriebenen Kundenansprüchen oder Verdacht auf Betrug können Sie den Kundenwunsch nach Umtausch oder Geldrückgabe höflich zurückweisen.

Ein professioneller Umgang mit Reklamationen beschränkt sich nicht auf die Bewältigung der jeweiligen Situation. Beanstandungen der Kunden sollten systematisch dokumentiert und analysiert werden. Zur Erfassung der Schwachstellen werden in manchen Unternehmen **Beschwerdelisten** geführt. Die Mitarbeiter werden aufgefordert, alle Beanstandungen zu notieren. Auf der Grundlage dieser Informationen können geeignete Gegenmaßnahmen zur Behebung von Missständen ergriffen werden.

AB ☞ LS 22

4.2 Lieferungsverzug (Nicht-Rechtzeitig-Lieferung)

Beispiel

Freitagmittag, 13.30 Uhr. Es ist Fußball-Weltmeisterschaft, Deutschland spielt gegen Serbien. Da ganz Deutschland im Fußball-Fieber ist, hat Herr Dr. Schönhauser erlaubt, zwei Großbild-Fernseher aufzustellen und gemeinsam Fußball zu schauen – natürlich so, dass die Kunden dabei nicht zu kurz kommen. Herr Dr. Schönhauser hat morgens für „seine Mannschaft" in einer nahe gelegenen Pizzeria zehn Familienpizzen bestellt. Obwohl die Lieferung für 13.30 Uhr zugesagt war, fängt auch die zweite Halbzeit ohne die angekündigte Pizza an.

Wenn die bestellte Ware nicht rechtzeitig eintrifft, kann dies schwerwiegende Konsequenzen haben, z. B. wenn ein Stammkunde daraufhin abspringt. Im Geschäftsleben regelt das BGB daher die Rechte des Käufers gegenüber säumigen Lieferanten.

4.2.1 Voraussetzungen für den Lieferungsverzug

Damit ein Käufer etwaige Rechte geltend machen kann, muss vorab stets geprüft werden, ob die Voraussetzungen für das Vorliegen eines Lieferungsverzuges tatsächlich gegeben sind. Paradoxerweise kann es nämlich sein, dass sich ein Lieferant noch gar nicht im Lieferungsverzug befindet, obwohl er bereits vor 14 Tagen zugesagt hatte: „Lieferung kommt sofort", und die Ware immer noch nicht da ist. Die folgenden Voraussetzungen müssen erfüllt sein, damit sich ein Lieferant rechtlich gesehen im Lieferungsverzug befindet:

Zustandekommen von Kaufverträgen
☞ LF2, Kap. 2

1. Es muss ein gültiger Kaufvertrag bestehen.
Ein Kaufvertrag kommt durch zwei übereinstimmende Willenserklärungen (Antrag und Annahme) zustande.

2. Der Lieferant hat trotz Fälligkeit der Lieferung bisher nicht geliefert.
Ist im Kaufvertrag keine Angabe zum Lieferzeitpunkt gemacht worden, ist die Lieferung **sofort nach Abschluss des Vertrages** fällig. Ansonsten ist die Lieferung zum angegebenen Lieferzeitpunkt fällig.

3. Der Käufer hat die Lieferung angemahnt.
Mit einer Mahnung fordert der Käufer den Lieferanten zur Lieferung auf. Es muss nach Eintritt der Fälligkeit gemahnt werden. Die Mahnung unterliegt keinen Formvorschriften, jede dringende Aufforderung zur Lieferung gilt als Mahnung. Aus Beweisgründen empfiehlt es sich aber, eine schriftliche Mahnung an den Lieferanten zu senden. Erst mit Zugang der Mahnung gerät der Lieferant in Verzug, wenn der **Liefertermin unbestimmt** ist.

Beispiel: Kalendermäßig nicht bestimmbarer Liefertermin

- Lieferung sofort
- Lieferung ab Mai
- Lieferung so schnell wie möglich

Bei diesen Formulierungen kann der Liefertermin nicht mithilfe eines Kalenders bestimmt oder eingegrenzt werden, bis wann die Lieferung spätestens erfolgen soll. Der Käufer muss dem Lieferanten per Mahnung mitteilen, dass er die Lieferung zu einem bestimmten Zeitpunkt erwartet.

Ist der Liefertermin im Kaufvertrag **kalendermäßig bestimmt** bzw. bestimmbar, indem z. B. die Lieferung ab einem bestimmten Ereignis nach dem Kalender berechnet werden kann, so ist eine **Mahnung entbehrlich**.

Beispiel: Kalendermäßig bestimmter oder bestimmbarer Liefertermin

Lieferung am 15.05.XX.
Lieferung im Mai.
Lieferung erfolgt zwei Wochen nach Bestelldatum.
Bei diesen Formulierungen weiß der Lieferant vorher, wann der Käufer die Lieferung erwartet, folglich ist eine Mahnung nicht mehr notwendig, um den Lieferanten in Verzug zu setzen.

Eine Mahnung ist auch im Fall der **Selbstinverzugsetzung** entbehrlich, wenn also der Lieferant bereits mitgeteilt hat, dass er zum vereinbarten Termin nicht liefern wird. Auch aus besonderen Gründen kann auf eine Mahnung verzichtet werden. Diese besonderen Gründe ergeben sich meist aus den Rahmenbedingungen eines Kaufvertrages und lassen sich am besten an Beispielen verdeutlichen.

Beispiel: Zweckkauf

Ein Großhandelsunternehmen bestellt anlässlich des zehnjährigen Firmenjubiläums ein kaltes Büfett. Dieses Büfett wird nicht zum Jubiläumstag geliefert.

Zweckkauf
Die Ware wird nur für einen bestimmten Zweck gekauft. Die Zweckbindung muss dem Verkäufer bekannt sein.

Hier kann auf eine Mahnung verzichtet werden, denn nach dem Jubiläumstag hat der Händler kein Interesse mehr an dem Büfett **(Interessenwegfall)**. Der Lieferungsverzug tritt nach dem Jubiläumsfest ohne Mahnung ein. Dies gilt in der Regel für jeden **Zweckkauf**.

Beispiel: Eilbedürftigkeit

Ein Großhandelsunternehmen hat einen Wasserrohrbruch, der die gesamte Lagerware bedroht, und bestellt daraufhin zur sofortigen Lieferung eine Wasserpumpe bei einem Installateur. Die Wasserpumpe kommt aber erst zwei Tage später.

Auch hier muss der Händler keine Mahnung schreiben; der Installateur befindet sich bei Nichterscheinen sofort im Lieferungsverzug, da hier der wichtige Grund **Eilbedürftigkeit** vorliegt.

Verschulden
Ein Verschulden des Verkäufers liegt dann vor, wenn er vorsätzlich oder fahrlässig gehandelt hat. Fahrlässig bedeutet, dass der Verkäufer nicht mit der erforderlichen Sorgfalt gehandelt hat. Vorsatz bedeutet, dass er mit Absicht nicht rechtzeitig geliefert hat.

4. Der Lieferant hat den Lieferungsverzug zu verschulden.
Die Voraussetzung Verschulden spielt nur dann eine Rolle, wenn der Händler Schadenersatz geltend machen möchte. Für alle anderen Rechte ist das Verschulden des Lieferanten unerheblich. Verschulden bedeutet, dass der Lieferant die verspätete Lieferung zu verantworten hat, da er fahrlässig oder sogar vorsätzlich gehandelt hat.

Sollte eine Lieferung aufgrund **höherer Gewalt** (z. B. Streik, Unwetter) nicht rechtzeitig ankommen, liegt kein Verschulden vor, da der Lieferant dies nicht zu verantworten hat.

Beispiel: Fahrlässigkeit

Der für die Lieferung verantwortliche Sachbearbeiter macht Urlaub und es gibt keine Vertretung.

4.2.2 Rechte des Käufers bei Lieferungsverzug

Sind die Voraussetzungen für einen Lieferungsverzug erfüllt, sollte sich der Käufer grundsätzlich überlegen, ob er weiterhin an der Lieferung interessiert ist oder nicht.

1. Der Käufer ist weiterhin an der Lieferung interessiert.
Auch wenn bestellte Ware nicht zum vereinbarten Termin geliefert wird, kann es durchaus gute Gründe geben, dass der Käufer weiterhin an der Lieferung interessiert ist. So könnte der Verkäufer z. B. der einzige Anbieter der Ware sein oder die günstigsten Preise kalkuliert haben. Auch eine langjährige gute Geschäftsbeziehung zum Lieferanten kann ein Grund sein, die Lieferung weiterhin zu wünschen. Dann kann der Käufer **sofort** folgende Rechte geltend machen:

Lieferung weiterhin verlangen: Der Käufer hat das Recht, weiterhin auf Lieferung der Ware und somit auf Erfüllung des Kaufvertrages zu bestehen. Dieses Recht hat er unabhängig davon, ob der Lieferant den Lieferungsverzug zu verantworten hat oder nicht (verschuldensunabhängiges Recht).

Schadenersatz für verspätete Lieferung verlangen: Neben der Lieferung kann der Käufer auch noch Schadenersatz verlangen. Zwingende Voraussetzung dafür ist aber das **Verschulden des Lieferanten**. Den Schadenersatz für die verspätete Lieferung kann der Käufer nicht pauschal geltend machen. Er muss vielmehr beweisen, dass ihm aufgrund der verspäteten Lieferung tatsächlich ein Schaden entstanden ist.

2. Der Käufer ist nicht mehr an der Lieferung interessiert.
Dies kann z. B. der Fall sein, wenn ein anderer Lieferant die gleiche Ware mittlerweile preiswerter anbietet oder die Ware von einem anderen Lieferanten schneller geliefert werden kann. Ein schneller Schlussstrich unter den gestörten Kaufvertrag wäre dann aus Sicht des Käufers wünschenswert. Dies ist auch grundsätzlich in Form eines Rücktritts möglich, jedoch ist der Kaufvertrag noch gültig und der säumige Lieferant muss zunächst eine zweite Chance zur Lieferung erhalten.

Setzen einer angemessenen Nachfrist: Bevor der Käufer von seinem Rücktrittsrecht Gebrauch machen kann, muss er dem Lieferanten eine angemessene Nachfrist zur Lieferung gewähren.

Der Gesetzgeber hat recht deutlich bestimmt, was darunter zu verstehen ist: Eine Nachfrist ist dann angemessen, wenn sie dem Lieferanten die Zeit zur Lieferung ermöglicht, ohne dass er die Ware noch selbst herstellt oder woanders beschafft. Der Gesetzgeber geht hier also davon aus, dass der Lieferant die erwartete Ware im Lager hat und nur noch ausliefern muss. Kann der Lieferant dieses enge Zeitraster erfüllen, muss der Käufer die Ware noch annehmen. Wird die Ware innerhalb der gesetzten Nachfrist nicht geliefert, kann der Käufer vom Kaufvertrag zurücktreten.

Die Nachfrist kann selbstverständlich **zusammen mit der Mahnung** bei Fälligkeit der Lieferung gesetzt werden. So hält sich der Käufer von Anfang an alle möglichen Rechte offen, ohne Zeit durch eine später gesetzte Nachfrist zu verlieren.

Unter bestimmten Umständen kann der Käufer aber auch **ohne Nachfristsetzung** seine ihm zustehenden Rechte geltend machen. Die Nachfrist ist entbehrlich,
- wenn ein Fixkauf vorliegt,
- wenn der Lieferant sich weigert zu liefern,
- wenn besondere Gründe vorliegen, z. B. Interessenwegfall.

Unter diesen Umständen kann der Käufer die folgenden Rechte in Anspruch nehmen:

Rücktritt vom Kaufvertrag: Nach dem erfolglosen Verstreichen einer angemessenen Nachfrist bzw. sofort bei Entbehrlichkeit der Nachfrist kann der Käufer vom Kaufvertrag zurücktreten. Dieses Recht kann er auch geltend machen, wenn der Lieferant den Lieferungsverzug nicht zu verantworten hat (verschuldensunabhängig).

Schadenersatz statt der Leistung: Neben dem Rücktrittsrecht kann der Käufer zusätzlich Schadenersatz statt der Leistung verlangen. Voraussetzung hierfür ist neben dem erfolglosen Setzen einer angemessenen Nachfrist das Verschulden des Lieferanten. Auch hier muss der Käufer seinen entstandenen Schaden belegen, z. B. bei einem **Deckungskauf**.

Deckungskauf
Der Käufer bestellt bei einem anderen, teureren, dafür aber lieferbereiten Lieferanten die Ware. Die Mehrkosten stellt er dem ursprünglichen Lieferanten in Rechnung.

Ersatz vergeblicher Aufwendungen: Der Käufer kann bei Rücktritt vom Kaufvertrag anstelle des Schadenersatzes auch den Ersatz vergeblicher Aufwendungen geltend machen.

AB ☞ LS 23

4.3 Zahlungsverzug (Nicht-Rechtzeitig-Zahlung)

Beispiel

Thomas Wolfen ist jeweils an einem Wochentag dafür zuständig, Briefe und Pakete zur Post zu bringen. Wie üblich fragt er dafür zuerst im Lager nach, ob es irgendwelche Briefe oder Rücksendungen gibt, und geht dann in das Sekretariat, um die Post zu holen. Anders als sonst üblich bittet ihn Frau Wild kurz zu sich herein: „Diesen Brief hier müssen Sie unbedingt als Einschreiben mit Rückschein aufgeben. Und bringen Sie auf jeden Fall den Beleg wieder mit." Frau Wild bemerkt wohl sein verdutztes Gesicht und erklärt ihm den Grund für diese besondere Maßnahme. „Der Kunde hat trotz einer Mahnung und einer großzügig bemessenen Nachfrist immer noch nicht gezahlt. Dem müssen wir jetzt etwas mehr Nachdruck verleihen."

Jeder Händler freut sich über ein gelungenes Verkaufsgespräch, das zu einem Abschluss führt. Aber Vorsicht! Ob der Verkauf tatsächlich einen positiven Beitrag zum Geschäftsergebnis leistet, stellt sich erst heraus, wenn das Geld für die Ware beim Großhändler auch tatsächlich in der Kasse oder auf dem Bankkonto ist. Oft räumt der Großhändler seinen Kunden ein Zahlungsziel (z.B. 30 Tage) ein. Insbesondere hier lauert die Gefahr, dass das Geld für die Ware ausbleibt. Schlimmstenfalls sind die Ware und das Geld weg. Daher ist es wichtig, dass Kunden ihre offenen Rechnungen auch tatsächlich rechtzeitig bezahlen. Mithilfe des **Forderungsmanagements** kann der Händler die fälligen Ausgangsrechnungen überwachen.

4.3.1 Ursachen und Folgen eines Zahlungsverzuges

Immer mehr Endverbraucher oder Unternehmen zahlen verspätet oder auch gar nicht. Die Gründe dafür reichen von Vergesslichkeit bis zum Vorsatz. Im Umgang mit säumigen Kunden sollte der Großhändler deshalb immer den Kundenstatus und die bisherigen Erfahrungen mit dem jeweiligen Kunden berücksichtigen und seine Schritte sorgsam abwägen.

Schnell kann ein zuverlässiger Stammkunde, der einmal versehentlich eine Rechnung verspätet zahlt, mit einer scharf formulierten Mahnung verärgert werden. Andere Kunden legen es wiederum bewusst darauf an, Rechnungen erst nach der Ankündigung rechtlicher Schritte zu bezahlen.

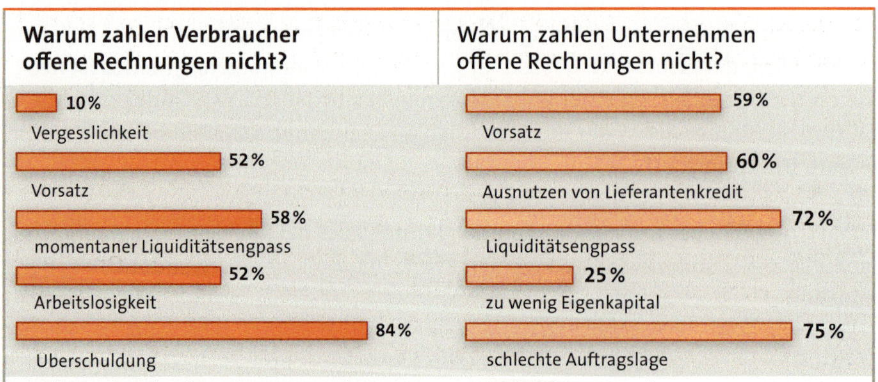

Quelle: Bundesverband Dt. Inkasso-Unternehmen e. V.
(Mehrfachnennungen)

Die Konsequenzen, die ein Unternehmen durch verspätete oder ausbleibende Zahlungen zu tragen hat, können bis zur Insolvenz führen. Folgende Wirkungskette kann durch eine schlechte Zahlungsmoral von Kunden ausgelöst werden:

Wirkungskette

Das Unternehmen verliert an Liquidität und gerät dadurch ggf. selbst in Zahlungsschwierigkeiten. Dadurch verschlechtert sich die Geschäftsbeziehung zu den eigenen Lieferanten und der Verlust von Rabatten und Boni droht.

← Das Guthaben auf dem Bankkonto sinkt, das Unternehmen verliert Guthabenzinsen.

↓ Um die eigene Zahlungsschwierigkeit zu vermeiden, muss das Unternehmen bei Banken einen Kredit aufnehmen.

← Durch den zusätzlichen Kredit verschlechtert sich die Eigenkapitalquote des Unternehmens und die Kreditwürdigkeit sinkt.

← Nicht selten steht am Ende einer solchen Wirkungskette die Insolvenz des Unternehmens.

Wie kann diese Wirkungskette vermieden werden? Eine strenge Verwaltung der fälligen Rechnungen **(Forderungsmanagement)** ist hierfür Voraussetzung. Das Großhandelsunternehmen muss ständig einen Überblick über seine fälligen Ausgangsrechnungen haben. Dazu ist es sinnvoll, eine **Offene-Posten-Liste** der Debitoren zu führen. Um ein einheitliches Forderungsmanagement zu gewährleisten, sollte der Großhändler einen Handlungsplan erstellen, wie mit säumigen Kunden zu verfahren ist. Dies könnte in Form eines Ablaufplans je nach Kundenstatus erfolgen.

Debitoren
Kunden des Unternehmens, an die das Unternehmen Forderungen stellt

Kreditoren
Lieferanten, bei denen das Unternehmen Verbindlichkeiten laufen hat

4.3.2 Voraussetzungen für den Zahlungsverzug

Nachfolgende Voraussetzungen müssen erfüllt sein, damit sich ein Käufer rechtlich gesehen im Zahlungsverzug (Nicht-Rechtzeitig-Zahlung) befindet.

1. Es muss ein gültiger Kaufvertrag bestehen.
Ein Kaufvertrag kommt durch zwei übereinstimmende Willenserklärungen (Antrag und Annahme) zustande.

Zustandekommen von Kaufverträgen
LF2, Kap. 2

2. Der Käufer hat trotz Fälligkeit den Rechnungsbetrag bisher noch nicht gezahlt.
In der Regel wird im Kaufvertrag ein Zahlungstermin genannt, der die Fälligkeit der Rechnung bestimmt. Sollte kein Zahlungstermin genannt sein, ist die Zahlung sofort bei Lieferung fällig.

3. Der Verkäufer hat die Zahlung angemahnt und den Käufer in Verzug gesetzt.
Mit einer Mahnung fordert der Verkäufer den Käufer zur Zahlung des fälligen Betrages auf. Die Mahnung ist dabei an keine bestimmte Form gebunden. Aus Beweisgründen empfiehlt es sich aber, eine schriftliche Mahnung an den Käufer zu senden. Ist im Kaufvertrag kein Zahlungstermin genannt, **muss** der Verkäufer an den Käufer eine Mahnung senden, in der er den Käufer zur Zahlung auffordert. Erst mit Zugang der Mahnung wird der Käufer in Verzug gesetzt.

In folgenden Fällen gerät der Käufer auch **ohne Mahnung** in Verzug:
- wenn der Zahlungstermin kalendermäßig bestimmt bzw. bestimmbar ist;
- wenn der Käufer die Zahlung verweigert;
- wenn 30 Tage seit dem Rechnungsdatum vergangen sind. Der Zahlungsverzug tritt dann automatisch am 31. Tag ein. Diese Regelung spielt nur dann eine Rolle, wenn der Zahlungstermin **nicht kalendermäßig bestimmt** wurde. Sollte der Käufer behaupten, die Rechnung nie erhalten zu haben, so beginnt die 30-Tages-Frist ab dem Lieferdatum zu laufen. Für einen Verbrauchsgüterkauf gilt diese Regelung nur, wenn der Verkäufer in seiner Rechnung ausdrücklich darauf hinweist.

Beispiel

Ein Kopiergeschäft kauft am 13.05. bei der BPK GmbH eine Palette Kopierpapier, das angeliefert werden soll. Der Zahlungstermin lautet: „zahlbar sofort netto Kasse". Bei der Auslieferung vergisst der Fahrer jedoch, das Geld zu kassieren. Die BPK GmbH schickt keine Mahnung. Damit gerät das Kopiergeschäft automatisch am 13.06. in Zahlungsverzug.

4. Der Käufer hat den Zahlungsverzug zu verschulden.

Bei Geldschulden wird angenommen, dass der säumige Käufer in nahezu allen Fällen den Zahlungsverzug zu verschulden hat. Das führt dazu, dass der Verkäufer in aller Regel Schadenersatzforderungen geltend machen kann.

Beispiel

Ein langjähriger Kunde der BPK GmbH hat Liquiditätsprobleme. Dadurch kann er die fällige Rechnung für sein trotzdem bestelltes Papier nicht begleichen, der Kreditrahmen der Geschäftskonten ist schon komplett ausgereizt. Die BPK GmbH könnte jetzt u. a. Schadenersatz von diesem Kunden verlangen.

4.3.3 Rechte des Verkäufers

Ist ein Käufer in Zahlungsverzug geraten, so kann der Verkäufer unter verschiedenen Möglichkeiten wählen.

1. Der Verkäufer geht davon aus, dass der Käufer noch zahlt.

Hat der Verkäufer berechtigte Hoffnungen, dass der Käufer seiner Zahlungsverpflichtung noch nachkommt, oder handelt es sich bei der Ware um eine Spezialanfertigung, die der Verkäufer nur schwer anderweitig verkaufen kann, so hat der Verkäufer zunächst ein Interesse daran, den Kaufvertrag aufrechtzuerhalten. Dann kann er **ohne Nachfristsetzung** sofort folgende Rechte geltend machen:

Zahlung weiterhin verlangen: Der Verkäufer kann trotz der Überschreitung des Zahlungstermins weiterhin die Zahlung verlangen.

Schadenersatz wegen Pflichtverletzung: Zahlt der Käufer nicht rechtzeitig, kann der Verkäufer einen Verzugsschaden geltend machen. Voraussetzung hierfür ist das Verschulden des Käufers, welches aber bei Geldschulden grundsätzlich als gegeben angesehen wird.

Verzugszinsen: Neben Schäden, die durch die verspätete Zahlung entstanden sind (z.B. Mahn-, Telefon- oder Anwaltskosten), kann der Verkäufer auch Verzugszinsen verlangen. Bei einem **Verbrauchsgüterkauf** werden grundsätzlich 5% Zinsen p.a. über dem **Basiszinssatz** berechnet. Die Zinsen sind ab dem Verzugsdatum zu berechnen; falls für den Zahlungsverzug eine Mahnung notwendig ist, ab Zugang der Mahnung. In der Praxis werden zwei Tage nach der Absendung der Mahnung als Zugangsdatum angenommen.

Bei einem **zweiseitigen Handelskauf** beträgt der Zinssatz 9% p.a. über dem Basiszinssatz.

Verzugszinsen:
§ 288 BGB

p. a. (per annum) *pro Jahr*

Der Basiszinssatz
wird jeweils zum 1. Januar und 1. Juli eines jeden Jahres von der Europäischen Zentralbank (EZB) bekanntgegeben.
www.basiszinssatz.de

Beispiel

Der Basiszinssatz beträgt seit dem 1. Juli 20XX 0,12%. Für den Verbrauchsgüterkauf ergibt sich ein Verzugszinssatz von 5,12%, für den zweiseitigen Handelskauf sind es 9,12%.

Der Verkäufer hat außerdem Anspruch auf die Zahlung einer **Pauschale in Höhe von 40 Euro.** Diese Regel gilt für alle Rechtsgeschäfte, an denen kein Verbraucher beteiligt ist, also auch für Kleingewerbetreibende.

Kleingewerbetreibende
LF1, Kap. 6.1

Höherer Verzugsschaden: Entsteht dem Verkäufer ein höherer Verzugsschaden, etwa durch die Notwendigkeit einer Kreditaufnahme infolge des ausstehenden Zahlungseinganges, so kann er diese Aufwendungen ebenfalls geltend machen. Für diese Mehraufwendungen besteht allerdings eine Nachweispflicht.

2. Der Verkäufer geht davon aus, dass der Käufer nicht zahlt.
Erwartet der Verkäufer nicht mehr, dass der Käufer seiner Zahlungsverpflichtung nachkommt, ist er an einer Beendigung der Vertragsbeziehung interessiert. In diesem Fall wird er Schadenersatz statt Leistung verlangen und / oder vom Kaufvertrag zurücktreten. Für die Inanspruchnahme dieser Rechte ist es aber notwendig, dass der Verkäufer dem Käufer **eine angemessene Nachfrist** zur Zahlung setzt. Diese Nachfrist ist nur dann entbehrlich, wenn der Käufer die Zahlung verweigert oder der Zahlungstermin im Vertrag terminlich genau bestimmt ist und außerdem im Vertrag deutlich steht, dass bei nicht rechtzeitiger Zahlung der Verkäufer kein Interesse mehr am Fortbestehen des Vertrages hat.

Schadenersatz statt der Leistung: Auf dieses Recht wird der Verkäufer zurückgreifen, wenn er die nicht bezahlte Ware an einen anderen Kunden verkaufen kann. Wenn der Verkäufer dafür allerdings nur einen niedrigeren Preis erzielen kann, wird er die Differenz zwischen diesem Verkaufserlös und dem im Kaufvertrag zuvor vereinbarten höheren Preis sowie etwaige Verzugszinsen als Schaden geltend machen.

Rücktritt vom Kaufvertrag: Von dieser Möglichkeit wird der Verkäufer z.B. dann Gebrauch machen, wenn er in Erfahrung gebracht hat, dass der Käufer nicht zahlen kann. Durch den Rücktritt vom Kaufvertrag wird der Verkäufer wenigstens versuchen, seine Ware zurückzuerhalten.

4.4 Kaufmännisches und gerichtliches Mahnverfahren

Erfüllt ein Käufer seine Zahlungsverpflichtung nicht, kann der Verkäufer mithilfe des kaufmännischen und des gerichtlichen Mahnverfahrens versuchen, seinen Anspruch geltend zu machen.

4.4.1 Kaufmännisches (außergerichtliches) Mahnverfahren

Das kaufmännische Mahnverfahren, das auch als außergerichtliches Mahnverfahren bezeichnet wird, soll den säumigen Kunden zur Zahlung veranlassen, ohne sich dabei gerichtlicher Hilfe zu bedienen. Für das kaufmännische Mahnverfahren gibt es keine gesetzlichen Vorschriften, sodass die Vorgehensweisen von Unternehmen zu Unternehmen unterschiedlich ausfallen können.

Wenn ein Kunde erstmalig nicht pünktlich zahlt, so wird der Verkäufer nicht gleich von all seinen gesetzlichen Rechten Gebrauch machen. Er wird Wert darauf legen, auch weiterhin die Geschäftsbeziehung aufrechtzuerhalten, und zunächst versuchen, auf gütliche Weise zum Ziel zu kommen. In der Praxis beginnt das kaufmännische Mahnverfahren in der Regel mit einer freundlich formulierten Zahlungserinnerung. Sollte diese nicht zum erhofften Erfolg führen, werden die folgenden Mahnungen schrittweise dringender formuliert. Aus Gründen der Beweisbarkeit erfolgen Mahnungen in der Regel schriftlich. Folgender Ablauf ist denkbar:

Ablauf kaufmännisches Mahnverfahren

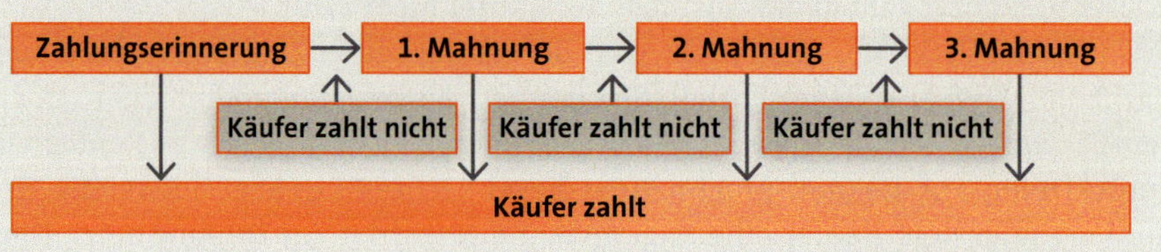

Zahlungserinnerung: Höflich formuliertes Erinnerungsschreiben mit Rechnungskopie.
1. Mahnung: Wird nicht unfreundlich, aber entschieden formuliert. Unter Hinweis auf die Fälligkeit der Schuld enthält sie die Aufforderung zur Zahlung unter Angabe einer Frist.
2. Mahnung: Enthält eine schärfer formulierte Aufforderung zur Zahlung und ggf. in Rechnung gestellte Mahnkosten und Verzugszinsen.
3. und letzte Mahnung: Enthält meist die Androhung rechtlicher Schritte, wenn bis zu einem letzten Termin keine Zahlung erfolgt ist.

Ob ein Unternehmen den beispielhaften Ablauf oben übernimmt, ist ihm freigestellt. Möglich ist auch, dass es bereits im ersten Schreiben seinen säumigen Kunden rechtliche Schritte androht. Die Auswahl der möglichen Maßnahmen hängt u. a. von Folgendem ab:

- dem Kundenstatus
- der Höhe der Rechnung
- der Bonität des säumigen Kunden
- der vermuteten Liquidität des säumigen Kunden

4.4.2 Gerichtliches Mahnverfahren

Das gerichtliche Mahnverfahren ist ein standardisiertes Verfahren, mit dem ein Gläubiger mit Unterstützung des Gerichts schnell und kostengünstig an sein Geld kommen kann. Dafür muss beim Mahngericht ein **Mahnbescheid** beantragt werden.

Der Antrag auf einen Mahnbescheid wird in der Regel online gestellt. Der ausgefüllte Antrag wird an das zuständige Mahngericht geschickt, das dann einen Mahnbescheid an den säumigen Kunden sendet. Die Rechtmäßigkeit des Anspruches wird durch das Gericht nicht geprüft. Ein Mahnbescheid ist nichts anderes als eine Mahnung des Gerichts, d. h. die Aufforderung des Gerichts zur Zahlung der genannten Schuld.

Der Antrag auf einen Mahnbescheid ist dann sinnvoll, wenn zu erwarten ist, dass der säumige Kunde seiner Zahlungsverpflichtung nicht nachkommen wird. Der Gläubiger kann so schneller zu seinem Geld kommen als durch einen langwierigen Prozess.

Das Antragsformular ist auch in Papierform im Schreibwarenladen erhältlich. Für verschiedene Gruppen (z. B. Anwälte und Inkassounternehmen in NRW) ist jedoch die elektronische Variante verpflichtend.
www.online-mahnantrag.de

Antrag auf Erlass eines Mahnbescheids
Bergisches Papierkontor GmbH
gegen Druck und Copy GmbH
– maschinell lesbarer Antrag für das automatisierte Verfahren – 001 BARC0001 207360 4BF2312

	Verfahrenswährung:	EUR
Antragsteller		
1. Antragsteller		
	Rechtsform:	GmbH
	Name:	Bergisches Papierkontor GmbH
	Straße:	Elberfelder Str. 85
	PLZ/Ort/Nation:	42285 Wuppertal
1. Gesetzlicher Vertreter		
	Funktion:	Geschäftsführer
	Name:	Dr. Peter Schönhauser
	Straße:	Elberfelder Str. 85
	PLZ/Ort/Nation:	42285 Wuppertal
Antragsgegner		
1. Antragsgegner		
	Rechtsform:	GmbH
	Name:	Druck und Copy GmbH
	Straße:	Ebertplatz 9
	PLZ/Ort/Nation:	50668 Köln
Prozessgericht		
	Anschrift:	Amtsgericht Köln 50922 Köln
1. Gesetzlicher Vertreter		
	Funktion:	Geschäftsführer
	Name:	Holger Hansen
	Straße:	Ebertplatz 9
	PLZ/Ort/Nation:	50668 Köln
Ansprüche		
	Summe der Hauptforderungen:	580,00 EUR
1. Katalogisierbarer Anspruch		
	Anspruch:	Kaufvertrag (Katalog-Nr. 11)
	Mitteilungsform:	Mahnung
	Rechnungsnummer:	1695
	ab/vom:	20.03.20X2
	Betrag:	580,00 EUR
Ausgerechnete Zinsen		
	vom:	20.04.20X2
	bis:	20.04.20X3
	Betrag:	47,10 EUR
	höchster Zinssatz:	8,120 %

Antrag auf Erlass eines Mahnbescheids (Auszug)

Ablauf des gerichtlichen Mahnverfahrens

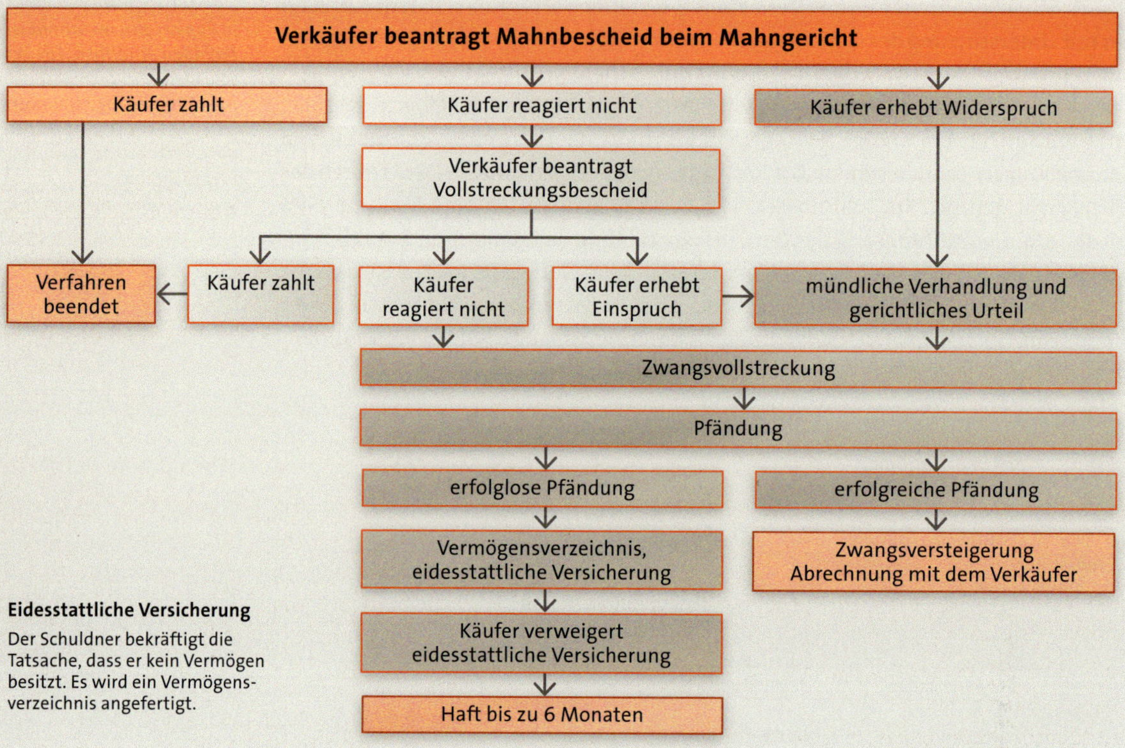

Eidesstattliche Versicherung
Der Schuldner bekräftigt die Tatsache, dass er kein Vermögen besitzt. Es wird ein Vermögensverzeichnis angefertigt.

1. Antrag auf Erlass eines Mahnbescheides beim zuständigen Mahngericht.
2. Das Gericht erlässt den Mahnbescheid und stellt ihn dem Schuldner (Käufer) zu. Der Schuldner hat nun drei Möglichkeiten, auf den Mahnbescheid zu reagieren:
   a) Der Schuldner zahlt an den Gläubiger und das Verfahren ist beendet.
   b) Der Schuldner erhebt innerhalb von zwei Wochen Widerspruch bei Gericht. Der Gläubiger wird durch das Amtsgericht über den Widerspruch benachrichtigt und aufgefordert, seinen Anspruch zu begründen. Das Gericht setzt dann einen Termin für eine mündliche Verhandlung fest.
   c) Der Schuldner unternimmt nichts. Nach zwei Wochen kann der Gläubiger innerhalb von sechs Monaten einen Antrag auf Erlass eines Vollstreckungsbescheids stellen.

Vollstreckungsbescheid
letzte Zahlungsaufforderung des Gerichts

3. Das Mahngericht erlässt den **Vollstreckungsbescheid** auf Antrag des Gläubigers. Der Vollstreckungsbescheid ist ein sogenannter „vollstreckbarer Titel“, der es dem Gläubiger erlaubt, gegen den Schuldner die Zwangsvollstreckung durchzuführen. Nach der Zustellung des Vollstreckungsbescheides hat der Schuldner folgende Handlungsalternativen:
   a) Der Schuldner zahlt und das Verfahren ist beendet.
   b) Innerhalb von zwei Wochen kann der Schuldner Einspruch erheben. Dann kommt es zu einer Verhandlung vor Gericht.
   c) Der Schuldner unternimmt wiederum nichts. Damit wird der Vollstreckungsbescheid rechtskräftig.
4. Nach Ablauf der zweiwöchigen Einspruchsfrist kann die **Zwangsvollstreckung** durch einen Gerichtsvollzieher durchgeführt werden.

Voraussetzung für eine Zwangsvollstreckung ist ein **Vollstreckungsbescheid** oder ein gerichtliches Urteil. Die Zwangsvollstreckung meint die Pfändung durch einen Gerichtsvollzieher und die Verwertung von Pfandsachen zugunsten des Gläubigers. Bei der **Pfändung** nimmt der Gerichtsvollzieher Geld, Schmuck und Wertpapiere in Besitz. Andere verwertbare Gegenstände werden nicht sofort mitgenommen, aber durch das Aufkleben eines Pfandsiegels („Kuckuck") als gepfändet gekennzeichnet. Unpfändbar sind lebensnotwendige Gegenstände und Gegenstände, die zur Ausübung des Berufs unabdingbar sind. Haben diese nichtpfändbaren Gegenstände aber einen außerordentlich hohen Wert, so können sie im Rahmen einer **Austauschpfändung** durch geringerwertige ersetzt werden. Neben diesen beweglichen Gegenständen können auch Rechte, wie z. B. Forderungen und Gehaltsansprüche, und natürlich auch unbewegliche Gegenstände, wie z. B. Häuser und Grundstücke, gepfändet werden. Zum Abschluss des Verfahrens erhält der Schuldner eine Abrechnung und eventuell einen Überschuss ausgezahlt.

4.4.3 Sicherung der Zahlungseingänge

Klageverfahren: Sollte es im Rahmen des gerichtlichen Mahnverfahrens zu einem Widerspruch/Einspruch des Gläubigers kommen, so wird die Rechtmäßigkeit der Forderung in einer gerichtlichen Verhandlung geprüft. Selbstverständlich kann der Gläubiger auch sofort den Weg der Klage vor Gericht beschreiten. Dies ist aber selten der Fall, weil es ein sehr zeitaufwendiger und unter Umständen kostenintensiver Weg ist, da hier meist ein Anwalt beauftragt werden muss.

Beauftragung eines Inkassoinstituts: Inkassoinstitute sind darauf spezialisiert, gewerbsmäßig den Einzug fremder Geldforderungen zu übernehmen. Aufgrund ihrer umfangreichen Erfahrungen und ihres hohen Organisationsgrades nutzen sie alle Möglichkeiten des kaufmännischen und gerichtlichen Mahnverfahrens, der Klage und der Zwangsvollstreckung. Durch das **Outsourcing** dieses Aufgabengebietes spart der Großhändler Zeit und Verwaltungskosten, muss dafür aber eine Gebühr an das Inkassoinstitut zahlen. Bei der Auswahl eines Inkassoinstitutes sollte der Großhändler sichergehen, dass er mit einem seriösen Unternehmen zusammenarbeitet, das im Rahmen der gültigen Gesetze handelt und nicht am Rande der Legalität.

Outsourcing
Verlagerung nach außen; interne Aufgaben werden gegen Entgelt von externen Unternehmen übernommen.

Angesichts des Arbeitsaufwandes und der hohen Kosten, die säumige Kunden verursachen, stellt sich die Frage nach weiteren Maßnahmen, die **im Voraus** ergriffen werden können, um fällige Zahlungseingänge abzusichern oder ihren rechtzeitigen Eingang wahrscheinlicher werden zu lassen. Auch hier kann der Großhändler aus einem ganzen Maßnahmenpool schöpfen:

- Vor Aufnahme von Geschäftsbeziehungen Auskünfte über die Bonität der Kunden einholen (z. B. durch eine Auskunftei)
- besondere Zahlungsbedingungen festlegen, z. B. Vorauszahlung oder Anzahlung
- besondere Zahlungsarten festlegen, z. B. Barzahlung oder Kartenzahlung mit Zahlungsgarantie
- Lieferung unter Eigentumsvorbehalt
- Abzug von Skonto bei frühzeitiger Zahlung
- ein aktives Forderungsmanagement und eine festgelegte Vorgehensweise gegen säumige Kunden

Zahlungsbedingungen
LF2, Kap. 3.1.3
Zahlungsarten
LF2, Kap. 5.2
Eigentumsvorbehalt, Skontoabzug
LF2, Kap. 3.1.3

AB ☞ LS 24

4.5 Annahmeverzug

Beispiel

Ein Tischler hat nach Kundenwünschen eine Einbauküche nach Maß angefertigt und die gewünschten Elektrogeräte beschafft. Als er die Küche aufbauen will, teilt ihm sein Auftraggeber jedoch mit, dass er ins Ausland versetzt wird und keine Verwendung mehr für die neue Küche hat. Den Mietvertrag für seine Wohnung hat er bereits gekündigt.

Sind die entsprechenden Voraussetzungen erfüllt, handelt es sich um einen Annahmeverzug (auch Gläubigerverzug genannt): Ein Kunde nimmt die vereinbarungsgemäß angebotene Ware nicht an.

4.5.1 Voraussetzungen für den Annahmeverzug

Nachfolgende Voraussetzungen müssen erfüllt sein, damit sich ein Käufer rechtlich gesehen im Annahmeverzug befindet:

1. **Es muss ein gültiger Kaufvertrag bestehen.**
2. **Die Lieferung muss fällig sein.** Die Fälligkeit der Lieferung ergibt sich aus den Lieferbedingungen des Kaufvertrags. Wurde vertraglich kein Liefertermin vereinbart, kann der Verkäufer sofort liefern.
3. **Dem Gläubiger wird die Ware tatsächlich angeboten.** Dabei kann es sich um die Anlieferung der Ware handeln, aber auch um die Aufforderung, die bestellte Ware vereinbarungsgemäß abzuholen.
4. **Der Gläubiger nimmt die Ware nicht an oder holt sie nicht wie vereinbart ab.** Ein Verschulden muss dabei nicht vorliegen.

tatsächliches Angebot:
§ 294 BGB

4.5.2 Rechte des Verkäufers

Sind die Voraussetzungen des Annahmeverzugs erfüllt, hat der Verkäufer **sofort ohne Nachfristsetzung** folgende Möglichkeiten:

- **Ware einlagern und auf Abnahme klagen:** Der Verkäufer kann auf der Abnahme der Ware bestehen. Bis zur erneuten Anlieferung bzw. bis zur Abholung der Ware kann er diese auf Kosten des Käufers in einem Lagerhaus einlagern.
- **Ersatz von Mehraufwendungen fordern:** Kosten, die dem Verkäufer durch die Bearbeitung des Annahmeverzugs, das Lagern oder den erneuten Transportweg anfallen, kann er dem Käufer gegenüber geltend machen.

Hinterlegungsort:
§ 374 BGB

Ersatz von Mehraufwendungen:
§ 304 BGB

Nach Ablauf einer angemessenen Nachfrist kann der Verkäufer Folgendes tun:

- **Rücktritt vom Vertrag:** Die Inanspruchnahme dieses Rechts bietet sich häufig bei Gattungsware an.
- **Selbsthilfeverkauf:** Der Verkäufer kann Ware auf Kosten des Käufers öffentlich versteigern lassen. Dabei muss der Verkäufer den Käufer über den Termin und den Ort informieren und eine Abrechnung über den erzielten Erlös vorlegen. Liegt der Erlös unter dem vereinbarten Kaufpreis, so muss der Käufer die Differenz tragen. Liegt er darüber, steht dem Käufer die Differenz zu. Verderbliche Waren können im Rahmen eines **Notverkaufs** sofort öffentlich versteigert werden, Waren mit einem feststellbaren Marktpreis per **freihändigem Verkauf.**

Gefahrenübergang
Mit dem Annahmeverzug geht die Gefahr der Beschädigung oder des Untergangs der Ware auf den Käufer über. Der Verkäufer haftet nur noch bei grober Fahrlässigkeit und Vorsatz.

4.6 Verjährung

Die Forderungen aus einem Kaufvertrag (z. B. Zahlung des Kaufpreises) können verjähren: Nach einem bestimmten Zeitraum werden die Ansprüche nicht mehr vom Gesetz geschützt. Beruft sich der Schuldner auf die Verjährung, so braucht er nicht mehr zu zahlen.

Verjährung:
§§ 194 ff. BGB

4.6.1 Verjährungsfristen

Für die Verjährung von Forderungen gibt es unterschiedliche Fristen. So verjähren Ansprüche aus rechtskräftigen Urteilen oder Vollstreckungsbescheiden erst nach 30 Jahren. Das gerichtliche Mahnverfahren hat daher für den Gläubiger auch den Zweck, die Verjährung seiner Ansprüche zu verhindern. Bestimmte Verbrechen wie z. B. Mord verjähren nie.

gerichtliches Mahnverfahren
LF2, Kap. 4.4.2

Wichtige Verjährungsfristen gemäß BGB

2 Jahre	bei Sachmangelhaftung	Verjährung beginnt mit der Übergabe der Sache
3 Jahre	regelmäßige Verjährungsfrist für alle Ansprüche (§ 195 BGB)	Verjährungsfrist beginnt mit dem Ende des Jahres (31.12.), in dem der Anspruch entstanden ist
5 Jahre	bei Mängeln am Bau	Verjährung beginnt mit der Entstehung des Anspruchs
10 Jahre	bei Ansprüchen auf Übertragung des Eigentums an einem Grundstück (§ 196 BGB)	Verjährung beginnt mit der Entstehung des Anspruchs
30 Jahre	• bei Herausgabeansprüchen aus Eigentum und anderen dinglichen Rechten • bei familien- und erbrechtlichen Ansprüchen • bei rechtskräftig festgestellten Ansprüchen • bei Ansprüchen aus vollstreckbaren Vergleichen oder vollstreckbaren Urkunden (z. B. Vollstreckungsbescheid) • bei Ansprüchen, die durch die im Insolvenzverfahren erfolgte Feststellung vollstreckbar geworden sind • bei Ansprüchen auf Erstattung der Kosten der Zwangsvollstreckung (§ 197 BGB)	Verjährung beginnt mit der Entstehung des Anspruchs

Ansprüche wegen Sachmängeln (Schlechtleistung) verjähren nach zwei Jahren. Die Frist beginnt mit der Entstehung des Anspruches, d. h. mit der Übergabe der Ware.

Die **regelmäßige Verjährungsfrist für Geldansprüche** beträgt drei Jahre. Sie beginnt am Ende des Jahres, in dem der Anspruch entstanden ist.

Verjährung von Mängelansprüchen
LF2, Kap. 4.1.4

Beispiel: Verjährung von Sachmängeln

Das Beschaffungsamt Essen kauft bei der BPK GmbH am 15. Juli 20X1 kopiertaugliche Folien. Als die Folien am 3. August 20X3 erstmalig eingesetzt werden sollen, stellt sich heraus, dass die Folien nicht kopiertauglich sind. Das Beschaffungsamt kann jedoch keine Ansprüche geltend machen, da diese mit Ablauf des 15. Juli 20X3 verjährt sind.

Beispiel: Verjährung von Geldansprüchen

Die BPK GmbH verkauft der Heinrich Kleist Druckerei 1000 Bogen hochwertiges Kunstdruckpapier. Die Rechnung geht der Druckerei am 21. Oktober 20X1 zu und ist am 20. November 20X1 fällig. Der Anspruch auf die Zahlung des Kaufpreises erlischt mit Ablauf des 31. 12. 20X4.

4.6.2 Neubeginn der Verjährung

Wird die Verjährung unterbrochen, beginnt der Lauf der Verjährung ohne Anrechnung der schon abgelaufenen Frist wieder von vorn. Dies ist der Fall, wenn

- der Schuldner den Anspruch ausdrücklich (z. B. schriftlich), durch eine Teilzahlung oder durch die Zahlung von Verzugszinsen anerkennt,
- der Gläubiger seine Ansprüche gerichtlich geltend gemacht hat, z.B. durch ein rechtswirksames Gerichtsurteil.

Beispiel

Die fällige Rechnung über das Kunstdruckpapier wird am 20. Dezember 20X1 und am 20. Januar 20X2 angemahnt. Daraufhin leistet die Druckerei am 15. März 20X2 eine Anzahlung von 300 Euro.

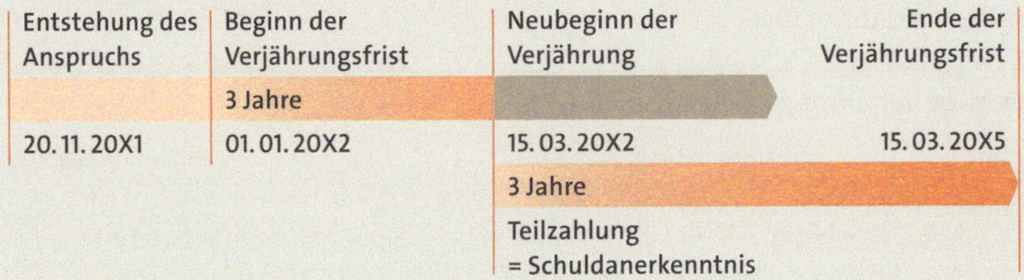

4.6.3 Hemmung der Verjährung

Hemmungsgründe:
§§ 203 bis 208 BGB

Stundung
zeitlich begrenzter Zahlungsaufschub

Der Ablauf der Verjährungsfrist wird unter bestimmten Umständen gehemmt. Der Zeitraum der Hemmung wird nicht mit in die Verjährungsfrist eingerechnet. Die Verjährung wird z. B. gehemmt, wenn

- Schuldner und Gläubiger über den Anspruch verhandeln,
- Klage erhoben wird,
- der Schuldner um **Stundung** bittet und der Gläubiger sie bewilligt,
- der Gläubiger durch höhere Gewalt an der Rechtsverfolgung seiner Ansprüche gehindert ist,
- ein Mahnbescheid im gerichtlichen Mahnverfahren zugestellt wird.

Beispiel

Die BPK GmbH bewilligt der Heinrich Kleist Druckerei, die sich vorübergehend in Zahlungsschwierigkeiten befindet, am 1. April 20X2 einen Zahlungsaufschub bis zum 31. Juli 20X2.

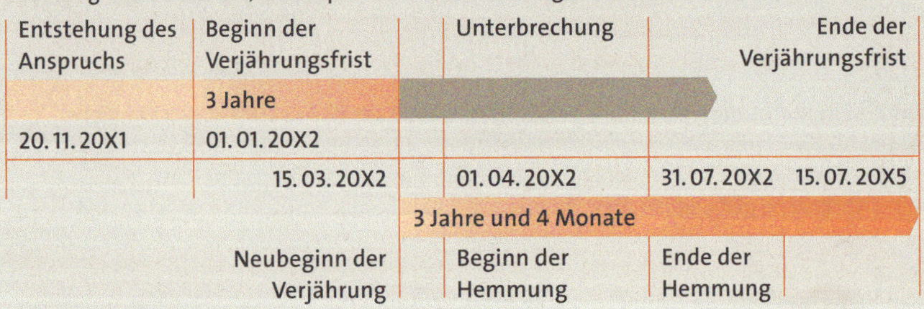

5 Zahlungsverkehr

AB ☞ LS 25, 26

Im Rahmen der Bestellabwicklung ergibt sich im Großhandelsunternehmen täglich eine Fülle von Zahlungsverpflichtungen gegenüber Lieferanten und Zahlungseingängen von Kunden. Je nachdem, welches Zahlungsmittel (Bargeld oder Buchgeld) gewählt wird, werden verschiedene Zahlungsarten unterschieden.

- Benutzt man **Bargeld** zur Begleichung einer Schuld, spricht man von Barzahlung.
- Bei der **halbbaren Zahlung** wird Bargeld in Buchgeld umgewandelt oder umgekehrt.
- Bei der **unbaren (bargeldlosen) Zahlung** erfolgt die Zahlung allein durch Buchgeld, d. h., der Zahlungsempfänger erhält eine Gutschrift auf sein Konto und beim Zahlenden erfolgt eine Abbuchung. Dabei können verschiedene Verfahren genutzt werden.

Auf die Darstellung der halbbaren Zahlung wird hier verzichtet, da sie in der Praxis stark an Bedeutung verloren hat.

Die Wahl der geeigneten Zahlungsart ist abhängig von den Ansprüchen, die man an sie stellt. Hier stehen Schnelligkeit der Zahlung gegen Sicherheit und ein guter Überblick über den Kontostand gegen Flexibilität. Ein wichtiges Kriterium sind natürlich auch die **Kosten des Zahlungsverkehrs**. Sie entstehen z. B. durch Kontoführungsgebühren oder Kosten für die Nutzung von Kreditkarten, aber auch bei Verlust oder Diebstahl von Geld und Geldersatzmitteln. Bei Bargeld ist das Risiko höher, weil ein Verlust nicht versichert ist. Auf der anderen Seite entstehen durch die Versicherung wiederum Kosten, die sich in Beiträgen und Gebühren niederschlagen.

Nicht zuletzt muss darauf geachtet werden, dass der **Verwaltungsaufwand** für den Zahlungsverkehr möglichst gering gehalten wird, da hier Personalkosten anfallen. So kann die Nutzung des elektronischen Datenaustausches für ein Unternehmen durchaus sinnvoll sein, obwohl dafür u. U. erst eine geeignete EDV-Anlage angeschafft werden muss (Investitionskosten).

Barzahlung im Supermarkt

Bareinzahlung am Bankschalter (halbbare Zahlung)

Bargeldlose Zahlung mit einer Geldkarte

5.1 Barzahlung

Auch in einigen Großhandelsbetrieben werden am Kassenplatz Kaufverträge abgeschlossen und erfüllt, d. h., der Kunde gibt sein Zahlungsmittel ab und erhält dafür die Ware. **Gesetzliches Zahlungsmittel** in der Bundesrepublik Deutschland ist der Euro (€). Münzen sind allerdings nur in begrenztem Umfang gesetzliches Zahlungsmittel. Der Händler ist nicht verpflichtet, mehr als 50 Münzen pro Zahlungsvorgang vom Kunden anzunehmen.

Eine Barzahlung bedeutet für den Großhändler eine unmittelbare Einnahme, es entfallen die Notwendigkeit des Mahnens und das Risiko einer fehlenden Kontodeckung. Beim Umgang mit Bargeld kann es aber auch zum Verlust kommen, z. B. durch falsche Herausgabe oder durch Diebstahl. Die Barzahlung verliert daher auch bei Verbrauchsgüterkäufen immer mehr an Bedeutung. Außerdem besteht das Risiko, auf Falschgeld hereinzufallen. Deswegen muss der Verkäufer die Sicherheitsmerkmale von Münzen und Scheinen genau kennen. Technische Hilfsmittel, die zur Falschgelderkennung eingesetzt werden, sind z. B. Infrarotlesegeräte, UV-Lampen und Magnetleser.

Sicherheitsmerkmale der Euro-Banknoten

Perlglanzstreifen
Beim Kippen der Banknote wird ein goldfarbener Streifen sichtbar, in dem das €-Symbol und die jeweilige Wertzahl zu erkennen sind (betr. 5-, 10- und 20-Euro-Banknoten).

Stichtiefdruck
ergibt auf der Banknotenvorderseite ein ertastbares Relief.

Durchsichtsregister
Unregelmäßige Zeichen auf Vorder- und Rückseite ergänzen sich im Gegenlicht zur vollständigen Wertzahl.

Wasserzeichen
Im Gegenlicht sind das jeweilige Architekturmotiv und die Wertangabe zu sehen.

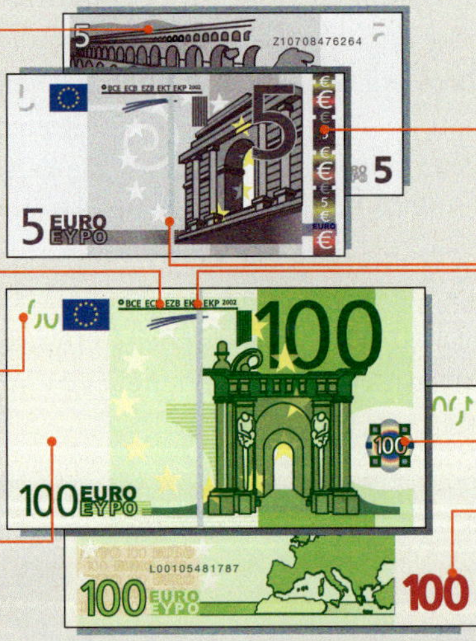

Folienstreifen
Beim Kippen der Banknote erscheinen je nach Betrachtungswinkel das €-Symbol oder die jeweilige Wertzahl als Hologramm.

Sicherheitsfaden
Im Gegenlicht wird eine dunkle Linie sichtbar.

Folienelement
Ein Hologramm zeigt je nach Betrachtungswinkel das jeweilige Architekturmotiv oder die Wertzahl.

Farbwechsel
Beim Kippen der Banknote wechselt die Farbe der Wertzahl rechts unten (nur 50-, 100-, 200-und 500-Euro-Banknoten).

ZAHLENBILDER 715 582

Bei einer Barzahlung kann der Kunde nach § 368 BGB einen Zahlungsnachweis verlangen. In der Regel gilt eine **Quittung** als Beleg dafür, dass die Rechnung bar bezahlt worden ist. Daneben ist auch ein **Kassenbon** der Registrierkasse oder der Quittungsvermerk auf einer Rechnung Beweis für die Bezahlung eines Betrages.
Eine Quittung sollte enthalten:

1. den Betrag in Ziffern und in Buchstaben
2. den Umsatzsteuerbetrag und den Steuersatz (ab 150,00 Euro brutto)
3. den Namen des Zahlenden
4. den Ort und das Datum der Ausstellung
5. den Zahlungsgrund
6. die Empfangsbestätigung
7. die Unterschrift des Zahlungsempfängers

Bei Beträgen über 150,00 Euro brutto müssen auf der Quittung der Nettobetrag und die Umsatzsteuer gesondert ausgewiesen werden.

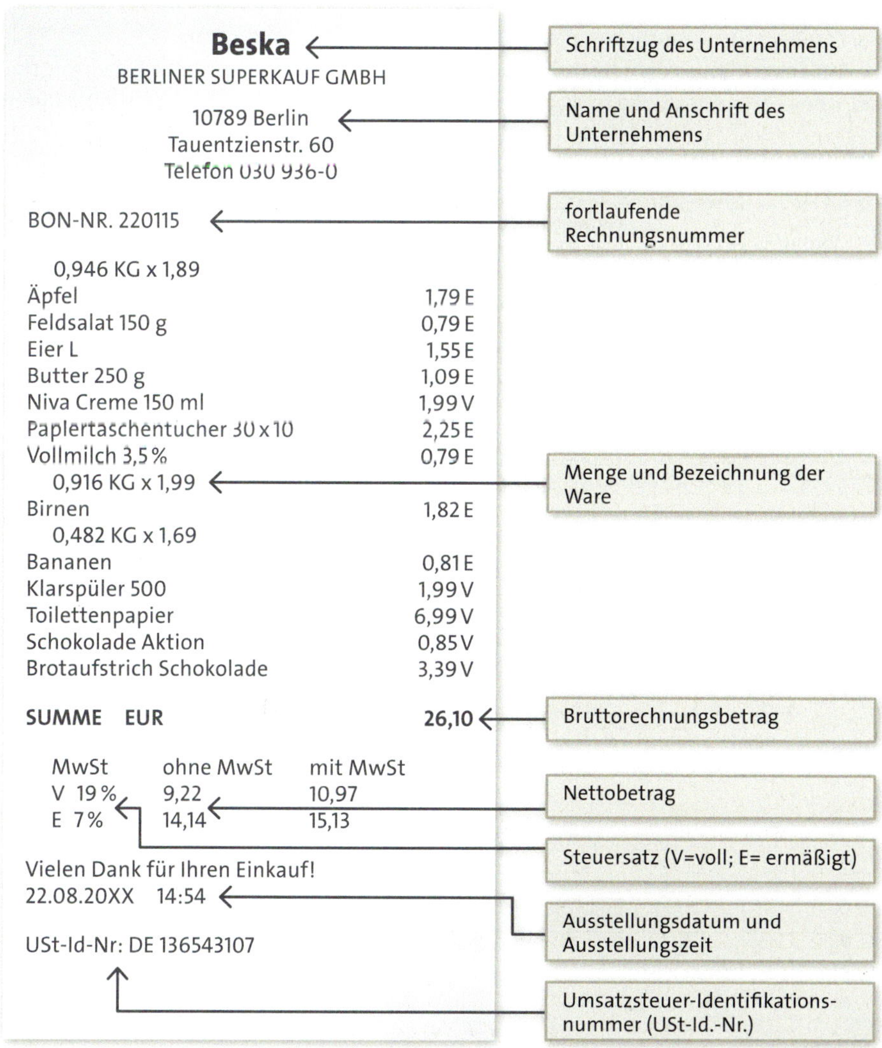

Für die Bestandteile eines Kassenbons gelten die gleichen gesetzlichen Bestimmungen wie für die Rechnung.

LF2, Kap. 2.6

Das System der Umsatzsteuer

LF4, Kap. 7

5.2 Bargeldlose Zahlung

zweiseitiges Handelsgeschäft, Verbrauchsgüterkauf
LF2, Kap. 3.3.1

Die in den folgenden Abschnitten vorgestellten Formen des bargeldlosen Zahlungsverkehrs, insbesondere der Einsatz elektronischer Zahlungsverfahren, kommen sowohl bei zweiseitigen als auch zunehmend bei einseitigen Handelsgeschäften (Verbrauchsgüterkäufen) zur Anwendung. Voraussetzung für die Teilnahme am bargeldlosen Zahlungsverkehr ist, dass der Zahlende und der Zahlungsempfänger jeweils ein Konto bei einem Kreditinstitut haben.

5.2.1 Verrechnungsscheck

Einen Verrechnungsscheck darf ein Kreditinstitut nur bargeldlos, durch „Verrechnung", einlösen (Art. 39 Abs. 2 Scheckgesetz). Das bedeutet, dass der Scheckbetrag vom Konto des Scheckausstellers auf das Konto des Schecküberbringers überwiesen wird. Für diese Zahlungsform verwendet man ein Scheckformular, das durch den quer über die Vorderseite gesetzten Vermerk „Nur zur Verrechnung" oder durch einen gleichbedeutenden Vermerk zum Verrechnungsscheck wird. Der Verrechnungsscheck ist ein relativ sicheres Zahlungsmittel, da in Zweifelsfällen der Weg vom Zahlenden zum Zahlungsempfänger zurückverfolgt werden kann.

Ein Scheck muss die folgenden gesetzlichen Bestandteile enthalten, die im Artikel 1 des Scheckgesetzes festgelegt sind. Fehlt auch nur einer dieser gesetzlichen Bestandteile, so ist der Scheck ungültig.

Gesetzliche Bestandteile des Schecks

1. die Bezeichnung „Scheck" in der Sprache, in der er ausgestellt ist
2. die unbedingte Anweisung, eine bestimmte Geldsumme zu zahlen (einschließlich Zahlungsbetrag in Buchstaben)
3. der Name des bezogenen Kreditinstitutes, das auszahlen soll
4. die Angabe des Zahlungsortes
5. der Ort und das Datum der Ausstellung
6. die Unterschrift des Ausstellers

Verrechnungsscheck

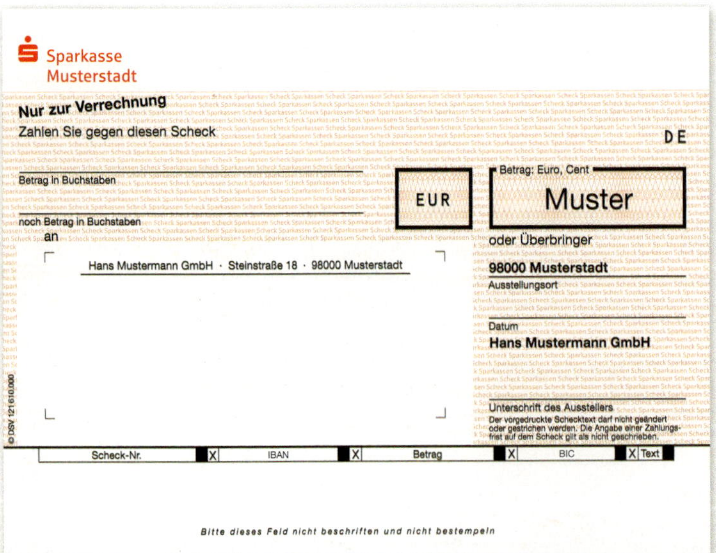
Sparkasse
Musterstadt
Nur zur Verrechnung
Zahlen Sie gegen diesen Scheck
DE
Betrag in Buchstaben
EUR
Betrag: Euro, Cent
Muster
noch Betrag in Buchstaben
an
Hans Mustermann GmbH · Steinstraße 18 · 98000 Musterstadt
oder Überbringer
98000 Musterstadt
Ausstellungsort
Datum
Hans Mustermann GmbH
Unterschrift des Ausstellers
Der vorgedruckte Schecktext darf nicht geändert oder gestrichen werden. Die Angabe einer Zahlungsfrist auf dem Scheck gilt als nicht geschrieben.
© DSV 121 610.000
Scheck-Nr. X IBAN X Betrag X BIC X Text
Bitte dieses Feld nicht beschriften und nicht bestempeln

Die Scheckformulare beinhalten neben den gesetzlich vorgeschriebenen auch kaufmännische Angaben, die die Abwicklung des Scheckverkehrs erleichtern. Fehlt eine dieser kaufmännischen Angaben, wird der Scheck dadurch jedoch nicht ungültig.

Kaufmännische Bestandteile des Schecks

1. die Guthabenklausel („... aus meinem/unserem Guthaben")
2. der Zahlungsbetrag in Ziffern
3. der Name des Zahlungsempfängers mit Überbringerklausel („an ... oder Überbringer")
4. die Schecknummer
5. IBAN
6. BIC

Sollte sich auf dem Scheckformular eine Abweichung zwischen dem Betrag in Ziffern und dem ausgeschriebenen Betrag ergeben, so gilt der in Buchstaben geschriebene Betrag. *Art. 9 Scheck G*

Ein Scheck muss bei Sicht eingelöst werden, d. h., wenn der Inhaber ihn am Schalter des Kreditinstitutes vorlegt. Es bleibt daher ohne Wirkung, wenn ein Scheck vordatiert, d. h. ein späteres Datum als der tatsächliche Ausstellungstag eingetragen wird. Das Kreditinstitut darf die Einlösung verweigern, wenn die Einlösefristen überschritten sind. In der Regel werden Schecks aber auch nach dieser Frist eingelöst, sofern der Aussteller den Scheck nicht widerrufen hat.

Wird der Scheck nicht eingelöst, weil z. B. das Konto des Ausstellers kein entsprechendes Guthaben aufweist, kann sich der Inhaber die Nichteinlösung vom Kreditinstitut bescheinigen lassen und vom Aussteller (bzw. von demjenigen, der ihm den Scheck gegeben hat) die Erstattung des Scheckbetrages und der durch die Nichteinlösung entstandenen Kosten verlangen.

Einlösefristen

- für Inlandschecks acht Tage
- für Schecks, die innerhalb Europas ausgestellt sind, 20 Tage
- für Schecks, die in nicht europäischen Ländern ausgestellt sind, 70 Tage

5.2.2 Überweisung

Die Überweisung (entweder beleghaft oder elektronisch) ist in Deutschland eines der häufigsten Zahlungsmittel. Eine Überweisung ist die Anweisung eines Kontoinhabers an sein Kreditinstitut, einen bestimmten Betrag von seinem Konto auf das Konto des Zahlungsempfängers zu übertragen. Bei der Überweisung per Beleg übergibt der Zahlende seinem Kreditinstitut einen ausgefüllten **Überweisungsvordruck** mit seiner Unterschrift. Voraussetzung für die Abbuchung ist, dass das Konto des Zahlenden ein Guthaben aufweist oder dem Kontoinhaber ein entsprechender Kreditrahmen eingeräumt wurde. Das Kreditinstitut, das mit der Überweisung beauftragt wurde, leitet den Betrag an die Bank des Zahlungsempfängers weiter, die dann die Gutschrift auf dem Konto des Empfängers vornimmt.

In vielen Kreditinstituten besteht die Möglichkeit, einen **Überweisungsautomaten** zu nutzen. Ein Überweisungsformular ist dann nicht mehr vonnöten. Unternehmen nutzen bei der Abwicklung von Zahlungsvorgängen häufig Verfahren der modernen Datenkommunikation (elektronische Überweisung).

Damit das Buchgeld auch wirklich beim richtigen Empfänger ankommt, werden eindeutige Adressen benötigt.
Dazu dienen IBAN und BIC. In die 22-stellige IBAN sind die bisherige Kontonummer und die Bankleitzahl integriert worden.

Überweisungsformular

€uro-Überweisung
SEPA
Nur für Überweisungen in Deutschland und in andere EU-/EWR-Staaten in Euro
Bitte Meldepflicht gemäß Außenwirtschaftsverordnung beachten!
Entgeltfreie Auskunft unter 0800-1234 111
Angaben zum Zahlungsempfänger: Name, Vorname/Firma (max. 27 Stellen, bei maschineller Beschriftung max. 35 Stellen)
IBAN
BIC des Kreditinstituts/Zahlungsdienstleisters (8 oder 11 Stellen)
EUR
Betrag: Euro, Cent
Kunden-Referenznummer - Verwendungszweck, ggf. Name und Anschrift des Zahlers - (nur für Zahlungsempfänger)
noch Verwendungszweck (insgesamt max. 2 Zeilen à 27 Stellen, bei maschineller Beschriftung max. 2. Zeilen à 35 Stellen)
Angaben zum Kontoinhaber: Name, Vorname/Firma, Ort (max. 27 Stellen, keine Straßen- oder Postfachangaben)
IBAN
D E
16
30/33/47
SEPA
BITTE NICHT VERGESSEN: Datum Unterschrift(en)

5.2.3 SEPA-Zahlungsraum

SEPA
Single-Euro-Payment-Area = Einheitlicher Europäischer Zahlungsraum

Innerhalb der Europäischen Union soll der Zahlungsverkehr weiter vereinheitlicht und vereinfacht werden. Hierfür wurde der sogenannte SEPA-Zahlungsraum geschaffen. Der Grundstein wurde im Jahr 2000 gelegt, seitdem wird an der Vereinheitlichung der Zahlungsformen gearbeitet. Dieser Prozess ist jedoch bisher noch nicht abgeschlossen.

Bei der SEPA- Überweisung handelt es sich um eine Überweisung im Inland und ins europäische Ausland innerhalb des SEPA-Zahlungsraumes. Zum **SEPA-Zahlungsraum** gehören neben den EU-Mitgliedstaaten auch Island, Norwegen, Liechtenstein und die Schweiz. Zwischen diesen Ländern soll der Zahlungsverkehr vereinfacht und standardisiert werden. So verfügt jedes Girokonto in diesen Ländern inzwischen über eine internationale Kontonummer, die **IBAN,** und jedes Kreditinstitut über eine internationale Bankleitzahl, den **BIC**.

IBAN
International Bank Accounting Number

BIC
Bank Identification Code

In der IBAN ist neben der nationalen Kontonummer auch die nationale Bankleitzahl des Kreditinstituts erfasst. Der BIC enthält neben dem eigentlichen Bankcode auch einen Länderschlüssel, an dem das Land erkennbar ist. DE steht beispielsweise für Deutschland. IBAN und BIC müssen bei einer SEPA-Überweisung zwingend angegeben werden, zudem muss die SEPA-Überweisung **in Euro** erfolgen.

Vorteil der SEPA-Überweisung ist, dass diese schneller und kostengünstiger abgewickelt werden kann, da alle beteiligten Kreditinstitute über ein einheitliches Kontonummern- und Bankleitzahlensystem verfügen.

SEPA: Europäischer Binnenmarkt für Zahlungsverkehr

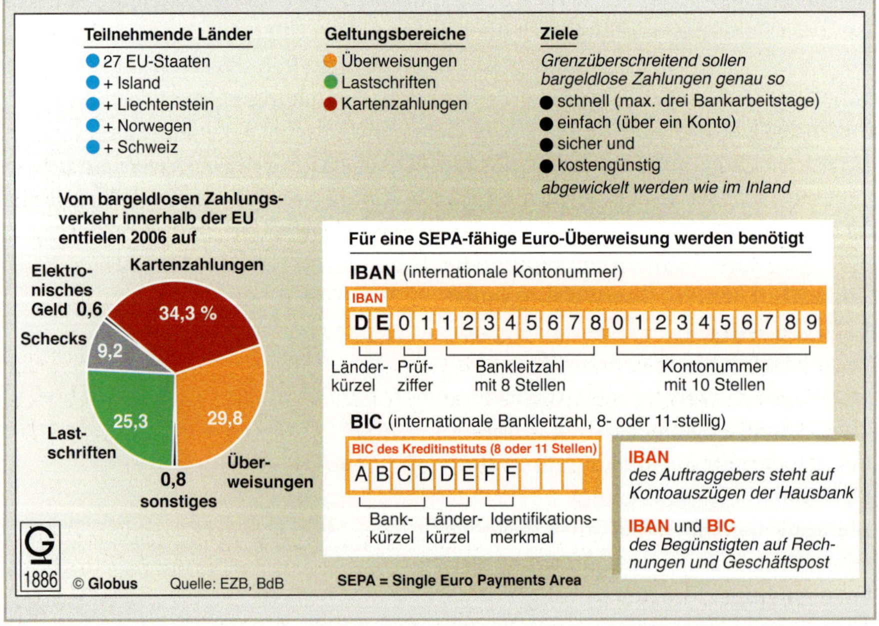

Die SEPA-Überweisung wird inzwischen nicht nur für ausländische Zahlungen verwendet, sondern auch für Zahlungen im Inland. Überweisungen, die per SEPA getätigt, müssen innerhalb eines Bankarbeitstages (Montag bis Freitag) auf dem Empfängerkonto gutgeschrieben werden. Dies gilt seit 2012 auch für inländische Überweisungen, die vorher bis zu drei Bankarbeitstage in Anspruch nehmen durften.

5.2.4 Sonderformen der Überweisung

Dauerauftrag

Eine besondere Form der Überweisung ist der Dauerauftrag. Mit ihm weist der Zahlende sein Kreditinstitut an, Zahlungen an einen bestimmten Empfänger, die regelmäßig und in gleicher Höhe anfallen, automatisch für ihn zu tätigen. Ein Dauerauftrag eignet sich z. B. zur Zahlung von Miete, Kredit- oder Versicherungsraten. Daueraufträge können vom Auftraggeber durch Widerruf beim beauftragten Kreditinstitut gelöscht werden.

SEPA-Lastschrift

Die SEPA-Lastschrift eignet sich für Zahlungen, die regelmäßig, aber in unterschiedlicher Höhe anfallen, wie z.B. für Gas- oder Stromkosten. Man unterscheidet zwischen der SEPA-Basislastschrift und der SEPA-Firmenlastschrift.

Bei der **SEPA-Basislastschrift** erteilt der Zahlungspflichtige dem Zahlungsempfänger die Erlaubnis, einen bestimmten Betrag per Lastschrift von seinem Girokonto einzuziehen. Dabei müssen erstmalige Lastschriften fünf Tage vor Fälligkeit beim Kreditinstitut vorliegen, Folgelastschriften zwei Tage vor Fälligkeit. Der Zahlungspflichtige kann der Zahlung bis zu acht Wochen nach dem Einzug widersprechen, sodass der Betrag seinem Konto wieder gutgeschrieben werden muss. Einer Abbuchung ohne Mandat, d. h. einer unautorisierten Lastschrift, kann vom Zahlenden innerhalb von 13 Monaten nach der Kontobelastung widersprochen werden.

Bei der **SEPA-Firmenlastschrift** muss die Lastschrift einen Tag vor Fälligkeit beim Kreditinstitut vorliegen. Der Zahlungspflichtige hat bei dieser Variante kein Widerrufsrecht. Das Kreditinstitut ist hier verpflichtet, schon vor dem Einzug des Betrages zu überprüfen, ob ein gültiges Mandat vorliegt. Dieses muss der Schuldner seiner Bank per **Generalanweisung** mitteilen.

Generalanweisung
Anweisung, alle Einzüge eines bestimmten Gläubigers zu akzeptieren

SEPA-Sammelüberweisungen

Mit SEPA-Sammelüberweisungen können Überweisungen an mehrere Zahlungsempfänger zusammengefasst werden. Auf dem Kontoauszug des Zahlenden erscheint nur ein Lastschriftbetrag. SEPA-Sammelüberweisungen haben den Vorteil, dass Schreib- und Büroarbeiten verringert und Buchungskosten gespart werden können. Sie eignen sich z. B. für Lohnzahlungen an verschiedene Lohn- oder Gehaltsempfänger.

Eilüberweisungen

Eilüberweisungen werden im Überweisungsverkehr der Kreditinstitute wesentlich schneller durchgeführt als normale Überweisungen. Der Geldbetrag ist sofort nach dem Eintreffen der Gutschriftanzeige für den Zahlungsempfänger verfügbar. Die Kreditinstitute berechnen dafür zusätzliche Gebühren.

5.2.5 Kartenzahlung mit Bank- oder Kreditkarte

Zahlung mittels Bankkarte

Eine Bankkarte erhält in der Regel jeder Inhaber eines Girokontos. Mit dieser Karte kann am Geldautomaten Bargeld vom Konto abgehoben werden. Außerdem ermöglicht die Karte den bargeldlosen Einkauf mittels unterschiedlicher Zahlungssysteme, z. B. Electronic Cash, Maestro und V-Pay.

Bankkarte mit Geldkartenchip

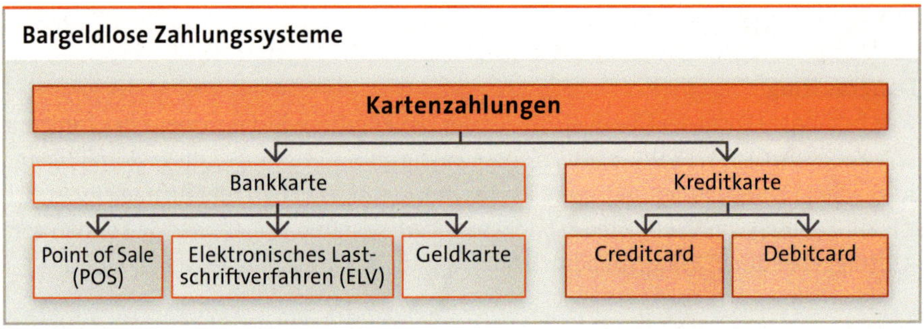

Point-of-Sale-Verfahren (POS-Zahlung): Bei diesem Zahlungsverfahren erfolgt die Zahlung direkt am Ort des Verkaufes, also noch im Geschäft. Nach Eingabe der **PIN** wird über das zuständige Rechenzentrum der kontoführenden Bank (online) geprüft, ob Karte und PIN übereinstimmen, ob die Karte nicht gesperrt ist und ob eine ausreichende Kontodeckung vorliegt. Ist alles korrekt, wird die Zahlung innerhalb weniger Sekunden freigegeben und ausgeführt.

Für diese Zahlungsweise benötigt der Zahlungsempfänger ein spezielles Kartenlesegerät. Üblicherweise werden diese Geräte über die Geldinstitute im Direktvertrieb angemietet. Zu dem monatlichen Mietpreis, der je nach Anbieter unterschiedlich hoch sein kann, und den Kosten für die Onlineverbindung kommen noch Gebühren in Prozent des getätigten Umsatzes hinzu. Diese Kosten werden zu Lasten des Zahlungsempfängers abgerechnet.

Das internationale Logo für elektronische Zahlungsverfahren

Elektronisches Lastschriftverfahren (ELV): Dieses Verfahren ist dem klassischen Lastschriftverfahren sehr ähnlich. Anders als bei der POS-Zahlung muss der Kunde seine PIN nicht angeben. Vom Magnetstreifen der Karte werden die IBAN und die BIC des Kunden ausgelesen und es wird ein Lastschriftbeleg ausgedruckt, den der Kunde unterschreiben muss. Der Kunde erteilt dem Zahlungsempfänger damit eine Einzugsermächtigung über den fälligen Betrag. Wie beim Lastschriftverfahren hat der Kunde allerdings die Möglichkeit, der Zahlung innerhalb von sechs Wochen nach Abbuchung zu widersprechen und den Betrag zurückbuchen zu lassen.

Da bei diesem System die automatische Überprüfung der Kontodeckung, der PIN sowie einer eventuellen Kartensperrung entfällt, trägt der Zahlungsempfänger das Risiko, dass der fällige Betrag nicht eingelöst wird.

Geldkarte: Die Geldkarte ist ein Chip auf der Bankkarte. Zunächst wird ein Betrag bis maximal 200,00 € auf den Chip geladen. Mit diesem Betrag kann der Besitzer der Karte ohne Eingabe einer PIN und ohne Unterschrift bezahlen. Für den Zahlungsempfänger besteht Zahlungsgarantie. Nachteil der Geldkarte ist jedoch, dass bei Verlust oder Diebstahl der Karte auch das Chipguthaben verloren ist.

Weitere elektronische Zahlungsverfahren

Kundenkarte	• von einzelnen Unternehmen eingerichtete Zahlungssysteme • dient der Kundenbindung • für den Kunden fallen keine weiteren Kosten an
PayPal	• weltweites Bezahlsystem für Kleinbeträge • unterstützt die sichere Durchführung von Internetkäufen • Varianten: Geschäfts- oder Privatkonten • Gebühren für den Zahlungsempfänger: 1,9 % + 0,35 € pro Zahlung

Kreditkarte

Zahlung mittels Kreditkarte

Kreditkarten werden nicht von den Kreditinstituten, sondern von **Kreditkartenunternehmen** (z.B. American Express, Visa, Diners Club, Mastercard) herausgegeben, die die Kreditwürdigkeit des Kunden prüfen und dann über die Vergabe entscheiden. Der Kreditkarteninhaber muss dem Kreditkartenunternehmen ein Lastschriftmandat für sein Konto erteilen, damit die Beträge, die er mit seiner Kreditkarte bezahlt, abgebucht werden können. Der Inhaber einer Kreditkarte kann überall dort, wo im In- und Ausland die entsprechende Kreditkarte akzeptiert wird, Waren oder Dienstleistungen bargeldlos bezahlen. Dafür berechnet das Kreditkartenunternehmen eine Gebühr (Jahresbeitrag). Der Zahlungsbetrag wird dem Zahlungsempfänger zunächst von dem Kreditkartenunternehmen erstattet, das wiederum das Konto des Kreditkarteninhabers belastet. Dies erfolgt in der Regel elektronisch oder mittels einer mechanischen Vorrichtung, die Identifikationsmerkmale der Karte auf einen Beleg überträgt, auf dem zusätzlich der Rechnungsbetrag und das Rechnungsdatum ausgewiesen sind. Der Karteninhaber muss den Beleg unterschreiben und erhält einen Durchschlag als Quittung. Der Zahlungsempfänger reicht den Beleg bei der Kreditkartenorganisation zur Gutschrift auf sein Konto ein. Dafür muss allerdings eine Gebühr (in Prozent des Umsatzes) entrichtet werden, weshalb die Zahlung mit Kreditkarte häufig erst ab einem bestimmten Mindestbetrag akzeptiert wird.

Hinsichtlich der Abbuchungsmodalitäten unterscheidet man zwei Formen von Kreditkarten: Die **Creditcard** ist eine sogenannte „echte" Kreditkarte. Dem Karteninhaber wird ein fester Verfügungsrahmen als eine Art kurzzeitiger Kredit zur Verfügung gestellt. Die Beträge, die mit der Creditcard bezahlt werden, werden über einen bestimmten Zeitraum (in der Regel einen Monat) gesammelt und erst im Nachhinein dem Girokonto belastet.

Im Gegensatz dazu werden Zahlungen mit einer **Debitcard** entweder sofort belastet oder der Betrag muss vom Karteninhaber sogar im Voraus auf einem eigenen Konto bereitgestellt werden.

Fernabsatzgeschäfte
LF2, Kap. 1.10.2

Die Verwendung von Kreditkarten, um im Internet einzukaufen **(Online-Shopping)**, ist weitverbreitet, jedoch auch mit gewissen Risiken verbunden. Der Händler bleibt hinter seinen Internetseiten anonym und ist für den Kunden nicht überprüfbar. Daher besteht das Risiko, dass unseriöse Anbieter im Internet übermittelte Kreditkartennummern für eigene Zwecke missbrauchen. Außerdem besteht immer die Möglichkeit, dass Hacker unverschlüsselte Kreditkartennummern ausfindig machen und missbrauchen.

Mithilfe neuer Verschlüsselungstechnologien wird die Zahlung per Kreditkarte im Internet jedoch zunehmend sicherer. Bestellung und Kreditkartennummer werden verschlüsselt an den Händler verschickt. Der Händler selbst kann die Kreditkartennummer nicht entschlüsseln, er hängt lediglich ein digitales Zertifikat mit seinen eigenen Daten an die Bestellung. Gemeinsam werden die Daten an die Zentrale des Anbieters des entsprechenden elektronischen Zahlungssystems (meist ein Geldinstitut) weitergeleitet. Die Zentrale signalisiert der Bank, dass die Daten in Ordnung sind und die Zahlung veranlasst werden kann. Das Kreditkartenkonto des Kunden wird mit dem entsprechenden Betrag belastet. Der Händler kann die Ware ausliefern.

5.2.6 Moderne Datenkommunikation im Zahlungsverkehr

In zunehmendem Maße rationalisieren die Geschäftsbanken die Durchführung des Zahlungsverkehrs. Sie nutzen moderne Kommunikationsmedien, um Bearbeitungsschritte auf den Kunden zu verlagern und die Verarbeitung von Transaktionen zu beschleunigen.

Beim **Telefonbanking** können die meisten Bankgeschäfte (Überweisung, Abfrage von Kontoständen, Kartensperrung) – unabhängig von der Geschäftszeit der Bank – telefonisch erledigt werden. Ein Sprachcomputer wandelt die akustischen Signale der menschlichen Stimme in elektronische Signale um. Die IBAN wird nicht mehr eingegeben, sondern automatisch vom EDV-System der Bank abgerufen. Um die Sicherheit zu gewährleisten, erhält der Kunde eine persönliche Geheimzahl und/oder ein Kodewort.

Beim **Onlinebanking** kann der Bankkunde sich jederzeit von einem beliebigen PC mit Internetanschluss über den Kontostand informieren sowie Überweisungen, Daueraufträge, Lastschriften und andere Bankgeschäfte tätigen. Fast alle Geldinstitute bieten ihren Kunden heute Onlinekonten an – in der Regel kostenlos. Außerdem gibt es eine Reihe von Banken, die ganz ohne Filialen auskommen und ihre Dienste nur über das Internet oder das Telefon anbieten, sogenannte Direktbanken.

Auf dem PC-Bildschirm erscheint ein virtuelles Formular, das genau wie ein reales Überweisungsformular ausgefüllt wird. Um die Sicherheit zu gewährleisten, wird der Zugang zum Konto durch die Eingabe einer PIN geschützt. Darüber hinaus wird jede Transaktion durch die Eingabe einer nur einmal gültigen Transaktionsnummer (TAN) gesichert.

Trotz aller Sicherheitsmaßnahmen besteht jedoch immer ein gewisses Risiko, dass Internetkriminelle an persönliche Daten gelangen und diese missbrauchen. Daher sollte sich jeder Nutzer über mögliche Gefahren informieren und grundlegende Sicherheitstipps beachten.

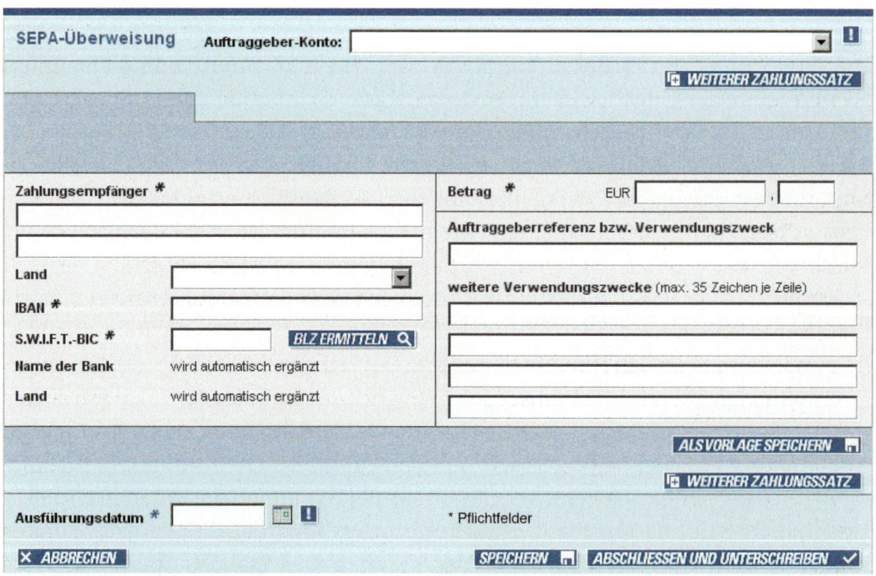

Online-Überweisungsformular

6 Rechtsfragen bei internationalen Kaufverträgen

AB ☞ LS 27

Wird ein Kaufvertrag abgeschlossen, bei dem die Vertragspartner ihren Sitz in zwei verschiedenen Ländern haben, handelt es sich um einen internationalen Kaufvertrag.

6.1 Rechtswahl

Bei internationalen Kaufverträgen ergibt sich zunächst die Frage, welches Recht auf den Kaufvertrag anzuwenden ist. Diese Problemstellung ist insofern bedeutsam, da das Kaufrecht in den verschiedenen Ländern unterschiedlich ist.

Beispiel

Die BPK GmbH schließt mit ihrem Kunden, der Goed Reclame BV in den Niederlanden, einen Kaufvertrag über 2 000 Bogen Kunstdruckpapier „Phoenix-Ikono-Rex" zum Preis von 92.400,00 €. Es wird ein Zahlungsziel von vier Wochen gewährt.

Angenommen, die Goed Reclame BV verweigert nach vier Wochen die Zahlung mit dem Hinweis, das gelieferte Papier entspreche nicht den erwarteten Anforderungen. Dann ergibt sich für die BPK GmbH die Frage, nach welchem Recht sie Ansprüche gegen die Goed Reclame BV geltend machen kann. Es könnte in diesem Falle sein, dass die BPK GmbH ihre Ansprüche nach deutschem, niederländischem oder nach einem internationalen Recht geltend machen muss.

6.2 Internationales Privatrecht

Im Zusammenhang mit dem Problem des anzuwendenden Rechts bei internationalen Kaufverträgen unterscheidet man zwischen Kollisionsrecht und materiellem Recht. Das **Kollisionsrecht** enthält Bestimmungen, die etwas darüber aussagen, welches Recht bei einem internationalen Kaufvertrag angewendet werden muss. Das **materielle Recht** ist dagegen inhaltliches Recht, es regelt z. B. die Rechtsbeziehungen, Ansprüche und Pflichten zwischen Vertragspartnern. Das materielle Recht ist in den verschiedenen Ländern unterschiedlich geregelt. Bezogen auf Kaufverträge ist in Deutschland das materielle Recht weitgehend im Bürgerlichen Gesetzbuch und im Handelsgesetzbuch niedergelegt.

Die Kollisionsregeln sind im **Internationalen Privatrecht (IPR)** enthalten. Der Begriff Internationales Privatrecht ist insofern irreführend, als er suggeriert, dass es sich hierbei um ein international geltendes Recht handelt. Tatsächlich handelt es sich aber um **nationales Recht,** d. h., jedes Land hat sein eigenes Internationales Privatrecht. Innerhalb der Europäischen Union gilt durch die am 17. Dezember 2009 in Kraft getretene Verordnung Nr. 593/2008 mit der Kurzbezeichnung „Rom I" in allen EU-Staaten außer Dänemark ein einheitliches Internationales Privatrecht für vertragliche Schuldverhältnisse. Die folgenden Ausführungen beziehen sich auf die Regelungen der Rom I.

Art. 3 Rom I

Zunächst ermöglicht das IPR den Vertragsparteien, dass sie vertraglich die Anwendung eines bestimmten Landesrechts vereinbaren können.

Beispiel

Die BPK GmbH und die Goed Reclame BV könnten im Kaufvertrag vereinbaren, dass auf diesen Vertrag deutsches Recht anzuwenden ist. Sie könnten aber auch vereinbaren, dass das Recht eines dritten Staates, z. B. französisches Kaufrecht, angewendet werden soll.

Art. 4 Rom I

Wenn im Vertrag allerdings keine ausdrückliche Rechtswahl getroffen wurde, unterliegt der Vertrag dem Recht des Staates, mit dem er die **engste Verbindung** hat. Dabei wird davon ausgegangen, dass die engste Verbindung zu dem Staat besteht, in dem diejenige Partei ihren Sitz hat, die die charakteristische Leistung zu erbringen hat. Bei einem Kaufvertrag ist die charakteristische Leistung immer die Warenlieferung. Wenn also bei einem internationalen Kaufvertrag die Vertragsparteien keine ausdrückliche Rechtswahl getroffen haben, unterliegt der Kaufvertrag nach den Regeln des IPR dem Recht des Staates, in dem der Verkäufer seinen Sitz hat.

Beispiel

Wenn sich die BPK GmbH und die Goed Reclame BV vertraglich nicht auf ein bestimmtes Landesrecht geeinigt haben, unterliegt der Kaufvertrag nach den Regeln des IPR deutschem Recht, da die BPK GmbH in diesem Fall die Verkäuferin ist und ihren Sitz in Deutschland hat.

Art. 6 Rom I

Bei einseitigen Handelskäufen, d.h., wenn eine der beiden Vertragsparteien eine Privatperson ist, gelten besondere Regelungen. Hierauf wird in diesem Lehrbuch nicht weiter eingegangen, da bei Groß- und Außenhandelsunternehmen einseitige Handelsgeschäfte kaum vorkommen.

6.3 UN-Kaufrecht (CISG)

Mithilfe des IPR lässt sich lediglich feststellen, welches Landesrecht auf einen internationalen Vertrag anzuwenden ist. Es enthält selbst aber keine Regelungen, wie Streitigkeiten zu behandeln sind, die sich aus diesem Vertrag ergeben.

Beispiel

Wenn die BPK GmbH mit der Goed Reclame BV vereinbart, dass auf den Kaufvertrag niederländisches Kaufrecht anzuwenden ist, dann ist die BPK GmbH im Streitfall im Nachteil, da die Goed Reclame BV das niederländische Kaufrecht besser kennt als die BPK GmbH. Umgekehrt wäre die Goed Reclame BV im Nachteil, wenn deutsches Kaufrecht vereinbart würde.

Um bei internationalen Kaufverträgen einen fairen Ausgleich zwischen beiden Vertragsparteien zu schaffen, ist es sinnvoll, sich auf ein länderübergreifendes Kaufrecht zu verständigen. Die 1980 in Wien verabschiedete UN-Konvention über den internationalen Warenkauf (United Nations Convention on **C**ontracts for the **I**nternational **S**ale of **G**oods, abgekürzt **CISG**) ist ein solches internationales Kaufrecht. In Deutschland wird dieses Abkommen üblicherweise als **UN-Kaufrecht** bezeichnet.

Mittlerweile sind mehr als 80 Staaten dem UN-Kaufrechtsabkommen beigetreten, darunter wichtige Handelspartnerländer Deutschlands wie die USA, China und Russland. Außer Großbritannien, Irland, Malta und Portugal haben zudem alle EU-Mitgliedstaaten das Abkommen unterzeichnet. Nachdem das UN-Kaufrecht in Deutschland zunächst nur sehr zögernd angenommen wurde, hat es in den letzten Jahren immer mehr an Bedeutung gewonnen. Da es sich um eine völkerrechtliche Vereinbarung handelt, hat das UN-Kaufrecht bei Fragen des anzuwendenden Kaufrechts **Vorrang** vor den Regelungen des IPR.

Art. 25 Rom I

6.3.1 Anwendungsbereich

Das UN-Kaufrecht gilt nur für Kaufverträge über materielle, bewegliche Sachen (Waren). Ferner müssen die Vertragsparteien ihre Niederlassung in verschiedenen Staaten haben und die Waren dürfen nicht für den persönlichen oder privaten Gebrauch erworben werden. Damit kann das UN-Kaufrecht z. B. nicht auf den Kauf von Immobilien oder Wertpapieren angewendet werden. Ausgeschlossen ist auch die Anwendung auf Verträge, bei denen es sich nicht um Kaufverträge handelt.

Art. 1 und 2 CISG

Sachenrecht

LF2, Kap. 1.4

Vertragsarten

LF2, Kap. 1.9

Gemäß Art. 95 CISG können Mitgliedstaaten bei der Ratifizierung einen Vorbehalt gegen Art. 1 Abs. 1 b) zum Ausdruck bringen, so dass diese Regelung ggf. nicht zur Anwendung kommt.

§ Artikel 1 CISG [Anwendungsbereich]

(1) Dieses Übereinkommen ist auf Kaufverträge über Waren zwischen Parteien anzuwenden, die ihre Niederlassung in verschiedenen Staaten haben,
   a) wenn diese Staaten Vertragsstaaten sind oder
   b) wenn die Regeln des Internationalen Privatrechts zur Anwendung des Rechts eines Vertragsstaats führen.

Das UN-Kaufrecht **gilt daher häufig automatisch,** auch wenn es nicht vereinbart wurde. Die Anwendung kann dann nur durch ausdrückliche Vereinbarung vollständig oder in Teilen **vertraglich ausgeschlossen** werden.

Art. 6 CISG

Selbst wenn im Kaufvertrag das deutsche oder das niederländische Kaufrecht vereinbart wird, ohne das UN-Kaufrecht ausdrücklich auszuschließen, muss das UN-Kaufrecht angewendet werden.

Beispiel

Die BPK GmbH verkauft an die Goed Reclame BV eine Palette Kopierpapier. Über das anzuwendende Kaufrecht wurde keine Vereinbarung getroffen.
Es handelt sich um einen Kaufvertrag über körperliche, bewegliche Sachen, außerdem haben die Vertragspartner ihre Niederlassung in zwei verschiedenen Staaten. → Die sachlichen Voraussetzungen für die Anwendung des UN-Kaufrechts sind damit gegeben. Beide Vertragsparteien haben ihren Sitz in einem Vertragsstaat des UN-Kaufrechtsabkommens. → Das UN-Kaufrecht muss auf diesen Vertrag angewendet werden, da es nicht ausdrücklich ausgeschlossen wurde.

Beispiel

Angenommen, die beiden Vertragspartner vereinbaren die Anwendung des deutschen Kaufrechts, schließen aber das UN-Kaufrecht nicht ausdrücklich aus. Die Regeln des IPR besagen, dass deutsches Recht anzuwenden ist, da gemäß IPR das anzuwendende Kaufrecht frei vereinbart werden kann. Da Deutschland aber Vertragsstaat des UN-Kaufrechtsabkommens ist, muss folglich nach Art. 1b) CISG das UN-Kaufrecht angewendet werden.

Mithilfe der folgenden Übersicht lässt sich für viele Fälle bestimmen, welches Kaufrecht auf den jeweiligen Kaufvertrag anzuwenden ist. Voraussetzung ist dabei in jedem Fall, dass es sich um einen Kaufvertrag über Waren handelt und die Vertragsparteien ihre Niederlassung in zwei verschiedenen Staaten haben.

Bestimmung des anzuwendenden Kaufrechts unter Berücksichtigung des UN-Kaufrechts

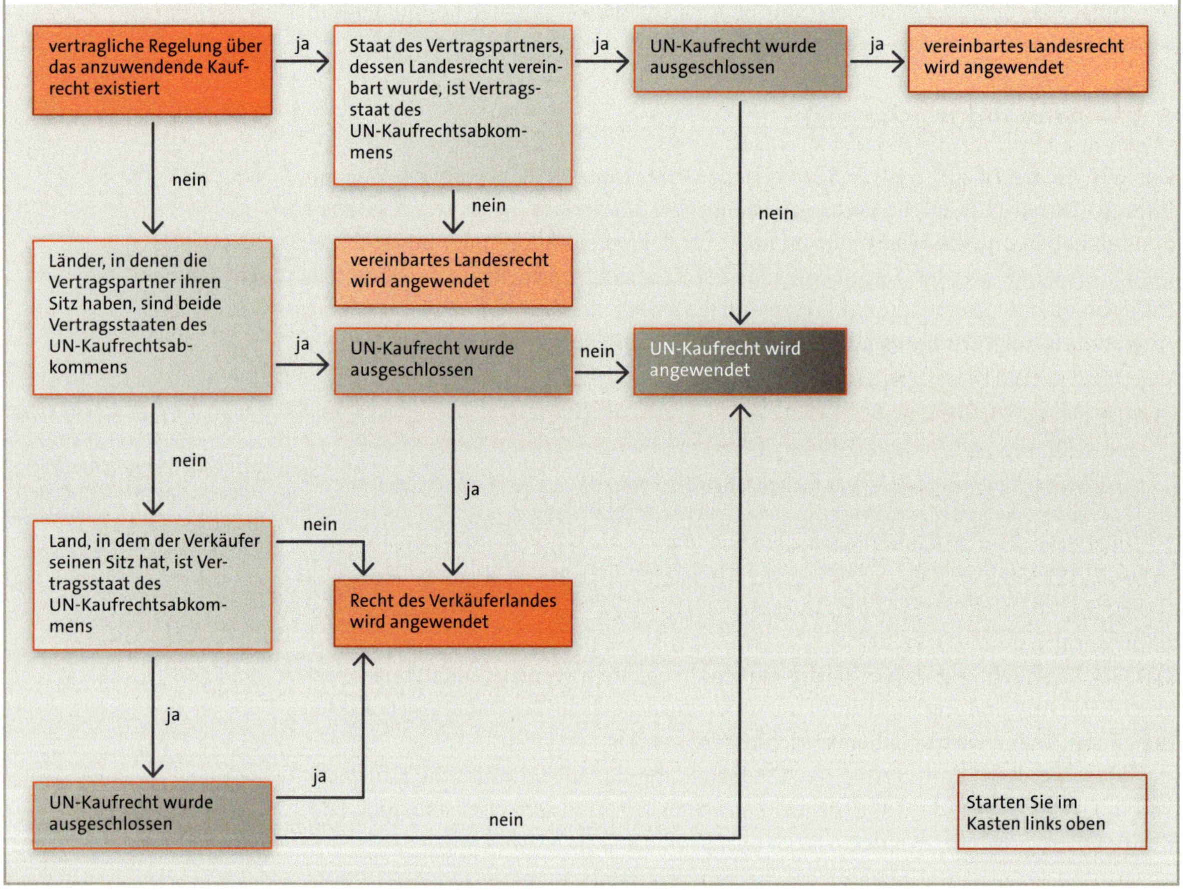

6.3.2 Vertragsabschluss

Art. 23 CISG
Art. 14 CISG

Gemäß CISG kommt ein Vertrag dadurch zustande, dass ein Angebot **wirksam** angenommen wird. Das Angebot muss sich an eine oder mehrere bestimmte Personen richten und auf eine bestimmte Ware beziehen. Ferner müssen Preis und Menge angegeben oder zumindest bestimmbar sein. Richtet sich der Vorschlag nicht an bestimmte Personen, gilt er nur als Aufforderung zur Abgabe eines Angebotes.

Angebot
LF2, Kap. 2.3

Art. 15 Abs. 2 CISG
Art. 16 Abs. 1 CISG
Art. 17 CISG

Ein Angebot kann befristet oder unbefristet sein. Bei einem **befristeten Angebot** ist der Anbietende bis zum Ende der Frist an das Angebot gebunden. Eine Rücknahme des Angebotes ist nur möglich, wenn die Rücknahmeerklärung dem Empfänger vor oder spätestens gleichzeitig mit dem Angebot zugeht. Ein **unbefristetes Angebot** kann zurückgenommen werden, wenn der Widerruf dem Adressaten zugeht, bevor dieser eine Annahmeerklärung abgeschickt hat. Lehnt der Adressat ein Angebot ab, erlischt es.

Die **Annahme eines Angebotes** erfolgt durch ausdrückliche Zustimmung oder durch ein Verhalten, das Zustimmung ausdrückt. Schweigen oder Untätigkeit gelten nicht als Annahme. Die Annahme wird wirksam, sobald sie dem Anbieter zugeht. Die **Rücknahme einer Annahme** ist möglich, wenn die Rücknahmeerklärung den Anbieter vor oder spätestens gleichzeitig mit der Annahmeerklärung erreicht.

Art. 22 CISG

Enthält die Annahmeerklärung wesentliche Änderungen des ursprünglichen Angebotes, so gilt das als Ablehnung und **Abgabe eines Gegenangebotes**. Eine Änderung ist als wesentlich anzusehen, wenn sie sich auf

Art. 19 CISG

- den Preis,
- die Bezahlung,
- die Qualität und Menge der Ware,
- den Ort oder die Zeit der Lieferung,
- den Umfang der Haftung oder
- die Beilegung von Streitigkeiten

bezieht.

Liegt keine wesentliche Änderung vor, kommt der Kaufvertrag trotz abweichender Annahmeerklärung zustande. Ist der Verkäufer damit nicht einverstanden, muss er die Abweichungen unverzüglich nach Erhalt beanstanden.

6.3.3 Pflichten von Käufer und Verkäufer

Die Pflicht des Verkäufers besteht darin, die vereinbarte Ware zu liefern, die sie betreffenden Dokumente zu übergeben und dem Käufer das Eigentum an der Ware zu verschaffen. Der Käufer muss die Ware annehmen und den Kaufpreis zahlen. Eine **Pflichtverletzung des Verkäufers** kann darin bestehen, dass er keine vertragsgemäße Ware liefert oder die Lieferung gar nicht bzw. verspätet erfolgt.

Art. 30, 53 CISG

Art. 45 bis 50 CISG

6.3.4 Lieferung nicht vertragsgemäßer Ware

Liefert der Verkäufer keine vertragsgemäße Ware, hat der Käufer grundsätzlich das Recht auf

mangelhafte Lieferung
LF2, Kap. 4.1

- Nachbesserung,
- Minderung des Kaufpreises,
- Ersatzlieferung,
- Vertragsaufhebung,
- Schadenersatz.

Art. 25 CISG

Ersatzlieferung und Vertragsaufhebung kann der Käufer nur verlangen, wenn es sich um eine **wesentliche Vertragsverletzung** handelt. Diese liegt dann vor, wenn dem Käufer im Wesentlichen entgeht, was er nach dem Vertrag hätte erwarten dürfen. Bei einer wesentlichen Vertragsverletzung kann der Käufer ohne Nachfrist den Vertrag aufheben **(Rücktritt)**.

Wenn der Käufer eine Kaufpreisminderung oder Ersatzlieferung verlangt, muss er dem Verkäufer zunächst das Recht auf Nacherfüllung innerhalb einer **angemessenen Frist** einräumen. Voraussetzung dafür ist jedoch, dass dem Käufer weder eine unzumutbare Verzögerung noch unzumutbare Unannehmlichkeiten entstehen. Das Recht auf Schadenersatz bleibt davon unberührt.

Rechte des Käufers bei nicht vertragsgemäßer Lieferung (UN-Kaufrecht)

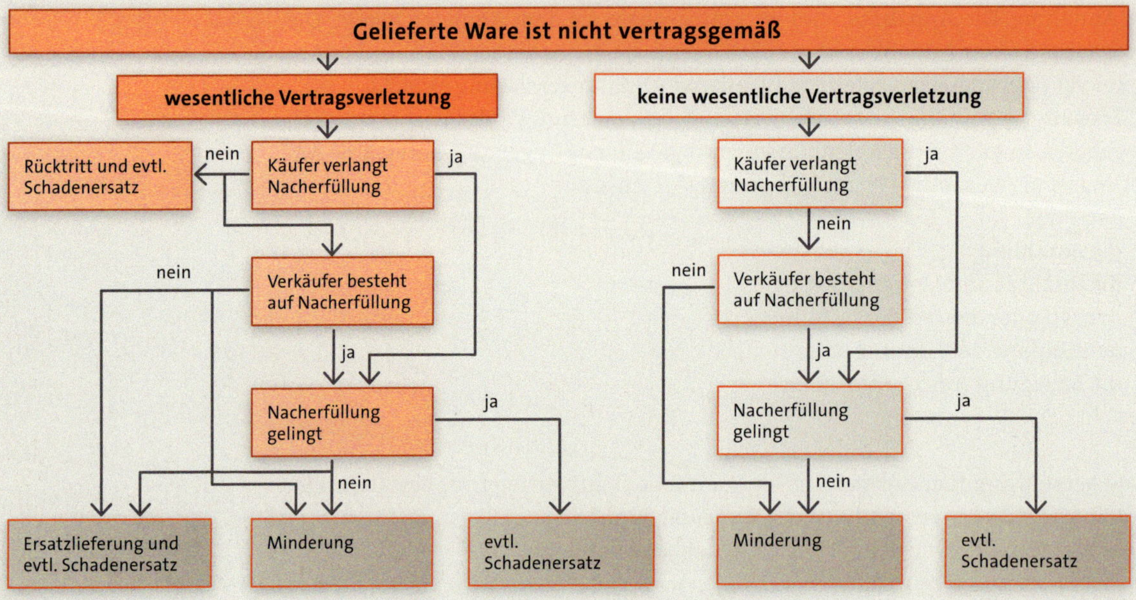

Art. 38, 39 CISG

Untersuchungs- und Rügepflicht: Der Käufer kann Rechte wegen nicht vertragsgemäßer Lieferung nur dann geltend machen, wenn er die gelieferten Waren in einer so kurzen Frist untersucht, wie es die Umstände erlauben, und festgestellte Mängel innerhalb einer angemessenen Frist nach Feststellung anzeigt. Die Mängel müssen dabei genau bezeichnet und beschrieben werden. Die Untersuchungsfrist hängt von der Art der Waren und der Erkennbarkeit der Mängel ab. Bei einfachen Waren und leicht feststellbaren Mängeln beträgt sie wenige Tage, bei komplexen Gütern, z.B. Maschinen, kann sie auch mehrere Wochen betragen. Die Rügefrist beträgt etwa ein bis zwei Wochen, sie beginnt nach Ablauf der Untersuchungsfrist.

6.3.5 Verspätete Lieferung

Art. 33 CISG

Wurde im Vertrag ein Liefertermin bestimmt oder ist er aus dem Vertrag bestimmbar, so muss zu diesem Termin geliefert werden. Wurde ein Lieferzeitraum festgelegt, so kann der Verkäufer jederzeit innerhalb dieses Zeitraums liefern. Falls der Liefertermin nicht näher bestimmt wurde, muss die Lieferung innerhalb einer angemessenen Frist nach Vertragsabschluss erfolgen.

Lieferungsverzug
LF2, Kap. 4.2

Wenn der Verkäufer nicht rechtzeitig liefert, kann der Käufer

- auf Vertragserfüllung, also Lieferung, bestehen oder
- die Aufhebung des Vertrages erklären und
- Schadenersatz verlangen.

Die **Aufhebung des Vertrages** ist ohne Nachfristsetzung nur möglich, wenn die verspätete Lieferung eine wesentliche Vertragsverletzung für den Käufer bedeutet. Ist das nicht der Fall, muss der Käufer erst eine angemessene Nachfrist setzen, bevor er vom Vertrag zurücktreten kann. Erklärt der Verkäufer, dass er auch innerhalb der gesetzten Frist nicht liefern wird, kann der Käufer sofort zurücktreten.

Rechte des Käufers bei verspäteter Lieferung (UN-Kaufrecht)

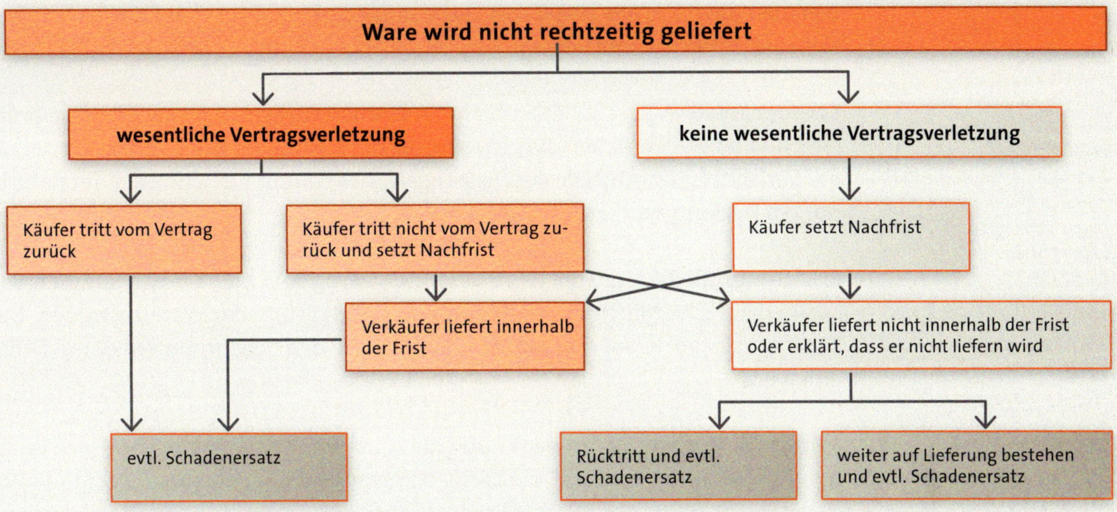

Schadenersatz: Unabhängig von der Inanspruchnahme anderer Rechtsbehelfe kann der Käufer auch Schadenersatz geltend machen. Der Verkäufer ist jedoch nicht zu Schadenersatz verpflichtet, wenn die Pflichtverletzung auf Umständen beruht, deren Eintritt außerhalb seines Einflussbereiches lag. Der Schadenersatz soll den Verlust des Käufers ausgleichen, der ihm durch die Vertragsverletzung entstanden ist. Das können z. B. ein entgangener Gewinn, Verlust von Kunden, Imageschaden oder die Mehraufwendungen für einen **Deckungskauf** sein.

Art. 74 bis 76, 79 CISG

Deckungskauf
Der Käufer beschafft sich die Ware anderweitig, u. U. zu einem höheren Preis.

6.3.6 Verspätete Zahlung und Verletzung der Annahmepflicht

Der Verkäufer hat Anspruch auf Zahlung des vereinbarten Kaufpreises und Abnahme der Ware. Bei einer Vertragsverletzung des Käufers hat der Verkäufer grundsätzlich das Recht,

- den Vertrag aufzulösen und
- Schadenersatz zu verlangen.

Art. 61 CISG

Zahlungsverzug
LF2, Kap. 4.3
Annahmeverzug
LF2, Kap. 4.5

Da es sich bei einer verspäteten Zahlung und auch bei einer Verletzung der Annahmepflicht in der Regel nicht um eine wesentliche Vertragsverletzung handelt, muss der Verkäufer zunächst eine angemessene Nachfrist setzen, bevor er den Vertrag auflösen kann.

Art. 64 CISG

Verspätete Zahlung
Fehlen vertragliche Vereinbarungen über den Zahlungszeitpunkt, ist der Kaufpreis fällig, wenn die Waren zur Verfügung gestellt oder Dokumente ausgehändigt wurden, die den Käufer dazu berechtigen, über die Ware zu verfügen. Bei Versendungskäufen kann der Verkäufer bestimmen, dass die Ware oder die entsprechenden Dokumente erst nach Zahlung des Kaufpreises ausgehändigt werden. Der Käufer hat das Recht, die Ware zu untersuchen, bevor er zahlt. Falls die vereinbarten Lieferungs- und Zahlungsmodalitäten hierzu keine Gelegenheit bieten, entfällt das Recht.

Art. 58 CISG

Art. 78 CISG

Bei verspäteter Zahlung hat der Verkäufer Anspruch auf Zinsen. Eine vorherige Mahnung ist dabei nicht erforderlich. Das UN-Kaufrecht enthält allerdings keine Angaben über die Höhe des Zinssatzes, diese muss durch Rückgriff auf das jeweilige nationale Kaufrecht ermittelt werden.

Art. 74 bis 76 CISG

Deckungsverkauf

Der Verkäufer verkauft die Ware anderweitig und macht einen negativen Differenzbetrag als Schaden geltend.

Art. 85, 87 CISG

Schadenersatz: Auch der Verkäufer hat Anspruch auf Schadenersatz. Die Ansprüche sind hier im Wesentlichen die gleichen, die der Käufer bei einer Vertragsverletzung des Verkäufers hat. Anstelle des Deckungskaufes kommt für den Verkäufer natürlich nur ein **Deckungsverkauf** infrage.

Erhaltungspflicht: Wird die Ware nicht rechtzeitig vom Käufer abgenommen, so ist der Verkäufer verpflichtet, Maßnahmen zur Erhaltung der Ware zu treffen. Dazu kann er sie auch auf Kosten des Käufers in den Lagerräumen eines Dritten einlagern.

Art. 88 CISG

Selbsthilfeverkauf: Zögert der Käufer die Annahme der Ware ungebührlich hinaus, hat der Verkäufer das Recht, sie auf geeignete Weise zu verkaufen. Droht die Ware zu verderben oder erfordert ihre Erhaltung unverhältnismäßig hohe Kosten, so muss der Verkäufer sich in angemessener Weise um ihren Verkauf bemühen. Soweit möglich, ist der Käufer über die Verkaufsabsicht zu informieren. Diese Regelungen gelten auch, wenn der Verkäufer die Ware wegen nicht erfolgter Zahlung zunächst zurückbehält.

6.3.7 Erfüllungsort und Gefahrenübergang

Erfüllungsort, Gefahrenübergang

LF2, Kap. 3.1.2

Nach UN-Kaufrecht kann der jeweilige Erfüllungsort frei vereinbart werden. Fehlt eine vertragliche Vereinbarung, kommt die gesetzliche Regelung zur Anwendung.

Art. 31 CISG

Erfüllungsort für die Warenlieferung

Hier unterscheidet das UN-Kaufrecht danach, ob die Ware befördert werden muss oder nicht. Erfordert der Kaufvertrag eine Beförderung der Ware, so hat der Verkäufer diese dem ersten Beförderer zur Übermittlung an den Käufer zu übergeben. Da beim internationalen Handelsverkehr meist eine Beförderung notwendig ist, ergibt sich daraus in der Regel der Erfüllungsort.

Muss die Ware nicht befördert werden und war bei Vertragsabschluss klar, dass die Ware an einem bestimmten Ort gelagert oder hergestellt wird, so ist die Ware an diesem Ort zu übergeben. In allen anderen Fällen ist der Erfüllungsort die Niederlassung des Verkäufers.

Art. 57 Abs. 1 CISG

Erfüllungsort für die Geldschuld

Bestehen keine vertraglichen Vereinbarungen, ist der Erfüllungsort für die Zahlung der Ort der Niederlassung des Verkäufers. Soll die Zahlung gegen Übergabe der Ware oder von Dokumenten erfolgen, ist der Erfüllungsort der Ort der Übergabe.

Art. 67, 68 CISG

Mit Lieferung bzw. Übergabe der Ware an dem jeweiligen Erfüllungsort geht die Gefahr der Beschädigung oder des Untergangs der Ware vom Verkäufer auf den Käufer über. Wird Ware verkauft, die sich auf dem Transport befindet, geht die Gefahr grundsätzlich zum Zeitpunkt des Vertragsabschlusses auf den Käufer über.

7 Besonderheiten bei internationalen Kaufverträgen

7.1 Ausschreibungen

Die Kundenakquise im Ausland kann sich für einen Exporteur schwierig gestalten, vor allem, wenn er nicht über Niederlassungen in den Zielländern verfügt. Neben entsprechenden Messen kann hier die Teilnahme an einer Ausschreibung sinnvoll sein. Unter einer Ausschreibung versteht man die **Aufforderung zur Angebotsabgabe,** die an einen größeren Lieferantenkreis gerichtet wird. Dazu wird die Ausschreibung üblicherweise in der Tages-, Fach- und Branchenpresse sowie in Amtsblättern veröffentlicht. Informationen über Ausschreibungen im Ausland erhält man außerdem bei der Bundesstelle für Außenhandelsinformationen, den Industrie- und Handelskammern und den Konsulaten der betreffenden Länder.

Große öffentliche Bauprojekte müssen ausgeschrieben werden.

Ausschreibungen werden häufig von öffentlichen Institutionen und Gebietskörperschaften durchgeführt, die auf diese Weise ihren Bedarf an Waren und Leistungen möglichst wirtschaftlich decken wollen. Wegen des Aufwands, der mit einer Ausschreibung verbunden ist, lohnen sie sich erst ab einem größeren Auftragsvolumen.

Man unterscheidet zwischen offenen und geschlossenen Ausschreibungen. Während sich bei offenen Ausschreibungen grundsätzlich jeder um den Auftrag bemühen kann, richtet sich eine geschlossene Ausschreibung nur an eine begrenzte Gruppe von potenziellen Bietern.

Interessenten an einer Ausschreibung können die Ausschreibungsunterlagen anfordern, die detaillierte Angaben zu dem Ausschreibungsgegenstand und dem Ausschreibungsverfahren enthalten. Es kann sein, dass von den Interessenten sogenannte Bietungsgarantien (Tender guarantees) verlangt werden. Das sind in der Regel Bankbürgschaften, die sicherstellen sollen, dass der Interessent die angebotene Leistung oder Lieferung auch wie vereinbart ausführen wird, falls er den Zuschlag erhält. Der Vertrag kommt dadurch zustande, dass der ausschreibende Auftraggeber das Angebot eines Bieters annimmt.

Bei Ausschreibungen öffentlicher Institutionen oberhalb eines bestimmten Auftragsvolumens müssen Mitgliedsländer der Welthandelsorganisation (WTO), die zusätzlich einer entsprechenden Vereinbarung beigetreten sind, dafür sorgen, dass ausländische und inländische Bieter die gleiche Chance haben, den Auftrag zu erhalten. Auch innerhalb der EU gibt es Richtlinien, die verhindern sollen, dass Bieter aus anderen Mitgliedstaaten bei Ausschreibungen öffentlicher Institutionen benachteiligt werden.

7.2 Spezifische Inhalte internationaler Kaufverträge

Internationale Kaufverträge haben grundsätzlich den gleichen Aufbau wie nationale Kaufverträge. Aufgrund der Besonderheiten des Außenhandels unterscheiden sie sich aber in einigen Punkten.

Angaben zur Rechtswahl

Rechtswahl

LF2, Kap. 6.1

Bei nationalen Kaufverträgen ist es in der Regel nicht erforderlich, Vereinbarungen über das anzuwendende Kaufrecht zu treffen, da normalerweise das jeweilige nationale Kaufrecht gelten soll. Wie die vorstehenden Ausführungen gezeigt haben, ist die Frage der Rechtswahl bei internationalen Kaufverträgen aber ein wichtiger Aspekt.

„Wir hätten unsere Gerichtsstandsklauseln gründlicher formulieren sollen."

Erfüllungsort und Gerichtsstand

Vereinbarungen über den Erfüllungsort und den Gerichtsstand sind auch bei nationalen Kaufverträgen sinnvoll. Bei internationalen Kaufverträgen haben sie aber wegen der größeren Entfernungen und der unterschiedlichen Rechtssysteme eine weitaus größere Bedeutung. So könnte es z. B. bei einer unzureichenden Abstimmung zwischen anzuwendendem Recht und Gerichtsstand vorkommen, dass ein japanisches Gericht einen Rechtsstreit nach deutschem Recht entscheiden muss.

Spezifikation der Ware

Von der genauen Benennung und gegebenenfalls detaillierten Beschreibung des Kaufgegenstandes hängt es ab, ob später die gewünschte Ware geliefert wird und ob im Streitfall Gewährleistungsrechte geltend gemacht werden können.

Bei der Charakterisierung des Kaufgegenstandes sollte die gewünschte **Qualität** möglichst genau benannt werden. Häufig existieren für einzelne Produktbereiche international standardisierte Qualitätsstufen, die bestimmte Qualitätsniveaus definieren, teilweise werden hier aber auch landestypische Bezeichnungen verwendet. Um Verwechslungen und Irrtümer auszuschließen, sollte bei internationalen Kaufverträgen auf die jeweils richtige Kennzeichnung geachtet werden. Das gilt auch für gängige Typenbezeichnungen der jeweiligen Branche.

Da die Qualität von Naturprodukten je nach Ernte oder Herkunft sehr unterschiedlich sein kann, sind Qualitätsangaben hier besonders wichtig. Fehlen bei Naturprodukten im Kaufvertrag Qualitätsangaben, wird eine **durchschnittliche Qualität** geliefert. Es besteht natürlich auch die Möglichkeit, durch die Klausel „faq = fair average quality" die Lieferung einer Durchschnittsqualität ausdrücklich zu vereinbaren.

Wenn technische Artikel exportiert werden, sollten auch mögliche **Nebenpflichten** im Vertrag klar benannt werden. Zu den Nebenpflichten kann z. B. die Bereitstellung von Konstruktionsplänen, Wartungs- und Betriebsanleitungen oder anderen technischen Dokumenten gehören. Enthält der Vertrag hierzu keine Angaben, besteht die Gefahr, dass es bei der Auftragsabwicklung zu Problemen kommt.

Häufig ist es bei landwirtschaftlichen Produkten angeraten, Angaben zur geografischen Herkunft, z.B. der gewünschten Anbauregion, zu machen.

Beispiel

Darjeeling-Tee, der nach der Anbauregion im Norden Indiens bezeichnet ist, wird in Abhängigkeit der Erntezeit wie folgt bezeichnet:

Ernteperiode	Bezeichnung
Mitte März bis Anfang April	First Flush (Flugtee)
Ende April bis Anfang Mai	Inbeetweens
Mitte Mai bis Ende Juni	Second Flush
Anfang Juli bis Ende September	Third Flush (Regentee)
Oktober bis Anfang November	Autumnal (Herbsttee)

Die beste Qualität haben First und Second Flush. Das Teeanbaugebiet Darjeeling ist in sieben Unterdistrikte aufgeteilt. Möchte man z.B. nur Tee aus einem bestimmten Distrikt, muss dieser im Kaufvertrag genau bezeichnet werden.

Teepflückerin in Darjeeling

Eventuell kann es auch sinnvoll sein, die gewünschte Qualität über ein **Muster** zu bestimmen. Hier unterscheidet man:

Kauf laut Muster	Die gewünschte Qualität muss mit dem Muster übereinstimmen.
Kauf laut Typenmuster	Die gewünschte Qualität muss mit dem Typenmuster annähernd übereinstimmen.
Kauf auf Musterungsbefund	Die Parteien legen aufschiebend fest, dass der Verkäufer nach Abschluss des Kaufvertrages ein Muster zu liefern hat. Dieses Muster muss vom Käufer akzeptiert werden, damit der Kaufvertrag wirksam wird. Wenn das Muster den Qualitätsangaben im Kaufvertrag entspricht, kann der Käufer allerdings nicht ablehnen.

Bei der Vereinbarung der zu liefernden **Menge** ist zu berücksichtigen, dass in anderen Ländern eventuell landesspezifische Maßeinheiten existieren.

Beispiel

Im metrischen System, das in Deutschland und in der EU verwendet wird, entsprechen einer Tonne 1000 kg. In den USA versteht man unter „ton" die sogenannte „short ton", der nur etwa 907 kg entsprechen. Bestellt man bei einem amerikanischen Baumwollhändler „3 tons cotton", so muss man damit rechnen, dass statt der gewünschten 3000 kg Baumwolle nur etwa 2721 kg geliefert werden. Die Angabe „3 tons à 1000 kg" ist dagegen eindeutig.

Verpackung

Bei Exportgeschäften muss die Ware in aller Regel befördert werden und ist dazu entsprechend zu verpacken. Die Versandverpackung hat dabei im Wesentlichen eine Schutz- und eine Markierungsfunktion. **Schutzfunktion** bedeutet, dass die Verpackung die Ware während des Transports vor Beschädigung schützen soll.

Da die Transportkosten zumeist vom Gewicht und/oder vom Volumen des Transportgutes abhängen, sollte die Verpackung aus wirtschaftlichen Gründen platzsparend sein und ein möglichst geringes Eigengewicht aufweisen. Sie muss aber auch über eine ausreichende Stabilität verfügen, damit sie die Schutzfunktion erfüllen kann.

Die **Anforderungen an die Verpackung** hängen darüber hinaus auch noch von folgenden Aspekten ab:

- Transportart (LKW, Bahn, Flugzeug, Schiff)
- Transportweg (Zustand der Verkehrswege, erforderliche Umladungen)
- Aggregatzustand der Ware (fest, flüssig, gasförmig)
- klimatische Bedingungen (Temperaturunterschiede, Feuchtigkeit)
- Erfordernisse der Ladetechnik (z. B. Paletten für Gabelstapler)
- Vorgaben der Versicherungsgesellschaft
- Vorgaben von Transportunternehmen
- gesetzliche Vorgaben bei Gefahrguttransporten
- Vorschriften des Bestimmungslandes

F. & C. LTD
ORDER NO. 3257
4/50
BOSTON VIA NEW YORK/
USA
COUNTRY OF ORIGIN:
GERMANY

Markierungsbeispiel einer Sendung der BPK an die Fun & Celebration Ltd./USA. Es handelt sich um das vierte von insgesamt 50 Packstücken.

Die **Markierungsfunktion** dient zum einen der Identifikation der Ware, enthält zum anderen aber auch Hinweise zur Behandlung der Ware während des Transports. Die Markierung erfolgt nach festen Regeln. Anzugeben sind:

- Kennziffer oder Kennmarke des Empfängers, z. B. Anfangsbuchstaben der Firma
- Auftragsnummer, gefolgt von der laufenden Nummer der Packstücke
- Bestimmungsort und Angabe des Zielortes für den Haupttransport (Bestimmungsort ist hier Boston, der Entladehafen New York)
- bei Einzelgewichten über 1 000 kg das Brutto- und gegebenenfalls auch das Nettogewicht
- evtl. Abmaße, hängt vom Einfuhrland ab
- Hinweise auf zerbrechliches oder empfindliches Transportgut
- Kennzeichnung von gefährlichem Transportgut
- evtl. Ursprungsangabe

Hinweise zur Behandlung der Ware sollten in der Sprache des Bestimmungslandes und zusätzlich in einer Welthandelssprache, z. B. Englisch, angegeben werden. Sinnvoll ist hier auch die Verwendung von allgemein verständlichen **Bildzeichen**. Ferner sind natürlich mögliche zusätzliche Markierungsvorschriften des Bestimmungslandes zu beachten. Informationen hierzu findet man in den Konsulats- und Mustervorschriften (K&M), die von der Handelskammer Hamburg herausgegeben und regelmäßig aktualisiert werden.

Hinweise zur Handhabung von Packstücken

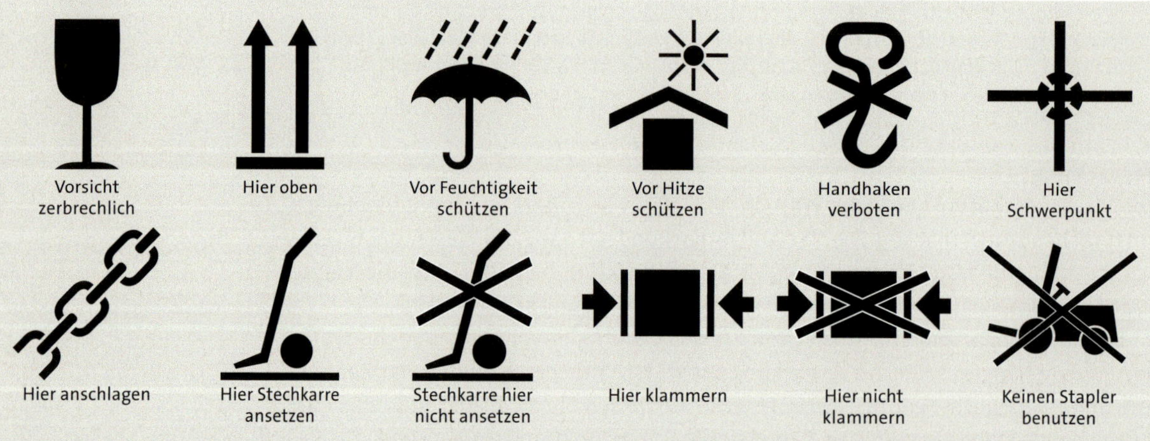

7.3 Versandanzeige

In der Regel werden die Rechte und Pflichten von Käufer und Verkäufer bei der Abwicklung eines Beförderungskaufes dadurch festgelegt, dass die Anwendung bestimmter standardisierter Klauseln vereinbart wird. Im Außenhandel sind das die INCOTERMS® 2010 (International commercial terms) der internationalen Handelskammer in Paris. Diese Klauseln beinhalten für den Verkäufer die Pflicht, den Käufer von der erfolgten Übergabe der Ware an den Frachtführer in angemessener Weise zu unterrichten. Die Benachrichtigung hat den Zweck, dem Käufer zu ermöglichen, die Ware zu versichern, ihren Empfang vorzubereiten und Dispositionen über die weitere Verwendung zu treffen. Die Benachrichtigung erfolgt in Form einer Versandanzeige (Versandavis). Sie enthält Angaben

INCOTERMS®
LF3, Kap. 5.2

- zum Transportmittel/Frachtführer,
- zum Verladeort,
- zum Abladeort (Zielort des Haupttransportes),
- zum Verladezeitpunkt,
- zum voraussichtlichen Ankunftszeitpunkt,
- zur Ware (Menge, Markierung etc.).

Beim Seetransport bezeichnet man das Versandavis als **Shipping Advice** bzw. **Advice of Shipping**. Da die Benachrichtigung des Käufers eilbedürftig ist, sollte die Übermittlung unter Einsatz moderner Kommunikationsmittel erfolgen. Bei langen Transportzeiten, wie sie z.B. beim Seetransport häufig vorkommen, kann auch der normale Postweg zur Übermittlung genutzt werden. Das hat den Vorteil, dass zusammen mit dem Versandavis auch andere Dokumente, die der Importeur benötigt, versendet werden können. Das Risiko, dass die Versandanzeige nicht rechtzeitig beim Käufer eintrifft, trägt dann allerdings der Verkäufer.

bpk Bergisches Papierkontor GmbH

Bergisches Papierkontor GmbH · Elberfelder Straße 85 · 42285 Wuppertal

Elberfelder Straße 85
42285 Wuppertal
Tel. 0202 1236-0
Fax 0202 1236-1
E-Mail info@bpkontor.de
www.bpkontor.de

Shipping Advice

Dear Sir or Madam

Date: February 2, 20XX

We are pleased to advise that your order No. 3257
covering: 50 bags beer coaster
F. & C. LTD, ORDER NR.3257, 1-50, BOSTON has been shipped via New York.

Name of the vessel: MS Katharina
Estimated date of departure from Hamburg: February 3, 20xx
Estimated date of arrival in New York: February 10, 20xx

Thank you for your patronage. We look forward to the pleasure of receiving your valuable repeat orders.

Yours faithfully

BPK GmbH

AB ☞ LS 28

7.4 Schiedsgerichtsbarkeit

Unter einem Schiedsgericht versteht man ein privates Gericht, das von den Vertragsparteien zur Streitschlichtung angerufen werden kann.

Schiedsvereinbarung: Grundlage für das Tätigwerden eines Schiedsgerichtes ist eine Schiedsvereinbarung bzw. ein Schiedsvertrag. Darin vereinbaren die Vertragsparteien, dass Streitigkeiten aus dem Kaufvertrag vor einem Schiedsgericht verhandelt werden sollen. Die Schiedsvereinbarung wird in der Regel zusammen mit dem Kaufvertrag getroffen. Dabei sollte dann auch auf eine konkrete **Schiedsordnung** verwiesen werden. Die Schiedsordnung enthält Regeln, nach denen das Schiedsverfahren abläuft. Durch die Benennung eines bestimmten Schiedsgerichtes entscheidet man sich gleichzeitig für die Schiedsordnung der betreffenden Institution.

Internationale Schiedsgerichte sind z. B. die American Arbitration Association in New York, der London Court of International Arbitration in London, der Deutsche Ausschuss für Schiedswesen in Bonn und das Schiedsgericht der internationalen Handelskammer in Paris.

Eine Schiedsvereinbarung könnte z. B. den folgenden Wortlaut haben: „Alle sich aus oder in Zusammenhang mit diesem Kaufvertrag ergebenden Streitigkeiten werden unter Ausschluss des ordentlichen Rechtsweges nach der Schiedsgerichtsordnung der internationalen Handelskammer von einem oder mehreren Schiedsrichtern endgültig entschieden." Diese Klausel wird z.B. von der internationalen Handelskammer in Paris empfohlen.

Schiedsverfahren: Ein Verfahren vor einem Schiedsgericht endet mit einem Schiedsvergleich oder einem Schiedsspruch. Ein **Vergleich** bedeutet, dass die beiden Parteien ihre Streitigkeiten im gegenseitigen Einverständnis beilegen. Durch einen **Schiedsspruch** wird über den Rechtsstreit endgültig entschieden. Die Möglichkeit, Rechtsmittel gegen einen Schiedsspruch wegen inhaltlicher Fehler einzulegen, gibt es nicht. Ein Schiedsspruch hat die gleiche Rechtskraft wie das Urteil eines ordentlichen Gerichtes.

Akzeptiert eine Vertragspartei den Schiedsspruch nicht und es wird eine Vollstreckung erforderlich, bedarf es allerdings der Mitwirkung der jeweiligen nationalen Gerichte, die den Schiedsspruch als vollstreckbar erklären müssen. Die Voraussetzungen für die Anerkennung und die Vollstreckung ausländischer Schiedssprüche im Inland werden durch ein spezielles UN-Abkommen geregelt. Bis Anfang 2012 waren diesem Abkommen 146 Staaten beigetreten.

Vorteile der Schiedsgerichtsbarkeit: Im Vergleich zur Anrufung ordentlicher Gerichte hat die Vereinbarung einer Schiedsklausel folgende Vorteile:

- Die Schiedsrichter verfügen in der Regel über eine besondere **Sachkenntnis**.
- Im Vergleich zu ordentlichen Gerichtsverfahren sind Schiedsverfahren meist **kostengünstiger**.
- Schiedsverfahren werden schneller abgewickelt als Verfahren vor einem ordentlichen Gericht.
- Schiedssprüche sind **endgültig**.
- Schiedsverfahren finden unter Ausschluss der Öffentlichkeit statt, damit ist die **Vertraulichkeit** gesichert.
- Schiedsordnungen sind häufig **einfacher** und klarer als die entsprechenden Zivilprozessordnungen der Gerichte.

7.5 Ausfuhrbeschränkungen

AB ☞ LS 29

Das deutsche Außenwirtschaftsrecht geht von dem Grundsatz aus, dass der Wirtschaftsverkehr mit dem Ausland frei ist. In § 1 des **Außenwirtschaftsgesetzes (AWG)** wird das klar und eindeutig zum Ausdruck gebracht. Gemäß § 4 AWG besteht allerdings die Möglichkeit, den Außenwirtschaftsverkehr durch Genehmigungsverfahren und Verbote einzuschränken.

Neben den nationalen Beschränkungen auf der Grundlage des Außenwirtschaftsgesetzes, der Außenwirtschaftsverordnung (AWV) und des Kriegswaffenkontrollgesetzes (KrWaffKontrG) gibt es auch noch **internationale Vereinbarungen**, die sich auf die Freizügigkeit des Außenhandels in Deutschland auswirken. Ausfuhrbeschränkungen können sich auf bestimmte Waren und Warengruppen und/oder bestimmte Länder beziehen.

Völkerrechtliche Beschränkungen: Bei den UN-Sanktionen handelt es sich um Teil- oder Totalembargos, die der UN-Sicherheitsrat gegen bestimmte Länder verhängt. Bei einem **Totalembargo** ist der gesamte Handelsverkehr mit den betreffenden Ländern grundsätzlich untersagt. Eventuell sind aus humanitären Gründen Ausnahmen für bestimmte Güter möglich, z. B. für Nahrungsmittel oder Medikamente. Bei einem **Teilembargo** bezieht sich die Beschränkung des Handelsverkehrs nur auf bestimmte Güter, z. B. Waffen.

Embargo
staatliches Ausfuhrverbot für Waren oder Kapital

Gemeinschaftsrechtliche Beschränkungen: Die von der UN verhängten Sanktionen werden jeweils durch EU-Verordnungen umgesetzt und werden damit unmittelbares EU-Recht. Daneben gibt es noch Beschränkungen auf der Grundlage der **Dual-use-Verordnung**. Diese befasst sich mit Gütern, die einen doppelten Verwendungszweck haben. Sie haben ursprünglich einen zivilen Verwendungscharakter, können aber auch militärisch genutzt werden.

Die Ausfuhr von Dual-use-Gütern unterliegt Beschränkungen, die in der Dual-use-Verordnung näher spezifiziert sind. Die Dual-use-Güter sind in Anhang I der Verordnung aufgelistet (gelistete Güter). Die Angaben in den Listen sind sehr speziell und erfordern spezifisches technisches Wissen aus dem jeweiligen Produktbereich.

Mögliche Beschränkungen bei der Warenausfuhr

Besteht Unsicherheit, ob sich eine bestimmte Ware in der Ausfuhrliste befindet, sollte eine Anfrage beim Bundesamt für Wirtschaft und Ausfuhrkontrolle (BAFA) gestellt werden. Das BAFA kann auf Antrag bestätigen, dass die betreffende Ware nicht von der Ausfuhrliste erfasst wird.
www.bafa.de

Ferner kann die Ausfuhr auch aufgrund der Anti-Folter-Verordnung und der Feuerwaffenverordnung beschränkt sein.

Nationale Beschränkungen: Die gelisteten Güter der Dual-use-Verordnung werden auch in eine Liste von Gütern übernommen, die grundsätzlich nur mit einer Ausfuhrgenehmigung ausgeführt werden dürfen. Diese Liste, die als **Ausfuhrliste (AL)** bezeichnet wird, hat die folgende Untergliederung:
Teil I besteht aus den Abschnitten A und B.
- **Abschnitt A** enthält Waffen, Munition und Rüstungsmaterial.
- **Abschnitt B** enthält eine Liste national erfasster Dual-use-Güter.

Teil II enthält Waren pflanzlichen Ursprungs.

Die betreffenden Listen werden natürlich regelmäßig aktualisiert und angepasst.

Sitz des BAFA in Eschborn

Die Ausfuhr von Waren, die nicht in der Ausfuhrliste gelistet sind, kann trotzdem genehmigungspflichtig sein, wenn bestimmte länder- und verwendungsspezifische Konstellationen vorliegen **(nicht gelistete Güter)**.

Die Ausfuhr von **Kriegswaffen** ist ebenfalls beschränkt und ist im Kriegswaffenkontrollgesetz (KrWaffKontrG) geregelt.

7.6 Abladegeschäft

Eine außenhandelsspezifische Geschäftsform, die häufig mit Geschäftspartnern in Übersee durchgeführt wird, ist das Abladegeschäft. Bei einem Abladegeschäft wird die Ware per Schiff von einem Seehafen, dem Abladehafen, zu einem Bestimmungshafen versendet. Der Exporteur (Ablader) hat dabei die Pflicht, dem Reeder (Verfrachter) die Ware zu übergeben und dem Käufer das vom Verfrachter ausgestellte Transportdokument, das hier **Konnossement** heißt, zuzusenden.

Schickschuld, Bringschuld
LF2, Kap. 3.1.2

Erfüllungsort für das Warengeschäft ist dabei der Verschiffungshafen (Schickschuld), Erfüllungsort für die Dokumentenandienung ist der Geschäftssitz des Käufers (Bringschuld). Der Exporteur ist also dafür verantwortlich, dass das Konnossement den Käufer auch erreicht. Durch Vorlage des Konnossements kann der Käufer die Ware dann im Bestimmungshafen in Empfang nehmen. Das Konnossement hat hierbei eine **Warenwertfunktion,** d.h., es steht stellvertretend für die Ware und nur der berechtigte Inhaber des Konnossements bekommt die Ware ausgehändigt.

Abladegeschäft

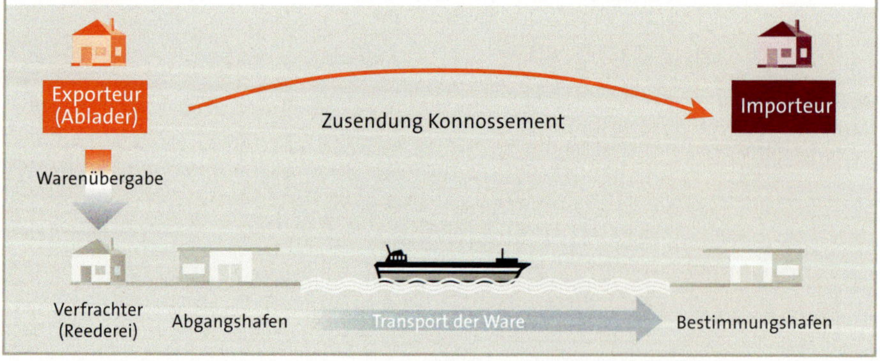

LERNFELD 3

Beschaffungsprozesse planen, steuern und durchführen

AB ☞ LS 30

1 Bearbeitung von Bestellvorgängen

Beispiel

Franz Seidlitz ist Sachbearbeiter in der Einkaufsabteilung der BPK GmbH. Seine Kollegin Frau Schneider ruft ihn am Morgen des 20. März an und teilt ihm mit, dass bei ihr eine größere Bestellung über Computerpapier eingegangen ist. Bei der Verfügbarkeitsprüfung hat sie festgestellt, dass die Bestände der BPK nicht ausreichen, um den Auftrag über 150 000 Blatt auszuführen. Herr Seidlitz verspricht ihr, sich um die dringende Nachbestellung des Artikels zu kümmern.

1.1 Erstellen und Auslösen der Bestellung

Mithilfe seines PC lässt Herr Seidlitz automatisch einen Bestellvorschlag erstellen. Das Programm innerhalb des Warenwirtschaftssystems greift dabei auf Lagerdaten, die Artikeldatei und die Lieferantendatei zurück.

1. Das Warenwirtschaftssystem berechnet automatisch die Bestellmenge für den Bestellvorschlag:

	Höchstbestand	200 000 Blatt
–	Istbestand/tatsächlicher Lagerbestand	100 000 Blatt
+	Auftragsbestand (Kundenreservierung)	150 000 Blatt
+	erwarteter kurzfristiger Bestelleingang der nächsten Tage	50 000 Blatt
=	**vorgeschlagene Bestellmenge zur Erreichung des Höchstbestandes**	**300 000 Blatt**

2. Das Programm übernimmt die vorgeschlagene Bestellmenge, die Artikel- und Lieferantendaten automatisch aus den entsprechenden Dateien und erstellt daraus den Bestellvorschlag.

Bestellvorschlag

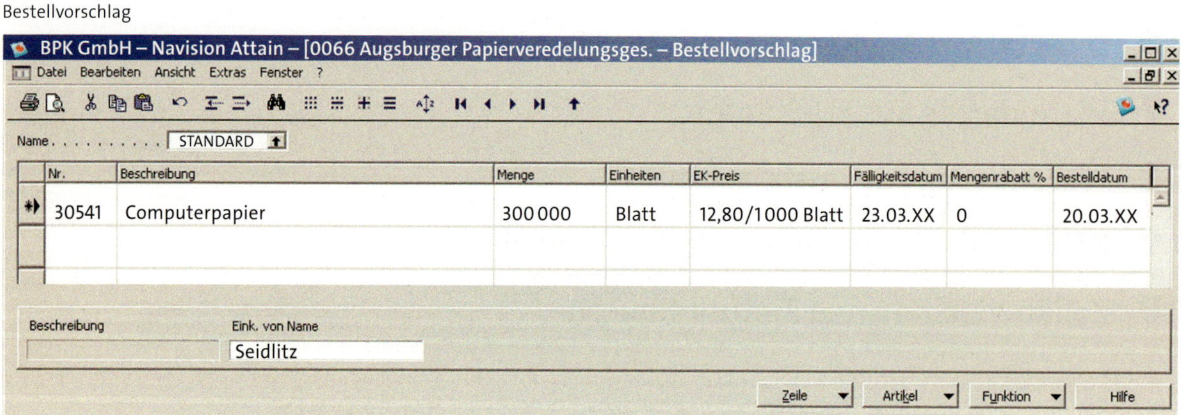
BPK GmbH – Navision Attain – [0066 Augsburger Papierveredelungsges. – Bestellvorschlag]

Datei Bearbeiten Ansicht Extras Fenster ?

Name . . . . STANDARD

Nr.	Beschreibung	Menge	Einheiten	EK-Preis	Fälligkeitsdatum	Mengenrabatt %	Bestelldatum
30541	Computerpapier	300 000	Blatt	12,80/1000 Blatt	23.03.XX	0	20.03.XX

Beschreibung | Eink. von Name: Seidlitz

Zeile | Artikel | Funktion | Hilfe

3. Das Programm ermöglicht Herrn Seidlitz, manuell Änderungen durchzuführen. Zum Beispiel kann er die vorgeschlagene Bestellmenge abändern oder einen anderen Liefertermin eingeben. Die endgültige Bestellentscheidung liegt also beim Einkäufer. Das Programm überprüft in einem solchen Fall automatisch die Mindestbestellmenge, Verpackungseinheit und Lieferantenkonditionen und stellt ggf. Unstimmigkeiten heraus.

4. Nach der Bestätigung durch den Einkäufer wird der Bestellvorschlag in eine Bestellung umgewandelt. Es werden alle Artikel angezeigt, die bei demselben Lieferanten zur Bestellung anstehen. In einer Sammeldisposition könnten ggf. alle Artikel für einen Lieferanten zusammengefasst werden, um durch den höheren Bestellwert bessere Vertragskonditionen zu realisieren. Für die Bestellung bei der Augsburger Papierveredelungsgesellschaft mbH stehen jedoch nur die 300 000 Blatt aus dem obigen Bestellvorschlag an.

5. Herr Seidlitz druckt die Bestellung aus und sendet sie dem Lieferanten zu.

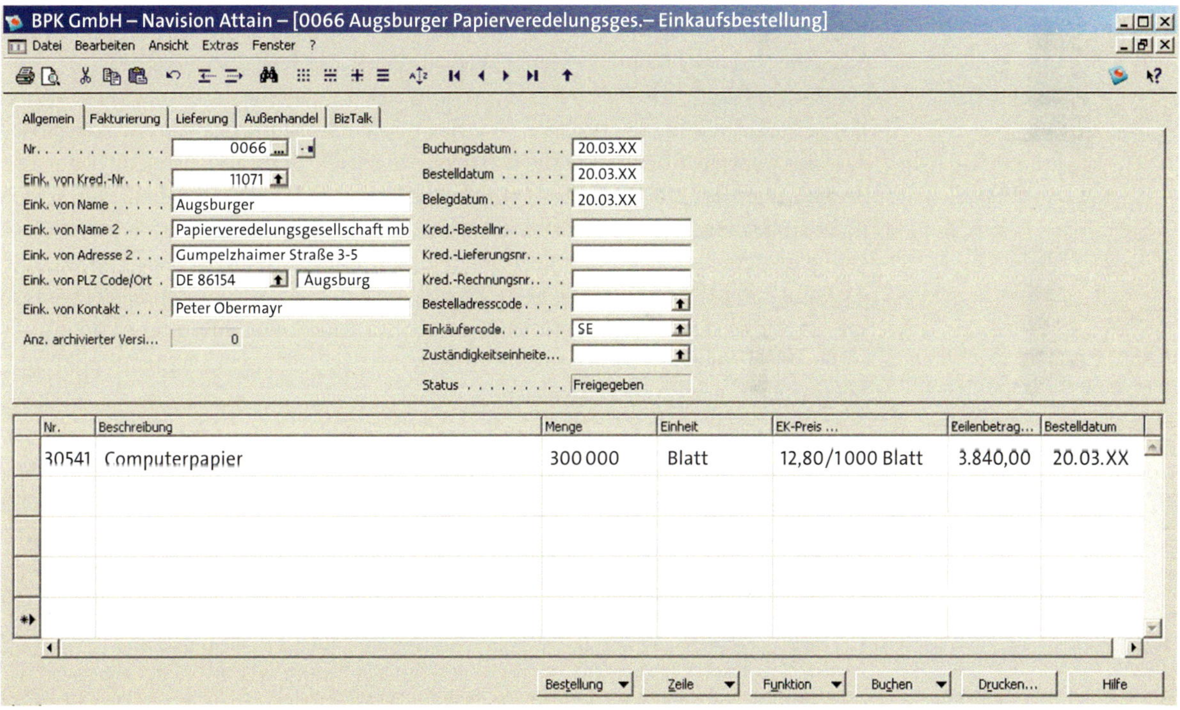
BPK GmbH – Navision Attain – [0066 Augsburger Papierveredelungsges.– Einkaufsbestellung]

Datei Bearbeiten Ansicht Extras Fenster ?

Allgemein | Fakturierung | Lieferung | Außenhandel | BizTalk

Nr. 0066
Eink. von Kred.-Nr. 11071
Eink. von Name Augsburger
Eink. von Name 2 Papierveredelungsgesellschaft mb
Eink. von Adresse 2 Gumpelzhaimer Straße 3-5
Eink. von PLZ Code/Ort DE 86154 Augsburg
Eink. von Kontakt Peter Obermayr
Anz. archivierter Versi... 0

Buchungsdatum 20.03.XX
Bestelldatum 20.03.XX
Belegdatum 20.03.XX
Kred.-Bestellnr.
Kred.-Lieferungsnr.
Kred.-Rechnungsnr.
Bestelladresscode
Einkäufercode SE
Zuständigkeitseinheite...
Status Freigegeben

Nr.	Beschreibung	Menge	Einheit	EK-Preis ...	Zeilenbetrag...	Bestelldatum
30541	Computerpapier	300 000	Blatt	12,80/1000 Blatt	3.840,00	20.03.XX

Bestellung | Zeile | Funktion | Buchen | Drucken... | Hilfe

Bestellung

1.2 Bestellvorschlagssystem und automatisches Bestellsystem

Die BPK GmbH verfügt über ein EDV-gestütztes **Bestellvorschlagssystem**, d.h., der Bestellvorschlag wird automatisch erstellt, muss aber, wie im obigen Beispiel, durch den Einkäufer bestätigt werden. Die Tankstelle, an der die Lkw der BPK GmbH aufgetankt werden, verfügt dagegen über ein **automatisches Bestellsystem**. Ohne menschliches Eingreifen wird bei einem bestimmten Pegelstand eine Bestellung beim Benzinlieferanten ausgelöst.

	Bestellvorschlagssystem	Automatisches Bestellsystem
Merkmale	automatische Erstellung von Bestellvorschlägen, die durch den Einkäufer bestätigt werden müssen	Auslösen eines Bestellvorgangs ohne menschliches Eingreifen
Vor- und Nachteile	• manuelle Bearbeitung bei unvorhergesehenen Ereignissen (Nachfrageänderung) möglich • Individuelle Erfahrungen des Einkäufers fließen in die Bestellentscheidung ein.	• Bestellung kann nicht vergessen werden • Zeit- und Kostenersparnis • unflexibel bei unvorhergesehenen Ereignissen

EDV-gestützte Bestellsysteme

1.3 Terminüberwachung und Ermittlung von Bestellrückständen

Bestellungsannahme
LF2, Kap. 2.4

Der Bestellung von Herrn Seidlitz ging kein Angebot voran. Die Augsburger Papierveredelungsgesellschaft mbH muss daher die Bestellung **annehmen**, damit ein Kaufvertrag zustande kommt. Sie kann dies tun, indem sie der BPK GmbH eine Auftragsbestätigung zuschickt oder den Auftrag mündlich, telefonisch oder per E-Mail bestätigt. Darüber hinaus besteht die Möglichkeit, die Ware sofort zu liefern.

Der in der Bestellung angegebene Liefertermin wird mithilfe des Warenwirtschaftssystems überwacht. Herr Seidlitz ruft dazu die Bestellrückstandsliste auf, in der alle Bestellungen der BPK GmbH aufgeführt sind, die zu dem angegebenen Liefertermin nicht eingegangen sind. Die Liste kann nach Lieferanten oder nach Artikeln geordnet sein. Der Liefertermin für die 300 000 Blatt Computerpapier beispielsweise war der 23. März. Am 24. März wird die bestellte Menge in der Bestellrückstandsliste weiterhin als offene Liefermenge geführt. Herr Seidlitz druckt die Rückstandsmeldung als Lieferungserinnerung aus, die er, da die Bestellung sehr dringend ist, sofort der Augsburger Papierveredelungsgesellschaft zufaxt.

1.4 Kontrolle und Erfassung des Wareneingangs

Beispiel

Am 26. März liefert die Augsburger Papierveredelungsgesellschaft die bestellten Computerpapiere. Der Lagerarbeiter Herr Alt überprüft zunächst, ob es sich bei der Lieferung tatsächlich um eine Palette Computerpapier handelt, wie auf dem Lieferschein angegeben ist, und ob die Kartons unversehrt und trocken sind.

Die Lieferpapiere sind in Anwesenheit des Spediteurs zu prüfen.

Kontrolle des Wareneingangs

Noch in Anwesenheit des Überbringers (Spediteurs) ist zu prüfen, ob die Sendung mit den **Angaben auf dem Lieferschein** übereinstimmt. Die Annahme von Irrläufern oder unverlangten Sendungen wird so vermieden. Außerdem wird die äußere Verpackung auf Schäden kontrolliert. Abweichungen und Mängel müssen vom Überbringer schriftlich auf dem Lieferschein oder in einer Tatbestandsmeldung bestätigt werden. In diesen Fällen kann die Annahme der Ware verweigert werden.

Augsburger Papierveredelungs-gesellschaft mbH

Augsburger PVG mbH • Gumpelzhaimer Str. 3–5 • 86154 Augsburg

Bergisches Papierkontor GmbH
Elberfelder Straße 85
42285 Wuppertal

Lieferschein Nr. 1688

Kundennummer:	Bestellung Nr.:	Bestelldatum:	Auftragsbestätigung:	Lieferdatum
7666	66	20.03.20XX	1688	26.03.20XX

Artikel-Nr.	Warenbezeichnung	Menge	Preis/Einheit
404400	Computerpapier	300 000	12,80 €/1 000 Blatt
Versand Lkw	Wir bestätigen die ordnungsgemäße Lieferung: 26.03.20XX	Name: Alt	

Kontrolle der Ware

Beispiel

Herr Alt stellt fest, dass 300 000 Blatt Computerpapier geliefert wurden. Dies entspricht der Bestellung. Er öffnet ein Paket und kontrolliert so stichprobenartig die Qualität des Papiers.

Unverzüglich nach Annahme der Ware werden Warenart, Menge und Qualität geprüft und mit der Bestellung verglichen. Die Ware wird mit einer Sicht-, Funktions- oder chemischen Kontrolle auf Mängel untersucht.

Bei zweiseitigen Handelskäufen besteht für den Käufer die Pflicht, die Ware **unverzüglich,** d. h. ohne schuldhaftes Verzögern, zu prüfen und dem Lieferer eventuelle Mängel anzuzeigen **(Rügepflicht)**. Nur dann können Gewährleistungsrechte in Anspruch genommen werden. Versteckte Mängel, die nicht sofort, sondern erst bei Verwendung der Ware erkennbar werden, müssen unverzüglich nach Entdecken gerügt werden.

zweiseitiger Handelskauf
LF2, Kap. 3.3.1

versteckter Mangel
LF2, Kap. 4.1.1

Erfassung des Wareneingangs	
Manuell	1. Eingabe der Bestellnummer und Übernahme der Daten aus der Bestelldatei in das Wareneingangsprotokoll 2. Bei Abweichungen der Lieferscheindaten von der Bestellung: manuelle Eingabe der Daten aus dem Lieferschein
Automatisch	1. Automatische Erhöhung des Lagerbestandes 2. Druck des Wareneingangsscheins 3. Die Warenlieferung wird auf dem Wareneinkaufsverrechnungskonto gebucht[1]. 4. Aktualisierung der Liste offener Bestellungen

[1]) Die Buchung im Haben des Wareneingangsverrechnungskontos teilt der Buchhaltung mit, dass die Ware geliefert wurde, die Rechnung jedoch noch fehlt.

1.5 Kontrolle und Erfassung der Eingangsrechnung

Buchung der Eingangsrechnung
LF4, Kap. 8.1

Mit der Warenlieferung hat Herr Seidlitz gleichzeitig bereits die Rechnung der Augsburger Papierveredelungsgesellschaft erhalten. Zunächst kontrolliert er, ob die Eingangsrechnung sachlich und rechnerisch richtig ist.

Nach der Kontrolle durch den Sachbearbeiter wird die Rechnung per Hauspost an die Finanzbuchhaltung weitergeleitet. Dort wird die Verbindlichkeit der BPK GmbH gegenüber der Augsburger Papierveredelungsgesellschaft mbH gebucht. Zweimal wöchentlich druckt der Buchhalter eine **Zahlungsvorschlagsliste** mit den fälligen Verbindlichkeiten aus, die er dem Rechnungsleiter vorlegt. Wenn dieser die Zahlungen freigegeben hat, werden sie per Überweisung beglichen.

Augsburger Papierveredelungsgesellschaft mbH

Augsburger PVG mbH • Gumpelzhaimer Str. 3–5 • 86154 Augsburg

Bergisches Papierkontor GmbH
Elberfelder Straße 85
42285 Wuppertal

Posteingang am 26.03.20XX

Rechnung Nr. 799

Kundennummer:	Rechnungs-Nr.:	Bei Zahlung bitte angeben!	Rechnungsdatum
7666	799		26.03.20XX
Ihre Bestellung Nr.:	**vom**	**Lieferschein:**	**Lieferdatum:**
66	20.03.20XX	1688	26.03.20XX

Pos.-Nr.	Artikel-Nr.	Warenbezeichnung	Menge	Preis/ Einheit	Mengeneinheit	Rabatt	Gesamtbetrag
1	404400	Computerpapier	300 000	12,80 €	1 000 Bl.	0 %	3.840,00 €

RECHNUNGSPRÜFUNG
Sachlich richtig
Datum 26.03.XX
Nz Seidlitz
Rechnerisch richtig
Datum 26.03.XX
Nz Seidlitz

Versand	Zahlungsziel	Warenwert	MwSt-Satz	MwSt-Betrag	Rechnungsbetrag
Lkw	30 Tage netto	3.840,00 €	19 %	729,60 €	4.569,60 €

Arbeitsabläufe bei Bestellvorgängen

Arbeitsschritt	Erläuterung
Feststellung des Bedarfs und Meldung an die Einkaufsabteilung	
↓ Erstellung eines Bestellvorschlags	• Berechnung der Bestellmenge • Übernahme der Lieferanten- und Artikeldaten
↓ Auslösen der Bestellung	• Bestätigung des Bestellvorschlags durch den Einkäufer • Übernahme in die Bestelldatei (Auftragsdatei) • Druck und Versendung der Bestellung
↓ Annahme der Bestellung durch den Lieferanten	• schriftlich, mündlich, telefonisch, per E-Mail • durch die Lieferung der Ware (schlüssiges Handeln)
↓ Terminüberwachung	• mittels der Liste offener Bestellungen bzw. Bestellrückstandsliste • ggf. Versendung von Lieferungserinnerungen
↓ Kontrolle des Wareneingangs	• in Anwesenheit des Überbringers auf Richtigkeit des Lieferscheins, Übereinstimmung der Ware mit dem Lieferschein und Unversehrtheit der Ware • unverzüglich auf Vollständigkeit, Richtigkeit und Qualität des Inhalts, damit Gewährleistungsrechte in Anspruch genommen werden können
↓ Erfassung des Wareneingangs	• Einkäufer übernimmt per Eingabe der Bestellnummer Daten aus der Bestelldatei in das Wareneingangsprotokoll. Bei Abweichungen zwischen Bestellung und Lieferung werden Daten des Lieferscheins manuell eingegeben. • automatische Erhöhung des Lagerbestandes • Druck des Wareneingangsscheins • Aktualisierung der „Liste offener Bestellungen"
↓ Kontrolle der Eingangsrechnung	• auf sachliche und rechnerische Richtigkeit
↓ Erfassung der Eingangsrechnung	• in der Finanzbuchhaltung • Ausdruck der Zahlungsvorschlagsliste und Zahlung

2 Zeit- und Mengenplanung

Große Warenmengen verursachen hohe Lagerkosten.

Unabhängig von der Art und Weise der Bearbeitung von Bestellvorgängen ist eine grundsätzliche Zeit- und Mengenplanung der Beschaffungsprozesse erforderlich. Jedes Unternehmen muss darauf achten, seine Waren rechtzeitig und in ausreichender Menge zu beschaffen, um stets verkaufsbereit zu sein und die Kunden jederzeit wunschgemäß beliefern zu können. Gleichzeitig sollten aber so wenige Waren wie möglich beschafft und gelagert werden, um die Kosten für Einkauf und Lagerung gering zu halten.

Neben der Planung des optimalen Bestellzeitpunktes und der optimalen Bestellmenge sollten hier auch Überlegungen angestellt werden, für welche Produkte diese grundlegenden Planungen durchzuführen sind. Hier kann die ABC Analyse Antworten geben.

AB ☞ LS 32

2.1 Optimaler Bestellzeitpunkt

Zur Ermittlung des optimalen Bestellzeitpunktes sind die Begriffe Mindestbestand, Meldebestand und Höchstbestand zu klären. Diese Kennzahlen werden als Lagerbestandskennzahlen bezeichnet.

Der **Mindestbestand (= eiserne Reserve)** ist ein vom Unternehmen festgelegter Bestand, der die Lieferbereitschaft auch bei unvorhergesehenen Zwischenfällen sichern soll. Dieser Bestand darf nur mit ausdrücklicher Genehmigung bzw. Anweisung der Geschäftsleitung angetastet werden.

Der **Meldebestand** legt den genauen Bestellzeitpunkt fest. Bei Erreichen des Meldebestandes muss eine bestimmte Menge der Ware bestellt werden bzw. die Bestellung wird automatisch ausgelöst. Die folgende Formel zur Errechnung des Meldebestandes gewährleistet, dass in der Zeitspanne zwischen Bestellung und Lieferung der Ware der Mindestbestand nicht unterschritten wird.

Tagesauslieferungsmenge
Menge, die durchschnittlich pro Tag abgesetzt wird

Berechnung des Meldebestandes

Meldebestand = Mindestbestand + (**Tagesauslieferungsmenge** · Lieferzeit)

Beispiel

Der Mindestbestand von Kopierfolien liegt bei 700 Stück. Der Lieferant, die Papier und Folien GmbH, benötigt eine Lieferzeit von sechs Tagen. Pro Tag werden etwa 300 Kopierfolien ausgeliefert.
Ermittlung des Meldebestandes: 700 + (6 · 300) = 2 500 Stück
Bei Erreichen des Bestandes von 2 500 Stück löst das Warenwirtschaftssystem die Bestellung aus.

Der **Höchstbestand** ist ein ebenfalls vom Unternehmen festgelegter Bestand, der die Höchstlagerungsmenge der Ware bestimmt. Er ist abhängig von der räumlichen Lagerungskapazität, von der täglich verkauften Menge und den durch die Lagerung entstehenden Kosten.

Berechnung des Höchstbestands

Höchstbestand = Mindestbestand + Bestellmenge

Die Bestellmenge ist die Menge, die bestellt werden muss, um das Lager, sobald der eiserne Bestand erreicht ist, wieder bis zu seinem Höchstbestand aufzufüllen. Zur Berechnnug dient folgende Formel:

Berechnung der Bestellmenge

Bestellmenge = Höchstbestand – Mindestbestand

Beispiel

Von den Kopierpapieren werden durchschnittlich 40 Kartons pro Tag abgesetzt. Auf einer Palette befinden sich 200 Kartons. Der Mindestbestand beträgt eine Palette und der Lieferer ist in der Regel in der Lage, innerhalb von zwei Tagen die gewünschte Menge zu liefern. Da die Bestellung und die Lieferung sowohl Personal als auch Transportkosten verrsacht, ist es wichtig, einerseits nicht zu oft zu bestellen, andererseits aber auch nicht zu hohe Mengen auf Lager zu halten. Diese Überlegungen veranlassten den Abteilungsleiter des Lagers, Herrn Wolf, in Abstimmung mit der Abteilung Einkauf dazu, den **Höchstbestand auf sechs Paletten** (1200 Kartons) festzusetzen. So muss nur einmal im Monat bestellt werden. Der Höchstbestand reicht 25 Arbeitstage, ohne den Mindestbestand von 200 Kartons anzurühren.

Höchstbestand und Bestellhäufigkeit

$$\frac{\text{Höchstbestand} - \text{Mindestbestand}}{\text{Tagesauslieferungsmenge}} = \frac{1200 - 200}{40} = 25 \text{ Arbeitstage}$$

Grafische Darstellung des optimalen Bestellzeitpunktes

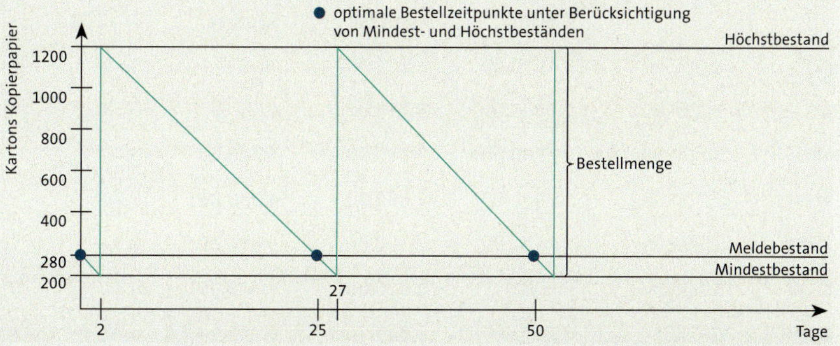

Bei diesem Kopierpapier liegt der Bestellzeitpunkt bei 280 Kartons (Meldebestand). Alle 25 Arbeitstage werden 1000 Kartons bestellt, das ist die Menge, die bei Eintreffen der Lieferung zum Höchstbestand führt. Der Höchstbestand baut sich in den folgenden 25 Tagen bis zum Mindestbestand ab (z. B. von Tag 2 bis Tag 27).

AB ☞ LS 33

2.2 Optimale Bestellmenge

Beispiel

In einer Sitzung der Abteilung Einkauf unter Teilnahme des Abteilungsleiters „Lager und Versand“, Herrn Wolf, wird über Möglichkeiten diskutiert, die Kosten für Bestellungen und Lagerhaltung zu senken. Frau Finke, Leiterin des Einkaufs, weist darauf hin, dass die Bestellkosten sehr viel geringer wären, wenn grundsätzlich größere Mengen bestellt würden. Herr Wolf protestiert energisch und meint, dass unter diesen Umständen die Lagerkosten explodieren würden.

Bestellkosten
Kosten für Transport, Verpackung, Versicherung sowie die relevanten Personalkosten

Größere Bestellmengen verursachen geringere **Bestellkosten**, weil die Bestellhäufigkeit sinkt, gleichzeitig aber hohe **Lagerkosten**. Entscheidend können daher nur die **Gesamtkosten** sein. Die optimale Bestellmenge liegt dort, wo die Gesamtkosten, d.h. die Summe aus Bestell- und Lagerkosten, minimal sind.

Beispiel

Die BPK GmbH bezieht von der Heinz Schmied Folien GmbH Folien für Laserdrucker. Die jährliche Einkaufsmenge liegt bei rund 12.000 Kartons. Der Einstandspreis pro Karton beträgt 9,60 Euro. Das Controlling der BPK GmbH hat als bestellfixe Kosten einen Betrag in Höhe von 300 Euro pro Bestellung ermittelt sowie einen Lagerkostensatz von 20 % bezogen auf den durchschnittlichen Lagerbestandswert.

$$\text{Optimale Bestellmenge (hier: Stück = Karton)} = \sqrt{\frac{200 \cdot \text{bestellfixe Kosten} \cdot \text{Jahresverbrauchsmenge}}{\text{Einstandspreis/Stück} \cdot \text{Lagerkostensatz}}} = \sqrt{\frac{200 \cdot 300 \cdot 12\,000}{9{,}60 \cdot 20}} = 1936{,}49 \text{ Stück}$$

$$\text{Anzahl der Bestellungen} = \frac{12\,000 \text{ Stück}}{1.936{,}49 \text{ Stück}} = 6{,}1968 \text{ Bestellungen}$$

1	2	3	4	5	6	7	8
Anzahl der Bestellungen	Bestellmenge in Stück	Bestellkosten in €	Ø Lagerbestand in Stück	Ø Lagerbestandswert in €	Lagerkosten in €	Gesamtkosten in €	Kosten/Stück (aufgerundet) in €
	12.000/ Spalte 1	300 x Spalte 1	Spalte 2/2	Spalte 4 x 9,60 €	20 % von Spalte 5	Spalte 3 + Spalte 6	Spalte 7/12.000
1	12.000	300,00	6.000,00	57.600,00	11.520,00	11.820,00	0,99
2	6.000	600,00	3.000,00	28.800,00	5.760,00	6.360,00	0,53
3	4.000	900,00	2.000,00	19.200,00	3.840,00	4.740,00	0,40
4	3.000	1.200,00	1.500,00	14.400,00	2.880,00	4.080,00	0,34
5	2.400	1.500,00	1.200,00	11.520,00	2.304,00	3.804,00	0,32
6	2.000	1.800,00	1.000,00	9.600,00	1.920,00	3.720,00	0,31
7	1.714	2.100,00	857,00	8.227,20	1.645,44	3.745,44	0,31
8	1.500	2.400,00	750,00	7.200,00	1.440,00	3.840,00	0,32
9	1.333	2.700,00	667,00	6.403,20	1.280,64	3.980,64	0,33

Fortsetzung: Beispiel

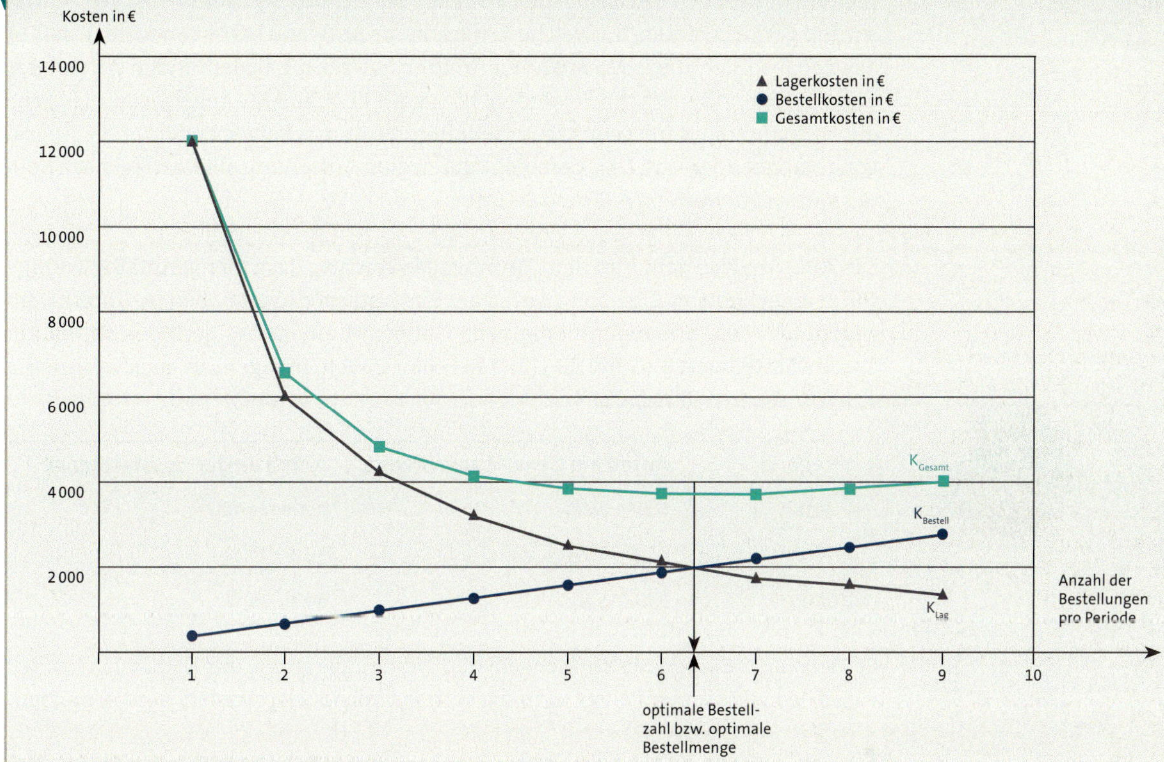

Ergebnis: Die optimale Bestellmenge liegt also, rechnerisch ermittelt, bei ca. 1.937 Stück. Es sollten danach pro Jahr zwischen sechs und sieben Bestellungen aufgegeben werden, um die benötigte Anzahl an Folien einzukaufen.

Von großer Wichtigkeit ist jedoch die Erkenntnis, dass die optimale Bestellmenge nicht nur von den Bestell- und Lagerkosten abhängig ist. Tabellen und grafische Darstellungen zur Berechnung der optimalen Bestellmenge können lediglich Anhaltspunkte geben. Darüber hinaus sollte beachtet werden, dass

- Preisschwankungen auszunutzen sind (große Bestellmengen bei niedrigen Preisen),
- die eingekaufte Menge auch abgesetzt werden kann und
- ein größerer Vorrat beschafft werden muss, wenn eine Knappheit an Gütern droht.

Darüber hinaus bereitet in der Praxis häufig schon die **Ermittlung der Kostengrößen** große Schwierigkeiten. Die Ermittlung der Bestellkosten setzt voraus, dass der Betrieb über das geeignete Instrumentarium der Logistikkosten- und -leistungsrechnung verfügt. Der Lagerkostensatz wiederum entspricht nicht nur dem Kapitalzinssatz, sondern er wird in seiner Höhe u.a. durch die Lagerungs-, Qualitätskontroll-, Verpackungs- und Wareneingangskosten bestimmt.

AB ☞ LS 34

2.3 ABC-Analyse

Nicht für alle Artikel eines Unternehmens sind die oben aufgeführten Überlegungen und Berechnungen wirtschaftlich sinnvoll. Hier muss von Seiten der Geschäftsleitung geklärt werden, für welche Artikel dieser Aufwand betrieben werden soll. In der Regel sollten diese Maßnahmen immer nur für die bedeutenden Artikel des Unternehmens durchgeführt werden. Hier kann nun die ABC-Analyse hilfreich sein, die bedeutende, durchschnittlich bedeutende und weniger bedeutende Artikel voneinander abgrenzt. Dies geschieht durch eine Aufteilung aller Artikel nach dem Gesamtbestellwert in A-, B- und C-Güter.

Die ABC-Analyse geht von dem Grundgedanken aus, dass mengenmäßig wenige Güter einen wertmäßig hohen Anteil am Gesamtbestellwert haben (A-Güter). Dem gegenüber stehen mengenmäßig viele Güter mit einem nur geringen Anteil am Gesamtbestellwert (C-Güter). B-Güter nehmen sowohl mengen- als auch wertmäßig eine Zwischenstellung ein.

Kategorie	Anteil am Gesamtbestellwert	Anteil an der Gesamtmenge
A-Güter	65 % – 80 %	geringer Anteil
B-Güter	15 % – 20 %	30 % – 50 %
C-Güter	5 % – 15 %	40 % – 50 %

Bei der obigen Zuordnung der Mengen- und Wertanteile zu den drei Kategorien handelt es sich lediglich um Anhaltspunkte, die betriebsindividuell präzisiert werden müssen.

Mithilfe der ABC-Analyse ist es möglich, das Wesentliche vom Unwesentlichen zu trennen. Der Großhändler erhält wertvolle Anhaltspunkte, welchen Gütern er besondere Aufmerksamkeit schenken sollte. Durch den entsprechenden Umgang mit A-, B- und C-Gütern kann er die Wirtschaftlichkeit des Unternehmens steigern.

Kategorie	Handlungsweise
A-Güter	• intensive Beschaffungsmarktanalysen • gründliche Kostenanalysen • exakte Bedarfsermittlung • durchdachte Bestellvorbereitung • intensive Bestandsrechnung • genaue Bestandsüberwachung • strenge Handhabung der Sicherheits- und Meldebestände • geringe Bestellhäufigkeit
C-Güter	• vereinfachte Bestellabwicklung • einfache Bestandsüberwachung • einfache Lagerbuchführung • verstärkte Automatisierung bei allen Vorgängen

Eine ABC-Analyse erfolgt in fünf Schritten:

1 Erfassen der Einkaufsmengen und Preise je Artikel
2 Ermittlung des Einkaufswertes je Artikel (Menge x Preis)
3 Ermittlung des prozentualen Anteils an der Gesamteinkaufsmenge und am Gesamteinkaufswert für jeden Artikel
4 Sortieren der Artikel vom höchsten bis zum niedrigsten prozentualen Anteil am Gesamteinkaufswert
5 Klassifizierung der Rangfolge A, B, C und Auswertung der Ergebnisse

Beispiel

Ein Großhandelsunternehmen ermittelt für sein Sortiment folgende Jahreswerte:

Artikel Nr.	1 Einkaufsmenge Stück	Einzelpreis in €	2 Einkaufswert in €	Anteil an der Gesamteinkaufsmenge in %	3 Anteil am Gesamteinkaufswert in %	4 Rang
1000	100000	1,53	153.000,00	9,71	2,75	6
2000	37500	9,19	344.625,00	3,64	6,20	5
3000	180000	0,51	91.800,00	17,48	1,65	10
4000	105000	18,41	1.933.050,00	10,19	34,77	1
5000	250000	1,43	357.500,00	24,27	6,43	4
6000	10000	10,23	102.300,00	0,97	1,84	9
7000	20000	20,45	409.000,00	1,94	7,36	3
8000	55000	2,56	140.800,00	5,34	2,53	7
9000	175000	0,72	126.000,00	16,99	2,27	8
9500	97500	19,50	1.901.250,00	9,47	34,20	2
Summe	**1030000**	---	**5.559.325,00**	**100,00**	**100,00**	

Beispiel

Auswertung

Rang	5 Kategorie	Artikel Nr.	Anteil am Gesamteinkaufswert in %	kumulierter Anteil am Gesamteinkaufswert in %	Anteil an der Gesamteinkaufsmenge in %
1	A	4000	34,77	34,77	10,19
2	A	9500	34,20	68,97	9,47
3	B	7000	7,36	76,33	1,94
4	B	5000	6,43	82,76	24,27
5	B	2000	6,20	88,96	3,64
6	C	1000	2,75	91,71	9,71
7	C	8000	2,53	94,24	5,34
8	C	9000	2,27	96,51	16,99
9	C	6000	1,84	98,35	0,97
10	C	3000	1,65	100,00	17,48

AB ☞ LS 30

3 Bezugsquellenermittlung

Beispiel

Die Abteilung Verkauf der BPK GmbH registriert seit einiger Zeit eine verstärkte Nachfrage der Kunden nach umweltfreundlichen Büro-Offsetpapieren. In Absprache mit der Geschäftsführung und der Abteilung Einkauf wurde daraufhin beschlossen, das Sortiment in diesem Bereich zu erweitern. Herr Seidlitz aus der Abteilung Einkauf wird beauftragt, mögliche Bezugsquellen für entsprechende Offsetpapiere zu ermitteln.

Ein Großhandelsunternehmen agiert in einer sich ständig verändernden Umwelt, wobei vielfältige Beziehungen zu Kunden, Lieferanten und anderen Gruppen aufgebaut und gepflegt werden müssen. Kunden entwickeln neue Bedürfnisse, neue Produkte erscheinen auf dem Markt, geeignete Lieferanten müssen gefunden und Neukunden überprüft werden, um nur einige Aufgaben zu nennen, mit denen sich das Großhandelsunternehmen auseinandersetzen muss. Um am Markt erfolgreich auftreten zu können, ist es deshalb notwendig, ständig Informationen über Absatz- und Beschaffungsmärkte, Mitbewerber und die gesamtwirtschaftliche Lage zu sammeln, zu aktualisieren und auszuwerten. Hierzu stehen verschiedene Quellen zur Verfügung.

3.1 Interne Informationsquellen

__ERP__
(Enterprise Resource Planning) bezeichnet Software-Lösungen, die Geschäftsprozesse im Unternehmen einheitlich miteinander verknüpfen, steuern und auswerten.

Interne Informationsquellen greifen auf Informationen zurück, die bereits im eigenen Unternehmen existieren. Hierzu gehören z. B. Lieferanten-, Artikel- und Kundendatei, die in vielen Unternehmen in einem **ERP-System** zusammengefasst sind.

Lieferantendatei

Lieferantendateien geben Auskunft über den bestehenden Lieferantenstamm. Neben Anschrift, Telefonnummer und Ansprechpartner kann man der Lieferantendatei auch einen Überblick über das Sortiment sowie die Liefer- und Zahlungsbedingungen der Lieferanten entnehmen. Besonderer Vorteil von Lieferantendateien ist die Möglichkeit, Bemerkungen über die Zuverlässigkeit des entsprechenden Lieferanten festzuhalten.

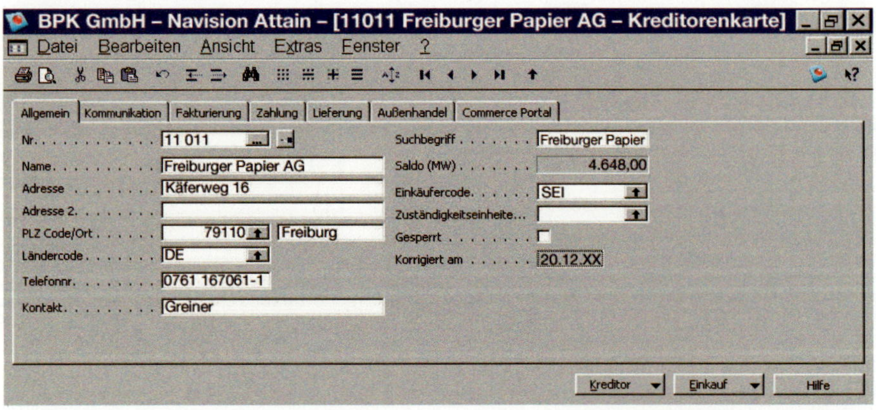

Artikeldatei

In der Artikeldatei findet sich das gesamte Sortiment des Großhandelsunternehmens, üblicherweise unterteilt nach Warengruppen. Die Artikeldatei gibt Auskunft über Lieferanten, Bestellnummer, Listeneinkaufspreis und Listenverkaufspreis des jeweiligen Artikels.

Warenwirtschaftssystem
LF2, Kap. 2.7

Außendienstmitarbeiter/Reisende

Auskünfte von Außendienstmitarbeitern können eine wertvolle Hilfe bei der Informationsbeschaffung sein. Durch ihre Tätigkeit verfügen die Mitarbeiter im Außendienst stets über aktuelle Marktkenntnisse und sind über Kunden, Mitbewerber und mögliche Geschäftspartner gut informiert. Häufig werden die Berichte aus dem Außendienst auch in einer eigenen Datenbank abgelegt, auf die bei der Recherche zurückgegriffen werden kann.

3.2 Externe Informationsquellen

Nicht alle notwendigen Informationen lassen sich mithilfe der internen Informationsquellen ermitteln. Möglicherweise könnte es zum Beispiel günstiger sein, einen neuen Lieferanten zu beauftragen, oder ein neuer Kunde stellt einen Auftrag in Aussicht. Um Informationen über Konkurrenten oder die Entwicklung des Marktes zu erhalten, ist es notwendig, Informationsquellen außerhalb des eigenen Unternehmens in Anspruch zu nehmen. Auch hierzu stehen verschiedene Quellen zur Verfügung.

Informationen über den Markt und die Konkurrenz

Viele Informationen kann man in Katalogen und Prospekten anderer Unternehmen finden. Diese geben sowohl einen Überblick über deren Sortiment als auch über deren Preispolitik. In diesem Zusammenhang nehmen Fachmessen und Ausstellungen eine herausgehobene Stellung ein. In kurzer Zeit und auf einem begrenzten Raum treffen sich hier die Anbieter einer bestimmten Branche, präsentieren ihr Sortiment und nutzen die Gelegenheit dazu, Neuerungen zu testen. Allerdings kostet der Besuch einer Messe zumeist Eintritt. Wichtige Messeplätze in Deutschland sind z. B. Köln, Frankfurt/Main, Hannover, Leipzig und Berlin.

Zu den bekanntesten Messen gehören z. B. die Computermesse CeBit in Hannover oder die Buchmessen in Frankfurt/Main und Leipzig, die auch der Öffentlichkeit zugänglich sind.

Informationen über ein einzelnes Unternehmen

Benötigt man spezifische Informationen über ein anderes Unternehmen, so kann man sich einen grundsätzlichen Überblick durch einen Auszug des Handelsregisters verschaffen, das von dem Amtsgericht am Geschäftssitz des entsprechenden Unternehmens geführt wird. Das Handelsregister ist für alle öffentlich zugänglich und informiert über Geschäftssitz, Geschäftsgegenstand, Firma, Inhaber, Geschäftsführung und Prokura. Werden weitergehende Informationen benötigt, so kann eine Auskunftei beauftragt werden, die entgeltlich Informationen zur Verfügung stellt.

Handelsregister
LF1, Kap. 6.3

Handelsregister
LF1, Kap. 6.3

Informationen über ein einzelnes Unternehmen

Benötigt man spezifische Informationen über ein anderes Unternehmen, so kann man sich einen grundsätzlichen Überblick durch einen Auszug des Handelsregisters verschaffen, das von dem Amtsgericht am Geschäftssitz des entsprechenden Unternehmens geführt wird. Das Handelsregister ist für alle öffentlich zugänglich und informiert über Geschäftssitz, Geschäftsgegenstand, Firma, Inhaber, Geschäftsführung und Prokura. Werden weitergehende Informationen benötigt, so kann eine Auskunftei beauftragt werden, die entgeltlich Informationen zur Verfügung stellt.

www.wlw.de
Wer liefert was?

Allgemeine Informationen

Eine wichtige Quelle für Informationen jeder Art ist das **Internet**. Es bietet über Suchmaschinen eine Vielzahl von Informationen, setzt jedoch voraus, dass die Suche durch genaue und treffende Suchbegriffe eingegrenzt wird, da ansonsten eine unüberschaubare Menge an Informationen geliefert wird.

Branchenbücher wie das „ABC der deutschen Wirtschaft" und die „Gelben Seiten" bieten einen Überblick über Unternehmen der unterschiedlichen Wirtschaftszweige. Auch aus Fachzeitschriften können Adressen und Tätigkeitsfelder anderer Unternehmen entnommen werden. Weitere Informationsquellen sind Berichte von Kreditinstituten, statistische Berichte und Jahrbücher. Behörden wie das Statistische Bundesamt, Wirtschaftsinstitute und Verbände, Industrie- und Handelskammern stellen ebenfalls Informationen zur Verfügung.

Für den Großhandel ist es von großer Bedeutung, stets über eine Vielzahl von möglichen Bezugsquellen zu verfügen. Die schnelle Entwicklung in fast allen Branchen erfordert eine konsequente Nutzung aller grundsätzlich vorhandenen Bezugsmöglichkeiten. So können durch die zunehmende Globalisierung und den Abbau von Handelsschranken (z. B. Zöllen) Lieferanten interessant werden, die in der Vergangenheit erst gar nicht in die nähere Auswahl für eine Bestellung gekommen wären.

Auch der unvorhergesehene Ausfall eines Lieferanten kann durch das Vorhandensein von Alternativen im Bereich der Bezugsquellen besser aufgefangen werden.

Bezugsquellen ermitteln	
betriebsinterne Informationsquellen	• Artikeldatei • Lieferantendatei • Berichte von Reisenden • Preis-, Einkaufs- und Absatzstatistiken
betriebsexterne Informationsquellen	• Adress- und Branchenbücher (z. B. Gelbe Seiten) • Besuch von Fachmessen • Vertreterbesuche • Berichte und Annoncen in Fachzeitschriften • Online-Recherche: Fachzeitschriften, Branchenverzeichnisse und Homepages von Anbietern • u. s. w.

4 Quantitativer Angebotsvergleich (national)

AB ☞ *LS 31*

Beispiel

Herr Seidlitz hat auf Basis der betriebsintern und -extern gewonnenen Informationen insgesamt drei Unternehmen ermittelt, die als mögliche Lieferanten für umweltfreundliche Büro-Offsetpapiere infrage kommen und entsprechende Anfragen an diese Unternehmen verschickt. Kurz darauf erhält er die gewünschten Angebote.

FREIBURGER PAPIER AG

Freiburger Papier AG • Käferweg 16 • 79110 Freiburg

Bergisches Papierkontor GmbH
Elberfelder Straße 85
42285 Wuppertal

Ihr Zeichen, Ihre Nachricht vom	Unser Zeichen, unsere Nachricht vom	Telefon, Name	Datum
SE 24.04.XX	daw	0761 167061-1 Daniel Weber	26.04.20XX

Ihre Anfrage vom 24. April 20XX

Sehr geehrter Herr Seidlitz,

wir danken Ihnen für Ihre Anfrage und bieten wie folgt an:

Artikel-Nr.	Artikelbezeichnung	Preis je 1 000 Bla
30777	Büro-Offsetpapier Format A4, 80 g/m² holzfrei, weiß, matt, umweltfreundlich, chlorfrei gebleicht, Kartoninhalt 5 000 Blatt	11,93 €

Bei Abnahme von mehr als 500 000 Blatt gewähren wir 15 % Rabatt auf den Listenpreis. Die Lieferung erfolgt innerhalb von 5 Tagen nach Eingang der Bestellung. Die Versandkosten betragen 0,10 € je 1 000 Blatt.
Zahlungsbedingungen: Zahlungsziel 30 Tage, bei Zahlung innerhalb von 10 Tagen 3 % Skonto.

Wir freuen uns auf Ihren Auftrag.

Freiburger Papier AG

i. A. *Daniel Weber*

Daniel Weber

Pro Natura OHG

Pro Natura OHG • Finkenweg 220 • 38664 Goslar

Bergisches Papierkontor GmbH
Elberfelder Straße 85
42285 Wuppertal

Ihr Zeichen, Ihre Nachricht vom	Unser Zeichen, unsere Nachricht vom	Telefon, Name	Datum
SE 24.04.XX	ti	87335 Herr Timmermann	25.04.20XX

Angebot

Sehr geehrter Herr Seidlitz,

unser Unternehmen ist seit 1991 auf die Herstellung umweltfreundlicher Papiere spezialisiert.
Unsere Produkte sind chlorfrei gebleicht und unter Verwendung von mindestens 10 % Altpapier hergestellt. Wir freuen uns über Ihr Interesse und bieten Ihnen an:

Artikel Nr. 28/32010
Büro-Offsetpapier, Format A4, holzfrei, 80 g/m², weiß, matt, für Büro-Kleinoffset, Kartoninhalt 5 000 Blatt
Preis: 12,00 € je 1 000 Blatt
Rabatt: 25 % (Abnahmemenge mindestens 20 Kartons)
Transport- und Verpackung: 2 % des Bestellwertes
Zahlung: 30 Tage Ziel oder 7 Tage 2 % Skonto

Ihren Auftrag werden wir sorgfältig ausführen.

Mit freundlichen Grüßen

Pro Natura OHG

i. A. *Timmermann*

Timmermann

PAPYREX AG

PAPYREX AG • Bahnhofstraße 95 • 99084 Erfurt

Bergisches Papierkontor GmbH
Elberfelder Straße 85
42285 Wuppertal

Ihr Zeichen, Ihre Nachricht vom	Unser Zeichen, unsere Nachricht vom	Telefon, Name	Datum
SE 24.04.XX	wk	0361/45-840 Konrad Wischek	25.04.20XX

Angebot

Sehr geehrte Damen und Herren,

vielen Dank für Ihre Anfrage und und Ihr Interesse an unserer Firma. Gern übersenden wir Ihnen das gewünschte Angebot. Die in unserer Preisliste angegebenen Preise verstehen sich netto zuzüglich MwSt.

Artikelbezeichnung	Menge	Preis/Einheit	Mengeneinheit	Rabatt
Büro-Offsetpapier, umweltfreundlich Format A4	680 000	17,95 €	1 000 Blatt	30 %

Unsere Artikel sind lieferbar spätestens innerhalb von 7 Tagen. Der Versand erfolgt per Lkw frei Haus. Die Verpackungskosten werden Ihnen zum Selbstkostenpreis bis zu einem Bestellwert von 500,00 € gesondert in Rechnung gestellt. Wir gewähren ein Ziel von 30 Tagen, bei Zahlung innerhalb von 10 Tagen gewähren wir 2 % Skonto.

Wir würden uns über eine Zusammenarbeit mit Ihrer Firma freuen.

Mit freundlichen Grüßen

PAPYREX AG

i. A. Wischek

Wischek

Immer wenn der Großhändler neue bzw. bisher noch nicht gelistete Ware beziehen will, sollte er einen Angebotsvergleich durchführen. Da die Lieferanten eventuell neu oder ihre Konditionen für das Produkt andere als bisher bekannte sind, schafft sich der Großhändler durch einen Angebotsvergleich die Möglichkeit, das für ihn beste Angebot zu ermitteln.

Beim **quantitativen Angebotsvergleich** richtet sich die Kaufentscheidung nach messbaren Größen wie

- dem Listeneinkaufspreis der Ware,
- der Höhe der Preisnachlässe,
- den Beförderungs- und Verpackungskosten (Bezugskosten).

Aus den vorliegenden Angeboten der möglichen Lieferanten werden die entsprechenden Preise für eine geplante Bestellmenge von 680 000 Blatt und die Konditionen entnommen und zum Vergleich tabellarisch gegenübergestellt.

Produktion von Feinpapieren

Lieferanten / Angebotsinhalte	Lieferant 1 Freiburger Papier AG	Lieferant 2 Pro Natura OHG	Lieferant 3 Papyrex AG
Listeneinkaufspreis und Preisnachlässe	11,93 € je 1 000 Blatt 15 % Rabatt	12,00 € je 1 000 Blatt 25 % Rabatt	17,95 € je 1 000 Blatt 30 % Rabatt
Zahlungsbedingungen	Zahlungsfrist: 30 Tage Skontofrist: 10 Tage Skontosatz: 3 %	Zahlungsfrist: 30 Tage Skontofrist: 7 Tage Skontosatz: 2 %	Zahlungsfrist: 30 Tage Skontofrist: 10 Tage Skontosatz: 2 %
Lieferbedingungen	Transport- und Verpackungskosten: 0,10 € je 1 000 Blatt	Transport- und Verpackungskosten: 2 % auf den Warenwert (Zielverkaufspreis)	Lieferung frei Haus, Verpackungskosten werden zum Selbstkostenpreis in Rechnung gestellt. Sie entfallen ab einem Warenwert von 500,00 €.

Mithilfe der **Bezugskalkulation** werden die verschiedenen Angebote nach einem bestimmten Kalkulationsschema miteinander verglichen.

Kalkulationsschema

		Lieferant 1 Freiburger Papier AG	Lieferant 2 Pro Natura OHG	Lieferant 3 Papyrex AG
1	Listeneinkaufspreis	8.112,40	8.160,00	12.206,00
	– Lieferantenrabatt	1.216,86	2.040,00	3.661,80
2	= Zieleinkaufspreis	6.895,54	6.120,00	8.544,20
	– Lieferantenskonto	206,87	122,40	170,88
3	= Bareinkaufspreis	6.688,67	5.997,60	8.373,32
4	+ Bezugskosten	68,00	122,40	0,00
5	= Bezugspreis/ Einstandspreis	6.756,67	6.120,00	8.373,32
	Ergebnis: Der preisgünstigste Lieferant ist die Pro Natura OHG.			

Bezugskalkulation für 680 000 Blatt umweltfreundliches Offsetpapier

Erläuterungen

1 Der Listeneinkaufspreis ist ein Nettobetrag ohne Umsatzsteuer.

2 Enthält das Angebot sowohl Rabatt als auch Skonto, wird zunächst der Rabatt vom Listeneinkaufspreis abgezogen, da er vertraglich vereinbart ist. Das Ergebnis ist der Zieleinkaufspreis.

3 Danach wird der Skonto vom Zieleinkaufspreis abgezogen. Das Ergebnis ist der Bareinkaufspreis.

4 Die Bezugskosten werden zum Bareinkaufspreis hinzugerechnet. Dabei ist die Berechnung der Bezugskosten immer abhängig von den Kaufvertragsbedingungen. Bezugskosten können als **prozentualer Zuschlag** auf den Listeneinkaufspreis oder auf den Zieleinkaufspreis vereinbart werden. Häufig werden Verpackungskosten als Bestandteil der Bezugskosten, aber auch als **Pauschalbeträge** in Abhängigkeit von der Einkaufsmenge angegeben.
Versandkosten sind häufig nicht nur von der Einkaufsmenge (Volumen, Gewicht), sondern auch von der Transportentfernung abhängig. Grundsätzlich ist zu prüfen, wer diese Kosten übernehmen muss (Lieferbedingungen beachten). Eventuell werden Verpackungskosten und Transportkosten vom Lieferanten übernommen, wenn die Bestellung mengen- oder wertmäßig bestimmte Grenzen überschreitet.
Hinsichtlich der Skontoabzugsfähigkeit von in Rechnung gestellten Transport- oder Verpackungskosten sind ebenfalls die Vereinbarungen im Kaufvertrag zu beachten. Oft ist der Rechnungsbetrag einschließlich Transport- und Verpackungskosten skontierfähig. In diesem Fall ist das Kalkulationsschema für die Bezugskalkulation entsprechend abzuändern (Zieleinkaufspreis + Bezugskosten – Skonto).

5 Die Summe aus dem Bareinkaufspreis und den Bezugskosten ergibt den Bezugs- oder Einstandspreis.

nationale Beförderungsbedingungen
LF2, Kap. 3.1.4

internationale Lieferbedingungen
LF3, Kap. 5.2

5 Quantitativer Angebotsvergleich (international)

Grundsätzlich können bei der Ermittlung von Bezugsquellen und den damit eventuell verbundenen Angeboten auch internationale Lieferanten ausgewählt werden. Die prinzipielle Vorgehensweise bei der Ermittlung des günstigsten Angebots ist identisch mit der Verfahrensweise bei nationalen Angeboten. Allerdings muss bei Angeboten von außerhalb der Europäischen Wirtschafts- und Währungsunion (EWU) ansässigen Lieferanten die Währungsrechung berücksichtigt werden, um die in ausländischer Währung angegebenen Preise mit den inländischen Angeboten vergleichbar zu machen.

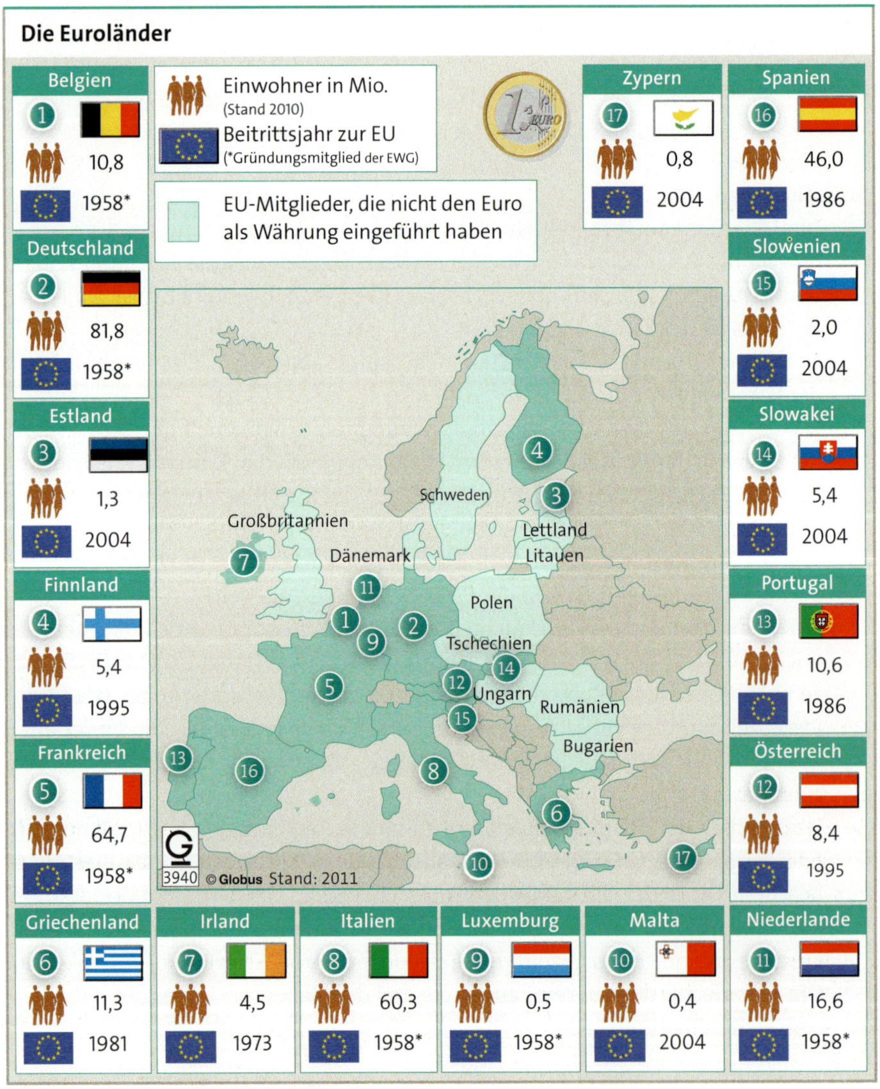

5.1 Währungsrechnen außerhalb der EWU

Beispiel

Die BPK GmbH bezieht von der Cellulosa & Papper AB aus Schweden großformatiges Kunstdruckpapier zum Preis von 22.300,00 SEK (Schwedischen Kronen); Zahlungsziel 30 Tage. Die Cellulosa & Papper AB will die Rechnung natürlich in Schwedischen Kronen bezahlt bekommen. Zur Lösung dieses Problems des internationalen Zahlungsverkehrs benötigt man den Kurs für diese Währung.

Cellulosa & Papper AB

Cellulosa & Papper AB • Sten Sturegatan 23 • SE-41 242 Göteborg

Cellulosa & Papper AB • Sten Sturegatan 23 • SE-41 242 Göteborg • Sweden

Bergisches Papierkontor GmbH
Elberfelder Straße 85
42285 Wuppertal
Germany

Tel. +46 31 634909
Fax +46 31 7734660
MomsNr. SE 234156126901

Bank Account:
Gotabank AB
SWIFT-Code (BIC):
GO TAS EGG
IBAN:
SE71 3300 0000 0000 0453 7483

Date:
17th May 20XX

Dear Sirs,

Offer for paper

We thank you for your enquiry of 30th April and are pleased to offer the requested paper as follows:

Article Code	Description	Price per unit in SEK	Packaging	Terms of delivery
13568	Ikono Rex	1393,75/box	1000 sheets per box	FOB Göteburg

Prices are quoted FOB Göteborg.

Discount:
more than 20 000 sheets 5 %
more than 100 000 sheets 8 %
Terms of payment: The balance is payable within 30 days after delivery.

We are looking forward to receiving your order.

Yours faithfully

Sten Halström

Sten Halström
Sales Manager

Der **Wechselkurs** ist der Preis für ausländische Währungseinheiten.

Notierungen:
Bei der **Preisnotierung** ist der Wechselkurs der Preis für eine ausländische Währungseinheit. Bei der **Mengennotierung** bezeichnet der Wechselkurs die Menge ausländischer Geldeinheiten, die man für einen Euro erhält.

Preisnotierung (Kurs in Deutschland)	**Mengennotierung** (Geldkurs)
1,00 SEK = 0,1164 €	1,00 € = 8,5606 SEK
1 Schwedische Krone kostet 0,1078 € (Verkaufskurs).	Für einen Euro erhält man 9,2785 Schwedische Kronen.

Stand: 18.05.2013

Daneben muss man entscheiden, ob bargeldlos oder mit Bargeld bezahlt werden soll. Man unterscheidet:

bargeldloser Zahlungsverkehr
LF2, Kap. 5

- **bargeldlose Zahlung mit Devisen**: Dies sind an ausländischen Plätzen fällige Zahlungsanweisungen (z. B. Schecks, Wechsel, Überweisungen, Kreditkartenzahlung), die in der dort geltenden Währung ausgezahlt werden.
- **Barzahlung in Sorten**: Dies sind ausländische Zahlungsmittel in Form von Münzen und Banknoten (Bargeld, z. B. für eine Urlaubsreise).

Währungsrechnen
Anhang

Devisen- und Sortenkurs werden jeweils noch einmal aus der Sicht der Bank in Ankaufs- **(Geldkurs)** und Verkaufspreis **(Briefkurs)** unterteilt. Die Bezeichnungen „Geld“ und „Brief“ sind aus der **Sicht einer inländischen Bank** zu verstehen. Aus der Mengennotierung folgt, dass der Euro die gehandelte Währung ist. Beim Ankauf einer ausländischen Währung verkauft die Bank Euro (Briefkurs) und beim Verkauf einer ausländischen Währung kauft die Bank Euro an (Geldkurs).

Geldkurs (Ankauf)	Briefkurs (Verkauf)
Ankaufspreis eines Euro für 8,5606 SEK	Verkaufspreis eines Euro für 8,6086 SEK

Die Differenz von 0,048 SEK
dient der Kostendeckung und dem Gewinn der Bank.

Wegen der großen Geldbeträge, die im internationalen Geschäftsverkehr gehandelt werden, sind die Preise für Devisen üblicherweise mit 4 bis 6 Stellen, die der Sorten meist mit 2 bis 3 Stellen hinter dem Komma angegeben.

Kurstabelle
Stand: 17.05.2013

Mengennotierung Devisenkurse für 1 €		Land	Währung	WKZ	Mengennotierung Sortenkurse für 1 €	
Geld	Brief				Geld	Brief
7,432	7,472	Dänemark	Krone	DKK	7,1228	7,7719
0,8413	0,8453	Großbritannien	Pfund	GBP	0,8131	0,8739
131.360	131.840	Japan	Yen	JPY	127,458	138,0548
1,3126	1,3246	Kanada	Dollar	CAD	1,2534	1,3789
7,514	7,562	Norwegen	Krone	NOK	7,1472	8,0568
8,5606	8,6086	Schweden	Krone	SEK	8,1656	9,2244
1,2401	1,2441	Schweiz	Franken	CHF	1,2108	1,2788
1,2829	1,2889	USA	Dollar ($)	USD	1,2439	1,3274

Für den Umtausch von Fremdwährungen berechnen die Banken in der Regel eine zusätzliche Gebühr. Diese kann einen bestimmten Prozentsatz (z. B. 3 %) vom Gegenwert betragen. Bei geringen Beträgen verlangen die Banken eine pauschale Mindestgebühr, z. B. 2,00 €.

5.2 Incoterms® 2010

AB ☞ LS 35

®International Chamber of Commerce (ICC)

Durch den Abschluss eines Kaufvertrages ergeben sich für den Käufer und den Verkäufer Pflichten, zu denen gesetzliche Regelungen existieren. Von diesen Regelungen können die Vertragspartner allerdings durch entsprechende Vereinbarungen im Kaufvertrag abweichen. Bei internationalen Kaufverträgen, bei denen die Geschäftspartner ihren Sitz in verschiedenen Ländern haben, müssen die Waren häufig über lange Strecken und durch mehrere Länder transportiert werden. Damit sind in der Regel höhere Transportkosten und ein höheres Transportrisiko im Vergleich zu einem Binnengeschäft verbunden. Deshalb haben hier vertragliche Vereinbarungen, z.B. zur Teilung der Transportkosten und zum Gefahrenübergang, eine besondere Bedeutung.

Beispiel

Die BPK bezieht von der Cellulosa & Papper AB in Göteborg 1000 000 Blatt Offsetdruckpapier. Das Papier wird per Schiff von Göteborg nach Rostock und von dort per Lkw nach Wuppertal transportiert. Der Transport bis zum Schiff in Göteborg erfolgt durch die Cellulosa & Papper AB.

Hier stellt sich zunächst die Frage, welches **Kaufrecht** auf den Vertrag anzuwenden ist. Falls der Vertrag hierzu keine Angaben enthält, gilt das UN-Kaufrecht. Danach gehen (wie beim deutschen Versendungskauf) mit Übergabe des Papiers durch die Cellulosa & Papper AB an die Reederei in Göteborg Kosten und Gefahr auf die BPK GmbH über. Wenn die BPK eine andere Regelung wünscht, müsste das im Kaufvertrag vereinbart werden.

UN-Kaufrecht
☞ *LF2, Kap. 6.3*

Versendungskauf
☞ *LF2, Kap. 3.1.2*

Die Internationale Handelskammer (ICC) in Paris hat Standardklauseln entwickelt, mit denen sich entsprechende Regelungen durch Bezugnahme im Vertrag vereinbaren lassen. Diese Klauseln werden als Incoterms (International Commercial Terms)® bezeichnet. Die Incoterms® wurden in der Vergangenheit mehrfach überarbeitet und liegen derzeit in der Fassung Incoterms® 2010 vor.

www.icc-deutschland.de

In der aktuellen Fassung wird bereits auf dem Cover darauf hingewiesen, dass das Regelwerk bei internationalen, aber auch bei nationalen Kaufverträgen verwendet werden kann. In den Klauseln selbst wird das berücksichtigt, indem an den entsprechenden Stellen die Einschränkung „falls zutreffend“ erfolgt. Bei rein nationalen Kaufverträgen entfällt z.B. die Beschaffung einer Aus- bzw. Einfuhrgenehmigung. In den einzelnen Klauseln wird u.a. angegeben, wer (Käufer/Verkäufer) für die Beschaffung der Genehmigungen zuständig ist. Durch den Zusatz „falls zutreffend“ wird zum Ausdruck gebracht, dass die betreffenden Angaben bei nationalen Kaufverträgen nicht relevant sind. Entsprechendes gilt auch bei Kaufverträgen innerhalb der EU, da hier Grenzformalitäten und Genehmigungen weitgehend entfallen.

Lange Transportwege verursachen hohe Transportkosten und -risiken.

Die folgenden 11 Klauseln stehen zur Verfügung:

Klausel	Englisch	Deutsch
EXW	Ex Works ... (named place of delivery)	Ab Werk ... (benannter Lieferort)
FCA	Free Carrier ... (named place of delivery)	Frei Frachtführer ... (benannter Lieferort)
CPT	Carriage paid to ... (named place of destination)	Frachtfrei ... (benannter Bestimmungsort)
CIP	Carriage and Insurance paid to ... (named place of destination)	Frachtfrei versichert ... (benannter Bestimmungsort)
DAT	Delivered at Terminal ...(named terminal at port or place of destination)	Geliefert Terminal ... (benannter Terminal im Bestimmungshafen/oder -ort)
DAP	Delivered at Place ... (named place of destination)	Geliefert benannter Ort ... (benannter Bestimmungsort)
DDP	Delivered Duty Paid ... (named place of destination)	geliefert verzollt ... (benannter Bestimmungsort)
FAS	Free alongside Ship ... (named port of shipment)	Frei Längsseite Schiff ... (benannter Verschiffungshafen)
FOB	Free on Board ... (named port of shipment)	Frei an Bord ... (benannter Verschiffungshafen)
CFR	Cost and Freight ... (named port of destination)	Kosten und Fracht ... (benannter Bestimmungshafen)
CIF	Cost, Insurance and Freight ... (named port of destination)	Kosten, Versicherung und Fracht ... (benannter Bestimmungshafen)

Die letzten vier Klauseln FAS, FOB, CFR und CIF sind nur sinnvoll, wenn der Haupttransport **mit dem Schiff** erfolgt.

5.2.1 Pflichten von Käufer und Verkäufer

Unter zehn Überschriften, die bei allen Klauseln gleichlauten, werden die Pflichten dargestellt, die Käufer und Verkäufer bei Vereinbarung einer Klausel eingehen.

Incoterms® 2010: Pflichten von Käufer und Verkäufer		
A: Pflichten des Verkäufers B: Pflichten des Käufers		Erläuterung
A1/B1	Allgemeine Verpflichtungen des Verkäufers/Käufers	Wörtlich gleiche Angaben bei allen Klauseln zur Lieferpflicht des Verkäufers und zur Zahlungspflicht des Käufers. Hinweis, dass alle Dokumente, auf die in A1 – A10 und B1 – B10 Bezug genommen wird, auch entsprechende elektronische Belege oder elektronische Verfahren sein können, wenn das vereinbart wurde oder üblich ist.
A2/B2	Lizenzen, Genehmigungen, Sicherheitsfreigaben und andere Formalitäten	Angaben, wer für die Ausfuhr-, Einfuhr- und falls nötig für die Durchfuhrabwicklung zu sorgen hat (Durchführung der Aus- oder Einfuhrzollformalitäten und Beschaffung evtl. notwendiger Aus- oder Einfuhrgenehmigungen; entsprechend Durchfuhrabwicklung). Außer bei EXW hat bei allen Klauseln der Verkäufer für die Ausfuhrabwicklung zu sorgen. Außer bei DDP hat bei allen Klauseln der Käufer für die Einfuhrabwicklung zu sorgen.
A3/B3	Beförderungs- und Versicherungsverträge	Angaben, wer den Beförderungsvertrag und gegebenenfalls eine Transportversicherung abzuschließen hat
A4/B4	Lieferung/Übernahme	Angaben, wo der Verkäufer die Ware zu liefern hat. Der Lieferpflicht des Verkäufers entspricht die Abnahmepflicht des Käufers.
A5/B5	Gefahrenübergang	Angabe, wo die Gefahr vom Verkäufer auf den Käufer übergeht

Incoterms® 2010: Pflichten von Käufer und Verkäufer		
A: Pflichten des Verkäufers B: Pflichten des Käufers		Erläuterung
A6/B6	Kostenverteilung	Angabe, welche der Kosten, die im Zusammenhang mit der Warenbeförderung und der Aus-, Ein- und Durchfuhrabwicklung anfallen (z. B. An- und Abfuhrkosten, Frachtkosten, Zölle, Steuern), vom Verkäufer und welche vom Käufer zu tragen sind.
A7/B7	Benachrichtigungen an den Käufer/Verkäufer	Informationspflicht des Verkäufers an den Käufer über die erfolgte Lieferung gemäß A4 und/oder Bereitstellung von Informationen, die der Käufer zur Warenübernahme und deren Vorbereitung benötigt. Gegebenenfalls Informationspflicht des Käufers an den Verkäufer, damit dieser seine Lieferpflicht gemäß A4 erfüllen kann.
A8/B8	Transportdokument/ Liefernachweis	Verpflichtung des Verkäufers, dem Käufer einen Nachweis über die Erfüllung seiner Lieferpflicht zu verschaffen und falls erforderlich ein Dokument zur Verfügung zu stellen, damit dieser die Ware übernehmen kann. Das kann bei den F-Klauseln z. B. eine Empfangsbescheinigung des Frachtführers sein. Bei den C- und D-Klauseln ist es in der Regel das entsprechende Transportdokument.
A9/B9	Prüfung, Verpackung, Kennzeichnung/ Prüfung der Ware	Angaben, wer Prüf-, Verpackungs-, Markierungskosten zu tragen hat. Notwendige Prüfkosten im Zusammenhang mit der Erfüllung der Lieferpflicht (messen, wiegen, zählen) hat in allen Fällen der Verkäufer zu tragen. Der Verkäufer hat auch für eine Versandverpackung und die zugehörige Markierung zu sorgen, falls es nicht handelsüblich ist, die Ware unverpackt zu versenden. Durch den Käufer veranlasste oder verursachte Prüfkosten vor Verladung sind von diesem zu tragen.
A10/B10	Unterstützung bei Informationen und damit verbundene Kosten	Gegenseitige Verpflichtung von Käufer/Verkäufer, von der Gegenseite angeforderte Dokumente/Informationen bereitzustellen, die zur Aus- oder Einfuhr bzw. zum Transport zum Bestimmungsort benötigt werden. Gegebenenfalls ist Hilfe bei der Beschaffung zu leisten. Die jeweilige Gegenseite ist zur Erstattung der Kosten verpflichtet.

5.2.2 Die Klauseln im Einzelnen

EXW (Ex Works ...)
Der Verkäufer stellt die Ware an dem benannten Ort (Werk des Verkäufers) zur Verfügung. Damit gehen Kosten und Gefahr auf den Käufer über. Der Verkäufer hat zudem für eine geeignete Transportverpackung zu sorgen. Der Käufer hat für die Ausfuhrabwicklung zu sorgen, der Verkäufer muss ihn aber dabei gegebenenfalls unterstützen. Kosten, die für den Verkäufer hierbei entstehen, sind vom Käufer zu ersetzen. Eine Transportversicherung muss nach dieser Klausel nicht abgeschlossen werden, d.h., der Käufer kann selbst entscheiden, ob er das Transportrisiko versichern lassen will oder nicht.

FCA (Free Carrier ...)
Der Verkäufer trägt Kosten und Gefahr bis zum Frachtführer am benannten Ort. Eine Transportversicherung muss nicht abgeschlossen werden.

- Falls der benannte Ort beim Verkäufer liegt, z.B. Warenausgangslager des Verkäufers, ist die Ware auf das Beförderungsmittel des Frachtführers zu verladen.
- Falls der benannte Ort nicht beim Verkäufer liegt, ist die Ware auf dem Beförderungsmittel des Verkäufers unentladen zur Verfügung zu stellen. Der Beförderungsvertrag für den Haupttransport ist vom Käufer abzuschließen.

CPT (Carriage paid to …)
Der Verkäufer trägt alle Kosten bis zum benannten Bestimmungsort. Die Entladekosten im Bestimmungsort sind vom Verkäufer nur dann zu tragen, wenn das im Beförderungsvertrag vorgesehen ist. Der Verkäufer muss den Beförderungsvertrag abschließen. Die Gefahr geht mit Übergabe der Ware an den Frachtführer auf den Käufer über. Falls mehrere aufeinanderfolgende Frachtführer beteiligt sind, liegt der Gefahrenübergang beim ersten Frachtführer, wenn keine andere Vereinbarung getroffen wurde. Ist am Liefer- und/oder Bestimmungsort keine bestimmte Stelle vereinbart, kann der Verkäufer diese jeweils selbst auswählen, es sei denn, die Übergabestelle ergibt sich aus der Handelspraxis. Eine Transportversicherung muss nicht abgeschlossen werden.

CIP (Carriage and Insurance paid to …)
Diese Klausel entspricht CPT mit dem Unterschied, dass der Verkäufer eine Transportversicherung zugunsten des Käufers über eine **Mindestdeckung** abschließen muss. Die Transportversicherung muss das Transportrisiko ab Gefahrenübergang auf den Käufer bis zum benannten Bestimmungsort decken. Die Versicherungssumme muss mindestens den Warenwert plus 10 % imaginären Gewinn abdecken.

Mindestdeckung
Deckungsform C der Institute Cargo Clauses oder entsprechende Deckung eines ähnlichen Regelwerkes. Gewährt wird ein Mindestschutz für elementare Schadensereignisse (z. B. Feuer, Explosion, Stranden, Überschlagen, Entgleisen des Transportmittels).

DAT (Delivered at Terminal …)
Der Verkäufer trägt Kosten und Gefahr, bis die Ware dem Käufer im benannten Terminal im Bestimmungshafen oder -ort zur Verfügung steht. Der Verkäufer ist damit auch für die Entladung von dem ankommenden Beförderungsmittel zuständig. Mit „Terminal" können dabei verschiedene Orte gemeint sein, z. B. ein Kai, ein Containerdepot, ein Straßen-, Schienen-, oder Luftfrachtterminal oder eine Lagerhalle. Die Klausel wird üblicherweise angewendet, wenn eine Ware in einer Terminalanlage ab- oder umgeladen wird und der Verkäufer bis dahin Kosten und Gefahr tragen soll. Der Beförderungsvertrag bis zum benannten Terminal ist vom Verkäufer abzuschließen. Der Abschluss einer Transportversicherung ist nicht erforderlich.

DAP (Delivered at Place …)
Der Verkäufer trägt Kosten und Gefahr, bis die Ware am benannten Bestimmungsort dem Käufer auf dem ankommenden Beförderungsmittel entladebereit zur Verfügung steht. Kosten und Gefahr der Entladung trägt der Käufer. Für den Abschluss des Beförderungsvertrages bis zum benannten Ort ist der Verkäufer zuständig. Der Abschluss einer Transportversicherung ist nicht erforderlich. Die Klausel ist z. B. geeignet, wenn die Ware nach der Umladung in einem Terminal weiter transportiert wird und der Verkäufer auch für diese Transportstrecke Kosten und Gefahr tragen soll.

DDP (Delivered Duty paid …)
Der Verkäufer trägt Kosten und Gefahr bis zum benannten Bestimmungsort, der sich immer im Einfuhrland befindet. Der Verkäufer muss die Ware auf dem ankommenden Beförderungsmittel unentladen zur Verfügung stellen. Außerdem ist der Verkäufer für die Einfuhrabwicklung zuständig und hat auch die Einfuhrabgaben zu zahlen. Der Beförderungsvertrag bis zum Bestimmungsort ist vom Verkäufer abzuschließen, eine Transportversicherung ist nicht erforderlich. Die Lieferbedingung DDP bedeutet für den Verkäufer eine Maximalverpflichtung.

FAS (Free alongside Ship ...)
Der Verkäufer trägt Kosten und Gefahr, bis die Ware an dem vom Käufer benannten Ladeplatz längsseits des Schiffes geliefert worden ist. Der Beförderungsvertrag für den Schiffstransport muss vom Käufer abgeschlossen werden. Eine Transportversicherung ist nicht erforderlich.

FOB (Free on Board ...)
Der Verkäufer trägt Kosten und Gefahr, bis sich die Ware an Bord des Schiffes im Verschiffungshafen befindet. Die Staukosten innerhalb des Schiffes gehen zu Lasten des Käufers. Die Gefahr endet für den Verkäufer, wenn die Ware sich an Bord des Schiffes befindet, also auf den Schiffsplanken oder im Verladedeck abgesetzt wurde. Der Beförderungsvertrag für den Seetransport ist vom Käufer abzuschließen, eine Transportversicherung ist nicht erforderlich.

CFR (Cost and Freight ...)
Der Verkäufer trägt die Kosten bis zum benannten Bestimmungshafen. Falls die Entladekosten im Bestimmungshafen in den Frachtkosten enthalten sind, trägt sie der Verkäufer, ansonsten der Käufer. Der Verkäufer trägt die Gefahr, bis sich die Ware an Bord des Schiffes im Verschiffungshafen befindet. Den Beförderungsvertrag für den Schiffstransport muss der Verkäufer abschließen, eine Transportversicherung ist nicht erforderlich.

CIF (Cost, Insurance and Freight ...)
Diese Klausel entspricht der Klausel CFR mit dem Unterschied, dass der Verkäufer hier zusätzlich verpflichtet ist, zugunsten des Käufers eine Transportversicherung für den Schiffstransport über eine Mindestdeckung abzuschließen. Die Versicherungssumme muss mindestens den Warenwert plus 10 % imaginären Gewinn abdecken.

5.2.3 Unterteilung der Klauseln in Gruppen

Unterteilung nach Kosten und Gefahrenübergang

Gruppe	Klauseln	Erläuterung
E-Gruppe	EXW	**Abholklausel** Der Verkäufer stellt dem Käufer die Waren am benannten Lieferort (z. B. Lager, Werk des Verkäufers) zur Verfügung. Ab da übernimmt der Käufer alle Kosten und die Gefahr des Untergangs und der Beschädigung.
F-Gruppe	FCA, FAS, FOB	**Haupttransport vom Käufer bezahlt** Der Verkäufer übergibt die Waren einem vom Käufer zu benennenden Frachtführer. Ab Übergabe geht die Gefahr auf den Käufer über. Der Käufer übernimmt auch die weiteren Kosten, dazu gehören regelmäßig die Aufwendungen für den Haupttransport.
C-Gruppe	CFR, CIF, CPT, CIP	**Haupttransport vom Verkäufer bezahlt** Der Verkäufer übernimmt die Transportkosten bis zum angegebenen Zielort. Darin sind regelmäßig die Kosten für den Haupttransport enthalten. Die Gefahr geht allerdings schon zu Beginn des Haupttransports auf den Käufer über.
D-Gruppe	DAT, DAP, DDP	**Ankunftsklauseln** Der Verkäufer trägt die Kosten und die Gefahr bis zum benannten Bestimmungsort.

Bei den Klauseln der C-Gruppe gehen Kosten und Gefahr an zwei verschiedenen Orten auf den Käufer über **(Zweipunkt-Klauseln)**. Bei allen anderen Klauseln gehen Kosten und Gefahr am gleichen Ort auf den Käufer über **(Einpunkt-Klauseln)**.

Unterteilung nach Transportart

Hier werden zwei Gruppen unterschieden. In der ersten Gruppe befinden sich Klauseln, die für **alle Transportarten** verwendet werden können. Diese Klauseln sind auch für multimodale Transporte geeignet. Dabei kann auf einer oder mehreren Transportstrecke(n) auch ein Schiff als Transportmittel eingesetzt werden. Die zweite Gruppe enthält Klauseln, bei denen der Liefer- und der Bestimmungsort Häfen sind. Diese Klauseln sind daher **nur für den See- und Binnenschiffstransport** geeignet.

Klauseln für alle Transportarten:
EXW, FCA, CPT, CIP, DAT, DAP, DDP

Klauseln für den See- und Binnenschiffstransport:
FAS, FOB, CFR, CIF

Die Klauseln für den Schiffstransport sind nicht optimal für den Warentransport mit Containern geeignet. Das trifft besonders für die Klauseln FAS und FOB zu, die eine Lieferung Länggsseite Schiff bzw. an Bord des Schiffes verlangen. In der Praxis kann der Verkäufer diese Lieferpflicht aber gar nicht erfüllen, da die Container am Verladeterminal des Hafens abgeladen und von den Terminalbetreibern zum Schiff transportiert und verladen werden. Statt FAS bzw. FOB sollte im Containerverkehr daher besser die Klausel FCA und statt CFR oder CIF die Klauseln CPT bzw. CIP gewählt werden.

Das folgende Diagramm zeigt beispielhaft die Verteilung von Kosten und Risiken zwischen Käufer und Verkäufer. Dabei wird davon ausgegangen, dass der Transport per Container erfolgt. Der Container wird beim Verkäufer be- und beim Käufer entladen. Für die Durchführung von An- und Abfuhr wird ein Frachtführer beauftragt. Bei den Klauseln DAP und DDP ist der benannte Ort das Eingangslager des Käufers. Für den Gefahrenübergang bestehen keine speziellen Vereinbarungen.

Incoterms® 2010: Kostenteilung und Gefahrenübergang

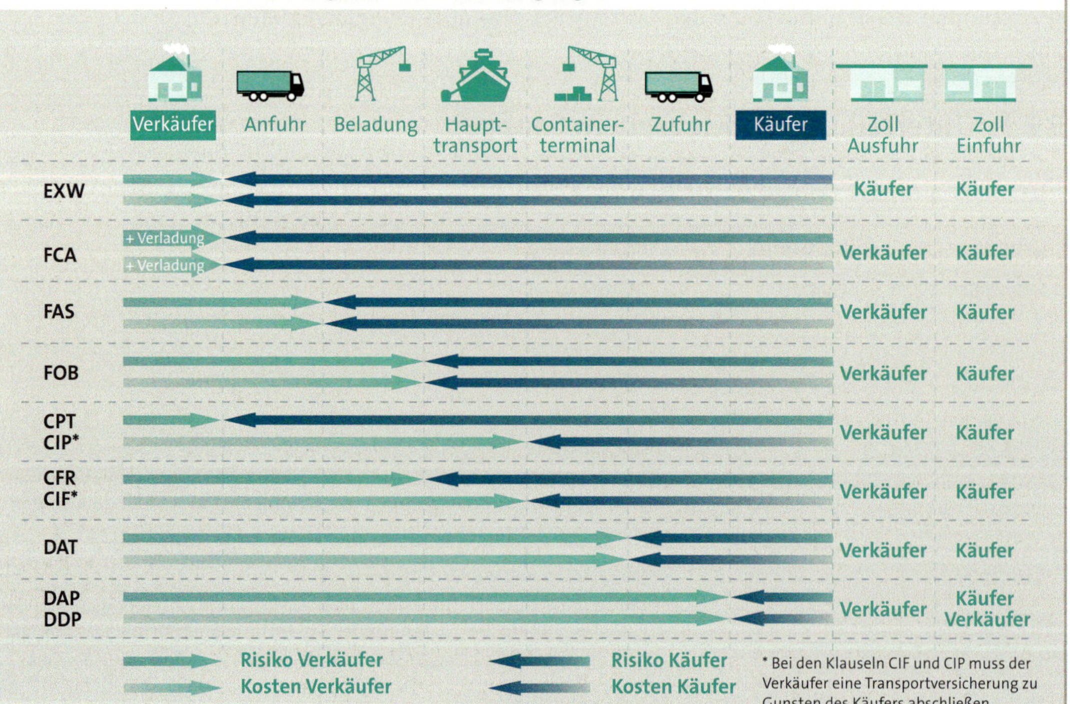

* Bei den Klauseln CIF und CIP muss der Verkäufer eine Transportversicherung zu Gunsten des Käufers abschließen.

6 Qualitativer Angebotsvergleich

AB ☞ LS 31

Beispiel

Die BPK erhält ein Angebot von zwei Lieferanten, die sich hinsichtlich des Bezugspreises nur um wenige Euro unterscheiden. Herr Seidlitz überlegt nun: Nach welchen anderen Kriterien neben dem Bezugspreis sollte er eine Entscheidung für oder gegen eines dieser Angebote treffen?

Das Angebot mit dem günstigsten Bezugspreis muss nicht unbedingt gleichzeitig das beste sein. Wenn z.B. der Lieferant mit dem günstigsten Bezugspreis nur minderwertige oder mangelhafte Qualität liefert, können dem Großhändler hohe Kosten durch **Restanten** und Kundenreklamationen entstehen. Der Großhändler muss also bei seiner Kaufentscheidung neben dem Preis weitere Aspekte berücksichtigen.

Restanten
nicht verkaufte Ware

Qualität der Ware
Eine Ware ist nur verkäuflich, wenn sie den Qualitätsansprüchen der Kunden entspricht. Ist der Kunde von der Qualität der Ware enttäuscht, bleibt diese liegen oder wird beanstandet. Dem Großhändler entstehen dadurch hohe Lager- und Verwaltungskosten. Außerdem wird das Image seines Unternehmens unter häufigen Reklamationen leiden.

Reklamation
☞ LF2, Kap. 4.1.6 und 4.1.7

Umweltverträglichkeit der Ware
Kein Großhändler kann sich heute der Verantwortung für die Umwelt verschließen. Je nach Unternehmensziel und Sortiment erhält die Umweltverträglichkeit der zu beschaffenden Ware und deren Verpackung unterschiedliche Gewichtung.

Lieferbedingungen
Die Verkaufsbereitschaft des Großhändlers ist davon abhängig, ob die Ware pünktlich und mangelfrei geliefert wird. Fehlende Artikel führen zu Kunden- und Umsatzverlusten und damit zu Gewinneinbußen. Muss der Großhändler aufgrund der Unzuverlässigkeit seines Lieferanten größere Warenbestände bevorraten oder zu früheren Zeitpunkten bestellen, um das Risiko einer Fehlmenge zu minimieren, führt dies zu unnötig hohen Lagerkosten.

optimale Bestellmenge
☞ LF3, Kap. 2.2
optimaler Bestellzeitpunkt
☞ LF3, Kap. 2.1

Von Interesse bei der Lieferantenauswahl ist auch,
- innerhalb welcher Frist der Lieferant liefern kann,
- welche Mengen er liefern kann,
- ob Mindestbestellmengen bzw. **Depotzwänge** vom Lieferanten vorgegeben werden und
- wie flexibel er auf Sonderwünsche reagiert.

Depotzwang
Der Großhändler kann nicht einen einzelnen Artikel bestellen, sondern muss eine ganze Serie abnehmen.

Zahlungsbedingungen
Neben den Preisnachlässen, die im quantitativen Angebotsvergleich berücksichtigt werden, ist der **Zahlungszeitpunkt** wesentlich für die Kaufentscheidung. Bietet ein Lieferant ein Zahlungsziel an, kann es für den Einzelhändler vorteilhaft sein, dieses auszunutzen, um seine Liquidität zu erhalten.

Kulanz
LF2, Kap. 4.1.7
Garantieleistung
LF2, Kap. 4.1.5

Serviceleistungen des Lieferanten
Wichtige Entscheidungskriterien sind das **kulante Verhalten** eines Lieferanten in Reklamationsfällen und der Umfang der gewährten Garantieleistungen. Ausschlaggebend können auch Zusatzleistungen des Lieferanten sein wie z.B.
- Beratung, Depot-/Warenkundeschulungen des Verkaufspersonals,
- der Einsatz von Werbefilmen, Flyern und anderen Werbemitteln.

Um die qualitativen Aspekte verschiedener Angebote miteinander vergleichen zu können, ist es sinnvoll, ausgewählte Leistungen der Anbieter mit einem Punktesystem zu bewerten. Diese Bewertung erfolgt mithilfe einer **Entscheidungstabelle**.

Vorgehensweise/Ablauf der Punktbewertung
1. Die ausgewählten Leistungskriterien der verschiedenen Lieferanten wie z.B. Qualität, Garantieleistungen und Werbemittel haben für jedes Unternehmen unterschiedliche Bedeutung. Die Qualität der Ware wird hier mit dem Faktor 5 als wichtiger eingestuft als die Garantieleistungen (Faktor 3) und die Werbemittel, die mit dem Faktor 2 gewichtet werden.
2. Die Leistungen der verschiedenen Lieferanten werden nach einer Punkteskala von 1 bis 9 bewertet. So erhält der Lieferant 1 für die Qualität der Waren 5 Punkte, für die Garantieleistungen 3 Punkte und für die Werbemittel 1 von jeweils 9 möglichen Punkten.
3. Die Bewertungspunkte werden mit dem Gewichtungsfaktor multipliziert.
4. Das Gesamtergebnis für die einzelnen Lieferanten ergibt sich aus der Addition der gewichteten Bewertungen. Zur besseren Übersichtlichkeit wird das Ergebnis häufig durch 100 geteilt.
5. Das beste Gesamtergebnis hat der Lieferant mit der höchsten Punktzahl.

Entscheidungstabelle

Kriterien	Gewichtungsfaktor	Leistungen Lieferant 1		Leistungen Lieferant 2		Leistungen Lieferant 3	
		Punkte	Punkte × Faktor	Punkte	Punkte × Faktor	Punkte	Punkte × Faktor
Qualität der Ware	25	5	125	7	175	6	150
Lieferfrist	15	7	105	8	120	5	75
Umweltverträglichkeit	10	4	40	4	40	2	20
Zahlungsbedingungen	25	3	75	8	200	2	50
Garantieleistungen	10	3	30	4	40	8	80
Beratung	5	7	35	1	5	6	30
Werbemittel	10	1	10	1	10	5	50
Summe	100		420		600		455
Summe : 100			4,2		6,0		4,55

7 Warenbezug aus EU-Staaten

Bei der Einfuhr von Waren nach Deutschland muss danach unterschieden werden, ob die Waren aus einem anderen EU-Staat oder aus einem Land außerhalb der EU, einem sogenannten Drittland, eingeführt werden. Die Unterscheidung ist deshalb notwendig, weil Waren aus anderen EU-Staaten bei der Einfuhr nach Deutschland im Wesentlichen wie Inlandswaren behandelt werden, während Waren aus Drittländern ein sogenanntes **Einfuhrverfahren** durchlaufen müssen.

Hinsichtlich des Begriffes **„Einfuhr“** muss zwischen der zollrechtlichen und der außenwirtschaftsrechtlichen Bedeutung unterschieden werden. Im Rahmen des Zollrechts versteht man unter Einfuhr das Verbringen von Waren aus einem Nicht-EU-Staat in das Zollgebiet der EU. Im Sinne des deutschen Außenwirtschaftsgesetzes bedeutet Einfuhr das Verbringen von Waren in das „deutsche“ Wirtschaftsgebiet. In Anlehnung an die Intrahandelsstatistik bezeichnet man das Verbringen von Waren aus anderen EU-Staaten in das deutsche Wirtschaftsgebiet auch als „Eingang“.

Intrahandelsstatistik
LF3, Kap. 7.6

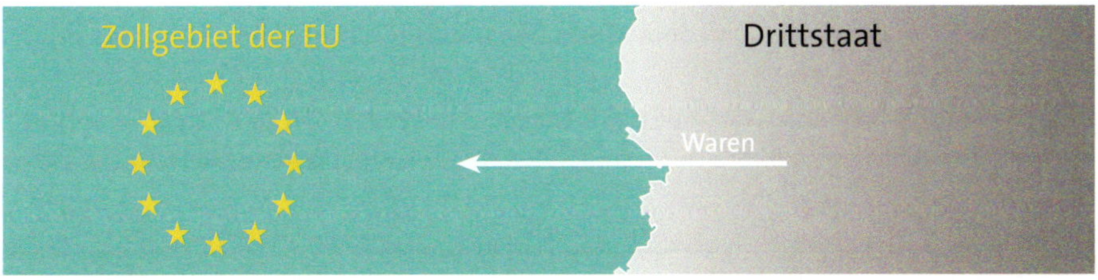

Einfuhrbegriff gemäß Zollrecht

Einfuhrbegriff gemäß Außenwirtschaftsgesetz

7.1 Grundsatz der Warenverkehrsfreiheit

AB LS 36

Der Bezug von Waren aus anderen EU-Staaten unterliegt im Wesentlichen keinerlei Beschränkungen. Das EU-Recht untersagt sowohl mengenmäßige Beschränkungen als auch finanzielle Belastungen (tarifäre Hemmnisse, z. B. Zölle) der eingeführten Waren.

Der Grundsatz der Warenverkehrsfreiheit ist im **AEU-Vertrag** verankert:

§ Art. 28 Abs. 1 AEU-Vertrag

Die Union umfasst eine Zollunion, die sich auf den gesamten Warenaustausch erstreckt. Sie umfasst das Verbot, zwischen den Mitgliedstaaten Ein- und Ausfuhrzölle und Abgaben gleicher Wirkung zu erheben, sowie die Einführung eines gemeinsamen Zolltarifs gegenüber dritten Ländern.

Der AEU-Vertrag
gehört neben dem EU-Vertrag zu den Gründungsverträgen der Europäischen Union. Seine Regelungen gehören zum Europäischen Primärrecht und haben Vorrang vor nationalen Regelungen. Der Vertrag basiert auf Vorläuferverträgen mit anderen Bezeichnungen und ist seit dem 1. Dezember 2009 in Kraft.

§ Art. 34 AEU-Vertrag

Mengenmäßige Einfuhrbeschränkungen sowie alle Maßnahmen gleicher Wirkung sind zwischen den Mitgliedstaaten verboten.

§ Art. 110 AEU-Vertrag

Die Mitgliedstaaten erheben auf Waren aus anderen Mitgliedstaaten weder unmittelbar noch mittelbar höhere inländische Abgaben gleich welcher Art, als gleichartige inländische Waren zu tragen haben. Die Mitgliedstaaten erheben auf Waren aus anderen Mitgliedstaaten keine inländischen Abgaben, die geeignet sind, andere Produktionen mittelbar zu schützen.

Die Regelungen des AEU-Vertrages wurden durch die Rechtsprechung des Europäischen Gerichtshofes (EuGH) noch weiter konkretisiert. Bedeutsam ist hier das Urteil im Fall „Cassis de Dijon“ vom 20. Februar 1979. Bei dem Gerichtsverfahren ging es um die Frage, ob der französische Likör Cassis de Dijon nach Deutschland eingeführt werden durfte, was von der Bundesrepublik unter Hinweis auf das Branntweinmonopolgesetz abgelehnt wurde. Im Zusammenhang mit dem Urteil hat der EuGH den folgenden Grundsatz aufgestellt:

„Jedes in einem Mitgliedstaat rechtmäßig hergestellte und in Verkehr gebrachte Erzeugnis ist grundsätzlich auf dem Markt der anderen Mitgliedstaaten zuzulassen.“

Wie bei jedem Grundsatz gibt es auch hier Ausnahmen von der Regel. Beschränkungen des Warenverkehrs sind gemäß Art. 36 AEU-Vertrag möglich. Darüber hinaus erkennt der EuGH weitere Gründe an, die im allgemeinen Interesse liegen.

Freiheit der Warenverkehrs in der EU

Grundsatz: freier Warenverkehr gemäß „Cassis-de-Dijon-Regel“

Ausnahmen nach Art. 36 AEU-Vertrag	zusätzliche Ausnahmen: Rechtsprechung des EuGH
• Schutz der öffentlichen Sittlichkeit, Ordnung und Sicherheit • Schutz der Gesundheit und des Lebens von Menschen, Tieren und Pflanzen • Schutz des nationalen Kulturgutes • Schutz des gewerblichen und kommerziellen Eigentums	• Lauterkeit des Handelsverkehrs • Verbraucherschutz • steuerliche Kontrolle • Umweltschutz

Voraussetzungen für die Beschränkung des freien Warenverkehrs

Einzelstaatliche Regelungen, die den innergemeinschaftlichen Warenverkehr beschränken, sind allerdings an bestimmte Voraussetzungen gebunden:

Zunächst muss der **Nachweis** erbracht werden, dass tatsächlich eine Beeinträchtigung im Sinne des angeführten Ausnahmetatbestandes vorliegt. Wird z. B. die Einfuhr eines bestimmten Lebensmittels aus einem anderen EU-Staat nach Deutschland mit der Begründung des Gesundheitsschutzes verboten, dann muss nachgewiesen werden, dass von dem Lebensmittel tatsächlich eine Gesundheitsgefährdung ausgeht.

Es muss das **Prinzip der Verhältnismäßigkeit** berücksichtigt werden. Eine Beschränkung des Warenverkehrs ist nicht zulässig, wenn das angestrebte Ziel, z. B. Gesundheitsschutz der Bevölkerung, auch durch weniger drastische Maßnahmen erreicht werden kann. Wird z. B. die Einfuhr eines bestimmten Lebensmittels nach Deutschland untersagt, weil die Ware teilweise mit Salmonellen verseucht ist, könnte statt des Einfuhrverbotes auch eine verstärkte Kontrolle durchgeführt werden.

Beispiel

Die EU hatte im März 1996 wegen der Rinderseuche BSE ein Importverbot gegen britisches Rindfleisch verhängt. Das Importverbot wurde im August 1999 wieder aufgehoben. Deutschland hielt das Importverbot mit dem Hinweis auf die Gesundheitsgefährdung der Verbraucher weiter aufrecht. Im März 2000 wurde das Importverbot auf Grund des Drucks der EU-Kommission, die mit einem Verfahren vor dem EuGH und mit hohen Geldbußen drohte, auch in Deutschland wieder aufgehoben.

7.2 Innergemeinschaftlicher Erwerb

AB ☞ LS 37

Die Erweiterung der Europäischen Union

Mit der Einführung des gemeinsamen Marktes sollte der grenzüberschreitende Warenverkehr innerhalb der EU genauso ablaufen wie der innerstaatliche Warenverkehr. Es war daher zunächst geplant, dass die **Erhebung der Umsatzsteuer** nach dem Ursprungslandprinzip erfolgen sollte.

Beim **Ursprungslandprinzip** wird die Ware mit dem Umsatzsteuersatz des Landes belastet, in dem der Verkäufer seinen Sitz hat. Der Wareneingang in das Käuferland bleibt dagegen steuerfrei. Das Ursprungslandprinzip konnte bis heute jedoch nicht durchgesetzt werden, sodass die Umsatzsteuer beim innergemeinschaftlichen Warenverkehr nach wie vor nach dem **Bestimmungslandprinzip** erhoben wird. Die Warenausfuhr aus dem Ursprungsland ist von der Umsatzsteuer befreit. Die Wahreneinfuhr im Bestimmungsland, in dem der Käufer seinen Sitz hat, wird mit dem Umsatzsteuersatz dieses Landes belastet.

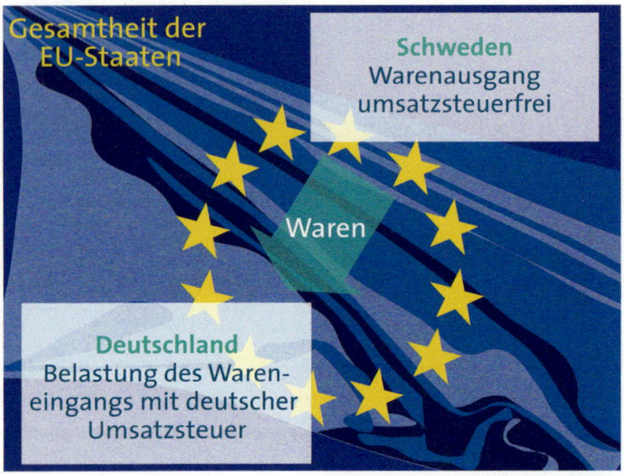

Bestimmungslandprinzip

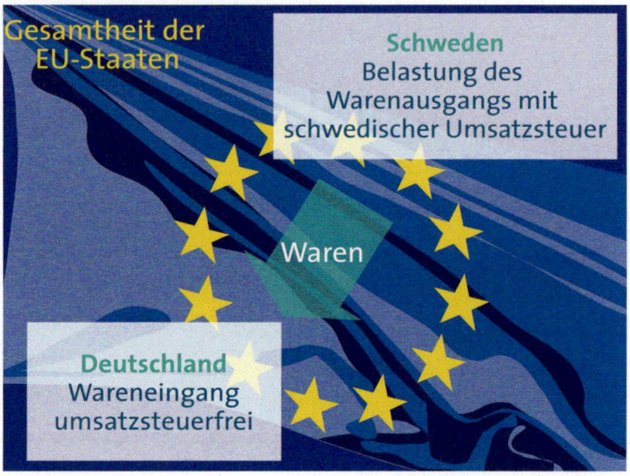

Ursprungslandprinzip

Beispiel

Die BPK GmbH kauft von der Cellulosa & Papper AB in Göteborg verschiedene Papiere für insgesamt 23.500,00 €.

Im Gesetz wird noch weiter zwischen Kleinunternehmen und juristischen Personen unterschieden, die keine Unternehmen sind. Diese Sonderfälle sind für Groß- und Außenhandelsunternehmen in aller Regel aber nicht relevant.

Im Zusammenhang mit dem Warenverkehr innerhalb der EU gibt es im Umsatzsteuergesetz zwei zentrale Begriffe:
- innergemeinschaftlicher Erwerb
- innergemeinschaftliche Lieferung

Die BPK GmbH führt in diesem Fall einen **innergemeinschaftlichen Erwerb** durch. Ein innergemeinschaftlicher Erwerb liegt vereinfacht dann vor, wenn
- Waren von einem Mitgliedstaat in einen anderen Mitgliedstaat gegen Entgelt geliefert werden.
- der Erwerber ein Unternehmer ist, der die Waren für sein Unternehmen erwirbt.
- der Lieferer ein Unternehmer ist, der die Lieferung im Rahmen seines Unternehmens gegen Entgelt ausführt.

Vorsteuer
LF4, Kap. 7.2

Bei einem innergemeinschaftlichen Erwerb ist der Erwerber (Importeur) umsatzsteuerpflichtig. Die Umsatzsteuer kann natürlich als **Vorsteuer** geltend gemacht werden.

Das Gegenstück zum innergemeinschaftlichen Erwerb ist die **innergemeinschaftliche Lieferung**. Bei der innergemeinschaftlichen Lieferung werden die Waren nicht mit Umsatzsteuer belastet. Im obigen Beispiel führt die Cellulosa & Papper AB eine innergemeinschaftliche Lieferung durch.

Innergemeinschaftliche Lieferung und innergemeinschaftlicher Erwerb

Innerhalb der EU gibt es durch den Wegfall der Zollgrenzen keine unmittelbare Überprüfung des grenzüberschreitenden Warenverkehrs. Man benötigt daher ein **Kontrollsystem**, das gewährleistet, dass keine Umsatzsteuer hinterzogen wird. Es soll z. B. verhindert werden, dass Privatpersonen in anderen EU-Staaten umsatzsteuerfrei Waren kaufen und diese im Inland nicht versteuern. Hierzu wurde das System der Umsatzsteuer-Identifikationsnummern eingeführt. Wer aus einem anderen EU-Land umsatzsteuerfrei Waren beziehen möchte, benötigt dafür eine **Umsatzsteuer-Identifikationsnummer** (USt-Id.-Nr.), die auf Antrag vom Bundeszentralamt für Steuern vergeben wird. Diese Nummer gilt als Nachweis der Unternehmereigenschaft, Privatpersonen erhalten keine solche Nummer. Bei einem Warenbezug aus einem anderen EU-Land darf der Lieferer nur dann keine Umsatzsteuer in Rechnung stellen, wenn der Erwerber seine USt-Id.-Nr. angibt.

Neben der USt-Id.-Nr. gibt es als weiteres Kontrollinstrument die sogenannte **zusammenfassende Meldung**. Deutsche Unternehmen, die umsatzsteuerfreie innergemeinschaftliche Lieferungen durchgeführt haben, müssen diese regelmäßig unter Angabe der Umsatzsteuer-Identifikationsnummern der Erwerber an das Bundeszentralamt für Steuern melden. In den anderen EU-Ländern gelten entsprechende Regelungen. Durch einen Datenaustausch erfahren die zuständigen Finanzämter, welche Unternehmen in welcher Höhe umsatzsteuerpflichtige innergemeinschaftliche Erwerbe durchgeführt haben.

Eine **Rechnung**, die im Rahmen einer innergemeinschaftlichen Lieferung ausgestellt wird, muss die Umsatzsteuer-Identifikationsnummern des Lieferers und des Erwerbers enthalten. Ferner muss auf der Rechnung darauf hingewiesen werden, dass die Lieferung umsatzsteuerfrei erfolgt.

notwendige Inhalte einer Rechnung
LF2, Kap. 2.6

Buchung von Eingangsrechnungen aus innergemeinschaftlichem Erwerb

LF4, Kap. 7.5

Beispiel

Die BPK GmbH erhält von der Cellulosa & Papper AB folgende Rechnung über den Bezug von Papier. In Schweden heißt die USt-Id.-Nr. „Moms Registerings Nummer" und wird mit MomsNr. abgekürzt.

Cellulosa & Papper AB

Cellulosa & Papper AB • Sten Sturegatan 23 • SE-41 242 Göteborg

Cellulosa & Papper AB • Sten Sturegatan 23 • SE-41 242 Göteborg • Sweden

Bergisches Papierkontor GmbH
Elberfelder Straße 85
42285 Wuppertal
Germany

Tel. +46 31 634909
Fax +46 31 7734660
MomsNr. SE 234156126901

Invoice

USt-Id-Nr.	**Order No.**	**Invoice No.**			**Date**
DE 145777987	3578	7854			15th March 20XX

Pos.	**Article Code**	**Quantity**	**Description**	**Price per unit €**	**Amount €**
1	13568	50 000 sheet	Ikono Rex	0,15	7.500,00
2	27982	20 000 sheet	Offset Paper	0,08	16.000,00
		Total amount			23.500,00
The total amount is payable within 30 days after date of invoice.					
Exclusive of value added tax (VAT)					

Bank account: Gotabank AB, **SIFT-Code (BIC):** GO TAS EGG
IBAN: SE71 3300 0000 0000 0453 7483

7.3 Innergemeinschaftliche Beförderungsleistungen

Beispiel

Die BPK GmbH beauftragt ein schwedisches Transportunternehmen, das bei der Cellulosa & Papper AB eingekaufte Papier nach Deutschland zu transportieren. Bei der Auftragserteilung gibt die BPK GmbH ihre deutsche Umsatzsteuer-Identifikationsnummer an.

Das schwedische Transportunternehmen führt in diesem Fall eine Beförderungsleistung aus, bei der die Beförderung in einem Mitgliedstaat (Schweden) beginnt und in einem anderen Mitgliedstaat (Deutschland) endet. In einem solchen Fall wird die Umsatzsteuer zunächst grundsätzlich in dem Land erhoben, in dem die Beförderung beginnt, hier wäre das also Schweden. Wenn der Auftraggeber aber Unternehmer ist, erfolgt die Besteuerung in dem Land, in dem das Unternehmen seinen Sitz hat.

Da die BPK GmbH ihren Sitz in Deutschland hat, muss die Beförderungsleistung in Deutschland versteuert werden. Steuerschuldner ist der Leistungsempfänger, hier also die BPK GmbH. Der Leistungserbringer (das schwedische Transportunternehmen) ist verpflichtet, eine Rechnung auszustellen, in der auf die Steuerschuld des Leistungsempfängers hingewiesen wird. In der Rechnung darf keine Umsatzsteuer ausgewiesen werden. Es wird nur der Nettobetrag in Rechnung gestellt.

7.4 Innergemeinschaftliche Dreiecksgeschäfte

Beispiel

Die BPK GmbH erhält von der Goed Reclame BV in den Niederlanden eine Bestellung über 10 000 Blatt eines speziellen Kunstdruckpapiers. Da die BPK GmbH das Papier nicht vorrätig hat, bestellt sie es bei der Cellulosa & Papper AB in Göteborg mit dem Auftrag, das Papier direkt an die Goed Reclame BV zu schicken.

In diesem Fall liegt ein **innergemeinschaftliches Dreiecksgeschäft** vor. Dabei schließen drei Unternehmen, die umsatzsteuerrechtlich in drei verschiedenen Mitgliedstaaten erfasst sind, umsatzsteuerpflichtige Geschäfte über den gleichen Gegenstand ab, wobei

- der Gegenstand direkt vom ersten Lieferer an den letzten Abnehmer gelangt und
- von diesem oder dem ersten Abnehmer befördert oder versendet wird und
- dabei von dem Gebiet eines Mitgliedstaates in das Gebiet eines anderen Mitgliedstaates gelangt.

Bei einem innergemeinschaftlichen Dreiecksgeschäft schuldet **der letzte Abnehmer** die Umsatzsteuer. Im vorliegenden Fall wäre also die Goed Reclame BV in den Niederlanden umsatzsteuerpflichtig. Die Cellulosa & Papper AB und die BPK GmbH bräuchten bei diesem Geschäft keine Umsatzsteuer zu berücksichtigen.

Innergemeinschaftliches Dreiecksgeschäft

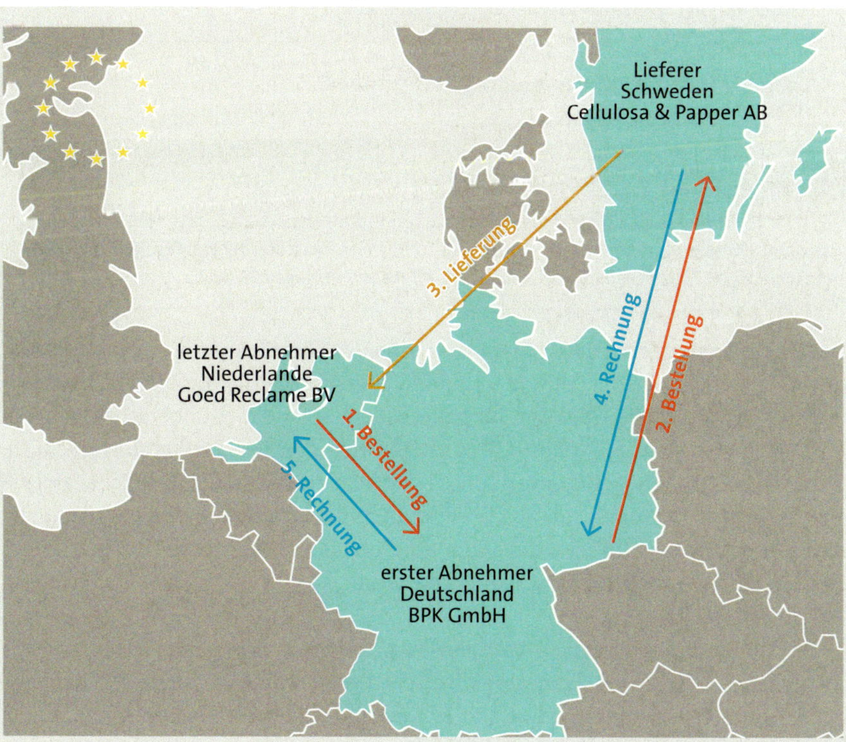

7.5 Geschäfte mit Privatpersonen

Innergemeinschaftliche Geschäfte mit Privatpersonen spielen für Großhandelsunternehmen zwar in der Regel keine bedeutsame Rolle, trotzdem wird dieser Punkt der Vollständigkeit halber kurz dargestellt.

Kaufhaus Lafayette in Paris

Warenerwerb bei Reisen innerhalb der EU

Werden bei Auslandsreisen innerhalb der EU Waren von Privatpersonen erworben, so gilt hinsichtlich der Umsatzsteuer das **Ursprungslandprinzip**. Die Umsatzsteuer wird in dem Land erhoben, in dem die Waren gekauft werden. Eine Erstattung ist nicht möglich.

Beispiel

Frau Schöne aus Dortmund kauft in Paris ein Kostüm für 420,00 €. In dem Preis ist die französische Umsatzsteuer von 20 % enthalten. Der Nettopreis des Kostüms beträgt 350,00 €, die Umsatzsteuer 70,00 €. Frau Schöne muss den Bruttopreis einschließlich Umsatzsteuer zahlen. Der französische Händler führt die 70,00 € Umsatzsteuer an das französische Finanzamt ab.

Innergemeinschaftlicher Erwerb von Neufahrzeugen

Bei dem innergemeinschaftlichen Erwerb von Neufahrzeugen zu privaten Zwecken wird immer das **Bestimmungslandprinzip** angewendet.

Beispiel

Klaus Motz aus Mönchengladbach kauft sich in den Niederlanden einen neuen Pkw für 18.500,00 € netto. Motz muss die deutsche Umsatzsteuer in Deutschland abführen, von der niederländischen Umsatzsteuer wird er dafür befreit.

Innergemeinschaftliche Versendungslieferungen

Versandhandel
LF2, Kap. 1.10.2

Beispiel

Die BPK GmbH verkauft im Rahmen eines Versandhandelsgeschäftes an einen privaten Abnehmer in Belgien mit verschiedenen Motiven bedruckte Bierdeckel. Der Warenwert einschließlich Frachtkosten, aber ohne Umsatzsteuer, beträgt 250,00 €.

Die Lieferschwelle bezieht sich nur auf Versendungslieferungen an Abnehmer ohne Umsatzsteuer-Identifikationsnummer.

Ursprungslandprinzip
LF3, Kap. 7.2

Ob die Umsatzsteuer bei dieser Lieferung nach dem Bestimmungs- oder Ursprungslandprinzip zu erheben ist, hängt von dem Überschreiten einer **Lieferschwelle** ab, die in Belgien 35.000,00 € beträgt. Die Lieferschwelle wird nicht überschritten, wenn die BPK GmbH innerhalb eines Jahres im Rahmen von Versandhandelsgeschäften für maximal 35.000,00 € Waren an private Abnehmer in Belgien absetzt. Solange die Lieferschwelle nicht überschritten wird, kann das **Ursprungslandprinzip** angewendet werden. Die BPK GmbH würde dem Kunden also die deutsche Umsatzsteuer in Rechnung stellen und in Deutschland abführen.

Bestimmungslandprinzip
LF3, Kap. 7.2

Ab Überschreiten der Lieferschwelle muss das **Bestimmungslandprinzip** angewendet werden. Die BPK GmbH müsste sich also in Belgien umsatzsteuerrechtlich registrieren lassen (Beantragung einer USt-Id.-Nr.), die belgische Umsatzsteuer in Rechnung stellen und diese in Belgien abführen.

Lieferschwellen und Umsatzsteuersätze (Normalsätze) der EU-Mitgliedstaaten

Mitgliedstaat	Lieferschwelle	USt-Satz	Mitgliedstaat	Lieferschwelle	USt-Satz
Belgien	35.000,00 EUR	21,0%	Malta	35.000,00 EUR	18,0%
Bulgarien	70.000,00 BGN	20,0%	Niederlande	100.000,00 EUR	21,0%
Dänemark	280.000,00 DKK	25,0%	Österreich	35.000,00 EUR	20,0%
Deutschland	100.000,00 EUR	19,0%	Polen	160.000,00 PLN	23,0%
Estland	35.000,00 EUR	18,0%	Portugal	35.000,00 EUR	23,0%
Finnland	35.000,00 EUR	24,0%	Rumänien	118.000,00 RON	24,0%
Frankreich	100.000,00 EUR	20,0%	Schweden	320.000,00 SEK	25,0%
Griechenland	35.000,00 EUR	23,0%	Slowakei	35.000,00 EUR	20,0%
Irland	35.000,00 EUR	23,0%	Slowenien	35.000,00 EUR	22,0%
Italien	35.000,00 EUR	22,0%	Spanien	35.000,00 EUR	21,0%
Kroatien	270.000,00 HRK	25,0%	Tschechien	1.140.000,00 CZK	21,0%
Lettland	35.000,00 EUR	21,0%	Ungarn	8.500.000,00 HUF	27,0%
Litauen	125.000,00 LTL	21,0%	Großbritannien	70.000,00 GBP	20,0%
Luxemburg	100.000,00 EUR	17,0%	Zypern	35.000,00 EUR	19,0%

Bei innergemeinschaftlichen Versendungslieferungen von **verbrauchssteuerpflichtigen** Gütern an private Abnehmer (Abnehmer ohne Umsatzsteuer-Identifikationsnummer) muss im Zusammenhang mit der Umsatzsteuer immer das Bestimmungslandprinzip angewendet werden, hier gibt es keine Lieferschwellen.

Verbrauchssteuern
werden u. a. auf Tabakwaren und Spirituosen erhoben.

LF3, Kap. 10.2.1

7.6 Intrahandelsstatistik

Da der Warenverkehr innerhalb der EU frei ist, gibt es weder Grenzkontrollen noch Zoll und damit verbundene Anmeldeverfahren. Die einzelnen Mitgliedstaaten können daher nicht mehr feststellen, welche Waren in welcher Menge ein- bzw. ausgeführt werden. Zur Erstellung von Außenhandelsstatistiken und der Zahlungsbilanz ist die Erfassung solcher Daten aber notwendig. Sie werden daher gesondert im Rahmen der **Intrahandelsstatistik (Intrastat)** erfasst. Für deutsche Unternehmen, die am innergemeinschaftlichen Waren- und Dienstleistungsaustausch teilnehmen, besteht eine gesetzliche Meldepflicht an das Statistische Bundesamt.

Privatpersonen sind von der Meldepflicht ausgenommen. Das gilt auch für Unternehmen, die die Umsatzschwelle von 500 000,00 € im vergangenen Jahr nicht überschritten haben. Diese Schwelle gilt getrennt für Eingänge aus EU-Ländern und Versendungen in EU-Länder. Sollte im laufenden Jahr der Schwellenwert überschritten werden, sind ab dem Folgemonat innergemeinschaftliche Umsätze zu melden. Die Meldung kann elektronisch oder mittels eines Formulars abgegeben werden.

Im Zusammenhang mit der Intrahandelsstatistik werden innergemeinschaftliche Einfuhren als „Eingänge“ und innergemeinschaftliche Ausfuhren als „Versendungen“ bezeichnet.

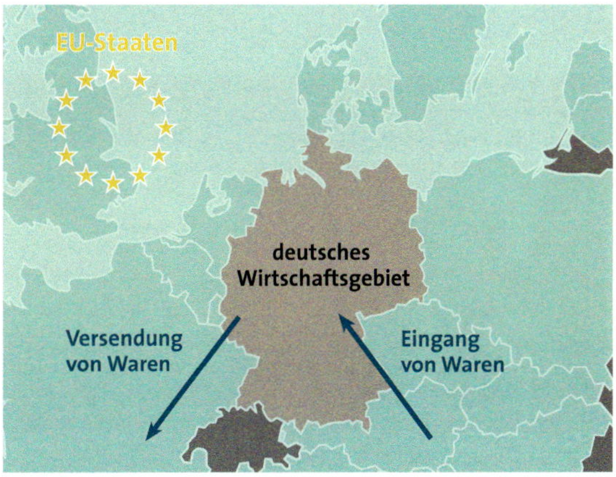

Eingangs- und Versendungsbegriff gemäß Intrahandelsstatistik

AB ☞ LS 40

8 Warenbezug aus Drittstaaten

Während die Wareneinfuhr aus einem EU-Land nach Deutschland im Wesentlichen ohne weitere Formalitäten erfolgen kann, sind bei der Einfuhr aus einem Drittland verschiedene Aspekte zu beachten und zu prüfen:

- Zölle und andere Einfuhrabgaben
- evtl. bestehende Einfuhrbeschränkungen oder -verbote
- vorgeschriebene Formalitäten

8.1 Zollrechtliche Aspekte

Die Europäische Union besteht unter anderem aus einer **Zollunion**. Das bedeutet, dass die Mitgliedstaaten sich auf einen gemeinsamen Zolltarif geeinigt haben, der auf Waren angewendet wird, die von außen, also von Drittstaaten in das Zollgebiet der Union eingeführt werden. Der Warenaustausch zwischen den Mitgliedstaaten ist dagegen zollfrei.

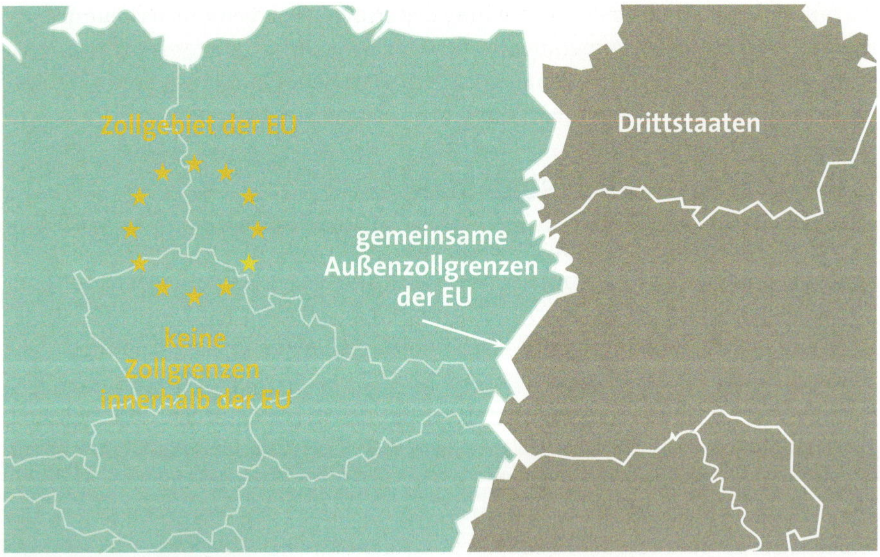

Zollunion der EU

An der polnisch-ukrainischen Grenze kommt es häufig zu langen Wartezeiten.

Waren, die in das Zollgebiet der Union eingeführt werden, müssen zollamtlich erfasst werden, unabhängig davon, wo die Einfuhr in das Zollgebiet erfolgt. Unter zollrechtlichen Aspekten versteht man unter „Einfuhr" das Verbringen von Waren in das Zollgebiet der EU.

Da die einzige Drittlandsgrenze Deutschlands die zur Schweiz ist, werden Waren, die aus Drittländern nach Deutschland eingeführt und per Lkw oder Bahn transportiert werden, in der Regel nicht mehr an der deutschen Grenze, sondern an der Grenze eines anderen EU-Staates zollamtlich erfasst.

Wenn ein deutsches Unternehmen Waren aus der Ukraine bezieht, die per Lkw nach Deutschland transportiert werden, erfolgt die zollamtliche Erfassung an der polnischen Grenze zur Ukraine. Erfolgt der Transport per Flugzeug, müssen die Waren an dem betreffenden Bestimmungsflughafen zur Verzollung angemeldet werden.

Zollarten
Abhängig davon, aus welchem Grund bei der Einfuhr von Waren in die EU ein Zoll erhoben wird, ob Zollvergünstigungen gewährt werden und was die Bemessungsgrundlage für den Zoll ist, unterscheidet man verschiedene Zollarten.

- **Fiskalzölle**
  Der Grund für die Zollerhebung ist hier die Erzielung von Einnahmen. Das ist für die EU ein untergeordnetes Zollmotiv, obwohl die Zolleinnahmen in den EU-Haushalt fließen.

- **Schutzzölle**
  Sie sollen die Wirtschaft in der Union vor Konkurrenz aus Drittstaaten schützen. Dazu gehören:
  - **Antidumpingzölle**
    Sie werden erhoben, wenn die Preise im Ausfuhrland höher sind als die Einfuhrpreise in die EU.
  - **Ausgleichszölle**
    Sie sollen die Exportsubvention von Drittlandstaaten ausgleichen.
  - **Straf-/Retorsionszölle**
    Sie werden erhoben, wenn Drittlandstaaten sich nicht an internationale Vereinbarungen halten, z. B. ungerechtfertigt Zölle auf EU-Waren erheben.

Retorsion
Im Rahmen des Völkerrechts wird hierunter die Reaktion eines Staates oder Staatenverbundes auf feindliche Handlungen anderer Staaten verstanden.

- **Regelzoll**
  Zoll, der regulär bei der Einfuhr von Waren aus Drittstaaten in die EU erhoben wird.

- **Präferenzzölle**
  Verringerte Zollsätze bei der Einfuhr von Waren aus bestimmten Ländern oder Ländergruppen in die EU.

Zollvergünstigungen
LF3, Kap. 10.1.5

Hinsichtlich der Bemessungsgrundlage unterscheidet man:

- **Wertzölle**
  Die Bemessungsgrundlage für den Zoll ist der Warenwert. Die meisten Zölle, die bei der Einfuhr von Waren in die EU erhoben werden, sind Wertzölle.

- **Spezifische Zölle**
  Die Bemessungsgrundlage für den Zoll hängt von spezifischen Eigenschaften der Ware ab, z. B. Gewicht, Volumen Konzentration von bestimmten Inhaltsstoffen. Spezifische Zölle werden in der EU nur auf sehr wenige Waren erhoben.

- **Kombinierte oder gemischte Zölle**
  Hier werden Wert- mit Spezifischen Zöllen kombiniert.

Zolltechnische Abwicklung
Die folgende Übersicht zeigt den Ablauf der zolltechnischen Abwicklung, wenn Waren aus einem Drittland eingeführt werden.

Einfuhr von Waren in das Zollgebiet der EU

Summarische Eingangsanmeldung (ESumA)

Vor Eintreffen der Ware an der Eingangszollstelle muss diese durch eine summarische Eingangsmeldung angekündigt werden. Dazu sind bestimmte Fristen einzuhalten. Die Summarische Eingangsanmeldung muss elektronisch über ATLAS oder das Internet abgegeben werden.

↓

Verbringung

Die Ware passiert die Außengrenze des europäischen Gemeinschaftsgebietes. Die Ware wird in das Gemeinschaftsgebiet verbracht.

↓

Beförderungspflicht

Nach Überschreiten der Grenze muss die Ware unverzüglich auf vorgeschriebenen Verkehrswegen (Zollstraßen) zur zuständigen Zollstelle befördert werden.

↓

Gestellung

Die zuständige Zollstelle ist davon zu unterrichten, dass sich Ware auf dem Amtsplatz der Zollbehörde oder einem anderen von der Zollbehörde bestimmten Platz befindet.

↓

Überholung

Die Mitarbeiter der Zollbehörde haben das Recht, die gestellte Ware und das Beförderungsmittel zu überprüfen. Dadurch soll festgestellt werden, ob alle eingeführten Waren auch gestellt wurden. Ob eine Überholung durchgeführt wird, liegt im Ermessen der Zollbehörde.

Zollanmeldung	**Summarische Anmeldung zur vorübergehenden Verwahrung**
Festlegung einer zollrechtlichen Bestimmung	Deklaration der eingeführten Waren gegenüber der Zollbehörde

Fristen EsumA
LF3, Kap. 10

ATLAS
ATLAS ist die Abkürzung für Automatisiertes Tarif- und Lokales Zoll-Abwicklungs-System. Es handelt sich hierbei um ein IT-gestütztes Verfahren, mit dem nahezu alle Zollanwendungen und Zollverfahren elektronisch abgewickelt werden können.

Zollstraße

Zollstraßen
Zollstraßen können Land- oder Wasserstraßen, Schienenwege oder auch Rohrleitungen sein.

Zollanmeldung
Im Rahmen der Zollanmeldung wird die eingeführte Ware in ein bestimmtes Zollverfahren überführt. Die Anmeldung erfolgt in der Regel elektronisch über ATLAS oder das Internet.

Zollverfahren
Im Rahmen der Zollanmeldung muss festgelegt werden, welches Zollverfahren auf die eingeführte Ware angewendet werden soll. Es gibt insgesamt acht Zollverfahren und zusätzlich drei weitere zollrechtliche Bestimmungen. Die hauptsächlichen Zollverfahren bei der Einfuhr sind die Überführung in den zollrechtlich freien Verkehr und die Versandverfahren. Bei der Überführung in den zollrechtlich freien Verkehr wird die eingeführte Ware durch Zahlung der Einfuhrabgaben (Zoll + Steuern) zu Gemeinschaftsware.

Im Rahmen der **Versandverfahren** wird die Ware unter zollamtlicher Überwachung unverzollt transportiert. Dadurch kann die zollamtliche Abwicklung statt am Grenzzollamt an einem Binnenzollamt vorgenommen werden. Grundsätzlich können beliebig viele Zollverfahren aneinandergereiht werden. Die eingeführte Ware kann z. B. durch ein Versandverfahren zunächst zum Bestimmungsort transportiert und an dem zuständigen Binnenzollamt zum freien Verkehr abgewickelt werden.

vertiefende Darstellung der Zollverfahren und sonstiger zollrechtlicher Bestimmungen
LF3, Kap. 10.1.1

Kombination verschiedener Zollverfahren

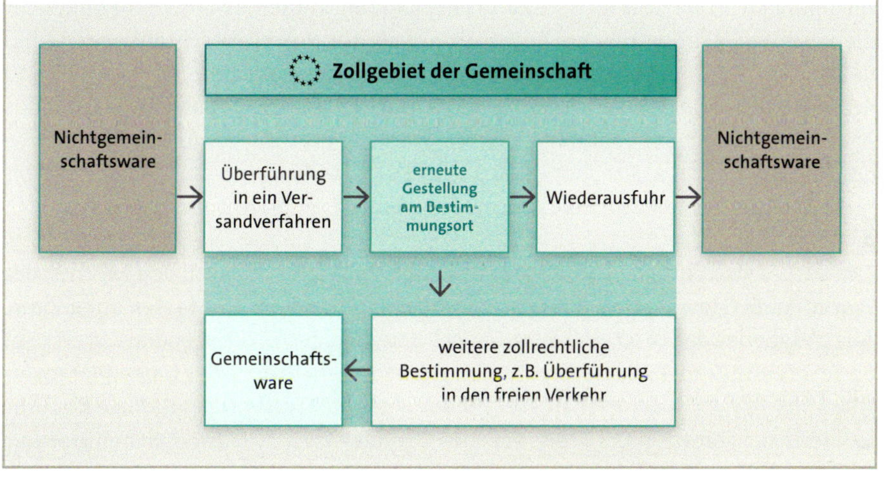

Summarische Anmeldung zur vorübergehenden Verwahrung
Die summarische Anmeldung zur vorübergehenden Verwahrung ist noch keine Anmeldung zur Verzollung, sie dient dazu, die gestellten Waren gegenüber der Zollbehörde zu benennen. Dem Einführer bleibt ab der summarischen Anmeldung eine Frist von 20 bzw. 45 Tagen, bevor er entscheiden muss, welches Zollverfahren auf die eingeführten Waren angewendet werden soll.

Die summarische Anmeldung zur vorübergehenden Verwahrung ist dann sinnvoll, wenn zum Zeitpunkt der Einfuhr noch nicht feststeht, was mit den Waren geschehen soll. Eventuell soll die Ware an einen Abnehmer in einem Drittland weiterverkauft werden, wobei der Abnehmer aber noch nicht feststeht. Durch die summarische Anmeldung hat der Einführer zudem die Möglichkeit, die Ware auf Mängel zu überprüfen und ggf. wieder an den Absender zurückzuschicken, ohne dass Einfuhrabgaben fällig werden. Fehlen zum Zeitpunkt der Abfertigung noch benötigte Unterlagen wie z. B. Einfuhrgenehmigungen, können diese in der verbleibenden Zeit beschafft werden, um die Ware zur Verzollung anzumelden.

8.2 Einfuhrverbote und -beschränkungen

Bei der Wareneinfuhr werden von den Zollbehörden nicht nur die Einfuhrabgaben ermittelt und erhoben, sondern auch geprüft, ob die Wareneinfuhr Beschränkungen oder Verboten unterliegt.

Gemäß § 1 des Außenwirtschaftsgesetzes (AWG) ist die Einfuhr von Waren grundsätzlich frei. In § 10 des gleichen Gesetzes wird allerdings die Möglichkeit zu Beschränkungen und Verboten aufgezeigt. Hierbei kann man zwischen **personen- und warenbezogenen Merkmalen** unterscheiden. Gemeinschaftsansässige Personen benötigen für die Wareneinfuhr keine Genehmigung, während die Wareneinfuhr von nicht in der EU ansässigen Personen, die sich z. B. nur vorübergehend in der EU aufhalten, grundsätzlich genehmigungspflichtig ist.

Ob eine warenbezogene Einfuhrbeschränkung vorliegt, ergibt sich aus der **Einfuhrliste**, die eine Anlage zu § 10 AWG darstellt und über 400 Seiten umfasst. In der Einfuhrliste sind alle Waren nach der Systematik des Verzeichnisses der Außenhandelsstatistik mit den zugehörigen statistischen Warennummern und Warenbezeichnungen erfasst. Dieser Liste kann entnommen werden, ob Beschränkungen für die jeweilige Ware vorliegen. Rechtsgrundlage für Einfuhrbeschränkungen sind neben dem Außenwirtschaftsgesetz, der Außenwirtschaftsverordnung (AWV) und dem EU-Recht eine Vielzahl anderer Rechtsquellen wie das Lebensmittel- und das Arzneimittelrecht, das Betäubungsmittel-, Naturschutz- und das Artenschutzgesetz, das Markenrecht u. a. Darüber hinaus sind Beschränkungen aufgrund des Völkerrechtes, z. B. eines UN-Embargos gegen bestimmte Länder, zu berücksichtigen.

Völkerrecht
LF 2, Kap. 7.5

WTO und GATT sind Themen im Lernfeld 7.

EU-Einfuhrbeschränkungen gemäß Art. 36 AEUV
LF 3, Kap. 7.1

Einfuhrbeschränkungen stehen grundsätzlich im Widerspruch zu den Normen der **World Trade Organisation (WTO)**, der Deutschland und die EU-Staaten angehören. Alle Mitglieder der WTO sind automatisch Mitglied des GATT (General Agreement on Tariffs and Trade). Dieses Abkommen geht von dem Prinzip des freien Warenverkehrs aus. Art. XX GATT enthält aber eine Ausnahmeklausel, die nationale Einfuhrbeschränkungen aus nicht ökonomischen Gründen zulässt. Die möglichen Einfuhrverbote lassen sich im Wesentlichen den gleichen Gruppen zuordnen, die auch schon in Art. 36 des AEU-Vertrages als mögliche Gründe für Einfuhrbeschränkungen innerhalb der EU genannt sind:

Einfuhrbeschränkungen nach Art. XX GATT

Schutz der Gesundheit und des Lebens von Menschen, Tieren und Pflanzen	Schutz der öffentlichen Sittlichkeit, Ordnung und Sicherheit	Schutz des nationalen Kulturgutes von künstlerischem, geschichtlichem und archäologischem Wert.	Schutz des gewerblichen und kommerziellen Eigentums
Beispiele: Fleisch mit bestimmten Zusätzen, bestimmte Tierarten (Artenschutz), Medikamente, Seuchenschutz	**Beispiele:** harte Pornographie, Waffen, Banknotenpapier	(betrifft eher die Warenausfuhr)	**Beispiele:** Produktpiraterie, Verstöße gegen das Marken-, Patent- oder Urheberrecht

9 Zahlungsbedingungen im Außenhandel

Mit dem Abschluss eines Kaufvertrages sind für den Käufer und den Verkäufer Risiken verbunden. Die hauptsächlichen **Risiken des Käufers** bestehen darin, dass
- der Verkäufer die Ware gar nicht liefert,
- der Verkäufer die Ware nicht rechtzeitig liefert,
- die gelieferte Ware nicht den Vertragsbedingungen entspricht.

Der **Verkäufer** trägt dagegen das Risiko, dass der Käufer
- die Ware gar nicht oder nicht rechtzeitig annimmt,
- den vereinbarten Kaufpreis gar nicht oder nicht rechtzeitig zahlt.

Diese Risiken bestehen sowohl bei nationalen als auch bei internationalen Kaufverträgen. Bei internationalen Kaufverträgen haben sie aber eine wesentlich höhere Bedeutung aufgrund
- der größeren Entfernung und den damit verbundenen höheren Transportkosten,
- evtl. vorhandener Sprachprobleme,
- anderer Rechtsgrundlagen im Land des Vertragspartners.

Aus diesem Grund werden Käufer und Verkäufer bei einem internationalen Kaufvertrag durch eine entsprechende **Gestaltung der Zahlungsbedingungen** versuchen, die oben genannten Risiken weitgehend auszuschließen.

Für den Verkäufer ist dabei die günstigste Zahlungsbedingung die Vorauszahlung. In diesem Fall würde das gesamte Risiko auf den Käufer abgewälzt. Außerdem müsste der Käufer auch noch die Finanzierungskosten für die Zeit zwischen dem Zeitpunkt der Vorauszahlung und der Lieferung der Ware tragen.

Für den Käufer wäre es dagegen am günstigsten, wenn ihm der Verkäufer ein möglichst langes Zahlungsziel einräumt. Dann würde der Verkäufer Risiko und Finanzierungskosten allein tragen.

Für Außenhandelsgeschäfte wurden daher Zahlungsbedingungen entwickelt, die sowohl dem Käufer als auch dem Verkäufer eine gewisse Sicherheit bieten. Die beiden gebräuchlichsten Formen sind das **Dokumenteninkasso** und das **Dokumentenakkreditiv**.

AB ☞ LS 38

9.1 Dokumenteninkasso

Bei einem Dokumenteninkasso wird eine Bank treuhändisch in die Zahlungsabwicklung eingebunden. Es handelt sich dabei um eine Art Zug-um-Zug-Geschäft. Der Verkäufer übermittelt der Bank des Käufers – in der Regel über seine eigene Hausbank – Dokumente, die dem Käufer belegen, dass die Ware einem Frachtführer übergeben wurde. Je nach Transportart kann der Käufer die Ware auch nur mithilfe des entsprechenden Frachtdokuments in Empfang nehmen. Die Bank des Käufers verpflichtet sich, die Dokumente nur gegen Zahlung des Kaufpreises bzw. gegen Akzeptierung eines Wechsels an den Käufer auszuhändigen.

Formen des Dokumenteninkassos

Kasse gegen Dokumente Documents against payment, D/P	**Dokumente gegen Akzept** Documents against acceptance, D/A
Die Bank händigt die Dokumente nur gegen Zahlung aus.	Die Bank händigt die Dokumente nur gegen Akzeptierung eines Wechsels aus.

Wechsel
☞ *LF3, Kap. 9.1.4*

9.1.1 Grundlagen der Dokumenteninkassi

Für Dokumenteninkassi gibt es keine gesetzlichen Regelungen, sie werden daher üblicherweise auf der Basis der „Einheitlichen Richtlinien und Gebräuche für Inkassi“ (ERI) der internationalen Handelskammer in Paris (ICC) abgewickelt. Die letzte Fassung stammt vom 01.01.1996. Da es sich um die Publikation Nr. 522 handelt, bezeichnet man sie üblicherweise als ERI 522.

Gemäß ERI 522 gibt es bei einem Dokumenteninkasso folgende Beteiligte:

Beteiligte beim Dokumenteninkasso	
Auftraggeber (principal)	Verkäufer, stellt den Inkassoauftrag bei einer Bank
Bezogener (drawee)	Käufer, dem die Dokumente vorzulegen sind
Einreicherbank (remitting bank)	Bank, die vom Auftraggeber mit dem Inkasso beauftragt wird
Inkassobank (collecting bank)	Bank im Land des Bezogenen, die in die Abwicklung des Inkassos eingebunden ist
vorlegende Bank (presentig bank)	Bank, die dem Bezogenen die Dokumente vorlegt. Häufig sind Inkasso- und vorlegende Bank identisch.

Transport- und Versicherungsdokumente werden ausführlich im LF6 behandelt.

internationale Lieferungsbedingungen
☞ *LF3, Kap. 5.2*

Handelsrechnung
☞ *LF3, Kap. 10.1.3*

Ursprungszeugnis
☞ *LF3, Kap. 10.1.3 und 10.1.6*

Dokumente
Bei einem Dokumenteninkasso sind vom Verkäufer üblicherweise folgende Dokumente einzureichen:
- Transportdokument (Konnossement, Frachtbrief etc.)
- Versicherungsdokumente (bei Lieferungsbedingung CIF oder CIP)
- Handelsrechnung
- evtl. Ursprungszeugnis, Konsulatsfaktura, Zollfaktura, Packlisten, Zertifikate, die die Qualität der Ware bescheinigen

Inkassoauftrag

Grundlage für ein Dokumenteninkasso ist ein Inkassoauftrag, der gemäß ERI 522 folgende Angaben enthalten muss:

- Betrag
- Fälligkeit
- Angaben zu den Inkassospesen (wer trägt welche Bankspesen?)
- Angaben zu Art und Anzahl der Dokumente
- Angaben zum Dokumentenversand
- Angaben zu Empfänger, Transportmittel, Abgangs- und Bestimmungsort der Warensendung
- Angaben, wie zu verfahren ist, wenn der Käufer die Dokumente nicht aufnimmt
- Angaben, wie mit dem Inkassoerlös verfahren werden soll

Beispiel für einen Inkassoauftrag siehe Seite 237

9.1.2 Dokumente gegen Zahlung (D/P)

Beispiel

Die BPK GmbH kauft bei der Toronto Paper & Cellulose Inc. für 45.000,00 CND Papier. Die Zahlungsbedingung lautet D/P, die Lieferbedingung FOB (Montreal). Das Papier wird per Schiff von Montreal nach Hamburg transportiert.

Ablauf

1. Abschluss des Kaufvertrages zwischen der BPK GmbH und der Toronto Paper & Cellulose Inc.
2. Die Toronto Paper & Cellulose Inc. übergibt der Rederei die Ware zur Verladung auf das Seeschiff in Montreal.
3. Die Toronto Paper & Cellulose Inc. erhält von der Rederei das zugehörige Transportdokument (Konnossement).
4. Die Toronto Paper & Cellulose Inc. reicht einen Inkassoauftrag zusammen mit den Dokumenten bei ihrer Bank (Bank of Montreal = Einreicherbank) ein.
5. Die Bank of Montreal leitet den Inkassoauftrag zusammen mit den Dokumenten weiter an die Stadtsparkasse Wuppertal, d. h. an die vorlegende Bank. Parallel dazu befindet sich die Ware auf dem Weg von Montreal nach Hamburg.
6. Die Stadtsparkasse Wuppertal legt der BPK GmbH die Dokumente zur Prüfung vor.
7. Die BPK GmbH zahlt den Inkassobetrag und
8. erhält im Gegenzug die Dokumente zum Verbleib ausgehändigt.
9. Die Stadtsparkasse Wuppertal verrechnet mit der Bank of Montreal den Inkassobetrag.
10. Die Bank of Montreal schreibt der Toronto Paper & Cellulose Inc. den Inkassobetrag gut.

11./12. Die BPK GmbH kann mithilfe des Frachtdokuments das Papier in Hamburg in Empfang nehmen.

Die Zahlungsbedingung D/P hat für den Verkäufer den Vorteil, dass der Käufer erst dann über die Ware verfügen kann, wenn er den vereinbarten Kaufpreis bezahlt hat. Er trägt aber das Risiko, dass der Käufer die Dokumente nicht aufnimmt und folglich auch nicht zahlt. Der Käufer hat den Vorteil, dass er vor Zahlung den Nachweis erhält, dass der Verkäufer die Ware einem Frachtführer zum Transport übergeben hat. Er hat aber keine Gewissheit, ob die Ware auch wirklich vertragsgemäß ist.

Ablauf Dokumenteninkasso: D/P

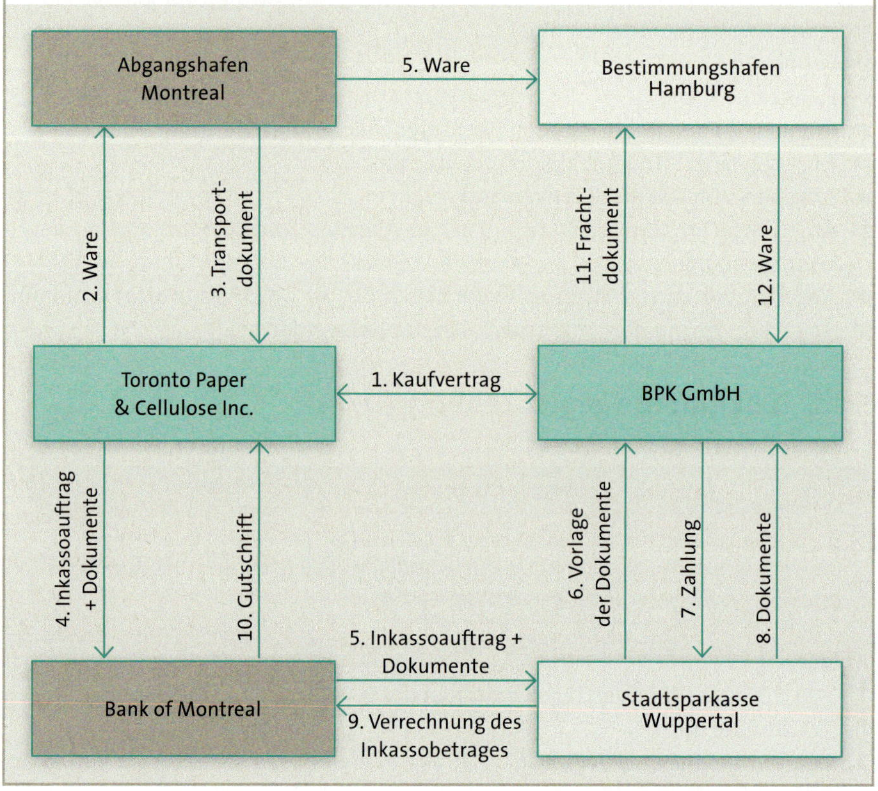

Je nach Transportart, z. B. bei Luft- und Bahntransport, wird die Ware auch ohne Vorlage des Transportdokuments ausgehändigt. Der Käufer muss hier nur nachweisen, dass er der im Frachtdokument benannte Empfänger ist. Um zu verhindern, dass der Käufer die Ware auch ohne Bezahlung erhalten kann, wird häufig als Empfänger nicht der Käufer, sondern die vorlegende Bank eingetragen. Dazu muss aber auf jeden Fall vorher die Zustimmung der Bank eingeholt werden.

Beispiel für einen Inkassoauftrag siehe Seite 237

Auf der folgenden Seite finden Sie ein Beispiel für einen Inkassoauftrag. Dabei haben die Angaben unter den jeweiligen Nummern die folgende Bedeutung:

1 zuständiger Sachbearbeiter beim Auftraggeber
2 Ort des Auftraggebers
3 Datum der Auftragserteilung
4 Einreicherbank
5 Auftraggeber
6 Bezogener
7 Inkassobank = vorlegende Bank
8 Fälligkeit
9 Inkassobetrag
10 Angaben zu Inkassospesen
11 Angaben zum Dokumentenversand
12 Angabe zu den Dokumenten
13 Anzahl der Dokumente
14 Angaben zur Ware
15 Abgangs- und Bestimmungsort
16 Bestimmungen zum Ablauf
17 Angaben zum Wechsel und wie zu verfahren ist, falls der Käufer am Fälligkeitstermin nicht zahlt (D/A)
18 Kontaktperson bei Schwierigkeiten
19 Verwendung des Inkassoerlöses
20 rechtsverbindliche Unterschrift

Please fill in this form exactly resp. mark fields applicable to avoid delays and possible charges caused by inquiries.

Collection and/or acceptance order

1 our reference: Toronto Paper & Cellulose Inc.
phone-no.: +001 8004253458
direct inquiries to: John Harris

2 place: Toronto

3 date: 10th June 20XX

5 drawer/issuer:
Toronto Paper & Cellulose Inc.
15 Richmond Street East
Toronto, Ontario M5C 1N2
Canada

4 to: the Bank of Montreal
Toronto

Enclosed we send you for collection through

6 drawee:
Bergisches Papierkontor GmbH
Elberfelder Straße 85
42285 Wuppertal

7 bank of drawee/domicile (if known):
Stadtsparkasse Wuppertal
place: Wuppertal (Germany)

☐ please mark where applicable

	maturity	amount
	8 30th June 20XX	9 45.000,00 CND

10
☐ Bank of Montreal charges for our account
charges of collecting bank for drawees account

☒ Bank of Montreal charges
charges of collecting bank } *for drawees account*

☐ Bank of Montreal charges
charges of collecting bank } *for our account*

☐ Payment of charges must not be waived.

	Bill of Exchange	In-voice	Cons./Cust Invoice	Packing List	Cert.of Origin	Insurance Pol./Cert.	Bill of Lading	Dupl. of Railwaybill	Forwarders Certificate	Postal Receipt
12 documents		X		X			X			
13 numbers		4		2			3/3			

Shipment of documents: 11
☒ seperate by 1. + 2. airmail / registered letter
☐ together by courier
☐ courier cost for drawees account

14 description of goods (marks and numbers) and details of shipment:
5 boxes with art paper, marked: BPK GmbH, Order Nr. 6431, Hamburg / Germany, Country of Origin: Canada

15 port of departure: Montreal port of destination: Hamburg

16
☒ Deliver documents/goods against payment
☐ Documents are to be presented upon arrival of goods
☒ Please advise us about all messages concerning the development of this collection
☐ Please remind periodically

17
☐ Deliver documents/goods against acceptance
☐ Instruct collecting bank to keep acceptance for collection at maturity
☐ Protest for non-payment of Bill of Exchange
☐ No protest for non-payment of Bill of Exchange
☐ Return acceptance to us

☒ In case of difficulties advise: 18 John Harris by e-mail
☐ Further instructions (if necessary):

Toronto Paper & Cellulose Inc.
15 Richmond Street East
Toronto, Ontario M5C 1N2
Canada

20 *John Harris*
Legally binding signature

19 Enclosures Credit proceeds to our account no. 4 385 591

Settlement in accordane with the General Business Conditions of the Bank of Montreal currently in force

Beispiel für einen Inkassoauftrag

9.1.3 Dokumente gegen Akzept (D/A)

Die Zahlungsbedingung Dokumente gegen Akzept unterscheidet sich von der Bedingung D/P nur dadurch, dass der Käufer einen auf ihn gezogenen **Wechsel** akzeptieren muss, damit er die Dokumente erhalten kann. Ansonsten ist der Ablauf beider Verfahren weitgehend identisch. Der Verkäufer reicht bei der Einreicherbank neben den Dokumenten und dem Inkassoauftrag zusätzlich einen auf den Käufer gezogenen Wechsel (Tratte) ein.

Die Zahlungsbedingung D/A wird vereinbart, wenn der Verkäufer dem Käufer ein Zahlungsziel einräumen möchte. Je nach Laufzeit des Wechsels hat der Käufer dabei den Vorteil, dass er die Ware vor Fälligkeit des Wechsels verkaufen und mit einem Teil des Verkaufserlöses den Wechsel einlösen kann. Er erspart sich damit Finanzierungskosten.

Der Verkäufer kann den Wechsel vor Fälligkeit z. B. an seine Bank verkaufen und hat damit die Möglichkeit, seine Liquidität zu verbessern. Er hat aber das zusätzliche Risiko, dass der Käufer über die Ware verfügt, den Wechsel bei Fälligkeit aber nicht einlöst.

9.1.4 Exkurs Wechsel

Unter einem Wechsel versteht man eine unbedingte schriftliche Anweisung des Ausstellers an den Bezogenen, zu dem angegebenen Termin einen bestimmten Geldbetrag zu zahlen. Dabei ist eine bestimmte gesetzlich vorgeschriebene Form zu beachten. Durch das **Akzept**, das meist quer auf dem Wechselformular angebracht wird, verpflichtet sich der Bezogene zur Zahlung am Fälligkeitstermin.

Beteiligte beim Wechsel	
Aussteller	stellt den Wechsel aus
Bezogener	wird zur Zahlung aufgefordert
Wechselnehmer	erhält den Zahlungsbetrag; ist häufig auch der Aussteller. Der Wechselnehmer wird auch als Remittent bezeichnet.

Indossament
(ital.) in dossa
= auf dem Rücken

Der Wechsel verbrieft eine abstrakte Forderung, d. h., die Forderung besteht unabhängig von einem zugrunde liegenden Schuldverhältnis. Der deutsche Wechsel ist ein **geborenes Orderpapier,** das bedeutet, er ist kraft Gesetz ein Orderpapier. Der Wechselnehmer kann seinen Anspruch auf die Wechselsumme durch eine Erklärung auf der Rückseite des Wechsels auf jemand anderen übertragen. Diese Übertragungserklärung bezeichnet man als ***Indossament***. Bei einem geborenen Orderpapier ist diese Übertragung auch ohne Orderklausel („an die Order von ...“, „to the order of ...“) möglich. Bei sogenannten **gekorenen Orderpapieren** wird das Dokument erst durch die Orderklausel zum Orderpapier. Im Gegensatz zum deutschen Wechsel ist beim englischen Wechsel die Orderklausel allerdings notwendig.

Ein Wechsel untersteht der sogenannten **Wechselstrenge**, d. h., wenn der Bezogene zum Fälligkeitstermin nicht zahlt, führt das sehr schnell zu rechtlichen und finanziellen Konsequenzen. Problematisch ist, dass das Wechselrecht zwar zum Teil vereinheitlicht ist, es aber trotzdem bis heute noch kein einheitliches internationales Wechselrecht gibt.

Man unterscheidet u. a. folgende Wechselarten:

Wechselarten	
gezogener Wechsel	Wechsel, bei dem der Aussteller den Bezogenen zur Zahlung auffordert
Solawechsel	Wechsel, bei dem der Aussteller sich selbst zur Zahlung verpflichtet. Der Solawechsel wird auch als „eigener Wechsel" bezeichnet.
Tratte	vom Aussteller auf den Bezogenen gezogener Wechsel, der vom Bezogenen noch nicht akzeptiert wurde
Akzept	gezogener Wechsel, der vom Bezogenen akzeptiert wurde
Bankakzept	gezogener Wechsel, der von einer Bank akzeptiert wurde
Sichtwechsel	Wechsel, der bei Vorlage fällig wird
Nachsichtwechsel	Wechsel, der eine bestimmte Zeit nach Vorlage zahlbar ist

Angenommen
BESKA GmbH
ppa. Lena Friedrich

Wuppertal den 13. Mai 20XX	Berlin	13. August 20XX
Ort und Tag der Ausstellung, Monat in Buchstaben	Zahlungsort	Verfalltag

Gegen diesen Wechsel – erste Ausfertigung – zahlen Sie am 13. August 20XX

an Ozean Papier AG, 28755 Bremen EUR 25.000,00

EUR fünfundzwanzigtausend-------------- Betrag in Ziffern Cent wie oben

Bezogener
BESKA GmbH
Tauentzienstr. 60
10789 Berlin

zahlbar in Berlin
bei Deutsche Bank 178604423
Name des Kreditinstitutes Konto Nr.

Aussteller
BPK GmbH
Elberfelder Str. 85
42285 Wuppertal

ppa. M. Schneider
Unterschrift

Deutscher Wechsel

Accepted
Bestprint Ltd.
Patritia Miller

Wuppertal the 10th July 20XX For EUR 20.000,00

pay this first Bill of Exchange (/unpaid)
to the order of our selves at 10th October 20XX

EUR Twentythousand--------------

To:
Bestprint Ltd.
12 Upper Woborn Place
GB-London WC1H OHX

payable at: Stadtsparkasse Wuppertal
Wuppertal
IBAN:DE81330500000000600521

BPK GmbH
Elberfelder Str. 85
42285 Wuppertal

ppa. M. Schneider

Englischer Wechsel

AB ☞ LS 39

9.2 Dokumentenakkreditiv (Letter of Credit L/C)

Anders als beim Dokumenteninkasso, bei dem die vorlegende Bank nur eine treuhändische Funktion hat, leistet beim Dokumentenakkreditiv die Bank des Importeurs ein abstraktes Zahlungsversprechen. Vereinfacht lässt sich ein Dokumentenakkreditiv wie folgt definieren:

Ein Akkreditiv ist das abstrakte Versprechen der Bank des Importeurs, an den Exporteur den Akkreditivbetrag auszuzahlen, wenn von diesem die vorgeschriebenen Dokumente vorgelegt werden.

Grundlage für Dokumentenakkreditive sind die „Einheitlichen Richtlinien und Gebräuche für Dokumentenakkreditive" der ICC in der Fassung von 2007, die häufig mit ERA 600 abgekürzt werden. Gemäß Art. 10 der ERA 600 kann ein Akkreditiv nur mit Zustimmung der Beteiligten, vor allem des Begünstigten, abgeändert oder annulliert werden. Es bietet damit dem Begünstigten die Sicherheit einer festen Zahlungsverpflichtung der eröffnenden Bank. Um diese Sicherheit zu erreichen, erfolgte früher in der Regel der Zusatz „unwiderrufliches Dokumentenakkreditiv". Nach den ERA 600 (Art. 3) sind Dokumentenakkreditive aber auch dann unwiderruflich, wenn sie diesen Zusatz nicht enthalten.

Beteiligte beim Dokumentenakkreditiv

Auftraggeber (applicant)	Partei, in deren Auftrag das Akkreditiv eröffnet wird, in der Regel der Käufer/Importeur
Begünstigter (beneficiary)	Partei, zu deren Gunsten das Akkreditiv eröffnet wird, in der Regel der Verkäufer/Exporteur
eröffnende Bank (Akkreditivbank) (issuing bank)	Bank, die das Akkreditiv eröffnet, meist die Hausbank des Importeurs
avisierende Bank (Akkreditivstelle) (advising bank)	Bank, die das Akkreditiv im Auftrag der eröffnenden Bank dem Begünstigten avisiert, häufig die Hausbank des Exporteurs
benannte Bank (Zahlstelle) (nominated bank)	Bank, bei der das Akkreditiv benutzt werden kann, wo also die Dokumente einzureichen sind. Häufig ist es die Avisierungsbank. Jedes Akkreditiv kann aber auch bei der eröffnenden Bank benutzt werden.

9.2.1 Akkreditivarten

Es können im Wesentlichen die folgenden Akkreditivarten unterschieden werden:

Unbestätigtes Akkreditiv (unconfirmed letter of credit): Nur die eröffnende Bank verpflichtet sich hier zur Zahlung.

Bestätigtes Akkreditiv (confirmed letter of credit): Neben der eröffnenden Bank verpflichtet sich eine weitere (bestätigende) Bank zur Zahlung. Häufig handelt es sich bei der bestätigenden Bank um die Avisierungsbank.

Sichtakkreditiv / Auszahlungsakkreditiv (sight letter of credit): Der Begünstigte kann sofort nach Vorlage akkreditivkonformer Dokumente bei der Zahlstelle die Zahlung verlangen. Die Bank hat allerdings eine Prüfzeit von maximal 5 Banktagen.

Ist die Zahlstelle die eröffnende Bank und werden die Dokumente bei der Avisierungsbank eingereicht, muss zusätzlich die Zeit für die Übermittlung der Dokumente und den Transfer des Akkreditivbetrages berücksichtigt werden.

Akkreditiv mit hinausgeschobener Zahlung (deferred payment letter of credit): Die Zahlung erfolgt hier nicht nach Vorlage und Prüfung der Dokumente bei der Zahlstelle, sondern zu einem festgelegten späteren Termin. Der Auftraggeber wird auch erst zu diesem Termin mit dem Akkreditivbetrag belastet.

Akkreditiv mit Akzeptleistung (Remboursakkreditiv): Statt Zahlung akzeptiert die eröffnende oder eine andere benannte Bank einen auf sie gezogenen Wechsel bei Vorlage akkreditivkonformer Dokumente. Diese Akkreditivart kann z. B. verwendet werden, wenn der Exporteur dem Importeur ein Zahlungsziel einräumen will. Gegenüber dem Akkreditiv mit hinausgeschobener Zahlung hat er hierbei den Vorteil, dass er den Wechsel vor Fälligkeit verkaufen kann. Der Auftraggeber wird allerdings erst bei Fälligkeit des Wechsels belastet.

Akkreditiv, benutzbar gegen Negoziierung (negotiable letter of credit): Der Exporteur hat das Recht, eine auf die Akkreditivbank gezogene Tratte von einer im Akkreditiv genannten Bank (der Negoziierungsbank) gegen Vorlage akkreditivkonformer Dokumente aufkaufen zu lassen. Die eröffnende Bank verpflichtet sich dabei, die Dokumente und die Tratte anzunehmen und bei Fälligkeit aus dem Akkreditiv durch Belastung des Importeurs zu zahlen. Diese Akkreditivform ähnelt dem Remboursakkreditiv mit dem Unterschied, dass die Tratte nicht von der ankaufenden Bank akzeptiert wird.

Übertragbares Akkreditiv (transferable letter of credit): Hierbei hat der Begünstigte (Erstbegünstigte) die Möglichkeit, die Rechte aus dem Akkreditiv auf jemand anderen zu übertragen. Das Akkreditiv muss allerdings ausdrücklich als übertragbar gekennzeichnet sein. Durch die Übertragung hat der Exporteur die Möglichkeit, z. B. Verpflichtungen gegenüber seinem Lieferanten nachzukommen. Gemäß ERA 600 ist eine Übertragung aber nur einmal möglich.

9.2.2 Ablauf

Beispiel

Die BPK GmbH kauft bei der Toronto Paper & Cellulose Inc. für 45.000,00 CND Kunstdruckpapier. Die Zahlungsbedingung lautet unbestätigtes Dokumentenakkreditiv, das bei Sicht zahlbar ist. Benutzbar ist das Akkreditiv bei der Bank of Montreal. Die Lieferbedingung lautet FOB (Montreal). Das Papier wird per Schiff von Montreal nach Hamburg transportiert.

1. Abschluss des Kaufvertrages zwischen der BPK GmbH und der Toronto Paper & Cellulose Inc.
2. Die BPK GmbH stellt bei der Stadtsparkasse Wuppertal den Antrag auf Eröffnung eines Akkreditivs zugunsten der Paper & Cellulose Inc. Die Stadtsparkasse Wuppertal ist in diesem Fall die eröffnende Bank bzw. die Akkreditivbank.
3. Die Stadtsparkasse Wuppertal leitet die Akkreditiveröffnung an die Bank of Montreal weiter. Die Bank of Montreal ist hier die **Avisierungsbank** bzw. die **Akkreditivstelle.**

Beispiel für einen Eröffnungsantrag eines Dokumentenakkreditivs siehe Seite 244

4. Die Bank of Montreal informiert ihrerseits die Paper & Cellulose Inc. über die Akkreditiveröffnung. Diesen Vorgang bezeichnet man als Avisierung. Durch die Akkreditiveröffnung verpflichtet sich die Stadtsparkasse Wuppertal, der Toronto Paper & Cellulose Inc. den Akkreditivbetrag am Fälligkeitstermin zu zahlen, wenn akkreditivkonforme Dokumente vorgelegt werden.
5. Die Toronto Paper & Cellulose Inc. prüft die Akkreditivbedingungen auf Übereinstimmung mit den Kaufvertragsvereinbarungen und auf Erfüllbarkeit.
6. Die Toronto Paper & Cellulose Inc. übergibt die Ware termingerecht der Rederei zur Verladung auf das Schiff in Montreal.
7. Die Toronto Paper & Cellulose Inc. erhält von der Rederei das zugehörige Transportdokument (Konnossement).
8. Die Toronto Paper & Cellulose Inc. reicht das Transportdokument zusammen mit den anderen Dokumenten bei ihrer Bank ein. Parallel dazu befindet sich die Ware auf dem Weg von Montreal nach Hamburg.
9. Die Bank of Montreal prüft die eingereichten Dokumente auf Vollständigkeit und Akkreditivkonformität.
10. Wenn die Dokumente in Ordnung sind, schreibt die Bank of Montreal den Akkreditivbetrag der Toronto Paper & Cellulose Inc. gut.
11. Die Bank of Montreal leitet die Dokumente auf dem vorgeschriebenen Weg an die Stadtsparkasse Wuppertal.
12. Die Stadtsparkasse Wuppertal prüft die Dokumente ihrerseits auf Übereinstimmung mit dem Akkreditiv.
13. Falls die Prüfung keine Beanstandung ergibt, transferiert die Stadtsparkasse Wuppertal den Akkreditivbetrag an die Bank of Montreal.

14./15. Die Stadtsparkasse Wuppertal informiert die BPK GmbH über die Ankunft der Dokumente und händigt sie gegen Zahlung des Akkreditivbetrages aus.

16./17. Die BPK GmbH kann mithilfe des Frachtdokuments die Ware in Hamburg in Empfang nehmen.

Ablauf Dokumentenakreditiv

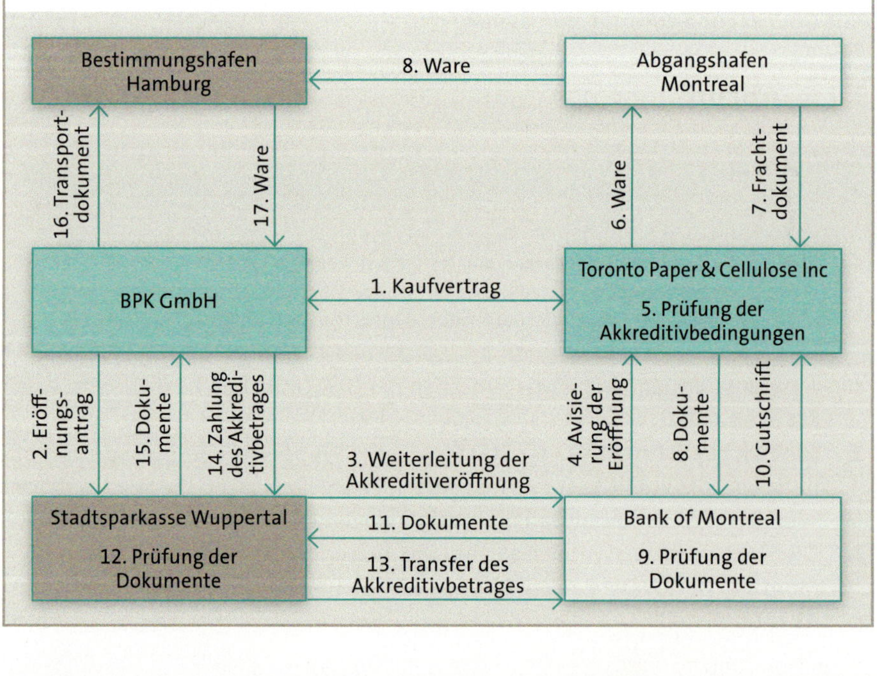

9.2.3 Eröffnungsantrag

Ein Antrag auf Eröffnung eines Dokumentenakkreditivs sollte bestimmte Angaben enthalten, die dann auch zum Inhalt des Akkreditivs werden. Auf der folgenden Seite befindet sich ein Beispiel für einen Eröffnungsantrag. Dabei haben die Angaben unter den jeweiligen Nummern die folgende Bedeutung:

1 eröffnende Bank
2 Weiterleitung der Eröffnung (z. B. per Luftpost, **Telex, SWIFT**)
3 Auftraggeber
4 Avisierungsbank
5 Name und Anschrift des Begünstigten
6 Währung und Akkreditivbetrag
7 Verfalldatum
8 Bank, bei der das Akkreditiv benutzbar gestellt ist (z. B. eröffnende Bank, **Avisierungsbank**, andere Bank)
9 Ob das Akkreditiv bei Sicht, durch hinausgeschobene Zahlung, Akzeptleistung oder Negoziierung zahlbar sein soll.
10 Teilverladungen und Umladungen
11 Versand- und Bestimmungsort der Ware
12 spätester Verladetermin
13 Lieferbedingung
14 Warenart und Menge
15 Anzahl und Aufmachung der einzureichenden Dokumente
16 Angabe zur Warenadressierung
17 Benachrichtigungsadresse
18 spätester Vorlagetermin für die Dokumente; falls hierzu Angaben fehlen, sehen die ERA 600 vor, dass die Dokumente spätestens 21 Tage nach dem Verladedatum des Transportdokuments vorgelegt werden müssen.
19 Angaben zur Kostenteilung; hier wird angegeben, wer welche Bankspesen zu tragen hat. Üblich ist, dass der Auftraggeber die Kosten trägt, die bei der eröffnenden Bank anfallen und der Begünstigte für die Bankkosten aufkommt, die in seinem Land anfallen.
20 Akkreditivart (z. B. bestätigt, unbestätigt)
21 Angabe, welches Konto zu belasten ist
22 Tag und Ort der Ausstellung
23 rechtsverbindliche Unterschrift

Telex
(Teleprinter exchange) ist ein System zur Übermittlung von Textnachrichten über ein Telekommunikationsnetz, das mit dem Telefonnetz vergleichbar ist, bei dem aber Fernschreiber verwendet werden.

SWIFT
Society for Worldwide Interbank Financial Telecommunications. Diese Gesellschaft sorgt für die Telekommunikation zwischen Banken weltweit. Träger der Gesellschaft mit Sitz in La Hulpe (Belgien) sind die Banken selber.

Ich (Wir) ersuche(n) um Eröffnung des folgenden **unwiderruflichen Dokumentenakkreditivs**

1 Stadtsparkasse Wuppertal

2 **Art der Eröffnung**
- [ ] per Post / Luftpost
- [X] per Telekommunikation
- [ ] mit Voravis per Telekommunikation

3 **Auftraggeber**
Bergisches Papierkontor GmbH
Elberfelder Straße 85
42285 Wuppertal
Bearbeiter: **Babette Finke Tel.-Nr. +49 202 123623**

4 **Bankverbindung des Begünstigten** (falls bekannt):
The Bank of Montreal
First Canadian Place
100 King Street West
Toronto, Ontario M5X 1A1
Canada

5 **Begünstigter** (Name und genaue Anschrift):
Toronto Paper & Cellulose Inc.
15 Richmond Street East
Toronto, Ontario M5C 1N2
Canada

6 **WÄHRUNG** **CND** **BETRAG** **45.000,00** [ ] zirka (+/- 10 %) [ ] +/- ________ %

7 **Gültigkeitsdauer** **30. Juni 20XX** **Gültigkeitsort** **Toronto**

8 **benutzbar** [ ] bei Ihnen [X] bei Ihrem Korrespondenten in Toronto

9 **zahlbar** [X] bei Sicht ___ [ ] Tage / [ ] Monate nach [ ] Präsentation [ ] Verladedatum [ ] Versanddatum

10 **Teilverladungen** [ ] gestattet [X] nicht gestattet **Umladungen** [ ] gestattet [X] nicht gestattet

11 **Versand von** **Seehafen Montreal** **via** **nach** **Seehafen Hamburg** 12 **spätestens am:** **10. Juni 20XX**

13 **Lieferbedingung** **FOB (Montreal)**

14

Warenbezeichnung	Menge	Einzelpreis
Kunstdruckpapier	1 000 Packungen zu je 100 Blatt	4,50 CND

15 **Verlangte Dokumente**
- [X] Handelsrechnung 1 Original, 4 Kopien
- [ ] Versicherungs- [ ] Zertifikat/ [ ] Polizze (voller Satz)
- [X] See-Konnossement (voller Satz)
- [ ] Multimodales Transportdokument (für kombinierten Transport)
- [ ] Luftfrachtbrief (3. Original für den Absender)
- [ ] Frachtbriefduplikat, bahnamtlich gestempelt, nachnahmefrei
- [ ] CMR (Straßenfrachtbrief)
- [ ] Versand-/ [ ] Übernahme-Bestätigung, ausgestellt von Spediteur ____________

weitere Dokumente
- [ ] Ursprungszeugnis
- [ ] Präferenzursprungszeugnis, Form A
- [X] Packliste

16 **Ware adressiert an**
- [X] Antragsteller
- [ ]

17 **Notify-Adresse**
- [X] Antragsteller
- [ ]

18 Die Dokumente sind innerhalb von 10 Tagen ab Verlade-/Versanddatum gemäß Transportdokument zu präsentieren.

Besondere Bedingungen:

19 Inländische Bankgebühren zu Lasten [X] Auftraggeber [ ] Begünstigten
Ausländische Bankgebühren zu Lasten [ ] Auftraggeber [X] Begünstigten

20 Das Akkreditiv ist von Ihrem Korrespondenten der begünstigten Firma [X] **unverbindlich** anzuzeigen / [ ] **verbindlich** zu bestätigen / [ ] **unverbindlich** anzuzeigen und über deren Wunsch auch **verbindlich** zu bestätigen.

21 Die Abrechnung hat zu Lasten meines/unseres Kontos **(BIC: WUPSDE33; IBAN: DE81 3305 0000 0060 0521 98)** zu erfolgen.

Für das Akkreditiv gelten die Einheitlichen Richtlinien und Gebräuche für Dokumenten-Akkreditive der Internationalen Handelskammer in der von dieser für den Zeitpunkt der Akkreditiveröffnung zur Anwendung empfohlenen Fassung.

22 **Wuppertal, 01. Juni 20XX**
Ort und Datum der Ausstellung

23 bpk Bergisches Papierkontor GmbH
Elberfelder Straße 85 · 42285 Wuppertal
Tel. 0202 1236-0 · Fax 0202 1236-1
Babette Finke
Stempel und rechtverbindliche Unterschrift(en)

[X] Zutreffendes bitte ankreuzen

Die Abwicklung erfolgt gemäß den gegenwärtig gültigen „Allgemeinen Geschäftsbedingungen der Stadtsparkasse Wuppertal".

Beispiel für den Eröffnungsantrag eines Dokumentenakkreditivs

9.2.4 Erfüllung

Die Pflicht des Verkäufers im Rahmen des Dokumentenakkreditivs ist erfüllt, wenn er akkreditivkonforme Dokumente bei der **benannten Bank** (nominated Bank) rechtzeitig einreicht. Die benannte Bank ist in aller Regel auch die Zahlstelle. Bei einem unbestätigten Akkreditiv wird sie normalerweise von der Akkreditivbank beauftragt und bevollmächtigt, die Dokumente für diese verbindlich zu prüfen und den Akkreditivbetrag auszuzahlen, wenn die vorgelegten Dokumente akkreditivkonform sind. Bei einem Sichtakkreditiv erfolgt die Auszahlung dann sofort, bei einem Akkreditiv mit hinausgeschobener Zahlung zu dem vorgesehenen Zahlungstermin. Hat die benannte Bank das Akkreditiv bestätigt, hat sie selbst eine Zahlungsverpflichtung gegenüber dem Begünstigten. Wenn das Akkreditiv nur bei der eröffnenden Bank zu benutzen ist, trägt der Verkäufer die Kosten und das Risiko des Dokumententransfers.

Die ERA 600 sehen vor, dass den Banken nach dem Tag der Dokumentenvorlage jeweils maximal 5 Bankarbeitstage zur Prüfung der Dokumente zur Verfügung stehen.

9.2.5 Bewertung

Für den Käufer besteht kein großer Unterschied zwischen Dokumenteninkasso und Dokumentenakkreditiv. Er hat auch beim Dokumentenakkreditiv keine Garantie, dass ihm vertragsgemäße Ware geliefert wird. Nachteilig sind die höheren Kosten, die mit einem Dokumentenakkreditiv verbunden sind. Außerdem kann es sein, dass die eröffnende Bank von ihm Sicherheiten oder die Vorauszahlung des Akkreditivbetrages verlangt.

Für den Verkäufer hat das Dokumentenakkreditiv im Vergleich zum Dokumenteninkasso deutliche Vorteile. Durch die abstrakte Zahlungsverpflichtung einer Bank ist das Geschäftsrisiko (Käufer nimmt die Ware nicht an und/oder zahlt nicht) nahezu vollständig ausgeschlossen. Durch ein bestätigtes Dokumentenakkreditiv lassen sich auch **politische Risiken** ausschließen. Nachteilig können auch hier die im Vergleich zum Dokumenteninkasso höheren Kosten sein.

Politische Risiken

Politische Risiken *im Außenhandel werden im LF10 behandelt.*

Konvertierungsrisiko
Der Staat, in dem der Käufer seinen Sitz hat, verbietet den Umtausch seiner Währung in eine Fremdwährung bzw. schränkt den Umtausch ein.

Transferrisiko
Der Staat, in dem der Käufer seinen Sitz hat, untersagt den Transfer (Überweisung) von Zahlungen ins Ausland. Das Transferverbot kann sich nicht nur auf die Landeswährung, sondern auch auf Fremdwährungen beziehen (z. B. auf Devisenguthaben eines Importeurs). Ein Transferverbot kommt praktisch einem Zahlungsverbot gleich. Im Allgemeinen wird kein völliges Transferverbot, sondern eine Transferbeschränkung verhängt, z. B. für bestimmte Importgüter, eine zeitlich befristete Dauer oder das Überschreiten einer Freigrenze.

Moratorium
Ausländische Forderungen dürfen
- für eine zunächst unbestimmte Frist nicht erfüllt werden oder
- erst nach Ablauf einer bestimmten Frist erfüllt werden (Aufschub) oder
- nur bei Erwirtschaftung entsprechender Devisenerlöse erfüllt werden oder
- nur in inländischer Währung erfüllt werden.

AB ☞ LS 40

10 Zollabwicklung und Einfuhrsteuern

In diesem Kapitel werden die in Abschnitt 8 bereits angesprochenen zollrechtlichen Aspekte bei der Wareneinfuhr aus Drittstaaten vertieft und es wird auf die entsprechenden steuerrechtlichen Aspekte eingegangen. Außerdem wird kurz die Ausfuhrabwicklung dargestellt.

*Die **Eingangszollstelle** ist diejenige Zollstelle, zu der die Waren nach der Verbringung in das Gemeinschaftsgebiet unverzüglich befördert werden müssen.*

Zu beachten ist, dass bei der Wareneinfuhr vor der Verbringung der Waren in das Gemeinschaftsgebiet der **Eingangszollstelle** eine summarische Eingangsanmeldung (ESumA) auf elektronischem Wege zugeleitet werden muss. Dabei müssen die folgenden Fristen eingehalten werden:

Seeverkehr (Container)	24 Stunden vor Verladen im Abgangshafen
Seeverkehr (Massen- und Stückgut)	4 Stunden vor dem Einlaufen im ersten Hafen der Gemeinschaft
Kurzstreckenseeverkehr	2 Stunden vor dem Einlaufen im ersten Hafen der Gemeinschaft
Luftverkehr:	
Flugdauer < 4 Stunden	spätestens bei Abheben
Flugdauer > 4 Stunden	4 Stunden vor Ankunft im ersten Flughafen der Gemeinschaft
Eisenbahnverkehr	2 Stunden vor Ankunft an Eingangszollstelle
Binnenschiffsverkehr	2 Stunden vor Ankunft an Eingangszollstelle
Straßenverkehr	2 Stunden vor Ankunft an Eingangszollstelle
Kombinierter Verkehr	wie jeweiliger Verkehrsträger

Für die Abgabe der ESumA ist der Beförderer oder sein Vertreter zuständig.

10.1 Zollabfertigung

Zollrechtliche Aspekte
☞ *LF3, Kap. 8.1*

Nachdem die Waren gestellt und gegebenenfalls überholt wurden, müssen sie schließlich einem Zollverfahren zugeführt werden. Hierzu stehen insgesamt 8 Zollverfahren und 3 weitere zollrechtliche Bestimmungen zur Verfügung, die teilweise auch kombiniert werden können. Nachfolgend werden die verschiedenen Zollverfahren näher erläutert. Außerdem wird auf die verschiedenen Möglichkeiten zur Abgabe einer Zollanmeldung eingegangen und die Bestimmung des Einfuhrzolls erläutert.

Vielen Ländern gewährt die EU Zollpräferenzen. Dabei spielen dann Nachweise über den Warenursprung eine Rolle. Auch solche Aspekte werden in diesem Kapitel berücksichtigt.

Zollverfahren			
A.	Überführung in den zollrechtlich freien Verkehr	B.	Versandverfahren
C.	Zolllagerverfahren	D.	Aktive Veredelung
E.	Umwandlungsverfahren	F.	Vorübergehende Verwendung
G.	Passive Veredelung	H.	Ausfuhrverfahren
Sonstige zollrechtliche Bestimmungen			
I.	Verbringen in eine Freizone oder ein Freilager	J.	Wiederausfuhr aus dem Zollgebiet der Gemeinschaft
K.	Vernichtung oder Zerstörung		

10.1.1 Zollverfahren

A. Überführung in den zollrechtlich freien Verkehr

Bei diesem Verfahren werden die Einfuhrabgaben (Zölle und Steuern) bezahlt und die eingeführte Ware gilt damit als Gemeinschaftsware.

Überführung in den freien Verkehr

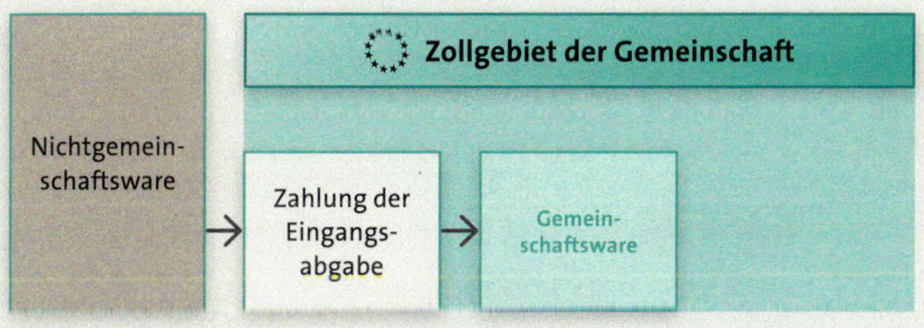

B. Versandverfahren

Häufig erfolgt die endgültige zollrechtliche Behandlung nicht am Grenzzollamt, sondern an dem zuständigen Binnenzollamt des Bestimmungslandes. Die Ware darf dann unter zollrechtlicher Überwachung zu dem betreffenden Ort transportiert werden.

Bei der Anwendung eines Versandverfahrens muss eine **Sicherheitsleistung** erfolgen, die gewährleisten soll, dass die Einfuhrabgaben auch tatsächlich entrichtet werden. Die Sicherheitsleistung kann als Barsicherheit oder als Bürgschaft, z. B. durch eine **selbstschuldnerische Bankbürgschaft** geleistet werden. Bei einer selbstschuldnerischen Bankbürgschaft verpflichtet sich eine Bank zur Zahlung, falls der eigentliche Schuldner (hier der Importeur) seine Zahlungsverpflichtung nicht erfüllt. Möglich sind Einzelbürgschaften, die nur für ein Versandverfahren gelten oder auch Gesamtbürgschaften, die bei entsprechender Höhe eine unbegrenzte Anzahl von Versandverfahren abdecken.

Man unterscheidet folgende Arten von Versandverfahren:

1. externes gemeinschaftliches Versandverfahren (externes gVV)
Das Verfahren wird angewendet, wenn Drittlandswaren zwischen zwei Orten innerhalb der EU transportiert werden sollen.

> **Beispiel**
>
> Die BPK GmbH erhält eine Ladung Papier von der Toronto Paper & Cellulose Inc., das per Schiff bis Rotterdam transportiert wurde. Von dort soll es im Rahmen des externen gVV per Lkw bis Wuppertal transportiert werden.

2. internes gemeinschaftliches Versandverfahren (internes gVV)
Das Versandverfahren wird angewendet, wenn Gemeinschaftsware über das Gebiet eines **EFTA**-Staates transportiert wird, aber in der Gemeinschaft beginnt und endet. Es werden z.B. Waren aus Italien über die Schweiz nach Deutschland transportiert. Durch das interne gVV behalten die Waren ihren Gemeinschaftsstatus und unterliegen bei der Wiedereinfuhr in die Gemeinschaft keinen Abgaben. Das interne gVV darf nicht angewendet werden, wenn die Beförderung der Waren ausschließlich auf dem See- oder Luftweg erfolgt.

EFTA
Europeana Free Trade Association; Europäische Freihandelszone (Island, Lichtenstein, Norwegen, Schweiz)

Arten von Versandverfahren

3. externes gemeinsames Versandverfahren (externes gemVV)
Das Verfahren wird angewendet, wenn Nichtgemeinschaftsware zwischen EG- und EFTA-Ländern transportiert werden soll, für die die Europäische Gemeinschaft Einfuhrabgaben erhebt.

Beispiel

Es werden Textilien per Flugzeug von Südafrika nach Zürich transportiert. Von dort erfolgt der Weitertransport per Lkw nach Freiburg.

Zollpräferenzen
LF3, Kap. 10.1.4

4. internes gemeinsames Versandverfahren (internes gemVV)
Das Verfahren wird angewendet, wenn **Gemeinschaftsware** zwischen EG- und EFTA-Ländern befördert werden soll.

Beispiel

Es soll deutsche Marmelade von Hamburg nach Bergen in Norwegen befördert werden.

Grundsätzlich kann man danach unterscheiden, ob Nichtgemeinschaftswaren oder Gemeinschaftswaren versendet werden sollen. Bei der Versendung von Nichtgemeinschaftswaren wird der entsprechende Versandschein mit T1 bezeichnet. Dieses Versandverfahren heißt daher auch **T1-Verfahren**. Zu den T1-Verfahren gehören also die beiden externen Versandverfahren (externes gVV und externes gemVV). Bei der Versendung von Gemeinschaftswaren wird der entsprechende Versandschein mit T2 bezeichnet. Man spricht hier von **T2-Verfahren**. Zu den T2-Verfahren gehören die beiden internen Versandverfahren (internes gVV und internes gemVV).

Hauptsächliche Bedeutung hat das T1-Verfahren und hier insbesondere das externe gemeinschaftliche Verfahren. Das Verfahren muss an der Abgangszollstelle beantragt und bei der Bestimmungszollstelle beendet werden. Außer in bestimmten Ausnahmefällen kann die Versandanmeldung nur noch elektronisch abgegeben werden. Normalerweise wird dazu das NCTS (New Computerized Transit System), eine Anwendung von **ATLAS** verwendet. Anmelder, die nicht die dazu erforderliche Software besitzen, können die Versandanmeldung auch über das Internet vornehmen. Außerdem kann gegen eine Gebühr die Anmeldung auch über die Onlineplattformen entsprechender Softwareanbieter vorgenommen werden. Der Versandschein wird mit einer automatisch erzeugten MRN-Nummer (Movement-Reference-Number) versehen. Damit kann der Versandvorgang überwacht werden.

ATLAS
LF3, Kap. 10.1.2 und 10.2.2

5. TIR-Verfahren (Transports Internationaux Routiers)
Das TIR-Verfahren ermöglicht den Transport im Straßengüterverkehr über mehrere Grenzen ohne Zollbeschau an den Durchgangszollstellen. Das Verfahren ist zurzeit zwischen 54 Mitgliedstaaten des TIR-Abkommens möglich, die über national angeschlossene bürgende Verbände verfügen. Diese bürgen für die gegebenenfalls anfallenden Eingangsabgaben. Das Verfahren kann angewendet werden, wenn Waren ohne Umladung über eine oder mehrere Grenzen in zollsicher hergerichteten Straßenfahrzeugen, Lastzügen oder Behältern transportiert werden. Dabei muss die Beförderung zumindest auf einem Teil der Strecke im Straßenverkehr erfolgen.

Carnet
(frz.) Heft
Zolldokument, das im Rahmen des TIR-Verfahrens verwendet wird

Das TIR-Verfahren wird bei der Abgangszollstelle eröffnet und bei der Bestimmungszollstelle beendet. Ausgestellt werden die **Carnets TIR** von der Internationalen Straßentransportunion (IRU = International Road Transport Union bzw. Union Internationale des Transports Routiers), die in Genf ihren Sitz hat.

Die Ausgabe der Carnets erfolgt durch die angeschlossenen nationalen Verbände. In Deutschland sind das der „Bundesverband Güterkraftverkehr, Logistik und Entsorgung e. V." (BGL) und die „Arbeitsgemeinschaft zur Förderung und Entwicklung des internationalen Straßenverkehrs e. V." (AIST). Ein Carnet TIR kann nicht verwendet werden, wenn Waren innerhalb der EU oder zwischen EU- und EFTA-Staaten transportiert werden sollen. Auch das TIR-Verfahren lässt sich mittlerweile über das NCTS abwickeln.

6. Carnet A.T.A.

A. T. A.
(frz.) admission temporaire; vorübergehende Zulassung

Bei dem Carnet **A.T.A.** handelt es sich zwar offiziell um ein Versandverfahren, tatsächlich geht es hierbei aber um die **vorübergehende Einfuhr** von Waren (Berufsausrüstung, Messe- und Ausstellungsgüter, Warenmuster usw.). Das Carnet A. T. A. kann nur in Ländern angewendet werden, die dem internationalen Zollübereinkommen von 1965 beigetreten sind. Es hat den Vorteil einer zügigen Grenzabfertigung und des Wegfalls der Sicherheitsleistung. Es kann während der Gültigkeitsdauer von maximal einem Jahr beliebig oft benutzt werden.

C. Zolllagerverfahren

Die Waren werden unter Aussetzung der Einfuhrabgaben in ein spezielles Lager verbracht, wo sie sich unter Kontrolle der Zollverwaltung befinden. Bei der Anwendung des Zolllagerverfahrens ist eine entsprechende Sicherheit zu leisten.

Zolllagerverfahren

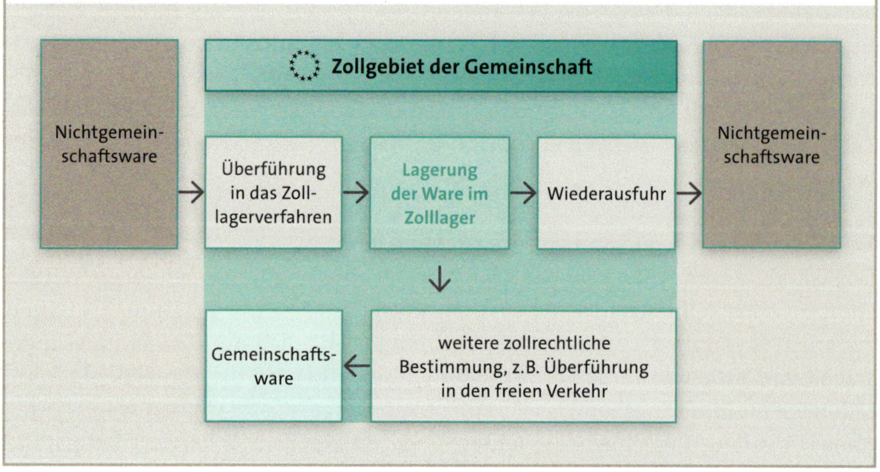

D. Aktive Veredelung

Die eingeführten Waren werden im Inland einer
- Bearbeitung (z.B. Montage, Abfüllen, Umpacken, Lackieren),
- Verarbeitung (z.B. Zuschneiden von Stoff, Zusammennähen) oder
- Ausbesserung (z.B. Instandsetzung, Reinigung, Wartung)

unterworfen und anschließend wieder ausgeführt. Auf die zu veredelnden Waren entfallen keine Einfuhrabgaben.

Aktive Veredelung

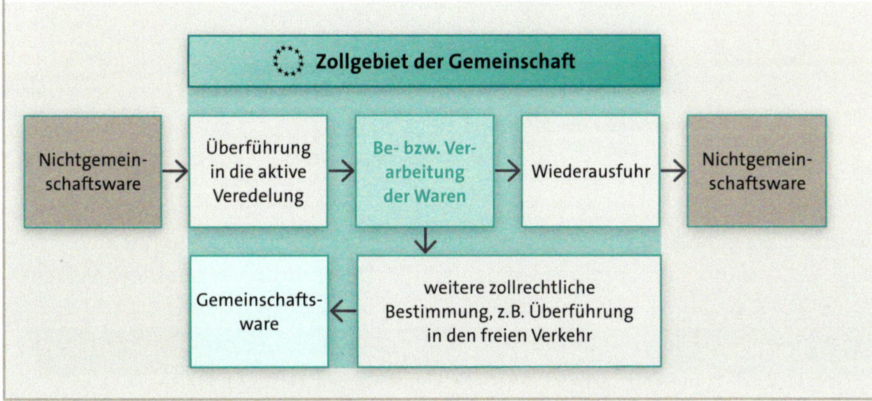

E. Umwandlungsverfahren

Die eingeführten Waren werden vor der Zollabfertigung durch Be- oder Verarbeitung so verändert, dass keine oder geringere Einfuhrabgaben zu entrichten sind.

Beispiel

Verpackungskisten aus Holz werden zu Brennholz verarbeitet. Während für die Verpackungskisten Zoll zu entrichten wäre, muss das Brennholz nicht verzollt werden.

Umwandlungsverfahren

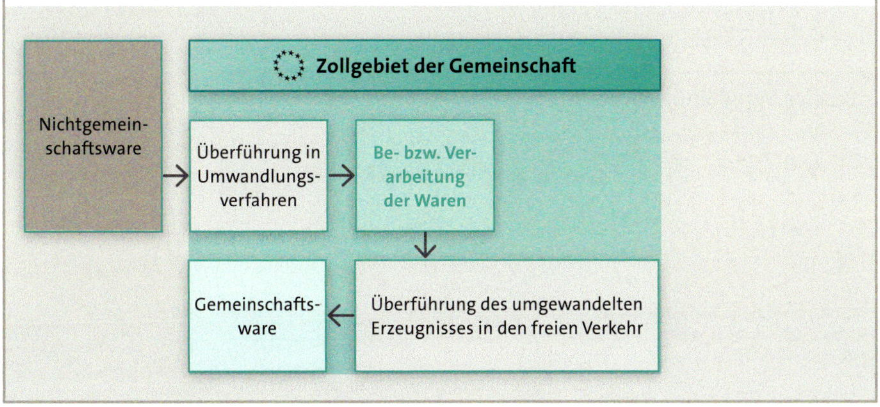

F. Vorübergehende Verwendung

Es werden Waren in das Zollgebiet der EU eingeführt, dort zeitlich befristet verwendet und dann wieder ausgeführt.

Vorübergehende Verwendung

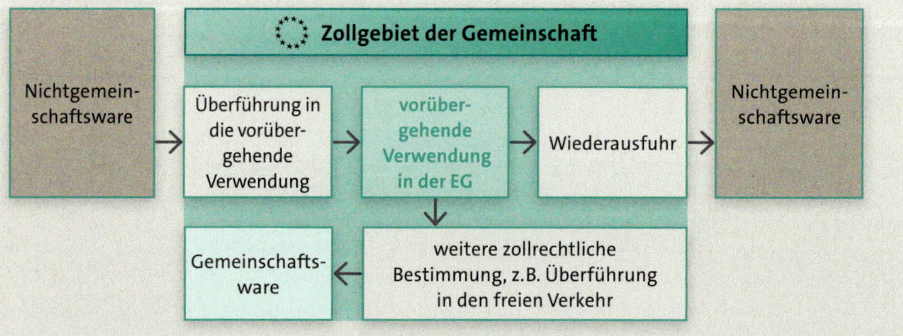

Wenn die Ware dauerhaft im Gemeinschaftsgebiet verbleiben soll, muss sie einem weiteren Zollverfahren unterworfen werden, z.B. der Überführung in den freien Verkehr.

Beispiel

Das betrifft z.B. Berufsausrüstungen oder Waren, die zu Demonstrationszwecken für Messen oder Ausstellungen verwendet werden sollen.

G. Passive Veredelung

Es werden Gemeinschaftswaren in ein Drittland ausgeführt und dort verarbeitet, bearbeitet oder ausgebessert. Die so veredelte Ware wird wieder in das Zollgebiet der Gemeinschaft eingeführt. Es muss dann nur der durch die Veredelung bedingte Wertzuwachs verzollt werden.

Beispiel

Die BPK GmbH führt Rohbierdeckel in die Ukraine aus und lässt sie dort nach Kundenwunsch mit Motiven bedrucken. Die bedruckten Bierdeckel werden anschließend wieder nach Deutschland eingeführt. Die Verzollung erfolgt nur auf die Wertdifferenz zwischen bedruckten Bierdeckeln und Rohbierdeckeln.

Passive Veredelung

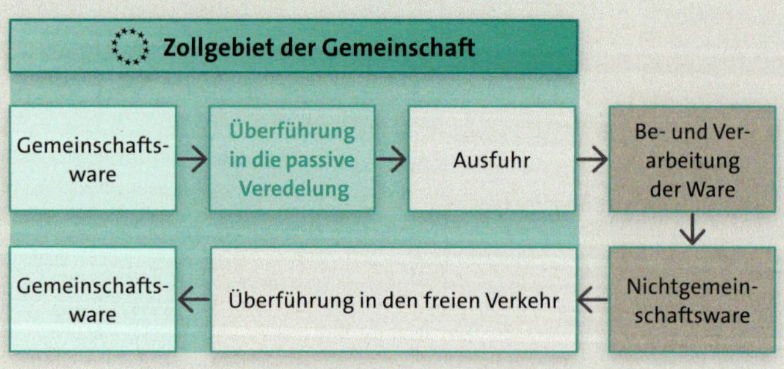

H. Ausfuhrverfahren

Auch bei der Ausfuhr von Waren aus dem Zollgebiet der Gemeinschaft in ein Drittland handelt es sich um ein Zollverfahren. Für jede Ausfuhr mit einem Warenwert von mehr als 1.000,00 € oder einem Gewicht von mehr als 1.000 kg muss eine schriftliche Ausfuhranmeldung erstellt werden. Bei der Ausfuhr von Waren mit einem Wert von mehr als 3.000,00 € ist die Ausfuhr in einem zweistufigen Verfahren durchzuführen. Das folgende Diagramm zeigt den Ablauf.

Ausfuhrverfahren

Abgabe der Ausfuhranmeldung in elektronischer Form und Gestellung der Ware bei der Ausfuhrzollstelle. Bei einer genehmigungspflichtigen Ausfuhr ist die Genehmigung des Bundesamtes für Ausfuhrkontrolle beizufügen.

↓

Ausfuhrzollstelle überprüft die Zulässigkeit der Ausfuhr und überlässt die Ware zur Ausfuhr.

↓

Abgabe der Summarischen Ausgangsmeldung (ASumA) bei der Ausgangszollstelle auf elektronischem Wege

↓

Gestellung der Ware an der Ausgangszollstelle; diese überprüft gegebenenfalls die Identität der Ware und bestätigt deren Ausgang

↓

Ausfuhr der Waren aus dem Zollgebiet der Gemeinschaft. Damit verlieren die Waren den Status der Gemeinschaftswaren.

Erläuterungen

- **Ausfuhranmeldung**
  Die Ausfuhranmeldung darf außer in bestimmten Ausnahmefällen nur auf elektronischem Wege abgegeben werden. Die Abgabe kann über ATLAS oder über das Internet erfolgen.
- **Ausfuhrzollstelle** ist die Zollstelle, die für den Ort zuständig ist, an dem der Ausführer seinen Sitz hat oder an dem die Waren zur Ausfuhr verpackt oder verladen werden.
- **Ausgangszollstelle** ist die letzte Zollstelle bevor die Waren das Gemeinschaftsgebiet verlassen. Bei Waren, die z. B. im Eisenbahn-, Luft- oder Seeverkehr transportiert werden, ist die Ausgangszollstelle diejenige, die für den Ort zuständig ist, von dem aus die Waren in einem durchgehenden Beförderungsvorgang das Gemeinschaftsgebiet verlassen.

Beispiel

Waren werden per Flugzeug von Frankfurt nach New York transportiert. Ausgangszollstelle ist hier die zuständige Zollstelle für den Flughafen Frankfurt.

- **Summarische Ausgangsmeldung**
  Die auszuführenden Waren müssen der Ausgangszollstelle unter Einhaltung folgender Fristen gemeldet werden:

Seeverkehr (Container)	24 Stunden vor Verladen im Abgangshafen
Seeverkehr (Massen- und Stückgut)	4 Stunden vor dem Auslaufen
Kurzstreckenseeverkehr	2 Stunden vor dem Auslaufen
Luftverkehr:	30 Minuten vor Abflug
Eisenbahnverkehr	2 Stunden vor Abfahrt an Ausgangszollstelle
Binnenschiffsverkehr	2 Stunden vor Abfahrt an Ausgangszollstelle
Straßenverkehr	2 Stunden vor Abfahrt an Ausgangszollstelle
Kombinierter Verkehr	wie jeweiliger Verkehrsträger

- **Ausfuhrzölle**
  Bei der Ausfuhr von Waren aus der Gemeinschaft werden keine Zölle erhoben.
- **Umsatzsteuer**
  Bei der Ausfuhr von Waren aus dem Zollgebiet der Gemeinschaft wird keine Umsatzsteuer erhoben. Als Nachweis für die Ausfuhr gegenüber den Steuerbehörden dient die Bestätigung der Ausgangszollstelle.

Sonstige zollrechtliche Bestimmungen:

I. Verbringen in eine Freizone oder ein Freilager

Freilager sind nicht mit Zolllagern zu verwechseln!

Freizonen oder Freilager sind Flächen, die sich zwar geografisch im Zollgebiet der Gemeinschaft befinden, von diesem aber abgegrenzt sind. Waren in diesen Zonen werden als nicht im Zollgebiet befindlich angesehen. Freizonen erstrecken sich über ein größeres, zusammenhängendes Gebiet. Freilager können dagegen auch aus einem Gebäude oder einem Gebäudeteil bestehen.

Freihafen Bremerhaven

In Deutschland gibt es zurzeit keine Freilager, sondern nur Freizonen, wobei diese sich ausschließlich in Häfen befinden. Insgesamt gibt es sechs Freihäfen an der Meeresküste und zwei Binnenfreihäfen:

- Freihafen Bremen
- Freihafen Bremerhaven
- Freihafen Cuxhaven
- Freihafen Emden
- Freihafen Kiel
- Freihafen Deggendorf (mittlere Donau)
- Freihafen Duisburg

Man unterscheidet Freizonen des Kontrolltyps I, die umzäunt sind. Der Warenaustausch ist hier nur über Ein- und Ausgänge möglich, die von den Zollbehörden überwacht werden. Freizonen des Kontrolltyps II sind nicht umzäunt und können ungehindert betreten und verlassen werden. Die zollamtliche Überwachung entspricht hier der des Zolllagers.

Für Seeschiffe, die über eine Zollstraße in einen Freihafen, z.B. Bremerhaven fahren, besteht keine Gestellungspflicht. Weder das Schiff noch die transportierten Güter müssen zollrechtlich abgefertigt werden. Die beiden deutschen Binnenfreihäfen können allerdings nur im Rahmen eines Versandverfahrens erreicht werden.

Gestellung
LF3, Kap. 8.1

Durch die Freihäfen sollen Umschlag und Lagerung von Waren im Rahmen des Außenhandels erleichtert werden. Die Lagerdauer im Freihafen ist nicht begrenzt. Gewerbliche Tätigkeiten in den Freihäfen sind untersagt, übliche Lageraktivitäten wie Wartung, Reinigung, Aus- und Umpacken sind jedoch zulässig.

J. Wiederausfuhr aus dem Zollgebiet der Gemeinschaft
Die eingeführte Ware wird zur Wiederausfuhr aus dem Zollgebiet der Gemeinschaft angemeldet und bleibt damit abgabenfrei. Ein möglicher Grund für dieses Verfahren könnte sein, dass nach der summarischen Anmeldung Mängel an der Ware festgestellt werden und diese wieder an den Verkäufer in einem Drittland zurückgeschickt wird.

summarische Anmeldung
LF3, Kap. 8.1

K. Vernichtung oder Zerstörung
Die eingeführten Nichtgemeinschaftswaren werden vernichtet oder zerstört. Vernichtung bedeutet die vollständige Beseitigung und Entwertung der Ware, z.B. durch Verbrennen. Zerstörung bedeutet, dass die Ware hinsichtlich ihrer Funktion unbrauchbar gemacht wird, z.B. durch Zerlegung, Zerkleinerung, Schreddern.

Mögliche Gründe für eine Vernichtung oder Zerstörung:
- Es bestehen Einfuhrbeschränkungen für die Ware, eine Einfuhrgenehmigung wird nicht erteilt und die Rücksendung verursacht zu hohe Kosten (z.B. bei Textilien).
- Der Importeur stellt bei der Überführung der Ware in den freien Verkehr fest, dass so hohe Einfuhrabgaben fällig werden, dass eine Verwertung der Ware unwirtschaftlich ist.

10.1.2 Zollanmeldung

Unter einer Zollanmeldung versteht man eine Erklärung gegenüber der Zollverwaltung, dass die eingeführten Waren in ein bestimmtes Zollverfahren überführt werden sollen.

Formen der Zollanmeldung
Es gibt insgesamt die folgenden vier Möglichkeiten, wie eine Zollanmeldung abgegeben werden kann:
- schriftlich (mit Einheitspapier)
- elektronisch (über ATLAS oder das Internet)
- mündlich
- durch entsprechendes Verhalten

Für Unternehmen sind nur die beiden ersten Formen relevant, darum wird im Folgenden auch nur darauf eingegangen.

Zollkodex (ZK)

Der Zollkodex beinhaltet das grundlegende Zollrecht der EU. Für seine Anwendung gibt es Durchführungsvorschriften.

Seit Juni 2008 ist der modernisierte Zollkodex (MZK) in Kraft. Seine Anwendung erfolgt spätestens ab Juni 2013.

Schriftliche Zollanmeldung

Die schriftliche Zollanmeldung ist auf einem amtlichen Formular, dem sogenannten Einheitspapier, das in der gesamten EU einheitlich ist, abzugeben. Die schriftliche Zollanmeldung hat nur noch eingeschränkt Bedeutung. Bei bestimmten Zollverfahren (Versandverfahren, passive Veredelung, Wiederausfuhr, Ausfuhrverfahren) ist die schriftliche Zollanmeldung nur noch in Ausnahmefällen zulässig. Hier muss die Anmeldung grundsätzlich elektronisch erfolgen. Auch bei den anderen Verfahren wird von den Zollbehörden die elektronische Anmeldung präferiert. Mit Einführung des modernisierten **Zollkodex** soll die Beantragung und Abwicklung von Zollverfahren weitgehend nur noch elektronisch erfolgen.

Elektronische Zollanmeldung

Bei der elektronischen Zollanmeldung werden die notwendigen Angaben von dem Anmelder durch den Einsatz von EDV-Verfahren der zuständigen Zollstelle übermittelt. In Deutschland steht dafür das Zoll-Abwicklungs-System ATLAS (**A**utomatisiertes **T**arif- und **L**okales Zoll-**A**bwicklungs-**S**ystem) zur Verfügung.

Bei ATLAS handelt es sich um ein internes EDV-Verfahren der deutschen Zollverwaltung. Unternehmen, die an diesem Verfahren teilnehmen möchten und Daten an ATLAS übermitteln wollen, benötigen dafür eine spezielle Software, die von zertifizierten Softwarehäusern angeboten wird. Bei der Zollanmeldung über ATLAS brauchen die notwendigen Unterlagen, wie Rechnungen, Ursprungszeugnisse etc., nicht zusammen mit der Zollanmeldung eingereicht zu werden, sondern sie müssen lediglich zur Verfügung gehalten werden. D. h., sie müssen im Unternehmen vorhanden sein, brauchen aber lediglich auf Anforderung bei der zuständigen Zollstelle vorgelegt werden. Die bei einer Zollanmeldung notwendige rechtsverbindliche Unterschrift wird bei ATLAS durch die Verwendung eines entsprechenden Codes (BIN = **B**eteiligungs**I**dentifikations**N**ummer)ersetzt. Wie bei der schriftlichen Anmeldung mit dem Einheitspapier sind auch bei den elektronischen Verfahren, z.B. bei einer Anmeldung zur Überführung in den freien Verkehr, u.a. Angaben

- zum Exporteur,
- zum Importeur,
- zum Anmelder (falls der Anmelder nicht der Importeur, sondern z.B. ein Spediteur ist),
- zum Beförderungsmittel,
- zur Lieferbedingung,
- zum Rechnungsbetrag und zur Währung,
- zum Ursprungsland und
- zur Ware

zu machen.

Internetzollanmeldung

Für Anmelder, die nur gelegentlich eine Zollanmeldung abgeben müssen, bietet der Zoll die Möglichkeit einer Anmeldung über das Internet. Vorteilhaft ist dabei, dass hierbei keine Kosten für den Erwerb einer entsprechenden Software anfallen. Im Internet steht ein Formular zur Verfügung, das, nachdem es ausgefüllt wurde, über das Internet an die Zollbehörde geschickt wird. Die Daten liegen dann dort in digitaler Form vor.

Nachteilig ist, dass bei den meisten Zollverfahren, die über das Internet abgewickelt werden können, nicht die Möglichkeit besteht, eine elektronische Unterschrift zu leisten. Die Anmeldung muss also ausgedruckt, unterschrieben und mit den zugehörigen Unterlagen bei der Zollbehörde eingereicht werden. Die Anwendung bietet auch nicht die Möglichkeit Stammdaten einzugeben, die dann für mehrere Anwendungen genutzt werden können. Für jede Anwendung müssen alle Daten wieder neu eingegeben werden.

Vereinfachte Zollanmeldung

Bei der Abgabe einer Zollanmeldung können unter bestimmten Voraussetzungen vereinfachte Anmeldeverfahren durchgeführt werden. Die Vereinfachung kann im Wesentlichen darin bestehen, dass

unvollständige Anmeldung

- die Zollanmeldung zunächst nicht alle Angaben enthält oder notwendige Unterlagen fehlen. Fehlende Angaben und Unterlagen müssen später ergänzt oder nachgereicht werden. Diese Vereinfachung muss nicht von der Zollbehörde genehmigt werden.

Anschreibeverfahren

- eingehende Waren zunächst in der Buchführung des einführenden Unternehmens erfasst (angeschrieben) werden, wobei die zuständige Zollstelle in einem vereinfachten Verfahren darüber informiert wird. Auch hier sind ergänzende Angaben innerhalb bestimmter Fristen erforderlich. Diese Vereinfachung muss von der Zollstelle genehmigt werden.

10.1.3 Zolldokumente

Bei der Zollanmeldung sind üblicherweise folgende Dokumente einzureichen:

Ursprungszeugnis

amtliches Ursprungszeugnis
LF3, Kap. 10.1.5

Ein Ursprungszeugnis (Certificate of Origin) wird von vielen Ländern verlangt, teilweise jedoch nur für bestimmte Produkte. Ursprungszeugnisse dienen

- dem Nachweis der überwiegenden Herstellung im Exportland,
- der Überprüfung der Einhaltung bilateraler Handelsabkommen,
- zur Kontrolle der Nicht-Einfuhr aus bestimmten Ländern,
- zur Überwachung von Importbeschränkungen und Importkontingenten,
- dem Importeur zur Erreichung von Einfuhrerleichterungen.

Handelsrechnung

Die Handelsrechnung ist die wichtigste Beweisurkunde über die Vertragserfüllung. Sie enthält Einzelheiten über

- die Warenbezeichnung,
- das Gewicht, die Menge und die Verpackung,
- den Preis je Einheit und den Gesamtpreis,
- die Lieferbedingungen,
- die Markierung der Verpackung/Ware,
- die Vertragsparteien (Name und Anschrift),
- die Fracht- und Versicherungskosten.

Die Handelsrechnung ist Prüfunterlage für die Übereinstimmung mit dem Kaufvertrag und für die Zahlungsanweisung durch den Importeur. Sie ist auch Unterlage für die Zollabfertigung, sodass in vielen Fällen weitere Einzelheiten wie Rabatte, Frachtbriefnummer, Schiffsname, Zolltarifnummer usw. erforderlich sind.

Die Aufmachung der Handelsrechnung unterliegt keinen internationalen Vereinbarungen, doch haben viele Länder sehr detaillierte eigene Vorschriften, die unbedingt einzuhalten sind, nicht zuletzt weil die Angaben in der Handelsrechnung zur Ermittlung des Zollwertes und der Zulässigkeit der Einfuhr dienen. Um eine reibungslose Ablieferung beim Importeur zu gewährleisten, muss sich der Exporteur stets an die neuesten Aufmachungsbestimmungen halten.

Ermittlung des Zollwerts
LF3, Kap. 10.1.6

Konsulatsfaktura
Die Konsulatsfaktura (Consular Invoice) wird vom Konsulat des Importlandes im Exportland auf vorgeschriebenen Rechnungsformularen ausgestellt. Sie bescheinigt, dass der fakturierte Wert dem Handelswert im Bestimmungsland entspricht. Sie dient damit der Ermittlung des Zollwertes.

Zollfaktura
Die Zollfaktura (Customs Invoice) wird auf Formularen der Zollämter des Importlandes ausgestellt und ist vom Exporteur und ggf. einem Zeugen (Angestellten) zu unterschreiben. Sie dient als Unterlage für die Verzollung im Importland und hat u.a. das Ursprungsland der Ware zu bescheinigen. Dadurch kann das Ursprungszeugnis entfallen (Combined Certificate of Value and Origin). Die Zollfaktura ist also genaugenommen ein Wert- und Ursprungszertifikat.

Packlisten
Packlisten enthalten eine genaue Auflistung aller Packstücke.

10.1.4 Bestimmungen des Einfuhrzolls

Grundlage für die Ermittlung des Einfuhrzolls ist der **Gemeinsame Zolltarif (GZT)** der Europäischen Gemeinschaft. Der GZT beinhaltet
- eine detaillierte Warenliste (Nomenklatur),
- die Angabe der Zollsätze,
- Angaben zu zolltariflichen Abgabevergünstigungen, z.B. Zollpräferenzen.

Die elektronische Version wird als „Elektronischer Zolltarif" (EZT) bezeichnet und ist unter http://www.zoll.de/ und dem Menüpunkt „EZT-online" verfügbar.

Die deutsche Zollverwaltung verwendet für ihre Arbeit den **Deutschen Gebrauchszolltarif (DeGebrZT)**, der auf den GZT basiert. In den DeGebrZT ist die **Einfuhrliste** eingearbeitet, die angibt, ob für eine Ware Einfuhrbeschränkungen oder -verbote vorliegen. Den Deutschen Gebrauchszolltarif gibt es in gedruckter und in elektronischer Form.

Nomenklatur
(lat.) Namensverzeichnis

Warenliste (Nomenklatur)
Die Einfuhr-/Warenliste basiert auf dem „Internationalen Harmonisierten System" (HS) zur **Bezeichnung und Codierung von Waren**. Das HS wird von mehr als 100 Staaten angewendet, auf die etwa 90 % des Welthandels entfällt. Neben der Anwendung im Rahmen der Zolltarifierung ist das HS auch Grundlage für die Außenhandelsstatistik der Länder, die dem HS-Übereinkommen beigetreten sind. Die Nomenklatur besteht aus einem 11-stelligen Zahlencode, bei dem mit zunehmender Ziffernzahl die Ware immer weiter eingegrenzt wird. Die 11. Stelle ist für nationale Besonderheiten, z.B. den Hinweis auf Einfuhrbeschränkungen, reserviert.

Beispiel

Warencodierung nach HS

Herrenhemden aus Wolle

Code-Nr.	Abschnitt HS	Warenbezeichnung
61	Kapitel HS	Kleidung und Bekleidungszubehör aus Gewirken und Gestricken
6105	Position HS	Hemden aus Gewirken oder Gestricken für Männer oder Knaben
610590	Unterposition HS	aus anderen Spinnstoffen als Baumwolle oder Chemiefasern
61059010	Kombinierte Nomenklatur	aus Wolle oder feinen Tierhaaren

Die Ware ist nicht weiter differenziert, sodass bei der Codierung die restlichen Stellen mit Nullen aufgefüllt werden. Der endgültige Code lautet damit 61059010000.

10.1.5 Zollvergünstigungen und Zollpräferenzen

Bei den im Zolltarif angegebenen Zollsätzen handelt es sich um Importzollsätze, die auf Waren angewendet werden, die aus Drittländern in das Zollgebiet der EU eingeführt werden. Der Zolltarif enthält auch Angaben darüber, ob Zollvergünstigungen geltend gemacht werden können.

Zollvergünstigungen

Zollvergünstigungen können ökonomisch oder entwicklungspolitisch begründet sein. Eine ökonomische Begründung liegt z.B. vor, wenn durch eine zeitlich befristete Zollaussetzung die Kosten für eingeführte Rohstoffe gesenkt werden sollen. Entwicklungspolitisch bedingte Zollvergünstigungen haben das Ziel der Wirtschaftsförderung von Entwicklungsländern. Hier spricht man dann von Zollpräferenzen. Zollvergünstigungen sind häufig zeitlich bzw. wert- oder mengenmäßig beschränkt.

Zollvergünstigungen

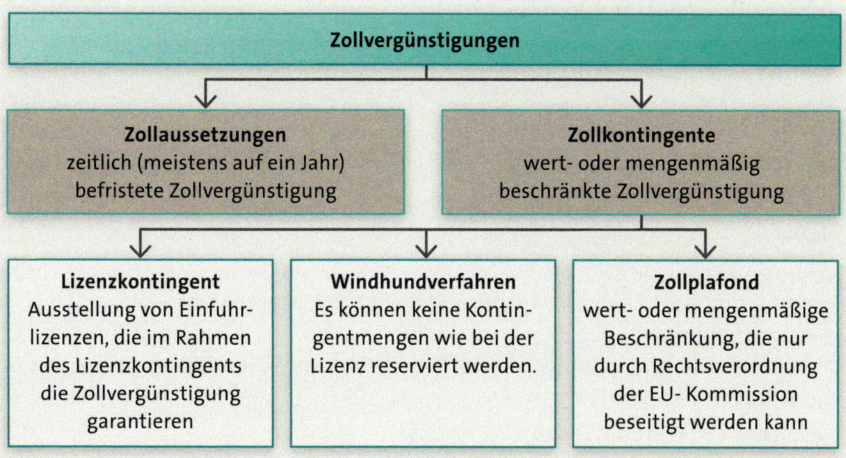

Plafond
(frz.) Grenzwert, Höchstgrenze

http://www.zoll.de/
Hier lassen sich unter dem Menüpunkt „Warenursprung und Präferenzen“ die aktuellen Präferenzbeziehungen der EU ermitteln, unter „Warenursprung und Präferenzen online“ steht eine entsprechende Datenbank zur Verfügung.

Zollpräferenzen
Die Europäische Union gewährt einer großen Anzahl von Staaten Zollpräferenzen bei der Einfuhr von Waren in das Zollgebiet der EU. Grundlage können vertragliche Vereinbarungen sein, es kann sich aber auch um autonome Regelungen der EU handeln, z.B. gegenüber Entwicklungsländern. Vertraglich vereinbarte Präferenzen können zweiseitig oder einseitig sein. Bei den zweiseitigen Präferenzen gewähren sich die Vertragspartner gegenseitig Zollvergünstigungen, bei den einseitigen gelten sie nur in eine Richtung. Autonome Präferenzen sind immer einseitig.

Zollpräferenzen

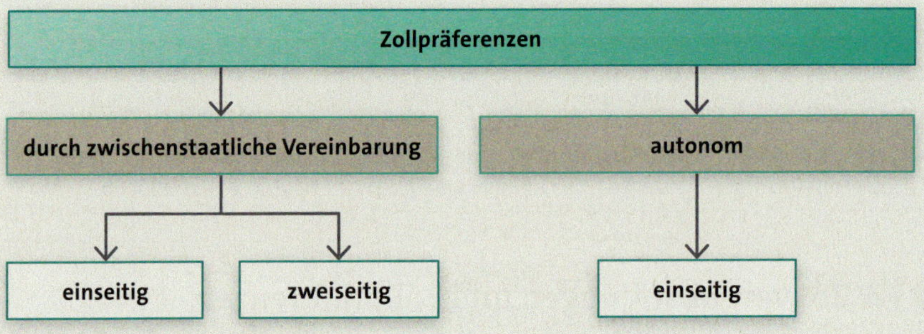

Zollpräferenzen können nur in Anspruch genommen werden, wenn sich die betreffende Ware im zollrechtlich freien Verkehr eines präferenzberechtigten Partnerlandes befindet (Freiverkehrsware) oder ihren Ursprung dort hat. Die Präferenzberechtigung muss durch bestimmte **Ursprungsnachweise** belegt werden, die der ausländische Exporteur beschaffen muss. Die Art der jeweils anzuwendenden Nachweise wird im Präferenzabkommen mit dem betreffenden Partnerland vereinbart.

präferenzielle Ursprungsnachweise
LF3, Kap. 10.1.5

10.1.6 Warenursprung und Ursprungsnachweise

Da der Warenursprung im Außenhandel eine große Bedeutung hat, wird das Thema nachfolgend ausführlich dargestellt. Unter Warenursprung versteht man vereinfacht ausgedrückt die „ökonomische Staatsangehörigkeit“ einer Ware. Im Wesentlichen unterscheidet man drei Ursprungsbegriffe:

Ursprungsbegriffe

nicht präferenzieller Ursprung	spielt im Zusammenhang mit allgemein- und handelspolitischen Aspekten eine Rolle, z. B. bei Einfuhrverboten für Waren aus Ländern, gegen die ein Embargo erlassen wurde, es dient nicht dazu, Zollvergünstigungen zu erhalten
präferenzieller Ursprung	spielt bei der Gewährung von Zollpräferenzen eine Rolle
wettbewerbsrechtlicher Ursprung	dient vor allem der Erlangung von Wettbewerbsvorteilen und dem Verbraucherschutz (z. B. „made in Germany“)

Verbraucherschutz
LF2, Kap. 1.10

Im Zusammenhang mit dem Warenursprung sind im Wesentlichen die beiden folgenden Fragen zu klären:

- Wie wird der Warenursprung bestimmt?
- Wie wird der Warenursprung dokumentiert?

Beispiel

Weizen, der in Deutschland angebaut und geerntet wurde, hat eindeutig den Warenursprung „Deutschland". Welchen Warenursprung hat aber eine Herrenhose, die
- im Auftrag eines deutschen Herstellers
- aus amerikanischer Baumwolle
- in Tschechien gefärbt,
- in der Ukraine zugeschnitten und genäht,
- in Slowenien mit Reißverschlüssen aus China versehen
- und in Deutschland etikettiert wurde?

Grundsätzlich kann jeder Staat selbst entscheiden, nach welchen Regeln er den Warenursprung bestimmt. Würde das jeder Staat anders machen, gäbe es allerdings ein heilloses Durcheinander, das den internationalen Warenaustausch massiv belasten würde. Daher gibt es verschiedene internationale Abkommen, um die Entwicklung und Anwendung von Ursprungsregeln zu harmonisieren. In den EG-Ländern gelten EG-Standards.

Nicht präferenzieller Ursprung

Der nicht präferenzielle Ursprung wird nach den Regeln des Exportlandes bestimmt und gilt damit weltweit. Seine Bedeutung liegt vor allem im handelspolitischen Bereich. Einige Länder verlangen z. B. bei der Wareneinfuhr Ursprungsnachweise. Auch für Dokumentenakkreditive muss häufig der Warenursprung nachgewiesen werden. Zollrechtlich kann der nicht präferenzielle Warenursprung bedeutsam sein, wenn es darum geht, Antidumpingzölle zu vermeiden. Antidumpingzölle sind Strafzölle, die erhoben werden können, wenn ein Produkt auf Auslandmärkten billiger angeboten wird als auf dem inländischen Heimatmarkt. Über die Einführung solcher Zölle entscheidet in der EU die Kommission.

Dokumentenakkreditiv
LF3, Kap. 9.2

Grundlage für die **Ursprungsbestimmung** sind die Artikel 23 und 24 des Zollkodex (ZK) der EU. Danach wird der nicht präferenzielle Ursprung nach zwei Regeln bestimmt:

Bestimmung des nicht präferenziellen Warenursprungs

1. Vollständige Erzeugung oder Gewinnung in einem Land

Waren erwerben den Ursprung des Landes, in dem sie vollständig gewonnen oder hergestellt wurden, d. h., die Rohstoffe stammen aus dem Ursprungsland und die Produktion erfolgt vollständig im Ursprungsland. Art. 23 Abs. 2 ZK enthält eine Auflistung der vollständig in einem Land gewonnenen oder hergestellten Waren.

2. Letzte, wesentliche Be- oder Verarbeitung

Diese Regel kommt zur Anwendung, wenn die Ursprungsbestimmung nach der ersten Regel nicht möglich ist.

§ Art. 24 ZK

Eine Ware, an deren Herstellung zwei oder mehrere Länder beteiligt waren, ist Ursprungsware des Landes, in dem sie der letzten wesentlichen und wirtschaftlich gerechtfertigten Be- oder Verarbeitung unterzogen worden ist, die in einem dazu eingerichteten Unternehmen vorgenommen worden ist und zur Herstellung eines neuen Erzeugnisses geführt hat oder eine bedeutende Herstellungsstufe darstellt.

Hierbei ist Folgendes zu beachten:
- Der letzte Be- oder Verarbeitungsschritt ist **wesentlich**, wenn er der Ware eine charakteristische Eigenschaft verleiht, die sie vorher nicht hatte.
- Ob ein Vorgang **wirtschaftlich gerechtfertigt** ist, muss im Einzelfall beurteilt werden. Wenn der Vorgang nur dazu dient, den Ursprung eines bestimmten Landes zu erhalten, ist er nicht wirtschaftlich gerechtfertigt.
- Durch **Bearbeiten** erhält eine Ware eine andere Eigenschaft, die Ware an sich bleibt aber erhalten, z. B. Rösten von Rohkaffee.
- Durch **Verarbeiten** entsteht eine neue Ware, z. B. Zusammennähen von einzelnen Stoffteilen zu einer Bluse.
- Ein **neues Erzeugnis** liegt vor, wenn sich das be- oder verarbeitete Produkt objektiv vom Ausgangsprodukt unterscheidet und qualitativ erheblich verändert wurde.
- Eine Herstellungsstufe ist dann **bedeutend**, wenn das Erzeugnis seinem endgültigen Verwendungszweck wesentlich angenähert wurde.

Nachweis des nicht präferenziellen Warenursprungs

Zum **Nachweis** des nicht präferenziellen Warenursprungs wird in der Regel ein **amtliches Ursprungszeugnis** verlangt. Für die Ausstellung sind in Deutschland die Industrie- und Handelskammern zuständig. Grundsätzlich könnte bei entsprechenden Produkten die Ausstellung auch von den Handwerks- und Landwirtschaftskammern durchgeführt werden, das kommt in der Praxis aber selten vor.

Das Ursprungszeugnis wird vom Antragsteller ausgestellt und von der zuständigen IHK bestätigt. Die jeweilige IHK kann gegebenenfalls entsprechende Nachweise verlangen, die den Ursprung dokumentieren. Ursprungszeugnisse sind öffentliche Urkunden und unterliegen den Bestimmungen des Strafgesetzbuches. Täuschungen zur Erlangung eines Ursprungszeugnisses können mit Freiheits- oder Geldstrafen, gegebenenfalls mit Geldbußen geahndet werden.

Präferenzieller Ursprung

Bestimmung des präferenziellen Warenursprungs

Zur Bestimmung des präferenziellen Ursprungs hat die EG wiederum zwei Grundregeln erstellt, die alternativ angewendet werden können.

1. **Die betreffende Ware ist vollständig im Ursprungsland erzeugt worden.** Für die einzelnen Waren gibt es in den Ursprungsprotokollen zu den Präferenzvereinbarungen ausführliche Listen von Kriterien, anhand derer festgestellt werden kann, ob eine vollständige Erzeugung im Ursprungsland gegeben ist.
2. **Die zur Herstellung der Ware verwendeten Materialien sind im betreffenden Land ausreichend be- oder verarbeitet worden.** Beachten Sie bitte den Unterschied zwischen **ausreichender** und **letzter, wesentlicher** (nach Art. 24 ZK) Be- oder Verarbeitung. Für die betreffenden Waren gibt es wiederum Listen, in denen definiert ist, was unter ausreichender Be- oder Verarbeitung zu verstehen ist.

Problematisch ist bei dieser Regel die Berücksichtigung von Vorerzeugnissen aus anderen Ländern, die ohne weitere Be- oder Verarbeitung als Komponenten in ein Produkt eingehen, z. B. Türschlösser in einem Auto. Die zweite Regel wird daher durch Zusatzregeln (Wertregeln) ergänzt, in denen z. B. angegeben ist, welchen Wert die Vormaterialien aus anderen Ländern maximal haben dürfen. Typisch ist hier ein Anteil von höchstens 40 % des Warenpreises ab Werk.

Nachweis des präferenziellen Warenursprungs

Die **Präferenzberechtigung** muss durch bestimmte Ursprungsnachweise belegt werden, die der ausländische Exporteur beschaffen bzw. zur Verfügung stellen muss. Die Art der jeweils anzuwendenden Nachweise wird im Präferenzabkommen mit dem betreffenden Partnerland vereinbart. Mögliche Ursprungsnachweise sind:

- **Warenverkehrsbescheinigung (WVB) EUR. 1:** weist die Freiverkehrseigenschaft einer Ware in der EG nach. Sie wird von den Zollbehörden ausgestellt und für den Präferenzverkehr innerhalb der Paneuropäischen Freihandelszone (EG, EFTA, Türkei) verwendet.
- Ursprungserklärung (Lieferantenerklärung): Erklärung des Präferenzursprungs durch den Exporteur, meist auf der Handelsrechnung, ist nur bis zu einer bestimmten Höchstgrenze des Warenwertes möglich
- **Ursprungszeugnis Form A:** für die Einfuhr von Waren aus präferenzberechtigten Entwicklungsländern in die EG, wird von den Zollbehörden des Exportlandes ausgestellt
- **Freiverkehrsnachweis A.TR:** für den Warenverkehr mit der Türkei, wird vom Exporteur ausgestellt und von der Zollstelle überprüft

Wettbewerbsrechtlicher Ursprung

Die Ermittlung des wettbewerbsrechtlichen Ursprungs betrifft meist das gesamte Sortiment eines Unternehmens. In Deutschland und in der EG erfolgt diese Ursprungskennzeichnung freiwillig und in eigener Verantwortung des Herstellers. Es ist keine staatliche Genehmigung oder Beteiligung erforderlich. Auch für ausländische Waren besteht in der EG keine Kennzeichnungspflicht, für Lebensmittel gelten allerdings Sondervorschriften. In manchen Ländern, z. B. in den USA, ist ohne Kennzeichnung „made in (... Herstellungsland)" keine Einfuhr möglich. Auch bei Importländern, die auf einer Herkunftskennzeichnung bestehen, richtet sich diese nach den Bestimmungen des Exportlandes und wird vom Importland anerkannt.

Rechtliche Grundlagen hierfür sind in Deutschland:

- der Europäische Zollkodex
- das Wettbewerbsrecht (UWG)
- das Markenrecht
- das internationale Madrider Abkommen über die Unterdrückung falscher oder irreführender Herkunftsangaben

Im kommerziellen Verkehr können unzutreffende Kennzeichnungen zu Unterlassungs- und ggf. Schadenersatzforderungen (z. B. von Wettbewerbern, Verbrauchern oder Verbraucherverbänden) führen.

10.1.7 Ermittlung des Zollwertes

Basis für die Ermittlung des Einfuhrzolls ist der **Wert der Ware.** Da es verschiedene Möglichkeiten gibt, den Warenwert zu definieren, wurden hierzu entsprechende Regeln festgelegt. Den Warenwert, von dem der Einfuhrzoll berechnet wird, bezeichnet man als **Zollwert.** Verfahren zur Ermittlung des Zollwertes sind im Zollkodex (ZK) der EG festgelegt, der die Vorgaben des allgemeinen Zoll- und Handelsabkommens (GATT) übernommen hat. Der GATT-Zollwertkodex gilt für alle Mitgliedstaaten der WTO.

Beispiel

Eine Textilgroßhandlung mit Sitz in Münster importiert aus den USA Herrenhemden aus Baumwolle zu einem Listenpreis von 85.000,00 USD. Der Lieferer gewährt auf den Listenpreis 10 % Rabatt. Die Ware wird per Schiff von New Orleans nach Hamburg und von dort per Lkw nach Münster transportiert. Die Lieferbedingung lautet FOB (New Orleans). Folgende Kosten sind zu berücksichtigen:

Transportkosten:	New Orleans – Hamburg	1.280,00 €
	Hamburg – Münster	255,00 €
Versicherungskosten:		350,00 €

Dem EZT mit der dazugehörigen Warennomenklatur können folgende Informationen entnommen werden:

- Die Warencodenummer lautet 61051000000.
- Der Drittlandzollsatz beträgt 12 %.
- Zollpräferenzen werden nicht gewährt.
- Bei der Einfuhr ist die Vorlage eines Ursprungszeugnisses erforderlich.
- Einfuhrbeschränkungen bestehen nicht.

Die Waren sollen in Hamburg in ein externes Versandverfahren und in Münster in den freien Verkehr überführt werden.

In 90 % aller Fälle entspricht der Zollwert dem **Transaktionswert** der eingeführten Ware. Das ist der Wert, zu dem die Ware tatsächlich verkauft wurde (Art. 1 GZK). Grundlage für die Zollwertermittlung ist hier also der in Rechnung gestellte Nettopreis. Preisnachlässe wie Rabatte oder Skonti dürfen abgezogen werden. Der Barverkaufspreis ist evtl. um Hinzurechnungen zu erhöhen und um Abzüge zu vermindern. Abzüge sind aber nur möglich, wenn die entsprechenden Beträge im Kaufpreis enthalten sind. Die unten stehende Tabelle zeigt grob ein Rechenschema zur Ermittlung des Zollwertes auf der Grundlage des Transaktionswertes.

Verfahren zur Ermittlung des Zollwertes

Andere Verfahren, auf die hier aber nicht weiter eingegangen wird, sind:

- Berücksichtigung des Zollwertes gleicher Waren
- Berücksichtigung des Zollwertes gleichartiger Waren
- Deduktive Methode (Zollwert wird mithilfe des inländischen Verkaufspreises gleicher oder gleichartiger Waren ermittelt, evtl. wird dabei der Zollwert auch erst nachträglich festgesetzt.)
- Methode des errechneten Wertes (Der Zollwert wird hierbei auf der Basis vorgelegter Kalkulationsunterlagen ermittelt.)
- Schlussmethode (Der Zollwert wird auf der Basis von in der EU verfügbaren Daten ermittelt.)

Beginnend mit der Transaktionswertmethode muss der Zollwert in der oben angegebenen Reihenfolge der Methoden ermittelt werden. D.h., die jeweils folgende Methode kommt nur dann zur Anwendung, wenn der Zollwert mit den vorhergehenden Methoden nicht bestimmt werden konnte.

Ermittlung des Zollwerts

	Barverkaufspreis (Nettopreis abzüglich Rabatte und Skonti)
Hinzurechnungen	
+	Kosten, die dem Käufer zusätzlich entstanden sind und gesondert berechnet werden, z. B. Provisionen, Maklergebühren, gesonderte Verpackungskosten
+	Lizenz- oder Nutzungsgebühren, die in direktem Zusammenhang mit der eingeführten Ware stehen
+	Beförderungs- und Versicherungskosten bis zum Ort des Verbringens in das Zollgebiet der EG, z. B. Fracht-, Lade- und Umladekosten
Abzüge	
–	Montage-, Einrichtungskosten im Land des Käufers; müssen in der Rechnung aber gesondert ausgewiesen werden
–	Kreditzinsen für einen Kredit des Verkäufers an den Käufer
–	Lagerkosten, z. B. in Zolllagern oder Freizonen
–	im Rechnungsbetrag enthaltene Beförderungskosten innerhalb des Gemeinschaftsgebietes
=	**Zollwert**

Wenn der Rechnungsbetrag nicht in EUR angegeben ist, muss zur Ermittlung des Zollwertes eine **Umrechnung in Euro** erfolgen. Dazu ist der von der Bundeszollverwaltung am Monatsanfang veröffentlichte Umrechnungskurs zu verwenden. Dieser Kurs bezieht sich auf den entsprechenden Referenzkurs der Europäischen Zentralbank und ist für den ganzen Monat gültig. Wird an einem beliebigen Mittwoch eine Abweichung von 5 % oder mehr vom festgelegten Kurs festgestellt, dann gilt ab dem darauf folgenden Mittwoch für den noch verbleibenden Zeitraum der neue Kurs. Diese Regelung gilt nur für notierte Währungen. Für nicht notierte Währungen erfolgt die Ermittlung des Umrechnungskurses durch die Zentralstelle für den Zollwert bei der OFD Köln.

Die von der Bundeszollverwaltung festgelegten Kurse (auch nicht notierter Währungen) können unter www.zoll.de abgerufen werden.

Währungsrechnen

LF3, Kap. 5 und Anhang

Beispiel

Am Tag der Überführung der Ware in den zollrechtlich freien Verkehr lautet der anzuwendende Umrechnungskurs: 1,00 € = 1,23460 USD.

	Listeneinkaufspreis in USD	85.000,00 USD
	Listeneinkaufspreis in €	68.848,21 €
–	10 % Rabatt	6.884,82 €
=	Zieleinkaufspreis	61.963,39 €
+	Transportkosten (New Orleans – Hamburg)	1.280,00 €
+	Versicherungskosten	350,00 €
=	Zollwert der Hemden	63.593,39 €

Bei einem Zollsatz von 12 % sind bei der Überführung der Hemden in den zollrechtlich freien Verkehr folglich 7.631,21 € Einfuhrzoll zu entrichten.

10.2 Steuerrechtliche Aspekte bei der Wareneinfuhr

Neben Zöllen fallen als Einfuhrabgaben auch die **Einfuhrumsatzsteuer** und bei verbrauchssteuerpflichtigen Waren **Verbrauchssteuern** an. Eingeführte Waren werden dabei steuerrechtlich genauso behandelt wie inländische Waren.

10.2.1 Verbrauchssteuer

In Deutschland werden Verbrauchssteuern erhoben auf
- Benzin/Diesel/leichtes Heizöl,
- Erdgas,
- Zigaretten/Tabak,
- Bier/Spirituosen/Alkopops/Schaumwein,
- Kaffee.

Die Einfuhr dieser Waren wird wie inländische Ware mit Verbrauchssteuern belastet. Bemessungsgrundlage ist dabei die Menge oder das Volumen.

10.2.2 Einfuhrumsatzsteuer

System der Umsatzsteuer
LF4, Kap. 7

Da Waren bei der Ausfuhr aus dem Exportland in aller Regel von der Umsatzsteuer befreit sind, erfolgt bei der Wareneinfuhr eine Belastung mit der deutschen Umsatzsteuer, die dann als **Einfuhrumsatzsteuer (EUSt)** bezeichnet wird. Dadurch soll gewährleistet werden, dass eingeführte und inländische Waren in gleicher Weise mit der Umsatzsteuer belastet werden. Bemessungsgrundlage für die Einfuhrumsatzsteuer ist der **Einfuhrumsatzsteuerwert.**

§ 11 Abs. (1) und Abs.(3) UStG

Grundlage für den Einfuhrumsatzsteuerwert ist der Zollwert der eingeführten Ware. Diesem sind der auf die Ware entfallende Zoll und gegebenenfalls Verbrauchssteuern hinzuzurechnen. Außerdem müssen unter bestimmten Voraussetzungen Beförderungskosten und andere „Sonstige Leistungen" bis zu einem weiteren Bestimmungsort in der Gemeinschaft berücksichtigt werden. Die Beförderungskosten innerhalb des Gemeinschaftsgebietes müssen auf jeden Fall berücksichtigt werden, wenn die Waren im Rahmen eines externen Versandverfahrens zu dem „weiteren Bestimmungsort innerhalb der Gemeinschaft" befördert und erst dort in den freien Verkehr überführt werden. Bis zur Überführung in den freien Verkehr gelten die Waren in diesem Fall umsatzsteuerrechtlich als noch nicht eingeführt.

§ 3a Abs. (2) und § 4 Nr. 4b UStG

Um eine Doppelbesteuerung zu vermeiden, sind die Beförderungskosten, die im Rahmen des externen Versandverfahrens anfallen, von der Umsatzsteuer befreit. Werden die eingeführten Waren bereits am Ort des Verbringens in das Gemeinschaftsgebiet in den freien Verkehr überführt, werden die innergemeinschaftlichen Beförderungskosten bei dem Einfuhrumsatzsteuerwert nicht berücksichtigt. Sie sind dann aber auch umsatzsteuerpflichtig. Hier sollte allerdings im Einzelfall geprüft werden, ob der Frachtführer in diesem Fall Umsatzsteuer in Rechnung stellt oder nicht. Stellt er eine Rechnung ohne Umsatzsteuer aus, sind die innergemeinschaftlichen Beförderungskosten in den Einfuhrumsatzsteuerwert einzubeziehen.

Ermittlung des Einfuhrumsatzsteuerwertes

Zollwert
+ Einfuhrzoll
+ gegebenenfalls Verbrauchssteuern
+ gegebenenfalls Agrarabschöpfungen[1)]
+ gegebenenfalls Beförderungskosten in der EU (z.B. Fracht-, Lade-, Lagerkosten vom Ort der Verbringung in das Zollgebiet der EU bis zu einem weiteren Bestimmungsort im Gemeinschaftsgebiet)
+ gegebenenfalls Einkaufsprovisionen

= **Einfuhrumsatzsteuerwert**

1) Agrarabschöpfungen werden auf sogenannte Marktordnungswaren erhoben. Das sind landwirtschaftliche Erzeugnisse, für die EG-Binnenmarktpreise festgelegt werden, die in der Regel höher sind als die Weltmarktpreise. Durch die Agrarabschöpfungen werden die eingeführten Marktordnungswaren auf das EG-Preisniveau angehoben.

Beispiel

Zur Ermittlung der Einfuhrumsatzsteuer muss zunächst der Einfuhrumsatzsteuerwert der aus den USA eingeführten Herrenhemden ermittelt werden:

	Zollwert	63.593,39 €
+	Einfuhrzoll	7.631,21 €
+	Frachtkosten (Hamburg – Münster)	255,00 €
=	Einfuhrumsatzsteuerwert	71.479.60 €

Steuersatz: 19 %
Bei Einfuhr der Hemden sind 13.581,12 € Einfuhrumsatzsteuer abzuführen.

Für obiges Beispiel ist nachfolgend eine Internetzollanmeldung mit entsprechenden Erläuterungen abgedruckt. Inhaltlich sind die Angaben sowohl bei der schriftlichen Anmeldung unter Verwendung des Einheitspapiers als auch bei der elektronischen Internetzollanmeldung über das ATLAS-System identisch. Die folgende Darstellung ist auf die für das Beispiel relevanten Angaben beschränkt.

Da die Hemden im Rahmen eines externen Versandverfahrens unter Zollaussetzung von Hamburg nach Münster transportiert werden, müssen hier die Transportkosten für die Strecke Hamburg – Münster in den Einfuhrumsatzsteuerwert einbezogen werden. Um eine Doppelbesteuerung zu vermeiden, darf der Frachtführer für diese Strecke aber keine Umsatzsteuer in Rechnung stellen.

Wenn es sich um eine innergemeinschaftliche Beförderungsleistung handelt, bei der der Transport in einem Mitgliedsland beginnt und in einem anderen Mitgliedsland endet, z.B. bei einem Transport von Rotterdam nach Münster, gilt eine entsprechende Regelung. Hierbei muss die Umsatzsteuer in jedem Fall von dem Unternehmen abgeführt werden, das den Transportauftrag erteilt hat und zwar in dem Land, in dem es seinen Sitz hat. Der Frachtführer stellt eine Rechnung ohne Umsatzsteuer aus.

Vgl. auch Kap. 7.3 „Innergemeinschaftliche Beförderungsleistungen“

AT/I/00/003933/02/2012/8304 — Zollanmeldung – ATLAS 8

1 Bearbeitende Dienststelle: 8304
2 Anmeldung: IM — Anmeldeart: A 3
4 Bezugsnummer: 5673429
Anzahl Positionen: 1

5 **Versender/Ausführer:** 5673429
Cotton Textiles INC.
201 Baronne St.
70112 New Orleans
US

6 **Empfänger:** 5673429
Westfälischer Textilgroßhandel GmbH
Engelsstraße 52
48143 Münster
DE
Vorsteuerabzugberechtigt: J

7 **Anmelder:** 5673429
Westfälischer Textilgroßhandel GmbH
Engelsstraße 52
48143 Münster
DE

8 **Vertreter:**

Anmelder ist Empfänger: J

Vertretungsverhältnis: keine

9 **Versendungsland:** US
10 **Bestimmungsbundesland:** 05

11 **Art des Beförderungsmittels an der Grenze:** 02
12 **Kennzeichen Beförderungsmittel bei der Ankunft:** „Missisippi Queen"
13 **Staatszugehörigkeit des Beförderunsmittels an der Grenze:** US
14 **Statistikstatus:** 03

15 **Warenort:** Münster
Lieferbedingungen: FOB
16 **Lieferort:** New Orleans
17 **Lieferbedingung Schlüssel:** 1

18 **Rechnungsbetrag:** 76 500,00 €
Währung: USD
19 **Geschäftsart:** 11

20 **Verkehrszweig an der Grenze:** 1
21 **Inländischer Verkehrszweig:** 3
22 **Eingangszollstelle:** HAMBURG

23 **Kennzeichen Container:** N
24 **Zahlungsart:** C

25 **Vorpapierart:** T1
Vorpapiernummer:
Vorpapierzusatz:

26 **Ausstellungsort:** Münster
Name des Anmelder/Vertreter: Egon Tuch
Stellung in der Firma: Prokurist
Telefon: +49251/563947

Datum: 12.02.20XX
Unterschrift:

Beispiel einer Internetzollanmeldung über ATLAS, Seite 1 (Fortetzung auf Seite 270)

Erläuterungen

1 Kenziffer der Dienststelle bei der das Verfahren angemeldet wird. Hier handelt es sich um das „Hauptzollamt Münster – Eulerstraße“.

2 Angabe, für welches Zollverfahren die Anmeldung erfolgen soll. IM bedeutet Anmeldung für die Einfuhr von Drittlandswaren.

3 Angabe, ob ein normales oder ein vereinfachtes Verfahren angemeldet wird. A steht für ein normales Verfahren.

4 Angabe der Zollnummer und wie viele verschiedene Warenarten (Positionen) angemeldet werden sollen. Hier wird nur eine Warenart „Herrenhemden aus Baumwolle“ angemeldet.

5 Firma und Anschrift des Unternehmens, von dem die Waren bezogen wurden.

6 Unternehmen, das die Ware in das Gemeinschaftsgebiet einführt, in der Regel also der Importeur.

7 In diesem Fall meldet der Empfänger (Käufer) die eingeführten Waren an. Die Anmeldung könnte aber auch durch einen Vertreter erfolgen.

8 Der Empfänger wird bei der Anmeldung nicht vertreten, z.B. durch einen Spediteur, darum erfolgt hier keine Angabe.

9 Länderkürzel des Versendungslandes: US = USA

10 Zahlencode für das Bestimmungsbundesland 05 = NRW

11 Beförderungsmittel an der Grenze zum Zollgebiet, hier also im Hafen Hamburg, ist ein Schiff (Kennziffer 02).

12 Angabe des Schiffsnamen (Mississippi Queen)

13 Nationalität des Schiffes USA

14 Ware wird vom Anmelder direkt dem Statistischen Bundesamt gemeldet (Zahlencode 03)

15 Bestimmungsort der Ware ist Münster

16 Lieferbedingung: FOB New Orleans

17 Lieferkosten sind gar nicht oder nur zu einem geringen Teil im Rechnungspreis enthalten (Zahlencode 1)

18 Rechnungsbetrag und Währung: 76.500,00 USD

19 Es handelt sich bei dem Geschäft um einen endgültigen Kauf (Zahlencode 11)

20 Seeverkehr (Zahlencode 1)

21 Straßenverkehr (Zahlencode 3)

22 Die Zollstelle, zu der die Waren nach Verbringung in das Gemeinschaftsgebiet gebracht werden müssen, ist in Hamburg.

23 Die Ware wurde nicht im Container transportier (Angabe N)

24 Einfuhrabgaben werden per Scheck bezahlt (Buchstabencode C)

25 Versandschein T1 als Vorpapier, da die Waren im externen gemeinschaftlichen Versandverfahren von Hamburg nach Münster transportiert werden.

26 Die Zollanmeldung wurde in Münster von dem Prokuristen Egon Tuch am 12.02. 20XX erstellt.

27 **Positionsnummer:** 1
28 **Packstückart:** AG — **Packstückanzahl:** 5
29 **Warenbezeichnung:** Herrenhemden aus Baumwolle

30 **Warennummer:** 61051000000 — 32 **Ursprungsland:** US
31 **Verfahren:** 4000 — 33 **Eigenmasse:** 164,0 KG
34 **Rohmasse:** 185,0 KG

35 **Zollwert:** 63593,39
36 **Wert AHStat:** 63593,0
37 **EUSt-Kosten:** 63943,39

38 **Beantragte Begünstigung:** 100
Besondere Wertangabe:
39 **Artikelpreis:** 76500,00

40 **Unterlagen zur Position:**

Bereich: 4 Art: N380 **Nummer:**
Ausstellungsdatum: 25.01.20XX

Bereich: 4 Art: N705 **Nummer:**
Ausstellungsdatum: 27.01.20XX

Bereich: 4 Art: N821 **Nummer:**
Ausstellungsdatum: 09.02.20XX

Bereich: 4 Art: N934 **Nummer:**
Ausstellungsdatum: 10.02.20XX

Beispiel einer Internetzollanmeldung über ATLAS, Seite 2

27 Die Angaben beziehen sich auf die 1. Positionsnummer
28 Bei den Packstücken handelt es sich um eingeschweißte Paletten (Buchstabencode: AG), es handelt sich um 5 Packstücke
29 Bei der eingeführten Ware handelt es sich um Herrenhemden aus Baumwolle
30 Die Waren haben in der Warenliste des Internationalen Harmonisierten Systems die angegebene Positionsnummer
31 Die Waren sollen in den freien Verkehr überführt werden (Zahlencode: 4000)
32 Ursprungsland der Waren sind die USA
33 Das Warengewicht ohne Verpackung beträgt 164 kg.
34 Das Warengewicht mit Verpackung beträgt 185 kg.
35 Die Ware hat einen Zollwert von 63.593,39 €.
36 Der CIF-Wert der Ware beträgt 63.563 €
37 Bemessungsgrundlage für die Einfuhrumsatzsteuer, aber ohne Berücksichtigung des Zolls, der braucht gemäß Merkblatt zum Einheitspapier hier nicht berücksichtigt zu werden.
38 Es wird keine Zollvergünstigung beantragt (Zahlencode 100)
39 Der Rechnungsbetrag in USD lautet: 76.500,00
40 Beigefügte Unterlagen:
- Handelsrechnung (Alphanumerischer Code: N380)
- Konnossement (Alphanumerischer Code: N705)
- T1 Versandanmeldung (Alphanumerischer Code: N821)
- Anmeldung der Angaben über den Zollwert (Alphanumerischer Code: N934)

LERNFELD 4

Geschäftsprozesse als Werteströme erfassen, dokumentieren und auswerten

1 Dokumentation von Geschäftsprozessen

Absatz- und Beschaffungsprozesse im Großhandelsunternehmen

Geschäftsprozesse
LF1, Kap. 3.4

Geschäftsvorfälle
Prozessergebnisse, die den Wert des Vermögens und/oder des Kapitals im Unternehmen verändern

Die im Schaubild dargestellten Geschäftsprozesse verändern sowohl den Wert und die Menge der im Unternehmen vorhandenen Waren (Güterstrom) als auch den Wert der im Unternehmen vorhandenen Geldmittel (Geldstrom). Beide Veränderungen werden außerdem von vielfältigen Informationen (Informationsstrom) begleitet. Die zahlenmäßig erfassbaren Ergebnisse von Geschäftsprozessen (Werteströme) haben Auswirkungen auf das Vermögen und/oder auf das Kapital eines Unternehmens. Im Rechnungswesen spricht man von **Geschäftsvorfällen**.

Beispiel

Geschäftsvorfälle
Einkauf von Waren gegen Barzahlung = Vermögensveränderung
Einkauf von Waren auf Kredit (auf Ziel) = Vermögens- und Kapitalveränderung

Zahlenmäßig erfassbar sind aber nicht nur die Absatz- und Beschaffungsprozesse, sondern auch vielfältige andere Geschäftsvorfälle innerhalb und außerhalb des Unternehmens mit Geschäftspartnern (z. B. Kauf einer neuen Büroausstattung oder Aufnahme eines Kredites), Arbeitnehmern (z. B. Gehaltszahlungen), dem Staat (z. B. Steuerzahlungen) oder den Eigentümern (z. B. Gewinnausschüttungen).

Funktionsmodell eines Großhandelsunternehmens

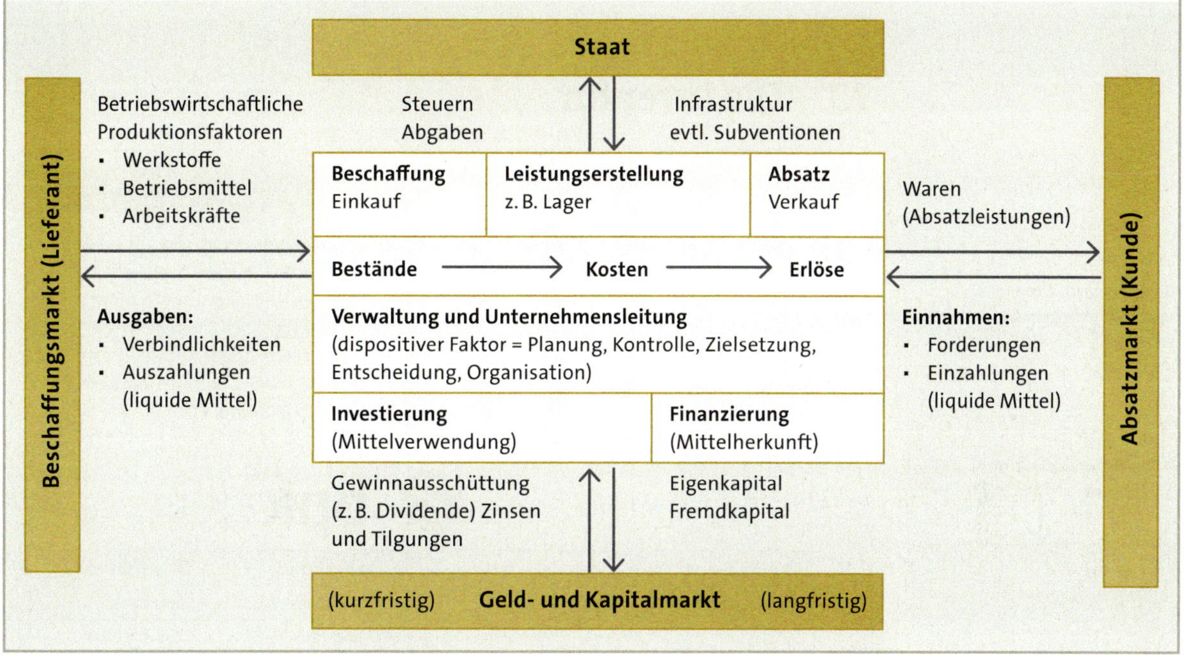

Eine wichtige Aufgabe des Rechnungswesens ist die **Dokumentation** der Werteströme im Großhandelsunternehmen. Dazu gehört die vollständige, richtige, zeitgerechte und geordnete Aufzeichnung aller Geschäftsvorfälle in der Buchhaltung, auch **Finanzbuchhaltung** genannt.

Die Dokumentation der Geschäftsvorfälle ist die Basis für die Bereitstellung von **Informationen** an eine Vielzahl von inner- und außerbetrieblichen Interessenten. Auf der Grundlage dieser Informationen kann z. B. die Unternehmensleitung **kontrollieren**, ob und in welchem Maße Unternehmensziele (z. B. Gewinnhöhe, Kapitalrentabilität, Aufrechterhaltung der Liquidität) erreicht worden sind und **betriebswirtschaftliche Entscheidungen** (z. B. hinsichtlich Neuinvestitionen, Sortiments- oder Preisänderungen, Erschließung neuer Märkte, Personalanpassungen) für die Zukunft treffen. Lieferanten sind z. B. an Informationen zur Kreditwürdigkeit und Zahlungsfähigkeit des Unternehmens interessiert, der Staat benötigt Informationen zur Festlegung der Besteuerung.

Aufgaben des Rechnungswesens:

- *Dokumentation*
- *Information*
- *Planung und Kontrolle*

Unternehmensziele

LF1, Kap. 4

Informationsfluss aus dem Rechnungswesen

Informationen	Beispiele	mögliche Interessenten
Wert des Vermögens	Warenvorräte, Bankguthaben	Geschäftsleitung Unternehmenseigner Staat (Finanzamt) Kreditgeber (Banken) Kunden Lieferanten Arbeitnehmer Mitbewerber Öffentlichkeit
Höhe der Schulden	Darlehensschulden bei Banken, Verbindlichkeiten bei Lieferanten	
erzielte Umsätze	Erlöse für Warenverkäufe	
entstandene Aufwendungen	Wareneinsatz, Löhne, Gehälter, Mieten	
Art und Höhe des Erfolgs	Gewinn oder Verlust	

AB ☞ LS 41

2 Inventur, Inventar und Bilanz

2.1 Die Inventur

Beispiel

Frau Trautmann begrüßt „ihre" Auszubildende Cornelia Gruber eines Morgens mit den folgenden Sätzen: „Ab Montag ist die **Inventur** im Warenlager – das müssen Sie erleben! Na ja, nicht nur erleben – dort sollen Sie natürlich auch mithelfen wie viele andere Mitarbeiter hier aus der Verwaltung auch. Obwohl wir mit unserem Warenwirtschaftssystem immer wissen, wie viel von jeder Ware auf Lager liegen müsste, müssen wir das am Geschäftsjahresende noch jedes Mal „körperlich" überprüfen – und das macht ziemlich viel Arbeit!" Im Warenlager wird jeder Warenein- und -ausgang in der Artikeldatei erfasst.

bpk Bergisches Papierkontor GmbH

Warengruppe: Folie			Jahr: 20XX		Seite 2
Artikel	Artikelbezeichnung		Höchstbestand: 2 000 Kartons		
20221	Overheadfolie für Trockentonergeräte glasklar, Format DIN A4, Kartoninhalt 100 Folien		Meldebestand: 200 Kartons		
			Mindestbestand: 100 Kartons		
Datum	**Beleg**	**Vorgang**	**Zugang**	**Abgang**	**Bestand**
30.09	S.1	Bestandsübergang Seite 1			200
02.10	LS 212	Einkauf H. Schmied Folien GmbH	1800		2000
14.10	LS 566	Verkauf Copy Shop		300	1700
28.12	LS 789	Verkauf Drogerie AG		200	1500

Inventur
Bestandsaufnahme aller Vermögensgegenstände und Schulden nach Art, Menge und Wert

Inventur (Bestandsaufnahme)
↓
Inventar (Bestandsverzeichnis)
↓
Bilanz (Gegenüberstellung von Vermögen und Kapital)
↓
Anfangsbestände für die Buchführung im neuen Geschäftsjahr

Sollbestand
Bestand gemäß Aufzeichnungen

Istbestand
Bestand gemäß Inventur

Vermögenswerte
z. B. Grundstücke, Fahrzeuge, Büromöbel, Warenvorräte, Bankguthaben, Bargeld

Schulden
(Verbindlichkeiten)
z. B. Darlehen von Banken, unbezahlte Lieferantenrechnungen, Steuerschulden

Auch Warenwirtschaftssysteme können „irren"! Falsche oder fehlende Eingaben, fehlerhafte Lagerung, nicht entdeckte Diebstähle, Schwund, Beschädigungen und Verderb können dazu führen, dass die Bestände laut Warenwirtschaftssystem **(Sollbestände)** nicht den tatsächlichen Beständen verkaufsfähiger Waren **(Istbestände)** entsprechen **(Mengenabweichungen)**. Darüber hinaus muss natürlich auch der aktuelle Wert der Bestände festgestellt und mit den Werten des Warenwirtschaftssystems verglichen werden (**Wertabweichungen**).

Allerdings erstreckt sich die Inventur nicht nur auf die Warenbestände. Alle **Vermögenswerte und Schulden** müssen erfasst werden, damit ein vollständiges Bestandsverzeichnis, das **Inventar**, erstellt werden kann. Dies ist dann die Grundlage für die **Bilanz**, auf die nicht nur die Geschäftsleitung gespannt wartet. Erst dann weiß man mit Sicherheit, ob das letzte Geschäftsjahr tatsächlich erfolgreich war. Mit den ermittelten Bestandswerten startet dann die Buchführung in das neue Geschäftsjahr.

Die Durchführung der Inventur ist gesetzlich vorgeschrieben und muss erfolgen:

- **bei Aufnahme der Geschäftstätigkeit** (Gründung, Übernahme)
- **am Ende jedes Geschäftsjahres** (meistens der 31.12.)
- **bei Aufgabe der Geschäftstätigkeit** (Auflösung, Verkauf)

§240 HGB , §§ 140, 141 AO

2.1.1 Planung der Inventur

Je größer das Unternehmen, desto schwieriger und arbeitsintensiver ist die Inventur und desto besser muss sie organisiert sein. Eine Person, die die Inventur leitet, muss folgende Planungsschritte beachten:

Planungsschritte	
1. Zeitplanung	Zu welchen Zeitpunkten sollen Bestände erfasst werden?
2. Raumplanung	In welchen Gebäuden (Filialen, Lagerhallen, Büros) befinden sich die aufzunehmenden Bestände?
3. Personalplanung	Welche Personen sollen die Bestände aufnehmen?
4. Hilfsmittelplanung	Welche Hilfsmittel (Inventurlisten, Geräte) werden benötigt?

2.1.2 Durchführung der Inventur

Körperliche Inventur
Die Bestandsaufnahme der körperlichen Vermögensgegenstände erfolgt durch Zählen, Messen, Wiegen oder im Ausnahmefall durch Schätzen (geringer Wert, unangemessener Arbeitsaufwand). Die ermittelten Bestände werden in Inventurlisten oder Inventurkarten eingetragen und anschließend in Euro bewertet. Zusammenfassungen mit Summenbildungen, z. B. Gesamtwerte für jede Warengruppe, sind notwendig.

Beispiel

Inventurliste

Vermögensgegenstand	Feststellung der Menge	Bewertung
Artikel Nr. 20221 Overheadfolie für Trockentonergeräte, Format DIN A 4	Zählen der Kartons	Anzahl der Kartons x **Einstandspreis** je Karton (Wertminderungen z. B. bei Mängeln müssen erfasst werden)
Karton mit je 100 Folien	300 Kartons	Einzelwert: 13,23 €/Karton Gesamtwert: 300 x 13,23 € **= 3.969,00 €**

Einstandspreis
(Bezugspreis)
Verkaufspreis des Lieferanten abzüglich Preisnachlässe zuzüglich Kosten der Lieferung
LF3, Kap. 4

Buchinventur
Die Bestandsaufnahme nicht körperlicher Gegenstände oder von Vermögensgegenständen, deren Bestand nach Art, Menge und Wert auch ohne körperliche Bestandsaufnahme festgestellt werden kann, erfolgt durch die Überprüfung von Aufzeichnungen, Belegen oder Dokumenten.

§ 241 (2) HGB

Buchinventur

Vermögensgegenstände/Schulden	Unterlagen für die Inventur
Fuhrpark, Betriebs- und Geschäftsausstattung	Anlagenkartei, Anlagendatei (EDV)
Bankguthaben	Kontoauszug der Bank
Forderungen gegenüber Kunden	unbezahlte Ausgangsrechnungen an Kunden
Verbindlichkeiten gegenüber Lieferanten	unbezahlte Eingangsrechnungen von Lieferanten

körperliche Inventur in einer Druckerei

2.1.3 Kontrolle der Inventur

Die Aufnahme der Bestände sollte von jeweils zwei Personen durchgeführt werden („Vier-Augen-Prinzip"). Für jeden Bereich ist ein Prüfer zu bestimmen, der nach Möglichkeit nicht nur stichprobenweise überprüft, sondern eine Zweitaufnahme durchführt. Inventurlisten und andere Aufzeichnungen müssen von den Aufnehmenden und Prüfenden unterschrieben werden.

Bei unerklärbaren Abweichungen der Aufnahmeergebnisse von der regelmäßigen Bestandsaufzeichnung (z.B. der Artikeldatei), die nicht im Rahmen üblicher **Inventurdifferenzen** liegen, müssen intensivere Nachforschungen eingeleitet werden. Die Buchinventur kann anhand von Saldenbestätigungen (schriftliche Bestätigung des Inventurwertes) von Banken, Kunden und Lieferern überprüft werden.

Inventurdifferenz
Sollbestand ≠ Istbestand

Phasen der Inventur

Planung → Durchführung → Kontrolle → Abweichungsanalyse

2.1.4 Arten der Inventur

*Besonders wertvolle Wirtschaftsgüter (z.B. hochwertige Geräte) und Bestände, bei denen ins Gewicht fallende, unkontrollierbare, d.h. nicht annähernd abschätzbare Abgänge eintreten können, müssen **immer** als Stichtagsinventur erfasst werden.*

Stichtagsinventur
Die Bestandsaufnahme und Bewertung aller Vermögenswerte und Schulden, bezogen auf den letzten Tag des Geschäftsjahres (meist der 31.12.), nennt man Stichtagsinventur. Das bedeutet jedoch nicht, dass alle bereits beschriebenen Tätigkeiten an diesem Tag ausgeführt werden müssen. Kaum ein Unternehmen kann mit dem vorhandenen Personal am letzten Tag des Geschäftsjahres die gesamte Inventur durchführen. Das HGB und die Einkommensteuerrichtlinien (EStR) ermöglichen deshalb eine Auswahl von **Inventurvereinfachungsverfahren**. Dazu gehört, dass auch eine **ausgeweitete Stichtagsinventur** zeitnah, d.h. in der Regel in einen Zeitraum von 10 Tagen vor bis zu 10 Tagen nach dem Stichtag, erfolgen kann.

Zeitraum für die Stichtagsinventur

altes Geschäftsjahr 21.12.	Stichtag 31.12.	neues Geschäftsjahr 10.01.
10 Tage vorher		10 Tage nachher

Es ist bei der zeitnahen Inventur sicherzustellen, dass alle Bestandsveränderungen (Mengen und Werte), die sich zwischen dem Stichtag und dem Tag der tatsächlichen Bestandsaufnahme ergeben, anhand von Belegen oder Aufzeichnungen berücksichtigt werden.

Verlegte Inventur

Ist es einem Unternehmen nicht sinnvoll möglich, innerhalb der 20-Tage-Frist die gesamte Inventur durchzuführen (z.B. weil das Unternehmen für mehrere Tage geschlossen werden müsste), kann eine vor- oder nachverlegte Inventur durchgeführt werden. Dadurch wird der Zeitraum zur Durchführung der körperlichen Bestandsaufnahme vergrößert. Gesetzlich vorgegeben ist ein Zeitpunkt innerhalb von drei Monaten vor bis zu zwei Monaten nach dem Stichtag.

§ 241 (3) HGB, Abschnitt 30 Abs. 3 EStR

Zeitraum für die verlegte Inventur		
altes Geschäftsjahr 01.10.	Stichtag 31.12.	neues Geschäftsjahr 28.02.
3 Monate vorher		2 Monate nachher

Durch dieses für Großhandelsunternehmen besonders geeignete Verfahren lässt sich der Personalaufwand erheblich vermindern und Betriebsschließungen können häufig vermieden werden. Die aufwändigen Inventurarbeiten können in eine Zeit verlegt werden, in der der Geschäftsbetrieb und die Menge der aufzunehmenden Bestände (z.B. Warenvorräte) vielleicht geringer sind als am Geschäftsjahresende.

Da jedoch auch bei diesem Verfahren der Wert des Bestandes am Stichtag ermittelt werden muss, ist der Bestand, der am Tag der tatsächlichen Bestandsaufnahme nach Art, Menge und Wert festgestellt wurde, wertmäßig (nicht mengenmäßig) auf den Stichtag fortzuschreiben oder zurückzurechnen.

Wertfortschreibung **Warengruppe Kopierpapier**	**Wertrückrechnung** **Warengruppe Feinpapiere**
Tatsächliche Bestandsaufnahme am 04.11. (altes Geschäftsjahr) Wert: 45.000,00 €	**Tatsächliche Bestandsaufnahme** am 20.01. (neues Geschäftsjahr) Wert: 22.500,00 €
+ Wert des Wareneinganges vom 05.11. bis 31.12. Wert: 7.500,00 €	**– Wert des Wareneinganges** vom 01.01. bis 20.01. Wert: 3.200,00 €
– Wert des Warenausganges vom 05.11. bis 31.12. Wert: 6.000,00 €	**+ Wert des Warenausganges** vom 01.01. bis 20.01. Wert: 6.200,00 €
= Wert des Bestandes am Stichtag 31.12. Wert: 46.500,00 €	**= Wert des Bestandes** am Stichtag 31.12. Wert 25.500,00 €

Permanente Inventur

Die permanente Inventur vergrößert den Zeitraum der körperlichen Bestandsaufnahme auf das gesamte Geschäftsjahr. Bei Anwendung dieses Verfahrens ist es möglich, die Aufnahme eines Vermögensgegenstandes nach Art, Menge und Wert zu einem Zeitpunkt anzusetzen, an dem die niedrigsten Bestände erwartet werden. Dies ermöglicht eine Minimierung des Arbeitsaufwandes und, bei überraschender Auswahl der Vermögenswerte, auch eine optimale Kontrolle der Bestandsführung. Zwischen den Aufnahmezeitpunkten ein und derselben Vermögensart müssen jeweils 12 Monate liegen.

§ 241 (2) HGB, Abschnitt 30 Abs. 3 EStR

Zeitraum für die permanente Inventur	
altes Geschäftsjahr 01. 01.	Stichtag 31. 12.
beliebiger Tag im Geschäftsjahr	

Eine Beschränkung der permanenten Inventur auf Stichproben ist nicht zulässig. Weitere Einschränkungen für bestimmte (z. B. besonders wertvolle) Wirtschaftsgüter sind zu beachten.

Voraussetzung für die Anwendung dieses Verfahrens ist eine permanente Aufzeichnung aller Zu- und Abgänge (mengenmäßige Bestandsfortschreibung), die auch durch Belege (Lieferscheine, Rechnungen) nachzuweisen sein muss. Dies ist im Warenlager durch das Führen einer **Lagerdatei** (Lagerbuchführung) möglich.

Die Bestandsführung laut Lagerdatei ist bei einem abweichenden Ergebnis der körperlichen Inventur zu korrigieren. Die Ergebnisse der körperlichen Inventur sind in die Lagerdatei aufzunehmen. Vom Prüfenden ist ein Protokoll anzufertigen und zu unterschreiben.

§ 241 (1) Satz 1 HGB

Grundsätze ordnungsmäßiger Buchführung (GoB)

LF4, Kap. 5.2

Stichprobeninventur

Die Stichprobeninventur ist keine eigenständige Inventurart, sondern ein besonderes Verfahren der Bestandsaufnahme. Es ist erlaubt, den Bestand von Vermögensgegenständen auch mithilfe anerkannter mathematisch-statistischer Methoden aufgrund von Stichproben zu ermitteln, wenn das Verfahren den Grundsätzen ordnungsmäßiger Buchführung entspricht. Hier kann z. B. eine kleine Menge einer Mischung verschiedener Stoffe in seiner Zusammensetzung analysiert und auf den Gesamtbestand hochgerechnet werden. Dieses Verfahren dient damit in erster Linie der Wertermittlung.

2.1.5 Bewertung von Inventurmengen

Anschaffungskosten, Abschreibungen

LF4, Kap. 4.5

Bei der Bewertung der Vermögensgegenstände im Rahmen der Inventur ist § 253 HGB zu beachten. Inventurhöchstwerte sind die **Anschaffungskosten**. Es muss jedoch ein niedrigerer Wert angesetzt werden, wenn der Vermögensgegenstand seit der Anschaffung an Wert verloren hat **(Niederstwertprinzip)**.

Anlagevermögen

Vermögensgegenstände, die bestimmt sind, dauernd dem Geschäftsbetrieb zu dienen (z. B. Maschinen, Betriebs- und Geschäftsausstattung, Fuhrpark)

Im **Anlagevermögen** müssen Wertminderungen in Form von **Abschreibungen** berücksichtigt werden. Der Inventurwert sinkt vom Tag des Kaufes an stetig von Jahr zu Jahr, wenn die Nutzung des Vermögensgegenstandes zeitlich begrenzt ist. Auch ungeplante, außerordentliche Wertminderungen (z. B. Schadensfälle) müssen zusätzlich berücksichtigt werden.

Beispiel

Wertminderungen bei Sachanlagen

Ein Pkw mit Anschaffungskosten von 36.000,00 Euro und einer Nutzungsdauer von 6 Jahren verliert jedes Jahr 1/6 seines Wertes = 6.000,00 Euro. Der Inventurwert beträgt nach einem Nutzungsjahr also nur noch 30.000,00 Euro, wenn zusätzlich keine ungeplanten Wertminderungen (z. B. durch einen Unfall) zu berücksichtigen sind.

Umlaufvermögen

Vermögensgegenstände, die ständig umgesetzt werden (z. B. Warenvorräte)

Im **Umlaufvermögen** muss ein niedrigerer Wert als der tatsächlich bezahlte Einstandspreis (Anschaffungskosten) angesetzt werden, wenn der Börsen- oder Marktpreis (z. B. aktueller Bezugspreis des Lieferers) gesunken ist, ein beizulegender Wert niedriger ist (z. B. bei Beschädigungen) oder ein niedrigerer Wert nach vernünftiger kaufmännischer Beurteilung notwendig ist (z. B. Preisverfall auf dem Absatzmarkt).

Beispiel

Wertminderungen beim Umlaufvermögen
Ein Warenvorrat von 100 Kartons Overheadfolien mit einem Einstandspreis von 17,05 Euro je Karton (Anschaffungskosten = 1.705,00 Euro) kann am Inventurstichtag zu einem Preis von 15,50 Euro je Karton wiederbeschafft werden, weil der Lieferer seinen Verkaufspreis gesenkt hat. Der Wert dieses Folienvorrates sinkt damit um 1,55 Euro je Karton, der Inventurwert der Folien beträgt insgesamt nur noch 1.550,00 Euro.

Inventur

Ermittlung der Inventurmengen	Ermittlung der Inventurwerte
durch zählen, messen, wiegen, schätzen	Anschaffungskosten (z. B. Einstandspreise) abzüglich Wertminderungen

Inventurarten/Inventurverfahren

Stichtagsinventur (zeitnahe Inventur)	Inventurvereinfachungsverfahren • vor- oder nachverlegte Inventur • permanente Inventur • Stichprobeninventur

2.2 Das Inventar

AB ☞ LS 42

Die in der Inventur ermittelten Vermögensgegenstände und Schulden werden in einem ausführlichen **Bestandsverzeichnis**, dem Inventar, zusammengefasst. Posten, die nur einen Einzelwert ausweisen, werden direkt in die Hauptspalte (Gesamtwerte) eingetragen. Besteht ein Posten aus mehreren Werten, so sind diese in die Vorspalte (Einzelwerte) einzutragen. Die Einzelwerte werden dann addiert und in die Hauptspalte übernommen. Umfangreiche Posten werden in einem **separaten Bestandsverzeichnis** aufgelistet, damit das Inventar übersichtlich bleibt. In dem Inventar selbst erscheint unter Angabe der Postenbezeichnung der Hinweis auf das entsprechende Bestandsverzeichnis.

§ 240 HGB
§ 257 (4) HGB
Inventare sind 10 Jahre aufzubewahren.

Aufbewahrungsfristen
☞ *LF4, Kap. 5.2*

Bestandsverzeichnis der BPK GmbH

bpk Bergisches Papierkontor GmbH

Anlage Nr. 3 Forderungsverzeichnis zum Inventar vom 31.12.20XX

Kunden Nr.	Kunde	Ausgangsrechnungen	Einzelforderungen in €	Gesamtforderungen in €
33001	Druckzentrum Bielefeld 33604 Bielefeld	AR: 917 AR: 929	1.160,00 2.900,00	4.060,00
44001	COPY SHOP 44359 Dortmund	AR: 932 AR: 940	5.220,00 580,00	5.800,00
45001	Stadt Essen Beschaffungsamt 45239 Essen	AR: 916 AR: 923	11.600,00 7.540,00	19.140,00
45011	Alldruck GmbH 45657 Recklinghausen	AR: 921	3.008,86	3.008,86
48001	Klammer & Co. 48155 Münster	AR: 920	6.380,00	6.380,00
Gesamtforderungsbestand aus Lieferungen				**38.388,86**

bpk Bergisches Papierkontor GmbH

Inventar der BPK, Bergisches Papierkontor GmbH, Wuppertal, zum 31.12.20XX

Vermögens- und Schuldenarten	Einzelwerte in Euro	Gesamtwerte in Euro
A. Vermögen		
I. Anlagevermögen		
1. Grundstücke und Bauten (lt. Anlagenverzeichnis 1)		
Grundstück Elberfelder Str. 85, 42285 Wuppertal	120.500,00	
Gebäude Elberfelder Str. 85, 42285 Wuppertal	365.000,00	485.500,00
2. Technische Anlagen und Maschinen (lt. Anlagenverzeichnis 2)		9.456,75
3. Betriebs- und Geschäftsausstattung (lt. Anlagenverzeichnis 3)		81.500,00
4. Fuhrpark (lt. Anlagenverzeichnis 4)		44.250,00
II. Umlaufvermögen		
1. Warenvorräte (lt. Warenverzeichnissen)		
Warengruppe I, hochwertige Feinpapiere	29.500,00	
Warengruppe II, Kopierpapiere und Folien	47.730,00	
Warengruppe III, Büropapiere	12.920,00	
Warengruppe IV, großformatige Druckpapiere	50.798,00	
Warengruppe V, Aktionswaren	8.460,00	149.408,00
2. Forderungen aus Lieferungen und Leistungen		
(lt. Forderungsverzeichnis)		38.388,86
3. Kassenbestand (Bargeld)		133,53
4. Bankguthaben		
Postbankkonto Essen		4.355,04
Stadtsparkasse Wuppertal		42.661,31
Summe des Vermögens		**855.653,49**
B. Schulden (Verbindlichkeiten)		
I. Langfristige Schulden		
1. Verbindlichkeiten gegenüber Kreditinstituten (Darlehensschulden)		
Grundschulddarlehen der Deutschen Hypothekenbank, Bremen	90.000,00	
Darlehen der Stadtsparkasse Wuppertal	410.000,00	500.000,00
II. Kurzfristige Schulden		
1. Verbindlichkeiten aus Lieferungen und Leistungen		
(lt. Verbindlichkeitenverzeichnis)		30.149,50
2. Sonstige Verbindlichkeiten		
(lt. Steuern- und Abgabenverzeichnis)		25.503,99
Summe der Schulden		**555.653,49**
C. Ermittlung des Eigenkapitals		
Summe des Vermögens		855.653,49
– Summe der Schulden		555.653,49
= Eigenkapital (Reinvermögen)		**300.000,00**

Zum **Aufbau eines Inventars** gibt es keine verbindlichen Formvorschriften. die folgende Darstellung ist aber üblich. In der Praxis kann auf die Erweiterung des Inventars bis zur Ermittlung des Eigenkapitals verzichtet werden, da sich das Eigenkapital aus der Bilanz ergibt.

Grundsätzlich besteht das Inventar aus drei Bestandteilen:

- A. Vermögen
- B. Schulden
- C. Ermittlung des Eigenkapitals

A. Vermögen

Das Vermögen besteht aus Anlage- und Umlaufvermögen.

Anlagevermögen
+ Umlaufvermögen
= Gesamtvermögen

1. Anlagevermögen Gegenstände, die bestimmt sind, dauernd dem Geschäftsbetrieb zu dienen. Sie sind Voraussetzung für die Aufnahme der Geschäftstätigkeit.	• **Immaterielle Vermögensgegenstände,** z. B. Konzessionen, Lizenzen • **Sachanlagen,** z. B. Grundstücke, Gebäude, Maschinen, Geschäftsausstattung • **Finanzanlagen,** z. B. Beteiligungen, Wertpapiere zur langfristigen Geldanlage
2. Umlaufvermögen Gegenstände, die ständig umgesetzt werden, d. h. die sich in ihrer Zusammensetzung ständig ändern. Durch diese Umsetzungen will das Unternehmen einen Erfolg (Gewinn) erzielen.	• **Vorräte,** z. B. Waren • **Forderungen,** z. B. unbezahlte Rechnungen an Kunden • **Wertpapiere,** z. B. Aktien zur kurzfristigen Geldanlage • **Flüssige Mittel,** z. B. Kassenbestand (Bargeld), Schecks, Bankguthaben

Die **Anordnung** (Reihenfolge) der Vermögensposten in einem Inventar ist abhängig von der Länge des Zeitraumes, in dem der Vermögensgegenstand üblicherweise im Unternehmen verbleibt. Im **Anlagevermögen** entscheidet die unterschiedliche **Dauer der Nutzung**.

Vermögensposten	Nutzungsdauer
Grundstücke	unbegrenzt
Gebäude (je nach Bauweise)	10 bis 33 Jahre
Maschinen (zur Be- und Verarbeitung)	6 bis 16 Jahre
Betriebs- und Geschäftsausstattung, z. B. • Büromöbel • Personalcomputer	3 bis 25 Jahre 13 Jahre 3 Jahre

Gliederung des Anlagevermögens nach abnehmender Nutzungsdauer (Kapitalbindung)

Im **Umlaufvermögen** gilt eine Ordnung nach der **Geldnähe**, d. h. nach dem Zeitraum, in dem aus dem Vermögensposten (z. B. Waren) flüssige Mittel (z. B. Bankguthaben) geworden sind.

Vermögensposten	Geldnähe
Waren	Verkauf auf Kredit (Ziel)
Forderungen	Ausgleich durch Banküberweisung
Bankguthaben	sofort verfügbar

Gliederung des Umlaufvermögens nach zunehmender Geldnähe (Liquidität)

langfristige Schulden
+ kurzfristige Schulden
= Gesamtschulden

B. Schulden

Die Schulden (Verbindlichkeiten bzw. Fremdkapital) sind nach dem Zeitraum bis zur Rückzahlung (Fälligkeit) zu gliedern.

Gliederung der Schulden nach abnehmender Laufzeit

Art der Schulden	Fälligkeit (Beispiele)	Fristen
Hypothekendarlehen	bis zu 30 Jahren	langfristig (Restlaufzeit über fünf Jahre)
Bankdarlehen	bis zu 10 Jahren	mittelfristig (Restlaufzeit zwischen einem und fünf Jahren)
Verbindlichkeiten gegenüber Lieferern	bis zu 45 Tagen	kurzfristig (Restlaufzeit bis zu einem Jahr)
Verbindlichkeiten gegenüber Finanzbehörden	bis zu 10 Tagen im Folgemonat	

C. Ermittlung des Eigenkapitals

Gesamtvermögen
– Gesamtschulden
= Eigenkapital

Die **Differenz zwischen Vermögen und Schulden** ist das Eigenkapital der Unternehmung. Für die Unternehmenseigner ist das Eigenkapital der entscheidende Posten in einem Inventar. Über die Verwendung dieses Eigenkapitals entscheiden die Inhaber allein. Die Verwendung des Fremdkapitals ist häufig mit den Kreditgebern abzustimmen.

Gliederung des Inventars

A. Vermögen 1. Anlagevermögen 2. Umlaufvermögen	Gliederung nach Nutzungsdauer (Kapitalbindung) bzw. nach Geldnähe (Liquidität)
B. Schulden (Verbindlichkeiten) 1. Langfristige Schulden 2. Kurzfristige Schulden	Gliederung nach Fälligkeit (Restlaufzeit)
C. Ermittlung des Eigenkapitals	Vermögen – Schulden

2.3 Die Bilanz

§ 242 HGB

Neben dem Inventar ist zusätzlich eine **Bilanz** aufzustellen. In der Bilanz wird auf Mengenangaben verzichtet, es werden nur zusammengefasste Werte für bestimmte Posten angegeben. Damit ist die Bilanz eine kurz gefasste **Zusammenfassung** des Inventars auf der gleichen Wertebasis.

Bilanz
(ital.) bilancia = Waage

§ 247 HGB

Zur Steigerung der Übersichtlichkeit wird in einer Bilanz das Vermögen dem Eigenkapital und den Schulden gegenübergestellt. Man nennt diese Gegenüberstellung **Kontoform**. Die linke Kontoseite enthält das Vermögen und wird **Aktiva** genannt; die rechte Seite enthält das Kapital und wird als **Passiva** bezeichnet. Wertmäßig muss die Summe der Aktiva immer der Summe der Passiva entsprechen.

Struktur der Bilanz in Kontoform

Aktiva		Bilanz	Passiva
Anlagevermögen	in €	Eigenkapital	in €
Umlaufvermögen	in €	Schulden (Fremdkapital)	in €
Summe Aktiva	in €	= Summe Passiva	in €

Der Kaufmann, die persönlich haftenden Gesellschafter einer Personengesellschaft bzw. die Geschäftsführung bei Kapitalgesellschaften haben unter Angabe des Datums die Bilanz zu unterzeichnen. Wie das Inventar müssen auch Bilanzen 10 Jahre aufbewahrt werden.

§ 245 HGB
§ 257 HGB

Bilanzen einer Kapitalgesellschaft müssen gemäß § 266 HGB besonderen, detaillierten Gliederungsvorschriften entsprechen. Danach kann eine vereinfachte Bilanz auf Basis des Inventars der BPK GmbH (siehe Seite 280) wie folgt aufgestellt werden:

Personen-, Kapitalgesellschaft
LF1, Kap. 7

§ 266 HGB

bpk Bergisches Papierkontor GmbH

Aktiva	Bilanz Bergisches Papierkontor GmbH, Wuppertal, zum 31. 12. 20XX		Passiva
A. Anlagevermögen		**A. Eigenkapital**	300.000,00
1. Grundstücke und Bauten	485.500,00	**B. Verbindlichkeiten**	
2. Technische Anlagen und Maschinen	9.456,75	1. Verbindlichkeiten gegenüber Kreditinstituten (Darlehen)	500.000,00
2. Betriebs- und Geschäftsausstattung	81.500,00		
3. Fuhrpark	44.250,00	2. Verbindlichkeiten aus Lieferungen und Leistungen	30.149,50
B. Umlaufvermögen			
1. Warenvorräte	149.408,00	3. Sonstige Verbindlichkeiten[1]	25.503,99
2. Forderungen aus Lieferungen und Leistungen	38.388,86		
3. Kassenbestand	133,53		
4. Postbankguthaben	4.355,04		
5. Guthaben bei Kreditinstituten	42.661,31		
	855.653,49		855.653,49

Wuppertal, 28. März 20XY *Dr. Peter Schönhauser*

[1] hier: Steuern und Abgaben

Ermittlung des Eigenkapitals

Bei der Aufstellung einer Bilanz muss das Inventar vorliegen, da die Bilanz eine Zusammenfassung des Inventars darstellt. Damit ist der Wert des Eigenkapitals gegeben. Das Eigenkapital lässt sich aber auch durch Differenzbildung (Saldobildung) direkt aus den Bilanzwerten ermitteln, wenn die folgenden Gleichungen berücksichtigt werden.

Wert der Aktiva	=	Wert der Passiva
Anlagevermögen + Umlaufvermögen		Eigenkapital + Fremdkapital
Gesamtvermögen	=	**Gesamtkapital**
Vermögen: gibt Auskunft über Mittelverwendung, Investierung		Kapital: Gibt Auskunft über Mittelherkunft, Finanzierung

Berechnung des Eigenkapitals:
Eigenkapital = Gesamtvermögen – Fremdkapital oder
Eigenkapital = Gesamtkapital – Fremdkapital

AB ☞ LS 43

3 Bestandsvorgänge buchen

3.1 Werteveränderungen von Bilanzposten

TA
Technische Anlagen

BGA
Betriebs- und Geschäftsausstattung

a.L.L.
aus Lieferungen und Leistungen

***Hinweis:** Die Bezeichnungen der Bilanzposten im Anfangsunterricht weichen von den Vorgaben des § 266 HGB ab.*

Aktivtausch
= Vermögenstausch; Gesamtvermögen bleibt gleich

Passivtausch
= Kapitaltausch; Gesamtvermögen bleibt gleich

Eine Bilanz wird immer für einen bestimmten Stichtag, das Geschäftsjahresende, aufgestellt. In einem Unternehmen fallen jedoch an jedem Werktag im Jahr eine Vielzahl von Geschäftsvorfällen an, die über das Jahr die Werte der einzelnen Bilanzposten verändern. Bei jedem Geschäftsvorfall sind mindestens zwei Bilanzposten betroffen. Je nachdem, welche Seiten der Bilanz betroffen sind, unterscheidet man vier Arten der Werteveränderungen von Bilanzposten.

Aktiva	Bilanzposten (vor Werteveränderungen)		Passiva
TA und Maschinen	20.000,00	Eigenkapital	160.000,00
BGA	60.000,00	Darlehensschulden	51.000,00
Waren	120.000,00	Verbindlichkeiten **a.L.L.**	45.000,00
Forderungen **a.L.L.**	37.000,00		
Kasse	5.000,00		
Kreditinstitute	14.000,00		
	256.000,00		**256.000,00**

Aktivtausch

- Beide betroffenen Bilanzposten befinden sich auf der Aktiva-Seite der Bilanz (Vermögenswerte).
- Es erfolgt ein Werteaustausch zwischen den beiden Bilanzposten in derselben Höhe (Vermögenstausch).

Auswirkung: Die Bilanzsumme verändert sich nicht.

Einkauf von Waren gegen Barzahlung in Höhe von 3.000,00 Euro.

Aktiva		Passiva
Waren	+ 3.000,00 €	keine Veränderungen
Kasse	− 3.000,00 €	

Die Bilanzsumme bleibt unverändert bei 256.000,00 €

Passivtausch

- Beide betroffenen Bilanzposten befinden sich auf der Passiva-Seite der Bilanz (Kapitalwerte).
- Es erfolgt ein Werteaustausch zwischen den beiden Bilanzposten in derselben Höhe (Kapitaltausch).

Auswirkung: Die Bilanzsumme verändert sich nicht.

Ein Lieferer wandelt die ihm gegenüber bestehende Verbindlichkeit in Höhe von 20.000,00 Euro in ein Darlehen mit einer Laufzeit von zwei Jahren um.

Aktiva		Passiva
keine Veränderungen	Darlehensschulden	+ 20.000,00 €
	Verbindlichkeiten a.L.L.	− 20.000,00 €

Die Bilanzsumme bleibt unverändert bei 256.000,00 €.

Aktiv-Passiv-Mehrung

- Einer der betroffenen Bilanzposten befindet sich auf der Aktiva-Seite, der andere auf der Passiva-Seite der Bilanz (ein Vermögens- und ein Kapitalwert).
- Der Wert der beiden Bilanzposten steigt in derselben Höhe (Vermögens- und Kapitalmehrung).

Auswirkung: Die Bilanzsumme steigt.

Einkauf eines Schreibtisches auf Kredit (Zahlungsziel 45 Tage) zum Preis von 2.000,00 Euro.

Aktiva		Passiva	
Betriebs- und Geschäftsausstattung	+ 2.000,00 €	Verbindlichkeiten a.L.L.	+ 2.000,00 €

Die Bilanzsumme steigt um 2.000,00 € auf 258.000,00 €.

Aktiv-Passiv-Mehrung
Vermögens- und Kapitalmehrung

Aktiv-Passiv-Minderung

- Jeweils einer der betroffenen Bilanzposten befindet sich auf der Aktiva-Seite, der andere auf der Passiva-Seite der Bilanz (ein Vermögens- und ein Kapitalwert).
- Der Wert der beiden Bilanzposten sinkt in derselben Höhe (Vermögens- und Kapitalminderung).

Auswirkung: Die Bilanzsumme sinkt.

Banküberweisung in Höhe von 2.300,00 Euro an einen Warenlieferer am Ende des gewährten Zahlungszieles.

Aktiva		Passiva	
Kreditinstitute	– 2.300,00 €	Verbindlichkeiten a.L.L.	– 2.300,00 €

Die Bilanzsumme sinkt um 2.300,00 € auf 255.700,00 €.

Aktiv-Passiv-Minderung
Vermögens- und Kapitalminderung

Bilanzposten (nach Werteveränderungen)

Werteveränderung in €	Aktiva		Passiva		Werteveränderung in €
	TA und Maschinen	20.000,00	Eigenkapital	160.000,00	
+ 2.000,00	BGA	62.000,00	Darlehensschulden	71.000,00	+ 20.000,00
+ 3.000,00	Waren	123.000,00	Verbindlichkeiten a.L.L.	24.700,00	– 20.300,00
	Forderungen a.L.L.	37.000,00			
– 3.000,00	Kasse	2.000,00			
– 2.300,00	Kreditinstitute	11.700,00			
		255.700,00		255.700,00	

Werteveränderungen in der Bilanz

Art der Werteveränderung	Vermögensveränderung	Kapitalveränderung
Aktivtausch	Vermögenstausch	keine
Passivtausch	keine	Kapitaltausch
Aktiv-Passiv-Mehrung	Vermögen steigt	Kapital steigt
Aktiv-Passiv-Minderung	Vermögen sinkt	Kapital sinkt

3.2 Auflösung der Bilanz in Bestandskonten

Die Vielzahl von Geschäftsvorfällen, die täglich in der Buchführung eines Unternehmens erfasst werden müssen, verlangt nach einer übersichtlichen Darstellung der Werteveränderungen. Die Erstellung einer neuen Bilanz nach jedem Geschäftsvorfall genügt den Ansprüchen der Übersichtlichkeit nicht. Die Veränderungen jedes einzelnen Bilanzpostens sollen über das gesamte Geschäftsjahr verfolgt werden können. Für jeden Bilanzposten wird deshalb **ein eigenes Konto** eingerichtet, auf dem alle Werteveränderungen, die diesen Bilanzposten betreffen, erfasst (gebucht) werden. Man nennt diese Konten **Bestandskonten**, weil sie die Bestände der Vermögens- und Kapitalposten der Bilanz fortführen. Abgeleitet aus ihrer Anordnung in der Bilanz unterscheidet man **aktive und passive Bestandskonten**. Die Benennung der Kontenseiten erfolgt mit den Begriffen **Soll** (linke Seite, kurz: S) und **Haben** (rechte Seite, kurz: H).

Bilanzposten mit Vermögenswerten (Anlage- und Umlaufvermögen)	Bilanzposten mit Kapitalwerten (Eigen- und Fremdkapital)
↓ Aktiva der Bilanz	↓ Passiva der Bilanz
↓ Aktive Bestandskonten	↓ Passive Bestandskonten

Alle Bestandskonten übernehmen am Geschäftsjahresbeginn ihren Anfangsbestand (kurz: AB) aus der Eröffnungsbilanz. Nach dem System der doppelten Buchführung stehen die Anfangsbestände bei Aktivkonten im Soll, bei Passivkonten im Haben, also immer auf der Seite, auf der sie auch in der Bilanz erscheinen.

S	Aktives Bestandskonto	H
Anfangsbestand (AB) im Soll		

S	Passives Bestandskonto	H
		Anfangsbestand (AB) im Haben

Aktiva	Eröffnungsbilanz		Passiva
BGA	60.000,00	Eigenkapital	140.000,00
Waren	110.000,00	Darlehensschulden	20.000,00
Kreditinstitute	30.000,00	Verbindlichkeiten a.L.L.	40.000,00
	200.000,00		200.000,00

S	BGA	H
AB	60.000,00	

S	Eigenkapital	H
	AB	140.000,00

S	Waren	H
AB	110.000,00	

S	Darlehensschulden	H
	AB	20.000,00

S	Kreditinstitute	H
AB	30.000,00	

S	Verbindlichkeiten a.L.L.	H
	AB	40.000,00

Auflösung der Eröffnungsbilanz in Bestandskonten

3.3 Buchung auf Bestandskonten

Um Geschäftsvorfälle auf den Bestandskonten eindeutig erfassen (buchen) zu können, müssen weitere Buchungsregeln eingehalten werden. In der doppelten Buchführung werden die zu erfassenden Werteveränderungen nicht als Pluswert (+) oder Minuswert (–) gekennzeichnet. Eine Werteerhöhung oder eine Werteminderung wird durch die Eintragung auf einer vorgegebenen **Kontenseite**, im Soll oder im Haben, eindeutig festgelegt.

S Aktives Bestandskonto	H
Anfangsbestand (AB) im Soll	**Minderung** im Haben
Mehrung im Soll	**Endbestand** (EB) im Haben

S Passives Bestandskonto	H
Minderung im Soll	**Anfangsbestand** (AB) im Haben
Endbestand (EB) im Soll	**Mehrung** im Haben

Buchungsregeln für Bestandskonten

Erfassung von Werteveränderungen auf zwei Bestandskonten

Aktives Bestandskonto Waren	**Passives Bestandskonto Verbindlichkeiten a.L.L.**
1. Anfangsbestand aus der Eröffnungsbilanz: 5.000,00 € Buchungsregel: AB im Soll	1. Anfangsbestand aus der Eröffnungsbilanz: 3.000,00 € Buchungsregel: AB im Haben

S	Waren		H	S	Verbindlichkeiten a.L.L.		H
1. AB	5.000,00					1. AB	3.000,00

2. Geschäftsvorfall: Einkauf von Waren auf Ziel für 4.000,00 € (Aktiv-Passiv-Mehrung)

Buchungsregel: Mehrung im Soll	Buchungsregel: Mehrung im Haben

S	Waren		H	S	Verbindlichkeiten a.L.L.		H
1. AB	5.000,00					1. AB	3.000,00
2. Mehrung	4.000,00					2. Mehrung	4.000,00

3. Ermittlung des Endbestandes (EB) für die Schlussbilanz

Buchungsregel: EB im Haben	Buchungsregel: EB im Soll

S	Waren		H	S	Verbindlichkeiten a.L.L.		H
1. AB	5.000,00	3. EB	9.000,00	3. EB	7.000,00	1. AB	3.000,00
2. Mehrung	4.000,00					2. Mehrung	4.000,00
	9.000,00		9.000,00		7.000,00		7.000,00

Berechnung des Endbestandes	**Beispiel: Bestandskonto Waren**
1. Addition der wertmäßig größeren Kontenseite	Soll: 5.000,00 € + 4.000,00 € = 9.000,00 €
2. Eintragung der Summe auf der wertmäßig größeren Kontenseite	Kontosumme Soll: 9.000,00 €
3. Übertragung der Summe auf die wertmäßig kleinere Kontenseite	Kontosumme Haben: 9.000,00 €
4. Errechnung der Differenz (Saldo): Kontensumme – gebuchte Werte der wertmäßig kleineren Kontenseite = Endbestand	9.000,00 € – 0 = 9.000,00 € Endbestand

3.4 Vorläufiger Abschluss von Bestandskonten

3.4.1 Ermittlung der Soll-Werte

Sind am Geschäftsjahresende nach der Buchung aller Geschäftsvorfälle die Endbestände aller Bestandskonten (Soll-Werte) errechnet worden, werden diese mit den Ist-Werten der Inventur verglichen und ggf. korrigiert.

In der **Schlussbilanz** werden die Ist-Werte aller Vermögens- und Kapitalkonten gegenübergestellt. Die aktiven Bestandskonten erscheinen auf der Aktiva der Schlussbilanz, die passiven Bestandskonten erscheinen auf der Passiva. Die Summe der Aktiva muss der Summe der Passiva entsprechen.

Die **Erfassung eines Geschäftsganges** von der Eröffnungs- bis zur Schlussbilanz erfolgt in sieben Arbeitsschritten:

1. Erstellung einer Eröffnungsbilanz (Posten und Werte der Schlussbilanz des letzten Geschäftsjahres)
2. Auflösung der Eröffnungsbilanz in Bestandskonten
3. Buchung der Geschäftsvorfälle auf den Bestandskonten
4. Errechnung der Endbestände auf den Bestandskonten (Soll-Werte)
5. Abgleich der Soll-Werte mit den Ist-Werten der Inventur, ggf. Korrektur der Soll-Werte
6. Übernahme der Ist-Werte der Bestandskonten in die Schlussbilanz
7. Abschluss der Schlussbilanz (Die Summen der Aktiva und der Passiva müssen übereinstimmen.)

Berechnung der Endbestände (Soll-Werte)	
Anfangsbestand (AB) + Mehrungen – Minderungen = Endbestand (EB)	
aktive Bestandskonten Anfangsbestand (AB) + Sollbuchungen – Habenbuchungen = Endbestand (EB)	**passive Bestandskonten** Anfangsbestand (AB) + Habenbuchungen – Sollbuchungen = Endbestand (EB)

Nach der Berechnung des Endbestandes müssen auf jedem Bestandskonto **Abschlussstriche** eingetragen werden. Leerzeilen sind nach dem Kontoabschluss mit einer „Buchhalternase“ zu entwerten.

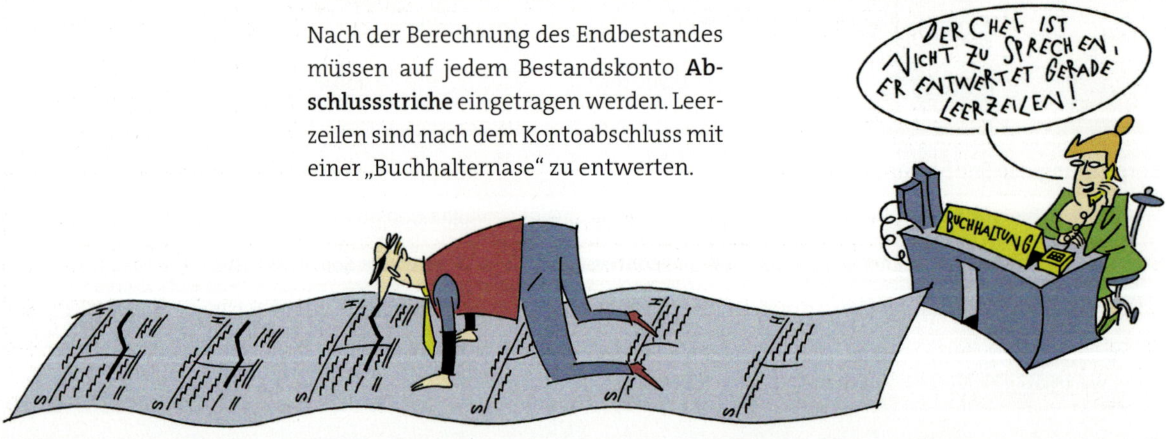

Von der Eröffnungsbilanz zur Schlussbilanz

Geschäftsvorfälle	Konten (Bilanzposten)	Aktiva (A) Passiva (P)	Werteveränderungen	Buchung
1. Einkauf von Waren auf Ziel 4.000,00 €	Waren Verbindlichkeiten a.L.L.	(A) (P)	Mehrung (Me) Mehrung (Me)	Soll Haben
2. Darlehensauszahlung auf das Bankkonto 5.000,00 €	Kreditinstitute Darlehensschulden	(A) (P)	Mehrung (Me) Mehrung (Me)	Soll Haben
3. Ausgleich einer Verbindlichkeit durch Banküberweisung 500,00 €	Verbindlichkeiten a.L.L. Kreditinstitute	(P) (A)	Minderung (Mi) Minderung (Mi)	Soll Haben
4. Einkauf eines PC auf Ziel 1.000,00 €	BGA Verbindlichkeiten a.L.L.	(A) (P)	Mehrung (Me) Mehrung (Me)	Soll Haben
5. Verkauf von Waren gegen Banküberweisung 9.000,00 €	Kreditinstitute Waren	(A) (A)	Mehrung (Me) Minderung (Mi)	Soll Haben

Eröffnungsbilanz

Aktiva		Passiva	
BGA	60.000,00	Eigenkapital	140.000,00
Waren	110.000,00	Darlehensschulden	20.000,00
Kreditinstitute	30.000,00	Verbindlichkeiten a.L.L.	40.000,00
	200.000,00		200.000,00

BGA

S			H
AB	60.000,00	EB	61.000,00
4. Me	1.000,00		
	61.000,00		61.000,00

Eigenkapital

S			H
EB	140.000,00	AB	140.000,00

Waren

S			H
AB	110.000,00	5) Mi	9.000,00
1. Me	4.000,00	EB	105.000,00
	114.000,00		114.000,00

Darlehensschulden

S			H
EB	25.000,00	AB	20.000,00
		2. Me	5.000,00
	25.000,00		25.000,00

Kreditinstitute

S			H
AB	30.000,00	3. Me	500,00
2. Me	5.000,00	EB	43.500,00
5. Me	9.000,00		
	44.000,00		44.000,00

Verbindlichkeiten a.L.L.

S			H
3. Mi	500,00	AB	40.000,00
EB	44.500,00	1. Me	4.000,00
		4. Me	1.000,00
	45.000,00		45.000,00

Schlussbilanz

Aktiva		Passiva	
BGA	61.000,00	Eigenkapital	140.000,00
Waren	105.000,00	Darlehensschulden	25.000,00
Kreditinstitute	43.500,00	Verbindlichkeiten a.L.L.	44.500,00
	209.500,00		**209.500,00**

3.4.2 Kontrollfunktion der Inventur – Ermittlung der Ist-Werte

Beispiel: Inventurdifferenzen

Nach Abschluss der Inventurarbeiten werden in einem Großhandelsunternehmen nachfolgende Werte gegenübergestellt:

Vermögens- und Kapitalwerte (Beispiele)	Vorläufige EB der Bestandskonten in €	Inventurwerte in €
TA und Maschinen	155.870,00	131.870,00
Betriebs- und Geschäftsausstattung	73.505,00	97.505,00
Waren	142.000,00	144.000,00
Verbindlichkeiten a.L.L.	1.176.225,00	1.178.225,00
Summen	**1.547.600,00**	**1.551.600,00**

Welche Werte müssen in der Schlussbilanz ausgewiesen werden?

Die Endbestände (Salden) der Bestandskonten stellen die Sollwerte der Buchhaltung für die Bilanz am Geschäftsjahresende dar. Die bei der Inventur ermittelten tatsächlichen Werte sind jedoch die Istwerte, die in die Schlussbilanz übernommen werden müssen. **Abweichungen** zwischen Soll- und Istwerten sind zum Geschäftsjahresende immer möglich. Ursachen sind zumeist unterlassene, doppelte oder fehlerhafte Buchungen sowie nicht erfasste Werteveränderungen (z. B. Verderb von Waren) oder Bestandsabgänge (z. B. durch Diebstahl).

Jede Wertdifferenz muss aufgeklärt und durch eine Buchung **ausgeglichen** werden. In der endgültigen Bilanz entsprechen die Werte der Bestandskonten dann immer den Inventurwerten.

Ergebnisse der Werteklärung

Fehlerhafte Buchungen müssen storniert und anschließend neu (richtig) gebucht werden.

1. Der Zielkauf einer Büroeinrichtung im Wert von 24.000,00 € wurde versehentlich auf das Konto Technische Anlagen und Maschinen gebucht.
   Korrektur:
   a) Minderung (Habenbuchung) Konto TA und Maschinen, 24.000,00 €
   Minderung (Sollbuchung) Konto Verbindlichkeiten a.L.L., 24.000,00 €
   b) Mehrung (Sollbuchung) Konto Betriebs- und Geschäftsausstattung, 24.000,00 €
   Mehrung (Habenbuchung) Konto Verbindlichkeiten a.L.L., 24.000,00 €

2. Eine Eingangsrechnung für Waren im Wert von 2.000,00 € wurde in der Finanzbuchhaltung nicht erfasst.
   Nachträgliche Buchung:
   Mehrung (Sollbuchung) Konto Waren, 2.000,00 €
   Mehrung (Habenbuchung) Konto Verbindlichkeiten a.L.L., 2.000,00 €

Soll-Ist-Vergleich	
Soll-Werte	rechnerische Ergebnisse des vorläufigen Kontenabschlusses der Buchführung
Ist-Werte	tatsächliche Ergebnisse der Inventur
Ursachen für Abweichungen	• unterlassene, doppelte oder fehlerhafte Buchungen • nicht erfasste Mengenveränderungen • nicht erfasste Werteveränderungen

3.5 Erstellen von Buchungssätzen

AB ☞ LS 44

Bevor ein Geschäftsvorfall richtig auf den Bestandskonten gebucht werden kann, sind folgende Überlegungen anzustellen:

1. Welche Bestandskonten werden angesprochen? →
2. Ist ein Vermögenskonto (aktives Bestandskonto) oder ein Kapitalkonto (passives Bestandskonto) betroffen? →
3. Welche Werteveränderung (Mehrung oder Minderung) liegt vor? →
4. Bei welchem Konto muss im Soll und bei welchem im Haben gebucht werden?

Alle diese Überlegungen können eindeutig durch die Angabe eines Buchungssatzes beschrieben werden.

3.5.1 Der einfache Buchungssatz

Beispiel

Eine Mitarbeiterin der BPK lässt sich am Anfang des Monats 500,00 € vom Bankkonto der BPK in bar für die Spesenkasse auszahlen.

1. Bei dem vorliegenden Geschäftsvorfall sind die Konten „Kasse“ und „Kreditinstitute“ betroffen.
2. Sie gehören beide zu den aktiven Bestandskonten.
3. Der Bestand der Kasse erhöht sich, dies führt bei einem aktiven Bestandskonto zur Sollbuchung.
4. Der Bestand des Bankguthabens vermindert sich (Habenbuchung).

Mithilfe eines Buchungssatzes kann dieser Geschäftsvorfall eindeutig beschrieben werden. Dabei wird immer eine bestimmte Reihenfolge der Angaben eingehalten:

Aufbau eines einfachen Buchungssatzes	
1. Nennung des Kontos der Sollbuchung	4. Nennung des Kontos der Habenbuchung
2. Nennung des Betrages der Sollbuchung	5. Nennung des Betrages der Habenbuchung
3. das Wort „an“ trennt Soll- und Habenbuchung	

Nach dieser Reihenfolge ergibt sich für das obige Beispiel der folgende **einfache Buchungssatz:**

Kasse	500,00 €	an	Kreditinstitute	500,00 €
Konto	Betrag in €		Konto	Betrag in €
Sollbuchung			Habenbuchung	

Aussprache:
Kasse 500,00 € an Kreditinstitute 500,00 €

Der einfache Buchungssatz betrifft immer zwei Konten und besteht aus jeweils **einer** Sollbuchung und **einer** Habenbuchung.

Übernahme des einfachen Buchungssatzes auf Bestandskonten

Beispiel

Die BPK GmbH kauft für den Reisenden Herrn Richter einen neuen Dienstwagen zum Preis von 30.000,00 € auf Ziel (zahlbar innerhalb von 14 Tagen).
Gebucht werden muss auf dem aktiven Bestandskonto „Fuhrpark" (Pkw) und dem passiven Bestandskonto „Verbindlichkeiten" (Zielkauf). Der Wert des Kontos Fuhrpark erhöht sich (Sollbuchung); der Wert des Kontos Verbindlichkeiten a.L.L. erhöht sich ebenfalls (Habenbuchung). Der Buchungssatz lautet:

Fuhrpark	30.000,00 €	an	Verbindlichkeiten a.L.L.	30.000,00 €

Bei der Übernahme des Buchungssatzes auf die Bestandskonten wird die Art der Werteveränderung (Mehrung oder Minderung) durch den Eintrag auf der Soll- oder der Habenseite des Kontos eindeutig festgelegt. Die Übersichtlichkeit auf den Konten kann jedoch wesentlich gesteigert werden, wenn auf dem Konto Hinweise zur Begründung der Werteveränderung angegeben werden. Ein derartiger Hinweis ist die **Angabe der Gegenbuchung**.

S	Fuhrpark		H
AB	70.000,00		
Verbindl.	30.000,00		

Die Angabe „Verbindlichkeiten" vor dem Buchungsbetrag sagt aus, dass ein Fahrzeug **auf Ziel** gekauft wurde. Die Gegenbuchung muss im Haben auf dem Konto Verbindlichkeiten eingetragen sein.

S		Verbindlichkeiten a.L.L.	H
		AB	60.000,00
		Fuhrpark	30.000,00

Die Angabe „Fuhrpark" vor dem Buchungsbetrag sagt aus, dass **ein Fahrzeug** auf Ziel gekauft wurde. Die Gegenbuchung muss im Soll auf dem Konto Fuhrpark eingetragen sein.

3.5.2 Der zusammengesetzte Buchungssatz

Beispiel

Die BPK GmbH kauft Waren im Wert von 5.200,00 €. Sie bezahlt 1.200,00 € in bar und den Restbetrag von 4.000,00 € durch sofortige Banküberweisung.

Dieser Geschäftsvorfall verändert die Werte von mehr als zwei Konten. Es erfolgt eine Sollbuchung auf dem Konto „Waren", und es müssen zwei Habenbuchungen auf den Konten Kasse und Keditinstitute erfasst werden. Dies wird durch einen zusammengesetzten Buchungssatz beschrieben. Die Reihenfolge der Angaben entspricht denen des einfachen Buchungssatzes:

Beträge aller Sollbuchungen = Beträge aller Habenbuchungen

Aufbau eines zusammengesetzten Buchungssatzes	
1. Nennung von Konto und Betrag der Sollbuchung(en) 2. das Wort „an" trennt Soll- und Habenbuchung(en)	3. Nennung von Konto und Betrag der Habenbuchung(en)

Der zusammengesetzte Buchungssatz besteht immer aus mehr als einer Sollbuchung oder mehr als einer Habenbuchung. Die Summe aller Sollbuchungen muss der Summe aller Habenbuchungen entsprechen.

Der zusammengesetzte Buchungssatz für das obige Beispiel lautet also:

Waren	5.200,00 €	an	Kasse Kreditinstitute	1.200,00 € 4.000,00 €
Konto	Betrag in €		Konto	Betrag in €
			Konto	Betrag in €
Sollbuchung			Habenbuchung	

Aussprache:
Waren 5.200,00 € an Kasse 1.200,00 € und Kreditinstitute 4.000,00 €

Übernahme des zusammengesetzten Buchungssatzes auf Bestandskonten

Unter Angabe der jeweiligen Gegenbuchung ergeben sich auf den Bestandskonten folgende Eintragungen:

S	Waren		H
AB	3.600,00		
Kasse, Kreditinst.	5.200,00		

S	Kasse		H
AB	2.000,00	Waren	1.200,00

S	Kreditinstitute		H
AB	9.000,00	Waren	4.000,00

3.6 Belege, Grund- und Hauptbuch

3.6.1 Belege und Belegkontierung

Jeder Geschäftsvorfall mit zahlenmäßig erfassbaren Auswirkungen auf das Vermögen und/oder das Kapital einer Unternehmung muss durch einen Beleg dokumentiert werden, mit dem die Entstehung und die Abwicklung dieses Geschäftsvorfalls nachvollzogen werden kann. Diese Belege müssen aufbewahrt werden und dienen während der Aufbewahrungszeit als Beweis für die Richtigkeit der Buchführung.

Geschäftsvorfall	Beleg
Wareneinkauf auf Ziel	Eingangsrechnung des Lieferers
Überweisung an einen Lieferer	Kontoauszug mit Lastschrift
Warenverkauf auf Ziel	Ausgangsrechnung an den Kunden
Barkauf von Büromaterial	Quittung

Aufbewahrungsfristen für Belege
LF4, Kap. 5.2

Belege entstehen im Ablauf der Unternehmenstätigkeit durch eigene und fremde Erstellung oder werden für den Zweck der Buchführung eigens erstellt.

Belegerstellung		
Unternehmenseigene Belegerstellung		Unternehmensfremde Belegerstellung
im Ablauf der Unternehmenstätigkeit:	zum Zwecke der Buchführung:	im Ablauf der Unternehmenstätigkeit:
– Ausgangsrechnungen und Gutschriften (Kopien) an Kunden – eigene Zahlungsbelege – Lohn- und Gehaltslisten – Entnahmescheine	– vorbereitende Abschlussbuchungen – Korrekturbuchungen – Notbelege (kein Beleg vorhanden, z. B. Gespräch aus einer Telefonzelle)	– Eingangsrechnungen und Gutschriften von Lieferern (Waren, Anlagevermögen, Leistungen) – Kontoauszüge der Banken – Zahlungsbelege von Kunden – Spendenbescheinigungen – Steuerbescheide

Belege von Unternehmensfremden erhalten einen Eingangsstempel mit Tagesdatum (Belegdatum) und eine interne Belegnummer. Liefererbelege (z. B. Eingangsrechnungen) müssen mit der Lieferernummer und Kundenbelege (z. B. Kontoauszüge mit Kundenüberweisungen) mit der Kundennummer versehen werden. Alle eingehenden Belege sollten abschließend sachlich und rechnerisch überprüft werden.

Belegkontierung

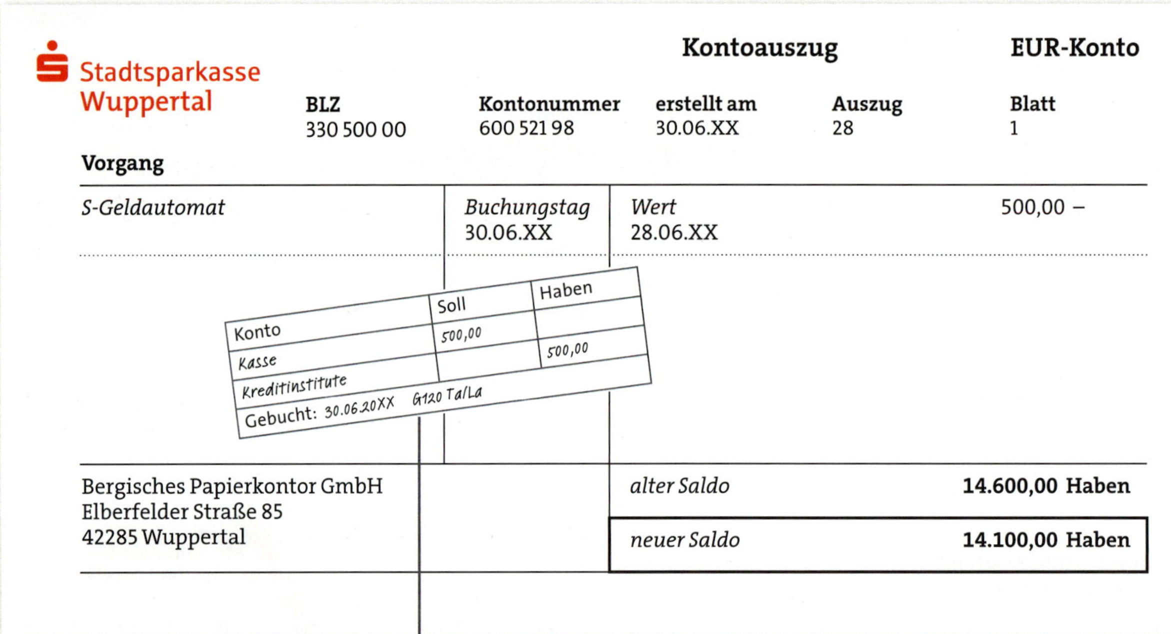
Stadtsparkasse Wuppertal

Kontoauszug EUR-Konto

BLZ	Kontonummer	erstellt am	Auszug	Blatt
330 500 00	600 521 98	30.06.XX	28	1

Vorgang

S-Geldautomat	*Buchungstag* 30.06.XX	*Wert* 28.06.XX	500,00 –

Konto	Soll	Haben
Kasse	500,00	
Kreditinstitute		500,00
Gebucht: 30.06.20XX G120 TalLa		

Bergisches Papierkontor GmbH
Elberfelder Straße 85
42285 Wuppertal

alter Saldo	**14.600,00 Haben**
neuer Saldo	**14.100,00 Haben**

Kontierungsstempel

Konto/Betrag Sollbuchung
Konto/Betrag Habenbuchung
Gebuchtzeile Buchungsdatum, Grundbuchzeile, Namenszeichen des /der Buchenden

Konto	Soll	Haben
Kasse	500,00	
Kreditinstitute		500,00
Gebucht: 30.06.20XX G120 TalLa		

Zur Vorbereitung der Buchungen werden die Tagesbelege nach Art des Geschäftsvorfalles sortiert und an die Person weitergeleitet, die die Kontierung vornimmt. Die **Kontierung** ist eine Buchungsanweisung für den Beleg. Es werden die durch diesen Beleg betroffenen Konten mit den Beträgen für die Soll- und Habenbuchung angegeben (Buchungssatz). Die Kontierung eines Beleges kann z. B. durch Eintrag in einen **Kontierungsstempel** auf dem Beleg erfolgen oder auf einer an den Beleg gehefteten Kontierungsfahne oder in Form eines maschinellen Aufdrucks.

3.6.2 Buchungen im Grund- und Hauptbuch

Sind die Belege vorkontiert, kann gebucht werden. Hierbei sind nach der Ordnung der Buchungen Grundbuch und Hauptbuch zu unterscheiden.

Grundbuch

Im Grundbuch, auch Journal (franz. le jour = der Tag) oder Primanota (ital. Erstaufzeichnung) genannt, werden die Buchungssätze in zeitlicher (chronologischer) Reihenfolge festgehalten. Die Darstellung des Grundbuches ist nicht einheitlich geregelt, da Grundbücher nach Inhaltsbereichen oder Abteilungen gegliedert und somit arbeitsteilig eingesetzt werden (z. B. Kassenbuch, Eingangsrechnungen, Ausgangsrechnungen, Bank- und Postbankauszüge). Dementsprechend gibt es im Fachhandel die unterschiedlichsten Ausführungen. In der Regel werden zur besseren Kontrolle das Buchungsdatum, das Eingangs- bzw. Ausstellungsdatum des Beleges, die Belegnummer und der Buchungstext aufgezeichnet. Da im Grundbuch alle Geschäftsvorfälle lückenlos erfasst werden, bildet es die Grundlage bei Prüfungen durch Behörden wie z. B. das Finanzamt.

Für die Darstellung eines Grundbuches, die nicht einheitlich geregelt ist, wurde in diesem Lehrbuch die folgende Darstellungsform gewählt:

Nr.	Soll	€	Haben	€
1	Kasse	500,00	Kreditinstitute	500,00
2	Fuhrpark	30.000,00	Verbindlichkeiten a.L.L.	30.000,00
usw.				

Geschäftsvorfälle:

1. *Barabhebung vom Bankkonto der BPK*
2. *Kauf eines Firmenwagens auf Ziel*

Hauptbuch

Da die chronologischen Eintragungen im Grundbuch dem Unternehmen keinen Überblick über die laufenden Veränderungen der einzelnen Vermögens- und Kapitalposten ermöglicht, werden alle Geschäftsvorfälle entsprechend ihrer sachlichen Zusammengehörigkeit gegliedert und auf den entsprechenden **Sachkonten** gebucht. Die Sachkonten befinden sich im Hauptbuch. Das Hauptbuch ordnet die Buchungen in einer sachlichen Ordnung den einzelnen Konten zu.

Die Darstellung des Hauptbuches erfolgt auf T-Konten.

S	Kasse		H
AB	300,00		
Kreditinst.	500,00		

S	Kreditinstitute		H
AB	600,00	Kasse	500,00

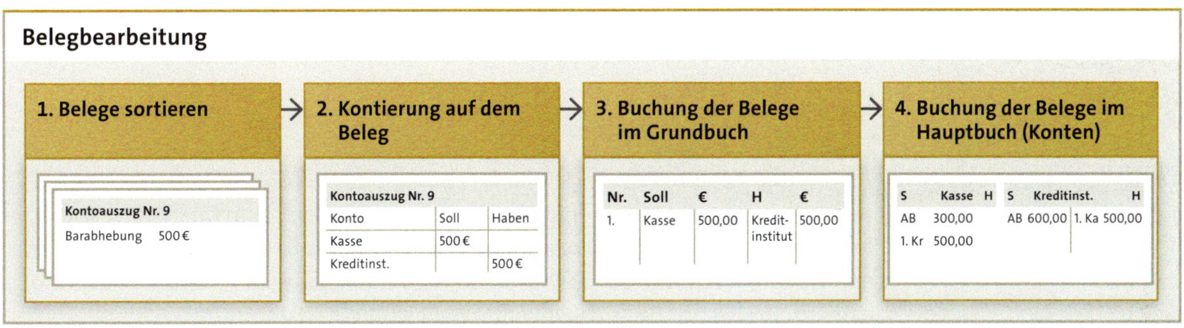

AB ☞ LS 45

3.7 Vom Eröffnungsbilanzkonto zum Schlussbilanzkonto

3.7.1 Eröffnungsbilanzkonto

Nach dem Grundsatz der Bilanzgleichheit, auch Bilanzidentität genannt, ist die Schlussbilanz am Ende eines Geschäftsjahres identisch mit der Eröffnungsbilanz des neuen Geschäftsjahres. Um die Geschäftsvorfälle des neuen Jahres buchen zu können, wird die Eröffnungsbilanz in Konten aufgelöst.

Auflösung der Bilanz in Bestandskonten
☞ *LF4, Kap. 3.2*

Bisher wurden die Anfangsbestände in folgender Weise auf die Bestandskonten übertragen:

- von der Aktivseite der Eröffnungsbilanz auf die Sollseite der Aktivkonten,
- von der Passivseite der Eröffnungsbilanz auf die Habenseite der Passivkonten.

Die Anfangsbestände in den Bestandskonten wurden somit auf der gleichen Seite eingetragen, auf der sie auch in der Bilanz stehen. Dieses Vorgehen widerspricht jedoch dem Grundsatz der doppelten Buchführung, der besagt, dass jeder Buchung im Soll eine Buchung im Haben gegenüberstehen muss. Deshalb wird ein zusätzliches Konto im Hauptbuch eingerichtet, das bei der Buchung der Anfangsbestände die Gegenbuchung aufnimmt. Diese Funktion übernimmt das **Eröffnungsbilanzkonto (EBK)**.

S EBK	H
AB aller passiven Bestandskonten	AB aller aktiven Bestandskonten

Wie alle Konten des Hauptbuches erhält das Eröffnungsbilanzkonto als Seitenbenennung die Begriffe Soll und Haben. Das EBK wird dabei zum Spiegelbild der Eröffnungsbilanz. Da alle aktiven Bestandskonten im Soll eröffnet werden müssen, erscheinen die Gegenbuchungen auf dem EBK im Haben, entsprechend erscheinen die Gegenbuchungen der passiven Bestandskonten auf dem EBK im Soll.

Die Buchungssätze bei der Eröffnung der Bestandskonten lauten also:

aktive Bestandskonten	an	Eröffnungsbilanzkonto (EBK)
Eröffnungsbilanzkonto (EBK)	an	passive Bestandskonten

3.7.2 Schlussbilanzkonto

S SBK	H
EB aller aktiven Bestandskonten	EB aller passiven Bestandskonten

Am Ende eines Geschäftsjahres werden die Bestandskonten abgeschlossen. Der Endbestand (Saldo) wird errechnet und auf der kleineren Seite eines jeden Bestandskontos zum Ausgleich eingetragen. Für die Aufnahme der Gegenbuchung ist wiederum ein Konto erforderlich. Diese Aufgabe übernimmt das Schlussbilanzkonto (SBK).

Die Buchungssätze beim Abschluss der Bestandskonten lauten:

Schlussbilanzkonto (SBK)	an	aktive Bestandskonten
passive Bestandskonten	an	Schlussbilanzkonto (SBK)

Das Schlussbilanzkonto im Hauptbuch ist das Abschlusskonto für die Bestandskonten. Die Bestände im Schlussbilanzkonto werden auf Basis der Buchungen im Grund- und Hauptbuch ermittelt (Sollbestände). Die Aufstellung der Schlussbilanz erfolgt dagegen immer auf Basis des Inventarverzeichnisses (Istbestände).

Inventar
☞ *LF4 Kap. 2.2*

Die durch Inventur ermittelten Istbestände werden mit den Sollwerten auf dem Schlussbilanzkonto verglichen. Stimmen die Inventurwerte nicht mit den Buchungen auf dem SBK überein, so müssen die Buchungen korrigiert bzw. ergänzt werden, bis die Werte des Schlussbilanzkontos denen der Schlussbilanz entsprechen.

Inventur
LF4, Kap. 2.1

3.7.3 Beispiel: Geschäftsgang mit Bilanzen, Grund- und Hauptbuch

Eröffnungsbilanz 20XX mit den Werten der Inventur zum 31.12.20XW

Aktiva	**Eröffnungsbilanz zum 01.01.20XX**		**Passiva**
BGA	60.000,00	Eigenkapital	140.000,00
Waren	110.000,00	Darlehensschulden	20.000,00
Kreditinstitute	30.000,00	Verbindlichkeiten a.L.L.	40.000,00
	200.000,00		**200.000,00**

Grundbuch

Eröffnungsbuchungen: E1 bis E3 → Aktive Bestandskonten
E4 bis E6 → Passive Bestandskonten

	Soll	€	Haben	€
E1	BGA	60.000,00	Eröffnungsbilanzkonto	60.000,00
E2	Waren	110.000,00	Eröffnungsbilanzkonto	110.000,00
E3	Kreditinstitute	30.000,00	Eröffnungsbilanzkonto	30.000,00
E4	Eröffnungsbilanzkonto	140.000,00	Eigenkapital	140.000,00
E5	Eröffnungsbilanzkonto	20.000,00	Darlehensschulden	20.000,00
E6	Eröffnungsbilanzkonto	40.000,00	Verbindlichkeiten a.L.L.	40.000,00

Buchungen der **Geschäftsvorfälle** Nr. 1 bis 5:

	Soll	€	Haben	€
1	Waren	4.000,00	Verbindlichkeiten a.L.L.	4.000,00
2	Kreditinstitute	5.000,00	Darlehensschulden	5.000,00
3	Verbindlichkeiten a.L.L.	500,00	Kreditinstitute	500,00
4	BGA	1.000,00	Verbindlichkeiten a.L.L.	1.000,00
5	Kreditinstitute	9.000,00	Waren	9.000,00

Abschlussbuchungen: A1 bis A3 → Aktive Bestandskonten
A4 bis A6 → Passive Bestandskonten

	Soll	€	Haben	€
A1	Schlussbilanzkonto	61.000,00	BGA	61.000,00
A2	Schlussbilanzkonto	105.000,00	Waren	105.000,00
A3	Schlussbilanzkonto	43.500,00	Kreditinstitute	43.500,00
A4	Eigenkapital	140.000,00	Schlussbilanzkonto	140.000,00
A5	Darlehensschulden	25.000,00	Schlussbilanzkonto	25.000,00
A6	Verbindlichkeiten a.L.L.	44.500,00	Schlussbilanzkonto	44.500,00

Hauptbuch: Eröffnungsbuchungen, Geschäftsvorfälle und Abschlussbuchungen

S — Eröffnungsbilanzkonto (EBK) — H

S		H	
Eigenkapital	140.000,00	BGA	60.000,00
Darlehensschulden	20.000,00	Waren	110.000,00
Verbindlichkeiten a.L.L.	40.000,00	Kreditinstitute	30.000,00
	200.000,00		**200.000,00**

S — BGA — H

S		H	
EBK	60.000,00	SBK	61.000,00
4. Ve	1.000,00		
	61.000,00		61.000,00

S — Eigenkapital (EK) — H

S		H	
SBK	140.000,00	EBK	140.000,00

S — Waren (Wa) — H

S		H	
EBK	110.000,00	5. Kr	9.000,00
1. Ve	4.000,00	SBK	105.000,00
	114.000,00		114.000,00

S — Darlehensschulden (Da) — H

S		H	
SBK	25.000,00	EBK	20.000,00
		2. Kr	5.000,00
	25.000,00		25.000,00

S — Kreditinstitute (Kr) — H

S		H	
EBK	30.000,00	3. Ve	500,00
2. Da	5.000,00	SBK	43.500,00
5. Wa	9.000,00		
	44.000,00		44.000,00

S — Verbindlichkeiten a.L.L. (Ve) — H

S		H	
3. Kr	500,00	EBK	40.000,00
SBK	44.500,00	1. Wa	4.000,00
		4. BGA	1.000,00
	45.000,00		45.000,00

S — Schlussbilanzkonto (SBK) — H

S		H	
BGA	61.000,00	Eigenkapital	140.000,00
Waren	105.000,00	Darlehensschulden	25.000,00
Kreditinstitute	43.500,00	Verbindlichkeiten a.L.L.	44.500,00
	209.500,00		**209.500,00**

Die Inventurwerte stimmen mit den Werten des Schlussbilanzkontos überein. Es müssen keine Korrekturbuchungen vorgenommen werden.

Aktiva — Schlussbilanz zum 31.12.20XX — Passiva

Aktiva		Passiva	
BGA	61.000,00	Eigenkapital	140.000,00
Waren	105.000,00	Darlehensschulden	25.000,00
Kreditinstitute	43.500,00	Verbindlichkeiten a.L.L.	44.500,00
	209.500,00		**209.500,00**

Ort, Datum und Unterschrift(en)

Hinweis: Die Angabe der Gegenbuchung erfolgt mit Abkürzungen. Es werden hier zumeist die ersten beiden Buchstaben des Gegenkontos angegeben. Die Auswahl der Abkürzungen ist beliebig, die Angaben müssen jedoch eindeutig sein.

4 Erfolgsvorgänge buchen

AB ☞ LS 46

4.1 Auswirkung von Erfolgsvorgängen auf das Eigenkapital

Der Erfolg eines Geschäftsjahres verändert das Eigenkapital:

Erfolg einer Unternehmung

positiver Erfolg	negativer Erfolg
↓	↓
Gewinn	Verlust
↓	↓
Eigenkapitalmehrung	Eigenkapitalminderung

Das Eigenkapital ist in den vorangegangenen Abschnitten durch Tauschvorgänge auf den Bestandskonten **nicht verändert** worden. Dies war beim Handel mit Waren nur unter der Annahme möglich, dass die eingekauften Waren zu denselben Preisen wieder verkauft wurden.

Das Eigenkapital wird durch **Aufwendungen** und **Erträge** verändert. Ein Großhandelsunternehmen muss, um die angestrebten Gewinne erzielen zu können, seine Waren zu einem höheren Preis verkaufen als einkaufen. Der **Wareneinkauf zu niedrigeren Einstandspreisen** wird als Aufwendungen für Waren auf dem Konto Wareneingang erfasst. Der **Warenverkauf zu höheren Verkaufspreisen** wird als Umsatzerlös auf dem Konto Warenverkauf erfasst. Eine Buchung von Warenein- und Warenverkäufen auf dem aktiven Bestandskonto für Waren (jetzt: Konto Warenbestände) ist dann nicht mehr möglich!

Wareneinkauf = Aufwand = Eigenkapitalminderung;
Buchung auf dem Konto Wareneingang

Warenverkauf = Ertrag = Eigenkapitalmehrung;
Buchung auf dem Konto Warenverkauf

Bei der sofortigen Erfassung der eingekauften Waren als Aufwendungen wird unterstellt, dass im wesentlichen Umfang alle eingekauften Waren im selben Geschäftsjahr auch wieder verkauft werden. Die wertmäßige Veränderung der Inventurbestände von Waren, die auf dem neuen Konto Warenbestände zu erfassen wäre, spielt nur eine untergeordnete Rolle.

Warenbestandsveränderungen
☞ *LF4, Kap. 8.3*

Dabei ist die positive Differenz zwischen Umsatzerlösen und Aufwendungen für Waren jedoch nicht mit dem Gewinn des Unternehmens gleichzusetzen. Der Handel mit Waren verursacht weitere Aufwendungen, ohne die ein Handelsunternehmen seine Dienstleistung nicht erbringen könnte. Der gesamte **Werteverzehr** von Produktionsfaktoren (Betriebsmittel, Arbeit, Werkstoffe) beim Einkauf, der Lagerung und dem Verkauf von Waren sowie für die Verwaltung des Unternehmens mindern den Wert des Vermögens und damit das Eigenkapital. Diesem Werteverzehr können neben den Umsatzerlösen weitere Erträge als **Wertezufluss** gegenüberstehen, die den Wert des Vermögens und damit das Eigenkapital erhöhen.

Beispiele für Aufwendungen eines Handelsunternehmens	
Wareneinkauf	Wert der gekauften Waren zu Einstandspreisen
Kosten der Warenabgabe	Verpackungsmaterial, Ausgangsfrachten, Gewährleistungen
Personalkosten	Löhne, Gehälter, gesetzliche soziale Aufwendungen
Abschreibungen	Wertminderungen von Vermögensgegenständen (z. B. durch Nutzung)
Allgemeine Verwaltung	Bürobedarf, Porto, Telefon, Telefax, Rechts- und Beratungskosten, Kosten des Geldverkehrs
weitere wichtige Aufwendungen	Miete, Pachten, Leasing, Kfz-Steuer, Versicherungen, Energie, Betriebsstoffe, Werbung, Instandhaltung, Provisionen usw.

Beispiele für Erträge eines Handelsunternehmens	
Warenverkauf	Wert der verkauften Waren zu Verkaufpreisen (Umsatzerlöse)
weitere wichtige Erträge	Provisionserträge, Zinserträge usw.

Ist die Summe aller Erträge größer als die Summe aller Aufwendungen, so erzielt die Unternehmung einen **Gewinn**. Das Eigenkapital steigt. Decken die Erträge nicht die Aufwendungen, so wird ein **Verlust** erzielt. Das Eigenkapital sinkt.

Beispiel

Eigenkapitalmehrung durch Gewinn	
Aufwendungen 35.000,00 €	Erträge 40.000,00 €
Gewinn 5.000,00 €	

Eigenkapitalminderung durch Verlust	
Aufwendungen 40.000,00 €	Erträge 35.000,00 €
	Verlust 5.000,00 €

4.2 Buchen auf Erfolgskonten

Gemäß den Buchungsregeln für passive Bestandskonten könnten alle Aufwendungen (Eigenkapitalminderungen) und Erträge (Eigenkapitalmehrungen) direkt auf dem Konto Eigenkapital gebucht werden. Bei einer Vielzahl von erfolgswirksamen Geschäftsvorfällen würde man als Ergebnis allerdings ein sehr unübersichtliches Eigenkapitalkonto erhalten, aus dem die Höhe einzelner Aufwands- und Ertragsarten nicht ersichtlich wäre.

Erträge (Eigenkapitalmehrungen) werden im Haben, Aufwendungen (Eigenkapitalminderungen) werden im Soll gebucht.

Aus diesem Grund werden so genannte **Erfolgskonten** als Unterkonten des Eigenkapitals eingerichtet. Alle erfolgswirksamen Geschäftsvorfälle werden darauf nach Aufwands- und Ertragsarten sachlich geordnet erfasst. Dabei müssen Erträge immer im Haben und Aufwendungen immer im Soll gebucht werden. Die Gegenbuchung verändert die Werte auf den Bestandskonten. Im Gegensatz zu Bestandskonten haben Erfolgskonten **keinen Anfangsbestand**.

Eigenkapitalkonto mit Unterkonten (Aufwands- und Ertragskonten)

S	Eigenkapital	H
Eigenkapitalminderung		Anfangsbestand
Endbestand		Eigenkapitalmehrung

Erfolgskonten als Unterkonten des Eigenkapitalkontos

Aufwandskonten (Beispiele)		**Ertragskonten** (Beispiele)	
S **Wareneingang**	H	S **Warenverkauf**	H
Wareneinkauf zu Einstandspreisen			Warenverkauf zu Verkaufspreisen
S **Bürobedarf**	H	S **Zinserträge**	H
Büromaterialeinkauf zu Einstandspreisen			Zinsgutschriften

Geschäftsvorfälle:

1. Einkauf von Kopierpapier zum Preis von 12.500,00 € auf Ziel
2. Verkauf desselben Kopierpapiers zum Preis von 18.500,00 € auf Ziel
3. Barkauf von Kugelschreibern für die Verwaltung, 42,00 €
4. Die Bank schreibt 500,00 € Zinsen gut.

Grundbuch

Nr.	Soll	€	Haben	€
1	Wareneingang	12.500,00	Verbindlichkeiten a.L.L.	12.500,00
2	Forderungen a.L.L.	18.500,00	Warenverkauf	18.500,00
3	Bürobedarf	42,00	Kasse	42,00
4	Kreditinstitute	500,00	Zinserträge	500,00

Hauptbuch

Erfolgskonten

S	Wareneingang (WE)		H
1. Ve	12.500,00		

S	Warenverkauf (WV)		H
		2. Fo	18.500,00

S	Bürobedarf (Bü)		H
3. Ka	42,00		

S	Zinserträge (Zi)		H
		4. Kr	500,00

Bestandskonten

S	Verbindlichkeiten a.L.L. (Ve)		H
		EBK	25.500,00
		1. WE	12.500,00

S	Forderungen a.L.L. (Fo)		H
EBK	10.900,00		
2. WV	18.500,00		

S	Kasse (Ka)		H
EBK	5.500,00	3. Bü	42,00

S	Kreditinstitute (Kr)		H
EBK	7.200,00		
4. Zi	500,00		

4.3 Abschluss von Erfolgskonten

Der Abschluss der Erfolgskonten am Geschäftsjahresende erfolgt nicht direkt über das Eigenkapitalkonto. Übersichtlicher ist es, wenn alle Aufwands- und Ertragskonten zunächst auf einem separaten Konto gegenübergestellt werden, um dort den Erfolg des Geschäftsjahres zu ermitteln. Diese Gegenüberstellung erfolgt auf dem **Gewinn- und Verlustkonto (GuV)**. Der dort ermittelte Erfolg (Gewinn oder Verlust) wird dann in einer Buchung auf das Eigenkapitalkonto übernommen.

Abschluss GuV-Konto bei Gewinn	**Abschluss GuV-Konto bei Verlust**
Erträge > Aufwendungen → Gewinn	Erträge < Aufwendungen → Verlust

S	GuV-Konto	H
Aufwendungen		Erträge
Gewinn		

S	Eigenkapital	H
Endbestand		Anfangsbestand
		Gewinn

S	GuV-Konto	H
Aufwendungen		Erträge
		Verlust

S	Eigenkapital	H
Verlust		Anfangsbestand
Endbestand		

Abschlussbuchungssatz bei Gewinn:	Abschlussbuchungssatz bei Verlust
GuV-Konto an Eigenkapital	**Eigenkapital an GuV-Konto**

System der doppelten Buchführung

Bilanzaufbau

Vermögen
- Anlagevermögen
- Umlaufvermögen

Kapital
- Eigenkapital
- Fremdkapital

Unterkonten des Eigenkapitalkontos (EK)

Buchungsregeln der doppelten Buchführung

S	Aktive Bestandskonten	H
Anfangsbestand (EBK)		Minderungen
Mehrungen		Endbestand (SBK)

S	Passive Bestandskonten	H
Minderungen		Anfangsbestand (EBK)
Endbestand (SBK)		Mehrungen

S	Aufwandskonten	H
Aufwandsbuchungen		Abschlusssaldo (GuV)

S	Ertragskonten	H
Abschlusssaldo (GuV)		Ertragsbuchungen

Eröffnungs- und Abschlusskonten

S	Eröffnungsbilanzkonto (EBK)	H
Passive Bestandskonten		Aktive Bestandskonten

S	Schlussbilanzkonto (SBK)	H
Aktive Bestandskonten		Passive Bestandskonten

S	GuV-Konto	H
Aufwandskonten		Ertragskonten
Gewinn für EK		

oder

S	GuV-Konto	H
Aufwandskonten		Ertragskonten
		Verlust für EK

4.4 Geschäftsgang mit Bestands- und Erfolgskonten

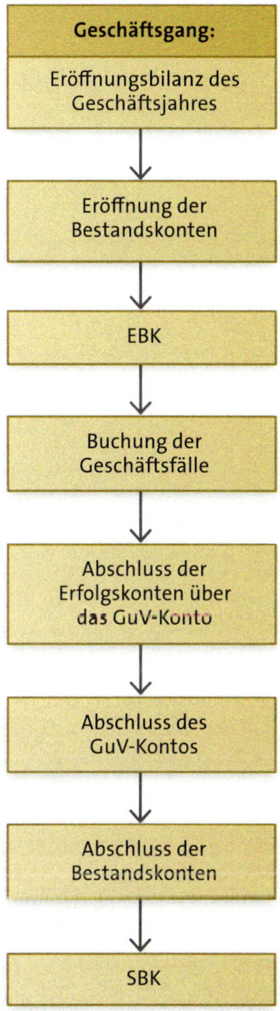

Ein vollständiger Geschäftsgang hat seinen Ursprung in der Inventur zum Geschäftsjahresende des Vorjahres. Auf Basis der Inventurwerte wird die Schlussbilanz erstellt. Aus dieser werden die Posten und Werte in die identische Eröffnungsbilanz des neuen Geschäftsjahres und von dort (spiegelverkehrt) durch die Eröffnungsbuchungen der Bestandskonten in das Eröffnungsbilanzkonto übernommen.

Die Buchungstätigkeiten beginnen mit der Eröffnung der Bestandskonten in Grund- und Hauptbuch über das Eröffnungsbilanzkonto. Anschließend erfolgt die Erfassung aller erfolgswirksamen und erfolgsunwirksamen Geschäftsvorfälle in chronologischer Reihenfolge im Grundbuch mit anschließender Übernahme auf die Sachkonten des Hauptbuches.

Am Geschäftsjahresende werden die Erfolgskonten über das GuV-Konto abgeschlossen und der dort ermittelte Gewinn oder Verlust auf das Eigenkapitalkonto übernommen. Abschließend werden die Bestandskonten im Grund- und Hauptbuch abgeschlossen. Das durch den Abschluss der Bestandskonten entstandene Schlussbilanzkonto muss den Inventurwerten des neuen Jahres (Schlussbilanz) entsprechen.

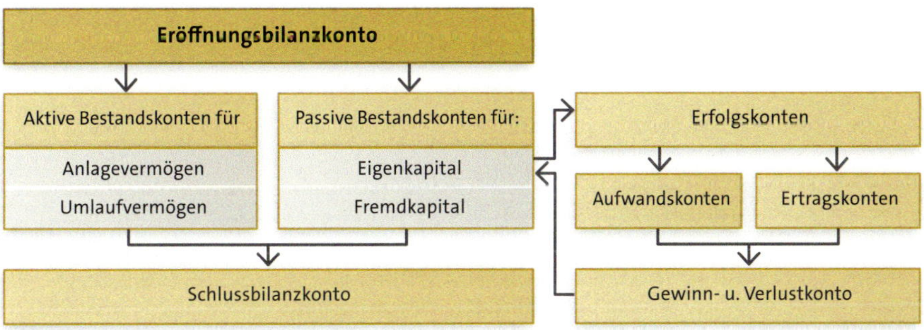

Aktiva	**Eröffnungsbilanz zum 01.01.20XX**		**Passiva**
BGA	125.000,00	Eigenkapital	120.000,00
Warenbestände	80.000,00	Darlehensschulden	90.000,00
Forderungen a.L.L.	20.000,00	Verbindlichkeiten a.L.L.	40.000,00
Kreditinstitute	25.000,00		
	250.000,00		250.000,00

Eröffnungsbuchungen

Soll	€	Haben	€
BGA	125.000,00	EBK	125.000,00
Warenbestände	80.000,00	EBK	80.000,00
Forderungen a.L.L.	20.000,00	EBK	20.000,00
Kreditinstitute	25.000,00	EBK	25.000,00
EBK	120.000,00	Eigenkapital	120.000,00
EBK	90.000,00	Darlehensschulden	90.000,00
EBK	40.000,00	Verbindlichkeiten a.L.L.	40.000,00

Geschäftsvorfälle

Alle eingekauften Waren des Geschäftsjahres werden in diesem Geschäftsjahr wieder verkauft. Der Wert des Warenbestandes bleibt unverändert bei 80.000,00 €. Erfolgskonten: Wareneingang, Gehälter, Warenverkauf, Zinserträge

Erfolgswirksame und erfolgsunwirksame Geschäftsvorfälle		**€**
1. Einkauf von Waren auf Ziel		240.000,00
2. Verkauf derselben Waren	**a)** auf Ziel und	220.000,00
	b) per Banküberweisung	100.000,00
3. Tilgung eines Darlehens per Banküberweisung		40.000,00
4. Banküberweisung von Kunden		180.000,00
5. Gutschrift der Bank für Zinsen		5.000,00
6. Banküberweisung der Gehälter		44.000,00
7. Einkauf eines Regalsystems für die Ablage per Banküberweisung		6.000,00
8. Banküberweisung an Lieferer		200.000,00

Nr.	Soll	€	Haben	€
1	Wareneingang	240.000,00	Verbindlichkeiten a.L.L.	240.000,00
2	Forderungen a.L.L. Kreditinstitute	220.000,00 100.000,00	Warenverkauf	320.000,00
3	Darlehensschulden	40.000,00	Kreditinstitute	40.000,00
4	Kreditinstitute	180.000,00	Forderungen a.L.L.	180.000,00
5	Kreditinstitute	5.000,00	Zinserträge	5.000,00
6	Gehälter	44.000,00	Kreditinstitute	44.000,00
7	BGA	6.000,00	Kreditinstitute	6.000,00
8	Verbindlichkeiten a.L.L.	200.000,00	Kreditinstitute	200.000,00

Abschlussbuchungen

Abschluss der Erfolgskonten

Soll	€	Haben	€
GuV	240.000,00	Wareneingang	240.000,00
GuV	44.000,00	Gehälter	44.000,00
Warenverkauf	320.000,00	GuV	320.000,00
Zinserträge	5.000,00	GuV	5.000,00

Abschluss GuV-Konto

Soll	€	Haben	€
GuV	41.000,00	Eigenkapital	41.000,00

Abschluss der Bestandskonten

Soll	€	Haben	€
SBK	131.000,00	BGA	131.000,00
SBK	80.000,00	Warenbestände	80.000,00
SBK	60.000,00	Forderungen a.L.L.	60.000,00
SBK	20.000,00	Kreditinstitute	20.000,00
Eigenkapital	161.000,00	SBK	161.000,00
Darlehensschulden	50.000,00	SBK	50.000,00
Verbindlichkeiten a.L.L.	80.000,00	SBK	80.000,00

Hauptbuch mit Bestands- und Erfolgskonten

Eröffnungsbilanzkonto (EBK)

S			H
Eigenkapital	120.000,00	BGA	125.000,00
Darlehensschulden	90.000,00	Warenbestände	80.000,00
Verbindlichkeiten a.L.L.	40.000,00	Forderungen a.L.L.	20.000,00
		Kreditinstitute	25.000,00
	250.000,00		250.000,00

Aktive Bestandskonten ← Bestandskonten → Passive Bestandskonten

BGA

S			H
EBK	125.000,00	SBK	131.000,00
7. Kr	6.000,00		
	131.000,00		131.000,00

Eigenkapital (EK)

S			H
SBK	161.000,00	EBK	120.000,00
		GuV	41.000,00
	161.000,00		161.000,00

Warenbestände (WB)

S			H
EBK	80.000,00	SBK	80.000,00

Darlehensschulden (Da)

S			H
3. Kr	40.000,00	EBK	90.000,00
SBK	50.000,00		
	90.000,00		90.000,00

Forderungen a.L.L. (Fo)

S			H
EBK	20.000,00	4. Kr	180.000,00
2. WV	220.000,00	SBK	60.000,00
	240.000,00		240.000,00

Verbindlichk. a.L.L. (Vb)

S			H
8. Kr	200.000,00	EBK	40.000,00
SBK	80.000,00	1. WE	240.000,00
	280.000,00		280.000,00

Kreditinstitute (Kr)

S			H
EBK	25.000,00	3. Da	40.000,00
2. WV	100.000,00	6. Ge	44.000,00
4. Fo	180.000,00	7. BGA	6.000,00
5. Zi	5.000,00	8. Vb	200.000,00
		SBK	20.000,00
	310.000,00		310.000,00

Aufwandskonten ← Erfolgskonten → Ertragskonten

Wareneingang (WE)

S			H
1. Vb	240.000,00	GuV	240.000,00

Warenverkauf (WV)

S			H
GuV	320.000,00	2. Fo, Kr	320.000,00

Gehälter (Ge)

S			H
6. Kr	44.000,00	GuV	44.000,00

Zinserträge (Zi)

S			H
GuV	5.000,00	5. Kr	5.000,00

Gewinn- u. Verlustkonto (GuV)

S			H
Wareneingang	240.000,00	Warenverkauf	320.000,00
Gehälter	44.000,00	Zinserträge	5.000,00
Eigenkapital	41.000,00		
	325.000,00		325.000,00

Schlussbilanzkonto (SBK)

S			H
BGA	131.000,00	Eigenkapital	161.000,00
Warenbestände	80.000,00	Darlehensschulden	50.000,00
Forderungen a.L.L.	60.000,00	Verbindlichkeiten a.L.L.	80.000,00
Kreditinstitute	20.000,00		
	291.000,00		291.000,00

AB ☞ LS 47

4.5 Lineare Abschreibung auf Sachanlagen

Beispiel

Am Jahresanfang hat die BPK GmbH einen neuen Pkw gekauft. Der Verkäufer, die Car GmbH, hat folgende Rechnung aufgestellt:

Listenpreis einschl. Sonderausstattung	38.000,00 €
– 10 % Firmenrabatt	3.800,00 €
=	34.200,00 €
+ Überführungskosten	500,00 €
+ Zulassungskosten	100,00 €
+ Benzin für die erste Tankfüllung	75,00 €
= **Rechnungsbetrag**[1]	**34.875,00 €**

[1] Der Rechnungsbetrag ist umsatzsteuerpflichtig.

System der Umsatzsteuer
☞ *LF4, Kap. 7*

Sachanlagen
Grundstücke, Gebäude, Maschinen, Betriebs- und Geschäftsausstattung, Fuhrpark

Der gekaufte Pkw gehört zu den **Sachanlagen** des Unternehmens. Sachanlagen bilden neben immateriellen Vermögensgegenständen (z. B. Lizenzen) und Finanzanlagen (z. B. Wertpapiere oder Beteiligungen) einen wichtigen Bestandteil des Anlagevermögens.

Anschaffungskosten

Nach § 255 HGB müssen alle Sachanlagen mit ihren Anschaffungskosten in der Buchhaltung erfasst werden.

§ 255 HGB Anschaffungs- und Herstellungskosten

(1) Anschaffungskosten sind die Aufwendungen, die geleistet werden, um einen Vermögensgegenstand zu erwerben und ihn in einen betriebsbereiten Zustand zu versetzen, soweit sie dem Vermögensgegenstand einzeln zugeordnet werden können. Zu den Anschaffungskosten gehören auch die Nebenkosten sowie die nachträglichen Anschaffungskosten. Anschaffungspreisminderungen sind abzusetzen. [...]

Berechnung der Anschaffungskosten eines Pkw

Zusammensetzung	Beispiel Pkw	Betrag
Anschaffungspreis	Listenpreis inkl. Sonderausstattung	38.000,00 €
– Anschaffungspreisminderungen	Firmenrabatt	3.800,00 €
+ Anschaffungsnebenkosten	Überführungs- und Zulassungskosten	600,00 €
+ nachträgliche Anschaffungskosten	spätere Einbauten (z. B. Navigationssystem)	0,00 €
= Anschaffungskosten		**34.800,00**

Regelmäßig anfallende Kosten für die Nutzung des Pkw wie Benzin, Zinsen für die Finanzierung des Kaufpreises, Kfz-Steuer und Versicherung, Reparaturen usw. sind **keine Anschaffungskosten**, sie werden sofort als Aufwand gebucht.

Grundbuch: Kauf des Pkw gegen Banküberweisung

Nr.	Soll	€	Haben	€
1	Fuhrpark Energie, Betriebsstoffe	34.800,00 75,00	Kreditinstitute	34.875,00

Lineare Abschreibung

Wie bei fast allen Anlagegütern ist auch die Nutzungsdauer eines Pkw durch Verschleiß oder Überholung (Veralterung) zeitlich begrenzt. Nach den rechtlichen Vorschriften müssen alle Vermögensgegenstände, deren Nutzung zeitlich begrenzt ist, **planmäßig abgeschrieben** werden. Die planmäßige Abschreibung verteilt die Anschaffungskosten als Aufwand über die Jahre der betriebsgewöhnlichen Nutzungsdauer.

Aus Vereinfachungsgründen hat das Bundesfinanzministerium Erfahrungswerte für die betriebsgewöhnliche Nutzungsdauer verschiedenster Anlagegüter in so genannten **AfA-Tabellen** zusammengestellt:

Beispiel

Betriebsgewöhnliche Nutzungsdauer nach AfA-Tabelle

Anlagegut (Beispiele)	betriebsgewöhnliche Nutzungsdauer
Büromöbel	13 Jahre
Lkw	9 Jahre
Pkw	6 Jahre
PC	3 Jahre

AfA
Absetzung für Abnutzung
www.steuernetz.de

Bei der linearen Abschreibung werden die Anschaffungskosten **gleichmäßig** auf die Jahre der betriebsgewöhnlichen Nutzungsdauer (ND) verteilt. Der jährliche Abschreibungsbetrag wird errechnet, indem man die Anschaffungskosten durch die Nutzungsjahre teilt.

Berechnung Abschreibungsbetrag

$$\text{jährlicher Abschreibungsbetrag} = \frac{\text{Anschaffungskosten}}{\text{Nutzungsjahre}} = \frac{34.800{,}00\,€}{6\text{ Jahre}} = \mathbf{5.800{,}00\,€/Jahr}$$

Für den Pkw aus dem Eingangsbeispiel ergibt sich damit die folgende Abschreibungstabelle:

Abschreibungstabelle (lineare Abschreibung eines Pkw)

Anschaffungskosten	34.800,00 €
– Abschreibungsbetrag 1. Jahr	5.800,00 €
= Buchwert Ende 1. Nutzungsjahr	29.000,00 €
– Abschreibungsbetrag 2. Jahr	5.800,00 €
= Buchwert Ende 2. Nutzungsjahr	23.200,00 €
– Abschreibungsbetrag 3. Jahr	5.800,00 €
= Buchwert Ende 3. Nutzungsjahr	17.400,00 €
– Abschreibungsbetrag 4. Jahr	5.800,00 €
= Buchwert Ende 4. Nutzungsjahr	11.600,00 €
– Abschreibungsbetrag 5. Jahr	5.800,00 €
= Buchwert Ende 5. Nutzungsjahr	5.800,00 €
– Abschreibungsbetrag 6. Jahr	5.800,00 €
= Buchwert Ende 6. Nutzungsjahr	0,00 €

Wird der Pkw nach Ablauf von 6 Jahren weiter genutzt, kann er mit einem „Erinnerungswert“ von 1 € in der Anlagendatei verbleiben. Die Abschreibung im 6. Jahr betrüge dann 5.799,00 €.

Die jährliche Abschreibung kann auch in Prozent der Anschaffungskosten angegeben werden. Der **Abschreibungssatz** in Prozent errechnet sich wie folgt:

Berechnung Abschreibungssatz

$$\text{Abschreibungssatz in Prozent} = \frac{100}{\text{Nutzungsjahre}} = \frac{100}{6} = \mathbf{16{,}\overline{66}\,\%}$$

Buchung von Abschreibungen

Der Abschreibungssatz entspricht einem jährlichen Wertverlust von $16{,}\overline{66}$ %. Dieser Wertverlust wird auf dem Aufwandskonto „Abschreibungen auf Sachanlagen“ erfasst. Nach der Abschreibung ist auf dem Schlussbilanzkonto der Buchwert der Anlagegüter zu ersehen.

Grundbuch

1. Erfassung der Abschreibung in Höhe von 5.800,00 €
2. Abschluss Konto Fuhrpark auf SBK
3. Abschluss Konto Abschreibungen auf Sachanlagen auf GuV-Konto

Nr.	Soll	€	Haben	€
1	Abschreibungen auf Sachanlagen	5.800,00	Fuhrpark	5.800,00
2	SBK	29.000,00	Fuhrpark	29.000,00
3	GuV-Konto	5.800,00	Abschreibungen auf Sachanlagen	5.800,00

Hauptbuch

S	Fuhrpark (Fu)		H
Kr	34.800,00	1. Ab	5.800,00
		2. SBK	29.000,00
	34.800,00		34.800,00

S	Abschreibung auf Sachanlagen (Ab)		H
1. Fu	5.800,00	3. GuV	5.800,00

S	SBK		H
2. Fu	29.000,00		
	= Buchwert		

S	GuV-Konto		H
3. Ab	5.800,00		
	= Aufwand		

Zeitanteilige lineare Abschreibung auf Sachanlagen im Kauf- und Verkaufsjahr

Neben der Abschreibungsmethode und der betriebsgewöhnlichen Nutzungsdauer des Anlagegutes spielt in Kauf- oder Verkaufsjahren auch das jeweilige Datum bei der Ermittlung des Abschreibungsbetrages eine Rolle. Wird eine Sachanlage im Laufe eines Geschäftsjahres gekauft oder gebraucht verkauft, so darf der lineare Abschreibungsbetrag in diesem Geschäftsjahr nur anteilig, aufgerundet auf volle Nutzungsmonate, berechnet und gebucht werden.

Beispiel

Kauf am 17.09.20XX = 4 aufgerundete Nutzungsmonate = 4/12 der Jahresabschreibung
Verkauf am 9.02.20XX = 2 aufgerundete Nutzungsmonate = 2/12 der Jahresabschreibung

4.6 Einfacher Jahresabschluss und Kontrolle der Zielerreichung

AB ☞ LS 48

Am Jahresende warten Geschäftsführung und Gesellschafter der BPK GmbH gespannt auf den neuen Jahresabschluss. Viele ökonomische Zielsetzungen sind eng mit den Werten der Bilanz und der GuV-Rechnung verknüpft. Schon wenige Tage nach Neujahr ist ein einfacher, allerdings vorläufiger Jahresabschluss zu erstellen:

bpk Bergisches Papierkontor GmbH

Aktiva — Bilanzwerte der BPK GmbH am 31. 12. 20XW (Vorjahr) und am 31. 12. 20XX (Berichtsjahr) — Passiva

	Vorjahr in €	Berichtsjahr in €		Vorjahr in €	Berichtsjahr in €
A. Anlagevermögen			**A. Eigenkapital**	267.900,00	300.000,00
1. Grundstücke und Bauten	492.900,00	485.500,00	**B. Verbindlichkeiten**		
2. Technische Anlagen und Maschinen	12.340,00	9.456,75	1. Verbindlichkeiten gegenüber Kreditinstituten	540.000,00	500.000,00
3. Betriebs- und Geschäftsausstattung	65.000,00	44.250,00	2. Verbindlichkeiten a. L.L.	56.000,00	30.149,50
			3. Sonstige Verbindlichkeiten	22.450,00	25.503,99
4. Fuhrpark	46.400,00	81.500,00			
B. Umlaufvermögen					
1. Warenvorräte	178.500,00	149.408,00			
2. Forderungen a. L.L.	43.600,00	38.388,86			
3. Kasse	241,00	133,53			
4. Postbankguthaben	5.690,00	4.355,04			
5. Bankguthaben	41.679,00	42.661,31			
	886.350,00	**855.653,49**		**886.350,00**	**855.653,49**

bpk Bergisches Papierkontor GmbH

Soll — GuV-Werte der BPK GmbH am 31. 12. 20XW (Vorjahr) und 31. 12. 20XX (Berichtsjahr) — Haben

	Vorjahr in €	Berichtsjahr in €		Vorjahr in €	Berichtsjahr in €
Wareneingang	2.977.600,00	3.124.650,00	Warenverkauf	4.019.750,00	4.218.300,00
Personalkosten	753.530,00	750.540,00	Provisionserträge	2.400,00	1.250,00
Mieten, Pachten, Leasing	22.200,00	24.940,00	Zinserträge	3.800,00	4.200,00
Steuern, Beiträge, Versicherungen	39.700,00	68.380,00			
Energie, Betriebsstoffe	21.200,00	24.200,00			
Werbe- und Reisekosten	27.950,00	32.460,00			
Allgemeine Verwaltung	44.540,00	53.040,00			
Abschreibungen auf Sachanlagen	84.500,00	80.940,00			
Zinsaufwendungen	35.100,00	32.500,00			
Eigenkapital (Gewinn)	19.630,00	32.100,00			
	4.025.950,00	**4.223.750,00**		**4.025.950,00**	**4.223.750,00**

Vollständiger Jahresabschluss nach HGB siehe Lernfeld 11.

Kontrollfunktion der Inventur
LF4, Kap. 3.4.2

Für den einfachen Jahresabschluss werden alle Erfolgskonten über das GuV-Konto abgeschlossen, der vorläufige Gewinn ermittelt und dem alten Eigenkapital hinzugerechnet. Anschließend wird die Bilanz erstellt, indem die Bestandskosten über das SBK abgeschlossen und als vorläufige Bilanzwerte übernommen werden. Vorläufig heißt hier, dass noch keine Kontrolle der SBK-Werte (Sollwerte) durch die Inventur (Istwerte) stattgefunden hat. Inventurdifferenzen sowie z.B. spätere Bewertungsentscheidungen für Vermögens- und Kapitalpositionen bleiben unberücksichtigt. Dies erfolgt erst dann, wenn der vorgeschriebene Jahresabschluss nach HGB in der dort vorgeschriebenen Gliederung erstellt wird.

ökonomische Unternehmensziele
LF1, Kap. 4.1

Für Geschäftsleitung und Gesellschafter reicht schon dieser einfache Jahresabschluss aus, um das Erreichen einiger ökonomischer Ziele abschätzen zu können. Dabei verdienen die Höhe des Gewinns und die Rentabilität besondere Beachtung. Für den Fortbestand des Unternehmens hat die Liquidität zentrale Bedeutung.

Gewinnerzielung

Der Erfolg (Gewinn oder Verlust) eines Geschäftsjahres kann auf zweifache Weise ermittelt werden: Beide Werte müssen für denselben Abrechnungszeitraum übereinstimmen:

- **In der Bilanz** durch die Höhe der Eigenkapitalveränderung. Dazu werden die Werte des Berichtsjahres mit denen des Vorjahres verglichen. Voraussetzung ist, dass bei einer Kapitalgesellschaft wie der BPK GmbH keine Kapitalveränderung aufgrund eines Gesellschafterbeschlusses (z.B. durch Einzahlungen der Gesellschafter) stattgefunden hat.
- **Im GuV-Konto** wird der Erfolg durch die Differenz zwischen Erträgen und Aufwendungen ermittelt.

Beispiel

Für das Berichtsjahr wurde ein Gewinn in Höhe von 30.000,00 € als Ziel festgesetzt.
Berechnung:

	Eigenkapital am Ende des Berichtsjahres	300.000,00 €
–	Eigenkapital am Ende des Vorjahres	267.900,00 €
=	**Eigenkapitalerhöhung = Gewinn**	**32.100,00 €**

Das Ziel ist mehr als erreicht. Der Gewinn ist höher als 30.000,00 €.
Zielerreichungsgrad: 107,0 %

Zielerreichungsgrad
Zielerreichungsgrad = 100 % Das Ziel wurde vollständig erreicht.
Zielerreichungsgrad > 100 % Das Ziel wurde übertroffen.
Zielerreichungsgrad < 100 % Das Ziel wurde verfehlt.

Eigenkapitalrentabilität

Setzt man den ermittelten Jahresgewinn ins Verhältnis zum eingesetzten Kapital (Eigenkapital am Ende des Vorjahres), so kann die Verzinsung des Eigenkapitals ermittelt werden.

Beispiel

Die Eigenkapitalrentabilität soll im Berichtsjahr über 10 % liegen.
Berechnung:

$$\frac{\text{Gewinn}}{\text{eingesetztes EK}} = \frac{32.100{,}00\,€}{267.900{,}00\,€} = 0{,}1198 = \mathbf{11{,}98\,\%}$$

Die tatsächlich erzielte Eigenkapitalrentabilität ist höher als geplant.
Zielerreichungsgrad: 119,8 %

Gesamtkapitalrentabilität (Unternehmensrentabilität)

Setzt man den ermittelten Jahresgewinn zuzüglich der Zinsaufwendungen (Kosten des Fremdkapitals) ins Verhältnis zum eingesetzten Gesamtkapital (Gesamtkapital am Ende des Vorjahres), so kann die Verzinsung des eingesetzten Gesamtkapitals ermittelt werden.

Beispiel

Die Gesamtkapitalrentabilität soll im Berichtsjahr über 7 % liegen.
Berechnung:

$$\frac{\text{Gewinn + FK-Zinsen}}{\text{eingesetztes Gesamtkapital}} = \frac{32.100{,}00 + 32.500{,}00}{886.350{,}00} = 0{,}0729 = \mathbf{7{,}29\ \%}$$

Die tatsächlich erzielte Eigenkapitalrentabilität ist höher als geplant.
Zielerreichungsgrad: 104,1 %

Umsatzrentabilität

Setzt man den ermittelten Jahresgewinn ins Verhältnis zum erzielten Umsatz (Warenverkauf), so kann der Gewinnanteil in Prozent bezogen auf den erzielten Umsatz ermittelt werden.

Beispiel

Die Umsatzrentabilität soll im Berichtsjahr über 1 % liegen.
Berechnung:

$$\frac{\text{Gewinn}}{\text{Umsatz}} = \frac{32.100{,}00}{4.218.300{,}00} = 0{,}0076 = \mathbf{0{,}76\ \%}$$

Die tatsächlich erzielte Umsatzrentabilität ist geringer als geplant. Das gesetzte Ziel wurde nicht vollständig erreicht. **Zielerreichungsgrad: 76,0 %**

Bei der Nichterreichung von Zielen ist eine Ursachenanalyse notwendig, deren Ergebnisse für die Zielsetzung im Folgejahr berücksichtigt werden muss.

Liquidität

Liquidität ist die Fähigkeit von Unternehmen, jederzeit alle fälligen Schulden bezahlen zu können. Mangelnde Liquidität führt ggf. zur Insolvenz (Zahlungsunfähigkeit) des Unternehmens. Die Liquidität 1. Grades ist der prozentuale Anteil der flüssigen Mittel (Bargeld, Bankguthaben) am kurzfristigen Fremdkapital.

Beispiel

Die Liquidität 1. Grades soll im Berichtsjahr mindestens 85 % betragen.
Berechnung:

$$\frac{\text{flüssige Mittel}}{\text{eingesetztes Gesamtkapital}} = \frac{47.149{,}88\ €}{55.653{,}49\ €} = 0{,}8472 = \mathbf{84{,}72\ \%}$$

Die Liquidität 1. Grades ist niedriger als geplant. Das gesetzte Ziel wurde nicht vollständig erreicht. **Zielerreichungsgrad: 99,7 %**

Die Liquidität 2. Grades soll im Berichtsjahr mindestens 120 % betragen.
Berechnung:

$$\frac{\text{flüssige Mittel + Forderungen}}{\text{kurzfristiges Fremdkapital}} = \frac{47.149{,}88 + 38.388{,}86}{55.653{,}49} = 1{,}5370 = \mathbf{153{,}70\ \%}$$

Die Liquidität 2. Grades ist höher als geplant. Das gesetzte Ziel wurde übertroffen.
Zielerreichungsgrad: 128,1 %

Eine Liquidität 2. Grades über 100 % wird als positiv bewertet.

Aussagewert der Kennzahlen

Weitere Kennzahlen zur Auswertung von Unternehmensergebnissen siehe LF 11.

Gewinnhöhe
Das Unternehmensziel Gewinnmaximierung verlangt immer den höchstmöglichen Gewinn. Messbar ist allerdings nur der tatsächlich erzielte Gewinn im Vergleich mit dem geplanten bzw. mit dem in früheren Geschäftsjahren erwirtschafteten Gewinn.

Eigenkapitalrentabilität (Unternehmerrentabilität)
Für die Unternehmenseigner muss sich das Risiko lohnen, Kapital in ein Unternehmen zu investieren. Die Verzinsung des eingesetzten Eigenkapitals muss deshalb über dem Zinssatz liegen, der auf dem Kapitalmarkt für eine sichere, langfristige Kapitalanlage (z. B. in festverzinslichen Wertpapieren) erzielt werden kann, da das unternehmerische Risiko „belohnt" werden muss. Beträgt dieser Kapitalmarktzinssatz z. B. 5 %, so ist eine mehr als doppelt so hohe Eigenkapitalrentabilität positiv zu beurteilen.

Gesamtkapitalrentabilität (Unternehmensrentabilität)
Die Verzinsung des Gesamtkapitals soll über dem langfristigen Kreditzinssatz liegen. Das Unternehmen erfüllt damit eine Vorraussetzung, um bei Bedarf weiteres Fremdkapital aufnehmen zu können.

Umsatzrentabilität
Die Umsatzrentabilität ist nur im Branchen- und Zeitvergleich aussagefähig, da das Niveau und damit die Zielvorstellungen von Branche zur Branche höchst unterschiedlich sind.

Liquidität
Es besteht die Annahme, dass möglichst hohe Kennzahlenwerte die Zahlungsfähigkeit eines Unternehmens sichern. Allerdings kann die Liquidität jederzeit – auch im hohen Umfang – schwanken. Eine überzogen hohe Liquidität verhindert ertragswirksame Investitionen.

Weitere ökonomische Ziele wie z. B. Abbau der Lagerhaltung (Minderung der Warenvorräte), Abbau der Zielverkäufe (Minderung des Forderungsbestandes), Anteil bestimmter Kosten im Vergleich zum Umsatz (Verbesserung der Kostenstruktur) und deren Zielerreichungsgrad können ebenfalls auf der Basis der Jahresabschlusswerte kontrolliert werden. Ggf. muss die Geschäftsführung bei Nichterreichen von Unternehmenszielen Maßnahmen treffen (z. B. verstärkte Werbung zur Umsatzsteigerung, Kostensenkung auch durch Personalabbau), um die Situation im folgenden Geschäftsjahr zu verbessern.

Nicht alle ökonomischen Ziele lassen sich jedoch allein mithilfe der Jahresabschlusswerte ermitteln. Dann werden weitere Daten aus dem Rechnungswesen (z. B. aus der Kosten- und Leistungsrechnung) benötigt. Andere Ziele, z. B. soziale oder ökologische Ziele, sind mit den Daten des Rechnungswesens gar nicht erfassbar.

5 Rechtliche Grundlagen

AB ☞ *LS 49*

Beispiel

Frau Trautmann zeigt der Auszubildenden Cornelia Gruber eine E-Mail, die sie gerade erhalten hat. „Das muss ja etwas Wichtiges sein, wenn unser Geschäftsführer um einen Anruf bittet“, meint Cornelia. „Natürlich ist das wichtig“, antwortet Frau Trautmann, „eine Betriebsprüfung ist immer etwas Besonderes – das hatten wir seit über fünf Jahren nicht mehr. Da werden alle nervös; natürlich auch der Geschäftsführer – er ist nämlich für die Ordnungsmäßigkeit unserer Buchführung verantwortlich.“

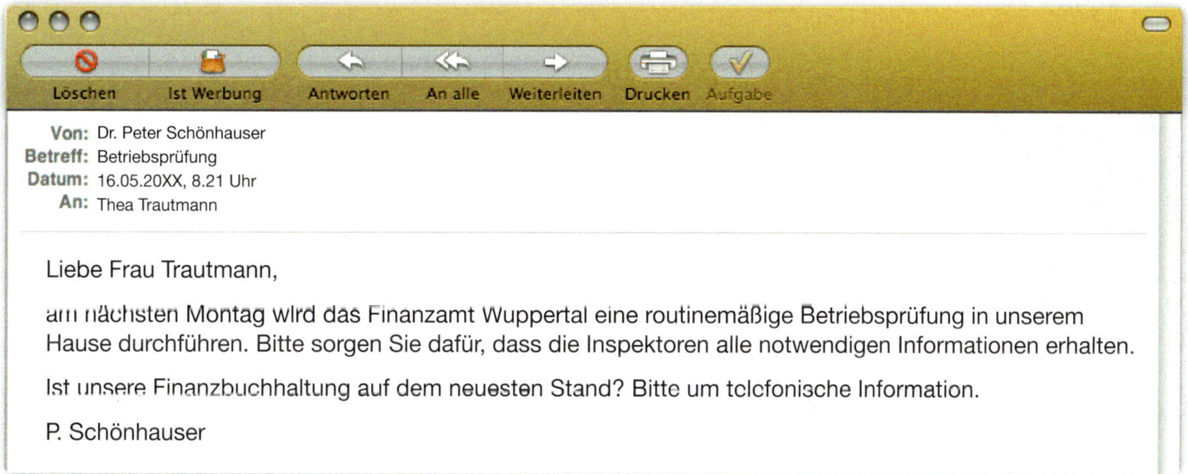

Von: Dr. Peter Schönhauser
Betreff: Betriebsprüfung
Datum: 16.05.20XX, 8.21 Uhr
An: Thea Trautmann

Liebe Frau Trautmann,

am nächsten Montag wird das Finanzamt Wuppertal eine routinemäßige Betriebsprüfung in unserem Hause durchführen. Bitte sorgen Sie dafür, dass die Inspektoren alle notwendigen Informationen erhalten.

Ist unsere Finanzbuchhaltung auf dem neuesten Stand? Bitte um telefonische Information.

P. Schönhauser

5.1 Buchführungspflicht

§§ 238, 239 HGB

Kaufmannsbegriff gemäß HGB

☞ *LF1, Kap. 6.1*

Jeder Kaufmann wird durch das HGB verpflichtet, Bücher zu führen[1] und in diesen seine Handelsgeschäfte und die Lage seines Vermögens nach den Grundsätzen ordnungsmäßiger Buchführung ersichtlich zu machen. Die Eintragungen in Büchern und die sonst erforderlichen Aufzeichnungen müssen **vollständig, richtig, zeitgerecht und geordnet** vorgenommen werden.

§§ 140, 141 AO

Bei Unterschreitung dieser Grenzen ist für das Finanzamt nur eine Einnahmen-Überschussrechnung zu erstellen.

Aufgrund steuerrechtlicher Vorschriften der **Abgabenordnung (AO)** wird der Kreis der Buchführungspflichtigen zur Gewährleistung einer gerechten Besteuerung erweitert. Neben Kaufleuten gemäß HGB sind nach den Vorschriften der AO auch Gewerbetreibende sowie Land- und Forstwirte buchführungspflichtig, wenn eine der folgenden Grenzen überschritten wird:

- Jahresumsatz > 500.000,00 €
- Wirtschaftswert > 25.000,00 € oder
- Jahresgewinn > 50.000,00 €

[1] Gilt ab 2010 nicht mehr für Einzelkaufleute, die unter der Umsatz- und Gewinngrenze des § 141 AO liegen.

Weitere Vorschriften über die Buchführung und den Jahresabschluss finden sich im HGB:

Vorschriften zur Buchführung gemäß HGB	
1. Abschnitt §§ 238 – 263 HGB	grundsätzliche Vorschriften für alle Kaufleute
2. Abschnitt §§ 264 – 335 HGB	ergänzende Vorschriften für Kapitalgesellschaften
3. Abschnitt §§ 336 – 339 HGB	ergänzende Vorschriften für eingetragene Genossenschaften

Rechtsformen von Unternehmen
LF1, Kap. 7

Neben dem HGB sind in Abhängigkeit von der Rechtsform der Unternehmung auch das Aktiengesetz (AktG) und das GmbH-Gesetz (GmbHG) zu beachten.

Für alle **steuerrechtlich relevanten Vorgänge** sind neben der Abgabenordnung weitere Steuergesetze wie z. B. das Einkommensteuergesetz (EStG), Umsatzsteuergesetz (UStG), Körperschaftsteuergesetz (KStG) und die entsprechenden Durchführungsverordnungen und Richtlinien für diese Gesetze zu berücksichtigen.

5.2 Grundsätze ordnungsmäßiger Buchführung (GoB)

§ 238 Abs. 1 HGB

Ist ein Unternehmen verpflichtet, Bücher zu führen, so muss diese Buchführung so beschaffen sein, dass sie einem sachverständigen Dritten innerhalb angemessener Zeit einen Überblick über die Geschäftsvorfälle und über die Lage des Unternehmens vermitteln kann. Dabei müssen sich die Geschäftsvorfälle in ihrer Entstehung und Abwicklung verfolgen lassen. Die Bedeutung dieser gesetzlichen Regelung wird in der folgenden Übersicht erläutert:

Anforderungen (§ 238 HGB, § 145 AO)	Bedeutung
Ein sachverständiger Dritter ...	Steuerberater, Wirtschaftsprüfer, Betriebsprüfer des Finanzamtes usw.
... muss in angemessener Zeit ...	abhängig von der Größe des Unternehmens und damit vom Umfang der geordneten Buchführung
... einen Überblick über die Geschäftsvorfälle ...	vollständige, richtige, zeitgerechte und geordnete Aufzeichnungen und Aufbewahrung der den Aufzeichnungen zugrunde liegenden Belege
... und einen Überblick über die Lage des Unternehmens erhalten können.	Vermögenslage, Ertragslage, Finanzlage

Entspricht die Buchführung eines Unternehmens **nicht** diesen Anforderungen, kann das schwerwiegende Folgen haben:

- die Buchführung verliert ihre Beweiskraft (§ 158 AO)
- die Bemessungsgrundlage für die Steuerberechnung, z. B. für den Gewinn, wird vom Finanzamt geschätzt (§ 162 AO)
- bei Insolvenz droht evtl. eine Freiheits- oder Geldstrafe (§ 283b StGB)

Die Buchführungspraxis, Gesetze und die fortlaufende Rechtsprechung (z. B. Bundesfinanzhof) haben in der Vergangenheit eine Vielzahl von Regelungen getroffen, die Einfluss auf die Buchführung und deren Organisation haben. Diese werden unter dem Begriff **„Grundsätze ordnungsmäßiger Buchführung" (GoB)** zusammengefasst. Daraus ergibt sich allgemein, dass die Buchführung wahr und klar sein muss.

Grundsätze ordnungsmäßiger Buchführung gemäß HGB/AO	
Vollständigkeit	Kein Geschäftsvorfall darf in der Buchführung unberücksichtigt bleiben.
Richtigkeit	Jede Buchung muss wahrheitsgemäß erfolgen.
zeitgerecht	Die Buchung muss in angemessener Zeit nach dem Geschäftsvorfall erfolgen; Kasseneinnahmen und -ausgaben sollen täglich erfasst werden.
geordnet	Geschäftsvorfälle sind zeitlich fortlaufend zu erfassen; sachliche Zuordnung auf Konten und geordnete Ablage der Belege.
Belegprinzip	Für jede Buchung muss ein Beleg vorhanden sein.
Sprache, Währung	Handelsbücher und Aufzeichnungen in lebender Sprache; Abkürzungen, Ziffern, Buchstaben oder Symbole nur mit eindeutig festgelegter Bedeutung; Jahresabschluss in deutscher Sprache und in Euro
Berichtigungen	Eintragungen oder Aufzeichnungen dürfen nicht in einer Weise verändert werden, dass der ursprüngliche Inhalt nicht mehr feststellbar ist (keine Bleistifteintragungen, kein Tipp-Ex, Radieren, Überschreiben, Löschen von Datenträgern usw.).
Aufbewahrungspflicht	Unterlagen der Buchführung müssen aufbewahrt werden.

Gemäß HGB und den GoB können die Bücher geführt werden

- in gebundener Form (Seiten, als Bücher gebunden),
- als geordnete Lose-Blatt-Sammlungen,
- als geordnete Ablage von Belegen oder
- auf Datenträgern (EDV).

Die **Aufbewahrungsfrist** für Buchungsunterlagen beträgt sechs bzw. zehn Jahre. Dabei können Originale bzw. Kopien, Bildträger (z. B. Mikrofilm) oder Datenträger (z. B. Festplatte) Verwendung finden, wenn sie jederzeit in angemessener Frist lesbar gemacht werden können. Die Aufbewahrungsfrist beginnt mit dem Ende des Kalenderjahres, in dem die Aufzeichnung oder der Beleg entstanden ist.

Aufbewahrungsfristen	
zehn Jahre	• Handelsbücher (z. B. Grund- und Hauptbuch) • Inventare • Eröffnungsbilanzen • Jahresabschlüsse (z. B. GuV-Rechnung, Bilanz) • Arbeitsanweisungen und Organisationsunterlagen (z. B. Programme) • Buchungsbelege (z. B. Ausgangsrechnungen, Kontoauszüge)
sechs Jahre	• empfangene Handelsbriefe (z. B. Angebote) • Wiedergaben abgesandter Handelsbriefe (z. B. Bestellungen) • Unterlagen, soweit sie für die Besteuerung von Bedeutung sind

6 Organisation der Buchführung

Das betriebliche Rechnungswesen muss so organisiert sein, dass das in der Buchführung erfasste Zahlenmaterial allen Bereichen des Unternehmens in einer aussagefähigen Struktur zur Verfügung gestellt werden kann. Die Organisation richtet sich nach dem Betriebsaufbau (Vermögenswerte und Kapitalwerte) und dem Betriebsablauf (Aufwandsarten und Ertragsarten), die wiederum mit der Branche, Größe und der Rechtsform des Unternehmens eng verbunden sind.

Die Buchführung muss so aufgebaut sein, dass für alle Vermögens-, Kapital-, Ertrags- und Aufwandspositionen systematisch gegliedert Konten eingerichtet werden können. Dabei wird in der Regel ein System angestrebt, das innerhalb einer Branche eine schnelle Vergleichbarkeit ermöglicht. Notwendige Eröffnungs- und Abschlusskonten sowie die Möglichkeit, die Kosten- und Leistungsrechnung in dieses System zu integrieren, sind Bestandteil dieses Ordnungssystems.

Die Kosten- und Leistungsrechnung wird in LF 8 behandelt.

6.1 Der Kontenrahmen für den Groß- und Außenhandel

Die Übersichtlichkeit der Buchführung wird wesentlich gesteigert, wenn eine **Systematisierung der Konten** erfolgt. Basis für diese Systematisierung ist ein Kontenrahmen, der eine Übersicht über die möglichen Konten einer Unternehmung gibt. Damit nicht jede Unternehmung die Anzahl, Bezifferung und Bezeichnung seiner Konten willkürlich gestaltet und weil in jedem Wirtschaftsbereich buchhalterische Besonderheiten zu berücksichtigen sind, wurden von den verschiedenen Spitzenverbänden der Wirtschaft Kontenrahmen erarbeitet und zur Anwendung empfohlen, die den speziellen Gegebenheiten der jeweiligen Branche angepasst sind.

Kontenrahmen und Kontenplan ordnen jedem Konto eine Zahl **(Kontonummer)** zu, die dieses Konto eindeutig bestimmt. Die EDV-Buchführung ist immer mit der Eingabe von Kontennummern verbunden. Der Kontenrahmen des Groß- und Außenhandels ist wie alle Kontenrahmen nach dem Zehnersystem (dekadisches System) aufgebaut. Aufgrund der Ziffern von 0 bis 9 werden 10 Kontenklassen eingerichtet. Die **Kontenklassen** sind nach dem **Prozessgliederungsprinzip** gegliedert, d.h., die Reihenfolge der Kontenklassen entspricht grundlegend dem Betriebsablauf und damit dem innerbetrieblichen Güterkreislauf. Je Kontenklasse können bis zu 10 **Kontengruppen** eingerichtet werden. Jede Kontengruppe kann wiederum in 10 **Kontenarten** unterteilt werden. Im Bedarfsfall nimmt schließlich jede Kontenart 10 **Kontenunterarten** auf.

Beispiel

Zuordnung einer Kontonummer für das Konto Fuhrpark

1. Stelle	0			Kontenklasse	Anlage- und Kapitalkonten
+ 2. Stelle	0	3		Kontengruppe	Anlagen, Maschinen, BGA
+ 3. Stelle	0	3	4	Kontenart	Fuhrpark

Kontenklassen für Groß- und Außenhandel	
Kontenklasse	**wesentliche Inhalte / betrieblicher Zusammenhang**
0. Anlage- und Kapitalkonten	zeigt die Grundlagen der Betriebsbereitschaft (Anlagevermögen) und ihre Finanzierung
1. Finanzkonten	zeigt liquide Mittel und kurzfristige Verbindlichkeiten, die der Finanzierung der Warenkäufe und Dienstleistungen dienen
2. Abgrenzungskonten	dient der Abgrenzung von Finanz- und Betriebsbuchhaltung und zeigt den Werteverzehr und den Wertezuwachs, der nicht in unmittelbarem Zusammenhang mit dem eigentlichen Sachziel des Betriebes steht
3. Wareneinkaufs- und Warenbestandskonten	erfasst die Warenkäufe als Wareneinsatz und zeigt die Warenbestände am Anfang und am Ende des Geschäftsjahres
4. Konten der Kostenarten	zeigt den durch das eigentliche Sachziel des Unternehmens verursachten Werteverzehr, der in der Kalkulation zu berücksichtigen ist, nach Kostenarten gegliedert
5. Konten der Kostenstellen	Hier können für die einzelnen Kostenstellen (z. B. Einkauf, Lager, Vertrieb, Verwaltung, Fuhrpark) je nach Betrieb oder Branche unterschiedliche Konten eingerichtet werden. Die sogenannte Kostenstellenrechnung wird in der Regel jedoch nicht kontenmäßig, sondern tabellarisch durchgeführt.
6. Konten für Umsatzkostenverfahren	zeigt die sogenannten „Herstellkosten" für einzelne Kostenträger (Artikel), die eingerichtet werden können, bei Anwendung des Umsatzkostenverfahrens im Gegensatz zum Gesamtkostenverfahren[1]
7. frei	
8. Warenverkaufskonten (Umsatzerlöse)	Erlöse aus Warenverkäufen und aus Nebengeschäften (z. B. Warenentnahmen und Provisionserträge). Die Konten dieser Kontenklasse müssen der Gliederung der Kontenklasse 3 entsprechen.
9. Abschlusskonten	Eröffnungsbilanzkonto (EBK) und Abschlusskonten GuV und SBK sowie das dem GuV bei Bedarf vorgeschaltete Warenabschlusskonto

[1] Die Kontenklasse 6 bleibt zumeist frei, da Großhandelsunternehmen ihre Gewinn- und Verlustrechnung in der Regel nach dem Gesamtkostenverfahren erstellen.

Aufgrund des dekadischen Systems ist eine ausgesprochen tief gehende Aufteilung denkbar. In der Regel enthalten Kontenrahmen Empfehlungen bis zu den dreistelligen Kontenarten. Die weitere Einteilung bleibt den Unternehmen überlassen, die je nach Bedarf, jedoch insbesondere dann, wenn die Buchführung EDV-unterstützt abgewickelt wird, oft eine tiefer gegliederte Bezifferung wählen.

6.2 Der Kontenplan eines Unternehmens

Der Kontenplan ist das betriebsindividuelle Ordnungsschema auf Basis eines Kontenrahmens. Je nach Bedarf des Unternehmens können Kontenarten oder auch Kontengruppen, die im Kontenrahmen vorgesehen sind, im Kontenplan gar nicht vorkommen, oder es werden im Kontenplan Kontenarten eingerichtet, die im Kontenrahmen so nicht vorgegeben sind. Dabei kann es vorkommen, dass Kontennummern mit 3 Stellen nicht ausreichen, sodass vierstellige oder sogar fünf- bzw. sechsstellige Kontennummern vergeben werden müssen.

Bei **EDV-Buchführung** wird immer die Anzahl der Stellen je Kontonummer vom Finanzbuchhaltungsprogramm vorgegeben. Sind dort 4 Stellen vorgegeben, so ist einer dreistelligen Kontonummer eine „0“ an der letzten Stelle hinzuzufügen.

Vom Kontenrahmen zum Kontenplan

Kontenrahmen für den Groß- und Außenhandel → Einrichtung neuer Kontenarten und/oder Kontenunterarten → Kontenplan eines Unternehmens

Kontenrahmen für den Groß- und Außenhandel → Wegfall nicht benötigter Kontenarten und Kontengruppen → Kontenplan eines Unternehmens

Beispiel

Erweiterung des Kontenrahmens – Konto 033, Betriebs- und Geschäftsausstattung (BGA)

033 Betriebs- und Geschäftsausstattung (BGA)
- 0332 Datenverarbeitungsgeräte (Hardware)
  - 03321 Personalcomputer
  - 03322 Monitore
  - 03323 Notebooks
  - 03324 Drucker
  - 03325 ...

Eine grundsätzliche Erweiterung im Kontenplan ergibt sich durch die Einrichtung von **Personenkonten**, die kein Kontenrahmen vorgeben kann. Hier ist insbesondere die Einrichtung der **Lieferanten- und Kundenkonten** (Kreditoren und Debitoren) zu nennen. Durch die Einrichtung dieser Konten können in der Buchführung die Forderungen bestimmten Kunden und die Verbindlichkeiten bestimmten Lieferanten zugeordnet werden.

Der **Austausch von Kontenbezeichnungen durch Kontennummern** führt zu einer Vereinheitlichung und Vereinfachung der Buchungen und erleichtert die Auswertung der Buchführungsergebnisse (Zeit- und Betriebsvergleiche).

Beispiel

Geschäftsvorfall: Barabhebung 500,00 € vom Bankkonto

Buchungssatz mit Kontenbezeichnungen				
Kasse	500,00 €	an	Kreditinstitute	500,00 €
Buchungssatz mit Kontennummern				
151	500,00 €	an	131	500,00 €

Auf den Konten ergibt sich durch die Verwendung der Kontennummern die folgende Darstellung:

S	131 Kreditinstitute		H	S	151 Kasse		H
910	20.000,00	151	500,00	131	500,00		

Beispiel: Kontenplan eines Unternehmens

Kontenklasse 0: Anlage- und Kapitalkonten

02 Grundstücke und Gebäude
- 021 Grundstücke
- 023 Bauten auf eigenen Grundstücken

03 Anlagen, Maschinen, Betriebs- undGeschäftsausstattung
- 031 Technische Anlagen und Maschinen
- 033 Betriebs- und Geschäftsausstattung
- 034 Fuhrpark
- 037 Geringwertige Wirtschaftsgüter

04 Finanzanlagen
- 046 Sonstige Ausleihungen (Darlehensforderungen)

06 Eigenkapital
- 060 Eigenkapital

08 Verbindlichkeiten
- 082 Verbindlichkeiten gegenüber Kreditinstituten (Darlehensschulden)

Kontenklasse 1: Finanzkonten

10 Forderungen
- 101 Forderungen aus Lieferungen und Leistungen
- 102 Zweifelhafte Forderungen

11 Sonstige Vermögensgegenstände
- 113 Sonstige Forderungen

13 Banken
- 131 Kreditinstitute
- 132 Postbank

14 Vorsteuer
- 140 Vorsteuer
- 143 Einfuhrsumsatzsteuer
- 144 Vorsteuer aus ig-Erwerb

15 Zahlungsmittel
- 151 Kasse

16 Privatkonten
- 161 Privatentnahmen
- 162 Privateinlagen

17 Verbindlichkeiten
- 171 Verbindlichkeiten aus Lieferungen und Leistungen

18 Umsatzsteuer
- 180 Umsatzsteuer
- 184 Umsatzsteuer aus ig-Erwerb

19 Sonstige Verbindlichkeiten
- 191 Verbindlichkeiten aus Steuern
- 192 Verbindlichkeiten im Rahmen der sozialen Sicherheit
- 194 Sonstige Verbindlichkeiten
- 198 Zollverbindlichkeiten

Kontenklasse 2: Abgrenzungskonten

20 Außerordentliche und sonstige Aufwendungen
- 202 Betriebsfremde Aufwendungen
- 203 Periodenfremde Aufwendungen
- 204 Verluste aus dem Abgang von Sachlagen
- 206 Sonstige Aufwendungen

21 Zinsen und ähnliche Aufwen dungen
- 210 Zinsen und ähnliche Aufwendungen

24 Außerordentliche und sonstige Erträge
- 242 Betriebsfremde Erträge
- 243 Periodenfremde Erträge ausfrüheren Jahren
- 246 Sonstige Erträge

26 Sonstige Zinsen und ähnlicheErträge
- 260 Zinsen und ähnliche Erträge

27 Sonstige betriebliche Erträge
- 278 Entnahme von sonstigen Gegenständen und Leistungen

Kontenklasse 3: Wareneinkaufskonten, Warenbestandskonten

30 Wareneinkaufskonten
- 301 Wareneingang (Inland)
- 302 Warenbezugskosten
- 305 Rücksendungen an Lieferanten
- 306 Nachlässe von Lieferanten
- 307 Lieferantenboni
- 308 Lieferantenskonti
- 381 Wareneingang ig-Erwerb
- 382 Wareneingang Drittland

39 Warenbestände
- 390 Warenbestände

Kontenklasse 4: Konten der Kostenarten

40 Personalkosten
- 401 Löhne
- 402 Gehälter
- 404 Gesetzliche soziale Aufwendungen
- 405 Freiwillige soziale Aufwendungen

41 Mieten, Pachten, Leasing
- 410 Mieten, Pachten, Leasing

42 Steuern, Beiträge, Versicherungen
- 422 Kfz-Steuer
- 426 Versicherungen
- 427 Beiträge
- 428 Gebühren und sonstige Abgaben

43 Energie, Betriebsstoffe
- 430 Energie, Betriebsstoffe

44 Werbe- und Reisekosten
- 440 Werbe- und Reisekosten

45 Provisionen
- 450 Provisionen

46 Kosten der Warenabgabe
- 461 Verpackungsmaterial
- 462 Ausgangsfrachten
- 463 Gewährleistungen

47 Betriebskosten, Instandhaltung
- 470 Betriebskosten, Instandhaltung

48 Allgemeine Verwaltung
- 481 Bürobedarf
- 482 Porto, Telefon, Telefax
- 483 Kosten der Datenverarbeitung
- 484 Rechts- und Beratungskosten
- 485 Personalbeschaffungskosten
- 486 Kosten des Geldverkehrs

49 Abschreibungen
- 491 Abschreibungen auf Sachanlagen

Kontenklasse 8: Warenverkaufskonten (Umsatzerlöse)

80 Warenverkaufskonten
- 801 Warenverkauf (Inland)
- 805 Rücksendungen von Kunden
- 806 Nachlässe an Kunden
- 807 Kundenboni
- 808 Kundenskonti
- 881 Warenverkauf ig-Lieferungen
- 882 Warenverkauf Drittland

87 Sonstige Erlöse auf Warenverkäufen
- 871 Entnahme von Waren
- 872 Provisionserträge

Kontenklasse 9: Abschlusskonten
- 910 Eröffnungsbilanzkonto
- 930 GuV-Konto
- 940 Schlussbilanzkonto

AB ☞ LS 50

6.3 Nebenbücher (Kreditoren- und Debitorenkonten)

Nach dem HGB ist jeder Kaufmann zur ordnungsmäßigen Buchführung verpflichtet. Der gesetzlichen Buchführungspflicht unterliegen neben Grund- und Hauptbuch auch die Nebenbücher des Unternehmens. **Nebenbücher** werden eingerichtet, um die Buchungen auf den Hauptbuchkonten (Sachkonten) näher zu erläutern. Die Art und der Umfang der Nebenbücher sind nicht vorgeschrieben.

Bücher der Buchführung

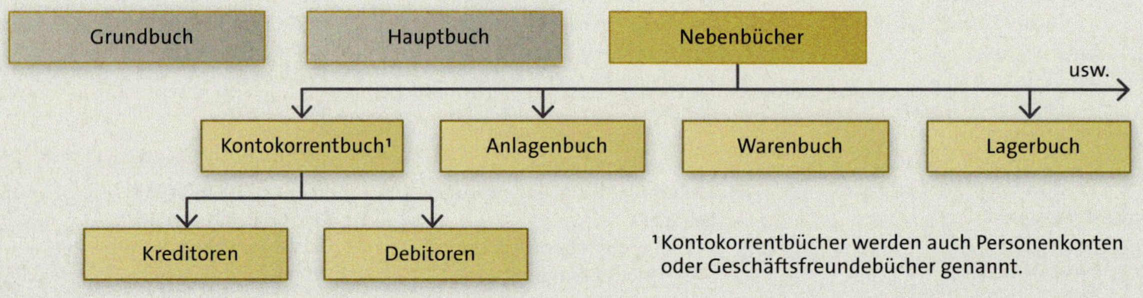

Debitor
(lat.) Schuldner
Kreditor
(lat.) Gläubiger

Die **Kontokorrentbuchhaltung** erfasst alle Geschäftsvorfälle, die im Zusammenhang mit Kunden oder Lieferern entstehen. Zur Erläuterung des Sachkontos „Forderungen aus Lieferungen und Leistungen" wird für jeden Kunden ein eigenes **Debitorenkonto** geführt. Entsprechend wird für das Sachkonto „Verbindlichkeiten aus Lieferungen und Leistungen" für jeden Lieferanten ein eigenes **Kreditorenkonto** eingerichtet.

Zusätzlich zur Buchung auf dem Sachkonto wird bei manueller Buchführung in einem weiteren Arbeitsschritt die Forderung einem bestimmten Kunden oder die Verbindlichkeit einem bestimmten Lieferanten zugeordnet. Entsprechend müssen auch Zahlungsein- und Zahlungsausgänge, Gutschriften usw. einem dieser Konten zugeordnet werden.

Beispiel: Sachkonto Verbindlichkeiten a.L.L.

Konto-Nr.		Bezeichnung des Sachkontos					Seite
1 7 1		Verbindlichkeiten aus Lieferungen und Leistungen					92
Nr.	Buchungsdatum	Buchungsbeleg Nr.	Buchungstext	Betrag in Euro		Gegenbuchungskonten	
				Soll	Haben	Soll	Haben
1	01.08.20XX	ER: 534	Wareneinkauf bei Hans Müller auf Ziel		23.800,00	301	
2	01.08.20XX	ER: 535	Wareneinkauf bei Ozean-Papier AG auf Ziel		4.760,00	301	

Dieses Sachkonto wird durch nachfolgende Kreditorenkonten mit 5-stelliger Kontennummer erläutert, wobei die ersten drei Stellen (Kontenart) dem Hauptbuchkonto entsprechen sollten.

In der Praxis, insbesondere bei EDV-Buchführung, kann die Darstellung der Konten von diesem Muster abweichen.

Beispiel: Nebenbuch Kreditoren: Hans Müller Feinpapiere AG

Konto-Nr.		Bezeichnung des Sachkontos					Seite
1 7 1 0 7		Kreditor: Hans Müller Feinpapiere AG, Bergisch-Gladbach					5
Nr.	Buchungs-datum	Buchungs-beleg Nr.	Buchungstext	Betrag in Euro		Saldo	
				Soll	Haben	Soll	Haben
1	01.08.20XX	ER: 534	Wareneinkauf		23.800,00		23.800,00

Beispiel: Nebenbuch Kreditoren: Ozean-Papier AG

Konto-Nr.		Bezeichnung des Sachkontos					Seite
1 7 1 0 5		Kreditor: Ozean Papier AG, Bremen					3
Nr.	Buchungs-datum	Buchungs-beleg Nr.	Buchungstext	Betrag in Euro		Saldo	
				Soll	Haben	Soll	Haben
1	01.08.20XX	ER: 535	Wareneinkauf		4.760,00		4.760,00

Nebenbücher enthalten bei manueller Buchführung **keine Gegenbuchungen**, da sie aus dem jeweiligen Sachkonto abgeleitet werden. Es empfiehlt sich, nach jeder Eintragung auf einem Kreditoren- oder Debitorenkonto einen Saldo zu bilden, der den aktuellen Stand der Verbindlichkeit oder der Forderung gegenüber dem Geschäftspartner zeigt. Dies erleichtert die Überwachung der Zahlungsaus- und Zahlungseingänge.

Zwischen den Sachkonten und den Nebenbüchern für Debitoren und Kreditoren muss eine regelmäßige Abstimmung (z.B. täglich oder wöchentlich) erfolgen. Diese Abstimmung wird wesentlich erleichtert, wenn regelmäßig **Offene-Posten-Listen** als Zusammenfassung der Nebenbücher erstellt werden.

bpk Bergisches Papierkontor GmbH

Offene-Posten-Liste Debitoren

Konto	Debitoren	Belege	€ Soll	€ Haben
10101	Druckzentrum Bielefeld	AR: 616	2.380,00	
10105	Stadt Essen Beschaffungsamt	AR: 615	5.950,00	
10108	Verlagshaus Bücher OHG	AR: 611	11.900,00	
10109	Heinrich Kleist Druckerei	AR: 619	3.570,00	
Saldo Sachkonten Forderungen a.L.L.			23.800,00	

bpk Bergisches Papierkontor GmbH

Offene-Posten-Liste Kreditoren

Konto	Kreditoren	Belege	€ Soll	€ Haben
17105	Ozean-Papier AG	ER: 535		4.760,00
17107	Hans Müller Feinpapiere AG	ER: 534		23.800,00
17110	Harald Dubb KG	ER: 533		3.570,00
17199	Sonstige Lieferer	Diverse		83.300,00
Saldo Sachkonten Verbindlichk. a.L.L.				115.430,00

Bei EDV-Buchführung werden grundsätzlich das Sachkonto Forderungen oder Verbindlichkeiten und das Debitoren- bzw. Kreditorenkonto gleichzeitig gebucht. Voraussetzung ist, dass für jede Buchung die Nummer des Kreditoren- oder Debitorenkontos eingegeben wird, wobei die direkte Buchung auf den Konten Forderungen und Verbindlichkeiten entfällt.

Die Sachkonten Forderungen und Verbindlichkeiten werden im Abschluss automatisch erstellt und für die neue Abrechnungsperiode vorgetragen. Es empfiehlt sich, die Sammelkonten 17199 „Sonstige Kreditoren" und 10199 „Sonstige Debitoren" einzurichten. Diese Konten finden dann Verwendung, wenn Lieferanten (z.B. für eine Reparatur) oder Kunden einmalig oder selten Kreditgeschäfte tätigen. Die Einrichtung separater Kreditoren- und Debitorenkonten ist dann nicht notwendig.

Die Eingangsrechnung eines Kreditoren wird erfasst.

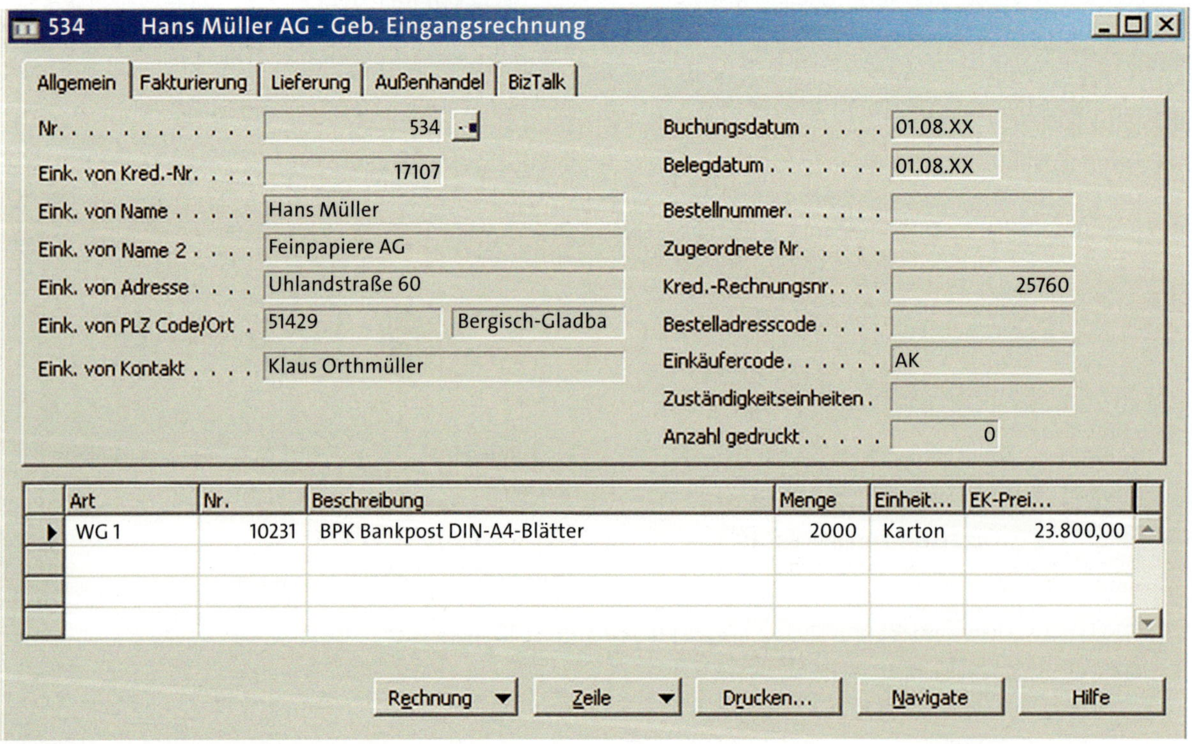

534 Hans Müller AG - Geb. Eingangsrechnung

Allgemein | Fakturierung | Lieferung | Außenhandel | BizTalk

Nr.	534	Buchungsdatum	01.08.XX
Eink. von Kred.-Nr.	17107	Belegdatum	01.08.XX
Eink. von Name	Hans Müller	Bestellnummer	
Eink. von Name 2	Feinpapiere AG	Zugeordnete Nr.	
Eink. von Adresse	Uhlandstraße 60	Kred.-Rechnungsnr.	25760
Eink. von PLZ Code/Ort	51429 Bergisch-Gladba	Bestelladresscode	
Eink. von Kontakt	Klaus Orthmüller	Einkäufercode	AK
		Zuständigkeitseinheiten	
		Anzahl gedruckt	0

Art	Nr.	Beschreibung	Menge	Einheit...	EK-Prei...
WG 1	10231	BPK Bankpost DIN-A4-Blätter	2000	Karton	23.800,00

Rechnung | Zeile | Drucken... | Navigate | Hilfe

7 Das System der Umsatzsteuer

AB ☞ LS 51

Der Staat benötigt, um seine Ausgaben finanzieren zu können, entsprechende Einnahmen. Haupteinnahmequelle sind dabei die Steuern. Die **Umsatzsteuer**, die aufgrund ihrer Erhebungsart auch Mehrwertsteuer genannt wird, ist in Deutschland die wichtigste Einnahmequelle für den Staat. Seit ihrer Einführung wurde sie mehrfach erhöht. Trotzdem hat Deutschland niedrigere Steuersätze als viele andere EU-Staaten.

Der Begriff **„Mehrwertsteuer"** existiert steuerrechtlich nicht mehr, wird aber noch vielfach verwendet. Die Bezeichnung ist auch auf Buchungsbelegen erlaubt.

Die Umsatzsteuer besteuert den gesamten privaten und öffentlichen steuerpflichtigen Endverbrauch (Konsum). Die **Steuerlast** trägt also immer der Endverbraucher. **Steuerschuldner** gegenüber dem Finanzamt ist jedoch das Unternehmen, das die Steuer aufgrund seiner Umsätze berechnet und an das Finanzamt abführt.

Beim Verkauf von Waren wird die abzuführende Umsatzsteuer dem Käufer zuzüglich zum Verkaufspreis in Rechnung gestellt. Wirtschaftlich werden jedoch nicht die Unternehmen, sondern nur der Endverbraucher mit der Steuer belastet. Für das Unternehmen ist die Umsatzsteuer ein „durchlaufender Posten" und hat keinen Einfluss auf den Unternehmenserfolg.

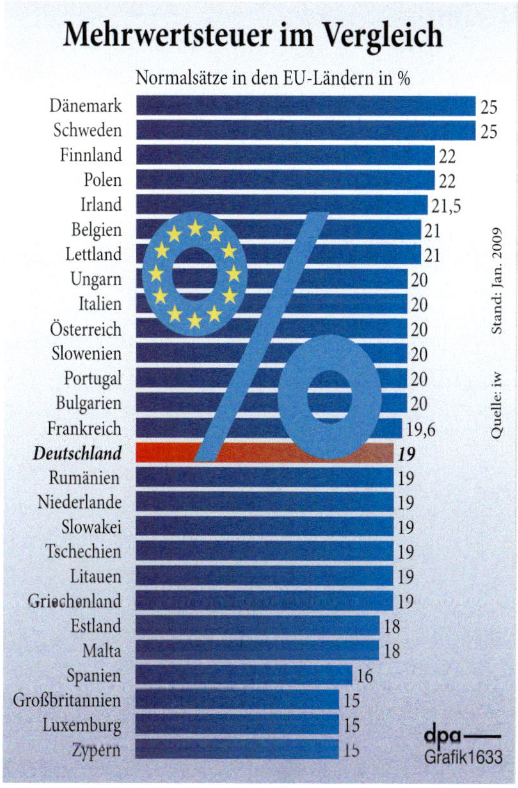

Steuerbare Umsätze (im Inland, gegen Entgelt) gemäß § 1 UStG	
Steuerbare Umsätze	**Beispiele**
1. Lieferungen	Verkauf von Erzeugnissen und Waren, Maschinen, Fahrzeugen, Büromaterial, Geschäftsausstattung
2. sonstige Leistungen	Reparaturen, Provisionen, Warentransport und Lagerung
3. innergemeinschaftlicher Erwerb	Einfuhr von Gegenständen aus Mitgliedsstaaten der Europäischen Union (EU): Vorsteuer aus **ig-Erwerb**, Erwerbsteuer (Umsatzsteuer aus ig-Erwerb)
4. Einfuhr von Gegenständen	Einfuhr von Gegenständen aus Drittländern (Nicht-EU-Staaten): Einfuhrumsatzsteuer

Steuerschuldner ist der Unternehmer, Steuerträger der Endverbraucher.

ig-Erwerb
innergemeinschaftlicher Erwerb
☞ *LF3, Kap. 7.2*

Der **allgemeine Steuersatz** beträgt seit dem 1. Januar 2007 19 %. Der **ermäßigte Steuersatz** beträgt 7 % und gilt für fast alle Lebensmittel (nicht jedoch für Gaststättenumsätze) sowie u. a. für Bücher, Zeitschriften, Blumen und Kunstgegenstände.

§ 12 UStG

Für Lieferungen und sonstige Leistungen ist die Bemessungsgrundlage das Entgelt. **Entgelt** ist alles, was der Leistungsempfänger (ohne Umsatzsteuer) aufwendet, um die Leistung zu erhalten. Bei der Einfuhr von Waren gilt z. B. der Zollwert (Warenwert + Zoll + Beförderungskosten) als Bemessungsgrundlage.

§§ 10, 11 UStG

Umsatzsteuer beim Import
☞ *LF4, Kap. 7.5.1*

Wichtige **nicht steuerpflichtige Umsätze** sind

- Entgelte (Zinsen) für Kreditgewährung (Ausnahme: Warenkredite),
- Umsätze aus heilberuflichen Tätigkeiten von Ärzten, Zahnärzten und Hebammen,
- Versicherungstätigkeiten,
- innergemeinschaftliche Lieferungen,
- Ausfuhr in ein Drittland,
- private Geschäfte.

7.1 Berechnung der Umsatzsteuer

notwendige Inhalte einer Rechnung, § 14 UStG
LF2, Kap. 2.6

Ein Unternehmen muss auf Verlangen des Kunden Rechnungen ausstellen, in denen die Umsatzsteuer gesondert ausgewiesen ist. Bei Rechnungen über Kleinbeträge bis zu 150,00 Euro einschließlich Umsatzsteuer genügt die Angabe des Umsatzsteuersatzes. Die Ermittlung der Umsatzsteuer ist eine Anwendung der Prozentrechnung. Ist die

BPK GmbH · Elberfelder Straße 85 · 42285 Wuppertal

bpk Bergisches Papierkontor GmbH

Drogerie AG
Else-Lasker-Schüler-Str. 11
42107 Wuppertal

Rechnung Nr. 10663

Bearbeiter	Kundennummer	Ihre Bestellung Nr.	vom	Rechn.-Datum
Stoll	42001	56 b	10.04.20XX	12.04.20XX

Versandart/Freivermerk	Verpackungsart	geliefert am
Lkw/frei Haus	Kassette	12.04.20XX

Pos.-Nr.	Artikel-Nr.	Warenbezeichnung	Menge	Preis/Einheit €	Gesamtpreis €
1	10121	Müllers Classic Briefkassette	100	34,80/Kassette	3.480,00
		+ 19 % Umsatzsteuer			661,20
		Bruttorechnungsbetrag			4.141,20

Bemessungsgrundlage (Entgelt = **Nettorechnungsbetrag**) gegeben und der Steuersatz bekannt, errechnet sich der Umsatzsteuerbetrag wie folgt:

$$\text{Umsatzsteuer in €} = \frac{\text{Nettorechnungsbetrag} \cdot \text{Steuersatz}}{100\,\%} = \frac{3.480{,}00\,€ \cdot 19\,\%}{100\,\%} = \mathbf{661{,}20\,€}$$

Prozentrechnung
(vermehrter Grundwert)
Anhang

Sind der Bruttorechnungsbetrag und der Umsatzsteuersatz bekannt, so ist die Prozentrechnung vom vermehrten Grundwert anzuwenden:

$$\text{Umsatzsteuer in €} = \frac{\text{Bruttorechnungsbetrag} \cdot \text{Steuersatz}}{(1 + \text{Steuersatz})} = \frac{4.141{,}20\,€ \cdot 19\,\%}{119\,\%} = \mathbf{661{,}20\,€}$$

7.2 Ermittlung der Umsatzsteuerschuld

Durch das System der Umsatzsteuer wird eine Verteilung des Umsatzsteuereinzugsverfahrens auf alle beteiligten Wirtschaftsstufen erreicht. Waren, die von der Herstellung bis zum Verbrauch mehrere Unternehmen durchlaufen, werden auf jeder Stufe nur auf der Basis ihres Mehrwertes (Wertschöpfung) versteuert. Damit wird zum einen verhindert, dass ein und dieselbe Ware mehrfach besteuert wird und zum anderen werden dadurch alle Unternehmen verpflichtet, die Steuer einzuziehen. Dieses Verfahren verhindert, dass nur eine Unternehmensgruppe wie z. B. der Einzelhandel als letzte Stufe des Produktions- und Verteilungsprozesses mit dem Besteuerungsverfahren belastet wird.

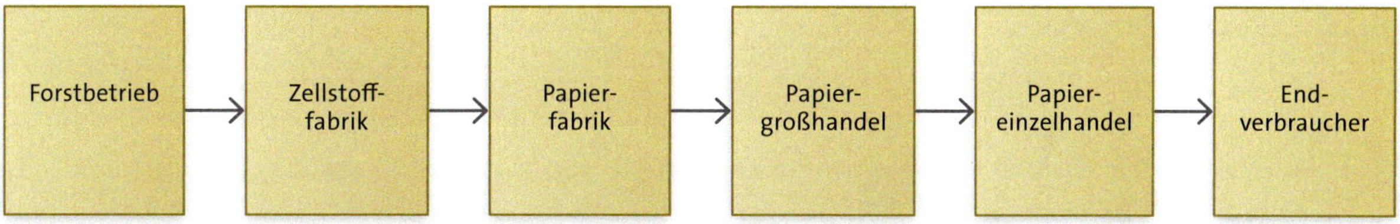

Auf jeder Produktions- oder Handelsstufe steigt der Wert der Ware. Die Papiergroßhandlung befindet sich gesamtwirtschaftlich gesehen auf einer mittleren Stufe dieses Wertschöpfungsprozesses. Sie kann nur dann Waren vertreiben, wenn sie dazu die Waren anderer, vorgelagerter Unternehmen (hier der Papierfabrik) einsetzt.

In den Eingangsrechnungen der vorgelagerten Unternehmen ist neben dem Warenpreis die vom Lieferanten an sein zuständiges Finanzamt abzuführende Umsatzsteuer enthalten. Somit sind die dem eigenen Umsatz vorgelagerten Umsätze innerhalb der eigenen Beschaffung Vorumsätze. Deshalb wird die darauf lastende Umsatzsteuer als **Vorsteuer** bezeichnet.

Einkaufs-preis	Vorsteuer	Verkaufs-preis	Umsatz-steuer	Mehrwert	Zahllast	
x	x	1.000,00	190,00	1.000,00	190,00	**Forstbetrieb und Zellstofffabrik**
1.000,00	190,00	1.500,00	285,00	+ 500,00	+ 95,00	**Papierfabrik**
1.500,00	285,00	2.200,00	418,00	+700,00	+ 133,00	**Papiergroßhandel**
2.200,00	418,00	3.000,00	570,00	+ 800,00	+ 152,00	**Papiereinzelhandel**
				= 3.000,00	= 570,00	**Endverbraucher**

Der Endverbraucher zahlt 3.570,00 Euro für das Papier (Mehrwert + Umsatzsteuer aller Produktions- und Handelsstufen), da er die Umsatzsteuer nicht als Vorsteuer geltend machen kann. Für die Unternehmen ist die Erhebung der Umsatzsteuer ein „durchlaufender Posten" ohne Auswirkungen auf den Erfolg des Unternehmens.

Umsatzsteuer-Voranmeldung
§ 18 UStG

Ein Unternehmen hat bis zum 10. Tag nach Ablauf eines jeden Kalendermonats seine Umsatzsteuerschuld in Form einer **Vorauszahlung** an das Finanzamt abzuführen. Grundlage für die Berechnung der monatlichen Vorauszahlung ist die gesamte Umsatzsteuerschuld des Vorjahres (Steuererklärung und Steuerbescheid für das gesamte Geschäftsjahr). Beträgt die Vorjahresumsatzsteuer nicht mehr als insgesamt 6.136,00 Euro, gilt als Vorauszahlungszeitraum nicht der Kalendermonat, sondern das Kalendervierteljahr.

Vorsteuerabzug
§ 15 UStG

Zahllast:
Umsatzsteuer > Vorsteuer

Von der Umsatzsteuer, die der Unternehmer seinen Kunden in Rechnung stellt, kann er die Vorsteuerbeträge abziehen, die er an seine Lieferanten zu zahlen hat. Nur die Differenz zwischen Umsatzsteuer und Vorsteuer muss an das Finanzamt abgeführt werden (**Zahllast**).

Beispiel

Einkauf		**Verkauf**	
Nettoeinkaufspreis	1.500,00	Nettoverkaufspreis	2.200,00
+ 19 % Umsatzsteuer	285,00	+ 19 % Umsatzsteuer	418,00
= Bruttoeinkaufspreis	1.785,00	Bruttoverkaufspreis	2.618,00

Umsatzsteuer beim Einkauf	**Umsatzsteuer beim Verkauf**
= Forderung an das Finanzamt (Vorsteuer)	= Verbindlichkeit gegenüber dem Finanzamt

Umsatzsteuer beim Verkauf (Ausgangsrechnungen) →	Umsatzsteuer →	418,00 €
– Umsatzsteuer beim Einkauf (Eingangsrechnungen) →	– Vorsteuer →	285,00 €
= Umsatzsteuerschuld gegenüber dem Finanzamt →	= Zahllast →	133,00 €

Vorsteuerüberhang:
Umsatzsteuer < Vorsteuer

Bei der Gegenüberstellung von Umsatzsteuer und Vorsteuer ist darauf zu achten, dass grundsätzlich die Ausführung der Lieferung oder Leistung für die Fälligkeit der Umsatzsteuer entscheidend ist. Wenn in Ausnahmefällen in einem Abrechnungsmonat – z. B. vor einer Geschäftseröffnung oder bei Großinvestitionen – die Vorsteuer größer ist als die Umsatzsteuer, entsteht ein Vorsteuerüberhang. Der **Vorsteuerüberhang** ist eine Forderung des Unternehmens an das Finanzamt, der im Folgemonat erstattet oder gegebenenfalls mit Steuerschulden verrechnet wird.

www.elster.de

Beispiel

Die BPK übermittelt – wie vorgeschrieben – ihre monatliche Umsatzsteuer-Voranmeldung auf elektronischem Weg an das Finanzamt. Jedes Finanzbuchhaltungsprogramm ermöglicht diese Art der Übermittlung. Das auf der Folgeseite abgebildete Übertragungsprotokoll ist das Ergebnis entsprechender Eingaben in das kostenlose Programm ELSTER der Finanzverwaltung.

Bergisches Papierkontor Steuernummer: 131/0878/6678

Übertragungsprotokoll

Sendedatum: 09. Mai 20XX

Umsatzsteuer-Voranmeldung

Voranmeldezeitraum

April 20XX

Übermittelt von:
Bergisches Papierkontor GmbH
Elberfelder Strape 85
42285 Wuppertal
0202 1236-0
info@bpkontor.de

Belege | 22 | 1

	Kz	Bemessungsgrundlage	Kz	Steuer
Anmeldung der Umsatzsteuer-Vorauszahlung				
Lieferungen und sonstige Leistungen (einschl. unentgeltlicher Wertabgaben)				
Steuerfreie Umsätze mit Vorsteuerabzug				
Innergemeinschaftliche Lieferungen (§4 Nr.1 Buchst. b UStG) an Abnehmer mit USt-IdNr.	41	110.000		
Steuerpflichtige Umsätze				
zum Steuersatz von 19 %	51	280.000		
Innergemeinschaftliche Erwerbe				
Steuerpflichtige innergemeinschaftliche Erwerbe				
zum Steuersatz von 19 %	97	40.000		
Abziehbare Vorsteuerbeträge				
Vorsteuerbeträge aus Rechnungen von anderen Unternehmern (§ 15 Abs. 1 Satz 1 Nr. 1 UStG), aus Leistungen im Sinne des § 13a Abs. 1 Nr. 6 UStG (§ 15 Abs. 1 Satz 1 Nr. 5 UStG) und aus innergemeinschaftlichen Dreiecksgeschäften (§ 25b Abs. 5 UStG)			66	20.200,00
Vorsteuerbeträge aus innergemeinschaftlichem Erwerb von Gegenständen (§ 15 Abs. 1 Satz 1 Nr. 3 UStG)			61	7.600,00
Entrichtete Einfuhrumsatzsteuer (§ 15 Abs. 1 Satz 1 Nr. 2 UStG)			62	4.200,00
Verbleibende Umsatzsteuer-Vorauszahlung bzw. verbleibender Überschuss			83	28.800,00

Elektronische Übermittlung der Umsatzsteuer-Voranmeldung

7.3 Buchung der Umsatzsteuer beim Ein- und Verkauf von Waren im Inland

Vorsteuer beim Einkauf:
Sollbuchung auf Konto Vorsteuer

Umsatzsteuer beim Verkauf:
Habenbuchung auf Konto Umsatzsteuer

Verrechnung:
Der Saldo des wertmäßig kleineren Steuerkontos (140 oder 180) wird auf das wertmäßig größere Steuerkonto umgebucht.

Die Umsatzsteuer muss in der Buchführung auf mindestens zwei verschiedenen Konten erfasst werden.

Beim Einkauf: Konto Vorsteuer (aktives Bestandskonto)		**Beim Verkauf: Konto Umsatzsteuer** (passives Bestandskonto)
S 140 Vorsteuer H		S 180 Umsatzsteuer H
Forderung an das Finanzamt	⟵ Verrechnung ⟶	Verbindlichkeit an das Finanzamt

Die Salden der Konten Vor- und Umsatzsteuer sind am Monatsende zu verrechnen. Die Zahllast oder der Vorsteuerüberhang werden über Zahlungsvorgänge mit dem Finanzamt ausgeglichen.

Am **Geschäftsjahresende** ist eine Zahllast des Monats Dezember zu passivieren (Umsatzsteuerverbindlichkeit im Haben auf dem SBK), ein Vorsteuerüberhang entsprechend zu aktivieren (Vorsteuerforderung im Soll auf dem SBK). Die Aktivierung bzw. Passivierung auf dem SBK im Dezember ist notwendig, da eine Zahlung erst im nächsten Geschäftsjahr erfolgt.

1. Umsatzsteuer > Vorsteuer

Verrechnung	180	Umsatzsteuer	an	140	Vorsteuer
Zahlungsausgang oder	180	Umsatzsteuer	an	131	Kreditinstitute
Passivierung	180	Umsatzsteuer	an	940	SBK

2. Umsatzsteuer < Vorsteuer

Verrechnung	180	Umsatzsteuer	an	140	Vorsteuer
Zahlungseingang oder	131	Kreditinstitute	an	140	Vorsteuer
Aktivierung	940	SBK	an	140	Vorsteuer

Beispiel

Die BPK GmbH kauft und verkauft 200 Pakete Kopierpapier zu je 500 Blatt gegen sofortige Banküberweisung. Der Einstandspreis beträgt 3,00 € je Paket, der Verkaufspreis 4,00 € je Paket. Die Preise verstehen sich jeweils zuzüglich 19 % Umsatzsteuer.

Einkauf		**Verkauf**	
Warenwert	600,00 €	Warenwert	800,00 €
+ 19 % USt	114,00 €	+ 19 % USt	152,00 €
= Rechnungsbetrag	**714,00 €**	**= Rechnungsbetrag**	**952,00 €**

Rechnerische Ermittlung des Mehrwertes und der Zahllast			
Warenwert beim Verkauf	800,00 €		
– Warenwert beim Einkauf	600,00 €		
= Mehrwert	200,00 € →	davon Umsatzsteuer 19 % →	Zahllast 38,00 €

Grundbuch

1. Wareneinkauf gegen Banküberweisung (Lastschrift), Bruttorechnungsbetrag 714,00 €
2. Warenverkauf gegen Banküberweisung (Gutschrift) Bruttorechnungsbetrag 952,00 €
3. Umbuchung (Verrechnung) des Kontos Vorsteuer auf das Konto Umsatzsteuer
4. Ausgleich des Kontos Umsatzsteuer durch Überweisung der Zahllast an das Finanzamt

Nr.	Soll	€	Haben	€
1	301 Wareneingang 140 Vorsteuer	600,00 114,00	131 Kreditinstitute	714,00
2	131 Kreditinstitute	952,00	801 Warenverkauf 180 Umsatzsteuer	800,00 152,00
3	180 Umsatzsteuer	114,00	140 Vorsteuer	114,00
4	180 Umsatzsteuer	38,00	131 Kreditinstitute	38,00

Hauptbuch

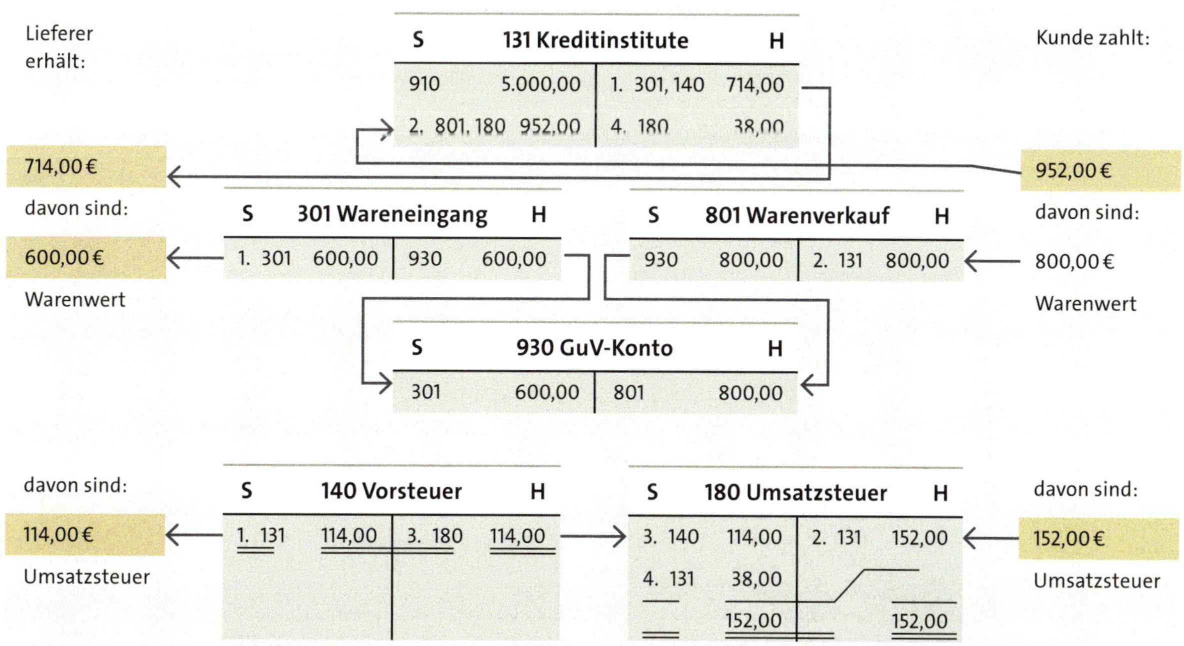

7.4 Umsatzsteuer bei Anlagen, weiteren Aufwendungen und Erträgen im Inland

Die Umsatzsteuerpflicht beschränkt sich nicht nur auf den Handel mit Waren. Auch die Erweiterung des Anlagevermögens oder der Verkauf gebrauchter Anlagen führen häufig zu umsatzsteuerpflichtigen Geschäftsvorfällen. Einkäufe von Gegenständen und Dienstleistungen, die in der Buchführung als Aufwand erfasst werden, können ebenfalls der Umsatzsteuer unterliegen. Erbringt eine Großhandlung Dienstleistungen für Dritte (z. B. Kunden, Hersteller), ist auch hier zu prüfen, ob diese umsatzsteuerpflichtig sind.

Geschäftsvorfall	umsatzsteuerpflichtig	nicht umsatzsteuerpflichtig
Anlagevermögen: Vorsteuer (Kauf) oder Umsatzsteuer (Verkauf)	Kauf und Verkauf neuer und gebrauchter Fahrzeuge, Maschinen, Geschäftsausstattungen, Werkzeuge	Kauf und Verkauf von Grundstücken, Gebäuden, Wertpapieren
Aufwendungen: Vorsteuer	Energie, Werbung, Instandhaltung, Provisionen, Ausgangsfrachten, Leasing, Büromaterial, Telefonrechnungen	Mieten, Pachten, Löhne und Gehälter an das eigene Personal, Briefmarken der Deutschen Post AG, Zinsaufwendungen
Erträge: Umsatzsteuer	Provisionserträge, Kunden in Rechnung gestellte Transport- und Verpackungskosten	Mieterträge, Zinserträge

Beispiel

1. **Kauf eines Pkw gegen Banküberweisung**

	Nettorechnungsbetrag	30.000,00 €
+	19 % Umsatzsteuer	5.700,00 €
=	**Bruttorechnungsbetrag**	**35.700,00 €**

← Vorsteuer beim Einkauf von Anlagen (keine private oder unternehmensfremde Verwendung)

2. **Eingangsrechnung für Reparaturarbeiten an einem Lkw**

	Nettorechnungsbetrag	650,00 €
+	19 % Umsatzsteuer	123,50 €
=	**Bruttorechnungsbetrag**	**773,50 €**

← Vorsteuer beim Einkauf von Dienstleistungen

3. **Ausgangsrechnung für die Vermittlung von Verkäufen**

	Nettorechnungsbetrag	2.500,00 €
+	19 % Umsatzsteuer	475,00 €
=	**Bruttorechnungsbetrag**	**2.975,00 €**

← Umsatzsteuer beim Verkauf von Dienstleistungen

Grundbuch

Nr.	Soll	€	Haben	€
1	034 Fuhrpark 140 Vorsteuer	30.000,00 5.700,00	131 Kreditinstitute	35.700,00
2	470 Betriebskosten, Instandhaltung 140 Vorsteuer	650,00 123,50	171 Verbindlichkeiten a.L.L.	773,50
3	101 Forderungen a.L.L.	2.975,00	872 Provisionserträge 180 Umsatzsteuer	2.500,00 475,00

7.5 Umsatzsteuer beim Im- und Export

Grundsätzlich belasten auch Lieferungen und sonstige Leistungen aus dem Ausland (Import von Waren) bzw. in das Ausland (Export von Waren) umsatzsteuerrechtlich nicht die inländischen Unternehmen, sondern den inländischen Endverbraucher als Steuerträger der deutschen Umsatzsteuer. Voraussetzung dafür ist, dass inländische Unternehmen als Käufer und Verkäufer von Lieferungen und Leistungen innerhalb der Europäischen Union unter Angabe einer **Umsatzsteuer-Identifikationsnummer** (USt.-Id.-Nr.) handeln. Diese Nummer dient dem Nachweis der Unternehmereigenschaft und wird vom Bundeszentralamt für Steuern vergeben. Außerdem sind die vorgesehenen Aufzeichnungs- und Meldepflichten einzuhalten.

USt.-Id.-Nr.
LF3, Kap. 7.2

7.5.1 Umsatzsteuer beim Import

Aus Gründen des freien Wettbewerbes darf kein Anbieter durch die deutsche Umsatzsteuer benachteiligt oder bevorzugt werden. Da die ausländischen Anbieter (Exporteure) von der Umsatzsteuer ihres Staates befreit wurden, werden alle Einkäufe in Deutschland umsatzsteuerpflichtig.

Kontennummern und -bezeichnungen gemäß Kontenplan der BPK GmbH; siehe Anhang

Verkäufer im In- oder Ausland			**Geschäftsvorfall: umsatzsteuerpflichtiger Einkauf von Waren**	**Käufer im Inland**
Inland	Gemein schaftsgebiet	Deutschland	Einkauf im Inland Konto. 140 Vorsteuer →	Beispiel: BPK GmbH
Ausland		übrige EU-Staaten	innergemeinschaftlicher (ig-) Erwerb Konten: 144 Vorsteuer aus ig-Erwerb und 184 Umsatzsteuer aus ig-Erwerb →	
	Drittland	„Rest der Welt"[1]	Einfuhr aus einem Drittland Konto: 143 Einfuhrumsatzsteuer →	

[1] Alle Staaten, die nicht Mitglied in der Europäischen Union sind.

Beispiel

Der BPK GmbH liegen drei Angebote von drei verschiedenen Papierfabriken aus dem In- bzw. Ausland vor. In allen drei Fällen beträgt der Einkaufswert ohne Umsatzsteuer 30.000,00 Euro.

1. Wareneinkauf auf Ziel in Deutschland 30.000,00 € zzgl. 19 % USt
2. Wareneinkauf auf Ziel in den Niederlanden 30.000,00 € zzgl. 19 % USt
3. Wareneinkauf auf Ziel in Serbien 30.000,00 € zzgl. 19 % USt

Beim **Kauf im Inland** schuldet die BPK dem Anbieter auch die Umsatzsteuer. Die an den Lieferer gezahlte Umsatzsteuer wird als Vorsteuer gebucht und als Forderung gegenüber dem Finanzamt geltend gemacht.

Umsatzsteuer beim Kauf im Inland
LF4, Kap. 7.3

Beim Kauf von einem **Anbieter aus einem EU-Mitgliedstaat** zahlt die BPK GmbH nur den Nettowert der Ware an den Lieferer. Umsatzsteuerrechtlich muss die BPK diesen Einkauf auf separaten Steuerkonten erfassen. Durch die gleichzeitige Erfassung der Umsatzsteuer auf dem Konto „Vorsteuer aus ig-Erwerb" (Forderung an das Finanzamt) und „Umsatzsteuer aus ig-Erwerb" (Verbindlichkeit an das Finanzamt) entsteht der BPK keine Steuerbelastung.

innergemeinschaftlicher Erwerb
LF3, Kap. 7.2

Anschaffungsnebenkosten
Beförderungs- und Verpackungskosten plus Zoll

Beim Kauf von einem **Anbieter aus einem Drittland** erhebt der deutsche Zoll eine **Einfuhrumsatzsteuer**. Diese beträgt hier ebenfalls 19 % bezogen auf den Warenwert plus **Anschaffungsnebenkosten**. Die BPK zahlt in diesem Falle zum Rechnungsausgleich 30.000,00 Euro an den Lieferer in Serbien und 5.700,00 Euro an den deutschen Zoll. Auch die gezahlte Einfuhrumsatzsteuer wird in der USt-Voranmeldung als Forderung an das Finanzamt geltend gemacht.

Buchung

Nr.	Soll	€	Haben	€
1	301 Wareneingang (Inland) 140 Vorsteuer	30.000,00 5.700,00	171 Verbindlichkeiten a.L.L.	35.700,00
2	381 Wareneingang ig-Erwerb 144 Vorsteuer aus ig-Erwerb	30.000,00 5.700,00	171 Verbindlichkeiten a.L.L. 184 Umsatzsteuer aus ig-Erwerb	30.000,00 5.700,00
3	382 Wareneingang Drittland 143 Einfuhrumsatzsteuer	30.000,00 5.700,00	171 Verbindlichkeiten a.L.L. 198 Zollverbindlichkeiten	30.000,00 5.700,00

7.5.2 Umsatzsteuer beim Export

innergemeinschaftliche Lieferung
LF3, Kap. 7.2

Da nur der inländische Endverbraucher die Umsatzsteuer tragen soll, sind alle Exporte in das Ausland **von der deutschen Umsatzsteuer befreit**. Die Vorsteuerabzugsberechtigung bleibt bei Einkäufen für Exportzwecke voll erhalten. Umsatzsteuerrechtlich ist es auch hier notwendig, die ausländischen Umsätze auf verschiedenen Konten zu erfassen.

Kontennummern und -bezeichnungen gemäß Kontenplan der BPK GmbH; siehe Anhang

Verkäufer im Inland	Geschäftsvorfall: Verkauf von Waren	Käufer im In- oder Ausland		
Beispiel: BPK GmbH	Verkauf im Inland Konto: 180 Umsatzsteuer →	Inland	Gemeinschaftsgebiet	Deutschland
	innergemeinschaftliche (ig-) Lieferung umsatzsteuerbefreit →	Ausland		übrige EU-Staaten
	Ausfuhr in ein Drittland umsatzsteuerbefreit →		Drittland	„Rest der Welt“

Beispiel

Die BPK GmbH verkauft Waren im Nettowert von jeweils 20.000,00 Euro an drei Kunden im In- und Ausland.

1. Warenverkauf auf Ziel in Deutschland 20.000,00 € zzgl. 19 % USt
2. Warenverkauf auf Ziel in den Niederlanden 20.000,00 € (ohne USt)
3. Warenverkauf auf Ziel in Serbien 20.000,00 € (ohne USt)

Grundbuch

Nr.	Soll	€	Haben	€
1	101 Forderungen a.L.L.	23.800,00	801 Warenverkauf (Inland) 180 Umsatzsteuer	20.000,00 3.800,00
2	101 Forderungen a.L.L.	20.000,00	881 Warenverkauf ig-Lieferungen	20.000,00
3	101 Forderungen a.L.L.	20.000,00	882 Warenverkauf Drittland	20.000,00

7.6 Exkurs: Umsatzsteuer bei Privatentnahmen und Privateinlagen

AB ☞ *LS 52*

Beispiel

Die Druckerei Heinrich Kleist gehört allein dem Gründer, Herrn Heinrich Kleist (Einzelunternehmer). Da Herr Kleist außer seiner Druckerei keine anderen Einnahmequellen besitzt, muss er regelmäßig Vermögenswerte der Druckerei für private Zwecke entnehmen, um seine Lebenshaltungskosten zu decken (Privatentnahmen). Gelegentlich kommt es aber auch vor, dass er Vermögenswerte aus seinem Privatvermögen in das Unternehmensvermögen übernimmt (Privateinlagen).

Rechtsformen von Unternehmen
☞ *LF1, Kap. 7*

Privatentnahme
= Eigenkapitalminderung;
Privateinlage
= Eigenkapitalmehrung

Bei allen Unternehmensformen, bei denen der oder die Inhaber persönlich für die Verbindlichkeiten der Unternehmung haften (z. B. Einzelunternehmer, Vollhafter der OHG und der KG), dürfen diese Personen in Übereinstimmung mit dem Gesellschaftsvertrag während des Geschäftsjahres Privatentnahmen und Privateinlagen tätigen. **Diese privaten Vorgänge dürfen den Gewinn des Unternehmens nicht beeinflussen.** Trotzdem verringern Privatentnahmen als vorweggenommene Gewinnverwendung das Eigenkapital wie Verluste; Privateinlagen erhöhen das Eigenkapital wie Gewinne. Sie werden auf Privatkonten erfasst, die – wie die Erfolgskonten – Unterkonten des Eigenkapitals sind. Zum Geschäftsjahresende werden die Salden der Privatkonten auf das Eigenkapitalkonto übertragen.

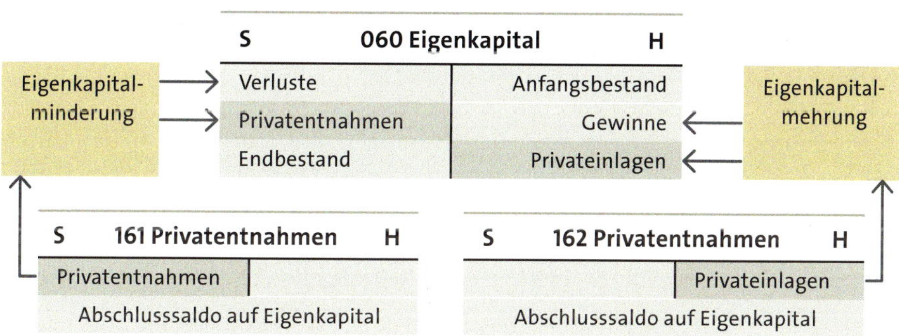

7.6.1 Privatentnahmen von Bar- und Buchgeld

Geldentnahmen (Bargeld sowie alle Zahlungen von betrieblichen Konten für private Zwecke) werden als **umsatzsteuerfreie Privatentnahmen** im Soll des Kontos 161 „Privatentnahmen" erfasst. Dabei spielt der Grund für die private Verwendung keine Rolle. Die Buchung lautet immer Privatentnahmen an Zahlungskonto.

Die ausgewiesene Umsatzsteuer ist Bestandteil der Privatentnahme, es erfolgt keine Buchung als betriebliche Vorsteuer.

Beispiel: Privatentnahmen von Bar- und Buchgeld

1. Privatentnahme von Bargeld 500,00 €				
161 Privatentnahmen	500,00 €	an	151 Kasse	500,00 €
2. Überweisung der Beiträge für die private Lebensversicherung des Inhabers in Höhe von 200,00 € vom Bankkonto des Unternehmens				
161 Privatentnahmen	200,00 €	an	131 Kreditinstitute	200,00 €

7.6.2 Unentgeltliche Wertabgaben

Neben Bar- oder Buchgeld können vom Unternehmenseigner auch Gegenstände aus dem Betriebsvermögen für private (unternehmensfremde) Zwecke entnommen oder genutzt werden:

unentgeltliche Wertabgaben	Beispiel
Entnahme von Gegenständen aus dem Betriebsvermögen in das Privatvermögen	Waren, Geschäftsausstattung
Nutzung eines unternehmenseigenen Gegenstandes für private Zwecke	Pkw, Maschinen
unentgeltliche Erbringung einer sonstigen Leistung für private Zwecke	Reparaturen, Garten- oder Renovierungsarbeiten durch Betriebsangehörige

Unternehmensfremde Zwecke sind dabei nicht nur unentgeltliche Wertabgaben an die Eigentümer, sondern auch an das Personal, soweit es sich nicht um Aufmerksamkeiten von geringem Wert handelt.

§ 3 Abs.1 UStG
§ 3 Abs. 9 Nr.12 UStG

Bei der Erfassung unentgeltlicher Wertabgaben ist es von großer Bedeutung, ob dieser Vorgang umsatzsteuerpflichtig ist. Die **Umsatzsteuerpflicht** entsteht immer dann, wenn der Gegenstand voll oder teilweise zum Vorsteuerabzug berechtigt war. Nur dann ist auch die Entnahme oder Nutzung des Gegenstandes einer Lieferung oder einer Leistung gegen Entgelt gleichzusetzen. **Umsatzsteuerfrei** bleiben als unentgeltliche Wertabgaben alle steuerbefreiten Lieferungen und Leistungen gemäß § 4 UStG (z. B. Nutzung einer betrieblichen Mietwohnung).

Umsatzsteuerpflicht
☞ *LF4, Kap. 7*

Aus Sicht des Unternehmens sind alle Lieferungen und Leistungen an den Unternehmer (Wertabgaben) auf **Ertragskonten** zu buchen. Diesen Erträgen stehen in der Gewinn- und Verlustrechnung Aufwendungen in gleicher Höhe (z. B. Wareneinsatz, Aufwendungen für den Abgang von Sachanlagen, Personal- und Materialkosten) gegenüber. Somit kann durch unentgeltliche Wertabgaben an den Unternehmer der steuerpflichtige Gewinn des Unternehmens nicht vermindert werden.

Beispiel: Umsatzsteuerpflichtige unentgeltliche Wertabgaben

3. Entnahme von Waren für private Zwecke, Warenwert 600,00 € zzgl. 19 % USt

161 Privatentnahmen	714,00 €	an	871 Entnahme von Waren	600,00 €
			180 Umsatzsteuer	114,00 €

4. Private Inanspruchnahme eines Betriebsangehörigen zur Renovierung der Privatwohnung: anteilige Kosten 800,00 € (Personalkosten, Materialkosten) zzgl. 19 % USt

161 Privatentnahmen	952,00 €	an	278 Entnahme von sonstigen Gegenständen u. Leistungen	800,00 €
			180 Umsatzsteuer	152,00 €

Beispiel: Umsatzsteuerpflichtige unentgeltliche Wertabgaben

5. Entnahme eines gebrauchten PC für die Tochter des Inhabers: Wert 200,00 € zzgl. 19 % USt

161 Privatentnahmen	238,00 €	an	278 Entnahme von sonstigen Gegenständen u. Leistungen	200,00 €
			180 Umsatzsteuer	38,00 €

Zusätzlich muss das Ausscheiden des Vermögensgegenstandes gebucht werden:

204 Verluste aus dem Abgang von Sachanlagen	200,00 €	an	033 BGA	200,00 €

7.6.3 Privateinlagen

Tätigt der Unternehmer private Einlagen in Form von Geld (Bar- oder Buchgeld) oder Sachwerten (z. B. Wertpapiere), um die Eigenkapitalbasis des Unternehmens zu verbessern, müssen diese Privateinlagen im Haben auf dem Konto Privateinlagen erfasst werden. Die Sollbuchung zeigt an, in welcher Form die Einlage getätigt wurde (z. B. Kreditinstitute, Wertpapiere).

Privateinlagen

6. Banküberweisung des Inhabers auf das Geschäftskonto 1.000,00 €

131 Kreditinstitute	1.000,00 €	an	162 Privateinlagen	1.000,00 €

Hauptbuch: Buchung der 6 Beispiele zu Privatentnahmen und Privateinlagen

S	161 Privatentnahmen		H
1. 151	500,00	060	2.604,00
2. 131	200,00		
3. 871, 180	714,00		
4. 278, 180	952,00		
5. 278, 180	238,00		
	2.604,00		2.604,00

S	162 Privateinlagen		H
060	1.000,00	6. 131	1.000,00

S	060 Eigenkapital		H
161	2.604,00	910	290.000,00
940	309.796,00	162	1.000,00
		930	21.400,00
	312.400,00		312.400,00

S	930 GuV-Konto		H
Aufwendungen	80.000,00	Erträge	100.000,00
204	200,00	871	600,00
060	21.400,00	278	1.000,00
	101.600,00		101.600,00

Die Buchung der sechs vorangegangenen Beispiele führt zu einer Minderung des Eigenkapitals, da die Privatentnahmen überwiegen.

8 Warenein- und -verkauf mit Bestandsveränderungen

AB ☞ LS 53

8.1 Wareneinkauf

Beispiel

Die BPK GmbH hat bei der Dresdener Papiermanufactur AG einen Sonderposten Kopierpapier bestellt. Die Papiermanufactur lieferte die Ware gemäß Kaufvertragsvereinbarungen und stellte folgende Rechnung aus:

Dresdener Papiermanufaktur AG

Dresdener Papiermanufactur AG | Hauptallee 50 | 01069 Dresden

Bergisches Papierkontor GmbH
Elberfelder Straße 85
42285 Wuppertal

Rechnung Nr. 122
Rechnungs-Datum: 18. 01. 20XX

Artikel-Nr.	Menge	Artikelbezeichnung	Einzelpreis €	Gesamtpreis €
1000	16 000	Kopierpapier A4, weiß,80 g/m², 500 Blatt – 10% Großkundenrabatt	4,00	64.000,00 6.400,00
		Nettopreis Kopierpapier zzgl. Fracht und Verpackung		57.600,00 1.200,00
		Nettorechnungsbetrag + 19 % Umsatzsteuer		58.800,00 11.172,00
		Bruttorechnungsbetrag		**69.972,00**

Zahlungsbedingungen: 10 Tage 3% Skonto oder 30 Tage Ziel. Lieferungsbedingungen: Lieferung ab Werk. Die Ware bleibt bis zum vollständigen Rechnungsausgleich unser Eigentum.

8.1.1 Ermittlung der Anschaffungskosten bei Rechnungseingang

Anschaffungskosten
☞ LF4, Kap. 4.5

Gemäß den Paragrafen 255 HGB und 6 EStG sind alle gekauften Vermögenswerte mit ihren Anschaffungskosten zu bewerten. Das gilt auch für die eingekauften Waren. Zu den **Anschaffungskosten** für Waren gehören sämtliche Aufwendungen, die bis zur Ankunft der Ware beim Käufer anfallen (Listenpreis + Bezugskosten), also z. B. Transport- und Verpackungskosten, Einfuhrzölle usw. Werden derartige Posten in einer Rechnung offen ausgewiesen oder separat in Rechnung gestellt, bezeichnet man diese auch als **Anschaffungsnebenkosten**.

Zahlungsbedingungen
☞ LF2, Kap. 3.1.3
Sachmängel
☞ LF2, Kap. 4.1
Preisnachlässe von Lieferanten
☞ LF4, Kap. 9.2

Gewährt der Verkäufer Preisnachlässe, so reduzieren sich die Anschaffungskosten entsprechend. Für diese **Anschaffungspreisminderungen** ist es ohne Bedeutung, ob die Preisnachlässe direkt gewährt werden (z. B. Sofortrabatte) oder erst nachträglich entstehen (z. B. Skonto- oder Bonusabzüge oder Gutschriften aufgrund von Mängelrügen). Nachträgliche Preisnachlässe mindern die Anschaffungskosten zum Zeitpunkt ihrer Entstehung.

Nicht zu den Anschaffungskosten gehört die als Vorsteuer erfasste Umsatzsteuer beim Wareneinkauf. Ebenfalls keine Anschaffungskosten sind Kreditzinsen zur Finanzierung des Einkaufs.

Umsatzsteuer und Finanzierungskosten sind kein Bestandteil der Anschaffungskosten.

Ermittlung der Anschaffungskosten beim Wareneinkauf	
Einkaufspreis ohne Umsatzsteuer	Listenpreis
+ Anschaffungsnebenkosten	Bezugskosten aller Art, z. B. Transport- und Verpackungskosten, Kosten für Zwischenlagerung, Einfuhrzoll, Provisionen
– Anschaffungspreisminderungen (direkt und nachträglich)	Preisnachlässe aller Art, z. B. Rabatt, Skonto, Bonus, Gutschrift bei Mängeln
= Anschaffungskosten	**Anschaffungskosten**

Beispiel

Berechnung der Anschaffungskosten für den Wareneinkauf bei der Dresdener Papiermanufactur

Listeneinkaufspreis für das Kopierpapier	64.000,00 €	
– 10 % Großkundenrabatt	6.400,00 €	← direkte Anschaffungspreisminderung
= Nettowarenwert	57.600,00 €	
+ Fracht- und Verpackungskosten	1.200,00 €	← Anschaffungsnebenkosten (Bezugskosten)
= Anschaffungskosten	**58.800,00 €**	← Anschaffungskosten = Nettorechnungsbetrag

Ob die Möglichkeit des Skontoabzuges in Anspruch genommen wird, kann beim Rechnungseingang noch nicht entschieden werden und bleibt daher zunächst unberücksichtigt.

Buchung von Lieferantenskonti
LF4, Kap. 9.2.3

8.1.2 Buchung der Anschaffungskosten

Bei der Erfassung der Anschaffungskosten ist zu beachten, dass Rabatte, die bereits bei Rechnungsstellung abgezogen wurden (Sofortrabatte), in der Buchführung **nicht berücksichtigt** werden. Es wird nur der Listenpreis nach Abzug des Sofortrabattes auf dem Wareneingangskonto erfasst. Eine Erfassung der Listenpreise mit sofortiger Korrekturbuchung der Sofortrabatte wäre sehr aufwändig und auch wenig aussagefähig.

Keine Erfassung von Sofortrabatten in der Buchführung

Buchungstechnik:

1. Erfassung des Listeneinkaufspreises abzüglich der Sofortrabatte (direkte Anschaffungspreisminderungen) auf dem Konto 301 „Wareneingang". Die in Rechnung gestellte Umsatzsteuer wird auf dem Vorsteuerkonto gebucht.
2. Erfassung der Bezugskosten (Anschaffungsnebenkosten) auf dem Unterkonto 302 „Warenbezugskosten"
3. Umbuchung vom Konto „Warenbezugskosten" auf das Konto „Wareneingang" z. B. am Ende des Geschäftsjahres

Ziel der Buchung auf Unterkonten ist die bessere Kontrolle der Anschaffungsnebenkosten, welche einem steigenden Informationsbedürfnis entgegenkommt. Nach der Umbuchung des Kontos Warenbezugskonten können auf dem Wareneingangskonto die Anschaffungskosten ermittelt werden.

S	302 Warenbezugskosten H
Fracht und Verpackungskosten	Umbuchungssaldo

S	301 Wareneingang H
Anschaffungspreis – sofortige Anschaffungspreisminderung	nachträgliche Anschaffungspreisminderung
Umbuchungssaldo Konto Warenbezugskosten = Anschaffungsnebenkosten	**Saldo = Anschaffungskosten**

Buchung der Eingangsrechnung der Dresdener Papiermanufactur

Grundbuch

1. Buchung der Eingangsrechnung
2. Umbuchung der Warenbezugskosten auf das Konto Wareneingang
3. Abschluss des Kontos Wareneingang

Nr.	Soll	€	Haben	€
1	301 Wareneingang 302 Warenbezugskosten 140 Vorsteuer	57.600,00 1.200,00 11.172,00	171 Verbindlichkeiten a.L.L.	69.972,00
2	301 Wareneingang	1.200,00	302 Warenbezugskosten	1.200,00
3	930 GuV-Konto	58.800,00	301 Wareneingang	58.800,00

Hauptbuch

S	301 Wareneingang		H
1. 171	57.600,00	3. 930	58.800,00
2. 302	1.200,00		

S	930 GuV-Konto		H
3. 301	58.800,00		

S	302 Warenbezugskosten		H
1. 171	1.200,00	2. 301	1.200,00

S	171 Verbindlichkeiten a.L.L.		H
		1. 301, 302, 140	69.972,00

S	140 Vorsteuer		H
1. 171	11.172,00		

8.2 Warenverkauf

AB ☞ LS 54

Beispiel

Die BPK GmbH verkauft an das Bürobedarfsgeschäft Klammer & Co. KG Kopierpapier aus dem Sonderposten der Dresdener Papiermanufactur. Die Ware ist bereits geliefert worden. Gemäß den Kaufvertragsvereinbarungen hat die BPK folgende Ausgangsrechnung erstellt:

BPK GmbH · Elberfelder Straße 85 · 42285 Wuppertal

bpk Bergisches Papierkontor GmbH

Klammer & Co. KG
Hansaring 108
48155 Münster

Rechnung Nr. 211

Bearbeiter	Kundennummer	Ihre Bestellung Nr.	vom	Rechn.-Datum
Voss	48001	12214	29.03.20XX	01.04.20XX

Versandart/Freivermerk	Verpackungsart	geliefert am
Spedition ab Lager BPK	Kartons á 5 000 Blatt	01.04.20XX

Pos.-Nr.	Artikel-Nr.	Warenbezeichnung	Menge	Preis/Einheit €	Gesamtpreis €
1	20151	Kopierpapier NOPA TOP	400	8,85/Paket á 1 000 Blatt	3.540,00
		– 10 % Kundenrabatt			354,00
		= Nettorechnungsbetrag			3.186,00
		+ 19 % Umsatzsteuer			605,34
		Bruttorechnungsbetrag			**3.791,34**

Wie beim Wareneinkauf werden auch beim Warenverkauf bereits in der Rechnung abgezogene Sofortrabatte **nicht berücksichtigt**. In der Buchführung wird nur der Listenpreis nach Abzug des Sofortrabattes auf dem Konto 801 „Warenverkauf“ erfasst. Auf dem Konto Warenverkauf erscheint der Nettowarenwert, den der Kunde tatsächlich (zuzüglich Umsatzsteuer, ohne Skontoabzug) bezahlen muss.

keine Erfassung von Sofortrabatten in der Buchführung

Buchung der Ausgangsrechnung an die Klammer & Co. KG

1. Buchung der Ausgangsrechnung unter Berücksichtigung der Umsatzsteuer
2. Abschluss des Kontos Warenverkauf über das GuV-Konto

Nr.	Soll	€	Haben	€
1	101 Forderungen a.L.L.	3.791,34	801 Warenverkauf 180 Umsatzsteuer	3.186,00 605,34
2	801 Warenverkauf	3.186,00	930 GuV-Konto	3.186,00

Hauptbuch

S	930 GuV-Konto		H
		2. 801	3.186,00 ←
			= Nettoerlöse

S	801 Warenverkauf		H
2. 930	3.186,00	1. 101	3.186,00

8.2.1 Kosten der Warenabgabe und Provisionen

Beispiel

Die BPK GmbH hat das an die Klammer & Co. KG verkaufte Kopierpapier durch die Spedition Wurm ausliefern lassen. Die Spedition Wurm handelt im Auftrag der BPK. Sie sendet folgende Rechnung:

S P E D I T I O N   W U R M   G m b H

Spedition Wurm GmbH · Romastr. 9 · 42285 Wuppertal

Bergisches Papierkontor GmbH
Elberfelder Straße 85
42285 Wuppertal

Rechnung Nr. 122
Rechnungs-Datum: 01. 04. 20XX
Bankverbindung: Postbank Essen
BLZ 360 100 43
Konto- Nr.: 123052-766

Sehr geehrte Damen und Herren,

wir lieferten in Ihrem Auftrag an das Bürobedarfsgeschäft Klammer & Co. KG in Münster 400 Verpackungseinheiten Kopierpapier

Gesamtpreis für den Transport	25,00 €
zzgl. 19 % Umsatzsteuer	4,75 €
Bruttorechnungsbetrag	29,75 €

Zahlungsbedingungen: Die Rechnung ist ohne jeden Abzug sofort zahlbar.

Aufwendungen, die im Zusammenhang mit einem Warenverkauf entstehen, werden in der Kontenklasse 4 erfasst. Für die wichtigsten Aufwendungen im Absatzbereich stehen folgende Konten zur Verfügung:

S 461 Verpackungsmaterial	H
Einkäufe von Verpackungsmaterial zum Versand der verkauften Waren	

S 462 Ausgangsfrachten	H
Einkäufe von Transportdienstleistungen zum Versand der verkauften Waren	

S 450 Provisionen	H
Einkäufe von Verkaufsdienstleistungen beim Warenabsatz (z. B. an Handelsvertreter)	

Buchung der Eingangsrechnung der Spedition Wurm

1. Buchung der Eingangsrechnung unter Berücksichtigung der Vorsteuer
2. Abschluss des Kontos Ausgangsfrachten über das GuV-Konto

Nr.	Soll	€	Haben	€
1	462 Ausgangsfrachten 140 Vorsteuer	25,00 4,75	171 Verbindlichkeiten a.L.L.	29,75
2	930 GuV-Konto	25,00	462 Ausgangsfrachten	25,00

Hauptbuch

S 462 Ausgangsfrachten		H	
1. 171	25,00	2. 930	25,00

→

S 930 GuV-Konto		H	
2. 462	25,00		

8.2.2 Weiterbelastung von Aufwendungen an Kunden

Beispiel

Im Kaufvertrag zwischen der BPK GmbH und der Klammer & Co. KG wurde vereinbart, dass der Warentransport durch die Spedition Wurm ausgeführt wird, die Transportkosten jedoch der Käufer zu tragen hat (Lieferbedingung: ab Lager BPK). Die BPK erstellt folgende Ausgangsrechnung:

BPK GmbH . Elberfelder Straße 85 · 42285 Wuppertal

bpk Bergisches Papierkontor GmbH

Klammer & Co. KG
Hansaring 108
48155 Münster

Rechnung Nr. 218

Bearbeiter	Kundennummer	Ihre Bestellung Nr.	vom	Rechn.-Datum
Voss	48001	12214	29. 03. 20XX	02.04.20XX
Versandart/Freivermerk		**Verpackungsart**	**geliefert am** 01. 04. 20XX	

Pos.-Nr.	Artikel-Nr.	Warenbezeichnung	Menge	Preis/Einheit €	Gesamtpreis €
		Wir lieferten durch die Spedition Wurm 400 Pakete Kopierpapier NOPA FIX Gesamtpreis für den Transport			25,00
		+ 19 % Umsatzsteuer			4,75
		Bruttorechnungsbetrag			**29,75**

Bitte überweisen Sie den Betrag umgehend ohne Abzug und unter Angabe der Rechnungsnummer.

Im obigen Beispiel wurde vertraglich vereinbart, dass der Käufer die Transportkosten zu tragen hat. Dabei spielt es keine Rolle, ob die BPK GmbH eigene Transportkosten oder, wie in diesem Fall, die Transportkosten einer Spedition in Rechnung stellt. Die Weiterbelastung von entstandenen Transportverpackungskosten wäre ebenfalls möglich. Die an den Kunden weiterbelasteten Aufwendungen werden wie Umsatzerlöse auf dem Ertragskonto 801 „Warenverkauf“ gebucht, da sie nach § 10 UStG zum umsatzsteuerpflichtigen Entgelt gehören. Die Verrechnung mit der Aufwandsbuchung ist umsatzsteuerrechtlich nicht erlaubt.

Warenschulden sind Holschulden
LF2, Kap. 3.1.2

Transport- und Verpackungskosten
LF2, Kap. 3.1.4

Buchung der Ausgangsrechnung an die Klammer & Co. KG

1. Buchung der Ausgangsrechnung unter Berücksichtigung der Umsatzsteuer
2. Abschluss des Kontos Warenverkauf über das GuV-Konto

Nr.	Soll	€	Haben	€
1	101 Forderungen a.L.L.	29,75	801 Warenverkauf 180 Umsatzsteuer	25,00 4,75
2	801 Warenverkauf	25,00	930 GuV-Konto	25,00

Hauptbuch

S	930 GuV-Konto		H
		2. 801	25,00

S	801 Warenverkauf		H
2. 930	25,00	1. 101	25,00

8.3 Warenbestand und Warenbestandsveränderungen

Bisher wurde davon ausgegangen, dass alle Waren, die in einem Geschäftsjahr eingekauft wurden, in demselben Geschäftsjahr auch wieder verkauft wurden. Zum Geschäftsjahresbeginn und zum Geschäftsjahresende sind in diesem Fall **keine Lagerbestände** vorhanden oder die Lagerbestände **bleiben gleich hoch**.

Beispiel

In einem Geschäftsjahr wurden 100 000 Pakete Kopierpapier zu je 500 Blatt zum Bezugspreis von je 3,60 Euro einkauft.
Anschaffungskosten: 360.000,00 €

Die gleiche Menge Kopierpapier wurde innerhalb des Geschäftsjahres zu einem Nettoverkaufspreis von je 5,40 Euro auch wieder verkauft.
Umsatzerlöse: 540.000,00 €

S 301 Wareneingang	H
Aufwand = 360.000,00 €	Abschlusssaldo für GuV-Konto 360.000,00 €

S 801 Warenverkauf	H
Abschlusssaldo für GuV-Konto 540.000,00 €	Ertrag = 540.000,00

S 930 GuV-Konto	H
Aufwendungen für Wareneinkauf = 360.000,00 € (Wareneinsatz)	Erträge aus dem Warenverkauf = 540.000,00 (Nettoverkaufserlöse)
Rohgewinn aus dem Verkauf = 180.000,00	

Mengen: Einkauf von 100 000 Verpackungseinheiten

Mengen: Verkauf von 100 000 Verpackungseinheiten

Der Wareneinsatz, d.h. der Einkaufswert (Bezugs- bzw. Einstandspreis) der eingekauften Waren, beträgt 360.000,00 Euro. Dem stehen die auf dem Konto Warenverkauf erfassten Verkaufserlöse in Höhe von 540.000,00 Euro gegenüber. Das entspricht im Einkauf und im Verkauf einer Menge von 100 000 Verpackungseinheiten (VE). Der **Rohgewinn**, d.h. die positive Differenz zwischen Warenverkauf und Wareneinsatz, beträgt 180.000,00 Euro. Sind die Umsatzerlöse geringer als der Wareneinsatz, ergibt sich ein **Rohverlust**.

Gewinnermittlung
über das GuV-Konto
LF4, Kap. 4.6

Rohgewinn	⟶	Verkaufserlöse > Wareneinsatz
Rohverlust	⟶	Verkaufserlöse < Wareneinsatz
Reingewinn	⟶	Erträge > Aufwendungen
Reinverlust	⟶	Erträge < Aufwendungen

8.3.1 Warenbestandsmehrung

Beispiel

In einem Geschäftsjahr sind die Bestände von Kopierpapier unter Berücksichtigung von Ein- und Verkäufen gestiegen. Der Endbestand wurde durch die Inventur zum Geschäftsjahresende ermittelt.

Warenbestand zu Beginn des Geschäftsjahres	+	Einkäufe im Geschäftsjahr	–	Verkäufe im Geschäftsjahr	=	Warenbestand am Geschäftsjahresende
↓		↓		↓		↓
10 000 VE zu je 3,60 € = 36.000,00 €		100 000 VE zu je 3,60 € = 360.000,00 €		90 000 VE zu je 5,40 € = 486.000,00 €		20 000 VE zu je 3,60 € = 72.000,00 €

Warenanfangsbestand < Warenendbestand → Bestandsmehrung
Es ergibt sich eine Bestandsmehrung von 10 000 VE zu je 3,60 € = 36.000,00 €.

Auf dem GuV-Konto müssen Wareneingang und Warenverkauf gegenübergestellt werden. Den Umsatzerlösen für die 90 000 verkauften Verpackungseinheiten müssen die Bezugspreise dieser 90 000 Verpackungseinheiten als Aufwand gegenüberstehen. Auf dem Wareneingangskonto wurden jedoch die Gesamteinkäufe des Geschäftsjahres mit insgesamt 100 000 Verpackungseinheiten erfasst. Die auf den beiden Konten gebuchten Mengen stimmen also nicht mehr überein.

Um den Wareneinsatz auf dem Wareneingangskonto ermitteln zu können, muss das **Wareneingangskonto** um 10 000 Verpackungseinheiten im Wert von insgesamt 36.000,00 Euro **vermindert** werden. Diese eingekauften, jedoch nicht verkauften Waren **erhöhen den Lagerbestand** zum Geschäftsjahresende auf dem Konto Warenbestände. Dieser Endbestand (Sollbestand) muss mit dem Endbestand der Inventur als Istbestand übereinstimmen. Er ist als Vermögenswert in der Schlussbilanz auszuweisen:

Konto Warenbestände (aktives Bestandskonto)
LF4, Kap. 4.1

Warenbestände an Kopierpapier:
10 000 VE am Jahresbeginn
20 000 VE am Jahresende

Wareneinkauf von Kopierpapier:
100 000 VE

Warenverkauf von Kopierpapier:
90 000 VE

S 390 Warenbestände	H
Anfangsbestand = 36.000,00 €	Endbestand = 72.000,00 € für das SBK
Bestandsmehrung = 36.000,00 €	

S 301 Wareneingang	H
Einkäufe = 360.000,00 €	Bestandsmehrung = 36.000,00 €
	Abschlusssaldo für GuV-Konto = 324.000,00 €

S 801 Warenverkauf	H
Abschlusssaldo für GuV-Konto = 486.000,00 €	Ertrag = 486.000,00 €

Mengen:
Einkauf von 100 000 VE
– Bestandsmehrung 10 000 VE
= 90 000 VE

S 930 GuV-Konto	H
Konto Wareneingang = 324.000,00 €	Konto Warenverkauf = 486.000,00 €
Rohgewinn = 162.000,00 €	

Mengen:
Verkauf = 90 000 VE

Grundbuch

1. Buchung der Bestandsmehrung	36.000,00 € = 10 000 VE · 3,60 €
2. Abschluss Konto Warenbestände über das SBK	72.000,00 € = 20 000 VE · 3,60 €
3. Abschluss Konto Wareneingang über das GuV-Konto	324.000,00 € = 90 000 VE · 3,60 €
4. Abschluss Konto Warenverkauf über das GuV-Konto	486.000,00 € = 90 000 VE · 5,40 €

Der Anfangsbestand auf dem Warenbestandskonto (Wert 36.000,00 €, Menge 10 000 VE) sowie die Einkäufe (Wert 360.000,00 €, Menge 100 000 VE) und Verkäufe (Wert 468.000,00 €, Menge 90 000 VE) sind bereits ohne Buchungssätze auf den Konten eingetragen.

Nr.	Soll	€	Haben	€
1	390 Warenbestände	36.000,00	301 Wareneingang	36.000,00
2	940 SBK	72.000,00	390 Warenbestände	72.000,00
3	930 GuV-Konto	324.000,00	301 Wareneingang	324.000,00
4	801 Warenverkauf	486.000,00	930 GuV-Konto	486.000,00

Hauptbuch

Bestandskonto

	S	390 Warenbestände		H	
Anfangsbestand (10 000 VE) →	910	36.000,00	2. 940	72.000,00	← Endbestand (20 000 VE)
Bestandsmehrung (10 000 VE) →	1. 301	36.000,00			
		72.000,00		72.000,00	

Erfolgskonten

	S	301 Wareneingang		H	
Einkäufe (100 000 VE) →	171	360.000,00	1. 390	36.000,00	← **Bestandsmehrung** (10 000 VE)
			3. 930	324.000,00	← Wareneinsatz für GuV-Konto
		360.000,00		360.000,00	

	S	801 Warenverkauf		H	
Erlöse für GuV →	4. 930	486.000,00	101	486.000,00	← Verkäufe (90 000 VE)

Abschlusskonten

S	930 GuV-Konto		H
3. 301	324.000,00	4. 801	486.000,00
060	162.000,00		
	486.000,00		486.000,00

S	940 Schlussbilanzkonto		H
2. 390	72.000,00		

Die Warenbestandsmehrung vermindert den Aufwand für Waren des Geschäftsjahres (Konto Wareneingang) und erhöht den Wert der Waren auf dem Konto Warenbestände. Der Warenendbestand wird auf das Schlussbilanzkonto übernommen. Auf dem GuV-Konto stehen sich bei einer Mengenbetrachtung Umsatzerlöse und Wareneinsatz für jeweils 90.000 VE gegenüber.

8.3.2 Warenbestandsminderung

Beispiel

In einem Geschäftsjahr sind die Bestände von Kopierpapier unter Berücksichtigung von Ein- und Verkäufen gesunken. Der Endbestand wurde durch die Inventur zum Geschäftsjahresende ermittelt.

Warenbestand zu Beginn des Geschäftsjahres	+	Einkäufe im Geschäftsjahr	–	Verkäufe im Geschäftsjahr	=	Warenbestand am Geschäftsjahresende
↓		↓		↓		↓
10 000 VE zu je 3,60 € = 36.000,00 €		100 000 VE zu je 3,60 € = 360.000,00 €		104 000 VE zu je 5,40 € = 561.600,00 €		6 000 VE zu je 3,60 € = 21.600,00 €

Warenanfangsbestand > Warenendbestand → Bestandsminderung
Es ergibt sich eine Bestandsminderung von 4 000 VE zu je 3,60 € = 14.400,00 €.

Auf dem GuV-Konto muss den Umsatzerlösen für 104 000 verkaufte Verpackungseinheiten (Warenverkauf) der Gesamteinkauf von 100 000 Verpackungseinheiten (Wareneingang) gegenübergestellt werden. Daher muss das **Wareneingangskonto** um diese 4 000 Verpackungseinheiten im Wert von insgesamt 14.400,00 Euro **erhöht** werden. Die verkauften, jedoch nicht innerhalb des Geschäftsjahres eingekauften Waren **vermindern den Lagerbestand** zum Geschäftsjahresende auf dem Konto Warenbestände. Wiederum muss der auf dem Konto Warenbestände gebuchte Endbestand mit dem Istbestand der Inventur übereinstimmen und ist als Vermögenswert in der Schlussbilanz auszuweisen:

Konto Warenbestände (aktives Bestandskonto)
LF4, Kap. 4.1

Warenbestände an Kopierpapier:
10 000 VE am Jahresbeginn
6 000 VE am Jahresende

S 391 Warenbestände	H
Anfangsbestand = 36.000,00 €	Bestandsminderung = 14.400,00 €
	Endbestand = 21.600,00 € für SBK

Mengen:
Einkauf von 100 000 VE
+ Bestandsminderung 4 000 VE
= 104 000 VE

Wareneinkauf von Kopierpapier:
100 000 VE

S 301 Wareneingang	H
Einkäufe = 360.000,00 €	Abschlusssaldo für GuV-Konto = 374.400,00 €
Bestandsminderung = 14.400,00 €	

S 930 GuV-Konto	H
Konto Wareneingang Wareneinsatz = 374.400,00 €	Konto Warenverkauf = 561.600,00 €
Rohgewinn = 187.200,00 €	

Warenverkauf von Kopierpapier:
104 000 VE

S 801 Warenverkauf	H
Abschlusssaldo für GuV-Konto = 561.600,00 €	Ertrag = 561.600,00 €

Mengen:
Verkauf = 104 000 VE

Grundbuch

Buchung der Bestandsminderung	14.400,00 € = 4 000 VE · 3,60 €
Abschluss Konto Warenbestände über das SBK	21.600,00 € = 6 000 VE · 3,60 €
Abschluss Konto Wareneingang über das GuV-Konto	374.400,00 € = 104 000 VE · 3,60 €
Abschluss Konto Warenverkauf über das GuV-Konto	561.600,00 € = 104 000 VE · 5,40 €

Der Anfangsbestand auf dem Warenbestandskonto (Wert 36.000,00 €, Menge 10 000 VE) sowie die Einkäufe (Wert 360.000,00 €, Menge 100 000 VE) und Verkäufe (Wert 561.600,00 €, Menge 104 000 VE) sind bereits ohne Buchungssätze auf den Konten eingetragen.

Nr.	Soll	€	Haben	€
1	301 Wareneingang	14.400,00	390 Warenbestände	14.400,00
2	940 SBK	21.600,00	390 Warenbestände	21.600,00
3	930 GuV-Konto	374.400,00	301 Wareneingang	374.400,00
4	801 Warenverkauf	561.600,00	930 GuV-Konto	561.600,00

Hauptbuch

Bestandskonto

	S	390 Warenbestände		H	
Anfangsbestand (10 000 VE) →	910	36.000,00	1. 301	14.400,00	← **Bestandsminderung** (4 000 VE)
			2. 940	21.600,00	← Endbestand
		36.000,00		36.000,00	

Erfolgskonten

	S	301 Wareneingang		H	
Einkäufe →	171	360.000,00	3. 930	374.000,00	← Wareneinsatz für GuV-Konto
Bestandsminderung (4 000 VE) →	1. 390	14.400,00			
		374.400,00		374.400,00	

	S	801 Warenverkauf		H	
Erlöse für GuV →	4. 930	561.600,00	101	561.600,00	← Verkäufe (104 000 VE)

Abschlusskonten

S	930 GuV-Konto		H
3. 301	374.400,00	4. 801	561.600,00
060	187.200,00		
	561.600,00		561.600,00

S	940 Schlussbilanzkonto		H
2. 390	21.600,00		

Die Warenbestandsmehrung erhöht den Aufwand für Waren des Geschäftsjahres (Konto Wareneingang) und mindert den Wert der Waren auf dem Konto Warenbestände. Der Warenendbestand wird auf das Schlussbilanzkonto übernommen. Auf dem GuV-Konto stehen sich bei einer Mengenbetrachtung Umsatzerlöse und Wareneinsatz für jeweils 104 000 VE gegenüber.

9 Besonderheiten der Warenbuchungen

AB ☞ LS 55

9.1 Rücksendungen an den Lieferanten

Beispiel

Bei der Prüfung einer Feinpapierlieferung in der Wareneingangsstelle der BPK GmbH wird festgestellt, dass ein Teil der Lieferung unbrauchbar ist. Das Lager erstellt folgende Wareneingangsmeldung für die Abteilung Einkauf (Auszug):

bpk Bergisches Papierkontor GmbH

Wareneingangsmeldung

Lieferer: Ozean Papier AG
Bestellnummer: 28
Bestelldatum: 11.03.20XX

Artikel Nr.	Warenbezeichnung	Menge	Lieferschein Nr.:	Lieferschein Datum:	Datum des Wareneingangs:
10111	Echt Bütten Briefkassette, 100 Blatt mit 100 Hüllen	1000	136	16.03.20XX	17.03.20XX

Mängelbeschreibung: 800 Briefkassetten sind unbrauchbar, da die Hüllen nicht richtig verklebt sind. Die Verpackungen sind unbeschädigt.

Datum: 17.03.20XX Zeichen: Ko

Rücksendungen an Lieferanten aufgrund von Mängeln oder Falschlieferungen vermindern den **Wert und die Menge** des Wareneingangs. Gleichzeitig sinkt die darauf entfallende Vorsteuer.

Verlangt der Käufer die Lieferung einer mängelfreien Sache (Neulieferung), erstellt der Lieferer nach Anerkennung der Mängel eine **Gutschrift**. Dadurch sinkt die Verbindlichkeit gegenüber dem Lieferanten. Rücksendungen ergeben somit eine **Wertminderung des Wareneinkaufs** in Höhe des Nettogutschriftbetrages. Bei einer Ersatzlieferung erhält der Kunde eine neue Rechnung.

Rechte des Käufers bei Sachmängeln
☞ *LF2, Kap. 4.1.2*

Berechnung des Gutschriftbetrages

	Menge (Stück)	Einzelpreis	Nettopreis (100 %)	Umsatzsteuer (19 %)	Bruttopreis (119 %)
Eingangsrechnung	1.000	22,50 €	22.500,00 €	4.275,00 €	26.775,00 €
– Gutschrift	800	22,50 €	18.000,00 €	3.420,00 €	21.420,00 €
= Zahlung	200	22,50 €	4.500,00 €	855,00 €	5.355,00 €

Buchung von Warenrücksendungen an den Lieferanten

Die Buchung von Warenrücksendungen erfolgt über das Konto 305 „Rücksendungen an Lieferanten“, einem Unterkonto des Wareneingangskontos.

S 305 Rücksendungen an Lieferanten	H
Umbuchungssaldo	Gutschrift für Rücksendung an Lieferer

S 301 Wareneingang	H
Listenpreis (abzüglich Sofortrabatte)	Umbuchungssaldo Konto Rücksendungen an Lief.
Warenbezugskosten	Saldo Konto Wareneingang = Anschaffungskosten

Grundbuch

1. Buchung der Eingangsrechnung der Ozean Papier AG beim Wareneinkauf
2. Buchung der Rücksendung nach Erhalt der Gutschrift, Minderung der Vorsteuer
3. Umbuchung Konto „Rücksendungen an Lieferanten“ auf das Wareneingangskonto

Nr.	Soll	€	Haben	€
1	301 Wareneingang 140 Vorsteuer	22.500,00 4.275,00	171 Verbindlichkeiten a.L.L.	26.775,00
2	171 Verbindlichkeiten a.L.L.	21.420,00	305 Rücksendungen an Lieferanten 140 Vorsteuer	18.000,00 3.420,00
3	305 Rücksendungen an Lieferanten	18.000,00	301 Wareneingang	18.000,00

Hauptbuch

S	301 Wareneingang		H
1. 171	22.500,00	3. 305	18.000,00
		Saldo	4.500,00
		= Anschaffungskosten	

S	171 Verbindlichkeiten a.L.L.		H
2. 305, 140	21.420,00	1. 301, 140	26.775,00

S	305 Rücksendungen an Lieferanten		H
3. 301	18.000,00	2. 171	18.000,00

S	140 Vorsteuer		H
1. 171	4.275,00	2. 171	3.420,00

Rücksendung von Verpackungen an den Lieferanten

Warenbezugskosten (Anschaffungsnebenkosten)
LF4, Kap. 8.1.1

Stellt ein Lieferant hochwertige Verpackungen (z.B. Paletten, Container) in Rechnung, die mehrfach genutzt werden können, werden die entsprechenden Nettobeträge auf dem Konto 302 „Warenbezugskosten“ erfasst. Wird bei der Rücksendung derartiger Leihverpackungen eine volle oder teilweise Gutschrift erteilt, sind die Warenbezugskosten nachträglich zu mindern.

Entstehen für Rücksendungen von Verpackungen oder Waren Transportkosten, die der Lieferant nicht direkt übernimmt, sind diese als Aufwandserhöhung ebenfalls dem Konto Warenbezugskosten zuzuordnen. Erstattet der Lieferant diese Transportkosten bei Rücksendungen, so ist auch diese Gutschrift als Aufwandsminderung auf dem Konto Warenbezugskosten zu buchen.

9.2 Preisnachlässe von Lieferanten

Nachträgliche Anschaffungspreisminderungen ohne Rücksendung von Waren entstehen z. B. aufgrund einer Kaufpreisminderung bei mangelhafter Lieferung oder durch die Gewährung eines Skontoabzuges oder eines Bonus.

Sachmängel
LF2, Kap. 4.1

Auch diese Preisnachlässe werden nach Erhalt der Gutschrift zunächst auf Unterkonten erfasst, die dann in regelmäßigen Zeitabständen (z. B. monatlich) auf dem Wareneingangskonto abgeschlossen werden. Erst nach dieser Umbuchung ergeben sich auf dem Wareneingangskonto die endgültigen Anschaffungskosten. Die Vorsteuer ist immer zu korrigieren.

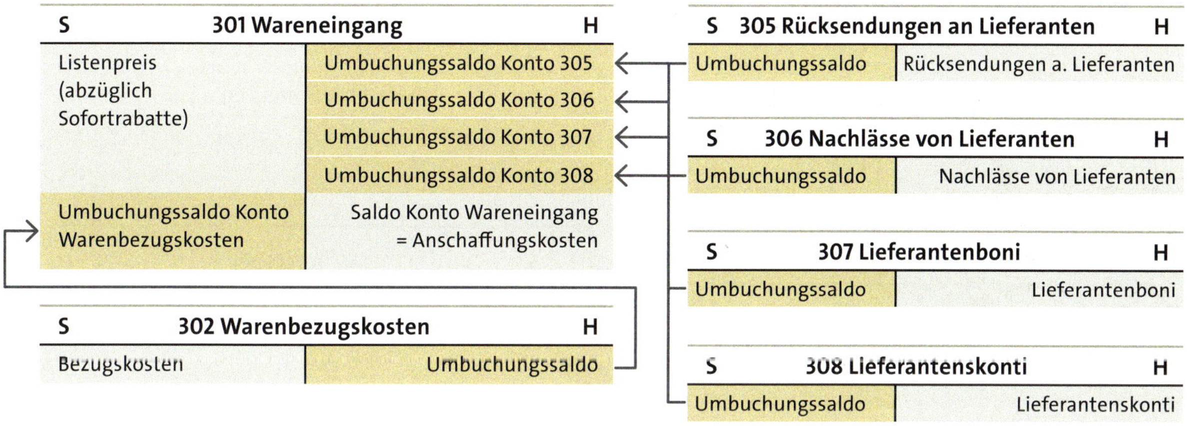

9.2.1 Kaufpreisminderungen von Lieferanten

Beispiel

Die BPK GmbH erhält von der Dresdener Papiermanufactur eine Gutschrift aufgrund einer Mängelrüge. Das gelieferte Papier entsprach nicht der vereinbarten Qualität, die Ware wurde aber trotzdem angenommen, weil eine Ersatzlieferung nicht rechtzeitig möglich war. Der ursprüngliche Bruttorechnungsbetrag belief sich auf 34.986,00 Euro. Die Dresdener Papiermanufactur gewährt einen Preisnachlass von 20 %.

Die Buchung erfolgt nach Erhalt der Gutschrift, die den Betrag in Euro ausweist. Zu Kontrollzwecken und zur Ermittlung des Vorsteueranteils ist es dennoch wichtig, die Berechnung des Gutschriftbetrages selbst durchzuführen. Die Gutschrift kann (wie im Beispiel) mit vorhandenen Verbindlichkeiten verrechnet oder ausgezahlt werden (z. B. durch Banküberweisung).

Berechnung und Buchung der Gutschrift

Berechnung des Nachlasses	Nettorechnungsbetrag (100 %)	Umsatzsteuer (19 %)	Bruttorechnungsbetrag (119 %)
Eingangsrechnung	29.400,00 €	5.586,00 €	34.986,00 €
– 20 % Nachlass	5.880,00 €	1.117,20 €	6.997,20 €
Buchung	**Nettonachlass**	**Steuerkorrektur**	**Bruttonachlass**
Preisnachlass des Lieferanten	Minderung des Warennettowertes auf dem Konto 306 Nachlässe von Lieferanten	Minderung auf dem Konto 140 Vorsteuer	Minderung z. B. auf dem Konto 171 Verbindlichkeiten a.L.L.

Buchung von Preisnachlässen

Grundbuch

1. Buchung des Preisnachlasses und Korrektur der Vorsteuer
2. Umbuchung der Preisnachlässe auf das Wareneingangskonto

Nr.	Soll	€	Haben	€
1	171 Verbindlichkeiten a.L.L.	6.997,20	306 Nachlässe von Lieferanten 140 Vorsteuer	5.880,00 1.117,20
2	306 Nachlässe von Lieferanten	5.880,00	301 Wareneingang	5.880,00

Hauptbuch

Die Eingangsrechnung der Dresdener Papiermanufactur wurde bereits erfasst.

S	301 Wareneingang		H
171	29.400,00	2. 306	5.880,00
		Saldo	23.520,00
		= Anschaffungskosten	

S	171 Verbindlichkeiten a.L.L.		H
1. 306, 140	6.997,20	301, 140	34.986,00

S	306 Nachlässe von Lieferanten		H
2. 301	5.880,00	1. 171	5.880,00

S	140 Vorsteuer		H
171	5.586,00	1. 171	1.117,20

9.2.2 Lieferantenboni

Beispiel

Die Ozean Papier AG gewährt der BPK GmbH einen Vierteljahresbonus gemäß folgender Tabelle:

Bruttoumsätze im Vierteljahr	Bonussatz
ab 100.000,00 €	1,0 %
ab 200.000,00 €	1,5 %
ab 300.000,00 €	2,0 %
über 500.000,00 €	3,0 %

Die BPK hat im 2. Vierteljahr für insgesamt 357.000,00 Euro (300.000,00 Euro netto zuzüglich 57.000,00 Euro Umsatzsteuer) Papier eingekauft.

Boni sind Umsatzrückvergütungen für das Erreichen bestimmter Umsatzziele. Obwohl sie erst im Nachhinein gewährt werden können, gehören sie ebenfalls zu den Anschaffungspreisminderungen. Auch hier muss wieder eine Vorsteuerkorrektur erfolgen, weil die Bonusgutschrift preismindernd wirkt.

Berechnung und Buchung des Bonusabzuges			
Berechnung des Bonusbetrages	**Nettowarenwert (100 %)**	**Umsatzsteuer (19 %)**	**Bruttowarenwert (119 %)**
Vierteljahresumsatz	300.000,00 €	57.000,00 €	357.000,00 €
2 % Bonus	6.000,00 €	1.140,00 €	7.140,00 €
Buchung	**Nettobonus**	**Steuerkorrektur**	**Bruttobonus**
Vierteljahresbonus	Minderung des Warennettowertes auf dem Konto 307 Lieferantenboni	Minderung auf dem Konto 140 Vorsteuer	Minderung z. B. auf dem Konto 171 Verbindlichkeiten a.L.L.

Buchung von Lieferantenboni

Grundbuch

1. Buchung der Bonusgutschrift und Korrektur der Vorsteuer
2. Umbuchung der Lieferantenboni auf das Wareneingangskonto

Nr.	Soll	€	Haben	€
1	171 Verbindlichkeiten a.L.L.	7.140,00	307 Lieferantenboni 140 Vorsteuer	6.000,00 1.140,00
2	307 Lieferantenboni	6.000,00	301 Wareneingang	6.000,00

Hauptbuch

Die Vierteljahresumsätze wurden bereits erfasst.

S	301 Wareneingang		H
171	300.000,00	2. 307	6.000,00
		Saldo	294.000,00
		= Anschaffungskosten	

S	171 Verbindlichkeiten a.L.L.		H
1. 307, 140	7.140,00	301, 140	357.000,00

S	307 Lieferantenboni		H
2. 301	6.000,00	1. 171	6.000,00

S	140 Vorsteuer		H
171	57.000,00	1. 171	1.140,00

9.2.3 Lieferantenskonti

Beispiel

Die Ausgangsrechnung der Papierfabrik Hans Müller Feinpapiere AG enthält folgende Zahlungsbedingung: „Überweisung des Rechnungsbetrages innerhalb von 30 Tagen. Bei Zahlung innerhalb von 8 Tagen gewähren wir 3 % Skonto."
Die letzte Eingangsrechnung der Hans Müller AG ist noch nicht bezahlt worden:

	Warenwert	12.000,00 €
+	19 % Umsatzsteuer	2.280,00 €
=	**Bruttorechnungsbetrag**	**14.280,00 €**

Lieferantenskonti sind ebenfalls nachträgliche Anschaffungspreisminderungen. Skonti werden in der Buchhaltung erfasst, wenn die Zahlung erfolgt ist, d.h. bei Banküberweisung nach Eingang des Kontoauszuges mit der entsprechenden Lastschrift.

Berechnung des Skontoabzuges

	Nettowarenwert (100 %)	Umsatzsteuer (19 %)	Bruttowarenwert (119 %)
Eingangsrechnung	12.000,00 €	2.280,00 €	14.280,00 €
– 3 % Skonto	360,00 €	68,40 €	428,40 €
Zahlung			13.851,60 €
Buchung	**Nettoskonto**	**Steuerkorrektur**	**Bruttoskonto**
Zahlung unter Abzug von Skonto	Minderung des Warennettowertes auf dem Konto 308 Lieferantenskonti	Minderung auf dem Konto 140 Vorsteuer	Minderung des Zahlungsbetrages z. B. auf dem Konto 131 Kreditinstitute

Buchung von Lieferantenskonti

Bei Erhalt der Eingangsrechnung werden die Anschaffungskosten auf das Konto 301 Wareneingang gebucht. Wird die Rechnung innerhalb der angegebenen Skontofrist beglichen, muss der Skonto dann vom Warenwert und von der Vorsteuer abgezogen werden. Erst nach Abschluss des Kontos Lieferantenskonti über das Wareneingangskonto ergeben sich dort die tatsächlichen Anschaffungskosten.

Grundbuch

1. Buchung der Eingangsrechnung der Hans Müller Feinpapiere AG
2. Buchung der Banküberweisung des Rechnungsbetrages unter Skontoabzug
3. Umbuchung der Lieferantenskonti auf das Wareneingangskonto

Nr.	Soll	€	Haben	€
1	301 Wareneingang 140 Vorsteuer	12.000,00 2.280,00	 171 Verbindlichkeiten a.L.L.	 14.280,00
2	171 Verbindlichkeiten a.L.L.	14.280,00	308 Lieferantenskonti 140 Vorsteuer 131 Kreditinstitute	360,00 68,40 13.851,60
3	308 Lieferantenskonti	360,00	301 Wareneingang	360,00

Hauptbuch

S	301 Wareneingang		H
1. 171	12.000,00	3. 308	360,00
		Saldo	**11.640,00**
		= Anschaffungskosten	

S	171 Verbindlichkeiten a.L.L.		H
2. 308, 140, 131	14.280,00	1. 301, 140	14.280,00

S	308 Lieferantenskonti		H
3. 301	360,00	2. 171	360,00

S	140 Vorsteuer		H
1. 171	2.280,00	2. 171	68,40

S	131 Kreditinstitute		H
910	92.800,00	2. 171	13.851,60

Beispiel

Ist die Zahlung unter Abzug von Skonto auch dann vorteilhaft, wenn der Rechnungsbetrag (z. B. über einen Bankkredit) fremdfinanziert wird? Dann müsste der Bankkredit schon vor Ablauf der Skontofrist aufgenommen werden und nicht erst mit Ablauf des Zahlungsziels. Dies verursacht zusätzliche Zinskosten.

Nettoskonto	*360,00 €*
– Zinsen für den Bankkredit	*76,18 €*
= Finanzierungserfolg (Ersparnis)	*283,82 €*

Der Nettoskonto beträgt 360,00 €, wenn am letzten Tag der Skontofrist der Überweisungsbetrag in Höhe von 13.851,60 € gezahlt wird. Die Liefererkreditfrist beträgt 22 Tage (Zahlungsziel 30 Tage – Skontofrist 8 Tage). Beträgt der Kreditzinssatz der Hausbank z. B. 9 %, ergeben sich die Kreditkosten wie folgt:

$$\frac{\text{Überweisungsbetrag} \cdot \text{Bankzinssatz} \cdot \text{Liefererkreditfrist}}{100\,\% \cdot 360\ \text{Tage}} = \frac{13.851{,}60\ € \cdot 9\,\% \cdot 22\ \text{Tage}}{100\,\% \cdot 360\ \text{Tage}} = \mathbf{76{,}18\ €}$$

Die zusätzlichen Zinsen für den Bankkredit betragen 76,18 €.

9.3 Rücksendungen von Kunden

AB ☞ LS 56

Beispiel

Ein Kunde der BPK GmbH, das Druckzentrum Bielefeld, ist mit einer Lieferung Kopierpapier nur teilweise einverstanden. Insgesamt 30 % des Papiers sind laut der Mängelrüge des Kunden unbrauchbar, da die Oberflächen zu glatt sind. Die BPK nimmt das mangelhafte Papier zurück und erstellt eine Gutschrift (Auszug):

bpk Bergisches Papierkontor GmbH

BPK GmbH Elberfelder Straße 85 42285 Wuppertal

Druckzentrum Bielefeld GmbH & Co.KG
Am Stiehl 109
33604 Bielefeld

Elberfelder Straße 85
42285 Wuppertal
Tel.: 0202 1236-0

Gutschrift

18. 02. 20XX

Sehr geehrte Damen und Herren,

aufgrund Ihrer Mängelrüge vom 15. 02. 20XX schreiben wir Ihnen gut:

30 % vom Nettorechnungsbetrag	1.080,00 €
Rechnung Nr. 125 vom 14.02.20XX	324,00 €
zzgl. 19 % Umsatzsteuer	61,56 €
Bruttogutschrift	**385,56 €**

Mit freundlichen Grüßen

Sendet ein Kunde Waren oder Verpackungsmaterial zurück oder stellt er es zur späteren Abholung bereit, vermindern sich nachträglich die auf dem Konto Warenverkauf erfassten Umsatzerlöse. Da die Waren bzw. das Verpackungsmaterial zurückgenommen werden, erfolgt eine **mengen- und wertmäßige Rücknahme**, die auf dem Konto 805 „Rücksendungen von Kunden" erfasst wird. Umsatzsteuerrechtlich vermindert sich das vereinbarte Entgelt, die beim Verkauf gebuchte Umsatzsteuer ist zu korrigieren. Gleichzeitig vermindert sich die Forderung an den Kunden in Höhe des Bruttogutschriftbetrages.

S	305 Rücksendungen von Kunden H
Rücksendungen von Kunden	Umbuchungssaldo →

S	801 Warenverkauf H
Umbuchungssaldo Konto Rücksendungen von Kunden	Nettoerlöse aus dem Warenverkauf und der Weiterbelastung von Aufwendungen (z. B. Verpackungsmaterial)
Abschlusssaldo Konto Warenverkauf für GuV-Konto	

Berechnung der Gutschrift

	Nettorechnungsbetrag (100 %)	Umsatzsteuer (19 %)	Bruttorechnungsbetrag (119 %)
Ausgangsrechnung	1.080,00 €	205,20 €	1.285,20 €
– 30 % Nachlass	324,00 €	61,56 €	385,56 €
Zahlung	756,00 €	143,64 €	899,64 €

Buchung von Warenrücksendungen durch Kunden

Grundbuch

1. Buchung der Ausgangsrechnung an das Druckzentrum Bielefeld
2. Buchung der Gutschrift und Minderung der Umsatzsteuer
3. Umbuchung Konto „Rücksendungen von Kunden" auf das Warenverkaufskonto

Nr.	Soll	€	Haben	€
1	101 Forderungen a.L.L.	1.285,20	801 Warenverkauf 180 Umsatzsteuer	1.080,00 205,20
2	805 Rücksendungen von Kunden 180 Umsatzsteuer	324,00 61,56	101 Forderungen a.L.L.	385,56
3	801 Warenverkauf	324,00	805 Rücksendungen von Kunden	324,00

Hauptbuch

S 101 Forderungen a.L.L. H

S		H	
1. 801, 180	1.285,20	2. 805, 180	385,56

S 801 Warenverkauf H

S		H	
3. 805	324,00	1. 101	1.080,00
Saldo	**756,00**		
	= Nettoerlöse		

S 180 Umsatzsteuer H

S		H	
2. 101	61,56	1. 101	205,20

S 805 Rücksendungen von Kunden H

S		H	
2. 101	324,00	1. 801	324,00

Rücksendung von Verpackungen durch Kunden

Beispiel

Ein Kunde erhält von der BPK GmbH Papier auf Paletten angeliefert, für die die BPK eine Leihgebühr von 238,00 Euro (200,00 Euro zzgl. 38,00 Euro Umsatzsteuer) berechnet. Bei Rücklieferung der Paletten wird dem Kunden die Leihgebühr durch Gutschrift erstattet.

Sendet ein Kunde Leihverpackungen zurück, wird die erforderliche Korrekturbuchung in Höhe der Gutschrift auf dem Konto 805 „Rücksendungen von Kunden" vorgenommen. Auch die Umsatzsteuer ist entsprechend zu mindern.

Grundbuch

1. Belastung des Kunden für Paletten
2. Gutschrift an den Kunden nach Rücksendung der Paletten

Nr.	Soll	€	Haben	€
1	101 Forderungen a.L.L.	238,00	801 Warenverkauf 180 Umsatzsteuer	200,00 38,00
2	805 Rücksendungen von Kunden 180 Umsatzsteuer	200,00 38,00	101 Forderungen a.L.L.	238,00

9.4 Preisnachlässe an Kunden

Nachträgliche Erlösminderungen ohne Rücksendung von Waren entstehen z.B. durch Preisnachlässe gegenüber Kunden aufgrund von Mängelrügen oder durch die Gewährung von Kundenboni oder -skonti. Sie sind zum Zeitpunkt ihrer Entstehung, d.h. bei Erstellung der Gutschrift bzw. bei Zahlungseingang, zu erfassen.

Die Erlösminderungen werden zunächst auf Unterkonten des Kontos Warenverkauf erfasst und regelmäßig auf das Warenverkaufskonto umgebucht. Erst nach der Umbuchung ergeben sich auf dem Warenverkaufskonto die tatsächlich erzielten Nettoerlöse. Zusätzlich ist die Umsatzsteuer zu korrigieren.

S 805 Rücksendungen von Kunden	H
Rücksendungen von K.	Umbuchungssaldo →

S 806 Nachlässe an Kunden	H
Nachlässe an Kunden	Umbuchungssaldo →

S 807 Kundenboni	H
Kundenboni	Umbuchungssaldo →

S 808 Kundenskonti	H
Kundenskonti	Umbuchungssaldo →

S 801 Warenverkauf	H
Umbuchungssaldo Konto 805	Umsatzerlöse aus dem Warenverkauf
Umbuchungssaldo Konto 806	
Umbuchungssaldo Konto 807	
Umbuchungssaldo Konto 808	
Saldo Konto Warenverkauf = Nettoerlöse	Weiterbelastete Aufwendungen (z. B. Transportkosten)

9.4.1 Kaufpreisminderungen an Kunden

Beispiel

Der Copy Shop aus Dortmund reklamiert eine Lieferung von Kopierpapier, das Probleme bei der Verarbeitung in den modernen Kopiergeräten des Kunden verursacht (Papierstau). Der Kunde verlangt einen Preisnachlass von 20 % in Höhe von 500,00 Euro zzgl. 19 % Umsatzsteuer. Die BPK GmbH erkennt die Mängelrüge inhaltlich voll an.

Berechnung des Preisnachlasses an den Kunden

	Nettorechnungsbetrag (100 %)	Umsatzsteuer (19 %)	Bruttorechnungsbetrag (119 %)
Ausgangsrechnung	2.500,00 €	475,00 €	2.975,00 €
20 % Nachlass	500,00 €	95,00 €	595,00 €
Buchung	**Nettogutschrift**	**Steuerkorrektur**	**Bruttogutschrift**
Preisnachlass an einen Kunden	Minderung der Umsatzerlöse auf dem Konto 806 Nachlässe an Kunden	Minderung auf dem Konto 180 Umsatzsteuer	Minderung z. B. auf dem Konto 101 Forderungen a.L.L.

Buchung von Preisnachlässen an Kunden

Grundbuch

1. Buchung des Preisnachlasses an den Copy Shop, Korrektur der Umsatzsteuer
2. Umbuchung der Erlösminderung auf das Warenverkaufskonto

Nr.	Soll	€	Haben	€
1	806 Nachlässe an Kunden 180 Umsatzsteuer	500,00 95,00	 101 Forderungen a.L.L.	 595,00
2	801 Warenverkauf	500,00	806 Nachlässe an Kunden	500,00

Hauptbuch

Die Ausgangsrechnung an den Copy Shop wurde bereits erfasst.

S	101 Forderungen a.L.L.		H
801, 180	2.975,00	1. 806, 180	595,00

S	801 Warenverkauf		H
2. 806	500,00	101	2.500,00
Saldo	**2.000,00**		
	= Nettoerlöse		

S	180 Umsatzsteuer		H
1. 101	95,00	101	475,00

S	806 Nachlässe an Kunden		H
1. 101	500,00	2. 801	500,00

9.4.2 Kundenboni

Beispiel

Die BPK GmbH gewährt allen Kunden einen Vierteljahresbonus gemäß folgender Tabelle:

Bruttoumsätze im Vierteljahr	Bonussatz
ab 150.000,00 €	1,0 %
ab 225.000,00 €	1,5 %
ab 300.000,00 €	2,0 %
über 525.000,00 €	3,0 %

Die Druckerei Heinrich Kleist hat im 1. Vierteljahr für insgesamt 357.000,00 Euro (300.000,00 Euro netto zzgl. 57.000,00 Euro Umsatzsteuer) Papier verschiedener Qualitäten und Formate bei der BPK gekauft.

Marketing und Preispolitik sind Themen der Lernfelder 10 und 11.

Die Gewährung von Kundenboni ist Bestandteil der preispolitischen Instrumente (Marketinginstrumente) eines Großhandelsunternehmens. Die Bonusgewährung soll den Kunden anregen, zusätzliche Umsätze zu tätigen, um den nächsthöheren Bonussatz zu erreichen. Der Bruttobonus kann ausgezahlt oder mit bestehenden Forderungen (wie im Beispiel) verrechnet werden.

Berechnung des Kundenbonus			
	Nettowarenwert (100 %)	**Umsatzsteuer (19 %)**	**Bruttowarenwert (119 %)**
Vierteljahresumsatz	300.000,00 €	57.000,00 €	357.000,00 €
2 % Bonus	6.000,00 €	1.140,00 €	7.140,00 €
Buchung	**Nettobonus**	**Steuerkorrektur**	**Bruttobonus**
Vierteljahresbonus	Minderung der Umsatzerlöse auf dem Konto 807 Kundenboni	Minderung auf dem Konto 180 Umsatzsteuer	Minderung z. B. auf dem Konto 101 Forderungen a.L.L.

Buchung von Kundenboni

Grundbuch

1. Buchung der Bonusgutschrift und Korrektur der Umsatzsteuer
2. Umbuchung der Kundenboni auf das Warenverkaufskonto

Nr.	Soll	€	Haben	€
1	807 Kundenboni 180 Umsatzsteuer	6.000,00 1.140,00	101 Forderungen a.L.L.	7.140,00
2	801 Warenverkauf	6.000,00	807 Kundenboni	6.000,00

Hauptbuch

Der Vierteljahresumsatz der Druckerei Heinrich Kleist wurde bereits erfasst.

S	101 Forderungen a.L.L.		H
801, 180	357.000,00	1. 807, 180	7.140,00

S	801 Warenverkauf		H
2. 807	6.000,00	101	300.000,00
Saldo	**294.000,00**		
	= Nettoerlöse		

S	180 Umsatzsteuer		H
1. 101	1.140,00	101	57.000,00

S	807 Kundenboni		H
1. 101	6.000,00	2. 801	6.000,00

9.4.3 Kundenskonti

Beispiel

Die Drogerie AG überweist innerhalb der ihr gewährten Skontofrist 3.498,60 Euro zum Ausgleich einer Ausgangsrechnung der BPK GmbH. Der vereinbarte Skontosatz beträgt 2 %.

	Warenwert	3.000,00 €
+	19 % Umsatzsteuer	570,00 €
=	Bruttorechnungsbetrag	3.570,00 €
–	2 % Skonto	71,40 €
=	Überweisungsbetrag	**3.498,60 €**

Kundenskonti sind wie Kundenboni nachträgliche Umsatzerlösminderungen. Sie werden nach Eingang der Zahlung erfasst, d. h. bei Banküberweisung nach Erhalt des Kontoauszuges mit der entsprechenden Gutschrift.

	Nettowarenwert (100 %)	Umsatzsteuer (19 %)	Bruttowarenwert (119 %)
Ausgangsrechnung	3.000,00 €	570,00 €	3.570,00 €
– 2 % Skonto	60,00 €	11,40 €	71,40 €
Zahlung			3.498,60 €
Buchung	**Nettoskonto**	**Steuerkorrektur**	**Bruttoskonto**
Zahlung unter Abzug von Skonto	Minderung der Umsatzerlöse auf dem Konto 808 Kundenskonti	Minderung auf dem Konto 180 Umsatzsteuer	Minderung z. B. auf dem Konto 131 Kreditinstitute

Buchung von Kundenskonti

Bei Erstellen der Ausgangsrechnung werden die Umsatzerlöse auf das Konto 801 Warenverkauf gebucht. Begleicht der Kunde die Rechnung innerhalb der angegebenen Skontofrist (z. B. per Banküberweisung), werden Umsatzerlöse und Umsatzsteuer entsprechend gemindert.

Grundbuch

1. Buchung der Ausgangsrechnung an die Drogerie AG
2. Buchung der Überweisung unter Abzug von Skonto, Korrektur der Umsatzsteuer
3. Umbuchung der Kundenskonti auf das Warenverkaufskonto

Nr.	Soll	€	Haben	€
1	101 Forderungen a.L.L.	3.570,00	801 Warenverkauf	3.000,00
			180 Umsatzsteuer	570,00
2	808 Kundenskonti	60,00		
	180 Umsatzsteuer	11,40		
	131 Kreditinstitute	3.498,60	101 Forderungen a.L.L.	3.570,00
3	801 Warenverkauf	60,00	808 Kundenskonti	60,00

Hauptbuch

S	101 Forderungen a.L.L.		H
1. 801, 180	3.570,00	2. 808, 180, 131	3.570,00

S	801 Warenverkauf		H
3. 808	60,00	1. 101	3.000,00
Saldo	**2.940,00**		
= Nettoerlöse			

S	180 Umsatzsteuer		H
2. 101	11,40	1. 101	570,00

S	808 Kundenskonti		H
2. 101	60,00	3. 801	60,00

S	131 Kreditinstitute		H
910	92.800,00		
2. 101	3.498,60		

ANHANG

Kaufmännisches Rechnen

1 Prozentrechnung

Die Prozentrechnung wird u. a. zur Berechnung von Preisnachlässen, Gehältern oder zur Kalkulation von Preisen angewendet. Die Prozentrechnung ermöglicht den relativen Vergleich verschiedener Zahlenverhältnisse, indem man die Werte auf eine einheitliche Vergleichszahl bezieht.

Beispiel

Die BPK GmbH erhält von einem Lieferanten ein Angebot über zwei Sonderposten zu reduzierten Einkaufspreisen.

Sonderposten A		**Sonderposten B**	
alter Preis:	1.200,00 €	alter Preis:	1.600,00 €
neuer Preis:	960,00 €	neuer Preis:	1.360,00 €
Preisnachlass:	240,00 €	Preisnachlass:	240,00 €

Merke:

$1\,\% = \frac{1}{100} = 0{,}01$

$100\,\% = 100 \cdot \frac{1}{100} = 1$

Die beiden Preisnachlässe sind betragsmäßig (absolut) gleich hoch. Sie betragen für beide Sonderposten 240,00 €. Aber im relativen Vergleich ist der Preisnachlass bei A höher, denn 240,00 € sind ein größerer Teil von 1.200,00 € als von 1.600,00 €. Um die Werte miteinander vergleichen zu können, müssen die Preisnachlässe auf eine einheitliche Vergleichszahl bezogen werden. Bei der Prozentrechnung ist das **die Vergleichszahl 100.**

Preis in €	Nachlass in €
1.200,00	240,00
100,00	?

Preis in €	Nachlass in €
1.600,00	240,00
100,00	?

Lösungsweg

Sonderposten A	
Bedingungssatz:	Bei einem Preis von 1.200,00 € entspricht der Nachlass 240,00 €.
Fragesatz:	Für einen Preis von 100,00 € entspricht der Nachlass ? €.
Bruchsatz:	$? \text{ €} = \frac{240{,}00 \text{ €} \cdot 100{,}00 \text{ €}}{1.200{,}00 \text{ €}}$
Ergebnis:	Für Sonderposten A gibt der Lieferant auf 100,00 € einen Nachlass von 20,00 €, also 20 vom Hundert = 20 Prozent (auch 20 v. H. oder 20 %).
Sonderposten B	
Bedingungssatz:	Bei einem Preis von 1.600,00 € entspricht der Nachlass 240,00 €.
Fragesatz:	Für einen Preis von 100,00 € entspricht der Nachlass ? €.
Bruchsatz:	$? \text{ €} = \frac{240{,}00 \text{ €} \cdot 100{,}00 \text{ €}}{1.600{,}00 \text{ €}}$
Ergebnis:	Für Sonderposten B gibt der Lieferant auf 100,00 € einen Nachlass von 15,00 €, also 15 Prozent.

1.1 Grundbegriffe der Prozentrechnung

In der Prozentrechnung unterscheidet man die drei Größen **Prozentwert, Grundwert** und **Prozentsatz.** Von diesen Größen sind jeweils zwei bekannt. Die dritte, gesuchte Größe wird mit Hilfe des Dreisatzes berechnet. Grundwert und Prozentwert haben immer die gleiche Benennung (hier: €).

Prozentwert		**Grundwert**		**Prozentsatz**
240,00 €	von	1.200,00 €	sind	$20\,\% = \frac{20}{100} = 0{,}2$
Teil des Gesamtwertes; entspricht dem Prozentsatz		Gesamtwert; entspricht immer 100 %		Teil des Gesamtwertes, der das Verhältnis zur Vergleichszahl 100 angibt

1.2 Prozentwert

Beispiel

Die BPK GmbH kauft Waren zum Preis von 1.800,00 €. Der Lieferant gewährt einen Rabatt in Höhe von 15 %. Wie hoch ist der Rabatt in Euro?

Grundwert: 1.800,00 €	**Prozentsatz: 15 % = 0,15**	**Prozentwert: ? €**
Bedingungssatz:	100 % → 1.800,00 €	
Fragesatz:	15 % → ? €	
Bruchsatz:	$? € = \frac{1.800,00 € \cdot 15\,\%}{100\,\%}$	
Ergebnis:	Die BPK GmbH erhält 270,00 € Rabatt.	

Berechnung des Prozentwertes:
Prozentwert = Grundwert · Prozentsatz

%	€
100	1.800,00
15	?

1.3 Prozentsatz

Beispiel

Ein Lieferant gewährt der BPK GmbH auf Grund einer Mängelrüge für eine Bestellung zum Preis von 2.500,00 € einen Nachlass von 300,00 €. Wie viel Prozent beträgt der Preisnachlass?

Grundwert: 2.500,00 €	**Prozentwert: 300,00 €**	**Prozentsatz: ? %**
Bedingungssatz:	2.500,00 € → 100 %	
Fragesatz:	300,00 € → ? %	
Bruchsatz:	$? € = \frac{300,00 € \cdot 100\,\%}{2.500,00 €}$	
Ergebnis:	Der Preisnachlass beträgt 12 %.	

Berechnung des Prozentsatzes:
Prozentsatz = Prozentwert : Grundwert

€	%
2.500,00	100
300,00	?

1.4 Grundwert

%	€
2	216,00
100	?

Beispiel

Die BPK GmbH bezahlt eine Eingangsrechnung unter Abzug von 2 % Skonto. Der Skontoabzug beträgt 216,00 €. Wie hoch ist der Rechnungsbetrag?

Prozentwert: 216,00 €	Prozentsatz: 2 %	Grundwert: ? €
Bedingungssatz:	2 % → 216,00 €	
Fragesatz:	100 % → ? €	
Bruchsatz:	$? € = \frac{216{,}00\,€ \cdot 100\,\%}{2\,\%}$	
Ergebnis:	Der Rechnungsbetrag beträgt 10.800,00 €.	

Berechnung des Grundwertes:
Grundwert = Prozentwert : Prozentsatz

1.4.1 Vermehrter Grundwert

Beispiel

Auf einer Quittung wird der Gesamtbetrag für den Einkauf von Büromaterial mit 59,50 € angegeben. Die in den 59,50 € enthaltene Umsatzsteuer in Höhe von 19 % muss gesondert auf der Quittung ausgewiesen werden.

Die 19 % Umsatzsteuer werden vom Warenwert ermittelt. Im Preis von 59,50 € ist die Umsatzsteuer aber bereits enthalten. Für das Ausstellen der Quittung muss also

a) der Warenwert in Euro und
b) der Umsatzsteueranteil in Euro berechnet werden.

Warenwert (? €)	≙ 100 %	Grundwert
+ Umsatzsteuer (? €)	≙ 19 % (= 0,19)	Prozentsatz
= Gesamtpreis (59,50 €)	≙ 119 % (=1,19)	vermehrter Grundwert

Lösungsweg

a) Berechnung des Warenwertes		b) Berechnung des Umsatzsteueranteils	
Bedingungssatz:	119 % → 59,50 €	Bedingungssatz:	119 % → 59,50 €
Fragesatz:	100 % → ? €	Fragesatz:	19 % → ? €
Bruchsatz:	$? € = \frac{59{,}50\,€ \cdot 100\,\%}{119\,\%}$	Bruchsatz:	$? € = \frac{59{,}50\,€ \cdot 19\,\%}{119\,\%}$
Ergebnis:	Der Warenwert beträgt 50,00 €.	Ergebnis:	Der Umsatzsteueranteil beträgt 9,50 €.

Berechnung bei vermehrtem Grundwert:

Grundwert = vermehrter Grundwert in Euro : (1 + Prozentsatz)
Prozentwert = (vermehrter Grundwert in Euro · Prozentsatz) : (1 + Prozentsatz)

1.4.2 Verminderter Grundwert

Beispiel

Ein Lieferant gewährt der BPK GmbH auf Grund einer Mängelrüge einen Preisnachlass von 10 %. Nach Abzug der Gutschrift beträgt die Verbindlichkeit der BPK GmbH an den Lieferer noch 360,00 €. Wie hoch war der ursprüngliche Preis?

Die 10 % Preisnachlass wurden von dem alten Preis abgezogen. Der herabgesetzte neue Preis in Höhe von 360,00 € entspricht also nur 90 % des ursprünglichen Preises.

ursprünglicher Preis (? €)	≙ 100 %	Grundwert
– Preisnachlass (? €)	≙ 10 % (= 0,10)	Prozentsatz
= reduzierter Preis (360,00 €)	≙ 90 % (= 0,90)	verminderter Grundwert

Lösungsweg

Bedingungssatz:	90 % → 360,00 €
Fragesatz:	100 % → ? €
Bruchsatz:	$? € = \frac{360{,}00 € \cdot 100 \%}{90 \%}$
Ergebnis:	Der ursprüngliche Preis betrug 400,00 €.

%	€
90	360,00
100	?

Berechnung bei vermindertem Grundwert:

Grundwert = verminderter Grundwert in Euro : (1 – Prozentsatz)

2 Verteilungsrechnung

Die Anwendung der Verteilungsrechnung ist immer dann notwendig, wenn Gesamtmengen (z. B. Gewichtsangaben) oder Gesamtwerte (z. B. Wertangaben) nach bestimmbaren Verteilungskriterien (Anteilen) aufzuteilen sind.

Beispiel

Die BPK GmbH bekommt gleichzeitig zwei verschiedene Warenposten geliefert. Die Bezugskosten (hier: Paketgebühr, Zustellgebühr und Versicherung) werden dabei nur in einer Summe angegeben. Um den genauen Preis jedes einzelnen Warenpostens einschließlich der darauf entfallenden Bezugskosten ermitteln zu können, müssen diese in drei Schritten aufgeteilt werden.

	Ware I	Ware II	Ware I + Ware II
Einkaufspreis	10.000,00 €	5.000,00 €	15.000,00 €
Nettogewicht der Ware	5,00 kg	10,00 kg	15,00 kg
Gewicht der Verpackung (Tara)	0,50 kg	1,00 kg	1,50 kg
Paket- und Zustellgebühr			90,00 €
Versicherung			4,50 €

Wie können in diesem Fall die Bezugskosten nach Gewicht (Gewichtsspesen = Paketgebühr und – aus Vereinfachungsgründen – auch die Zustellgebühr) sowie nach Wert (Wertspesen = Versicherung) auf beide Warenposten aufgeteilt werden?

Lösungsweg

Die Lösung erfolgt mit Hilfe des Dreisatzes. Dabei geht man zunächst von der Gesamtmenge (Bruttogewicht) bzw. vom Gesamtwert (Summe der Einkaufspreise) aus und berechnet die Anteile der einzelnen Warenposten an der jeweiligen Gesamtheit (Menge bzw. Wert).

Schritt 1: Berechnung der Gewichtsspesen
Bruttogewicht = Nettogewicht + Verpackungsgewicht (Tara)
Bruttogewicht Ware I = 5,00 kg + 0,50 kg = **5,50 kg**
Bruttogewicht Ware II = 10,00 kg + 1,00 kg = **11,00 kg**
Bruttogewicht Ware I + Ware II = 5,50 kg + 11,00 kg = **16,50 kg**

a) Gewichtsspesen Ware I		b) Gewichtsspesen Ware II	
Bedingungssatz:	16,50 kg → 100 %	Bedingungssatz:	16,50 kg → 100 %
Fragesatz:	5,50 kg → ? %	Fragesatz:	11,00 kg → ? %
Bruchsatz:	$? \% = \frac{5{,}50 \text{ kg} \cdot 100 \%}{16{,}50 \text{ kg}}$	Bruchsatz:	$? \% = \frac{11{,}00 \text{ kg} \cdot 100 \%}{16{,}50 \text{ kg}}$
Ergebnis:	Auf Ware I entfallen $33{,}\overline{33}$ % der Gewichtsspesen. $33{,}\overline{33}$ % von 90,00 € = 90,00 € · $0{,}\overline{33}$ = 30,00 € Die Gewichtsspesen für Ware I betragen 30,00 €.	Ergebnis:	Auf Ware II entfallen $66{,}\overline{66}$ % der Gewichtsspesen. $66{,}\overline{66}$ % von 90,00 € = 90,00 € · $0{,}\overline{66}$ = 60,00 € Die Gewichtsspesen für Ware II betragen 60,00 €.

Schritt 2: Berechnung der Wertspesen
Gesamtwert = Einkaufspreis Ware I + Einkaufspreis Ware II = 15.000,00 €

a) Wertspesen Ware I		b) Wertspesen Ware II	
Bedingungssatz:	15.000,00 € → 100 %	Bedingungssatz:	15.000,00 € → 100 %
Fragesatz:	10.000,00 € → ? %	Fragesatz:	5.000,00 € → ? %
Bruchsatz:	$? \% = \frac{10.000{,}00 \text{ €} \cdot 100 \%}{15.000{,}00 \text{ €}}$	Bruchsatz:	$? \% = \frac{5.000{,}00 \text{ €} \cdot 100 \%}{15.000{,}00 \text{ €}}$
Ergebnis:	Auf Ware I entfallen $66{,}\overline{66}$ % der Wertspesen. $66{,}\overline{66}$ % von 4,50 € = 4,50 € · $0{,}\overline{66}$ = 3,00 € Die Wertspesen für Ware I betragen 3,00 €.	Ergebnis:	Auf Ware II entfallen $33{,}\overline{33}$ % der Wertspesen. $33{,}\overline{33}$ % von 4,50 € = 4,50 € · $0{,}\overline{33}$ = 1,50 € Die Wertspesen für Ware II betragen 1,50 €.

Schritt 3: Berechnung der Gesamtspesen (Bezugskosten)
Gesamtspesen = Gewichtsspesen + Wertspesen
Gesamtspesen Ware I: 30,00 € + 3,00 € = **33,00 €**
Gesamtspesen Ware II: 60,00 € + 1,50 € = **61,50 €**

3 Währungsrechnen

3.1 Währungsrechnen beim Einkauf

Beispiel

Eine Lieferantenrechnung für Kunstdruckpapier soll in Schwedischen Kronen überwiesen werden. Die Bank in Deutschland kauft von der BPK GmbH Euro an und bezahlt mit SEK. Für einen Euro erhält die BPK GmbH 9,2785 SEK (Mengennotierung Devisen-Geldkurs für Überweisungen). Wie viel Euro muss die BPK GmbH zahlen, um den Rechnungsbetrag von 22.300,00 SEK zu begleichen?

Lösungsweg

Bedingungssatz:	9,2785 SEK → 1,00 €
Fragesatz:	22.300,00 SEK → ? €
Bruchsatz:	$? \text{ €} = \frac{22.300,00 \text{ SEK} \cdot 1,00 \text{ €}}{9,2785 \text{ SEK}}$
Ergebnis:	Die BPK GmbH schuldet dem schwedischen Lieferer bei Rechnungseingang 2.403,41 €.

SEK	€
9,2785	1,00
22.300,00	?

Die meisten Währungen werden am Devisenmarkt frei gehandelt. Die Preise für Währungen schwanken daher ständig und sind kaum kalkulierbar. Die BPK muss sich deshalb fragen, wie sich der Wechselkurs für Schwedische Kronen nach Ablauf des Zahlungsziels von 30 Tagen entwickelt hat.

Beispiel

Nach 30 Tagen überweist die BPK GmbH den Rechnungsbetrag. Der Kurs für SEK (Devisenkurs) lautet jetzt 9,1355 SEK für 1,00 €.

Bedingungssatz:	9,1355 SEK → 1,00 €
Fragesatz:	22.300,00 SEK → ? €
Bruchsatz:	$? \text{ €} = \frac{22.300,00 \text{ SEK} \cdot 1,00 \text{ €}}{9,1355 \text{ SEK}}$
Ergebnis:	Die BPK GmbH schuldet dem schwedischen Lieferer nach Ablauf des Zahlungsziels 2.441,03 €, also 37,62 € mehr als bei Rechnungseingang.

SEK	€
9,1355	1,00
22.300,00	?

3.2 Währungsrechnen beim Verkauf

Beispiel

Die Bestprint Ltd. in Großbritannien erhält von der BPK GmbH eine Rechnung über 4.000,00 Pfund (GBP). Wie viel Euro erhält die BPK GmbH?

Bedingungssatz:	0,6896 GBP → 1,00 €
Fragesatz:	4.000,00 GBP → ? €
Bruchsatz:	$? \text{ €} = \frac{4.000,00 \text{ GBP} \cdot 1,00 \text{ €}}{0,6896 \text{ GBP}}$
Ergebnis:	Die BPK GmbH erhält für ihre Ausgangsrechnung 5.800,46 €.

GBP	€
0,6896	1,00
4.000,00	?

Hier kauft die deutsche Bank von der BPK GmbH Britische Pfund an und verkauft ihr dafür Euro. Die Bank zahlt den schlechteren Briefkurs, d.h., die BPK muss für einen Euro mehr Britische Pfund an ihre Bank bezahlen, als sie beim Geldkurs für ein Pfund erhalten würde.

3.3 Umrechnen ausländischer Währungseinheiten im Ausland

Beispiel

Soll die BPK GmbH die für das Geschäft mit der Cellulosa & Papper AB benötigten Schwedischen Kronen eventuell lieber in Schweden wechseln? Ist beim Kauf der SEK in Schweden der Geld- oder der Briefkurs zu nehmen?

Die schwedische Bank kauft in Schweden (Inland) ausländische Währungseinheiten (Euro) an und verkauft inländische Währung an die BPK GmbH. Aus Sicht der schwedischen Bank ist also der Briefkurs maßgeblich.

Beispiel

Schweden: Preis einer SEK in Euro:	0,1170 €	= SEK (Brief)
	0,0988 €	= 1 SEK (Geld)

SEK	€
1,00	0,1170
22.300,00	?

Bedingungssatz:	1,00 SEK → 0,1170 €
Fragesatz:	22.300,00 SEK → ? €
Bruchsatz:	$? € = \frac{22.300,00\ SEK \cdot 0,1170\ €}{1,00\ SEK}$
Ergebnis:	Die BPK GmbH hätte für 22.300,00 SEK in Schweden 2.609,10 € bezahlen müssen.

Für die BPK GmbH ist es also günstiger gewesen, das Geld in Deutschland zu wechseln. Der **Paritätskurs** ist der Preis für einen Euro in ausländischen Währungseinheiten und dient dem Vergleich der Kurse. Er dokumentiert somit den Außenwert des Euro.

€	SEK
0,1170	1,00
1,00	?

Preisvergleich auf der Basis in Deutschland:

Bedingungssatz:	0,1170 € → 1,00 SEK
Fragesatz:	1,00 € → ? SEK
Bruchsatz:	$? € = \frac{1,00\ SEK \cdot 1,00\ €}{0,1170\ €}$
Ergebnis:	In Schweden beträgt der Preis für einen Euro 8,5470 SEK.

Preis für einen Euro in Deutschland: 9,2785 SEK
Preis für einen Euro in Schweden: 8,5470 SEK
Der Euro hat in Schweden einen niedrigeren Wert als in Deutschland.

ANHANG

Methoden

1 Lern- und Merktechniken

Lerntechniken können Ihnen dabei helfen, sich die vielen Informationen, die Sie in der Berufsschule und im Ausbildungsbetrieb aufnehmen, besser zu merken.

1.1 Lernkartei

Dass Vokabelhefte beim Erlernen neuer Begriffe hilfreich sein können, dürfte den meisten Leserinnen noch aus ihrer Schulzeit bekannt sein. Vom Prinzip her ähnlich, aber in der Umsetzung differenzierter, ist das Lernen mit Karteikarten. Und das kann so funktionieren:

Vorgehensweise/Regeln

- Man kauft sich DIN-A6-Karten sowie einen Karteikasten (alternativ lassen sich auch Geschenk- oder Fotoboxen nutzen).
- Man nimmt die Karten wie ein Vokabelheft in den Unterricht mit.
- Taucht ein unbekannter/neuer Begriff auf, notiert man ihn, erfragt seine Bedeutung und schreibt sie auf die Karteikarte.
- Zu Hause vervollständigt man dann die Karteikarte, indem man eine Kopfzeile anlegt und Verweise zur Fachliteratur einträgt. Dies geschieht ähnlich wie bei Spielquizkarten: Die Vorderseite versieht man mit einem Stichwort, auf der Rückseite hält man die Übersetzung, Zusammenhänge und Zusatzinformationen fest.

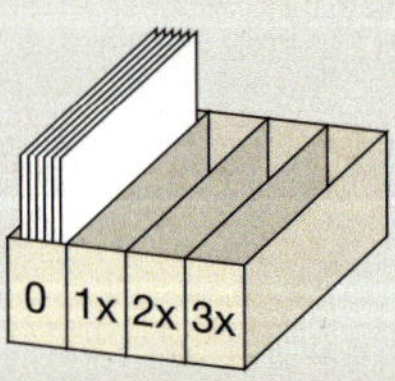	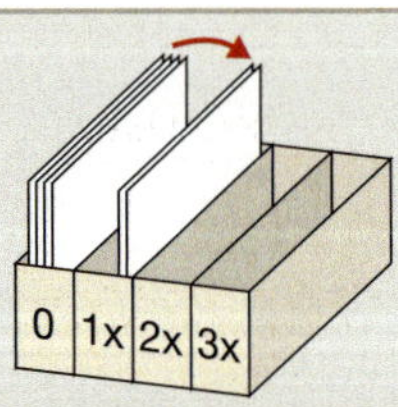	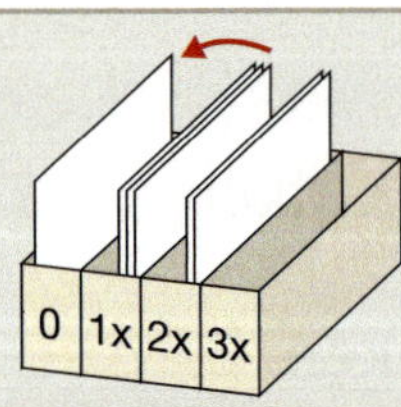	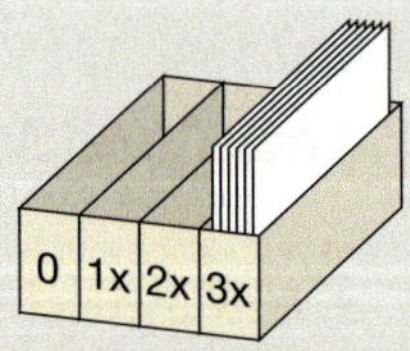
Alle Karten mit neuen Informationen werden in das hinterste Fach (Fach 0) gesteckt.	Sobald der Inhalt der Karteikarte gewusst wird, kommt sie in das dahinter liegende Fach.	Wenn die Inhalte aus dem 2. Fach wiederholt werden, wandern diejenigen Karteikarten, deren Inhalt gewusst wurde, ein Fach weiter. Diejenigen Inhalte, die nicht gewusst wurden, kommen zurück in das Fach 0.	Dieser Vorgang wird so lange wiederholt, bis alle Karten im letzten Fach sind.

- Möchte man nun gezielt mit den Karteikarten lernen, steckt man die Karten mit neuen Informationen jeweils in das hinterste von vier Fächern (Fach 0). Hat man den Inhalt einer Karte gut verinnerlicht, kommt die Karte in das davor liegende Fach (Fach 1). Diejenigen, die nicht gewusst wurden, gehen zurück in das hinterste Fach. Bei einer weiteren Wiederholung kommen die gewussten Karten wieder ein Fach nach vorn (Fach 2) und die noch zu lernenden ein Fach zurück. Der Prozess ist mit Erfolg abgeschlossen, wenn alle Karten im vordersten Fach sind.

1.2 Mindmap

Eine **Mindmap** soll komplexe Zusammenhänge visualisieren. Sie kann ständig geändert und erweitert werden. Eine Mindmap verknüpft Gedanken, Gefühle und Ideen mit Hilfe von Zeichnungen und kurzen Sätzen. Diese Visualisierungsform verbindet sprachliches und bildhaftes Denken, wodurch die gesamte Kapazität der beiden Gehirnhälften genutzt wird. Mindmaps können vielfältig eingesetzt werden:

- Informationen ordnen, gliedern und auswerten
- Zusammenfassung von Vorträgen
- Vorbereitung für Fachberichte
- Vorbereitung auf Klassenarbeiten, Prüfungen
- Planen von Projekten

Mindmap
(engl.) gedankliche Landkarte

linke Gehirnhälfte (analytisches Denken): zuständig für Logik, Ordnung, Zahlen, Sprache

rechte Gehirnhälfte (bildliche Vorstellungskraft): zuständig für Farben, Fantasie, Musik, Bilder

Vorgehensweise/Regeln

- Verwenden Sie ein unliniertes Blatt Papier.
- Nutzen Sie das Blatt im Querformat.
- Breiten Sie die Mindmap von der Blattmitte über das gesamte Blatt aus.
- Schreiben Sie in den Mittelpunkt das Thema.
- Notieren Sie Ihre Ideen in knappen, schlagwortartigen Formulierungen.
- Schreiben Sie diese Ideen (= dem Hauptthema untergeordnete Schlüsselbegriffe) auf Linien (= Zweige).
- Diesen Linien können Sie weitere Verästelungen hinzufügen.
- Ideen, Schlüsselbegriffe schreiben Sie als Druckbuchstaben.
- Geben Sie Ihrer Mindmap Ausdruck durch Einfügen von Symbolen, kleinen Grafiken u. Ä.

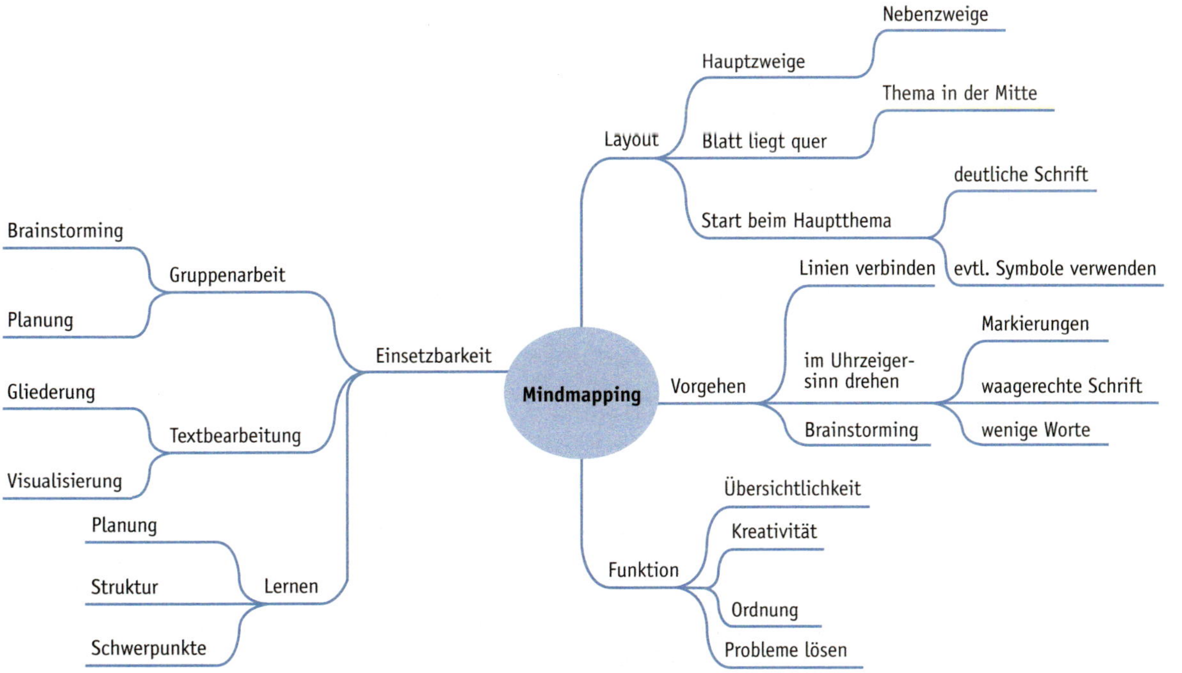

2 Kreativitätstechniken

2.1 Brainstorming

Mit Hilfe eines Brainstormings („Gedankensturm“) sollen innerhalb kurzer Zeit möglichst viele Lösungsvorschläge, Ideen usw. zu einem vorgegebenen Thema gesammelt werden.

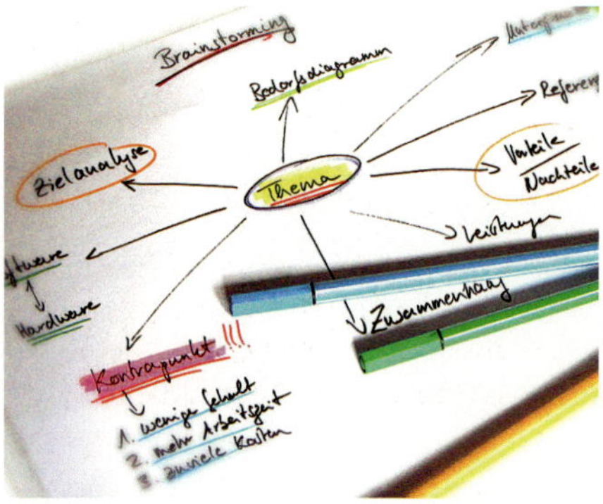

Vorgehensweise/Regeln

- Verwenden Sie ein Blatt Papier, die Tafel, ein Flipchart o. Ä.
- Schreiben Sie das Thema auf.
- Sammeln Sie alle Gedanken, die Sie haben, und halten Sie diese schriftlich fest.
- Jede Idee von anderen wird unkommentiert aufgenommen.
- Kommentare, kritische Äußerungen sind verboten (keine Killerphrasen).
- Nach Beendigung der Ideensammlung (ca. 5 –10 Min.) machen Sie eine Auswertung, z. B. Diskussion, Beurteilung von Ideen in Kleingruppen

Beispiele für Killerphrasen:
„Bleiben Sie mal bei der Sache!“
„Das gibt es ja gar nicht!“

2.2 Brainwriting (Methode 635)

Brainwriting ist eine **schriftliche Variante des Brainstormings.** Jeder Teilnehmer kann in Ruhe seine Ideen aufschreiben. Das Brainwriting wird auch Methode 635 genannt:

- 6 Teilnehmer halten auf einem Notizblatt
- 3 Ideen/Lösungsvorschläge fest und reichen ihr Notizblatt nach
- 5 Minuten an den nächsten Teilnehmer weiter.

Die Teilnehmerzahl ist allerdings nicht auf 6 begrenzt, sondern kann variiert werden.

Vorgehensweise/Regeln

- Die Problemstellung wird auf einem Formular festgehalten.
- Jeder Teilnehmer trägt in die Ideenzeile drei Ideen ein.
- Jeder Teilnehmer reicht sein Formular an den nächsten Teilnehmer weiter.
- In die zweite Ideenzeile trägt jeder Teilnehmer drei Ideen ein. Die Idee kann z. B. an die Vorgängeridee anknüpfen oder eine völlig neue sein.
- Die Ideenfindung ist beendet, wenn jeder Teilnehmer sein Formular mit mindestens 18 Vorschlägen zurückerhält.
- Ein Vorschlag wird gemeinsam ausgewählt und in der Gruppe diskutiert.

Brainwriting-Formular

Name	Problemstellung		
1	Idee 1	Idee 2	Idee 3
2	Idee 4	Idee 5	Idee 6
3	Idee 7	Idee 8	Idee 9
4	Idee 10	Idee 11	Idee 12
5	Idee 13	Idee 14	Idee 15
6	Idee 16	Idee 17	Idee 18

3 Sozialformen

Sie benötigen bestimmte Arbeitsmethoden, um sachgerecht, situationsbezogen und zielgerichtet auf neue berufliche Situationen reagieren zu können. Im Folgenden werden Ihnen einige der wichtigsten vorgestellt.

3.1 Rollenspiel

Das Rollenspiel ist eine gute Methode, um z. B. den Umgang mit Kunden oder Lieferanten zu üben. Dadurch erhalten Sie die Chance, kommunikative Fähigkeiten zu entwickeln und gegebenenfalls zu verändern. In einem Rollenspiel kann ein Telefon- oder auch ein persönliches Gespräch simuliert werden.

Vorbereitung
- Formulieren Sie kurze, verständliche Rollenanweisungen.
- Die Rollen werden verteilt.
- Die Nichtspieler (Beobachter) beobachten das Gespielte mithilfe eines Beobachtungsbogens.
- Die Rollenspieler befassen sich kurz mit ihrer Rolle (ca. fünf Minuten) und signalisieren den Nichtspielern den Beginn des Gesprächs.

Durchführung
- Die Rollenspieler nehmen eine solche Position ein, dass sie von den Nichtspielern gut beobachtet werden können.
- Das Rollenspiel kann mithilfe einer Videokamera aufgenommen werden.

Reflexion/Auswertung
- Die Spielsituation wird analysiert und besprochen.
- Geben Sie ein Feedback.

Beispiel: Einüben eines Kundengesprächs

Rollenkarte Kunde (Einzelhandel)

Sie handeln mit Fahrrädern der Fly Bike Werke. Sie hatten zu Beginn der Saison 10 Trekking-Räder einer Sonderedition mit pinkem Rahmen und Blumenaufdruck bestellt, die sich inzwischen als unverkäuflich herausgestellt haben.

Rollenkarte Verkaufsmitarbeiter (Großhandel)

Sie arbeiten im Verkauf der Fly Bike Werke.
Sie nehmen die Beschwerde des Kunden entgegen.

3.2 Pro-und-Kontra-Diskussion

Die Pro-und-Kontra-Diskussion verfolgt das Ziel, gegensätzliche Meinungen klarer herauszuarbeiten. Wenn man die gegensätzlichen Argumente besser versteht, gelingt die Einigung auf einen tragfähigen Kompromiss eher.

Vorbereitung

- Formulierung einer strittigen Aussage: Sie muss mit „Ja“ oder „Nein“ zu beantworten sein.
- Auswahl der Spieler: Die Zuordnung zur Pro-, Kontra- oder Beobachtergruppe sollte möglichst freiwillig sein.

Abstimmung über den formalen Ablauf

- Ort und Dauer der Gruppenarbeit festlegen
- Die Pro- und Kontra-Gruppen erarbeiten ihre Standpunkte.
- Wahl von jeweils drei Spielern, die die Debatte durchführen (Pro- und Kontra-Gruppe)
- Verteilung von Beobachtungsaufgaben (Beobachtergruppe) vornehmen
- Szenenaufbau für die Debatte und Zeitrahmen (ungefähr 15 Minuten) bestimmen

Beobachtungsaufgaben

- Sprechen die Gruppen alle wichtigen Argumente an? Welche fehlen?
- Welche der Gruppen erscheint stärker?
- Welche Argumente sind schwer zu widerlegen?
- Sind die Spieler innerhalb einer Gruppe kooperativ?
- Gibt es abwertende oder verletzende Argumente?

Durchführung

Eine Klasse während der Pro-und-Kontra-Diskussion

Auswertung

Zuerst äußern sich die Pro- und Kontra-Spieler darüber, wie sie sich gefühlt haben und ob sie mit sich zufrieden sind. Danach sprechen die Beobachter in der Ich-Form und ohne Bewertung über ihre Beobachtungen. Alle beteiligen sich daran, ein Ergebnis zu formulieren und die Streitfrage zu beantworten. Danach kann ein Kompromiss erarbeitet werden.

3.3 Kartenabfrage

Alle Teilnehmer schreiben ihre Ideen und Problemlösungsvorschläge zu einem bestimmten Thema auf Karten. Danach werden die Ideen, z.B. an der Tafel, geordnet.

Vorgehensweise/Regeln

- An der Tafel oder auf einem Flipchart wird eine Frage oder ein Thema notiert.
- Jeder Teilnehmer erhält 3–5 Karten und einen Filzschreiber.
- Die Teilnehmer schreiben je eine Idee (Druckbuchstaben) auf eine einzelne Karte.
- Für weitere Antworten/Ideen werden weitere Karten verwendet.
- Die Karten werden unsortiert neben dem Thema befestigt.
- Danach werden die Karten von den Teilnehmern nach Schwerpunkten (Oberbegriffen) geordnet.
- Die Oberbegriffe werden auf farbige Karten geschrieben.
- Den Oberbegriffen werden Unterpunkte zugeordnet.
- Jeder Teilnehmer erhält 3–5 Klebepunkte.
- Die Teilnehmer bestimmen mit ihren Klebepunkten die Wertigkeit (Reihenfolge) der Problemfelder.
- Die daraus resultierende Reihenfolge der Themen wird in Kleingruppen diskutiert und erarbeitet.

3.4 Gruppenarbeit

Bei der Gruppenarbeit arbeiten mehrere Personen an der Lösung eines Problems oder einer Aufgabe zusammen. Der Arbeitsauftrag wird vom Moderator (z.B. Lehrer) schriftlich formuliert und jeder Gruppe zur Verfügung gestellt.

Planung

- Die ideale Gruppengröße besteht erfahrungsgemäß aus 3–6 Teilnehmern.
- Möglichkeit der Gruppenbildung:
  - Zufallsprinzip durch Abzählen, durch Losen (z.B. Farben, Zahlen) usw.
  - Themenzuordnung
  - Sympathie
- Die Teilnehmer in jeder Gruppe nehmen bestimmte Rollen ein:
  - Gruppensprecher: verantwortlich für den gesamten Arbeitsablauf und Arbeitsplan
  - Zeitmanager: verantwortlich für das Einhalten der vorgegebenen Zeit
  - Protokollant: verantwortlich für das Festhalten von Ergebnissen
  - Mitarbeiter
- Die Gruppe sorgt für eine angemessene Arbeitsatmosphäre (Raum, Sitzordnung, Arbeitsmaterialien usw.).

Für das Gesamtergebnis einer Gruppenarbeit ist die Arbeit aller Mitglieder entscheidend. Deshalb sind die abgesprochenen Arbeitsaufträge zuverlässig zu erledigen. Sie werden der Gruppe vorgestellt, um dann gemeinsam zu entscheiden, welche Aspekte in welcher Form in die Präsentation einbezogen werden. Es ist sinnvoll, immer wieder Rücksprache mit den Lehrenden zu halten, um den eigenen Lernstandpunkt reflektieren zu können.

Eine Gruppenarbeit kann wie folgt geplant werden:

1. **Vorbereitung:** Was ist konkret zu tun?
   - Ankommen (z. B. Sitzordnung mit Blickkontakt)
   - Lesen der Arbeitsaufgabe, des Fallbeispiels o. Ä.
   - Klärung möglicher Fragen oder Verständnisschwierigkeiten
2. **Wie soll vorgegangen werden? Was ist das Ziel?**
   - Erarbeitung der Fragestellungen und Zielsetzungen
3. **Durchführung:** Wie werden welche Aspekte in welcher Aufgabenverteilung bearbeitet?
   - Wissensinput (z. B. Sammlung von Texten, Informationen)
   - Systematisierung und Auswahl der gesammelten Beiträge
   - Sichtung der Beiträge bzgl. der Fragestellungen
   - Konkretisierung und eventuelle Neubewertung der Fragen und Ziele
   - Erarbeitung der Lernziele
   - Vorstellung und Diskussion der Arbeitsergebnisse
4. **Abschluss:** Wie soll das Ergebnis aussehen und präsentiert werden?
   - Zusammenstellung und Verdichtung des Arbeitsergebnisses
   - Vorbereitung und endgültige Absprache der Präsentation
5. **Evaluation/Feedback:** Reflexion des Gesamtablaufes und des Gruppenprozesses

Rollen- und Aufgabenverteilung

Zu Beginn der Gruppenarbeit sind folgende Rollen und Aufgaben zu verteilen:

- **Moderator:** Er gliedert den Sitzungsverlauf und achtet darauf, dass alle Gruppenmitglieder gleichberechtigt zu Wort kommen und beim Thema bleiben. Auch achtet er auf Pausen.
- **Protokollant:** Er sichert die Arbeitsergebnisse und gibt sie für die anderen Mitglieder frei.
- **Zeitwächter:** Er achtet darauf, dass die Arbeitsaufgaben in der zur Verfügung stehenden Zeit fertiggestellt werden.
- **Präsentierender:** Er stellt das Arbeitsergebnis vor. Eine wichtige Basis für eine erfolgreiche Gruppenarbeit ist eine klare Zielsetzung, Gleichberechtigung in der Gruppe und eine Rotation in der Rollenverteilung (so kann jedes Gruppenmitglied alle Rollen einüben). Ziel ist nicht, eine Rolle am Ende der Ausbildung bis ins Kleinste ausfüllen zu können, sondern die persönliche Flexibilität und Entwicklung der notwendigen Kompetenzen.

Gruppenarbeit kann auch mal im Grünen stattfinden.

Rahmenbedingungen

Um ein gleichberechtigtes und zielgerichtetes soziales Lernen zu ermöglichen, sind bestimmte Rahmenbedingungen und Umgangsformen für die Gruppenarbeit notwendig.

- Alle bringen ihr Wissen ein und akzeptieren Wissenslücken bzw. helfen, sie zu reduzieren.
- Gruppen stören einander nicht, sondern unterstützen sich.
- Abgesprochene Zeiten werden eingehalten, damit die Gruppen nicht aufeinander warten müssen.
- Abgesprochene Abläufe und Zeiten für Präsentationen werden eingehalten, damit alle die gleiche Chance haben.

- Probleme und Fragen werden offen und frühzeitig angesprochen, damit sie geklärt werden können und so die Arbeitsprozesse nicht stören.
- Sitzungen und Ergebnisse werden reflektiert und die Ergebnisse zur Weiterentwicklung genutzt.

Gruppenarbeit mit Hilfe des „Web 2.0“ (Social Media)
Mit „Web 2.0“ bzw. Social Media (soziale Medien) werden unterschiedliche Medien und Internet-Technologien bezeichnet, die es den Internetnutzern ermöglichen, sich untereinander auszutauschen und zusammen mediale Inhalte zu gestalten, ohne sich physisch begegnen zu müssen. Bekannte und beliebte Beispiele sind die sogenannten sozialen Netzwerke, z. B. Facebook. Solche sozialen Medien können auch zum gemeinsamen Lernen und zur Zusammenarbeit in virtuellen Teams genutzt werden.

Mit „Web 2.0“ können z. B. gemeinsam Materialien zur Entscheidungsfindung, Termine oder ToDo-Listen erstellt werden. Auch für internationale Teambildungen in Zeiten der Globalisierung scheint „Web 2.0“ besonders geeignet.

3.5 Feedback

Ein Feedback gibt man auf sprachliche Äußerungen oder auf Verhaltensweisen eines Kommunikationspartners. Es ist wichtig für eine gute Gruppen- oder Teamarbeit, weil es die Möglichkeit für konstruktive und sachliche Kritik bietet. Der Feedback-Empfänger erhält die Chance, Verhaltensweisen zu verbessern und zu verändern. Wenn sich alle Teilnehmer einer Feedback-Runde an die unten aufgeführten Feedback-Regeln halten, kann sich dadurch eine positive Kritikkultur entwickeln.

Vorgehensweise/Regeln
Wenn Sie jemandem ein Feedback geben, sollte es ... sein!
- **fair:** Geben Sie Ihrem Feedback-Empfänger die Möglichkeit, sich als Erstes kurz zu seiner Aktivität zu äußern.
- **ehrlich:** Was Sie sagen, muss der Wahrheit entsprechen.
- **verantwortlich und persönlich („Ich-Botschaften“):** Sie sprechen in der „Ich-Form“ und vertreten nur Ihre persönliche Meinung.
- **sachlich:** Sie beschreiben sehr genau, was Sie in der Situation beobachtet haben.
- **positiv verstärkend:** Sie nennen die Stärken des Feedback-Empfängers.
- **aufbauend:** Sie formulieren Verbesserungsvorschläge.

Wenn Sie ein Feedback erhalten, können Sie ...
- **bestimmen:** Sie können entscheiden, ob Sie ein Feedback erhalten möchten!
- **aktiv zuhören:** Sie überprüfen, ob Sie das Feedback richtig verstanden haben, und fragen eventuell noch mal nach. Wiederholen Sie das Gehörte!
- **geduldig sein:** Rechtfertigen Sie sich nicht. Nehmen Sie sich Zeit, die Informationen des Feedback-Gebers zu reflektieren.
- **Rückmeldung geben:** Sagen Sie Ihrem Feedback-Geber, ob für Sie die Informationen hilfreich waren!

4 Teamarbeit

Das Team im Unternehmen unterscheidet sich kaum von der Gruppe in der Gruppenarbeit. Dennoch ist die Teamarbeit eine spezielle Form der Zusammenarbeit.

4.1 Merkmale

Teamarbeit ist dadurch gekennzeichnet, dass die einzelnen Teammitglieder sehr intensiv miteinander in Beziehung treten. Die Zusammenarbeit ist vergleichsweise zeitaufwändig und dauerhaft. Ein echtes Team verträgt nicht zu viele Personalwechsel, sondern braucht zumindest einen stabilen Kern von Mitgliedern. Weitere Merkmale sind Partnerschaftlichkeit und Vertrauen. Die Zusammenarbeit wird von gegenseitiger Wertschätzung und Akzeptanz getragen. Bezüglich der Leistungsbewertung herrscht das Äquivalenzprinzip, d.h., dass die Beiträge eines jeden Teammitgliedes gleich viel wert sind. Voraussetzung für Teamarbeit ist also eine Arbeitsatmosphäre, in der Gleichberechtigung herrscht.

Gerade in modernen Unternehmen ist Teamarbeit eine wichtige Kompetenz der Mitarbeiter. Das Team bildet im Unternehmen eine Arbeitseinheit, das eine gemeinsame Aufgabe bzw. ein gemeinsames Ziel hat. Die Teammitglieder unterstützen sich dabei gegenseitig.

Mit Hilfe von Teamarbeit kann beispielsweise
- Kreativität freigesetzt werden,
- vorhandenes Wissen besser genutzt werden,
- der Informationsfluss verbessert werden,
- die Identifikation mit einem Unternehmen gestärkt werden,
- die gegenseitige Unterstützung der Mitarbeiter wachsen,
- die Qualität der Arbeit verbessert werden und
- die Arbeitszufriedenheit zunehmen.

4.2 Konfliktlösung

Sie können durch Ihr Verhalten dazu beitragen, einen Konflikt zu verschärfen oder ihn zu lösen.

Konflikte sind Bestandteile des menschlichen Lebens und treten auch im Rahmen der Teamarbeit immer wieder auf. Sie entstehen, wenn der Wunsch nach etwas nicht umsetzbar ist. Man spricht immer dann von einem Konflikt, wenn zwei Parteien zur selben Zeit gegensätzlich oder unvereinbar sind. Konflikte sind also gegensätzliche oder unvereinbare Interessen. Exakt definiert entstehen Konflikte immer dann, wenn zwei Parteien unterschiedliche Interessen oder Standpunkte gleichzeitig durchsetzen wollen und eng miteinander verbunden sind. Menschen nutzen unterschiedliche Mechanismen und Strategien, um bewusst oder unbewusst auf Konflikte zu reagieren. Einige Menschen denken lösungsorientiert, während andere mit Abwehr, Aggression oder Resignation auf konfliktbeladene Situationen reagieren. Es lassen sich konfliktverschärfende Verhaltensmuster von konstruktiven Konfliktlösungsstrategien unterscheiden.

Konfliktverschärfende Verhaltensmuster
Folgende Verhaltensmuster, Strategien und/oder Persönlichkeitsmerkmale können dazu führen, dass Frust aufgestaut und Konflikte verschärft werden:
- Bei der Idealisierung der eigenen Person hat der Betroffene stets Recht und kann alles.
- Bei der Verallgemeinerung und Projektion versucht der Betroffene, anderen die Schuld zuzuweisen oder eigene Fehler auf andere zu projizieren.
- Mit Hilfe der Ersatzbefriedigung werden unbefriedigte Bedürfnisse umgewandelt und durch Ersatzhandlungen ausgetauscht.
- Abhängig von der Persönlichkeit können manche Menschen auch mit Resignation auf Konflikte reagieren. Hierbei richten die Betroffenen die aufgestaute Energie nicht nach außen (z. B. durch aggressives Verhalten), sondern gegen sich selbst. Dieses Verhalten zeigen besonders häufig Menschen mit einem geringen Selbstwertgefühl. Die Betroffenen setzen sich in Konfliktsituationen nicht zur Wehr, sondern ertragen die Frustration.
- Die Verwendung von Killerphrasen gehört auch zu den konfliktverschärfenden Verhaltensmustern. Hierunter versteht man Aussagen, die der gegnerischen Konfliktpartei signalisieren: „SO GEHT ES NICHT!" Killerphrasen blockieren jede Form von Kompromissen oder kreativem Denken. Sie wirken demotivierend und verschlechtern häufig das Betriebsklima. Gebräuchliche Killerphrasen sind z. B. „Sie denken wohl, Sie haben die Weisheit mit Löffeln gefressen?" oder „Das funktioniert eh nicht!"

Konstruktive Konfliktlösungsstrategien
Im Gegensatz zu den konfliktverschärfenden Verhaltensmustern stehen konstruktive Formen der Konfliktbearbeitung. Hierbei folgen auf die empfundene Frustration
- das Erkennen des Konflikts,
- die Suche nach einer Aussprache und
- die Aussprache selbst, die zu einem möglichen Kompromiss oder Konsens führt.

Gezielte **Konfliktgespräche** im Team gehören zu den konstruktiven Strategien. Ziel eines solchen Gesprächs ist die gemeinsame Verarbeitung eines Konfliktes sowie eine Kompromisslösung oder Konsensfindung. Voraussetzung ist hierbei, dass
- der Konflikt erkannt ist,
- die Beteiligten zu einem Gespräch bereit sind,
- die Beteiligten Einfluss auf die Problemlösung haben und
- eine eventuelle Mittlerperson von allen Beteiligten akzeptiert wird.

Man unterscheidet bei Konfliktgesprächen im Team umgangssprachlich „4-Augen-Gespräche" und „6-Augen-Gespräche". Während das „4-Augen-Gespräch" von den beiden beteiligten Personen alleine geführt wird, ist beim „6-Augen-Gespräch" eine weitere (neutrale) Person anwesend, die eine Mittlerrolle einnimmt. Eine solche Mittlerperson hat folgende Aufgaben:
- Sie soll die eigenen Wahrnehmungen schildern, ohne Partei zu ergreifen, z. B.: „Ich stelle fest, dass dieser Aspekt für Partei A von großer Bedeutung ist."
- Sie soll methodische Hilfestellungen geben, z. B.: „Welche Reaktion hätten Sie von Ihrem Gegenüber erwartet?"
- Sie darf und soll den Konflikt der beteiligten Parteien nicht lösen. Die Konfliktparteien müssen selber einen Lösungsweg finden.

A

B

V

W

Z

Bildquellenverzeichnis

cover: 1/ Heidi Mayer, München, **2**/shutterstock

S. 14/1: shutterstock/Goodluz; **S. 14/2:** FF/F1online; **S. 15:** Bundesminsiterium für Bildung und Forschung; **S. 20:** shutterstock/HeldlerAlmeida; **S. 25:** shutterstock, **S. 26/1:** Digitalstock/D. Pietsch; **S. 26/2:** Digitalstock/M. Dietrich; **S. 26/1:** shutterstock; **S. 32:** Picture Press/Maximilian Stock Ltd; **S. 35:** Alamy/BPATHY; **S. 36:** Bergmoser + Höller Verlag AG, **S. 44:** Picture Alliance/Akg; **S. 50:** Reinhold Löffler, Dinkelsbühl; **S. 51:** Picture Alliance/Globus; **S. 52:** Horst Haitzinger; **S. 53:** Picture Alliance/Globus; **S. 55:** shutterstock/suaphotos; **S. 54:** Bergmoser + Höller Verlag AG; **S. 57:** Redaktionsfoto CBB; **S. 58:** Bergmoser + Höller Verlag AG; **S. 62:** Bergmoser + Höller Verlag AG; **S. 63:** Bergmoser + Höller Verlag AG; **S. 64:** Bergmoser + Höller Verlag AG; **S. 66:** Bergmoser + Höller Verlag AG; **S. 67:** Bergmoser + Höller Verlag AG; **S. 68:** Bergmoser + Höller Verlag AG; **S. 69:** Bergmoser + Höller Verlag AG; **S. 70:** Bergmoser + Höller Verlag AG; **S. 77** Joachim Gottwald; **S. 78:** Bergmoser + Höller Verlag AG; **S. 82:** Fotolia/Benjamin Nolte; **S. 85:** Peter Wirtz, Dormagen; **S. 86/1:** iStockphoto/sonyae; **S. 86/2:** Picture Alliance/Peter Roggenthin; **S. 87:** Picture Alliance/Peter Roggenthin; **S. 84:** Picture Alliance/dpa; **S. 89:** Fotofinder/Blickwinke/W G Allgoewer; **S. 90/1:** shutterstock/Corepics VOF; **S. 90/2:** Picture Alliance/Fotoreport bdo; **S. 90/3:** Fotofinder/A1PIX; **S. 91:** Joachim Gottwald, **S. 98/1-3:** Stiftung Warentest; **S. 99/1:** PictureAlliance/image Source/Richard Allen; **S. 99/2:** Jens Rufenach, Lüneburg; **S. 99/3:** Picture Alliance/Arco Images GmbH/Rudolf; **S. 100/1:** CBB-Archiv, **S. 100/2:** Redaktionsfoto CBB; **S. 100/3:** Redaktionsfoto CBB; **S. 102:** Beuth Verlag; **S. 108/1:** Lange, Marek, Berlin; **S. 108/2:** Donath, Joachim,Berlin; **S. 108/3:** shutterstock/Adisa; **S. 116:** Lange, Marek, Berlin; **S. 119:** Fotofinder/photopool/fuchsFoto; **S. 121:** Digitalstock/U.Bumann; **S. 122/1:** shutterstock/Lisa S; **S. 122/2:** F1online/Diaphor, Frankfurt am Main; **S. 125:** Joachim Gottwald; **S. 131:** CBB_Archiv; **S. 128:** RAL, St. Augustin; **S. 135:** Reinhold Löffler; **S. 136:** Redaktionsfoto CBB; **S. 142/1:** shutterstock/Horiyan; **S. 142/2:** Fotolia/Roman Milert; **S. 142/**shutterstock; **S. 148:** Picture Alliance/Jens Büttner; **S. 159:** Hauptzollamt Duisburg; **S. 163/1-2:** Lange, Marek, Berlin; **S. 163/3:** Picture Alliance; **S. 164:** Erich Schmidt Verlag; **S. 166:** Sparkassenverlag, www.sparkassenverlag.de; **S. 167:** Sparkassenverlag, www.sparkassenverlag.de; **S. 168:** Picture Alliance/Globus; **S. 169:** Deutscher Sparkassen- und Giroverband; **S. 171:** Deutsche Postbank AG; **S. 181:** Artur, Köln/Görner; **S. 182:** FAZ/Felmy; **S. 183:** www.teeverband.de; **S. 188:** BAFA, Eschborn/Öffentlichkeitsarbeit; **S. 192:** VISUM, Hamburg/Zeitenspiegel/Kwiotek; **S. 196:** shutterstock/Maxim Blinkov; **S. 203:** shutterstock/A Penkov; **S. 206:** shutterstock/safakcakir; **S. 208:** Picture Alliance/Globus; **S. 211:** shutterstock/Evren Kalinbacak; **S. 220:** shutterstock/Lisa S; **S. 221:** Picture Alliance/Globus; **S. 226:** Picture Alliance/ZB/Kaläne; **S. 228:** Picture Alliance/dpa/pap/Sikora; **S. 230/1-2:** Bildungszentrum der Bundesfinanzverwaltung, Münster; **S. 230/3:** Picture Alliance/dpa/Settnik; **S. 233:** shutterstock/VladisChern; **S. 250:** Bildungszentrum der Bundesfinanzverwaltung, Münster; **S. 254:** Picture Alliance/Bremerhaven; **S. 263:** shutterstock, **S. 276:** Avenue Images/Steve Dunwell; **S. 288:** Joachim Gottwald; **S. 293:** Fotolia/djama; **S. 307:** project photo, Augsburg; **S. 312:** Fotolia/akf; **S. 323:** Picture Alliance/dpa **S. 312:** shutterstock, **S. 338:** Joachim Gottwald; **S. 356:** Fotolia/macgyverhh; **S. 370:** Fotolia/momanuma; **S. 371:** Redaktionsfoto CBB; **S. 372:** Wirtz, Peter, Dormagen; **S. 374:** Krüper; **S. 376:** Project photos